法　理

法哲学、法学方法论与人工智能

（2022年第1辑·总第11辑）

舒国滢　主编

图书在版编目(CIP)数据

法理.第11辑,法哲学、法学方法论与人工智能/舒国滢主编.—北京:商务印书馆,2022
ISBN 978-7-100-21458-2

Ⅰ.①法… Ⅱ.①舒… Ⅲ.①法理学—研究 Ⅳ.①D90

中国版本图书馆 CIP 数据核字(2022)第 126519 号

权利保留,侵权必究。

法　理

法哲学、法学方法论与人工智能

(2022年第1辑·总第11辑)

舒国滢　主编

商 务 印 书 馆 出 版
(北京王府井大街36号　邮政编码100710)
商 务 印 书 馆 发 行
北京虎彩文化传播有限公司印刷
ISBN 978-7-100-21458-2

2022年8月第1版	开本 787×1092　1/16
2022年8月北京第1次印刷	印张 26¾

定价:98.00元

主办单位：
中国政法大学法学院法学方法论研究中心
北京市天同律师事务所

主　编： 舒国滢（中国政法大学法学院）
副主编： 王夏昊（中国政法大学法学院）
　　　　　辛正郁（北京市天同律师事务所）

编辑委员会（以姓氏笔画为序）
　王　进（西北政法大学法治学院）
　冯　威（中国政法大学法学院）
　华小鹏（平顶山学院/河南财经政法大学）
　李红勃（中国政法大学法治政府研究院）
　朱明哲（中国政法大学比较法学研究院）
　刘　毅（北京理工大学法学院）
　杨　贝（对外经济贸易大学法学院）
　宋旭光（深圳大学法学院）
　汪　雄（中国政法大学法学院）
　柯　岚（华中科技大学法学院）
　郭　晔（北京师范大学法学院）
　梁迎修（北京师范大学法学院）
　雷　磊（中国政法大学法学院）

编辑部： 陶　旭　韩亚峰　吴国邦

目录

专题研讨1·法学与人类学的关系

"法学与人类学的关系"专题导引
………………………………………………………………王伟臣（3）

求知的一生
………………………………………………………萨莉·法尔克·摩尔（5）

萨利·安格尔·梅丽：塑造法律人类学
…………………………………………………………马克·古德尔（18）

介于两者之间的表达：法律、人类学以及跨学科的修辞
……………………………………………………………………万安黎（25）

专题研讨2·疑难案件

"疑难案件"专题导引
……………………………………………………………………孙海波（79）

疑难案件二阶论证的分歧与调和
……………………………………………………………………肖　毅（80）

疑难案件中依法裁判原则的证立及其两种样态
…………………………………………………………………张竹成（104）

特色栏目·人工智能与计算法学

人工智能生成内容可版权论批判
　　　　　　　　　　　　　　　　　　　　　李亚兰（131）

实证法学研究中的因果推理可信度
　　　　　　　　　　　　丹尼尔·E. 何　唐纳德·B. 鲁宾（152）

论文

法律的边界
　　　　　　　　　　　　　　　　　　弗雷德里克·肖尔（181）

当代法理论中的法政关系模型
　　　　　　　　　　　　　　　　　　　　莫罗·赞博尼（207）

决疑术的历史误解及其澄清
　　　　　　　　　　　　　　　　　　　　　　秦锋砺（247）

拒不交出、处置错误汇款行为的刑法规制
　　　　　　　　　　　　　　　　　　　　　　姚沅辰（259）

论刑罚论与法益论的沟通方式
　　　　　　　　　　　　　　　　　　　　　　郭　聪（284）

书评

超越罪与罚
　　——《规训与惩罚》札记
　　　　　　　　　　　　　　　　　　　　　　朱明哲（301）

预防刑时代的责任与自由
　　——读哈特《惩罚与责任》
　　　　　　　　　　　　　　　　　　　　　　陈曦宇（330）

案评·气候变化诉讼的新进展

"气候变化诉讼的新进展"专题导引 …………朱明哲（357）

跨世代的自由保证
　　——德国联邦宪法法院"《气候保护法》部分违宪案"评述
　　　　　　　　　　　　　　　　　　　　　　段　沁（360）

从 Juliana 案看气候变化诉讼的权利转向
.... 王苓瑜（368）

"世纪诉讼"与政府的生态责任
.... 朱明哲（384）

让跨国公司为气候变化负责
——评"地球之友等诉荷兰皇家壳牌案"
.... 杜中华（393）

专题研讨 1·法学与人类学的关系

"法学与人类学的关系"专题导引

王伟臣(上海外国语大学法学院副院长、副教授)

法学与人类学的关系,动人而曲折。

除了法学和哲学以外,人类学是最早涉足法律研究的学科。在19世纪后半叶,许多著名的人类学家都有律师或者法学家的背景。比如,瑞士的巴霍芬(Bachofen)、英格兰的梅因(Maine)、苏格兰的麦克伦南(Mclennan)以及美国的摩尔根(Morgan)。进入20世纪以后,奥地利的图恩瓦尔德(Thurnwald)和英国的马林诺夫斯基(Malinowski)等学者开始走出"书斋",创造了具有显著人类学特征的法律民族志的研究模式,但他们在阐述研究动机时并没有忘记与法学既有学说的对话。20世纪40年代,卢埃林(Llewellyn)与霍贝尔(Hoebel)实现了法学家与人类学家的首次合作。二战以后,法律人类学迎来了黄金时期,作为重要体现之一的格拉克曼与博安南的经典争论也与是否采纳法学范畴有关。而后,随着广大殖民地国家的独立,人类学开始逐渐回归西方社会。在此过程中,它提醒专注西方社会研究的法学和法律社会学注意法律多元的存在。从此以后,法学与人类学的对话和交流也更加频繁。

但吊诡的是,法学和人类学在百余年的互动中并没有构建出一个交叉学科。具言之,和法律社会学、法律经济学不同,法律人类学不是交叉学科,而只是人类学的分支研究。这主要是因为,人类学的核心方法——田野调查强调长期性、参与性、深入性,研究成本极高,很难为法学所采纳。但另一方面,在欧美学界,已经有越来越多的学者摆脱了学科的束缚,可以同时任职于法学院和人类学系。由此,法学与人类学的关系进一步趋向模糊和复杂。

本次专题所收录的三篇译文，尽管其讨论的人物、背景、具体的话题各有不同，但无一例外都在讲述着"法学与人类学的关系"。第一篇译文是萨莉·法尔克·摩尔（Sally Falk Moore，1924—2021）本人关于学术生平的回顾。刚刚去世的摩尔是法律人类学史上承前启后的学者，也（可能）是第一位祛除了学科固定标签的开创者。她的这篇回顾展示了其穿行于法学与人类学之间的各种苦辣酸甜；同时，也可以视为一篇带有极强反思性的"自我民族志"。

第二篇译文同样是一篇关于学术生平的回顾。当代最重要的法律人类学家萨利·安格尔·梅丽（Sally Engle Merry，1944—2020）也于近年离开了我们。为此，受到过梅丽知遇之恩的马克·古德尔（Mark Goodale）声情并茂地回顾了前辈的职业生涯与研究成果，以及其对法律人类学产生的深远影响。值得一提的是，通过这篇回顾，古德尔清晰而简洁地勾勒了自20世纪80年代以来法律人类学的学科发展史。

第三篇译文更是直接讨论了"法学与人类学的关系"。每一位著名的法律人类学家在从事民族志研究以前都会撰写一篇学术回顾，万安黎（Annelise Riles）自然也不例外。但是与众不同的地方在于，她通过对梅因和利奇（Leach）的对比告诉我们，所谓的构建法学与人类学关系的努力其实只是一种修辞和隐喻。虽然这一结论让人感到沮丧、悲观，但后来她所从事的那些富有想象力的民族志研究极大地拓宽了法律人类学的视野，并显然和这种体认有着密切的关系。

最后，再补充几点。第一篇文章的译者是复旦大学的熊浩副教授，2011至2012年，他在哈佛大学访学期间曾跟随摩尔教授学习法律人类学，后来一直保持着密切的学术联系；第二篇文章的译者是云南大学法学院民族法学博士研究生戴溪瀛，他目前正在撰写的博士论文的选题即为"梅丽的法律人类学思想"；我作为第三篇文章的首要译者，一直在关注法学与人类学的关系，这篇50多页的鸿文是我近年来从事法律人类学学术翻译的过程中试图"攻克"的最艰难的堡垒。所以，本次的翻译和组稿，对于我们译者而言，可谓意义非凡。

求知的一生[*]

萨莉·法尔克·摩尔[**]著

熊　浩[***]译

这部有关求知的自传，从何时何地开始？当然，它始于童年，藏于孩子们想要弄清的诸多谜题里。我想先讲述发生在我 6 到 10 岁之间的故事。那时，我和我的父母、弟弟还有保姆（Governess）一起生活。我们住在纽约上西区宽敞的公寓，街对面就是中央公园。保姆一直陪伴着我们生活。她跟我和弟弟睡在同一个房间里，我们通常会在"游戏室"（Playroom）和她一起吃饭。除了保姆，还有一位丰腴、亲切的斯洛伐克女厨为我家准备餐食。但她大多数时间都待在厨房和离厨房很近的小房间里。

作为一个人类学家，我最先注意到的事情可能就是我们的这个"住宿组合"是由不同国籍的人们构成的。厨师通常都是欧洲人，保姆是德国人。保姆负责教我们

---

[*] 本文原文为英文，为摩尔教授 2018 年接受查尔斯·霍默·哈斯金斯奖时发表的主题演讲。Sally Falk Moore, *A Life of Learning*, ACLS Occasional Paper, 2018, No. 75.

[**] 萨莉·法尔克·摩尔（Sally Falk Moore），著名法律人类学家，哈佛大学法律人类学荣休教授。摩尔教授曾在哈佛大学、南加州大学、加州大学洛杉矶分校、耶鲁大学任教，出版 *Law as Process* (1978), *Social Facts and Fabrications: "Customary" Law on Kilimanjaro 1880–1980* (1986), *Anthropology and Africa* (1994), *Law and Anthropology, A Reader* (2004), and *Comparing Impossibilities* (2016) 等重要法律人类学著作。

[***] 熊浩，复旦大学法学院副教授，哈佛大学法学院富布莱特访问学者，主要从事非诉讼纠纷解决与法学交叉学科研究，曾在 2011—2012 年跟随摩尔教授学习法律人类学。译者感谢复旦大学法学院硕士研究生李鹿鸣同学对翻译文本的校对工作。

法语，（因为）保姆在阿尔萨斯上学的时候曾学习过法语。

　　在普通的工作日，保姆每天下午都会带我们姐弟俩去公园。我的母亲从来没有和我们一起去过公园，我们所知的其他孩子母亲，也没有和她们的孩子一起去过公园。我们认识的所有孩子都有一个住家看护，他们有着不同的称谓——保姆、管家或家庭教师。我们的保姆在周四下午和周日休息。这时候我母亲经常带我们去看望外公、外婆和小姨。但在平日里，我的母亲是一位认真严谨的艺术学生，她大部分时间都在艺术协会里向不同的导师学习，或在某一个工作室里画画。我的父亲是一名外科医生，他一直忙于工作。偶尔在周日，有人需要他提供上门诊治的时候，他会带我和弟弟去兜风；当我和弟弟独处时，我偶尔会借机给他一拳闹着玩。

　　我们在青少年时期，还和保姆在一起生活的时候，便慢慢开始了解我们的父母。那个时候我们习惯在餐厅里和父母一起用餐。

　　小时候，周六通常是我们的特别时光。每个周六保姆都会带我们去自然历史博物馆。我们特别喜欢印第安人村庄的模型、巨大的图腾柱以及大厅里大型的印第安独木舟，里面装满了真人大小的印第安人，他们准备将船划出大海。我们想去拜访这些村庄，也想知道它们是否依然存在。

　　我们也喜欢在夏日里偶尔散步，我们的保姆普夫登纳（Pfrundner）小姐会顺路前往天主教堂。她会带领我们一起进入教堂，在几分钟内匆匆地点燃蜡烛，并默默祈祷。对我们来说，那个场景是令人敬畏的。教堂黑暗的内部令人着迷。我们模糊地意识到自己就是被称为"犹太人"的群体，但没有接触任何犹太仪式。教堂里神秘的活动很是奇怪，却又异彩纷呈。

　　对我们来说，每一天都是在保姆催促我们入眠中结束的。在熄灯之前，她会给我们讲精彩的睡前故事，其中许多是德国的民间故事，有一些是以格林童话为原型的故事。这些故事里充满了神奇的事件和意想不到的冒险。

　　我经常会想到这些故事的细节，揣测着某一个小小的变化会产生的不同结局。如果汉塞尔（Hansel）和格莱特尔（Gretel）用鹅卵石而不是面包皮撒满了他们的来路，他们很容易就能找到他们所走的路径并返回。如果威廉·泰尔（William Tell）的儿子拒绝父亲向他瞄准弓箭，那么威廉·泰尔可能就不用冒险了。在听故事的时候我经常问："如果呢？"

　　我们的保姆普夫登纳小姐不仅给我们讲童话故事，也会告诉我们她的生活经历。我们知道了她住在德国时，她的妹妹在一家面包店工作，但她不想做这种工作。她告诉我们她想去旅行，去看世界。她认为通过成为保姆可以实现这一目标。她来我们家之前在葡萄牙工作，她在那里工作时还学习了葡萄牙语。我们让她用葡萄牙语说些什么，并教给了我们一些自我表达的短句。她教给我们的是 de-me um beijo，意思是"给我一个吻"。我真的非常敬佩她。

所以，人类学家的早期发展需要一个文化多元的家庭，一个热衷探究的头脑，对奇怪和神秘事物的迷恋，以及对图腾柱的钟情。

求　学

以上就是我们上学之前的大致情况。（之后）我们被送到了一所极其优秀的学校——位于哥伦比亚大学内的林肯教师学院。这是一所备受关注、富有创新性和实验性的新兴教育机构。我母亲在大学时听说过它。学院受到约翰·杜威（John Dewey）哲学的启发，由洛克菲勒家族（The Rockefellers）资助。哥伦比亚大学教师学院会派学生观察我们的课程并学习新的教学方法。

我记得我们的课程有几个亮点：在四年级学到古埃及时，老师告诉我们很多那里人们的生活方式。我们了解了骆驼和沙漠，制作了小型黏土砖和迷你金字塔，也认识了象形文字。但最令人兴奋的是，我们用纸莎草制作纸张。我不知道学校到底是如何得到的纸莎草，也不明白老师们是如何知道制作纸莎草的流程的，但在课程中我们有一种真正了解了古老埃及文明的感觉。

五年级我们学习的主题是我们生活的城市：实体工厂、消防站、无轨电车、邮局、警察局、港口，为这座城市带来物资的卡车。我们了解了如何制作地图。

老师们还告诉我们这个城市存在的贫困问题，并不是每个人都拥有住所或他们所需的食物。我们看到了无家可归者为了庇护自己，在公园里搭的小屋；我们了解到工人们试图通过罢工而获得更高工资。这个时期正处在 1934 年美国大萧条，我那时 10 岁。很多人都失去了工作，人们非常贫穷。老师对贫困人口产生的同情，当时的我们并不能完全理解。但我们明确知道的是，这个城市里有很多人和我们的生活状况完全不同，有些时候他们甚至会采取政治行动。

当我们到了年纪，进入高中，班上组织去汽车工厂。装配线上工作的重复性给我留下了难以磨灭的印象。因为亲眼所见，所以我没有必要通过查理·卓别林（Charlie Chaplin）的《摩登时代》才了解工人的境况。工厂的工人们一整天都在做着同样的事情，无法互相交谈或四处走动。这一切看起来都非常可怕。

我对人与人的关系感到困惑，有一些就发生在家里。我 10 岁的时候就知道，保姆和厨师都是我父母的雇员。这对我而言很清楚,我的母亲可以指挥保姆和厨师,给她们交代任务,还可以解雇她们。当我的母亲发号施令的时候,她们总是显得有些局促,因为显然她们必须服从我母亲的话。她们的鞋子也不如母亲的漂亮。我认为她们不像我的父母那样自由或富裕,并且只会暂时和我们住在一起,这非常不公平。毫无疑问,对成长家庭的观察塑造了我早期对微观政治的迷恋,而我在学校学到的东西让我想要了解更加广泛的现实世界。

在高中的某一年,我们有一位出色、温和但拥有着强烈政治立场的社会研究老师,他的名字叫亨利·芬恩(Henry Fenn)。他在中国长大,父母都是传教士,会讲中文。他激愤地指责日本入侵满洲(Manchuria),并把这个观点有力地传达给了我们。我们了解到对日本商品的抵制活动,而我也决心加入到这个活动中。之后,我拒绝穿日本制造的丝袜,并以丑陋的棉质莱尔线袜代替。当时我觉得自己是在以成年人的方式采取政治行动。除此之外,我还知道从我12岁开始,西班牙开始了内战,所以我也钦佩那些年轻的、支持左翼的美国志愿者,他们与弗朗西斯科·佛朗哥(Francisco Franco)领导的保守的民族主义政府作战。

在校外,我偶尔会去同学大卫·罗文索尔(David Lowenthal)家拜访,他爸爸是一名律师,也是华盛顿著名的说客。罗文索尔的家庭生活与我家非常不同。他的爸爸麦克斯(Max)和妈妈埃莉诺(Eleanor)总是和他们的三个孩子共进晚餐。最令人惊羡的是,即使当他们家有他爸爸工作上的熟人来做客时,他们一家人也总能一起用餐。对我来说,和这些公众生活中的重要人物偶然的一瞥,都足以让我眼花缭乱。

这样看来,学校进一步促成了新生的政治人类学家:喜欢制造纸莎草和金字塔,对机械劳动感到恐惧,对父母与佣人关系中存在的微观政治的认识,以及在罗文索尔家的晚餐中所强化的新兴全球政治意识,并承诺去穿那些有着"深刻意义"并且丑陋的丝袜。

大学生涯

当我约15岁时,林肯教师学院的老师们认为我已经准备好上大学了。我积累了足够的学分可以毕业,这很大程度上是因为我能说一口流利的法语和一定程度的德语。如果我真的在那个年龄上大学,我的父母希望我住在家里,这样他们就可以盯着我。他们担心在瓦萨或者本宁顿,我可能会在某个周末怀孕,更糟糕的是成为一名舞蹈演员。我曾经试图反抗,但最后还是听从他们,去了位于纽约的巴纳德学院。

在经历了林肯学院的教学方法之后，巴纳德的授课风格以及严重依赖教科书与背诵的教学令人失望。那是 1939 年，欧洲正在酝酿着不祥的战争，但我的生活一点都不沉闷。我在班上结交了一些好朋友，可以和他们畅想未来。我父母的一些朋友给我介绍了一位潜在的男友，比我年长 9 岁的年轻律师比尔·泽克（Bill Zeck）。在了解他之后，我们开始了一段恋情，（这段恋情）一直延续到我大学及以后的岁月。

在我上大学的第三年，我做了两个重大决定。一个是申请去哥伦比亚大学法学院而不是继续在巴纳德上学。我希望通过专业教育走上政治道路，我想改变这个世界。

第二个重大决定是与比尔·泽克结婚。这其实在某种程度上是一个仓促的决定，因为他即将被征召入伍了。我的父母并不很赞成我结婚，尤其是我那时才 18 岁。然而，他们最终表示赞同，可能是认识到了战争的情况和我固执的天性。（那时）我继续住在我父母的纽约公寓里，但有时我会在我新婚丈夫驻扎的其他地方度过周末。

法学院的学习

法学院也处于一种不稳定的状态，一些教职员工休假时在华盛顿工作，而且有一个奇怪的一年期时间表，以调和那些选课学生的时间。我隐约记得课堂上有 100 人，其中只有 6 人是女性。这些女性通常被视为一类奇怪的局外人。例如，在陈述案件（present a case）时，班级所有学生都会被称为"某先生"。如果一个女人站起来，大家都会笑出声。

在战时的兴奋劲儿和我漂泊不定的婚姻中，法学院的时光模糊地过去了。我与我的导师麦克斯·罗文索尔（Max Lowenthal）一直保持联系，当我需要找三位律师赞助我参加纽约的律师资格考试时，我便问他是否可以帮我。

华尔街往事

在法学院的最后一个学期里，我开始在纽约各大律师事务所找工作。律所里很少有女性律师，我的面试也大多令人沮丧，面试中还穿插着关于性别的负面评价。但有一个重要的例外：史宾斯-霍奇斯-帕克-杜亚律师事务所（Spence, Hotchkiss, Parker and Duryea），这是当时一家著名的华尔街事务所。它刚刚让一位女性律师升任合伙人,这在当时是极为不寻常的。我最喜欢的法学院教授卡尔·卢埃林(Karl Llewellyn)曾建议我申请这个律所的工作。他们雇佣了我。我在史宾斯-霍奇斯律所(Spence, Hotchkiss)干了一年,为私人客户工作,这期间我仍然住在我父母的公寓里,不时在周末去见我的军人丈夫。

德国,纽伦堡,1946—1947

一个意想不到的转折改变了我对未来的所有想法。1945 年至 1946 年,我工作于华尔街的那一年,第二次世界大战结束了。对德国主要政治人物的国际审判正在纽伦堡进行,控方由美国、苏联、法国和英国的检察官共同组成。随后法庭准备对其他"战犯"也进行审判,这些"战犯"包括纳粹医生,德国政府、军队和工业部门的领导人等等。这些审判将由占领了德国各区的各个同盟国政府分别进行,而不是由各国派人组成国际小组统一发起。

美国占领区的首席检察官是准将[①]德福·泰勒(Telford Taylor)。泰勒到美国招募新的律师,来替换即将回国的军队律师。他向人征询意见,其中一个就是我的老朋友麦克斯·罗文索尔,他们多年前在华盛顿的一个国会委员会工作时相识。罗文索尔提议说我可能是个好人选。正是因为麦克斯的推荐,我才能到纽伦堡工作。我跟律所请了假,所里同意了。

我到达了纽伦堡的裁判所,和德福·泰勒约见。他给我看了准备起诉的案件列表,并问我想要参与哪个案件的工作。我选择了起诉实业家的案子,理由是这可能是最有意思的案子,因为他们对于自己是否参与希特勒的任务可能多少有些选择的余地。泰勒把我分配到 I.G. 法尔本公司的案件上。法尔本是一家重要的化学公司,它不仅为"最终解决方案"[②]提供了致命的气体,而且还在其工厂中使用俘虏作为劳力。我很高兴能被分配到这项任务上。

当时,我在纽伦堡最紧要的工作是审核和汇总与法尔本公司潜在犯罪活动有关的文件证据。能够成为在国际上具有重要意义的纽伦堡审判中的一员令人兴奋,尤其是当我被要求前往柏林等其他军事中心,寻找可能被他们保管的文档资料时,其中一项任务是去法兰克福的法尔本公司总部。有人告诉我,该公司的档案被存放在

---

① 译者注:准将是美国陆军军衔,介于上校和少将之间。
② 译者注:"犹太人问题的最终解决方案"是希特勒提出的,即二战期间纳粹德国针对欧洲犹太人的系统化种族灭绝计划。

盐矿中以保护其免受轰炸，但在战争结束时已被带回法兰克福。当我到达那里时，我看到一些工厂式的仓库，里面存放满了纸张，全都被归置在马尼拉文件夹①里，整齐地排列在许多楼层的数百个货架上。我被介绍给一名稳重的德国人，他是法尔本公司的员工。多年来，他一直负责保管法尔本的档案，当它们从盐矿里被运回来时，他监督了档案在仓库中的整理摆放过程。他说他很乐意以任何可能的方式帮助我。我解释了我的任务，即收集对法尔本高层的潜在起诉证据，并要求查看我认为有用的各种记录——财务记录、雇用工人的记录等。我问他文件存放顺序，以便让我的助手们到放置有用文件的区域去完成工作。

他回答说："哦，不，女士，我没法帮你。我不知道这些文件是按什么顺序摆放的。"这似乎不太可能——他在法尔本公司工作了很长时间，负责向法兰克福提供档案记录。

我决定约见负责整个法尔本工业建筑群的美国陆军少校。他接待了我，我解释了我在法兰克福所做的事情、正在寻找的信息，以及德国方面的保管人不肯帮助的事实。少校的回应是，他不赞成对目前在纽伦堡接受审判的著名政治人物的起诉，当然也不支持对实业家的起诉。此外，他听说纽伦堡的工作人员中有犹太人，他明确表示不会以任何方式帮助我。当我回到纽伦堡时，我向德福·泰勒汇报了这令人沮丧的结果。

因此，我这个成长中的人类学家窥见了法律的一些力有不逮之处，以及组织里的个人如何打着小算盘，来规避正式机构所做出的最优计划。

几个月后，在1947年，我回到了美国。我的婚姻破裂了，我需要离婚并理顺我的生活。德福·泰勒给了我一份在华盛顿办公室的与审判相关的工作，但我不想离行动中心（center of action）那么远，所以我拒绝了。

1948年：回到美国，参与Lowenthal FBI项目与进行精神分析

在内华达州的里诺度过了一段时间后，②我离婚了。1948年春天，我搬回了父母家。我之前离开的律师事务所欢迎我回来，但我不想把余生都花在私人执业上。

---

① 译者注：马尼拉文件夹即由马尼拉纸张制作的分类归档文件夹，类似牛皮纸文件夹。马尼拉纸张因最早产于菲律宾而以其首都马尼拉命名。

② 译者注：里诺的离婚程序简便，相关标准宽松，是许多办理离婚人士的首选，因此被称为美国的"快速离婚之都"。信息来源：Lee Ann Obringer, "What's the deal with those quickie divorces and Reno?" 20 May 2005. HowStuffWorks.com. <https://people.howstuffworks.com/question741.htm> 2 May, 2019。

我想做一些更伟大的事情，成为新的国际世界的一部分。见识过纽伦堡让人兴奋的一切——即道德困境和政治上的复杂性——私人执业的法律事务相比之下显得苍白无力。但是，我并不清楚要换什么工作，我对自己的内心很不确定。我也非常清楚我的婚姻是一个错误，我想确保未来做出的选择比之前的要好。

我的弟弟，李（Lee），当时是个医生，正在受训成为精神分析师。精神分析在我涉足的圈子里被广泛讨论，我认为接受精神分析可能会帮助我厘清在职业和个人生活中必须做出的诸多选择。我向父母求助，他们非常慷慨地支付了费用。我于1948年春开始接受为期三年的精神分析。

我为自己的职业前途寻找了一个替代方案：我咨询了哥伦比亚大学的法学教授，并与麦克斯·罗文索尔进行了面谈。我解释了工作上面临的困境，并寻求建议。我们拿定主意，一个最好的问题解决方案就在纽约。

联合国非常清楚自己身处美国的现实，但仍渴望获得国际声誉，于是设立了针对美国员工的雇佣限额制度。我的导师们询问了招聘情况并告诉我，我如果去应聘很可能成功，但至少还要等一年，才会有新的配额向美国人开放，我不妨等到那时再去应聘。

我决定在学术环境中度过这一年的等待时间，这样可以学到更多关于比较政治和法律组织的知识。我与哥伦比亚大学人类学系的一些老师进行了交谈，并描述了我作为律师的身份背景。他们非常热情地解释说，人类学中法律方面相关的研究很少，需要进行更多的研究。他们建议我注册参加他们的研究生课程。我当时并没有打算从法律转向人类学，但是我认为接触这个领域将会让我这一年的等待时间更有意义，并为我将来的国际工作做好准备。我于是申请了哥伦比亚大学的人类学系。

在学年开始之前，我要等几个月。那段时间里，我有两段令人兴奋的冒险经历：一段是政治上的，另一段则是心灵上的。

首先是一段政治上的经历：我敬仰的导师麦克斯·罗文索尔正在写一本关于联邦调查局的书，他需要找人到图书馆为他做资料搜集。罗文索尔是一位人脉极广的华盛顿局内人。他认为，如果他写下 J. 埃德加·胡佛（J. Edgar Hoover）任职联邦调查局局长期间的不当行为，这本书就能让杜鲁门（Truman）总统解雇胡佛。罗文索尔与杜鲁门相识多年，确切来说是从1935年就认识了，他很了解杜鲁门的观点。他坚信，杜鲁门一定会喜欢这本书并认为书中证据很有用。罗文索尔清楚 FBI 非法的不当管理的内幕，但他自己的信息多数都来源于特许的保密渠道，无法公开发表。尽管如此，他觉得靠公开获取的资料仍然可以完成强有力的论证。他问我，如果他提供相关事实发生的日期，我是否愿意到图书馆搜寻相应的材料。

我同意给他的项目帮忙，但我很害怕牵扯其中会导致自己成为 FBI 的目标。当时众议院非美活动委员会①风头正劲，自由主义人士正被四处追捕。但这项工作听起来很有意思，而且我比较有空。我同意提供帮助，条件是我不被支付工作报酬，并且绝不留下任何我参与的记录。我花了几个月的时间在图书馆里挖掘 FBI 的丑闻。

快进一下：一段时间后，当这本书完成，罗文索尔打电话给我，他听起来非常兴奋。他解释说他希望我到他那里看看书的小样，此前他已经把小样拿给杜鲁门总统征求意见。杜鲁门在书页边缘写了评论："这太好了！""哇！"，以及其他意思差不多的话。麦克斯很高兴，他坚信在杜鲁门的支持下，这本书在出版后会产生他所期望的实际效果，并有助于这个国家摆脱胡佛统治下的黑暗日子。

过了一阵子，这本书正式于 1950 年出版时，它的政治爆炸性内容被《纽约时报》注意到。《纽约时报》的记者随后询问杜鲁门对该书的看法。杜鲁门总统毫不犹豫地回答："我从来没有听说过这本书。"然后就没有然后了。胡佛一直担任 FBI 的局长，直到 1972 年。我从中理解了权力政治中的勾心斗角。

关于心灵冒险的经历：1948 年，哥伦比亚大学人类学项目开学前，我决定利用夏天参观海地的一个人类学研究点。我从哥伦比亚大学的一位教授那里听说，在法国著名人类学家阿尔弗雷德·梅特罗（Alfred Metraux）的领导下，海地正在开展一项研究。我写信给他，他邀请我去到玛比尔山谷（Marbial Valley）的驻扎基地，他正在那里做研究，并培训一些海地学生。没有什么比这更让我高兴的了。

我也知道，在我拜访梅特罗这段时间，我都可以住在伊迪斯·艾弗隆（Edith Efron）的家里，她是我大学时的朋友，住在太子港。她最近嫁了一位比她大许多的海地商人，并且刚生了一个儿子。我想游览海地，也想看看伊迪斯和宝宝。

我住在伊迪斯家时，她的一位美国朋友来她家跟她告别，他曾在海地待了一年，很快就要离开了。这位高个子、红发、戴金耳环的男人叫克雷萨普·摩尔（Cresap Moore），他是普林斯顿大学的辍学生，之前住在海地海滩边上的一座草屋里，他当时正在写一本小说。他很快就要回美国的哥伦比亚大学完成学业，因此来伊迪斯家道别。他主动提出在离开之前带我游览一下海地。

跳到故事的后一部分，我和克雷萨普在 1951 年结婚，当时我们都在哥伦比亚大学学习。我们的第一个女儿佩内洛普（Penelope）于 1952 年在纽约出生。这段婚姻持续了 50 年，直到 2001 年克雷萨普去世。

---

① 译者注：众议院非美活动委员会，简称 HUAC，成立于 1938 年，在冷战中专门调查涉嫌参与共产党或法西斯活动的美国公民或组织。信息来源："HUAC" 12 Sep 2018. History.com. <https://www.history.com/topics/cold-war/huac>, 3 May 2019。

攻读博士学位，1948—1957

我非常享受第一年的人类学课程学习，那一年年底我没能得到心仪的联合国工作。那时 25 岁的我认为跨法学和人类学的复合型专业经历想必很有趣，于是注册了博士课程。

当时，美国的人类学研究，包括哥伦比亚大学人类学系很多学者的研究，大都与南、北美洲现有原住民有关。尽管我在纽伦堡的经历使我产生了对大型政治实体（Large Politics），以及这些政治实体之特征是如何形成的兴趣，但是学校教授的民族学课程大多是关于小型社会的，如霍皮人或纳瓦霍人社会。当我得知在印加、阿兹特克这两大早已不复存在的大型文明社会中，存在着许多有关西班牙殖民地的资料后，我决定博士论文要研究印加帝国的法律体系。我清楚地知道，和实地调研不同，在图书馆的研究工作将使我有更多时间承担与丈夫克雷萨普成婚后应尽的家庭责任，而不必离开家庭。

克雷萨普是研究 19 世纪英国政治的历史学家，由于他工作的关系，我们在英格兰生活了好几年。我们的家庭生活伴随着各自的研究工作而继续。1955 年 12 月 30 日，我们的第二个女儿妮可拉（Nicola）在位于伦敦的家中出生。

幸运的是，佩妮已经上幼儿园了，而我照看妮可拉的过程中偶尔能腾出几个小时空闲时间，所以在英格兰的这段日子里，我能够继续写论文。我们住在剑桥的时候，我在剑桥大学图书馆工作。后来我们又搬到伦敦，我继续在大英图书馆工作。

对印加的税收体系和行政管理结构的详细研究暴露出印加政府在统治本国人民和征服地人民时所遇到的现实问题。一个原始形态的国家能在大面积区域内管理大量人口，这是非常了不起的。缺少现代通信技术和交通运输体系的支撑，能完成这些成就，着实令人惊叹。印加国家机制的运作模式引起了我对其中政治和法律问题的关注，而这些问题在当时人类学研究惯常使用的小规模田野调查中还未曾浮现。

与英国社会人类学的接触

在成为人类学家的学习道路上，我下一步接触了英国的社会人类学，继而进行真正的田野调查。英国的学术方法与美国的截然不同，大量基础性田野调查工作是针对 20 世纪上半叶的殖民社会进行的。英国人对前殖民地的本土文化有着浓厚兴趣,并试图从当前的实践中重建这些文化的运作方式。对传统社会制度与新兴殖民结构之间的互动,他们没有过多加以关注。

1961年到1981年,在克雷萨普和我离开英国的这段时间,我们到了加州,在加州大学洛杉矶分校和南加州大学任教。其实我对英国人类学的接触始于加州,我同希尔达·库伯(Hilda Kuper)和M.G.史密斯(M.G. Smith)成为了挚友,他们两位是资深的、接受英国学术训练的人类学家,都在加州大学洛杉矶分校的人类学专业工作,他们的田野调查主要在非洲完成,库伯在斯威士兰,史密斯在尼日利亚。在加州大学洛杉矶分校活跃的非洲研究中心,库伯和史密斯担任着核心角色。后受到福特基金会的资助,他们陆续邀请了有非洲考察经历的英国社会人类学家来加州学习中心进行学术交流。这段时期,鼓舞人心的殖民解放运动正在非洲大陆的许多国家蓬勃开展。

我发现非洲学习中心的研讨是多年以来我经历过的学术交流中最智趣横生的,我很想亲眼看看非洲的实况。我阅读了很多非洲社会的人类学资料,然而从未做过田野调查,我也纠结于家庭责任能否允许我这么做。希尔达·库伯和迈克尔·史密斯说服了我,他们向我保证我可以做到。我选定地点,学习了基础的斯瓦希里语,申请了经费并获得了资助,一切准备就绪。

乞力马扎罗

1968年至1969年,我带着全家——我的丈夫和两个青春期的女儿前往非洲,我计划研究查加族的生活方式和当地的习惯法。查加族是一个生活在坦桑尼亚乞力马扎罗山的大型部落,时值坦桑尼亚获得独立,新政府决定在整个国家实行社会主义政体。这实际意味着什么呢?

查加并不是一个当地小部落,他们当时至少有70万人(自那以后,人口大大增加)。他们有自己的语言——基查加语,他们和亲人、邻居共同居住。因为斯瓦希里语是政府、法院、学校和所有公共事务的官方语言,所以大多数查加人也会讲斯瓦希里语。查加族内的财富实力存在很大分化,通常取决于家庭成员是否有工作,祖父是否为殖民地政府工作或者是否做过旧时的酋长。查加人的受教育程度也参差不齐。多数人小学毕业,上过中学的人则很少。

每个查加家庭都住在一栋自建的小房子里,没有自来水和电力。他们在房屋周围的小块土地上种植农作物,自给自足。在海拔允许的情况下,他们会种植一小片高耸的香蕉，这是他们的主食，另外还种植咖啡灌木丛作为经济作物。在这里没有欧洲意义上的村庄，只有一小块一小块的邻近土地，遍布在整座山上。

乞力马扎罗的法律体系层次分明。查加族拥有自己传统的本土法律体系，一位名叫布鲁诺·古特曼（Bruno Gutmann）的博学的传教士将其记录下来。自19世纪90年代开始，他在乞力马扎罗山上生活了几十年。在"习惯"制度之上是继受自殖民政权的法律遗产：从19世纪末到第一次世界大战的德国时期和从第一次世界大战到1961年独立的英国时期。和新的独立政府一样，这两个殖民时期也产生了许多新的法律和法规。此外，还有传教士向查加族宣扬自己的规则和思想，以及上帝的权威。

我的任务是了解他们当时的生活方式，以及他们自身如何阐释其意义。一开始，我花了一些时间在一个露天法庭做田野调查。法庭里摆放着一排排长凳，前部是一座高台，一个没有接受过法律专业培训的治安法官（Magistrate）以他所理解的法律来判案。我聘请了一位名叫霍金斯·内德桑霍（Hawkins Ndesanjo）的本地年轻人。他会讲一些英语，坐在我旁边向我解释案件背景，于是我得以了解案子的始末。我们的工作始于法庭，不过没多久霍金斯便邀请我去他家看看。在那里，我见到了他的家人和邻居，进一步了解了当地人的生活与烦扰（Controversies）。几年时间里，我还认识了来自其他地方的信息联络人，于是扩大了考察范围。我从事这份研究工作的时间较为灵活，每次工作持续几个月，时间跨度达20年。

其中一个研究课题是土地使用和所有权。在一个农耕社会，土地是关乎生死的。一般来说，我会先询问一个人如何获得他的土地。过了一段时间，我能搞清楚他的亲邻是如何得到土地的。基于此，我开始制作地图并编纂当地的家谱史。

我考察了当地人的家长里短。乞力马扎罗山普遍存在土地资源紧缺问题，在土地继承和分配问题上存在很多争议。这些争议一般不会到法院打官司，而是在家族内部协商解决。例如，霍金斯的一个亲戚病了一年多的时间，他把自己的病症归咎于侄子的恶意。他认为这个侄子试图用超能力杀害他，所以他希望和侄子断绝关系。尽管根据当地习惯法，他的侄子有权利继承他的财产，但是他向亲戚宣布，禁止侄子对他的土地或其他资产主张任何权利，亲戚们站在了他这一边。

抱怨、怀疑和对巫术的焦虑乃沉疴痼疾，成为当地人生活的一部分。有时候，个体被逐出父系家族，永远不复相见。没有人能确保自己不受其他人的怀疑和嫉妒。

霍金斯侄子的例子诠释了父系长辈如何控制其家庭成员。父系家族有自己的内部规则和特权等级，正式的法律制度在这里并不适用。我依然对该地区正式法律制度保持兴趣，但与许多其他法律和社会学者一样，我越来越关注非法律性质的命令和政治手腕，这两个元素占据了当地社会生活很大一部分。

朱利叶斯·尼雷尔（Julius Nyerere）的新社会主义政府是如何影响这些家庭的日常生活呢？答案非常复杂，对此不必诧异，一个例子便足以说明。在新政权早期，尼雷尔废除了一切土地的私人所有权。突然之间土地属于所有人，而不属于特定的个人。当然，实际上在乞力马扎罗，每个人都和从前一样继续生活在那一小块土地上。但是由于人们在法律上不享有土地的所有权，理论上他们不能出售土地。尽管如此，随着各种合法化的对策手段出现，偶尔转让土地换取现金的现象持续发生。关于土地这方面的争议存在着多层次的解决办法，有可能是驱逐出家族或者传统的权威干预；也有寻求政府官员解决，援引习惯法和国家制定的正式法律。所有这些方法的运作存在重叠之处。

结　语

这种双重生活（a double life），其中一部分由当地社会制度统治，另一部分则在政府法律制度治下，几乎在所有社会中都可以找到。一系列规范性命令在每一个社会和社会组织中运作。发现它们，并对其加以描述、介绍，能修正人们对正式法律制度之地位及运行方式的理解。多年来，这项工作一直是我一生求知的中心。

和我亲爱的家庭教师普夫登纳小姐一样，我已经能够环游世界了。我的兴趣点从我那位于上西区的多元文化公寓里发生的小型政治，转移到试图理解和解释在其他地方冲突如何得到解决。虽然我的工作没有涉及图腾柱，但我花了很多时间待在草屋里，研究那些主导着现实生活的制度和结构。我在纽伦堡和其他地方的经验表明，正式法律的局限性是普遍的。

萨利·安格尔·梅丽：塑造法律人类学[*]

马克·古德尔[**] 著

戴溪瀛[***] 译

由衷感谢《法律多元与非正式法律期刊》的编辑们邀请我就萨利·安格尔·梅丽（Sally Engle Merry）对法律人类学所做贡献发表一点拙见。与传统的悼文或讣告相比，我更希望能带领大家进入实质性的讨论，和大家一起回顾萨利的职业生涯及其研究成果对法律人类学产生的深远影响。[①]

在我看来，萨利对法律人类学的贡献可分为三类：学科建设、理论以及研

---

[*] 本文原文为英文，原载于《法律多元与非正式法律期刊》，2021年第53卷第1期，第4—10页。Mark Goodale (2021), "Sally Engle Merry: Shaping the Anthropology of Law." *The Journal of Legal Pluralism and Unofficial Law*, (53) 1: 4-10. 译者已获得马克·古德尔教授中文翻译授权。

[**] 马克·古德尔（Mark Goodale）是瑞士洛桑大学文化与社会人类学实验室（LACS）主任。

[***] 戴溪瀛，云南大学法学院2018级民族法学博士研究生。

[①] 萨利因病辞世后，多个机构表达了哀思，其中包括《政治和法律人类学评论》(*Political and Legal Anthropology Review*)：polarjournal. org/2020/09/14/remembering-sally-engle-merry/；美国法律与社会协会（the Law and Society Association）：lawandsociety.site-ym.com/news/525617/Please-Express-Your-Condolences-for-Former-LSA-President-Sally-Merry.htm. 此外，由我撰写的讣告将在年底前发表在《美国人类学家》(*American Anthropologist*)（译者注：该讣告已于2021年9月发表于《美国人类学家》第123卷第9期）。

究方法。在介绍萨利如何通过这三类贡献塑造法律人类学学科的发展时，我将强调其中的几个关键概念。在我看来，这几个关键概念能够最好地说明萨利何以名垂青史。

在学科建设方面，萨利为法律人类学在学科内外的发展奠定了重要基础。20世纪70年代末至80年代中期，萨利初入该领域时，恰逢美国法律与社会运动（law and society movement）步入快速扩张阶段。当时的学者已不再满足于开展简单的社会法律研究（sociolegal research），他们希望将法律作为一个重要的社会过程加以研究，进而改变对法律本身的理解。

在法律与社会运动中，萨利成为使用人类学和民族志方法开展社会法律研究的中流砥柱。萨利与同时期其他几位人类学家一道，共同致力于推动法律人类学在法学、政治学与社会学等强势学科中建立起稳固的地位，而正是这些学科构成了法律与社会运动的中心。多项高水平的成就，标志着她作为美国法律与社会协会法律人类学学科倡导者所取得的成功：1993年至1995年，萨利成功当选美国法律与社会协会主席；2002年，其著作《殖民夏威夷：法律的文化力量》获得该协会社会法律史图书奖；2007年，萨利获得协会最负盛名的奖项——哈里·J.凯文奖（Harry J. Kalven Jr. Prize），该荣誉专门授予受到学界最高敬意的学者（美国法律与社会协会对其的官方描述是"奖励那些为推动法律和社会理论做出重要贡献的实证研究"）。

萨利之所以在法律和社会研究领域表现卓越，是因为在20世纪80年代到90年代，她与其他少数几位学者共同提高了法律人类学的知名度，并加强了该学科的合法性。此时，法律人类学正与医学人类学、经济人类学、后殖民主义人类学，以及对人类学历史与方法论的后现代主义批判等人类学其他子学科，努力维持着良性互动与竞争的关系。

最终，萨利结束了她在法律和社会运动中的漫长旅程，并带着同样的热情与精力回归到了她所热爱的法律人类学研究当中。此后，她致力于振兴政治和法律人类学协会（the Association for Political and Legal Anthropology），并将该协会的通讯杂志打造成为一本备受学界推崇的人类学期刊——《政治和法律人类学评论》。在担任政治和法律人类学协会主席、《政治和法律人类学评论》联合编辑及其他几个重要职务期间，萨利努力推动法律人类学成为一门关注权力、霸权、抵抗和正义等问题的前沿学科。萨利在学科建设上的天赋，部分在于她看到了将政治和法律作为法律人类学基础逻辑所具有的认识论和实践优势，这一视角或可帮助人类学再现法律和社会运动中的跨学科开放性。[1]

与此同时，萨利在学科建设方面也越来越具有国际影响。2005 年入职纽约大学前，萨利职业生涯的头三十年都在其母校韦尔斯利学院（Wellesley College）教授本科生。这也造就了一种在美国文理学院（Liberal Arts College）独特的教育体系之外令人费解的状态：尽管萨利作为享誉全球的法律人类学家的影响力日益提高，但在她职业生涯的大部分时间里却没有招收自己的博士研究生。然而，她仍然受到了众多国内外学生的欢迎。许多学生申请做她的博士研究生或博士后项目合作者，请她帮忙写推荐信、参加会议讨论，将她视为自己学术道路上的"指明灯"。应该说，在入职纽约大学以前，她虽然没有培养过自己的博士研究生，却成为了学生心目中一名"无国界"的导师，即使在开始招收博士研究生以后，她也继续保持着这样的状态。

千禧年来临之际，萨利作为法律人类学国际性学术领袖的地位得以正式确立。她在德国哈雷市马克斯·普朗克社会人类学研究所（Max Planck Institute for Social Anthropology）成立的法律多元化项目小组中，发挥了举足轻重的作用。该项目小组由弗朗茨（Franz）和基贝特·冯·本达-贝克曼（Keebet von Benda-Beckmann）共同领导，并迅速成长为全球法律人类学研究重镇。研究所举办的会议吸引了全球各地的与会者和客座研究人员参加，为身处学术生涯不同阶段的学者建立了一个跨越文化、语言和国界的学术网络和无与伦比的研究环境。作为法律多元项目小组顾问委员会成员，萨利投身其中并获得了研究所领导、同事和学生们的尊重。在萨利的积极倡导下，该项目小组最终在 2012 年荣升为该所独立设置的法律人类学系。[2]

就理论贡献来看，萨利撰写了大量被引次数高的著作，从而塑造了法律人类学过去几十年的发展。她在这些出版物中以极其清晰和深刻的视角，审视了现实生活中的法律。尽管萨利的学术成果不胜枚举，但我认为其中三个突出贡献，可

---

[1] 事实上，多年以后，萨利正是沿着同样的思路为我的研究提出了宝贵建议。在完成了一项针对玻利维亚的长期田野调查以后，我掌握了超过十年的研究数据，并告诉萨利我至少可以写出两本书，一本关注该国 2006—2016 年的法律变革，一本关注政治和意识形态。萨利毫不犹豫地劝我："这么做是不对的，如果你写两本书，你会把法律和政治分开讨论，但我确信它们在玻利维亚是紧密相连的。"事实证明她的判断是对的，由此产生的研究将玻利维亚"变革进程"的法律、政治和意识形态视为一个紧密联系、错综复杂的整体。Mark Goodale, *A Revolution in Fragments: Traversing Scales of Justice, Ideology, and Practice in Bolivia*. Durham: Duke University Press, 2019.

[2] 感谢贝克曼分享了萨利在哈雷法律多元化项目小组创立和发展过程中所扮演的重要角色。事实上，自 2012 年哈雷法律人类学系成立以后，萨利一直在该系的咨询委员会任职直至去世，成为该系过去 20 年发展历程中最重要的导师和顾问之一。

以全方位地概括她对法律人类学的学术影响。① 首先，萨利初入学术界时专注于研究美国东北部城市（尤其是马萨诸塞州）市民的法律身份和法律实践。她的第一个田野点，使得她得以参加一个重要的区域性研究网络，该研究网络的学者受到了"批判法律研究"（Critical Legal Studies）学术运动的启发，旨在推进社会与法律的跨学科研究。

该研究网络于20世纪80年代初在马萨诸塞州阿默斯特成立，汇集了众多志同道合的学者，研究超越学科界限和法律实践的意识形态、法律过程和法律意识等前沿问题。萨利以及许多后来被称为"法律意识研究"（Legal Consciousness Studies）的学者均在其中，此后他们都成为法律和社会运动及其所属学科的领军人物。② 20世纪80年代，萨利不断推进对法律以及法律实践的理论认识，同时在马萨诸塞州塞勒姆和剑桥等地的法院和调解项目中，开展民族志研究。萨利并没有遵循传统模式——把研究重点放在规则、程序或纠纷解决机制上，而是做出了一项开创性的研究：她探索了当地大多数劳工阶层如何看待法律及其意义，并以此考察他们的社会关系。

在这项具有法律人类学里程碑意义的研究当中，萨利提出了"法律权利的悖论"：美国的劳工阶层认为自己有权利用法律来解决个人问题，然而，当他们使用这项权利时，却失去了对其个人生活和纠纷的控制权。正如她所说："处于社会底层的人们，在运用法律来主张自己在邻里及家庭关系中的法律权利的同时，也增强了他们对国家机构的依赖……当面对法律介入以及掌握着实施法律权力的司法者时，他们也会变得无能为力……因此，工人阶级到法院打官司，反而加深了司法者对他们的控制。"③

---

① 出于篇幅限制，在介绍萨利的学术成就时，我不得不忽略她作品中的其他一些重要贡献，包括她在20世纪90年代对夏威夷法律和殖民主义的历史研究，以及她对性别暴力问题的研究。

② 该研究网络的参与者包括奥斯汀·萨拉特（Austin Sarat）、苏珊·西尔贝（Susan Silbey）、克里斯汀·哈林顿（Christine Harrington）、帕特丽夏·艾维克（Patricia Ewick）、芭芭拉·英韦松（Barbara Yngvesson）和约翰·布里格姆（John Brigham）。

③ Sally Engle Merry, *Getting Justice and Getting Even: Legal Consciousness among Working-Class Americans*. Chicago: University of Chicago Press, 1990, pp. 181–182. 该书于1990年出版，并与另外两本书共同组成了由约翰·M. 康利（John M. Conley）和威廉·M. 奥巴尔（William M. O'Barr）编辑的"芝加哥法律与社会系列丛书"。该系列丛书关注"语言和法律话语"问题，除康利和奥巴尔合作的《规则与关系：法律话语的民族志》外，该系列的第三本书是由语言学家苏珊·伯克-塞利逊（Susan Berk-Seligson）完成的一项针对法庭口译员的精彩研究，书名是《双语法庭：司法程序中的法庭口译员》。

译者注：关于萨利论述的译文，本文参考的是萨利·安格尔·梅丽：《诉讼的话语：生活在美国社会底层人的法律意识》，郭星华、王晓蓓、王平译，北京：北京大学出版社，2007年版，第244—245页。

此后，受到在马萨诸塞州和夏威夷开展的家庭暴力研究的启发，萨利开始对全球范围内日益增长的反家庭暴力跨国运动产生浓厚兴趣。在冷战结束后的第一个10年，人权激进主义的广泛扩散催生了这一运动。1999年至2003年，萨利开展了一项旨在监测《消除对妇女一切形式歧视公约》（the Convention on the Elimination of All Forms of Discrimination Against Women）全球体系的大型研究项目。由于该项目采用了独特的方法论（见下文），萨利观察到国际人权规范的内涵和意义并非铁板一块，取而代之的是一个"本土化"（vernacularization）的过程——国际人权规范不断地在全球体系的不同层级间转换，从而改变了规范本身。①

更重要的是，在萨利关于全球人权体系的研究和写作过程中，"本土化"概念中心地位的确立，标志着自20世纪90年代中期由她首次提出这一概念后，发生的一次重大的理论转变。彼时，基于对1993年美国政府因殖民主义和文化破坏罪，被原住民主权运动送上夏威夷"人民法庭"的相对有限的研究，萨利指出这个原住民主权运动创造了一种新形式的"本土化的"法律，即通过夏威夷的本土文化类型，重新诠释国际人权规范的内涵。②

然而，在对不同历史和政治背景下的法律移植过程进行深入研究后，萨利摆脱了这种早期的、具有理想色彩的"本土化"概念。2000年以后，她重新阐述了"本土化"的定义，以描述由跨国人权活动家和人权企业家（human rights entrepreneurs）控制的战略性谈判过程。理论上的转变深刻反映出人权全球化本身所蕴含的更为广泛的变化，"本土化"已经失去了赋权的潜力，相反，在争取司法和文化自治的运动中日益成为一个模糊的机制。

正是这个全新的"本土化"概念，对此后人类学学科内外关于人权实践的研究产生了巨大影响。事实上，我们可以在人类学以外的多个学科中，清楚地看到这个学术概念的横向力量——从法理学家到联合国政策制定者，"本土化"概念被学者和官员们广泛运用。可以说，"本土化"概念本身也被"移植"了，法律人类学跟随这一概念，走进了人权研究者和活动家的网络中。

---

① Sally Engle Merry (2006a), *Human Rights and Gender Violence: Translating International Law into Local Justice*. Chicago: University of Chicago Press, 2006. Sally Engle Merry, "Transnational Human Rights and Local Activism: Mapping the Middle," *American Anthropologist* vol. 108, no. 1, pp. 38-51.

② Sally Engle Merry (1996), "Legal Vernacularization and Ka Ho'okolokolonui Kanaka Maoli, The People's International Tribunal, Hawai'i 1993," *Political and Legal Anthropology Review* vol. 19, no. 1, pp. 67-82; Sally Engle Merry (1997), "Legal Pluralism and Transnational Culture: The Ka Ho'okolokolonui Kanaka Maoli Tribunal, Hawai'i, 1993," in Richard A. Wilson (ed.), *Human Rights, Culture and Context: Anthropological Perspectives*. London: Pluto Press, 1997, pp. 28-48.

作为对全球人权体系研究的重要延伸，萨利还关注法律移植以外的其他重要议题。除了促进人权的规范层面，萨利的大部分研究都集中在与指标有关的高度技术化的议题中：如何测量特定类别的人权现状？这些类别背后的统计数据是如何产生的？具体由谁来统计？是否有可能将社会、政治和经济的复杂性，简化成为可在全球范围内进行比较的量化指标？

这些议题推动萨利开展了其学术生涯中最后一个重大研究项目，并做出了又一项重要的学术贡献。量化评估作为一种知识生产和治理技术，在全球日益占据主导地位。2009年至2015年，萨利针对这一现象，指导了一项她称之为"指标文化"（indicator culture）的创新性研究。在思考统计数据如何通过量化评估重新解释人权现状、性别暴力和人口贩卖的复杂性时，萨利提出了又一个具有广泛影响的重要概念——化约（Commensuration）。[1]

正如萨利所展示的，作为一种真理的意识形态，化约发挥着重要的作用，它对于政府决策、预算，甚至公众眼中的合法性都是不可或缺的。依赖于一个简化过程（a process of aggregation）——例如运用"严重和中度"测量针对妇女的暴力，对复杂社会现象的量化评估，越来越脱离其所要反映的客观实际。当某个指标声称可以在国家层面量化评估诸如针对妇女的"严重和中度暴力"时，实际上已无法反映地方层面的真实情况，希望通过指标了解妇女面临的暴力情况变得毫无意义。然而，作为国家、区域和国际层面"循证治理"的基础，通过化约实现简化，实际上是一个评估指标"在众多相互竞争的指标中……获得政策制定者青睐的关键……事实证明，最为简单和具备一致性的指标往往在竞争中赢得上风。"[2]

最后，萨利对法律人类学方法论的贡献也同样深远。40年来，她辛勤致力于将民族志作为研究法律过程和法律意识的重要方式。重要的是，尽管萨利把民族志研究作为她众多项目的基础，她仍不断探索民族志的可能性，极大地拓展了法律人类学的"工具包"。

例如，通过研究法律在夏威夷殖民中的作用，她开发出一种被称之为"历史民族志"的研究方法——民族志学家将目光投射回过去，从而捕捉出隐藏在现有历史记录中的社会关系、网络和冲突。同时，她还使用了一种所谓"档案民族志"的研

---

[1] Sally Engle Merry (2016), *The Seductions of Quantification: Measuring Human Rights, Gender Violence, and Sex Trafficking.* Chicago: University of Chicago Press. See also Sally Engle Merry and Summer Wood (2015), "Quantification and the Paradox of Measurement: Translating Children's Rights in Tanzania," *Current Anthropology* (56)2: 205-229.

[2] *The Seductions of Quantification,* p. 20.

究方法，其目的是从历史记录中梳理出"深嵌在制度边缘和空隙中的关于权力的微观物理学"。①

通过研究《消除对妇女一切形式歧视公约》全球体系，萨利进一步拓展了民族志研究的适用范围。萨利没有采用单一地点或国家来作田野调查，而是运用了一种她称之为"去疆域化民族志"的研究方法。与乔治·马库斯（George Marcus）提出的"多点民族志"概念略有不同，萨利指出，去疆域化民族志"更接近于（人权实践概念）……（这个概念）存在于不同的空间，同时又不植根于其中任何一个空间的状态"。②正如她进一步解释的那样，正因为人权体系自身"既不连贯，也不能被全面的了解"，因此，去疆域化民族志也意味着要将"民族志方法与（更广泛的人权）体系碎片相结合"。③

萨利在其关于人权指标的最后一个研究项目中，再次探索了去疆域化民族志的巨大潜力。"指标民族志"不仅是对人权体系的碎片，更是对"指标文化"风靡全球背后的意识形态开展的深入研究。在这种文化中，"量化的诱惑"通过技术官僚实践、文件和制度需求的异质性混合，迷惑了全人类。通过"指标民族志"，萨利或许已将她毕生追求的研究和教学事业做到了极致。

萨利与疾病进行了英勇而持久的斗争，尽管最终不得不屈服于病魔，但她仍然畅想着继续为法律人类学的发展做出贡献。2018年12月，在柏林哈纳克之家（Harnack-Haus）的一次国际会议上，她告诉我她正计划启动一个终极项目，可能会回到夏威夷继续研究法律和殖民主义问题。每每想到这个未能实现的项目，总叫人百感交集，但萨利留下的学术成就已然汗牛充栋——她为法律人类学学科建设、理论建构和方法论研究留下了宝贵遗产，这些无与伦比的遗产必将亘古长存。

---

① Sally Engle Merry (2002), "Ethnography in the Archives," in June Starr and Mark Goodale (eds.), *Practicing Ethnography in Law: New Dialogues, Enduring Methods.* New York: Palgrave Macmillan. pp. 128–142, 137.

② *Human Rights and Gender Violence*, p. 29.

③ Ibid.

介于两者之间的表达：法律、人类学以及跨学科的修辞*

万安黎** 著

王伟臣　邹　琪*** 译

摘　要　本文旨在回顾法学学者和非法学学者如何看待跨学科法律研究的学术贡献，并希望通过这种回顾来重新审视学科之间的关系。首先，本文考察了19世纪法学家亨利·梅因（Henry Maine）和20世纪人类学家埃德蒙德·利奇（Edmund Leach）关于这一问题的看法，其不同之处在于：梅因强调的是从一种理论图景"转移"（movement）至另一种理论图景，而利奇则希望通过探索学科"之间的领域"来构建学科间的关系。随后，本文讨论了法律人类学、"法律和社会"（Law and Society）****

---

* 本文原文为英文，原载于《伊利诺伊大学法律评论》1994年卷第3期，第597—650页。Annelise Riles, Representing In-Between: Law, Anthropology, and the Rhetoric of Interdisciplinarity, University of Illinois Law Review, Vol. 1994, No. 3, pp. 597-650.

** 万安黎（Annelise Riles），时任哈佛大学法学院国际公法福特研究员（1993—1994年），剑桥大学社会人类学博士生。普林斯顿大学学士学位（1998年）、伦敦政治经济学院理学硕士学位（1990年）、哈佛大学法学院法学博士学位（1993年）。万安黎感谢艾布拉姆·蔡斯（Abram Chayes）、皮特·费兹帕特里克（Peter Fitzpatrick）、大卫·肯尼迪（David Kennedy）、安吉丽娜·敏思（Angelia Means）以及史翠珊（Marilyn Strathern）。

*** 王伟臣，法学博士，上海外国语大学法学院副教授，主要研究方向为法律人类学、比较法律文化。
邹琪，上海外国语大学2020级法律硕士研究生。

**** 译者注：原文使用首字母大写的"Law and Society"（本文统一译为"法律和社会"）、"Law and Anthropology"（本文统一译为"法律和人类学"），特指固定的研究领域。

以及法律社会学的研究现状。本文批评了此项研究中这些核心学科之间的僵化对立，并认为现如今将法学与人类学作为学科联系起来，或将法律与社会作为社会形态联系起来的方案，已经失去了修辞（rhetorical）上的效果。本文最后指出，当前法律的跨学科研究的贡献在于揭示了关于法律研究的反思性模式与规范性模式之间的对立关系。

关键词　　法律　人类学　修辞　梅因　利奇

导论：介于两者之间的修辞

本文主要考察人类学的哪些观念、方法、写作方式或者观察方式在未来能够帮助我们讨论法律问题。法学与人类学之间的跨学科研究至少有着一个世纪的深厚传统，学科之间的这种互动关系——在 20 世纪中叶的表述中，这种互动关系模糊了法律和文化的区别——目前看来正摩拳擦掌，准备大干一场。然而奇怪的是，不论是人类学家对于法律的研究还是法学家对于文化问题的关注，最近都遭遇了学科边缘化的困境。这些研究缺乏理论创新，甚至枯燥乏味。① 正因为如此，笔者感到好

---

① 作为美国人类学协会（the American Anthropological Association）的下属协会，政治与法律人类学协会（Association of Political and Legal Anthropology）面临着成员过少的危险，此外，最近在法律和人类学（Law and Anthropology）以及法律和社会等研究领域，有惊人数量的研究动辄就会对本领域提出贬损性的批评。弗朗西斯·斯奈德（Francis Synder）在其 1981 年关于法律和人类学的一篇评述中开宗明义地断言："人类学与法学之间的关系通常被认为是有问题的和脆弱的。"参见 Francis G. Snyder, *Anthropology, Dispute Processes and Law: A Critical Introduction*, 8 British J.L. & Soc'y 141, 141 (1981)。他还进一步指出，法律和人类学研究缺乏有力的制度保障，人类学对法学缺乏影响。同样地，彼得·萨克（Peter Sack）在最近出版的一部名为《法律和人类学》的论文集的导论中表达了他的观察：

"人类学"随波逐流，由一支人数不断增加但士气低落的团队支撑着，他们试图带领这门学科驶向所有可能的方向。但问题在于，人类学家自顾不暇，不太可能扮演将西方法律理论这位公主从百年实证主义的沉睡中解救出来的王子。

参见 Peter Sack, *Introduction* to Law and Anthropology xx (Peter Sack & Jonathan Aleck eds., 1992)。
在回顾了其他学者对法律和社会研究的可怕预测之后，瑞塔·西蒙（Rita Simon）和詹姆斯·利奇（James Lynch）总结道：

（这些学者）的评价在大方向上似乎没有问题，但有些夸大。法律社会学作为一个研究领域并没有产生一个综合性和包容性的知识体系。几乎没有什么宏大的理论。孤立的案例研究似乎占据主流，而法院也不太重视基于经验的研究结果。尽管如此，最近几年，人们试图发展出一种法律理论，尽管它并不全面，但毕竟是朝着正确的方向迈出了有益的一步。

参见 Rita J. Simon & James P. Lynch, *The Sociology of Law: Where We Have Been and Where We Might Be Going*, 23 L. & Soc'y Rev. 825, 843 (1989)。
最后，我们来看看另外两位人类学家的观点。由简·科利尔（Jane Collier）和琼·斯塔尔（June Starr）

奇的是，究竟是什么可以让某一种研究模式在特定时期展现出令人激动、标新立异或足以扭转乾坤的形象，而这种徘徊于学科之间的研究状态也可能会告诉我们，知识如何为我们服务以及我们又如何利用知识。跨学科修辞的乐趣就在于此。

在笔者看来，本文是通过人类学的方法来回答上述问题的——仔细观察可比之处（points of comparison），以此来证明，笔者本人对于跨学科性质和内涵的看法并非先入为主之见。我们不需像马林诺夫斯基（Malinowski）那样去遥远的小岛寻找这样的比较点，毕竟人类学家已经日益认识到，这样的可比之处在我们自身的社会中比比皆是。前往异国他乡是一种探险，转移视野同样也是一种探险，因为这相当于换个角度审视自己，打开了另一扇窗户。就本文而言，由于笔者本人就是跨学科研究的倡导者，所以这意味着，梳理研究传统的发展过程最终会回到对笔者自身的反思。于是，本文开始回顾法学与人类学史上的那些经典学者介入其他学科的策略。① 回顾这些策略，我们可以发现，一开始它们往往把跨学科研究描述为对法律领域的"彻底重新评价"②，后来口气有所缓和，变成了呼吁对法律进行更多的学术研究。③ 但无论如何，这些策略都展示了我们作为法学家、专业学者和人类学家在一个特定的政治/文化背景下，如何看待和表达世界。换言之，笔者旨在说明，这些策略和观点反映了人类学研究的文化背景。

笔者首先关注的是两位极富魅力的能够代表法律人类学传统的学者，亨利·梅因和埃德蒙德·利奇——他们乍看起来似乎没有什么共同点。⑤ 因为，现在人类学

（接上页）主编的论文集《法律研究中的历史与权力》（History and Power in the Study of Law）旨在反思和振兴法律人类学。但是在该书的导言中，两位编者关于法律人类学身份问题的思考却体现出定位和目标上的矛盾。她们既呼吁把法律人类学继续当作一个独立的"分支学科"，又要求重整法律人类学，即不能把法律人类学"当成'独立于'社会人类学之外的分支学科，而应该将其'融入'社会人类学的理论建构"——后一种观点反映了人类学家的一种普遍感受，即法律人类学并没有像此前那样成为这一学科理论创新的中心领域。斯塔尔和科利尔对于她们的论点在与法学研究遭遇时的处境同样持矛盾心理。她们表示自己与批判法学派有密切关系，但与此同时却指出，在整部论文集中，只有"一些撰稿人"才对批判法学派有兴趣。此外，她们也几乎没有提到她们希望自己的研究如何能够获得法学界的接受和认可。

参见 June Starr & Jane F. Collier, *Introduction* to History and Power in the Study of Law: New Directions in Legal Anthropology 1, 6 (June Starr & Jane F. Collier eds., 1989)。

① 笔者在这里只关注法律和人类学的跨学科工作对法律研究的修辞意义上的贡献。遗憾的是，尽管同样引人注目，但本文却只能忽略法学对于人类学议题的研究。这一方面的内容留待后续讨论。
② Book Jacket for Peter Fitzpatrick, The Mythology of Modern Law (1992).
③ Sally Falk Moore, Law as Process: An Anthropological Approach (1978).
⑤ 这种突兀的并列突出了关于视角构建的有趣问题，这些问题已经成为近期人类学关注的理论主题。这些问题的有趣之处在于，随着研究方法本身成为研究的主题，主题和方法的区别开始变得模糊。史翠珊就遭遇了类似的难题。她试图研究从19世纪到现代主义时期关于人类学议题的背景（context）观念的变化过程，但是她发现，就研究背景而言，在当代的学术框架中很难安放那些

家和法学家关注的是 19 世纪中期的梅因与 20 世纪中期的利奇在学术研究上的差异，而非共性。① 同样，两人之间在学科上的差异——梅因主要是法学，利奇主要是人类学——现在也有相当大的象征意义。梅因和利奇在政治立场上的分歧也值得关注：前者是反平民主义的贵族统治支持者，后者则属于 20 世纪 60 年代兴起的试图悄然颠覆传统的左派。梅因致力于营造出一种关于民族学法学（ethnological jurisprudence）的学科、领域或传统的研究氛围，而在利奇的时代，法学和人类学依然有着清晰的边界，所以他选择在两个学科之间从事研究。

如果暂时抛开这些差异，我们也许可以发现他们在方法论上的一些有趣的相似之处。梅因和利奇都把跨学科研究视作理论与方法创新的基础，而非学科间的偶发事件。此外，他们都没有忘记人类学的视角必然会与研究者自身的社会产生隐性比较，并且都认为自己的论证值得人类学分析。他们介入另一学科或讨论其他社会时，都是以自己的方式进行分析思考，进而推动形成新的视角。梅因的方法论创新是像工匠一样将人类学与法学的素材结合起来，而在利奇看来，将人类

（接上页）早期的人类学家。所以，她的这项研究同时具有了方法论（人类学家如何研究思想的历史变化？）和民族志（人类学家作为当代欧美文化产物的参与者，如何看待西方世界？）两个层面的意义：

> 对于一个非历史学家来说，令人不安之处在于：如果你观察得足够仔细，应该可以发现前人的学术思想，或者你也可以按照时间线索追踪其相似性。但问题是，如果你再花一些时间去观察，或者考虑其他因素时，就会发现，之前所确立的那种相似性就不见了……在什么基础上，我们要把一些学术思想放在前面，而把其他的放在后面？

参见 Marilyn Strathern, *Out of Context: The Persuasive Fictions of Anthropology*, 28 Current Anthropology 251, 253 (1987)。

不幸的是，在建立了这一精彩的双重视角之后，史翠珊恢复了她作为人类学家的本色，将注意力完全集中到了方法论的问题上，即如何正确定义事件之间的关系。用她文章的话来说，这就导致其最终还是采纳了典型的现代主义的人类学观念，即一切从背景出发。她认为，衡量学术思想应该回到当时的学术背景去判断哪些是重要的，哪些是次要的：

> 如果思想的先后顺序总是这样难以琢磨，那么为什么我们有时会强烈地感受到思想之间的变化或鸿沟？它必然来自于这些思想对我们实践行动的影响。因此，我们关注的重点不是看这位或那位学者是否以这种或那种方式构想其他文化——民族中心主义的想法是否存在——而是看其学术愿景（Vision）的有效性，一种学术思想的实施方式。

参见，同上。
这个背景问题是人类学介入法律研究的修辞和规划的核心。因此，本文的目的之一是探讨史翠珊所提出的方法论问题的另一种解决方式。

① 比如，参见 Modernist Anthropology: From Fieldwork to Text (Marc Manganaro ed., 1990); Mary Beard, Frazer, Leach, and Virgil: *The Popularity (and Unpopularity) of "The Golden Bough"*, 34 Comp. Stud. Soc'y & Hist. 203 (1992); Nathaniel Berman, *"But the Alternative Is Despair": Nationalism and the Modernist Renewal of International Law*, 106 Harv. L. Rev. 1792 (1993)。

学观念引入法学会面临种种挑战，但挑战本身正好可以用来评价跨学科的学术实践。

为了说明法学和人类学的跨学科方法对法律研究的贡献，笔者在这里提出一个困扰法律研究多年的理论盲区。在法律研究中，有一个重要的理论议题，即法律与社会的关系——认为法律范畴可以反映、塑造或超越一般的社会范畴。① 不管采取经典的还是批判的方式，这种研究体系基本上都是在宏观的、广义的层面上进行的，而没有考虑思想或思想片段如何跨越我们所认为的将法律与日常生活区分开来的边界。没有人知道理论知识是如何在法律与社会之间迁移的，所以法学家们只是靠预感大概知道以下几点事实：法律与社会范畴之间存在因果关系；法律与社会在实际上是有区分的；一个领域的变化在某些方面会引起另一领域的变化。因此，如果针对法学与人类学的互动关系做民族志式的分析，将会帮助我们实现前所未有的观察，因为这种分析能够揭示出思想在不同学科之间的移动方式，尤其是社会范畴面向法律语言的翻译过程。

因此，本文第二部分通过对梅因和利奇的修辞策略的细致分析，提出了一个关于跨学科思想流动的民族志视角。让笔者感到好奇的不仅有他们眼中的跨学科现象，还有我们能从他们那里得到哪些创新。而后，在第三部分，笔者指出了当代跨学科学术策略中的一些相似之处，此外，还指出了当代关于跨学科性（interdisciplinarity）修辞的一系列常见技巧。基于人类学关于现代知识特点的认识，笔者思考的问题是，为什么这种关于跨学科性的修辞能够为跨学科研究提供充分的理由，同样，为什么这种理由现如今已经失去了功用。笔者认为，长期以来，法律研究的人类学方法都是根据人们对各种关系的认识来界定的。这些关系包括：学科与文化的关系，法律与社会的关系，现实世界与抽象法则的关系，以及最近的各种修辞技巧之间的关系。将法律人类学研究的对象和方法诉诸为对关系的理解，暗含着一种相对主义的立场。从亨利·梅因到萨利·法尔克·摩尔（Sally Falk Moore）一直都在苦口婆心地阐明一个道理，即当你用当代的欧美法律问题与其他社会的法律制度相比较的时候就会意识到，前者其实只是一种文化实体类型而已。

这种相对主义通常被认为站在法律的规范性论证的对立面，比如，当有人试图

---

① 比如，参见 Ronald Dworkin, Taking Rights Seriously (1978); Lawrence H. Tribe, Abortion: The Clash of Absolutes (1990); Roberto M. Unger, Law in Modern Society: Toward a Criticism of Social Theory (1976); Duncan Kennedy, *The Effect of the Warranty of Habitability on Low-Income Housing: "Milking" and Class Roles*, 15 Fla. St. U. L. Rev. 485, 485-519 (1987).

论证如何最大程度地保护财产所有者的合法权利时,就会有人跳出来质疑关于财产和所有权的性质的假定,这一假定在法律论证中被视为不言自明的。但其实,这种相对主义或反思性的法律思维模式并不旨在反对规范性,也不试图为其自身增加合理性。它的运作方式不同于论证(argument)、主张(claims)或立场(positions)。现如今在跨学科研究中,对于关系的揭露和维护已经不再是重点工作了。但在笔者看来,规范性思维和反思性思维作为两种不可比较的思维方式,它们之间的互动却日益成为当代法律研究的一个突出的重点内容。所以,人类学对法律研究的贡献就在于巩固与优化两者的互动,使这种关系变得清晰和明确,并为这种关系的实践和表达提供一种理论机制。

一、什么是法律人类学?

评价人类学对法律研究的贡献,不管是外在表现还是实质内涵,都取决于怎样理解法律人类学的意义。因此,有必要勾勒出法律人类学家的自我叙述,并以此作为本文论述的依据。大多数入门的人类学课程关于学科历史的回顾已经形成了固定套路。它们一般是这样开头的:人类学脱胎于 19 世纪末对由殖民所发现的文化多样性的好奇。根据人类发展的进化模型,人类学家把他们的研究对象视作欧洲社会的早期阶段。[①] 进入 20 世纪以后,人类学的核心工作主要是针对非欧洲社会进行长期的实地考察。[②] 这种方法是通过长期沉浸在另一个社会中(相对于研究者自身社会以外的)来讨论重要的理论性问题。与此相关的各种各样的研究都对隐藏在社会背后的意义抱有兴趣,这种意义可能是一种集体(与个人相对)无意识的,人类学家称之为"文化"。而 20 世纪中期的任务就是对这些文化进行比较。因此,正如人类学家卡罗尔·格林豪斯(Carol Greenhouse)在《耶鲁法律杂志》(Yale Law Journal)上发表的那篇文章开篇所指出的那样,"人类学是对文化差异之意义的研究"。[③]

自 70 年代中期以来,许多人类学家通过批判性地参与民族学自身所遭遇的理

---

① 比如,参见 James G. frazer, The Golden Bough (1913); Edward B. Tylor, Primitive Culture (1874)。

② 比如,参见 Bronislaw Malinowski, Argonauts of the Western Pacific (1922); Functionalism Historicized: Essays on British Social Anthropology (George W. Stocking ed., 1984)。

③ Carol J. Greenhouse, *Just in Time: Temporality and the Cultural Legitimation of Law*, 98 Yale L.J. 1631, 1631 (1989).

论和实践问题，将注意力重新集中到自己的学科上。他们从历史的角度考察殖民活动以及殖民主义同人类学知识的关系。① 对于一些学者而言，这一关键转变意味着他们将目光从遥远的异域转移到了欧美社会。② 但对于大多数学者来说，对他者社会的民族学研究却成了人类学家反思自身社会的一种方式。大约在10年前，人类学家乔治·马尔库斯（George Marcus）与迈克尔·费彻尔（Michael Fischer）总结了这一学科的现状：

> 如果现代人类学对学术的主要知识贡献存在什么核心和源泉的话，那么这就是民族志研究本身，对此有两个证立理由：其一，尽管19世纪的人类学研究传统现如今看起来不太明朗，但基于这种传统却发展起来了一种对部落和非西方社会文化多样性的关注。其二，过去虽未被充分发挥、但今日却获得发展潜能的对我们自身社会进行的文化批评。③

人类学对法律和法律制度的研究也有着类似的历史。一般认为，现代法律人类学肇始于马林诺夫斯基的《原始社会的犯罪与习俗》。④ 此书讨论了特罗布里恩德（Trobriand）社会的法律问题。马氏主张通过深入田野调查的方法对原始法律进行实际观察，并强调"应当直接观察习俗规则在现实生活中的运作"，⑤ 由此，他

---

① 比如，参见 Colonialism and Culture (Nicholas B. Dirks ed., 1992)；Jean Comaroff & John L. Comaroff, Of Revelation and Revolution: Christianity, Colonialism, and Consciousness in South Africa (1991)；Johannes Fabian, Time and the Other: How Anthropology Makes its Object (1983)；Frederick Cooper & Ann L. Stoler, *Tensions of Empire: Colonial Control and Visions of Rule*, 16 Am. Ethnologist 609 (1989)；Martha Kaplan & John D. Kelly, *Rethinking Resistance: Dialogics of "Disaffection" in Colonial Fiji*, 21 Am. Ethnologist 123 (1994)。

② 比如，参见 Recapturing Anthropology: Working in the Present (Richard G. Fox ed., 1991)。
令人惊讶的是，在法律和人类学领域的一些作品中依然可以感受到早期研究的那种保守性，即认为人类学是关于原始的专门研究。例如，彼得·萨克在论文集《法律和人类学》的导言中声称，人类学作为一门有别于社会学的学科，其研究之所以没有中断，主要是因为，人类学将原始的或野蛮的当作研究对象，并对其作"冒犯性"（offensive）的描述。他认为：

如果说"文明"和"野蛮"的对比太过强烈的话，那么我们可以使用"西方"和"非西方"社会这对中性概念，以此来消除（这种分立）所隐含的刺痛感——在地理（而非文化）意义上加以理解，以尽可能地避免非西方社会（地理上）的"西方化"（文化）所产生的附属性的意涵。

参见 Sack, 第26页注①, at xvi（引文省略）。

③ George E. Marcus & Michael M.J. Fischer, Anthropology as Cultural Critique: An Experimental Moment in the Human Sciences 20 (1986).

④ Bronislaw Malinowski, Crime and Custom in Savage Society (1926).

⑤ Id. at 125.

的这种研究宣告了一个新纪元的到来。这本书所采用的分析方法和对原始法的观察，为以后的法律人类学研究奠定了基础。在马氏看来，前辈学者的立场是历史进化论。他认为，自己的经验主义研究①与前辈们恰好相反，秉持的是一种关系推理（relational reasoning）的方式："我的这种方式是把某些事实拆分成更小的块面，并研究这些块面之间的关系。"②因此，马氏主要关注的是法律的文化背景，而非一套规则。③正是强调背景和发展过程，而不是习惯和规则，④使他对于原始法律制度的合理性和复杂性给予了较高的评价。⑤

20世纪五六十年代，法律人类学展开了一场有关社会控制和社会组织性质的讨论。通过观察非西方社会的纠纷，人类学家试图论证是否所有社会都存在着法律或类似的制度。⑥受马氏影响，这些学者倾向于认为，无论与英美法有多大的不同，他者社会所有纠纷解决机制都有其合理性。这些学者有时非常明确地借鉴英美法学的观点，聚焦于法律制度如何维护社会秩序。⑦对法律人类学而言，那是一个充满希望的时代：劳拉·纳德（Laura Nader）在发表于1965年的那篇影响深远的文章的开头不无骄傲地表示："我确信，人类学对于形态各异的法律的理解即将步入新的发展阶段。"⑧她用"学术活力"来形容50年代的研究成果，所以我们就能理解为什么当时保罗·博安南（Paul Bohannan）表示："'法律人类学的作品虽然不多，但皆为精品——人类学的大多数分支学科很难做到这一点。'"⑨

20世纪60年代，在法学方法和人类学方法的关系问题上出现了激烈的辩论。一些学者乐于借鉴法学的研究成果，而另一些学者则强烈反对将英美法律范畴应用于非西方社会的研究。关于学科方法的争议引发这一时期最重要的认识论上的争论，以人类学家格拉克曼和博安南之间的冲突为典型表现，尽管当时每一位法律人类学家都无法回避这个问题。这场争论的焦点是，是否可以使用西方法律术语去理解和比较非西方法律制度。格拉克曼持肯定立场，而博安南则认为，西方法律范畴

---

① Id. at 3.
② Id. at 127-28.
③ Id. at 125.
④ Id. at 123.
⑤ Id. at 21.
⑥ 比如，参见 Paul Bohannan, Justice and Judgment Among the Tiv (1957).
⑦ 比如，参见 Max Gluckman, The Ideas in Barotse Jurisprudence 7, 11 (1965).
⑧ Laura Nader, *The Anthropological Study of Law*, Am. Anthropologist, Dec. 1965, at 3.
⑨ Id.

无法真正表达他者社会的文化。① 这场争论的实质其实并不在于法律问题，而在于如何理解和表达他者的文化，如何进行文化翻译和文化比较，以及一个社会的知识究竟由什么构成。博安南试图更加全面地理解本土语言范畴，并由此发展出一种无文化（cultureless）语言，用于比较这些本土语言范畴。② 但在格拉克曼看来，他者社会只能用人类学家和受众自身的范畴来理解，否则就无法进行比较。格拉克曼还认为，人类学研究必然体现着人类学家自身的范畴特征，无论承认与否。③ 按照摩尔当时所强调的，这场争论反映了"两人在何谓范畴这一问题上深刻的差异，这种差异不仅关乎研究方法，也关涉研究旨趣"。④ 由此，摩尔将这场争论巧妙地转化为一个认识论问题：当一个人获得（或拥有）这些特殊概念时，他知道什么？⑤

20 世纪 70 年代，法律人类学的研究重点转向了后来所称的司法过程。人类学家认为，与其在西方和非西方社会中寻找裁判规则，不如通过观察纠纷解决来理解司法过程，毕竟规则也孕育于此。这一倾向引发了对法律多元的强调，因为大家发现，非正统的法律机制和框架无处不在。⑥

但是，到了 20 世纪 80 年代，关于规则和程序、⑦ 法律或类似制度的普遍性、社会控制⑧ 等问题的争论就停止了。如前所述，法律人类学遇到了身份危机，并且很有可能丧失对其研究方法和领域的兴趣。有人认为，要促进法律的人类学研究就应该用解释学方法取代实证研究。比如，克利福德·格尔茨（Clifford Geertz）倡议"两个学科间的解释学融合"⑨，即将法律-人类学家（lawyer-anthropologist）的任务转变为关于"文化翻译"的艺术活动。⑩ 同样地，许多法律多元主义者的解释

---

① 可以比较以下两篇文章：Paul Bohannan, *Ethnography and Comparison in Legal Anthropology*, in Law in Culture and Society 401 (Laura Nader ed., 1969); Max Gluckman, *Concepts in the Comparative Study of Tribal Law*, in Law in Culture and Society 349 (Laura Nader ed., 1969)。

② 实际上，博安南曾建议将"福传（Fortran）或其他一些计算机语言"当成最适合的没有文化背景的比较语言。参见 Bohannan, 本页注 ①, at 415。

③ 参见 Gluckman, 本页注 ①, at 353。

④ Sally F. Moore, *Comparative Studies*, in Law in Culture and Society 337, 346 (Laura Nader ed., 1969).

⑤ Id. at 348.

⑥ 比如，参见 Leo Pospisil, Anthropology of Law 98 (1971); Marc Galanter, *Justice in Many Rooms: Courts, Private Ordering, and Indigenous Law*, 19 J. Legal Pluralism 1, 3 (1981)。

⑦ 比如，参见 John L. Comaroff & Simon Roberts, Rules and Processes: The Cultural Logic of Dispute in an African Context (1981)。

⑧ 比如，参见 Marilyn Strathern, *Discovering "Social Control,"* 12 J.L. & Soc'y 111 (1985)。

⑨ Clifford Geertz, *Local Knowledge: Fact and Law in Comparative Perspective*, in Local Knowledge: Further Essays in Interpretive Anthropology 167, 170 (1983).

⑩ Id. at 218.

工具吸纳了话语研究，① 还有一些学者尝试了后现代理论。

有鉴于此，笔者打算在本文的开篇就表达本人对于法学与人类学跨学科研究的展望。笔者完全能够理解为什么有些学者对这个领域持悲观态度。就法律研究而言，很难说人类学有什么独到的成果或方法。承认了这一点，我们就会明白，为什么人类学对于法律问题的研究没能影响到法学。这里的"影响"主要是指，法学家并没有接受人类学的分析工具。作为对照，法律和经济学（Law and Economics）领域的学者们认为，经济理论已经被纳入了法学家的工具箱。为什么人类学做不到这一点？主要原因并不是在于，人类学领域，如人类学家所研究的社会太过遥远以至于法学难以抵达，而是因为一旦到达那里就会发现，那里其实并没有他者。聆听他者的诉说，甚至是把他者请到我们家门口来表演，都不可能还原他们在日常生活中那种生动和精彩。事实上，这一问题正是本文下面要讨论的那些研究没能成功的原因之所在。

如果说上述的论调太过悲观的话，让我们回到批判话语。主张人类学介入法律研究具有价值，这一宏观且绝对的观点，忽略了如下事实：这两个学科有一个根本的相似之处，即二者目前都陷入了认识论与政治的僵局。主张将人类学引入法律研究，就相当于把人类学视为一个来自远方的奇异的礼物。这种主张依赖于夸大学科之间的分立。放弃这种主张可能会让我们将这种分立本身视为法学家和人类学家关于法律与社会之间、东西方之间、逻辑与解释之间、科学与政治之间、现实与想象之间差异的一种共同的想象。面对这些差异，与其构建一个可供跨学科对话的切入点，还不如面对现实，将其当成一个批判性的研究对象。② 法学家和人类学家通过共谋维系了学科边界的象征意义，而共谋本身就是一个很好的研究课题。笔者认为，关注学科间的互动以及互动所带来的挑战，与过去的那种前往他者社会从事田野调查的研究具有同等重要的理论意义。下面关于这些学术大师的讨论就是绝佳的例证。

---

① 比如，参见 John M. Conley & William M. O'Barr, Rules Versus Relationships: The Ethnography of Legal Discourse (1990); Sally E. Merry, Getting Justice and Getting Even: Legal Consciousness Among Working-Class Americans 9 (1990).
② 迈克尔·赫兹菲尔德（Michael Herzfeld）最近在从事一个类似的研究。他关注的是人类学文本与他研究的希腊社区所同享的一套关于写和读的想象意义。他的目标是，如果政治竞争是为了创造共同意义，那么应当如何理解在这种竞争中书面语言所发挥的作用，而不是像传统的民族学那样将研究者自身的文化与研究对象的文化作对比。参见 Michael Herzfeld, Anthropology Through the Looking Glass: Critical Ethnography in the Margins of Europe 22–23 (1987).

二、可比之处

下面，本文将通过一组对比来探讨人类学对法律可能的贡献。不管在逻辑上，还是在表述上，本文的论证均基于人类学的经典视角，即关于梅因和利奇在修辞上的对比。在笔者看来，借由他们的共性可以很容易地探明他们之间的差异。

这里其实有两种方案。一种方案是，不考虑时代差异，只关注他们在学科问题上的分歧。作为一位法学家，梅因可以被看作是法学跨学科研究的代表。利奇则是人类学研究的代表，曾以人类学家的身份试图沟通与法学的关系。但是，如第三部分所述，当代法律人类学家认为，对于此项研究而言，梅因的贡献显然大于利奇。此外，人们还认为，当代跨学科的修辞策略也起源于梅因。

另一种方案是，在承认学科分歧的同时，还关注他们所处的不同时代在认识论上的差异。但是按照这种方案，梅因和利奇的作品就不能放在一起加以比较；因为它们分属于不同的话语体系。如果学科这种观念以及学科之间的互动关系对梅因及其作品而言是完全陌生的概念，那么比较梅因和利奇关于跨学科的观点就没有意义了。换言之，梅因的话语体系（基于历史观的宏观综合的理论框架）和利奇的话语体系（更加强调边界和独立性，但无论是文化还是学科，又必须相互关联、彼此影响）都是特定时代的产物。也许就没办法继续比较了，或者，两者的修辞比较站不住脚。

这似乎已经超出了本文所讨论的范围。本文最初关心的问题是通过梅因和利奇揭示人类学对法律的贡献。还是回到这个问题。接下来，我们来探讨一下，梅因是如何使读者相信民族志能够对法律有所贡献的。如第三部分所述，梅因关于跨学科研究的观点直到今天仍然受用。

（一）亨利·梅因的历史法学

与其费力地追溯法律人类学究竟起源于何时何地，还不如关注一位19世纪的权威法律学者。1847年，年仅25岁的梅因受聘为牛津大学罗马法女王讲座（Regius Professor of Civil Law）教授。[1] 从一开始他就以饱满的热情致力于推动法律教学改革，拓展学生的法律史学视野，鼓励学生勤于法律思辨。他倡导法律教育改革，提议创设法律与历史联合学位，[2] 开设以历史、比较法和哲学为主要内容的

---

[1] Raymond C.J. Cocks, Sir Henry Maine: A Study in Victorian Jurisprudence 9 (1988).

[2] Id. at 11.

正式法律课程；尽管他谦虚地表示，他所拥有的关于这些主题的知识尚达不到学术标准。在他看来，法律实务琐碎而无趣，职业律师如同井底之蛙的工匠，所以他宁愿选择为报纸撰写社论来贴补家用。在他的传记中经常可以看到这样的故事：学生们一开始也感觉法律枯燥乏味，但后来拜入梅因门下以后，会经常来到办公室与老师一起探讨文学、哲学和政治学。①

随着 1861 年《古代法》②的出版，梅因转向了历史和原始法律传统，致力于阐述关于法律思想在社会进化过程中的作用以及社会进步在法律发展中的作用的宏大理论。③当然，这种新的法学研究方法的功用还有待验证。比如，在国际法④和财产法等具体的英美法学领域中，这种方法有着怎样的意义？再比如，就法律进化的主题而言，殖民文化和政治又起到了怎样的作用？⑤在当代读者看来，梅因对于宏大法律理论的推崇显得怪异和过时；但与他同时代的学者可能并不这么认为：对于当时的热点话题而言，不管是实证主义理论还是殖民治理问题，梅因的研究方法都提供了一个全新且有力的切入点。《古代法》关于不同法律传统的论述有着海量的事实和论据作为支撑，因此获得了空前的成功。⑥同时，也为梅因在印度殖民政府中赢得了一个体面的职位，他正好也可以利用这个机会检验他的进化模型。

---

① Id. at 26.

② 本文引用的《古代法》版本是 Henry S. Maine, Ancient Law (Lawrence Rosen ed., U. Ariz. Press 1986) (1861)。

③ 关于《古代法》论点精华的总结请参见 Stephen G. Utz, *Maine's Ancient Law and Legal Theory*, 16 Conn. L. Rev. 821, 824—38 (1984)。

④ 今天的学术界忽视了梅因对国际法的贡献。梅因的身份很多，除了殖民官员和历史法学家以外，他还是 19 世纪国际法领域的代表学者。正如《古代法》以及他此后的作品所展示的，国际法及其与罗马强制法（jus cogens）的关系在其法律进化理论中占据重要地位。梅因晚年任剑桥大学惠威尔国际法教授（Whewell Professorship of International law）。在 19 世纪以及 20 世纪初，当时这一领域的学者都很欣赏梅因的国际法研究，但是到了今天，却并没有对其做太多的深入研究。参见 Thomas J. Lawrence, The Principles of International Law (5th ed. 1895)。

⑤ 今天的学术界也忽视了梅因的方法可能与殖民主义以及英国阶级冲突背后的政治问题有关。在梅因看来，科学容不得民粹主义。梅因为贵族的历史统治辩护，尽管它曾被滥用。其理由是，贵族统治具有的文字知识，可以成为科学的法学研究的基础，"这是唯一的权宜手段，依靠这种手段可以把民族或部族的习惯相当正确地保存着"。参见 Maine，本页注②，at 12。
同样，梅因的修辞也根植于欧洲人和殖民者之间的分歧。比如，他认为法典法显然优于判例法，在其关于罗马和印度社会的比较中，这一论断被诠释得淋漓尽致：
当然，我们不能因此就有理由认为，如果"十二铜表法"没有公布，罗马人的文明将像印度文明那样无力和恶化，但至少这是可以断定的，他们有了法典，才避免了那样不幸的遭遇。
Id. at 18.
译者注：本译文关于《古代法》中引文的翻译参考沈景一先生的译本。参见梅因：《古代法》，沈景一译，商务印书馆 1996 年版。下同。

⑥ 参见 Cocks, 第 35 页注①。

《古代法》出版 30 年后,梅因逝世,学术氛围似乎与他的预想背道而驰。由于他采取的都是比较的方法,所以法学院很快地将其作品束之高阁。① 法史学家则转向了更为具体的研究,这也预示着后来马林诺夫斯基对梅因及其"推测性方法"(speculative methods)的批判。② 其实,早在 1893 年,就有学者提出,要给予梅因以公正的评价:

> 每个聚焦于特定领域的学者在成熟以后,都会倾向于批判前辈学者的观点;但是经过十多年的研究应该也会明白,所谓的原创研究其实不一定能够站得住脚。所以,基于宏大视角的国家观在价值上并不必然低于微观视角。③

梅因的观点后来并未得到广泛接受。很多法律论文都会引用他的名言"从身份到契约",但很少有人会认真对待他的观点。同样,很少有文章会直接引用他的作品,作为极少数的例外,梅因也被当成各种各样的符号,一会成为法律现实主义的代表,④ 一会又被用于呼吁回归法律进化论的研究。⑤ 有鉴于此,有法学家总结道:"在法学研究史上,根本就没有'梅因学派'。他创造的是一种宏观的法律分析方法……至于他的作品的核心是什么,并没有达成共识。"⑥

因此,从他去世至今,人们提到梅因更多想到的是他是一位修辞学家而不是一位理论家。在最新出版的《古代法》序言中,当代法律人类学家劳伦斯·罗森(Lawrence Rosen)写道:"本书的魅力主要源于其文风的清晰和开创性。"⑦ 此外,19 世纪后期的一位学者写道:

> 他既有才华,又有魅力;偶尔会有新点子;但他并没有形成系统的理论,也没有像法国理论学家那样突出其理论主线;相反,他用华丽的辞藻将它们掩盖……他的著作没有刻板僵化,反而充满活力。他的观点不以命题的形式来呈

---

① 参见 id. at 183-89。

② 参见 Malinowski,第 31 页注 ④,at 3(批评梅因"狭隘地坚持父权制")。

③ *Sir Henry Maine as a Jurist*, 178 Edinburgh Rev. 100, 121 (1893).

④ 参见 Alan D.J. Macfarlane, *Some Contributions of Maine to History and Anthropology*, in The Victorian Achievement of Sir Henry Maine 111, 122-23 (Alan Diamond ed., 1991)(注意梅因将财产视为一揽子权利的观点)。

⑤ E. Donald Elliott, *The Evolutionary Tradition in Jurisprudence*, 85 Colum. L. Rev. 38, 43-46 (1985).

⑥ Raymond Cocks, *Sir Henry Maine: 1822-1888*, 8 Legal Stud. 247, 247 (1988).

⑦ 参见 Lawrence Rosen, Foreword, in Maine,第 36 页注 ②,at vii-xx。

现，所以也无法用论文的形式来支持或反驳。但必须承认，他的观点一直都很鲜活。①

同样，对法律感兴趣的人类学家倾向于引用梅因，并非出于他的观点，而是因为其在学科关系中的地位，② 以及他有能力塑造一种能够"沟通"法学的修辞策略，哪怕只是暂时的。③ 当然，与此同时，至少有一位法学家因为梅因修辞的成功而提出了批评：

> 对法理学家和法律史学家而言……梅因是比较分析法的标杆，引领了一代学术潮流。当比较方法被广泛使用时，梅因的开创性贡献给后来的学者留下了深刻的印象。很多法学家紧跟这一潮流，着手研究梅因所开拓的领域，但研究成果却乏善可陈。由于这些模仿者缺乏梅因所特有的眼光和风格，正是这些眼光和风格使得《古代法》成为不管是学者还是大众都公认的一部经典之作。④

如果把梅因当作一位语言大师的话，那么他的修辞能力如何呢？在实证法学的框架内讨论罗马婚姻仪式与印度家庭结构有什么吸引人的地方呢？在今天，如果我们从社会科学介入法律研究的角度来阅读梅因，可能会惊喜地发现一些熟悉的修辞策略。

1. 叙述结构：循序渐进的变化感

从今天的角度来看，《古代法》给人的第一印象是其题材的宏大。梅因同时围

---

① 参见 *Sir Henry Maine as a Jurist*, 第 37 页注 ③, at 101–02。
② 比如，参见 Greenhouse, 第 30 页注 ③, at 1632。
③ 例如，人类学家亚当·库珀（Adam Kuper）在评论最近一本关于梅因的传记时指出，人类学家仍然认为自己像梅因一样对法学研究做了十分严厉的批评，但这些批评本身时至今日并没有得到充分的重视：
梅因是英国相对主义和历史法律观的先驱。对于法学研究而言，这种立场是一种根本性的颠覆，大多数法学家并不认可这种立场，他们更愿意相信永恒的东西。正如考克斯（Cocks）所指出的，顶级法哲学家同样会受到批判，就好像边沁（Bentham）和奥斯汀（Austin）受到梅因的批判一样。为此，考克斯对德沃金做了简要的批判以说明这一点。所以不管是谁受到了批判，都不奇怪。然而，考克斯的结论是，尽管梅因的作品如此有力，但后来却并没有获得认可。"历史视角对于现代法学的作用几乎完全没有被挖掘出来；之所以做出这种判断是因为，今天的读者只要回看梅因的作品就会明白，通过法律史能够看到人类法制发展的无比丰富的多样性，所以梅因的作品对于今天的主流观点而言具有毁灭性的冲击，且还具有取而代之的能力。"就毁灭性冲击而言，也许法律人类学也能助其一臂之力。
参见 Adam Kuper, Book Review, 24 Man 535, 536 (1989) (reviewing Cocks, 第 35 页注 ①)。
④ 参见 Richard A. Cosgrove, Book Review, 34 Am. J. Legal Hist. 190, 191 (1990) (reviewing Cocks, 第 35 页注 ①)。

绕着不同的主题向我们展示了一系列令人惊叹的材料,所以阅读此书就好像身处一栋豪宅的阁楼,不顾尘土飞扬,探索着各种收藏。首先,梅因撰写了一部当代的法律史,且非常完整。它涵盖的内容包括:法律技术,比如法典和拟制;法理学问题,比如自然法和实证理论;以及几乎所有重要的普通法制度——契约法、刑法、财产法、遗嘱和遗产法、国际法。以防读者忽略他的良苦用心,梅因在行文的关键之处都会强调其材料的"复杂性"和"异质性"。①"乍看起来,我们从法典产生以后的法律制度史中,似乎很难引申出来足以深信不疑的各种一般命题,"梅因指出,"涉及的领域实在是太广泛了。"② 实际上,这一论断的言外之意其实是说,整个学科已经尽在掌握。

对于当代读者来说,这种整体感预示了结构在梅因论证中的作用:一个整体框架可以置放所有资料。当然,这种结构上的宏大叙事在我们今天看来注定会失败,因为我们已经清醒地认识到任何理论不管其内容如何都不可能是放之四海而皆准的。一个单一的总体框架如何安放各种各样的法律形式?其实,上文已经暗示了当代学者的看法:无论梅因说了什么,他的修辞都没有产生结构感。这里的结构感是指,从一个包罗万象的角度构建一个整体意义上的秩序体系。相反,梅因文本的质感偏向移动(movement)和变迁(change)。

《古代法》的主题是变迁、法律和社会。梅因梳理了欧洲社会的发展进程,以及这一发展进程与每一个发展阶段的主流法律的关系。为此,他一方面将欧洲社会与止步于早期时代的其他社会进行对比,另一方面,又把各种法律文献视为每一个发展阶段的档案。比如,为什么印度社会没能发展成类似于欧洲的社会?梅因从印度的法律中找到了一些原因,那么由此,他也进一步发现了欧洲社会之所以能够成为欧洲社会背后的法律因素。③ 这种对比研究可以把历史组织成一条连贯的故事线,能够涵盖不同的主题,比如,特定族群在生物意义上的相关性,从王权到寡头再到民主的政治组织形式的进化过程,从卢梭到孟德斯鸠等哲学家在欧洲社会演进过程中的地位,以及著书立说在社会进步中的作用。《古代法》关于社会变迁有很多经典论述,"从身份到契约"只是其中最著名的一句。

以变迁为主题本身就预设了一套修辞技巧。梅因没有在开篇就提出论点,而是通过叙述本身让读者去感受这种变化或进步。他在追溯法律拟制、衡平理论等制度的演进过程时本身就隐含着他的进步观。梅因的叙述如同航行,一会是"欧洲各地

---

① 比如,参见 Maine,第 36 页注②, at 42。

② Id. at 21.

③ Id. at 15–16.

都已经进入到寡头时代",①一会又是"我们进入了法典时代"。②此书还通过大量的生物隐喻③试图说明:"正如我们所看到的,一种形式进化成另一种形式,④但其实,每一种形式都蕴含着其他形式的种子。"这种序列性的探索过程正是梅因研究方法最特别的地方。在对边沁以及其他法律实证主义学者的批评中,他明确指出:"他们所犯的错误,正和一个考察物质世界规律的人,把他的考虑从作为一个统一体的现存物理世界开始而不从作为其最简单构成要素的各个分子着手时所犯的错误,很相类似。"⑤

但与此同时,梅因也强调在这种不断变化的过程中,还有着某种延续性。比如,有些形式可以超越时间一直存在,不同时代的法律现象也有着密切的关联;这种延续性源于梅因在社会和人性两个层面所发现的一种不变的核心观念——一个随着时间的推移而不断进步的"事物"。比如,梅因告诉我们,某种变化导致"社会逐渐披上了不同的外衣"。⑥这个论断的前提是,存在一种叫作"社会"的固定的事物,且可以披上"不同的外衣"。同样,梅因也常常会从人性的角度来解释因果关系。通过梅因对孟德斯鸠(Montesquieu)的批评也可以看出,对于他的进步论体系而言,这种不变的核心观念具有重要意义。⑦梅因毕恭毕敬地描述了孟德斯鸠在《论法的精神》(L'Esprit des Lois)中是怎样看待法律与社会形式之间的关系的。值得一提的是,梅因的这种描述方式也可以用来分析当代法律人类学家的观点。梅因认为,孟德斯鸠所讨论的大都是相对于欧洲而言的奇风异俗,孟德斯鸠试图说明的是:"法律是气候、当地情况、偶然事件或欺诈的产物——除了相当经常发生作用的原因以外任何原因的产物。"⑧

在梅因看来,孟德斯鸠这一论断的缺陷恰恰在于其没有注意到,在各种各样或变化多端的社会形式的背后蕴含着一种统一性:

> 事实上,孟德斯鸠似乎把人类的本性看作是完全可塑性的,它只是在被动

---

① Id. at 9.
② Id. at 13.
③ 比如,参见 id. at 9(提到"法律萌芽");id. at 19(讨论"发展的种子")。
④ Id. at 3(早期的形式"可能含有法律在后来表现其自己的一切形式")。
⑤ Id. at 115.
⑥ Id. at 9.
⑦ Charles de Secondat, Baron of Montesquieu, The Spirit of the Laws (Anne M. Cohler et al. eds. & trans., Cambridge U. Press 1989) (1748).
⑧ 参见 Maine, 第 36 页注②, at 112。

地重复着它从外界所接受的印象,在绝对地听命着它从外界所接受的刺激。而他的制度之所以不能成为一个制度,无疑,错误就是在这里。他过低地估计了人类本性的稳定性。他很少或完全不重视种族的遗传性质,即每一代从前辈接受下来再一代代传下去很少加以改变的性质。①

在今天从事后诸葛亮的角度可以这样来回应梅因的批评:孟德斯鸠的确重视社会单位的独特性、整体性以及多样性,但这并不意味着他忽视了其背后的普遍性。多年以后,更为学术界所普遍接受的是孟德斯鸠而非梅因,但普遍性与特殊性之间的关系,或者用梅因的话来说,即内在的稳定性与外在的变化性,却成为法律人类学在跨学科研究的修辞问题上需要不断面对的一个经典议题。如果稳定的整体性对梅因至关重要,那么想要理解这种重要性,就必须关注从一个历史坐标转移至另一历史坐标的发展过程。此外,这个整体论的模型更多的是涉及变化过程,而不涉及法律或社会本身。

2. 方法论的贡献:科学胜于臆测

梅因的一个核心策略是将复杂的方法论引入落后到令人尴尬的法律学科。与维多利亚时代对一切科学事物的痴迷一样,梅因自认为其对法学研究的贡献在于,其看待法律的方式如同自然科学家看待物理和生物世界:

> 在采用观察的方法以代替假设法之前,法学家进行调查研究的方法和物理学与生物学中所用的调查研究方法十分近似。凡是似乎可信的和内容丰富的、但却绝对未经证实的各种理论,像"自然法"或"社会契约"之类,往往为一般人所爱好,很少有踏实地探究社会和法律的原始历史的;这些理论不但使注意力离开了可以发现真理的唯一出处,并且当它们一度接受和相信了以后,就有可能使法律学以后各个阶段都受到其最真实和最大的影响,因而也就模糊了真理。②

梅因的著作常常把这种科学方法描述为一个揭示的过程,即在表面之下挖掘出更深、更根本的一层现实。③ 例如在本书的开篇,梅因就把自己比作是一个地

---

① Id.
② Id. at 3.
③ 事实上,一位当代人类学家最近指出"(梅因)强调以透过现象看本质的立场看待其他社会的制度现象——尽管有时他会弄错或者难以坚持初衷——也是他为什么受到人类学家欢迎的主要原因之一"。参见 Ray Abrahams, *Ancient Law and Modern Fieldwork*, in The Victorian Achievement of Sir Henry Maine, 第 37 页注 ④, at 185, 191。

质学家：

> 如果我们能通过任何方法，断定法律概念的早期形式，这将对我们有无限的价值。这些基本观念对于法学家，就像原始地壳对于地质学家一样的可贵。这些观念中，可能含有法律在后来表现其自己的一切形式。[1]

梅因一次又一次回到词源——语言的历史——来揭示共享经验中被隐藏的秘密。[2] 梅因对"我们的法律科学尚处于不能令人满意的状态"的说法表示不屑，[3] 他不断地用侮辱性的语气声称：这种状况甚至比远古的法律还要不尽如人意。[4] 他描绘了一幅深陷方法论危机的学科图景，[5] 并诊断出了一个令人难过的事实："到现在为止，被认为是科学的东西实际上绝大多部分仅只是一些推测。"[6]

梅因主张采用一种新的研究方法，将自己置身于法律的学术分歧以外。在梅因看来，对于世界的理解，分为历史的角度和非历史的角度，这种差异才构成了根本性分歧。在这种分歧面前，法学领域的争论根本不值一提。例如，梅因把实证主义和自然主义归并在一起，他认为："在这个把英国有代表性的政治家长期分为两个敌对阵营的两种理论中，有一点却是彼此之间极为相似的，那就是它们都以人类学的、非历史的、无法证实的状态作为它们的基本假设。"[7]

像梅因一样，今天的法律人类学家依然如此看待自身的研究：通过一种先进的技术方法揭示出社会进程的复杂性。[8] 例如，人类学家、历史学家艾伦·麦克法兰（Alan Macfarlane）写道："和其他伟大的思想家一样，梅因也能站出来质疑他所处

---

[1] 参见 Maine，第 36 页注 ②，at 3。

[2] "在对梵文文学做出完全的分析以前，我们知识的最好来源无疑只有希腊的荷马史诗，当然我们不能把它认作一种确实事件的历史，而只能把它作为作者所知道的不是完全出于想象的一种社会状态的描写。" Id. at 2.

[3] Id. at 3.

[4] 比如，参见 id. at 71（"而对自然法提出的一些近代纯理论中暴露出来的认识模糊、用语含混不清之处，实际上远比我们公正地责咎于罗马法学家的还要来得厉害。"）

[5] 对于现有的各种法律学理论，存在着非常广泛的不满，并且一般都认为这些理论不能真正解决它们标榜着要解决的问题，因此就正当地产生了这样的一种怀疑，就是说为了要求得到一个完美的结果所必需的某些方面的研究，或者是其著者进行得不够彻底，或者是甚至完全被忽略了。参见 Maine，第 36 页注 ②，at 114。

[6] Id. at 109.

[7] Id. at 110.

[8] 事实上，对于许多接受过现代法律人类学训练的学者来讲，在早期的作品中看到这种表述可能会感到惊讶。因为一般认为，提倡科学方法以及"透过现象看本质"的研究旨趣应该是现代人类学诞生的产物。

的那个时代的正统学说。也能把外在自然状态当成一种文化。这是当今人类学家的主要任务……正如后来涂尔干（Durkheim）所言，要理解复杂，首先要理解简单。"① 后面，我们将会看到更多的对科学性和现实性的援引，以及对作为文化的自然状态的揭示，这些工作都是为了证明人类学介入法律研究的合法性。而这种证明方式至少可以追溯至亨利·梅因爵士。

3. 对自我认知的顿悟（Epiphany）

如果法学家们认为梅因贬低了法学学科，那么他们同时也会发现，梅因其实也微妙地重申了法学学科的分析范畴。梅因复归法律范畴所产生的修辞效果，可以说是一种对自我认知的顿悟。因为通过文本，读者们会发现，他的论点从另一个角度得到了证实。

这种对自我认知的顿悟，是殖民文学中的常见技巧。梅因对社会类型多样性的考察以肯定欧洲文化优越性的殖民形象而告终。不仅如此，这种优越性被刻画成一种令人惊讶和兴奋的发现。② 由此，梅因把读者从远方带回到舞台中央。此前，读者对西方本身已经有了较为直观的认识，但是这次远航却为他们理解西方提供了新的视角和材料。

这种修辞策略还体现在读者所熟悉的认知范畴上。尽管梅因不屑于使用法学方法，但在一开始他却引入了一系列西方的认知范畴，比如东西方的划分，宗教和法律的区别以及这两种二元对立的关系；③ 而后，他又从另一个角度重申了这些二元对立。比如，梅因自信地表示："至于把法律从道德中分离出来，把宗教从法律中分离出来，则非常明显是属于智力发展的较后阶段的事。"④

就《古代法》而言，这种自我认知最为重要的体现在于，讨论的重点总是会回到法律问题上。对梅因而言，法律是一个预设的永恒的分析框架。尽管他曾批评法律有时会阻碍社会进步，但法律人士永远不用怀疑梅因讨论的问题与法律没有关系。不管其他因素有何变化，梅因的讨论始终围绕着法律而展开，而且，他本来就致力于在社会的每一阶段都找到法律的对应物。比如，梅因在谈到法律发展的贵族阶段时曾表示："有一点对于法学家很重要，就是这些贵族都是法律的受托人和执

---

① 参见 Macfarlane，第 37 页注 ④, at 136。
② 我们所关心的只是进步的社会，而这类社会显然是极端少数的。虽然有着充分的证据，但是对于一个西欧的公民，还是很难使他完全领会这样一个真理，即他所身处的这个文明，在整个世界史中，实在是一个罕见的例外。参见 Maine，第 36 页注 ②, at 21。
③ "同西方事物的发展过程相反，在东方，宗教因素有胜过军事因素和政治因素的倾向。" Id. at 10.
④ Id. at 15.

行人。"① 尽管看上去很奇怪，但梅因的这些论断其实是以批评为幌子重申西方的认知范畴。

因此，梅因的策略也可以理解为巧妙地实现了法学研究的创新。他展示了法律与社会之间的"缺口"，而这种缺口会阻碍社会的进步。梅因相信，在进步的社会中：

> 社会的需要和社会的意见常常是或多或少走在"法律"的前面的。我们可能非常接近地达到它们之间缺口的接合处，但永远存在的趋向是要把这缺口重新打开来。因为法律是稳定的；而我们所谈到的社会是进步的，人民幸福的或大或小，完全决定于缺口缩小的快慢程度。②

这个理论给人以紧迫感。法律必须学习并适应学科之外的更先进的理念和趋势。同时，梅因的论点对法律人士来说始终是可以理解的，因为无论他在学科之外发表什么观点，他所使用的那些假设（assumption）全都来自于主流法学。这是一种双重策略——一方面是诉诸外部、现实和科学，另一方面也为自我认知的顿悟创造了机会——这是一种巧妙地介入法学研究的方式，在以后的几代学者的研究中经常出现。学者对于外部世界的诉求是必然的，由此所达成的自我认知能够实现一定程度的共通性，使差异变得可理解和有意义。

4. 相对主义的视角

然而，或许最重要的是，梅因应该会接受这样一种观点：人类学研究对法律的贡献在于从另一个层面，从更广泛、更长远、更全面的角度看待法律制度与法律问题。如果说法律社会学的一个标志性立场是反对法律实证主义（legal positivism），那么梅因被认为与此密切相关。③ 梅因对边沁和奥斯汀持批判立场：实证主义把法律视为主权者的命令，这种当时的主流观点只是"成熟的法理学"

---

① Id. at 11.
② Id. at 23.
③ 比如，参见 Alan Hunt, Explorations in Law and Society: Toward a Constitutive Theory of Law (1993)（此书认为，对法律实证主义的批判是法律和社会研究的伟大贡献之一）。
值得一提的是，当我们把梅因与法律社会学研究的反实证主义传统联系起来时，就会发现今天许多学者的观点有待商榷。他们普遍认为梅因是这一进路的鼻祖，但其实，梅因对实证主义的批判并没有打着法律多元的旗号。
恰恰相反，梅因自己的观点是，实证主义对于法官能动性的信奉会导致法律体系中出现过多的多元主义，由此有多少位法官可能就有多少种法律。梅因认为，应当信奉的是法典法。参见 Maine, 第 36 页注 ②, at 7–12。

的一家之言。在梅因看来，功利主义者都是非历史的，这种实证主义只能描绘欧洲社会进化过程中的某一特定时刻，既无法解释欧洲的过去和未来，也不能用于研究其他非欧洲社会。①

所以，梅因对边沁的指控并不是说边沁的观点是错误的，也不是说他的观点不能作为分析当时法律体制的合适工具。事实上，作为一名殖民官，梅因的许多法律观点都是站在维护殖民当局的立场上而做的实证主义的论断。②所以，毋宁说，梅因只是主张从不同的角度看待边沁的结论。虽然他极力主张这种视角的转换具有实际的法律意义，③但人们可能最终会认为，他其实是在诱导人们从另一个角度来看待他的观点。从修辞的方式上讲，凡是大家认为正常的、不容置疑的法律现象，梅因都会反过来强调它们的特殊性。梅因指出："当人们用一种现代的观点来观察这些现象时必然会引起不易很快克服的惊奇。"④梅因认为，今天学者的视角也是独特的，用这种视角审视其他地方的法律当然会感到奇怪："我们在现在智慧状态下很难能够理解。"⑤梅因试图强调的是，有一种立场或视角左右着我们对其他法律体系

---

① 参见 Maine，第 36 页注 ②，at 7-8。
② Henry Maine, The Kathiawar States and Sovereignty, Mar. 22, 1864 (Minutes), reprinted in Sir M. E. Grant Duff, Sir Henry Maine: A Brief Memoir of His Life 320, 324 (1892). 梅因在这些会议记录中辩称，根据国际法，英国对卡提亚瓦邦（The Kathiawar）行使主权，不仅因为英国的主张符合主权的法律标准，还因为：

即使我不得不承认卡提亚瓦邦有权获得更大的自主权，我的底线依然是认为印度（殖民）政府可以合法地加以干涉……我深信不疑的是，如果欧洲中部的一群独立的小国也像卡提亚瓦邦一样急于走向彻底的无政府状态，那么尽管它们在理论上是独立的，大国也会毫不犹豫地进行干预，力求恢复到原初的状态。

Id. at 324.
③ 特别是，梅因在国际法中找到了一套学说，可以应用他的观点。正如他在1856年出版的一系列"剑桥论文"中所写的那样：

我们不可能过分强调罗马法学对国际法的巨大意义……了解社会系统本身及其历史对于理解万国法（Public Law of Nations）同样重要……如果不从历史的角度研究国际法——这种研究包括，首先，罗马法学理论对于胡果·格劳秀斯（Hugo Grotius）的影响，其次，格劳秀斯的伟大作品对于国际法学的影响——那么我们将永远不可能真正地理解这套规则。于是乎，我们也不可能知道，只有这套规则才能保护欧洲联邦不会陷入永久无政府状态。我们只能盲目地遵守这些规则，无视它的优点和缺点，也不会知道哪些规定是可以修改的，而哪些规定一旦修改会导致整个体系的崩溃。

参见 Henry Maine, quoted in Duff, 同上，at 16。
例如，在他看来，实证主义对普通法提出的批评在很多方面都是不能成立的。实证主义认为，不能在司法解释中使用法律拟制。梅因认为，这种论断显然没有认识到拟制在法律进化过程中所发挥的作用。参见 Maine，第 36 页注 ②，at 25-26。
④ Id. at 115-16.
⑤ Id. at 20.

的理解。他称其为"现代的眼光"。①

按照这种逻辑,每种假说都是相对的。例如,伟大的罗马法典可以理解为仅仅是对罗马地方风俗的一种描述。②再比如,法学界普遍认为法律可以指引社会发展,但梅因却认为,应该是社会指引法律,而法律却常常反过来阻碍社会的进步。③梅因甚至一度怀疑进步在本质上是否是积极的,④并指出了欧洲对不太文明的社会的沙文主义态度:

> 文明人对于其野蛮的邻人往往有一种傲慢之感,这就使他们往往明显地不屑于观察他们,而这种不关心有时更因为恐惧、因为宗教偏见,甚至就因为这些名词——即文明和野蛮——的应用更加严重,这种文明和野蛮的分野常对大多数人造成了不但在程度上而且在种类上都有所差别的印象。⑤

最后,需要指出的是,这种相对主义的视角背后体现了一种方法。梅因没有与英国重要的法学理论展开规范性的辩论,而是选择研究这些理论的修辞,将其作为一种历史现象加以分析,以说明这些理论是如何与时俱进地借鉴和采纳罗马法律思想的。他试图透过现象看本质地关注语言本身。比如,梅因认为布莱克斯通(Blackstone)受惠于罗马法学说:"正由于这些推测有时用以掩盖自己的伪装,如同其原来的形式一样,使我们对于它们混杂于人类思想中的技巧,能获得充分的认识。"⑥布莱克斯通既是分析对象,同时也是一个对话者。在梅因自己的论述中,各个要素的关系甚至也呈现出相对主义的特征。⑦《古代法》最初的目的是希望通过社会的变迁来解释法律制度的多样和变迁,但是在论述的过程中,梅因多次颠倒了

---

① Id. at 15.
② Id. at 17.
③ Id. at 21; 另见第 44 页注 ② 和附文。
④ Id. at 71 ("古代的作品很少或者没有暗示过这样一种信念,即认为社会进步必然地是从坏到好的")。
⑤ Id. at 116-17.
⑥ Id. at 110.
⑦ 参见 Roy Wagner, Symbols That Stand For Themselves 5 (1986)。
文化相对性,就像爱因斯坦的相对论一样,一般来讲,不外乎坐标(参照)系、语言、精神、习得的"感受"和习惯的相对性。为了了解它、体验它,人们选择与"他"者生活在一起。这仅仅是入门。而作为比喻的这种自我的坐标系,其实是多种相对性的混合;坐标系内有相对性,文化之内也有相对性。
因此,在一种文化中,存在着各种各样的表达,这些表达之间的关系是相对的、陌生的且模糊的。建立在这些关系上的模型,如果成体系的话,应该是一个动态的、流动的和不确定的系统。
Id.

这种解释关系。社会变迁变成了旨在解释的问题，而法律则变成了解释的工具。①这种相对主义的修辞方式在后来的跨学科研究中不断出现。通过这种方式，法律人士能够从另一个角度理解其自身的概念和范畴的特殊性。

5. 学科身份何去何从？

在梅因的众多修辞策略中，没有一个是关于学科或跨学科的。在梅因的时代，人类学并不是一门学科，把梅因说成是人类学家也有失偏颇。梅因对学科没有太强的观念，认为它们只是关于不同方法或不同主题的探索；跨学科的概念中所隐含的弥合学科间的鸿沟，利用学科之间的空间，对他来说是陌生的。

若真如此，在何种意义上梅因可被视为开创者？梅因一方面诉诸法学家自身的范畴，另一方面又具有相对主义的特征，对此，我们又该如何评价？正如艾伦·麦克法兰对梅因著作中的另外一种矛盾所评价的那样，梅因思想上的张力给当代学者提供了最宝贵的遗产：

> 笔者认为，如果我们今天依然认为有必要严肃对待这种（梅因思想中的）矛盾，那么我们必将有所提高。对梅因来说，一方面他得坚信存在着某种进化论的框架，另一方面，他还得解释，在实践中，还有一些事物不符合这个框架。进化论提供了一个指导性的假说，包含着一系列的假设，然后带着这些假设进行探索，但只能部分地证实。②

若把梅因重塑为开创者，那么，我们关注的重点可能是他的经验主义与他的天赋之间的模糊关系。对此，利奇也很熟悉。

（二）利奇的学科恐怖主义（Disciplinary Terrorism）

如果说梅因是一位修辞学的实践者，那么利奇堪称修辞学的研究者。利奇无疑是上一代社会人类学大师，人们通常公认他将结构主义引入至20世纪50至60年代的英国人类学。利奇师从马林诺夫斯基，后来在剑桥大学担任人类学讲师。利奇将组织模式和思维类型视为语言结构，而不是未经中介的现实，从而为亲属关系和政治组织等传统人类学问题注入了新的活力。③与他的同辈学者不同的地方是，利

---

① 比如，参见 Maine，第36页注②，at 118。
② 参见 Macfarlane，第37页注④，at 140。
③ 比如，参见 Edmund R. Leach, Claude Levi-Strauss (1970); Edmund R. Leach, Culture and Communication (1976); Edmund R. Leach, Genesis as Myth, and Other Essays (1969); Edmund R. Leach, Political Systems of Highland Burma: A Study of Kachin Social Structure (1986)。

奇非常关注西方自身的文化范畴，①他常常能够捕捉到一些不符合这种范畴的事物、人物以及行为等反常现象。②

像他那一代的所有人类学家一样，利奇坚信研究小型非西方社会的价值——正是因为人类有着本质上的共性才能进而认识和理解各种各样不同的社会。但是，现代主义的人类学者也可以发现，利奇关于跨文化研究的意义的看法丰富了那个时代的人类学研究。利奇最终将民族志视为一种关于自我发现的研究——对自身的反思——尽管他认为这种研究主要在于更好地理解他者。利奇在今天之所以受到重视，主要在于：一方面，他关于在遥远社会做实证研究的信念完全不同于今天的看法；另一方面，他坚信"与其说社会人类学家是差劲的科学家还不如说是差劲的小说家"。③

1976 年春，约翰·霍普金斯大学邀请利奇做了关于法律研究的专题系列讲座。演讲稿后来结集出版，冠名为《习惯、法律与恐怖暴力》（Custom, Law, and Terrorist Violence）。④这本小册子基本上被人类学家忽视了，他们认为这充其量只是一位大师的小品之作。⑤笔者认为，人类学和法学家不妨重新关注一下这部作品，因为在这本书中，利奇对于跨学科对话的意义做了细致入微而富有卓见的反思，也体现了介入另一学科的娴熟技巧，还可以将其视为关于人类学的一种应用。⑥

利奇在该书前言中写道，这次的法律专题讲座是实现"两个略有不同目的"的双重机会：

> 对于贵校的法学家们，我想说的是，人类学的研究可能比较有趣；对于任

---

① 例如，利奇对《新约》中的故事和教义作了语言学上的解释，引起了很大争议。比如，参见 Edmund R. Leach, *Virgin Birth*, in Genesis as Myth, and Other Essays 85 (1969)。
② 比如，参见 Edmund R. Leach, Culture and Communication (1976)。
③ Edmund R. Leach, Social Anthropology 53 (1982).
④ Edmund R. Leach, Custom, Law, and Terrorist Violence 3 (1977).
⑤ 在过去的 10 年中，这本书只被明确引用过一次，而且只是因为其表面上（而且平淡无奇）的断言，即习惯规范是可以有多种解释的。参见 Nigel Rapport, *Ritual Speaking in a Canadian Suburb*: *Anthropology and the Problem of Generalization*, 43 Hum. Rel. 849, 858 (1990)。
还可以参见莫里斯·布洛克（Maurice Bloch）的看法，和许多人类学家想的一模一样，即利奇的研究生涯"实际上在 1964 年就结束了。在那之后的 25 年里，利奇继续发表着各种文章，但似乎没有什么实质性的观点问世"。Maurice Bloch, *Edmund Leach: A Bibliography*, 27 Man 438, 439 (1992) (book review).
⑥ 应用人类学（Applied Anthropology）是人类学家关于参与发展和人权项目等工作的专门表述。对一些学者来说，这项工作代表了人类学的存在理由，只有基于这项工作人类学家才可以继续探究更加艰涩的话题。然而，利奇蔑视这种"发展人类学"，认为它是人类学与殖民主义的关系在当代的复活。参见 Leach, 本页注③, at 50。

教于贵校刚刚成立的、富有活力的人类学系的年轻同行们，我想说的是，有些激进人士宣称，英国社会人类学，乃创始人马林诺夫斯基和拉德克里夫-布朗构想的产物，与今日人类学所关注的话题已经渐行渐远，但我认为这绝对是无稽之谈。①

换言之，想要实现这种双重目的，必须两条腿走路。一方面，对于那些急于创新的人类学领域的年轻学者们得通过一种创新的角度向他们展示阅读经典的意义；另一方面，还得细致耐心地把这些经典作品推介给归属于另一学科的法律人士。困难在于这得同时运用两种不同的修辞。利奇抓住了一个大众感兴趣的话题，将人类学的见解直接甚至是毫不含糊地运用到国际法的实际问题上。他说："传统的对于原始法律和习俗的人类学研究，是否有助于我们了解当代恐怖的政治暴力现象？"②

利奇两次演讲的题目，都沿用两位现代人类学的创立者的著作。③ 第一讲名为"原始社会的犯罪与习俗"，④ 源于马林诺夫斯基出版于1926年的同名著作。那本书也被誉为现代法律人类学的开山之作。另一讲名为"原始法律中的公犯与私犯"，引述了马林诺夫斯基的老对手——拉德克里夫-布朗（A.R. Radcliffe-Brown）主要的法律人类学的作品。⑤

现代人类学的故事在很大程度上来源于这些人物之间的公开争论和私人冲突。⑥ 因此利奇便围绕着这一冲突来组织演讲的内容。在授课过程中，他还会提到一些听众十分熟悉的故事类型。比如家丑，这种故事不管讲多少遍都能引起听众的兴趣。作为修辞学的研究者，利奇知道如何讲好故事。他一开始就把自己当成一位故事大王："马林诺夫斯基和拉德克里夫-布朗作为奠基人曾经阐述过英国社会人类学建设方案，现在还在实践这一方案的学者已经为数不多了，"他自豪地说道，"我就是其中之一。"⑦ 和其他所有优秀的人类学家一样，他只是简要展示了这两位学者对于法律问题的看法——其实只是简单翻译了当地人的观念。但是，他又带着一种

---

① 参见 Leach, 第48页注④, at 3。

② Id. at 6.

③ 参见 id. at 5。

④ 参见 Id.；Malinowski, 第31页注④。

⑤ 参见 A.R. Radcliffe-Brown, *Primitive Law*, 9 Encyclopedia of the Social Sciences 202 (1933).

⑥ 比如，参见 Functionalism Historicized: Essays on British Social Anthropology (George W. Stocking ed., 1984)。

⑦ 参见 Leach, 第48页注④, at 5。

狡黠而魅惑的神色说：

> 一开始我就必须得承认，我的观点肯定有所偏颇。
>
> 我是马林诺夫斯基的学生，不管我怎么评价他，都不能改变一个基本前提，即我认为他是最伟大、最具开创性的社会人类学家。相反，我从来没有崇拜过拉德克里夫-布朗。对我来说，不管是他本人还是他的作品，多少都有些花架子。①

作为热衷于结构主义的学者，利奇演讲的框架也来源于这两位人物之间的对立。他的问题是如何将两个实体——两个经典人物、两个学科——联系起来，如何进行对比，如何解决对比带来的矛盾。上文已经展示，梅因的策略是从一个时间节点到另一时间节点的有序运动，所以从方法论和修辞学的角度来看，利奇的方法与其相去甚远。

第一场讲座的主题是关于马林诺夫斯基的作品的评价。一开始，他讨论的是一个"狭隘且过时的话题"，即习惯法以及习惯与法律的关系。②你可能会想，作为人类学家，应该怎样为法律人士讲述这个话题呢？利奇是这样说的："社会人类学是对习惯行为的研究……在我们这样的社会，法律是用来强制执行的……而习惯却非常模糊。"③

利奇告诉我们，人类学研究的是习惯，而非法律。果真如此的话，那么，习惯和法律之间——人类学研究对象和法律研究对象之间有什么相似之处？考虑到法学界早就已经明确了习惯与法律的区别，所以利奇立刻抛出了这些法律人士能猜到的一个论点，而这个论点也来自于亨利·梅因：只有特定的社会才执行法律，而大多数社会都深陷于习惯之中。这显然是一种进化论式的观点，但利奇随即笔锋一转，倒向了我们今天所认为的典型的现代主义，他表示拒绝接受"法治是进步的标志"这种先验结论。④在利奇看来，习惯本身也孕育着变化，因为"我们选择记住的关于传统的东西可以很快地适应不断变化的环境"⑤。由此看来，自梅因的时代以后又

---

① Id. at 5-6.

② Id. at 6.

③ Id. at 6-7.

④ "但你不应该由此推断，现代的、创新的、制定法律的社会总是前沿的、进步的，或者那些强调传统价值的永久有效性的社会总是反动的、保守的。" Id. at 7. 这种对进化论叙述的批判是现代人类学的典型标志，在提出这一观点时，利奇将自己完全置于马林诺夫斯基及其继承者的传统之中。

⑤ Id.

要掀起一场新的争论。就这一问题而言，两个学科存在着不同的立场。利奇毫不犹豫地选择站到人类学一边。在场的听众突然意识到，习惯研究和人类学的视野更为前沿，而法律的静态研究以及与此相关的法律学科已经落伍了。

基于这一出发点，利奇提出了一个马林诺夫斯基式的观点，即看似具有异国情调、怪异或道德上可鄙的行为，经过仔细研究就会发现，其背后有着和我们一模一样的理性逻辑。利奇强调，尊重他人的看法有助于认识到我们的相互义务："马林诺夫斯基的人类学创新之处在于，他反复强调一个相当明显的事实，即人类个体从未独立存在过……这种互惠义务是所有社会的基石。"① 对于传统制度和传统社会可以有多种解释，而某些看起来不合理的解释也能够具有合理的逻辑。那么，利奇进而提出，某种解释或观点在某一特定社会中是如何维持其统治地位的？与马林诺夫斯基不同，利奇的回答是，那些掌权的人强迫别人接受传统的解释。尽管形式上多种多样，但利奇把这种胁迫的工具统一称之为法律。利奇指出，就马林诺夫斯基所研究的特罗布里恩德岛民而言，这种工具是巫术：

> 在特罗布里恩德群岛这样的社会中，重要的是人们是否相信巫师，而不是巫师的实际行为或者其行为的频率。假如你相信某人是巫师，或者可以对巫师发号施令，并相信此人有权力对你做出伤害，那么你就会相应地调整你的行为。②

正如这一相对论的观点，现实是由文化来定义的，所以今天的恐怖分子、野蛮人，突然变得不像以前那么怪异了：

> 如果你还没有听懂的话，那就把"如果你相信某人是巫师"换成"如果你相信某人是秘密军事情报部门的人员"，并且把"秘密军事情报部门或秘密警察的成员"代替"巫师"，那么你就能明白我的意思。③

在向法律人士宣扬了相对主义以后，利奇又为人类学的同行们带来了理论上的惊喜。他认为，一方面，功能主义让我们能够从非进化论的角度来理解多样性，另一方面，功能主义也让我们对社会群体的理解趋向于静止和单一。④ 功能主义认为

---

① 参见 Leach, 第 48 页注 ④, at 14。
② Id. at 16.
③ Id.
④ Id. at 8-9

其所看到的群体的边界是一种直接的现实,而非语言的建构。这种观点显然忽视了一个事实,即"所有的社会边界都是约定俗成的。真正的社会群体的边界一直很模糊"。① 同样地,利奇把这种对范畴纯粹性的维持称为法律。"'法律',我在这里指的是社会的习惯规则。不管它们经过了怎样的精心设计,都装作是对秩序本原状态的反映。法律规定谁必须服从谁,以及服从什么内容。法律旨在消除模糊性。"②

利奇在这里做出了重要转向。利奇从最初提出的法律和社会这两个先验的实体,转向了区分这些实体范畴的边界,尤其是"介于两者之间"（in-between）的那部分。他认为,最初对这两个实体边界的界定是模糊和不确定的。这一见解颇为重要:如果法律旨在维持边界,那么它必然忽视了中间区域。由此,利奇对法律做了有力的批判。在他看来,这个奇异的中间区域是模糊的、混乱的,但又是具有创造性。它是权力的来源。利奇引用福柯的观点指出,位于这个模糊空间的人和思想将被视为脱离主流世界的异端。③ 所以,从詹姆斯·邦德（James Bond）到哈姆雷特（Hamlet）,他们既是上帝也是罪犯,是"神性、疯癫、罪行与合法的混合"。④ 在这一点上,利奇总结道,恐怖分子其实和我们一样,这不仅是因为马林诺夫斯基证明了特罗布里恩德的野蛮人也有理性,还因为凡是有政治头脑的学者都会同意:

> 为了满足一己私利而违反习惯或对习惯做出了不一样的解释,被认为是犯罪;然而所有的创造,无论是艺术家、学者,还是政治家,都对现有制度带有着强烈的敌意。创意是疯狂的、罪恶的,但又是神圣的。要不是因为总是有人试图打破规则,人类社会早就灭亡了。这对所有自愿捍卫宪法和保护社会免遭破坏的人来说是一种两难。⑤

第二场讲座所讨论的话题转移到了中间区域所蕴含的政治意义。利奇从对西方社会的道德和技术优势失去信心开始说起:

> 当我开始研究人类学的时候,现代社会与原始社会之间的鸿沟似乎很大,也很明显。我们以理性的、明晰的分类体系来安排我们的生活,包括真与假、

---

① Id. at 9.
② Id. at 19.
③ Id. at 18 (quoting Michel Foucault, Madness and Civilization (Richard Howard trans., 1965)).
④ Id. at 19.
⑤ Id. at 20.

对与错；而他者的世界则被魔幻和迷信搅得一片混乱。但是，我们的世界也陷入了曼森家族（Manson Family）、巴德尔-迈因霍夫集团（Baader-Meinhof gang）、南摩鹿加人（South Moluccans）、爱尔兰共和军（IRA）和巴勒斯坦侨民你方唱罢我登场的局面，所以他者世界的这种魔幻和迷信其实能够给我们带来很多启发。①

如果说上一讲的主要问题是法律如何被遵守，那么这一讲的问题则是如何理解法律的构成。另一方面，在第一讲中，利奇认为人类社会——尽可能地涵盖所有的社会——存在着普遍理性，而在第二讲中，他开始对欧洲自身视角失去了信心。在第一讲中的自我，通过一种自由主义的呼吁从而实现海纳百川式的自信和包容，而在第二讲中，这个自我在与他者接触的过程中已经迷失了方向。

利奇的第二场讲座是对拉德克里夫-布朗关于原始的法律思想这一观点的评论。利奇讲到，"和许多职业法学家一样"，拉德克里夫-布朗首先从罗马法那里汲取抽象概念，即在每个社会中，公犯与私犯之间都有着基础性和普遍性的差异。②每位法律人士都知道，公犯是一种对于更高权威的冒犯，比如杀人、盗窃；而私犯则涉及平等主体之间的冲突，例如违反契约或婚姻不忠。③与上文类似，利奇对这种普遍对立的批判，不在于对立本身——因为作为一个结构主义者，他深信对立范畴的普遍性，而在于对立范畴的任意性。他指出，在许多社会中，我们归类为私犯的行为往往会被视为是公犯，反之亦然。④

有鉴于此，利奇引出了国际法中的一个经典话题，即法律与战争的区别。⑤首先，他指出，我们认为法律规则和战争规则互为镜像。比如，在前一种规则中杀人是不正常的，而在后一种规则中是正常的。利奇认为，很难说这种对立具有普遍解释力。因为在有些战争中，杀戮是一种反常的行为，但有时杀戮在和平时期却是被认可的。如果这种对立是武断的，则可以用另一种对立来代替它，即一种是平等者之间的战争，利奇将之比作法律或"私人"冲突，另一种是征服的战争，利奇将之比作战争或"公共"冲突。前一种是基于相互尊重的受既定规则约束的"仪式游戏"；但：

---

① Id. at 22.
② Id. at 22-23.
③ Id. at 23-24.
④ 参见 id. at 24。
⑤ Id. at 25.

作为对照的是，征服战争则采用完全不同的方式，目的是大规模俘获奴隶或建立殖民地定居点。征服者视敌人为"与我们完全不同的人"，如同动物，对其不需要适用一般的礼节和公平竞争的规则。①

谈到征服的历史，利奇指出，征服的特点就是极端和严格地区分自己与他人。在这个意义上，他宣称恐怖分子的行径与征服战争相似，因为他们要求将对手完全消灭。他举了两个恐怖行动的——1975年的拉瓜迪亚机场（LaGuardia Airport）爆炸案和1945年广岛原子弹事件——例子：

这些完全无差别的恐怖杀戮都要求爆炸者——一个是身份不明的罪犯，另一个是美国总统——将炸弹的潜在受害者视为"与我们完全不同的人"，是次等人（sub-human），是不适用我的道德规则的人。②

利奇得出结论，正是这种语言上的自我和他人的极端二分法，而不是任何具体的不遵守法律的行为，决定了恐怖分子的心态和行为。他认为，法律通过确认传统的是非观念来应对这种模糊的战争形式：

每当社会的普遍共识出现松动迹象的时候，法官、法庭、警察就会强化社会达到了普遍共识的表象。这样一来，保守的现状就能得到维持。必须把罪犯认定为罪犯，不能把他们当作英雄。也许有人会认为，我的这个观点有些激进。但即使如此，我也不打算反驳。③

利奇最终回到了他原初设计的关于恐怖主义和法治的主题，他呼吁我们不要采取反恐心态，因为这会使我们与他人之间建立一道巨大的隔阂。为此他还提到了十字军曾经幻想过蒙古君主长着狗头的故事，所以他总结道：

现实问题是，如何让法律体系包容那些不接受该法律体系设定的价值观的人。我的重点就在于此。无论恐怖分子的行为多么难以理解，我们的法官、警察和政治家都不应忘记，恐怖分子和我们一样都是人类，不是长着狗头的食人族。④

---

① Id.
② Id. at 30.
③ Id.
④ Id. at 36.

由此，利奇留给了我们一些有待解决的问题。尽管第一讲是以理性旗帜下的人类大同为开端，但最后却以模棱两可而告终。同样地，第二讲以普适性范畴出现信仰危机为开端，但最后却以接纳所有差异而结束。同时，利奇还向我们提供了关于恐怖分子的几种观点，并以修辞的方式展示了这些观点。有时候，恐怖分子如同野蛮人，被认为和我们一样平等，为我们理性的保护伞所接受；有时候，恐怖分子代表着社会更好的那部分，不管是在我们的社会还是在野蛮人的社会中。而有时，利奇将恐怖分子和野蛮人联系在一起，旨在说明，我们和他们的区别在于，是否将自我与他者作彻底的二分。由此，利奇的整个论述呈现出一种张力。一方面，试图将模糊视为差异，另一方面，又试图将包容视为同一。我们可以把这种张力视为一种修辞策略。

要理解利奇在演讲中究竟说了什么，就必须了解他的结构主义方法。[①] 从一开始，利奇就提醒我们，不能只看文本本身："从表层上看，我只是想回顾一下我所在的这个领域的大师对于法律的看法。"[②] 当然，这其实是对现代人类学研究的一种偏见，即探索表面之下，揭示象征意义，理解连研究对象自己都看不见的东西。

那么，利奇希望向在场的法律人士和人类学同行介绍跨学科研究的可能性吗？像梅因一样，利奇也明确指出，人类学对法律的研究是有价值的，因为我们可以通过比较与我们不同的社会来了解我们自身的情况。因此，任何关于原始社会的分析，在某种程度上都是寓言：

> 以政治化的暴力为讨论背景，英雄、预言家、疯子、罪犯，已经完全无法区分。我希望你们在听我演讲时，牢记这一背景，否则，就变成了我在这里平淡无奇地描述原始法律和习俗的一般情形。这显然不是我的初衷。[③]

换言之，相对主义的视角再次定义了人类学的贡献。

不过，与梅因的相对主义方法相比，利奇更关注学科、学科的定义以及学科所关注的实体之间的关系。既然马林诺夫斯基和拉德克里夫-布朗能被视作先验的对立，那么也可以假设存在着两个不同的实体，一个叫法学，另一个叫人类学，它们

[①] 利奇将克劳德·列维-斯特劳斯（Claude Levi-Strauss）的思想引入英国社会人类学，他的分析方法植根于通过禁忌的第三类型（taboo third categories）而揭示的二元对立。利奇的重点之一是研究这种二元对立相互叠加的方式，从而使二分法本身具有了语言学上的联系。同第 47 页注 ③ 引用的资料来源。

[②] 参见 Leach, 第 48 页注 ④, at 5。

[③] Id. at 21—22.

之间存在着竞争关系。在这位才思敏捷而又特立独行的学者看来，应该重点考虑的问题是，如何将两者联系起来，如何利用两者之间的空间，如何将这两门学科整合成一个新的整体。想要实现这种目的就必须创造一些东西，既能吸引法律人士，也能引起年轻的人类学同行们的兴趣。同时，他还得以一种反思的、相对主义的视角来看待跨学科研究。事实上，相对化的视角就是一种学术生产模式。

利奇通过跨文化的比较所得出的一个重要结论是，群体认同是一种文化建构。他并没有否定法学家和人类学家的区分，而只是说这种区分其实是一种文化建构。事实上，利奇本人就热衷于以经典的人类学的方式讽刺经济学家。① 利奇通过结构主义所洞察到的是，这种明确的对立反而会产生模糊。

以此为基础，我们可以借用利奇的这部《习惯、法律与恐怖暴力》的书名来说明这一点。在研究习惯的学科与研究法律的学科之间有一个区域，这个区域就是一个类似由恐怖分子所占据的活动空间——一个可用政治话语批判的空间，也是一个通过想象产生混乱的空间。这个空间如同利奇眼中的恐怖分子，尽管混乱，但却也有积极的一面。② 由此，我们大概可以理解利奇最初对于习惯法有关其研究对象的看法——"有些见多识广的专家认为习惯法这个题目在用语上就存在矛盾：法律不是习惯，习惯也不是法律"③——它是一种学科混合体，乃习惯和法律之间的一种模糊地带。④ 同时，利奇也给那些厌倦了社会人类学传统的年轻学者们上了一课，其方式是巧妙借用了传统的修辞手法。例如，马林诺夫斯基和拉德克里夫-布朗之间的分歧为他的论证提供了一个完美的修辞框架，一种吸引听众的方式。同样，法律与战争之间的经典对立也可以通过对征服法（laws of conquest）的评论来重新表述。

然而援引这种为听众所熟悉的范畴是否只是一种反讽，一种别有用心故意为之？再或者，当他故作严肃地声称，恐怖分子不是"狗头食人族"，所以其和野蛮人都是一种理性的存在的时候，他是在戏弄听众吗？如何理解利奇这篇演讲集背后的意涵？在笔者看来，如果仅仅只看到其中戏谑的部分会错过这部文集的创新之处。想要洞察到这一点，就得理解这些看似不同的观点并存在一起的意义。首先，

---

① "毫无疑问，仍然有很多热情的新殖民主义经济学家认为，从长远来看，第三世界按照西方模式所实现的'发展'必将惠及每一个人。但经济学家们却生活在西方世界中，人类学家对此表示怀疑。" Id. at 13.

② 参见 id. at 20。

③ Id. at 6.

④ 参见 Leach，第 48 页注③（攻击学科的僵化性质，赞扬跨学科性，并坚持认为他的这些观点只面向年轻学者，因为这些年轻学者尚未受到老一辈学者的影响）。

是一个严肃的观点：恐怖分子和野蛮人都是理性的人。其次，其核心要义在于：恐怖分子也有积极的一面。最后，前两种观点都具有讽刺意味。这让我想起了现如今已经成为经典的关于讽刺的定义，即"关于那些（甚至从辩证意义来说）并没有分解为更大整体的对立元素"①。

在这一部分，我讨论了关于法律人类学跨学科研究学术贡献的两个视角，一个来自梅因，另一个来自利奇。利奇提供了一种方法论模型，因为他的任务是比较并最终促成两个先验实体的结合。什么样的新框架能够同时涵盖这两个实体？从利奇所提供的19世纪中叶的角度来看，19世纪的理论现象似乎有着不同的逻辑秩序。

利奇则展示了一系列新的主题。下一代试图从人类学的角度研究法律的学者似乎很难回避这些主题。人类学现在是政治或道德批判的来源。在梅因的修辞中根本没有批判的概念。相反，他小心翼翼地拓展、完善、深化了法理学的观点。同样地，利奇也把这个富有创造力的领域描述为既有范畴的想象和混合。他和梅因不同的是，他不再认为法律人类学是从一点到另一点的运动。在利奇的理论中，这两点的外延都是预设的；它们一开始就为人所知，而且从一个角度便可统揽全局。所以，创造性的工作不是从一点移动到另一点，而是在两者之间发现新的模糊的空间。此外，梅因是一位严肃的、知识渊博的科学主义者，给法学研究带来了一股严谨之风；利奇则更像是一位特立独行、富有创造性的、有点危险的恐怖分子，一个冒充法律内行的局外人，其作品是对新的反常类型的重组。

梅因搜集了世界各地不同的法律制度和社会所反映的海量的信息，体现了一种折中主义的立场。在利奇看来，梅因之所以有此策略可能是为了强调结构的整体性以及作为多样性基础的统一性。相比之下，利奇更为强调对立和重新组合。这是一种对立思维，即对这些有界的实体进行分类，进而揭示其相互之间的空白区域，而统一的结构已经退居幕后。但其实，统一性与多样性、普遍性与特殊性的相互关系在修辞的意义上对于利奇和梅因同样重要。

三、跨学科的策略

现在，我们对梅因和利奇的讨论可以更加直接。人类学对今天的法律理论有何

---

① Donna Haraway, *A Manifesto for Cyborgs: Science, Technology, and Socialist Feminism in the 1980s*, in Feminism/Postmodernism 190, 190 (Linda J. Nicholson ed., 1990).

贡献？人类学家们能否为我们提供一个新的视野？假如我们法学家认为人类学家是修辞学的实践者，那么我们是否也可以认为他们开创了某种我们可能欢迎也可能排斥的研究进路？一些读者或许觉得是时候提出一些跨学科研究的规范性主张了，一些读者或许会说我们做出的内省和反思已经够多了。

阐明人类学对法律的贡献的另一种方法是提出以下问题：法学和人类学在研究方法上有着怎么样的关联？法律与社会有何关系？人类学方法如何解释这一关系？像本文这样的文章想要抓住重点、提出观点，首先就要讨论这种关系。对利奇来说也是如此，他试图挖掘出中间区域，从而把人类学和法学这两个实体联系起来。而要回答这些问题，一个经典的方法就是把学科的过去和现在联系起来：利奇在霍普金斯大学发表演讲时正值法律人类学学科建设的高潮时刻，而现如今这已成过眼黄花。因此，我们可以追溯法律人类学的发展与兴衰，弄清楚一个历史时期与下一个历史时期的关联，进而明确今日的处境。

又或者，我们可以重新反思这种以探索关系作为目标的学术工作——探索学科的关系，或者前往法学家习惯于讨论规则的那些领域探索这种关系——然后再思考这种学术工作为我们今天留下了什么。自 20 世纪 70 年代以来，法律人类学（Legal Anthropology）、法律和社会、法律的人类学研究（the Anthropology of Law）都在不同时期认为其所从事的是一项关于"法律与社会的关系"的研究。① 这种探索关系的研究在很大程度上是跨学科领域的学者身份的一部分，如果没有这种身份，他们很难能够想象和讨论此类问题。那么，这种研究对我们有什么帮助？为什么对我们有帮助？这是一种怎样的研究？

在第二部分中，我们可以看到，相对于梅因，利奇的观点反映了一种新的思路，即考察学科与社会实体的关系。② 在这一部分，本文首先将分析更多的法律人类学的当代作品，以此来深入思考这种旨在探索或构建关系的研究有着哪些特征。然后，以耶鲁大学法学院的两场人类学讲座为对比，探讨从 20 世纪 60 年代以来，对关系这一问题的研究是如何变化的。把关系当成研究主题和学科目标，很快走向了衰落，这使我们又回到那个问题，即究竟什么能够代表法律的跨学科研究——跨学科研究中的规范性问题。要回答这个问题，必须了解法律人类学传统中规范性的本质。笔者认为，从梅因时代至今，法律人类学传统最突出的特点就是作为知识生

---

① Sally F. Moore, *Law and Anthropology*, in 1969 Biennial Review of Anthropology (Sally F. Moore ed., 1970).

② 参见 John L. Comaroff & Simon Roberts, Rules and Processes 5-6 (1981)（该书复制了利奇的分析结构，认为人类学方法代表着法学和人类学两门学科之间的对立）。

产模式的规范性与反思性的相互作用。从一种模式转化为另一种模式——从规范性研究到反思性研究，然后再回到规范性研究——为今天的法律研究做出了重要贡献。

（一）关系研究

如何定义这种旨在探索关系的跨学科研究？请允许笔者再赘述一遍：利奇在讲座中告诉我们，想要探讨法学和人类学的关系首先得明确法学和人类学是两个彼此独立的实体。① 例如，人类学家劳拉·纳德于 20 世纪 60 年代发表的那篇颇具影响的综述，实际上是在颂扬人类学方法和法学方法之间的"惊人差异"。② 同样，虽然弗朗西斯·斯奈德悲观地表示很难在方法上区分人类学和社会学，但他仍然坚定地认为人类学和法学的确有着显著的差异。③ 从理论创立之初，这些独立的学科几乎迫切希望在彼此之间建立关系。

但是，如果我们把学科视为一种先验的独立的实体，那么这种实体肯定是不完整的。事实上，法学研究方法与其他学科研究方法的差异恰好证明了每个学科在知识上的不完整性。反过来，这种不完整性体现在，相关领域的学者必须向外看，从而构建出一种名为"法律和某某"的相关研究，只考虑法律本身是不够的。法律本身无法涵盖整个社会，法律的规定本身并不一定是社会现实的反映。当然，尽管学科是独立的、不完整的，但它们却具有同样的运行逻辑；其在规模上也基本类似，由此我们才能看出它们之间的差异，并使对话成为可能。

如果我们认为法律的学术研究不够完整，那么知识生产力的实现就依赖于走向完整。那些学术上的领军人物正在朝这一方向前进，他们创造新的形式，构建更为完整的图景。反过来，要实现这个夙愿，就得把法学与人类学这样的学科对立重新组合成一种介于两者之间的形式。这种新的形式可能会涉及分支学科的发展或跨学科对话平台的建立。④ 或许还涉及利奇的设计，即把自己塑造成一个危险且模糊的

---

① Peter Fitzpatrick, *Is It Simple To Be a Marxist in Legal Anthropology?*, 48 Mod. L. Rev. 472, 485 (1985)（此文提到了法律与社会之间关系的历史特殊性，而这种特殊性已成为法律人类学中许多跨文化比较的基础）。

② 参见 Nader, 第 32 页注 ⑧, at 14。

③ 参见 Snyder, 第 26 页注 ①, at 160。斯奈德的想法和很多学者一样，在他们看来，差异性——人类学在理论上与法学的不同点——在于人类学能够关注到为法学所忽视的那些法律制度，以及斯奈德所说的"对微观分析的强调和对扩展案例方法的使用"。Id.

④ 比如，参见 Chris J. Fuller, Legal Anthropology, *Legal Pluralism and Legal Thought*, 10 Anthropology Today 9, 12 (1994); Felice J. Levine, *Goose Bumps and "The Search for Signs of Intelligent Life" in Sociolegal Studies: After Twenty-five Years*, 24 L. & Soc'y Rev. 7, 9–14 (1990)。

角色,脚踏两只船。然而,我们应该明白,不管形式如何,如能通过探索局部之间的关系来构建完整性,那么这种研究就是富有成效且有意义的。

在很多学者看来,法律之所以是片面的或不完整的,是因为有一条鸿沟割裂了法律与现实世界。而人类学作为对现实社会的一种研究,试图通过关联法律与社会来弥合这一鸿沟。理查德·埃布尔(Richard Abel)的观点在人类学家中很有代表性:"法学理论很难适应新的跨学科研究(尽管它仍极具影响力),因为法学理论往往是高度规范性的,民族中心主义的(ethnocentric),且与社会脱节。"[1] 利奥·波斯皮士尔(Leo Pospisil)展望了人类学家今后的任务:

> 只有将(法律)与相关的社会结构和法律层次联系起来,并充分认识到一个社会中法律制度的多元性,才能对原始社会或文明社会的法律做深入分析。毕竟,从范畴上讲,法律是一种社会现象,不能(像传统观点那样)认为其与社会的其他组织原则无关。[2]

围绕着这一现实缺陷来定义跨学科研究,对法律受众有很大的吸引力,尽管这也许不会迎合另外一些法律人士,因为他们会转向其他学科,诉诸一种更加带有女性视角的想象——为了繁荣、品味和创新而不是仅仅解决现实问题。[3] 然而,这种策略提供了一个可以对话的平台,因为它在每个学科传统的核心问题上取得了共鸣。笔者认为这一策略取得了一定程度的成功。

很多学者为了回应法律知识的不完整性,便将他们的工作说成是对现实世界的一种经验性的研究。有的学者之所以主张将人类学的视角引入法律研究,是因为在他们看来,扎根于现实的民族志能够呈现出现实生活的运行状态,而法律学者往往脱离现实,理论也不够成熟。和梅因一样,他们强调人类学理解现实的方法具有先进性,将会提高法律研究的水平。[4] 比如,15年前,有学者将人类学家的方法类比为纯粹科学的方法。劳拉·纳德和哈里·托德(Harry Todd)提醒我们,"这个世

---

[1] Richard L. Abel, *Law and Anthropology* (reviewing Social Anthropology and Law (Ian Hamnett ed., 1979)), 28 Am. J. Comp. L. 128 (1980).

[2] 参见 Pospisil, 第 35 页注 ⑥, at 126。

[3] 比如,参见 Clark D. Cunningham, *The Lawyer as Translator, Representation as Text: Towards an Ethnography of Legal Discourse*, 77 Cornell L. Rev. 1298, 1300 (1992)。

[4] 人类学家琼·斯塔尔最近甚至考察了梅因所参考的部分研究资料的来源,以此证明罗马政权下的法律权利并不完全像梅因所推测的那样。参见 June Starr, *The "Invention" of Early Legal Ideas: Sir Henry Maine and the Perpetual Tutelage of Women*, in History and Power in the Study of the Law 345 (June Starr & Jane F. Collier eds., 1989)。

界就是一个关于纠纷的实验室"。① 波斯皮士尔也指出：

> 法律人类学是一门关于法律的科学，因此是经验性的。理论的提出应该以所有相关事实为依据，或者至少以所有可得事实（即我们所感知的现象）的样本为依据。科学理论应当与科学假设区分开来，它是一种能够由实证方法最终证明的学术观点。②

因此，人类学对于法律研究至关重要，因为它能为法学家在象牙塔中形成的、与世隔绝的思想提供现实世界的检验工具。

虽然大多数人类学家已经不再认为人类学是一门硬科学（hard science）了，但还是有很多学者仍然强调，他们的理论基于与真实的普通人的对话，并继续强调其研究方法上的经验性特征。他们认为，人类学提供了一种方法，使得他们能够在局外人的立场上洞察到本地人关于本土法律性质和功能的看法。就像康利（Conley）和奥巴（O'Barr）所言："（我们）方法的最大优势在于其强烈的经验主义。就此而言，诉讼当事人已经为我们的研究设定了框架。"③ 人类学是一种经验研究，对比之下，法学是一种理论性的研究，因此也是不完整的。

既然法律具有不完整性，所以下一个推论是，人类学或社会学为法学家不成熟的思考提供了一种亟需的经验之谈。比如，人类学家萨利·梅丽（Sally Merry）将法律人类学定位为批判法学的一个经验主义的分支。④ 在此基础上，她对现实生活中的当事人对公平正义和诉讼经验的看法做了调查——她总是暗示，这些看法与法学家的观点不一样——她用这些来自现实的代表性观点对批判法学中的法律的中心性提出了批判：

> 法律权利在社会关系中的定义是由诉讼当事人和法院官员在处理法庭日常问题时所构建的。由于法律既鼓励竞争，又要维护正义，因此其不能起到批判法学所假定的简单霸权功能；这种霸权是受限的，因为法律是从地方上构建出

---

① Laura Nader & Harry F. Todd, Jr., *Introduction* to The Disputing Process - Law in Ten Societies 40 (Laura Nader & Harry F. Todd, Jr. eds., 1978).
② 参见 Pospisil，第 33 页注 ⑥，at 191。
③ 参见 Conley & O'Barr，第 34 页注 ①，at xii。
④ Sally E. Merry, *Everyday Understandings of the Law in Working-class America*, 13 Am. Ethnologist 253 (1986).

来的，在意识形态上也具有多元性的特征。①

这种批判是真实经验（real-empirical）修辞策略的典型代表。梅丽认为，尽管这种激进的法学理论基本上是正确的——这里她同意法律确实发挥了某种霸权功能——但对法庭的调查证明，现实情况要比这种笼统的观点复杂得多。这种策略，像经验主义一样，朴实而坚定。人类学家除了阐释什么是正义以外，还会向现实中的人请教其对正义的看法。有一些人类学家放弃了具体观察的方法，所以遭到了皮特·贾斯特（Peter Just）的嘲讽，被认为是"解释论者"（hermeneuticists）和"霸权主义者"。贾斯特指出："在我看来，他们正在失去与现实世界的法律的联系，不再把法律视为故事、经验和民族志了。"②民族志在这里融合了经验。它是真实的、实践的真理，是理论的反义词。

人类学家为了解决这种不完整性还会强调的一种说法是，应当更加关注社会背景。他们认为，法律文本、规则或决定，如果不考虑赋予其意义的全部文化因素，注定是无法理解的。比如，社会学家苏珊·西尔贝（Susan Silbey）和奥斯汀·萨拉特（Austin Sarat）说："我们的立场宏大而简单：不理解整个社会背景就无法理解法律制度。"③同样，梅丽也指出"法律植根于社会结构和文化中，不能被孤立地理解"④。波斯皮士尔用清晰的学科术语重申了这一观点："与其他社会科学相比，（人类学）并没有从人类文化中任意切割出一部分，例如经济、政治结构、法律、人格结构（personality structure）或'社会关系'，而是把人类文化当成一个相互关联的整体来设想和研究。"⑤

---

① Id. at 266-67. 萨利·福尔克·摩尔提出了同样的观点：

在西方法律理论中，主权国家，即一个政体中的最终法律权威，可以就任何事项立法，还可以控制国家内的任何行为。但大家都知道，法律理论和现实总是有很大差距的。在法律理论中，法律对行为的控制没有限制。但在实际情况中，它却处处受限。

参见 Moore, 第 27 页注 ③, at 7。

② Peter Just, *History, Power, Ideology, and Culture: Current Directions in the Anthropology of Law*, 26 L. & Soc'y Rev. 373, 383 (1992).

③ Susan S. Silbey & Austin Sarat, *Critical Traditions in Law and Society Research*, 21 L. & Soc'y Rev. 165, 165 (1987). 同样，皮特·贾斯特认为对语境的关注是 20 世纪 80 年代的一项伟大的理论创新。参见 Just, 同上, at 375。

④ Sally E. Merry, *Anthropology and the Study of Alternative Dispute Resolution*, 34 J. Legal Educ. 277, 278 (1984).

⑤ 参见 Pospisil, 第 33 页注 ⑥, at x。

这种对背景（context）而非文本（text）的关注建立在对整个社会的看法之上。①而法律作为整体的一部分，自然可以套入这种研究模型。所以，关联不同学科的任务以及完善法律知识的任务，也是完善整个社会图景的任务。这一观点在修辞上的满意之处在于，当人们真正把法律和人类学知识联系起来时，就会发现，缺少的部分正是关系本身。梅因对自我认知的顿悟现在被塞到了构建关系的新任务当中。在最近一部名为《规则与关系》的作品中，康利和奥巴指出，他们对美国社会中"法律在更大的文化背景中的地位这一基本问题"②的分析恰好推动了他们对社会关系的意外发现：

> 各种正式的法律话语主要讨论规则，从理论上讲，它们的应用超越了个体与社会地位的差异。与这种对法律规则的关注形成鲜明对比的是，非专业的诉讼当事人在通过法律渠道解决问题时，经常谈到个人价值、社会关系以及广义的公平正义概念。③

围绕法律的人与人之间的关系不可避免地成为背景型研究的主题。

本文第二部分指出，从19世纪中期的梅因到20世纪中期的利奇，有着许多差异和变化。而其中一点是，跨学科研究被重新定义为一种发现、表达和建立关系的工作。自创立以来，这种关系研究不论是主题还是研究本身已经发生了巨大变化。比如，我们可以参考分别发生于1963年和1983年的两场平行的讨论，一场的主题是法学和人类学作为学科的关系，另一场的主题是，法律与社会的关系作为跨学科研究的对象。这两场讨论都是基于耶鲁大学法学院的斯托尔斯（Storrs）讲座。该讲座的宗旨是每年邀请法学"圈外"的知名学者为法学研究提供新的见解，换言之，建立完整的图谱。历史上有两位人类学家登上了斯托尔斯讲台。第一位是格拉克曼，一位伟大的学科交流的推动者，也是法律人类学的代表人物。他于1963年发表了系列演讲，后来以《巴罗策的法学观念》（The Ideas in Barotse Jurisprudence）为名结集出版。④20年后，克利福德·格尔茨在同一个讲台上向我们展示了针对法律研究的人类学方法，而后收录于论文集《地方性知识》。⑤在这两个案例中，我们可以看到，

---

① 参见 Marilyn Strathern, After Nature 73-77 (1992)。
② 参见 Conley & O'Barr, 第 34 页注 ①, at xiv。
③ Id. at 1.
④ 参见 Gluckman, 第 32 页注 ⑦。
⑤ 参见 Geertz, 第 33 页注 ⑨。

杰出的人类学家通过与法律人士的对话创造出了重要的学术作品。

对这两位学者来说，发现关系是跨学科研究的典型特征。两位学者把这种发现，特别是与法律有关的复杂社会关系的发现，视为一种知识创新。[①] 格尔茨通过追踪交汇点来吸引听众的注意，而格拉克曼选择以"多重关系"来描述他的创新。对他们而言，关系不仅是一种不言而喻的现象，更是一种富有创造力的发现，更重要的是，还有明显的好处。这种关系一直存在，值得被发现，且理应得到我们的重视。

如果看不到这两人演讲中的相同点也无可厚非，因为格尔茨在演讲中对一代学者的研究发起了猛烈的批判，尤其是格拉克曼以及他处处所代表的经验主义传统。[②] 首先，两位学者在理解法学与人类学的学科关系上有明显差异。格拉克曼力图在理论和方法层面上构建学科之间的关系。他试图完善法学理论，同时也接受了法学理论：演讲内容源于对南部非洲的巴罗策人的研究，在研究过程中，他参考了现实主义法学派的观点，并毫不掩饰其研习了法学思想后的兴奋。值得注意的是，格拉克曼关于关系的看法甚至部分借鉴了霍菲尔德（Hohfeld）和科宾（Corbin）关于财产的论述，[③] 不仅如此，他还用财产法、侵权法和合同法等英美法律主题来设计演讲的结构。在这个意义上，我们可以在梅因的跨学科传统中理解格拉克曼。事实上，格拉克曼自己也声称"我不确定，'但梅因爵士《古代法》的脚注或许是本书更准确的标题'"[④]。对格拉克曼来说，这种跨学科的关系从字面意思上讲，是希望有一个法律人类学的分支学科，在这个分支学科中，法学家和人类学家本身将形成知识关联，并建立一个新的学术共同体。

但在格尔茨看来，从理论和方法上将法学与人类学结合起来已经不可能了。他已经不再考虑法学理论了。格尔茨从一开始就否定了法律人类学"半人马学科"的可能性。[⑤] 格尔茨认为，如果学科之间还可能有交集的话，那么只可能集中于法律问题本身——对法律制度和法律实践的共同兴趣——而不是理论或研究方法。

换言之，在格拉克曼演讲的 20 年后，同样是面对着法律人士，格尔茨却用完

---

① 事实上，值得注意的是，鉴于格拉克曼打着多重关系的旗号，在他之后的每一代学者都批评他是"规则"的倡导者，而不是关系的倡导者。比如，参见 Jane F. Collier, Law and Social Change in Zinacantan 246-47 (1973)。

② 参见 id. at 233。

③ 参见 Gluckman, 第 32 页注 ⑦, at 75（"最近的法学研究坚持认为，所有的法律关系都是人与人之间的关系。因此，正如科宾所说，'不可能存在人与物之间的法律关系'"（引文省略））。

④ Id. at xvi。

⑤ 参见 Geertz, 第 33 页注 ⑨, at 169。

全不同的方式阐释了人类学家的任务。他当然也看到了跨学科友好合作的可能性。但是，他并不认可一些法律人类学家所坚持的外部研究立场，因为这些学者倾向于一种

> 相对而言不太内在（internalist）的研究，一种相互攻讦、画地为牢的方法；这并不意味着力图把法律意义注入到社会习惯中去或是用人类学上的发现来纠正司法推理，而是用一种阐释学的方法将法学和人类学勾连起来，先从法学的角度研究、再从人类学的角度研究，以便系统地阐释这两个领域共同面临的道德、政治和智识问题。①

如果我们不看学科之间的关系，只看格拉克曼与格尔茨以人类学的视角对法律的内部和外部的关系所做的考察，那么我们就会发现，在这两场讲座中间的20年已经发生了巨变。对格拉克曼来说，他的任务是把法律与社会结构联系起来。他认为自己的创新之处在于，考察了"法律观念与一个部落宏观社会制度的关系"。②他认为，如财产或侵权这样的法律范畴，在不同社会中或多或少都有所体现；但渗透到这些规范原则中的价值观是不同的——法律的价值观只能在社会背景中加以理解：

> （法律）概念具有吸收性，它们可以把千差万别的各种事实纳入进来；法律概念也具有渗透性，因为它们在任何时候都能渗入进特定的原则、推定、成见、假定之中，而这些正是法官用来解决问题所持有的基本方法和工具。许多我们自有的法律概念都存在于巴罗策社会：法律、所有权利、婚姻、过失，但它们都是渗入到不同的推定之中，而这都源于作为一个整体的巴罗策社会。③

所以，法律人类学的任务首先是从社会背景来理解法律，然后通过比较价值观在不同社会中如何以不同方式渗透进（法律）原则，从而将（不同的）法律制度联系起来。

格尔茨再次反驳了这种建立关系的做法。他喜欢更复杂、更艺术、更微妙的东西。他的方案是，探索具体的法律片段与文化之间的关系，从修辞的立场上锁定特

---

① Id. at 170.
② 参见 Gluckman, 第36页注⑦, at xiv.
③ Id. at 24.

定的交叉点，然后再从这个交叉点移动到下一个交叉点。格尔茨主张将法律与社会分解成一系列的组合单位，其方法是：

> 将"法律"与"人类学"分解为不同学科，以通过具体的交叉而非混杂的合成将它们勾连起来；对法律和事实的对立做相对的处理，将其转化为共享着同一图景和推论程式（consequence formulae）的各种各样的具体形式；在理念上，把比较法研究视为一种文化间的翻译；主张法律思想对于社会现实具有建设性意义，而非仅仅是对它们的反映；……所有这些观点都是某种思想倾向的产物，这种思想更为关注的是事物的多样性和差异性。①

格尔茨选择解释"事实与法律之间的关系"，② 而非法律与社会结构的关系。

法学与人类学的交叉如今变得极为具有地方性，他的这种看似走向美学的复杂的方法论通过转向特殊而得以实现：

> 的确，正是在这里最为需要的便是关注民族志个案研究的人类学与关注法律个案研究的法学家之间的微观对话，这个问题我在本文第一部分曾经提到过。这两个学科都关注地方性问题，当然，由于其关注的重点有所不同，所以它们试图解决的并不是完全相同的问题。但必须指出的是，尽管问题有所不同，但毕竟具有相通之处，所以法学和人类学亟需彼此帮助，而对话便是应然之意。法律多元现象，因其是法律的而吸引了法学家，因其是多元的而吸引了人类学家，所以法律多元现象似乎正是那种二者必须彼此照应的现象。③

如果待分析的对象是刚刚被打散的，那么将其联系起来的方法便接近了格拉克曼的想法：格尔茨一开始就认为事实和法律，也就是他试图联系的实体，无处不在。文化之间的差异仅仅是因为这些实体之间的关联方式存在差异。④ 因此，关联这些实体的工作便取决于对问题的定义。格尔茨观察到，西方社会将法律和事实视为独立的实体，而其他社会则认为它们是不可分割的。⑤ 这样，格尔茨又一次证明，

---

① 参见 Geertz, 第 33 页注 ⑨, at 232。
② Id. at 170.
③ Id. at 224–25.
④ Id. at 175.
⑤ Id. at 184–215.

法学家可能认为彼此独立的那些实体其实是相互关联在一起的。

然而，如果这种趋于特殊性的转向谈不上方法论创新的话，那么至少也是一种视角上的转化。我们跟随格尔茨从宏观问题转化到具体问题，从西方法律到伊斯兰法律再到印度法律，最后又回到了西方法律，这种叙述方式正是为了促成观察视角的创新。将错综复杂的片段联系起来本身就是一种相对主义的研究：

> 我们正在学习——我认为重点应该是人类学而不是法学，而人类学更多地与交换、仪式、政治符号学有关而与不是与法律有关——将不可通约的视角、记录经验和表达生活的方式纳入概念近似的框架中，这样一来，尽管它们并没有丧失（反而通常是增加了）原有的独特性，但至少比分开看时减少了一些神秘感。[①]

通过这种从一般到特殊的相对主义的研究，格尔茨最终发现，想要把这些学科联系起来还是得接受被他批评的格拉克曼的方案："法律重新与人类生活的其他伟大的文化形态结合了起来——道德、艺术、技术、科学、宗教、分工、历史……既不会被它们淹没，也不会成为它们所具有的建设性力量的附属物。"[②]

格尔茨对格拉克曼的创新体现了当前跨学科研究在诸多方面已经发生了改变。首先是刚刚发现的法律形式的多元性。问题不再是简单的法律与社会或法学与人类学的关系；相反，法律与社会已经被分割成了多个部分，所以需要阐明它们之间错综复杂的关系。比如，当代人类学家总是宣称，只要从人类学的角度观察法律，或者从语境中审视法律时，就会发现法律的多元性。人类学家芭芭拉·英韦松（Barbara Yngvesson）在最近一篇名为《法庭的语境化》的文章中指出，民族志对法律的贡献恰恰在于关注"地方性理解"（local understandings）的"多元现实"（a plural reality），这就重新捕捉到了"'无权的'（powerless）公民在建构法律的过程中所发挥的作用"[③]。同样，人类学家也经常试图向法学同行们证明，法律并非单一的实体，而是一种相互关联的多元体系。在20世纪70年代，人类学家展现了对多元主义的迷恋，他们忙于收集和分类各种案例，而这种案例被纳德称之为关于法律机制的"变化范围"。[④] 在人类学家克里斯·富勒（Chris Fuller）看来，法律多元是

---

① Id. at 233.

② Id. at 219.

③ Barbara Yngvesson, *Contextualizing the Court: Comments on the Cultural Study of Litigation*, 24 L. & Soc'y Rev. 467, 468 (1990).

④ 参见 Nader，第 32 页注⑧，at 4。

一个普遍的事实，根本不值得提及："多元的法律或规范秩序在当今世界普遍存在，所以这一概念并没有任何创新之处……"①

如果认为跨学科研究旨在构建不同实体间的关系，那么在逻辑上必然会得出一个结论，即法律多元是一种"普遍事实"。一旦在法律和社会之间建立了联系，或者，一旦在法学知识和人类学知识之间建立了联系，那么接下来还能做什么？是不是还得继续寻找断裂或分离进而构建新的联系？然而，如上所述，既然多元主义已经成为一种普遍事实，那么人类学家便无法再把发现法律多元视为一种创新了。事实上，多元主义并非人类学家的成就，而是一种"普遍事实"。正是以此为基础，多样性才成为可能，进而才可以将不同的学科、文化、方法或观点融合在一起。

就像法律的不完整性一样，新近发现的法律多元的复杂性成功地吸引了法学界的关注。实际上，不仅人类学家，法学家同样认为法律一元论是一个非常荒谬的观念。然而，多元主义能够成为跨学科的研究对象，恰好是因为跨学科研究旨在通过一种整体论的方法关联实体和发现关系。只有把法律置于关系的背景中，我们才能看到法律的多元性。一方面，知识本身是多元的，比如，人类学有人类学的知识，法学有法学的知识；另一方面，社会也是复杂的。只有把这两点结合起来，法律的多元性才能真正显现出来。

格尔茨的观点并非特例。当前一段时期，法律和社会作为法律人类学的研究主题被不断地分割并重组，学者们越发感觉到，已经很难从方法和模式的角度描述这两个学科之间的理论关系了——格拉克曼30年前寻求的合作现在已经不可能实现了。这是因为关联学科的任务已经超出了"两者之间"的范围。如今，试图塑造关系的工作本身已经成为了一项决定因素。关系本身是在法律之外的，而对关系的强调恰恰导致了两种区分。首先，在学科的意义上区分出了法学和人类学；其次，在社会成员类型的意义上区分出了法学家和现实中的人。这种批判性的论调，在利奇的作品中已初见端倪，现在已呈如火如荼之势。比如，有学者断言，"法律和社会（研究）始终认为自己走的是批判之路，独立于主流的法律话语之外，做一种有距离感的观察，同时又提供另一种认识论和法律社会学"。② 在此前，这种论断可能会引起争议，但如今大家却并不会感到奇怪。再比如，康利和奥巴现在认为他们的研究重点是"规则与关系"。③ 他们将关系重新解释为法律局外人所特有的"无权型"（powerless style）话语的象征。④ 他们甚至声称梅因是提倡学科极端对立的鼻

---

① 参见 Fuller，第59页注④，at 10。
② 参见 Silbey & Sarat，第62页注③，at 165。
③ 参见 Conley & O'Barr，第34页注①。
④ Id. at 173.

祖,这种极端对立是一种"根本分歧",因为梅因"区分了两种法律形式,一种以社会地位为基础,另一种以自主个体间的契约关系为基础"①。如果说梅因是从一个学科转向另一个学科,然后循环往复,而利奇探讨的那个危险区域位于学科之间,那么当代的学科关系研究则完全位于学科的外部。当代学者认为,法学和人类学的理论差异恰恰是因为人类学比法学更为重视关系。由此,在这两个学科之间建立理论关系已经不可能了,因为想要建立这种理论关系而需要的关键操作,即探索关系本身已经成为人类学的标志了。

如果格尔茨的观点表明跨学科领域的学者们对于构建一种跨学科理论已经失去了信心,那么当前把法律和社会分解为无数的片段再将其重新组合起来的努力是否还有希望,正如格尔茨在转向事实和法律时所追求的那样?在笔者看来,这两个学科目前处于一种理论上的僵持状态,因为在演绎一个又一个二元对立的时候,学者们会产生一种无力感,会觉得所有的结论都不会超出最初的预设。②正如前面所提到的,法律人类学的从业者对本学科的前景感到悲观。同样,尽管法学家现在越来越倾向于从自己的专业领域之外寻求一种宏观的视角,但与此同时,他们也越发谨慎。人类学可能提供的全新视角、认识论上的重大突破,似乎从没有实现过。③

每一次的组合与重组,每一次的建构与解构,似乎都有所预兆。当我们不再把文化作为"整体"来讨论时,学科作为"整体"当然也就没有继续讨论的必要了。学科的各个组成部分也不例外。由此所导致的后果是,声称在学科之间存在着某种危险或创造性的空间已没有任何修辞力量了。假如我们否认利奇曾经跨越了学科对立,那么他的学科恐怖主义怎么可能是特立独行的?假如我们一开始就非常熟悉这些零散的关系,而后不管格尔茨在其中如何穿梭,都谈不上有什么新意。声称没有新事物可以结合,或者无法构建关系,就等于主动放弃了成为一名高产的学者——高产是通过创造新的形式来实现的。

(二)规范性知识和反思性知识

正如本节开头所指出的,在本文这样的文章中,作者必须明确立场;只讨论别人的观点是不够的。所以,如果在跨学科研究中构建关系的工作已经失去了效果,那么笔者就必须另寻他路。从梅因讨论到当代,笔者一直坚持这种思路。当代大多

---

① Id. at 173-74.
② 参见 Strathern,第 63 页注①。
③ 参见 Silbey & Sarat,第 62 页注③, at 171("虽然我们认为我们正在对法律产生新的理解,但这一点从来没有那么关键,因为我们从未试图推翻关于法律与社会关系的自由主义主张")。

数跨学科研究的特点是，需要把观察（在这里是指跨学科研究的现状）转化为主张（在这里是指跨学科研究的发展方向），而这种转化又是非常困难的。

实际上，在本文所讨论的这一研究传统中，有一个不变的特征，即从（我们可以称之为）知识的反思性模式向知识的规范性模式的转变，然后循环往复。我们上文讨论的每一部作品，都通过反思研究主题从而对法律知识的增益做出了贡献。笔者的意思是说，这种反思性的洞察都是站在宏观的外部观察欧美法律中的某个主题而获得的。比如，梅因从欧洲文明史的角度反思了法律实证主义。利奇谈到了国际社会对恐怖主义的反应，并用原始社会的暴力重新定义了恐怖主义。这种反思性涉及视野的拓宽，此外，它往往也通过一种从起点到其他点再回到起点的移动来实现，就像格尔茨和梅因所做的那样。只不过格尔茨的研究是一种横向的对世界法律体系的阅览，① 而梅因则选择纵向地梳理历史发展阶段。② 当代跨学科的研究者主张关注"外部""背景"或者法律之外的"更广泛的现实"。在笔者看来，所谓的"外部"或"背景"其实是一种隐喻——形容扩展和移动——用来描述这种知识的反思性模式，而这些当代学者却把作为隐喻的"外部"与"实际的"外部混淆起来。

然而，过去的研究者们也都知道他们其实是在提出规范性的主张。梅因主张更学术的法律研究，反对法律制度的民主化。同样，利奇将 20 世纪 70 年代的恐怖分子爆炸事件和广岛原子弹事件相比较，也是有政治动机的。与反思性知识相比，这种规范性主张的特点恰恰在于，其追求的是事物的恒定性，为了做到这一点它往往有两种方式。第一种，即使可以转向其他角度他们也拒绝转向；第二种，限制而不是扩大研究的范围来阻止尖锐观点的产生。难怪我们一直以来都用静态的隐喻来描述这种规范性知识——表明立场、坚守立场等。

因此，如果要对法律人类学的跨学科研究的未来做出某种展望，那么就需要在规范性知识与反思性知识互动的意义做出规范性的分析。然而，首先要指出的是，这两种知识模式在逻辑上并不矛盾。恰好相反——正是梅因从更宏观的历史视角反思现代法律制度，才导致他走向了反民粹主义；正是利奇从土著人的视角理解原始社会，才导致他能够从反国际法的角度理解恐怖分子的世界观。

在反思性模式和规范性模式的互动关系中，有一个显著的特征是，每一种模式都很容易倒向另一种。在反思性和规范性之间没有停顿点：我们"应该知道"每

---

① 参见第 66 页注 ③—第 67 页注 ② 和附文。
② 参见第 36 页注 ②—第 47 页注 ② 和附文。

相对主义的主张实际上都是对某些事物的论证。事实上，不管是人类学家还是法学家也都知道，如果要批评反思性观点就得揭露出其背后的"立场"或"论点"。这种逻辑也适用于规范性主张：所有的规范性主张都会明确输出观点，比如，有人呼吁需要从更广泛的意义上保护表达权，这就是一个典型的规范性主张。事实上，一旦提出这样的规范性主张，似乎就会产生反思性的转向。

这里并不是说，一个规范性主张就会产生一个反思性主张。毋宁说，同样的知识，在反思性模式中有效，在规范性模式中也依然有效。比如，梅因对边沁实证主义的历史化（historicization），反过来又被当成论据用于攻击实证主义的普适性。利奇对恐怖主义文化建构的反思，摇身一变，成了一个规范性主张，用于呼吁更加重视文化差异本身。所以，对跨学科的学术研究而言，在反思性知识和规范性知识的互动关系中，一个核心特征是，每一个相对主义的主张都会成为一个论点，然后被再次相对化。反思性的观察变成了支撑性的论据，而这个论据又以反思的方式被重新考察。

举个例子，我们可以分析一下身兼法学家和人类学家双重身份的萨利·福尔克·摩尔的一篇名文——《把法律当作知识：当殖民官员想要告诉非洲人运行"他们"自己的土著法庭时应该说些什么》。[1] 摩尔系统调查了英国的殖民法律制度、殖民当局对非洲社会的想象以及这种制度和想象对查加人（Chagga）所产生的影响。1957年，英国殖民当局发布了关于坦桑尼亚土著社会习惯法庭组织规则的指令，这也成为她这篇论文的切入点。这篇论文的主题是关于英国殖民官员与土著习惯法庭在观念上的冲突，比如，既判力规则（res judicata）、作为书面规则的"法治"（Rule of Law）等英国的法律观念能否适用至习惯法庭？这篇论文的目标受众包括法学家和人类学家。

> 这篇文章的学术贡献在于，其反思了英美国家的法治信仰。她在摘要中写道：
> 本文有两个层次。从表面上看，本文直接从历史的角度分析了英国的殖民指令……从深层次上看，本文以此为切入点，探讨了广泛存在于英美法律中的文化预设（cultural assumptions），包括，"正义"的可定义性，法律事务中的时间和节奏，关于合法性、权威性以及永久性（permanent）"知识"的思想在法律制度中的复杂地位。[2]

---

[1] Sally F. Moore, *Treating Law as Knowledge: Telling Colonial Officers What to Say to Africans about Running "Their Own" Native Courts*, 26 L. & Soc'y Rev. 11 (1992).

[2] Id. at 11.

摩尔的最终目标指向了殖民政府对制定规则的痴迷，即将非洲的法律实践分门别类地予以法典化。① 本着典型的相对主义的精神，摩尔告诉我们：她在哈特（H.L.A. Hart）② 的著作中发现了一种观念，可称之为"以规则治理为基础的司法制度"（rule-governed judiciary）；这种司法制度严重依赖于书面先例，甚至达到了痴迷的程度，而这种司法制度只是解决冲突的一种特定的文化方式，而不是——正如她在引用殖民指令时所宣称的那样——什么自然法则。这种反思性转向所使用的技巧，我们在其他当代法律人类学的作品中也可以看到：摩尔强调非洲法律制度在其自身条件下的合理性，③ 并在此过程中发现了法律之外的社会现实。她认为，英国殖民法律制度的设计者未能理解"现实中的非洲有其自身的社会和法律逻辑"。④ 此外，这种非洲现实逻辑正是人类学家的专业领域："殖民者不得不考虑这种'地方主义'的影响，但他们却并不了解当地农村社区的性质。"⑤ 摩尔指出，部分原因是事实上（与人类学家不同）"大多数殖民官员不会说任何一种当地语言"⑥。她解释说："殖民者们没有描绘这些村庄的原貌……如果他们像我们现在一样对非洲社区和村庄的内部政治生活有所了解，他们可能会对正在发生的一切得出完全不同的结论。"⑦ 她甚至提到，在20世纪50年代编写《非洲法律重述》（Restatement of African Law）时，作为主编的那位法学教授认为，人类学家的看法并不准确，对于推动现代化和国家建设的法院毫无意义。⑧

这种从宏观视角对法律的反思其本身也是一种规范性论证，它以一种说教的方式提醒法学家注意，他们的世界观只是一种特殊的文化类型。⑨ 摩尔向她的法律读

---

① 这种对法学家不考虑背景而痴迷于规则的批判，是摩尔学术生涯中的一个重要论点。参见 Moore，第 27 页注③, at 4（"所有的规则制定者首先应该考虑的是，识别出那些在规则之外运作的社会进程，或者发现是什么导致人们使用规则，或者放弃规则、扭曲规则、重释规则、回避规则，或者取代规则"）。

② Id. at 222（是指 H.L.A. Hart, Essays in Jurisprudence and Philosophy (1983)）。

③ 参见 Moore，第 71 页注①, at 30。

④ 参见 Moore，第 71 页注①, at 11。Paul Bohannan anticipated Moore's thesis 35 years earlier. 参见 Bohannan，第 32 页注⑥, at 212。

⑤ 参见 Moore，第 71 页注①, at 12。

⑥ Id. at 14.

⑦ Id. at 15.

⑧ Id. at 23.

⑨ 摩尔希望法学家关注现实的建议没有什么新鲜感。比如，她指出，"既判力是对法院权力的宣示，是构成司法机构的官僚式特征的做法之一"；再比如，在她看来，从表面上看是从文化类型的角度讨论知识的差异，但这其实是从意识形态的角度讨论殖民主义和国家权力。本文的意思是说，尽管摩尔的这些论断发人深思，但她并不是第一位提出类似观点的学者。Id. at 34. 对她的法律同行来说，她对实证主义和规则裁判制的批判没有什么启发。然而，正是这种建立在现实主义见解基础上的实用主义分析，使这篇文章很容易出现在法学论文的脚注中。

者强调的最后的一个建议是那句经典的"关注背景"。她写道："这就引出了一个与殖民时期有关的问题,当然也具有普遍性:是否有可能在不了解案件产生背景的情况下深入'了解'法律制度?"① 摩尔的回答显然是否定的。没有语境(context)的文本(text)毫无意义。请注意,这种修辞又是围绕着法律和社会的二元对立而展开的:首先,殖民官员与查加人在研究对象上体现了这种对立;其次,在研究对象背后,还有着法学家与人类学家的对立。"当然,设计好的司法系统与地方性的'事件演生'(event-evolveds)系统之间的差异是非常大的。"② 从更加宏观的视角审视法律世界,现在已经成为法学界所关心的话题。

摩尔并没有止步于人类学对法学的说教。一些人类学家在批评殖民实践时总会提到,殖民政府对当地文化一无所知。在纳德看来,目前所"流行"的这种人类学式的批评没有意义。她引人入胜地指出:"由于殖民时期已经安全地过去了三十多年,指责殖民政府的缺点以及殖民官员的无知和傲慢不仅在政治上没有风险,而且对我们这个时代来说没有任何新意。"③ 对此,摩尔主张应该构建一个更加"实验"的领域,她感兴趣的是"制度的累积性的历史生产"(the cumulative historical production of institutions),因而超越了简单的殖民失败论。④ 鉴于在她的文章中法学家和殖民官员有着某种象征性的联系,人们不免会问,接下来应该怎么办?因为除了对殖民主义有庸俗的批评以外,同样,对于法学家还有着一种庸俗的批评,认为法律形式主义有缺点,规则裁判制有缺陷。针对这种庸俗的批评,摩尔该如何回应?我们可以发现,摩尔的这篇论文不能结束于反思性的批评,她必须站在人类学的立场上提出规范性的建议。至于这个建议能否获得其他学者的反思性评价,就不是摩尔能决定的问题了。

从反思性模式转化到规范性模式再转回到反思性模式,受其影响,这些模式所生产的知识也在发生着平行转化。比如,正如我们所看到的,人类学家首先从宏观视角反思了法律,然后在此过程中发现了法律与社会的关系。这些关系很快又变成了独立于法学之外的学术观点。而又用不了多久,这些学术观点又会成为反思性解释的对象。上文已经展示了这一过程。

然而,如果反思性模式滋生了规范性知识且反之亦然的话,那么在法学家和人类学家的字典里,这两种模式既不是同义替换项,也不是反义词。人们很难单纯地

---

① Id. at 42.
② Id. at 38.
③ Id. at 42-43(引文省略)。
④ Id. at 43.

选择相对主义的立场，因为不管选择使用法律和经济学方法还是使用法律和人类学方法，都意味着对其他研究方法的否定。同样，试图设计一种把规范性知识和反思性知识结合起来的方法也是无稽之谈：① 人们常说，一个人不可能既是相对主义者，同时又代表某种立场。每种模式都有着一套完整的表达系统。所以，如果我选择其中一种模式，那么就不可能再选择其他模式了。这是因为与学科或文化不同，知识的规范性模式和反思性模式不属于同一体系。比如，法学和人类学都属于学科体系；再比如，巴罗策的法律和英美法律同属于文化差异体系，但是规范性和反思性根本就不在同一个体系内。选择一种立场并以相对化的视角看待问题，这种研究无法创造关系，不管有多努力都做不到。

反思性知识和规范性知识并不总是这样不可通约。在其同辈学者看来，梅因诉诸宏观的历史视角，并不代表他已经放弃了提出规范性的主张，换言之，梅因依然可以就法律实证主义或实践参与当代法律问题提出规范性观点。笔者认为，正是由于梅因没有把他的规范性主张与反思性分析做严格的切割，才导致《古代法》在今天遭到了负面评价——说好听点是无趣，说难听点是幼稚。因此，相对于梅因而言，利奇才代表了认识论上的转变。首先，利奇有意识地提出了一个规范性的主张，即恐怖分子也有理性，接着他又趋向反思性地表示，这种主张本身也可以接受反思和批评。尽管利奇试图步步为营、逻辑缜密地展开论证，但我们依然可以看到他的这两种模式之间依然存在着明显的紧张关系，而这种紧张关系只能通过他关于野蛮人不是"狗头食人族"的讽刺来解决，② 这里的逻辑是：既然利奇提出了"恐怖分子也有理性"的规范性主张，那么他当然想坚守这种规范性立场，但后面的这个讽刺其实相当于承认，他的这个规范性主张也难逃被反思的命运。对利奇而言，有必要借助反讽这样的修辞手段来展现出这两种模式之间的不可通性。而梅因没有想到这一点。

在利奇那里没有言明的这种不可通约性现如今已经成了一个热点话题。③ 最近一段时期，人们讨论法律问题不可能回避相对主义。换言之，从规范性转向反思性

---

① 参见 Marilyn Strathern, *Parts and Wholes: Refiguring Relationships in a Post-plural World*, in Conceptualizing Society 75 (Adam Kuper ed., 1992).
② 对利奇来说，之所以看似矛盾是因为他断言"野蛮人和恐怖分子都是理性的存在"——这里强调的是法学家并没有完全理解周遭的世界——而恐怖分子最能引发我们思考的地方在于，他们的位置既模糊又尴尬，与我们的生活方式截然相反。我们与恐怖分子的分立与学科之间的分立如出一辙。
③ 参见 Strathern, 第 63 页注 ①, at 4-5（这篇文章讨论了随着时间的推移，分析模式如何变得明确）。然而，应该再次强调的是，笔者所描述的这种知识模式并不是分析模型；相反，它们是发现这种模型的手段，例如法律与社会之间的"关系"。

再转回到规范性,这种转化本身已经成了一项规范性研究。这一点可视为两个学科当代认识论的一个核心特征。

到了今天,如果有学者支持法律的跨学科研究,则意味着他笃信从一种知识模式向另一种知识模式的转化。或者用更规范的术语重新表述本文的这一观点:当代跨学科研究的最大特点在于它所催生的知识转化。虽然从法律外在现实的角度来看,这种转化是"虚构的",但我认为这种转化值得认真对待。

就此而言,我们可以发现,在梅因所寻求的运动和变迁的过程中,结构发挥着事后反思的作用。关于这种研究模式,后来利奇又提出了一个更加接近当代的版本。但在我们今天看来,他们的研究其实可以提炼为一种研究模型,即结构就是一个预设了结果的组织框架。但必须指出的是,梅因和格尔茨所倡导的这种运动(movement)与知识模式的转化(transformation)是两码事,因为规范性和反思性不属于同一体系。至少在这一点上,它们之间没有任何线性联系,也没有任何描述性的论文可以概括这种转化。

笔者并不认为只有法律的人类学研究才存在这种转化。相反,法学家都知道,从规范到反思再回到规范的思维模式一直贯穿于法学研究。这里想强调的是,也许学科之间的紧张关系提供了一个恰当的隐喻来描述我们目前还没有什么合适的语言能够去描述的这个东西。由于法学家和人类学家都认可甚至希望扩大学科间的鸿沟,所以两种模式之间的不可通约性变得具体化、制度化了。此外,在隐喻的意义上,法学被视为规范性和政治性的领地,人类学则被视为反思性和差异性的沃土。由此,法学和人类学的跨学科研究便提供了一种方法,能够让我们去体验并阐释规范性思维和反思性思维之间的这种不可通约性。

在上文中,笔者梳理了一系列关于人类学、民族学或跨学科法律研究的论点和主张,并希望借此找到一条出路。对这一研究传统的回顾让我们获得了以下几点可能的收获。首先,我们明白了修辞的运作原理。当代人类学的法律研究强调对背景做经验观察,强调研究应该关注现实中的人而非法律的理论结构,这些立场表明,人类学试图从法律的外部现实来讨论法律问题;通过上文的回顾,我们得以明白,人类学的这种目标其实是一种修辞,而这种修辞之所以能够成功,是因为不管是法学家还是人类学家都认为两个学科之间存在着明显的分立。然而讽刺的是,如果这种修辞上的成功依赖于两个学科在学科分立这一问题上达成的共识,那么仅仅捍卫某一个学科的观点——比如法学强调文本,人类学关注背景——都不可能摆脱由此对立造成的理论僵局,因为对立本身从结构上就预示着不可能有所沟通。不管是方法论创新,还是伸向"外面的世界",这种站在外部的研究立场会发现其在法学和人类学两个领域中都会受到欢迎，但它似乎很难能够为这两个学科做出突破性的贡献。如果说向外围移动总是意味着要返回中心，那么我们就需要另辟蹊径。

其次，鉴于当代的跨学科研究旨在探索和阐述关系，那么通过上文的梳理我们得以明白，为什么这种跨学科研究至今也不能令人满意。这种对学科之间、法律与社会之间，或两个学科的更小片段之间相互关系的阐述似乎是可以预测的，因为它的确可以预测。为了完成结合的工作，待结合的实体必须置于预先设定的框架之内——比如关于学科或文化差异的研究框架——以便我们提前知道哪些新的组合将会形成。近来，有的学者试图通过寻找更复杂、更模糊或更微妙的联系来推动学术研究，但是这种思路一经提出，就会让人觉得这项研究已经完成了。

所以，如果有人问法学家从人类学那里得到了什么，答案是，几乎一无所获。人类学已经不再声称会为法学家建言献策了。在过去，我们认为，它山之石可以攻玉，我们还认为，法律的学术研究应该努力地去描绘出一个社会的完整法律图景；但现在我们已经放弃了这种幻想，由此我们可以将注意力转移到当代法律知识自身的特征上了。通过本文的研究，我们发现，存在着两种研究模式，一种是规范性模式，另一种是反思性模式。每一种模式都代表着一种讨论问题的方式，不管是规范性的，还是反思性的，它们都试图成为并排斥对方成为这两个学科当中的规范性论点的唯一依据。这一事实告诉我们，想要推动跨学科研究，不要再提什么外部真实世界的知识，而是要把跨学科研究当成一种隐喻、一种技术，来阐述我们才刚刚开始理解的法律（和人类学）思维。

专题研讨 2·疑难案件

"疑难案件"专题导引

孙海波（中国政法大学比较法学研究院副教授）

有法谚云，"疑难案件出坏法"。疑难案件的出现，使得常规的法律适用活动遭遇挫折，这就对既有的法律体系以及法官的裁判思维提出了尖锐的挑战。面对疑难案件，法官的选择大体上有：回避（辞职、拒绝裁判）、随机裁判（抛硬币、掷骰子）、依法裁判、诉诸法外因素裁判。大体上，前两种方式不太可取，它们与法治的要求背道而驰。而在实践中，法官们主要是在第三种和第四种方法之间徘徊。

上述后两种方案形成了鲜明的对立，依法裁判论主张即便在疑难案件中，法官仍然负有依法裁判的义务；法外裁判论认为，一旦出现疑难案件便意味着既有的法律出现了严重的问题，以至于对眼前所面对的案件无能为力，此时需要诉诸法律之外的标准来解决。依法裁判论与法外裁判论之间的分歧，在于疑难案件是否能成为法官放弃在既有法体系中寻找裁判根据的成功理由，对此学界一直以来有不少论争。

本专辑选取的两篇文章，均以疑难案件作为切入点，审视法官应当如何面对疑难案件。其中，张竹成从法哲学的角度为依法裁判立场进行辩护，尤其借鉴了德沃金的整全法裁判理论，最后区分了"作为底线义务的依法裁判"与"作为愿望道德的依法裁判"。肖毅则侧重从方法论的角度分析，提出二阶论证对于化解疑难案件的裁判僵局有重要意义，他检讨了以往学界中流行的一些二阶论证理论，提出了自己对于二阶论证理论的新观点，特别强调二阶论证仍应坚持法治原则。

从总体上看，两篇文章虽然关注的重点不一，行文思路也不相同，但最终殊途同归，共同捍卫了依法裁判的基本立场。

疑难案件二阶论证的分歧与调和

肖 毅[*]

摘 要 以演绎推理为构造的一阶理论，难以解决疑难案件裁判的困境，因此学者们在司法三段论的基础上做加法，迈向二阶论证。二阶论证理论，有分析模式、商谈模式、诠释学模式之分。它们的分歧主要集中在适用范围、操作方法与价值理念上。若将这些分歧统一到依法裁判之下予以系统解决，可建构一种厚重的依法裁判方法论：在外部证成中，法官依据丰富的渊源资料、运用多元方法、遵循论证规则与程序，展开对裁判规则的证立；在内部证成中，法官以合乎法秩序的裁判规则为大前提，以规范化的案件事实为小前提，经由环环相扣的复杂演绎获得最终的裁判结论。这种合秩序裁判下的方法框架，具有区分意义、工具箱作用和约束功能，能够较好地协调疑难案件中依法裁判与个案正义的关系，并保障法的安定性、提高判决的可接受度。

关键词 二阶论证 疑难案件 内部证成 外部证成 合秩序裁判

一、以二阶论证解疑难案件裁判之困

弗朗西斯·福山在其著作《国家建构：21世纪的国家治理与世界秩序》中将法

---

[*] 肖毅，中国政法大学比较法学研究院2019级硕士研究生，德国柏林洪堡大学法学硕士（LL. M）。

治界定为一种高事务量、低特定性（即自由裁量有限、决策后果不明显）的事业，是国家建设者需要完成的最复杂管理任务之一。① 在法治事业中，法官如何妥当地裁判疑难案件，更是符合以上特征的情形。相对于简单案件，法官在裁判疑难案件时需要花费更多的时间与精力，对案件事实进行深入调查、对涉及的专业问题开展研究分析，在判决书撰写中也要做出更多的理由说明和法律论证，但最后的裁判结果却并非总是令人满意，甚至引发诸多争议。因此有必要为疑难案件建构一种理性的裁判方法，既使法官有序地展开法律论证活动，又能增强公众对判决的信服。

在现实生活中，绝大多数的案件都是简单案件，法官依据案件事实，能够轻易地找到相应的法律规范，并且在该案件中规范的含义也是相对清楚的，继而通过涵摄的方法得到裁判结论。此时，法律作为一种排他性的依据，决定着案件结论，法官无须对规范本身进行反思，甚至探寻规范背后的依据问题，这是以演绎推理为主要结构的一阶裁判思维。②

有常态就有例外，当法官面对疑难案件时，简单的一阶涵摄便是不充分的。疑难案件，是指那些在法律的理解或适用上出现困难和争议的案件，事实上的疑难（比如事实的查明、证据的鉴别等）不构成真正的疑难案件。③ 从类型上看，常见的疑难案件主要有以下几种情形：一是无规则可用，即存在法律漏洞、需要法官造法；二是规则或原则之间存在矛盾而难以决定适用哪一个，即规范冲突；三是规则含义或范围不明，需要运用解释方法予以阐明；四是适用既有的法律规定得出的结论不合理、不正义。④ 在以上情形中，没有清晰且无争议的司法推理大前提，因此法官无法运用简单的涵摄方法进行裁判，而需要在演绎推理的基础上做加法，以解

---

① 参见弗朗西斯·福山：《国家建构：21世纪的国家治理与世界秩序》，郭华译，学林出版社2017年版，第69—70页。
② 也有学者对一阶和二阶有不同的用法，如陈景辉将法律作为二阶的行动理由，"行动理由存在一阶理由与二阶理由两种基本类型，其中前者包含自行权衡，而后者排除自行权衡。法律规则显然属于二阶理由，因此依据规则的裁判实际上是排除裁判者依据一阶理由自行判断的过程，只有法律规则才能成为法律推理的基础"。见陈景辉：《规则、道德衡量与法律推理》，《中国法学》2008年第5期。按照这种观点，法官依据规则裁判简单案件，是二阶层面的裁判；面对疑难案件时，抛开规则、进行实质权衡，是一阶层面的裁判。笔者的用法则与之相反，术语用法的主要来源是瓦瑟斯特罗姆的《法官如何裁判》中的"二阶证明程序"（two-level procedure of justification），以及麦考密克《法律推理与法律理论》中的"二次证明"（second-order justification），单纯适用规则进行裁判的是一阶程序，须先对规则予以证成、进而依据该规则裁判案件的是二阶程序。
③ 参见孙海波：《不存在疑难案件？》，《法制与社会发展》2017年第4期。
④ 规范不清晰、需要进行解释的情形，是否属于疑难案件，存在争议。如葛云松主张，将案例和学说纳入法源性资料，若当前案件涉及的规范存在司法通说或学者通说，且法官对该通说没有实质性的异议，那么无须对作为裁判依据的该规范再作反思，此情形属于简单案件，参见葛云松：《简单案件与疑难案件——关于法源及法学方法的探讨》，《中国法律评论》2019年第2期。

决上述的法律疑难，由此迈向一种二阶论证。

简单案件和疑难案件的区分实质就在于：不同类型的案件适用不同的裁判方法，简单案件适用一阶的涵摄方法，疑难案件则须经由二阶论证得出结论。二阶论证，将司法裁判划分为两个论证层次：其一是对裁判规则（司法三段论大前提）的证立（J1）；其二是经由规则到事实的涵摄，对裁判结论进行证立（J2）。① 各种二阶论证理论都保留了演绎推理作为司法裁判的最后一步，而分歧在于前一阶（J1）中如何对裁判规则进行证立，即"演绎推理+x"中的 x 具有哪些具体内容与方法。

从价值层面看，依法裁判和个案正义作为司法裁判的两个基本目标，在简单案件中不存在冲突，可以通过涵摄方法一体实现。而疑难案件之所以疑难，便是因为案件中依法裁判和个案正义难以兼顾。如赵春华非法持有枪支案，一审法院严格依照制定法规则进行裁判，认定赵春华构成非法持有枪支罪，判处有期徒刑三年六个月。② 虽然这属于依规则裁判的典范，但判决结论并不令人满意，被告在公园摆气枪摊来谋生，居然构成后果如此严重的刑事犯罪，这有悖于常理常情，更非对正义的实现。更好的做法，应是探究相应规范（《刑法》第 128 条第 1 款）是否存在其他的解释方案，或者是否遗漏了其他规范（如认识错误、缺乏期待可能性等），甚至可以对相关的刑事法律和行政法规（如从《枪支管理法》第 4 条、公安部《枪支致伤力的法庭科学鉴定判据》与《仿真枪认定标准》等）提出内容上的质疑。这些做法在涵摄之前，先通过法律解释、法律续造、后果考量、实质权衡等方法证立案件裁判的大前提，就能够更好地处理法律疑难问题，兼顾依法裁判与个案正义目标的实现。

为了破解疑难案件的裁判困境，有必要构建一种以二阶论证为基本结构的裁判方法，这也正是本文的主要任务所在。首先，笔者将探究二阶论证的理论源起，并对不同学说进行概括归纳；其次，将着重从适用范围、论证方法和价值理念三个方面，揭示二阶论证不同学说之间的分歧；再次，基于对不同学说的分析与整合，尝试在合秩序裁判下构建一种二阶论证方法框架，以应对疑难案件的裁判困境；最后，将回顾本文的主要论点，重申二阶论证方法与疑难案件裁判的契合性，并对可能的批评予以回应。

---

① 阿列克西将证成司法三段论法律前提和事实前提的过程称为外部证成，将通过前述前提得出判决结论的过程称为内部证成。Vgl. Robert Alexy, Theorie der juristischen Argumentation: die Theorie des rationalen Diskurses als Theorie der juristischen Begründung, 2. Aufl., Suhrkamp, 1991, S.273 ff.

② （2016）津 0105 刑初 442 号刑事判决书。本案是一个典型的疑难案件，在后文中，笔者也将主要围绕两审判决书和一些学者观点继续讨论该案。

二、二阶论证的诸种模式

简单的演绎推理无法应对复杂的司法裁判,这是自古以来很多学者都意识到的难题。从中国古代的"天理、国法、人情",到现今的政治效果、法律效果与社会效果相统一的司法政策,都是为了破解疑难案件裁判的困局。大体来说,这些方法或抛弃演绎推理、另起炉灶,或在司法三段论的基础上做些加法,来构建新的裁判模式。前者已经走向法外裁判,有恣意专断的风险,并不可取。后者所做的加法,构成了第二阶的法律论证,与第一阶的演绎推理,共同构成了二阶论证理论。

(一)理论源起

从理论源起上看,司法裁判二阶论证模式观点的系统提出,应追溯至瓦瑟斯特罗姆 1961 年出版的《法官如何裁判》(The judicial decision: toward a theory of legal justification)。他在书中提出了三种司法裁决程序。其一是演绎程序,从遵循先例原则出发,将先例作为后案裁判的论证理由与司法三段论的大前提,通过演绎推理得出结论。① 其二是衡平程序,从考量诉讼各方当事人利益出发,通过后果论证为司法裁判提供正当性依据。② 其三是二阶证明程序(two-level procedure of justification),法院诉诸功利原则证成法律规则,其次是依据法律规则经由演绎推理得出司法裁判。③

瓦瑟斯特罗姆的二阶证明程序,以规则功利主义为借鉴,综合了演绎程序和衡平程序的优势,体现了鲜明的二阶性和论证色彩。它的规则证明阶段吸纳了衡平程序对后果因素的考量,并主张不仅要平衡双方当事人的利益,还要将对整个社会的后果影响纳入功利考量的范围。它的判决证明阶段吸纳了演绎程序的形式要素,强调经由规则的涵摄得出判决结论,而非直接以后果论证作为判决的正当化依据。

瓦瑟斯特罗姆提出的二阶证明程序,是后来学者讨论二阶论证理论的初步模型和先导。④ 它既具有逻辑一贯和体系清晰的优势,也显露出考量标准单一、结构不

---

① 参见理查德·瓦瑟斯特罗姆:《法官如何裁判》,孙海波译,中国法制出版社 2016 年版,第 15 页以下。
② 同上书,第 127 页以下。
③ 同上书,第 209 页以下。
④ 麦考密克《法律推理与法律理论》和阿列克西《法律论证理论》都曾多次引用瓦瑟斯特罗姆的上述著作,并予以讨论和分析。如尼尔·麦考密克:《法律推理与法律理论》,姜峰译,法律出版社 2018 年版,第 17、139 页;Robert Alexy, Theorie der juristischen Argumentation: die Theorie des rationalen Diskurses als Theorie der juristischen Begründung, 2. Aufl., Suhrkamp, 1991, S.282。

够精致的不足。规则功利主义（又名"有限功利主义"）认为，"行为的正确或错误，要由规则所带来结果的善与恶来评判，这样的规则要求每个人在相同的情形中实施相同的行为"。① 瓦氏的二阶证明程序以有限功利主义为哲学基础和结构根据，在逻辑体系和价值依据上具有清晰融贯的优势，但也要遭受与规则功利主义类似的批评，即它实际上可被还原为行为功利主义，且无法证成它尊崇规则的价值所在；② 那么体现在司法裁决程序上，就是它与直接诉诸功利主义论证裁判结果的程序有何区别？另外，它对何时需要诉诸对规则的证明，依据后果考量证成规则是否需要限制等，都没有做出精细的讨论。这也成为后来研究者的深耕之处。

继瓦瑟斯特罗姆之后，涌现了众多构建二阶论证模式的理论观点，如同年出版、堪称双璧的麦考密克《法律推理与法律理论》（1978年）和阿列克西《法律论证理论》（1978年）。此后，中国学者也引介了相关著作，并提倡一种迈向二阶证立的裁判理论。③ 各种观点虽众说纷纭，但大致可归为以下三种模式：分析模式、商谈模式与诠释学模式。

（二）分析模式

分析模式以麦考密克为主要代表，中国学者王彬也可归入其中。④ 麦考密克的法律推理模式具有鲜明的二阶性。第一阶是从普遍前提出发，通过演绎推导出结论；第二阶是对演绎前提的证成，主要以后果论证和融贯性、一致性论证为方法。相对于瓦瑟斯特罗姆的二阶证明程序，麦考密克的二阶论证理论具有更为精致的结构。

其一，它明确区分了简单案件与疑难案件，并只在后一种情形中才求助于二阶论证。"在简单案件中，对判决结论的证明可以直接从既定规则的推理中获得。而在疑难案件中，由于要面对'解释'、'区分'以及'相关'等问题，所以必须求

---

① J. J. C. 斯玛特、伯纳德·威廉斯：《功利主义：赞成与反对》，劳东燕、刘涛译，北京大学出版社2018年版，第15页。

② 参见同上书，第17—21页。

③ 中国学界以"二阶证证"为主题的学术论文，如焦宝乾：《法的发现与证立》，《法学研究》2005年第5期；宾凯：《社会系统论对法律论证的二阶观察》，《华东政法大学学报》2011年第6期；陈伟：《法律推理中的二阶证立》，《政法论丛》2013年第2期；陈肇新：《通过法律议论回应司法中的政策——以"二阶证立理论"的困境与超越为线索》，《法制与社会发展》2019年第2期；王彬：《逻辑涵摄与后果考量：法律论证的二阶构造》，《南开学报（哲学社会科学版）》2020年第2期。

④ 参见尼尔·麦考密克：《法律推理与法律理论》，姜峰译，法律出版社2018年版，第118—154页；王彬：《逻辑涵摄与后果考量：法律论证的二阶构造》，《南开学报（哲学社会科学版）》2020年第2期。

助于二次证明，只有当确认了该适用哪项法律上的裁判规则时，演绎推理才能派上用场。"① 当然，简单案件与疑难案件也不是泾渭分明的，二者之间存在过渡区域。这本身也需要论辩。②

其二，麦考密克将第一阶论证归于形式正义的范畴，并强调"对个案判决的证明必须立基于基础性的命题"，③ 对类似问题进行类似处理。这一阶段裁判证立的理性，不是通过其演绎结构，而是通过前提之普遍性保障的。也如考夫曼所言，"演绎推理从规则（普遍性前提）出发，因此它是必然的，但它只是一种分析性推理，而无法扩展我们的认识"。④

其三，虽然后果考量也是麦考密克证成演绎前提的主要方法，体现出一定的规则功利主义色彩，但他还强调，后果论证要受有效的法秩序约束。这一约束体现在两方面：一致性要求后果论证与法秩序的有效规则相容不悖；融贯性要求通过原则或类比证成作为大前提的规则。就三者的顺序关系而言，融贯性和一致性论证能够确定法律可能性的范围，在这一范围内，方可根据后果主义证成规则和作出裁判。⑤

综上所述，麦考密克的二阶论证理论具有较重的分析性风格，并致力于实现形式正义和实质正义的平衡。简单案件的裁判，无须诉诸二阶论证，这是基于法律规则的形式演绎就可解决的情形。在疑难案件裁判中，后果论证需要受法秩序融贯性和一致性的形式约束，这是给实质正义倾向的后果论证套上了"形式紧箍咒"，以免走向恣意的法外裁判。

（三）商谈模式

商谈模式以阿列克西为典型，他的《法律论证理论》与麦考密克的《法律推理与法律理论》都是出版于1978年，属于同一时期同一主题的两大代表作，但二者的理论资源和学术脉络截然不同，观点上虽有近似之处，分歧也甚是显著。阿列克西从普遍实践论辩入手，将法律论证作为普遍实践论辩的特殊情形，并以内部证成与外部证成来刻画法律论证的二阶结构，具有鲜明的商谈性和程序性底蕴，这与麦

---

① 尼尔·麦考密克：《法律推理与法律理论》，姜峰译，法律出版社2018年版，第239页。
② 关于疑难案件裁判的相关理论，详参孙海波：《裁判对法律的背离与回归：疑难案件裁判新论》，中国法律出版社2019年版。
③ 尼尔·麦考密克：《法律推理与法律理论》，姜峰译，法律出版社2018年版，第117页。
④ Arthur Kaufmann, Das Verfahren der Rechtsgewinnung: eine rationale Analyse, C. H. Beck, 1999, S.51.
⑤ 参见乌尔弗里德·诺伊曼：《法律论证学》，张青波译，法律出版社2014年版，第112页。

考密克的分析性进路和偏重形式正义,对比分明。

阿列克西的内部证成与麦考密克的一阶论证基本一致,都是强调从可普遍化的前提出发,经由演绎推理证成裁判结论。① 内部证成中的规则前提都来源于外部证成,没有简单案件与疑难案件之分;但麦考密克的普遍性前提,仅在疑难案件中才需要诉诸后果主义论证和融贯性、一致性论证。另外,阿列克西还指出,规则大前提与事实小前提之间可能存在逻辑落差,这需要尽可能多地展开逻辑推导步骤,经由多次的中间演绎与决定环节,来达致内部证成的最终完成。这些论证规则与结构,被称为"形式正义的规则与形式"(Regeln und Formen der formalen Gerechtigkeit),② 既可提高识别错误和批判错误的可能性,也能保障裁判的一致性与法的安定性。

外部证成是对内部证成所使用的各个前提的证立,是对司法三段论大、小前提的准备过程。其中共有六组论证规则与形式:法律解释、教义学论证、判例使用、普遍实践论证、经验论证和特殊法律论证。③ 其内容丰富,既有规范命题的证立,也有经验命题证立;既要使用法律解释、教义学论证、判例引证适用等法律论证方法,也需要在部分情形中诉诸普遍实践论辩。④

阿列克西的法律论证理论,上承哈贝马斯的实践商谈理论,下启京特的证立商谈与适用商谈之区分,被视为走出"明希豪森困境"的坚实一步和对实践理性的有力践行,一般被归入程序或商谈模式。⑤ 哈贝马斯认为,法官判决的可接受性,不仅依赖于论证的品质,而且在于论证过程的结构;因此,法律论证理论不得限于

---

① Vgl. Robert Alexy, Theorie der juristischen Argumentation: die Theorie des rationalen Diskurses als Theorie der juristischen Begründung, 2. Aufl., Suhrkamp, 1991, S.273 ff.

② Robert Alexy, Theorie der juristischen Argumentation: die Theorie des rationalen Diskurses als Theorie der juristischen Begründung, 2. Aufl., Suhrkamp, 1991, S.280.

③ Vgl. Robert Alexy, Theorie der juristischen Argumentation: die Theorie des rationalen Diskurses als Theorie der juristischen Begründung, 2. Aufl., Suhrkamp, 1991, S.285 ff.

④ 需要诉诸普遍实践论辩的,主要是以下五种情形:(1)对各种不同的论证形式达到饱和所需要的规范性前提进行证立;(2)对有可能导致不同结果的各种不同论证形式之选择进行证立;(3)对各种不同教义学语句进行证立和检验;(4)对区别技术或推翻技术进行证立;(5)直接在内部证成中应用的语句进行证立。Robert Alexy, Theorie der juristischen Argumentation: die Theorie des rationalen Diskurses als Theorie der juristischen Begründung, 2. Aufl., Suhrkamp, 1991, S.347.

⑤ 上述评价,分别出自伊芙琳·T.菲特丽丝:《法律论证原理——司法裁决之证立理论概览》,张其山、焦宝乾、夏贞鹏译,戚源校,商务印书馆2005年版,第120页;舒国滢:《走出"明希豪森"困境(代译序)》,罗伯特·阿列克西:《法律论证理论:作为法律证立理论的理性论辩理论》,舒国滢译,商务印书馆2019年版,第27页;尼尔·麦考密克:《法律推理与法律理论》,姜峰译,法律出版社2018年版,第117页,前言第10—11页。

逻辑-语义的讨论，还要纳入交换论述之程序条件的语用维度。① 京特区分证立商谈与适用商谈，前者决定规范之有效性，后者关涉规范能否在具体个案中适用。②

（四）诠释学模式

所有规范未经解释都无法适用，这种规范与事实之间的落差需要方法予以弥合，经由这种具体化的规范方能直接用于演绎推理。前述这一规范与事实之间的等置与最后的涵摄，也可看作考夫曼法律获取程序的二阶性。他主张，除了数字之外，其余的法律概念都是非单义的，都需要运用个案比较的方法将其与事实相等置，进而得出可直接用于涵摄的规范化事实和具体化规范。③ 他的等置理论也可分为两个阶段，其一是规范与事实之间的等置，其二是演绎推理得出结论。与前述理论的不同之处在于，考夫曼的二阶论证具有浓厚的哲学诠释学色彩，即从前理解到认识修正的螺旋式上升，以及事实与规范之间经由事物本质与类型搭建起沟通桥梁。④

主张等置模式的，除考夫曼以外，还有恩吉施和郑永流等。⑤ 等置模式"立足于一元法律观及方法论，着眼于建构判断的大小前提，认为建构是一个在事实与规范之间循环往复、相互照应的过程"，让裁判者在徘徊顾盼中，"整合着事实与规范，沟通着实然与应然"。⑥

对等置模式也不乏批评之声，菲肯切尔曾指出它存在逻辑上不可描述、不可能进行三段论推论、结论具有或然性等缺陷。⑦ 但这些批评并不致命，等置模式作为大、小前提的准备过程，法官一方面考量待决的案件事实，从而具体化和特定化从制定法或法官法中获得的标准及价值观点；另一方面也依据大体上妥当的法律

---

① Vgl. Jürgen Habermas, Faktizität und Geltung: Beiträge zur Diskurstheorie des Rechts und des demokratischen Rechtsstaats, 7.Aufl., Suhrkamp, 2019, S.276.

② Vgl. Klaus Günter, Der Sinn für Angemessenheit: Anwendungsdiskurse in Moral und Recht, Suhrkamp, 1988, S.299 ff.

③ Vgl. Arthur Kaufmann, Das Verfahren der Rechtsgewinnung: eine rationale Analyse, C. H. Beck, 1999, S.7 ff. 也参郑永流：《法律判断形成的模式》，《法学研究》2004 年第 1 期，第 146—149 页。

④ 相关论述，如"每一个法律认识，每一个法律发现，每一个所谓的'涵摄'，都显示出类推的结构"，阿图尔·考夫曼：《类推与"事物本质"——兼论类型理论》，吴从周译，颜厥安校，新学林出版股份有限公司 1999 年版，第 85 页。

⑤ Vgl. Karl Engisch, Logische Studien zur Gesetzesanwendung, Winter, 1943, S.15 ff.；郑永流：《法律判断形成的模式》，《法学研究》2004 年第 1 期。

⑥ 郑永流：《法律判断形成的模式》，《法学研究》2004 年第 1 期。

⑦ Vgl. Wolfgang Fikentscher, Methoden des Rechts: in vergleichender Darstellung, IV Band, Mohr., 1977, S. 181 ff.

观点将案件事实完整化及精确化。① 当到达"诠释的转折点"（der hermeneutische Umkehrpunkt），即"基于按照平等正义和事理正义标准，进一步地靠近无法使规范更具体化、也无法使描述案件情况的概念得以更加细化"② 之时，再进行下一步的演绎推理。因此，若将等置模式理解为"个案比较＋演绎"的二阶构造，则菲肯切尔所指出的许多缺陷将得到辩护。③

除上述的分析模式、商谈模式和诠释学模式以外，也有不少学者提出了其他的方法主张，如法律可废止性下的抗辩清单制度，即"将法律议论所关注的规范要件、生活事实和政策等诸多要素加以重组并重新排序，通过话语博弈，推进法律议论向纵深发展"。④ 又如，依据社会系统论对二阶论证的考察。⑤ 这些新方法和新观察，与以往的经典理论虽有不同，但仍未超出其大概范畴。

三、二阶论证的主要争点

事实上，很多法学家都意识到疑难案件的裁判证立过程具有二阶性，即仅有演绎推理或司法三段论是不充分的，还需要诉诸法感、后果论证、政策考量、等置模式、实质权衡等不同方法与环节。其中的争议分歧，不在于演绎推理这一最后环节，而在此前对规则的证立、对涵摄前提的准备阶段。具体来说，主要问题是在哪些情形、何种条件下适用二阶论证（范围之争），运用二阶论证裁判案件应适用哪些方法、遵守何种论证规则（方法之争），主要贯彻何种正义理念、从何处寻找它的正当性基础（理念之争）。

（一）范围之争

在科学哲学上，发现的过程与证明的过程被清晰区分。"把假设-演绎方法神秘地解释为一种非理性的推测，这是由于把发现的前后关系和证明的前后关系混为一谈而产生的……逻辑所涉及的只是证明的前后关系。"⑥ 这一哲学成果也逐渐被法

---

① Vgl. Karl Larenz, Methodenlehre der Rechtswissenschaft, 6. Aufl., Springer, 1991, S. 142 f.
② Wolfgang Fikentscher, Methoden des Rechts: in vergleichender Darstellung, IV Band, Mohr., 1977, S. 198.
③ 参见孙海波：《告别司法三段论？——对法律推理中形式逻辑的批判与拯救》，《法制与社会发展》2013年第4期。
④ 陈肇新：《通过法律议论回应司法中的政策——以"二阶证立理论"的困境与超越为线索》，《法制与社会发展》2019年第2期。
⑤ 参见宾凯：《社会系统论对法律论证的二阶观察》，《华东政法大学学报》2011年第6期。
⑥ H. 赖欣巴哈：《科学哲学的兴起》，伯尼译，商务印书馆1983年版，第198—199页。

学领域所认可,由此产生了法的发现与法的证立之二分。

　　法的发现,是指"在给定的时空点下做出某个判决以及做出这个判决的真实过程的混同的各种真实因素"①,是发现判决结果的经验过程;法的证立,是指"依据构成适当的证立的某种标准,对某一判决予以检测或者正当化的逻辑过程",是对判决结果的逻辑证立过程。②法律论证关注的是使判决正当化的证立标准,而非发现判决结论的心理学过程,前者才是法律论证理论的用武之地,二阶论证的复杂结构也在其中展开。③

　　如前所述,麦考密克主张区分简单案件与疑难案件,仅在后者适用二阶论证。阿列克西建构的内部证成与外部证成模型,则一般性地适用于所有的案件裁判情形,即案件事实规范化,法律规定具体化的大、小前提准备过程具有普遍性。此外,考夫曼主张,普遍性地进行个案比较,不断在规范与事实之间来回顾盼、拉近距离,从而得出可直接用于演绎推理的个案规范与裁判事实。

　　麦考密克的分析性路径,阿列克西的商谈性路径,考夫曼的诠释学路径,代表了二阶论证理论的不同进路。它们在适用二阶论证的情形与范围上存在区别,主要争论点聚焦在简单案件的裁判是否还具有二阶性上。从狭义上看,应将二阶论证理解为对规则的二次证明,这是为司法裁判提供不同于制定法形式权威的实质权威,是一种依靠说理与论证赢得的公信力和权威性。因此,若制定法规则清晰无误,在解释上不存在争议,依据该规范得出的结论也合乎正义,那么没有必要再由法官对规则本身予以证立,制定法蕴含的立法者决断以及权威制定性(die ordnungsgemäße Gesetzheit)提供的法律效力,足以支撑起最终的判决结论。④

　　二阶论证是否只适用于疑难案件,从另一个角度看,也是一阶涵摄能否足够裁判简单案件的问题。仍以赵春华非法持有枪支案为例,这个案件之所以疑难,很大程度上是因为,用于摆摊击打气球的气枪是否属于刑法条文中的"枪支"存在争议。相反,如果本案是一把左轮手枪,那么这个枪支属于非法持有枪支罪中的"枪支"是没有疑问的,因为立法者在构建这一条文时所预设的典型案例,就是这种危险性大、破坏力强的军用枪支,而非危险性较低、破坏力小的气枪、玩具枪等。当案件事实符合规则背后的典型情形,或者说落入规则语词的核心区域时,法官可以

---

① 焦宝乾:《法律论证导论》,山东人民出版社 2006 年版,第 210 页。
② 同上。
③ 参见焦宝乾:《法的发现与证立》,《法学研究》2005 年第 5 期。
④ 决断论,参见卡尔·施密特:《论法学思维的三种模式》,苏慧婕译,中国法制出版社 2012 年版,第 64—69 页;权威的制定性,Vgl. Robert Alexy, Begriff und Geltung des Rechts, 4.Aufl., Verlag Karl Alber, 2005, S.139 ff.

凭借自己的经验和逻辑判断，运用涵摄方法直接裁判案件，此时这一简单案件的裁判便呈现出一阶性，而法官无须运用实质判断对规则本身进行二阶反思。① 另外，在简单案件中不适用二阶论证，也能减轻法官的论证负担、提高司法裁判的效率，使其可以集中时间和精力更好地裁判疑难案件，增强说理、提高判决的可接受度。

（二）方法之争

演绎推理是各种二阶论证理论都包含的最终环节，这是形式正义和法的安定性之保障。那么，分歧在于学者们为演绎推理做了哪些加法，即"演绎推理+x"中的 x 是什么？如何通过各种方法、遵守一定的论证规则或程序，证立作为司法推理大前提的裁判规则？对此，有必要通过类型化方法，对学者的不同观点予以归纳。

其一，后果论证，即通过后果考量证成规则，主要代表是瓦瑟斯特罗姆。② 它的理论依据在于规则功利主义，通过衡量规则对整个社会的整体后果来证成规则。这具有逻辑清晰、体系一贯的理论优势，也有别于直接运用后果考量得出裁判结论的做法，后者已经滑向法外裁判。但只通过后果考量证成裁判规则，也受到诸多质疑：首先，用于评价后果的主要是经济利益和社会效果等法外标准，通过这些标准证成的规则说服力有限，基于这些规则的裁判是否符合依法裁判的要求，也存在问题；其次，后果考量的方法不能适用于所有的疑难案件，比如通过经济利益的权衡分析可以较好地解决知识产权、公司并购等经济纠纷，但当面临伦理性争议较强的案件时，如夫妻死亡后胚胎继承与处置纠纷、代孕问题、新设"第三姓"姓名权案件等，后果考量就可能出现"水土不服"；最后，通过后果考量得出的规则可能有悖于既有的法律秩序，如新规则背后的评价标准与其他规范的评价标准发生冲突，这种评价矛盾将严重损害法律权威与融贯性等。③ 因此，以后果论证为主要结构的二阶裁判，具有法律标准缺失、论证方法单一、体系融贯不足等缺陷，并非理想的疑难案件裁判方法。

其二，后果论证+法秩序限制，即以后果论证为主要方法，但论证过程和论证结果要受融贯性和一致性的约束，这是分析性路径的二阶论证方法。这一观点意

---

① 立法中将类型固定为抽象概念、司法中将概念放松为基础类型的交互过程，Vgl. Leenen, Typus und Rechtsfindung: Die Bedeutung der typologischen Methode für die Rechtsfindung dargestellt am Vertragsrecht des BGB, Dunckev & Humbolt, 1971, S.87 ff. 也参吴从周：《类型思维与法学方法》，台湾大学 1993 年硕士学位论文，第 47—50 页。语词的意义核心与边缘地带，see H. L. A. Hart, *Positivism and the Speration of Law and Morals*, 71 Harvard Law Review 593, 607 (1958)。

② 参见理查德·瓦瑟斯特罗姆：《法官如何裁判》，孙海波译，中国法制出版社 2016 年版，第 209—253 页。

③ 参见孙海波：《通过裁判后果论证裁判——法律推理新论》，《法律科学》2015 年第 3 期。

识到，应该对后果论证施加形式限制，因此提出了以原则和类比为依据的融贯性要求，以及与法秩序的有效规则无评价矛盾的一致性要求。① 融贯性要求一方面为后果论证补足了法律标准，即通过原则的具体化或者既有规则的类比方法，能够与后果考量一起证成裁判规则；另一方面也丰富了论证方法，避免了后果考量难以应对所有类型疑难案件的困境。相对于融贯性要求适用于论证过程，一致性要求则主要用来限制论证结论，即检验通过上述论证过程得出的裁判规则，与既有法律秩序的其他规则是否存在评价矛盾，在规范层面是否一致。以上路径，能够很大程度上弥补单纯后果论证的法律标准缺失、论证方法单一、体系融贯不足的缺陷，并努力在依法裁判和个案正义之间寻求平衡，其方法框架和价值理念都值得借鉴。

其三，以商谈规则为基础的外部证成，包括法律论证的特殊方法，如法律解释、教义学论证、判例引证等，以及普遍实践商谈的一般方法。商谈式二阶论证的优势在于，提供了丰富的论证依据和论证方法，并要求论证过程遵守既定的论证规则与程序，以便得出更可欲的论证结论。整体来说，对商谈理论的根本质疑在于，商谈的合乎程序性与结论的实质正确性是否存在关联，这仍需要复杂的论证努力。② 或许我们无法证明二者之间存在关联，而只能说，商谈式二阶论证，能够增强判决结论的正当性与可接受性，但不能确保它的唯一正确性。③ 正如阿列克西所言，"法哲学是关于法本质的争辩"（als Argumentation über die Natur des Rechts），④ 绝对的确定性与正确性本来就不是法学的任务，也非其能力所及。商谈式二阶论证中值得发扬的地方，正在于论证过程的合乎程序和形式正义。当然，论证结论也需要得到实质意义上的检验。

其四，等置模式，即在事实和规范之间做目光往返与个案比较，这种方法兼顾和尝试沟通实然和应然、事实和规范，以此考察法官如何具体化制定法规范、如何从案件事实得出裁判事实。等置模式"立足于一元法律观及方法论，着眼于建构判断的大小前提，认为建构是一个在事实与规范之间循环往复、相互照应的过程"，让裁判者在徘徊顾盼中，"整合着事实与规范，沟通着实然与应然"。⑤ 它以事实和规范之间的个案比较为主要方法，突出强调本体论意义上类推的重要性，但这可能

---

① 参见尼尔·麦考密克：《法律推理与法律理论》，姜峰译，法律出版社 2018 年版。
② 参见乌尔弗里德·诺伊曼：《法律论证学》，张青波译，法律出版社 2014 年版。
③ 参见杨贝：《法律论证的能与不能》，《华东政法大学学报》2017 年第 2 期。
④ Robert Alexy, Die Natur der Rechtsphilosophie, in: Winfried Brugger/ Ulfrid Neumann/ Stephan Kirste (Hrsg.), Rechtsphilosophie im 21. Jahrhundert, 4 Aufl., Suhrkamp, 2020, S.14.
⑤ 郑永流：《法律判断形成的模式》，《法学研究》2004 年第 1 期。

从一个极端（仅通过演绎推理，就能裁判全部案件），走向了另一个极端（所有规范都需要经由类推才能适用，所有的解释都含有类推的结构）。① 对比其他二阶论证的方法学说来看，等置模式中富有启发性的是对案件事实的强调，即在当前案件背景下证成适用于本案的裁判规则，在此过程中有必要针对性地考虑案件的相关事实，而非在纯粹应然视角下、如同立法者一样考虑何种规则是正当的。这与瓦瑟斯特罗姆以规则功利主义为基础构建的纯粹理论路径，形成鲜明对比，后者要求法官像立法者一样考虑在普遍情况下何种规则能够最大程度上有利于社会的整体利益。②

通过以上分析可以发现，各种二阶论证模式在方法层面互有千秋、各有侧重，可以通过针对性拣择和体系性综合的过程，构建一种新的二阶论证方法论。在构建之前，有必要记述前述模式中富有启发性的地方。第一，仅通过后果考量来证成裁判规则，方法上太过单一，难以解决各种类型的疑难案件，类推、原则具体化、道德论证、实质权衡等方法都应纳入其中；第二，论证依据不能仅包括法外标准，如民意、政策、经济利益等，还要有制定法规则、原则、法秩序、判例与通说等法律标准；第三，论证过程须遵守既定的论证程序和论证规则，目的是集思广益、增强说理，提高论证结论的说服力与可接受度；第四，二阶论证的目的不是让法官像立法者一样制定一般性规则，而是公正地裁判当前的疑难案件，因此法官要不断往返于规则与案件事实之间，以求得到适合本案的裁判规则，实现个案正义。

（三）理念之争

不难发现，学者们之所以在二阶论证的方法层面存在分歧，很大程度上是因为他们在构建相关理论时，持有不同的理念、灌注了相异的价值。方法之争，背后是理念之争。正是因为对应然与实然、程序与实体、形式正义与实质正义等有不同的立场和观点，学者们才构建出形态各异的方法体系。因此，调和方法分歧的前提在于，确定以何种视角、何种价值来构建这套方法论。

分析视角，有实然与应然之分。纯粹应然视角倾向的，当属瓦瑟斯特罗姆，他将规则功利主义化用到司法裁判程序中，构建了"后果考量证成裁判规则、基于演绎推理得出结论"的二阶证明程序。偏重实然视角的法学家，则以考夫曼为代表，

---

① Vgl. Arthur Kaufmann, Das Verfahren der Rechtsgewinnung: eine rationale Analyse, C. H. Beck, 1999, S.7 ff.
② 参见理查德·瓦瑟斯特罗姆：《法官如何裁判》，孙海波译，中国法制出版社 2016 年版，第 209 页以下。

他强调坦率地正视司法裁判中的非理性因素，并对其进行理性分析。[①] 因此，他将法感、前理解、政策、法官的决断等因素都纳入方法论分析的范畴，并构建一种以个案比较为核心的等置模式，尝试不断拉近事实与规范、沟通实然与应然。[②] 其余学者的视角，大体在以上二者之间，是一种照顾实践需求的理论构建与中道。

二阶论证既是法官如何证立裁判结论的方法论主张，又具有指导疑难案件裁判的规范意义，既是理论构建，又是实践指南。一味地追求理论上的一贯性，将导致方法主张脱离司法实践，无法得出切实可行的裁判结论，因此并不可取。另一方面，过于偏重应然视角，使理论沦为实践的背书，也有导向方法论实用主义和虚无主义的风险，由此得出的司法裁判是法外裁判，其正当性存疑。因此，应然视角与实然视角不能截然对立而偏重一极，应对二者予以兼顾。具体来说，是以一种夹杂实然观察的应然视角，基于司法现实、考虑裁判需求，来构建理论上可欲、实践中可行的疑难案件二阶论证方法。

司法裁判是由权威机关经既定程序对具体纠纷做出判断与评价的活动，程序与实体分别构成司法裁判的两端。商谈进路的二阶论证理论体现了对程序正当的偏重，欲以商谈规则的正当性促成合意，进而为裁判结果增强说服力和正确性。相反地，强调以后果论证为主要方法的分析路径，更偏重规则是否正确，进而通过演绎推理传递真值，以保证实体正确性。此外，后果论证要受融贯性要求和一致性要求的约束，这是来自有效法秩序的形式限制。商谈模式和分析模式的共同目标都是如何提高司法判决的正当性与可接受性，分歧则在于何种正义更可欲和更能够实现。

从人类的有限理性而言，不可能存在绝对正确的判决结论，一味地追求实体正确只能是水中月、镜中花。相反，程序正当却是实实在在可以实现的司法目标，并且能够在一定程度上限制裁判恣意与司法腐败。[③] 因此，遵守共同的论证规则和既定程序，是作出正当裁判的首要前提。其次，实体正确也不能轻易放弃，没有实体正确的程序正当只是空洞的形式诉累，既无法践行立法者意志，也无法说服当事人和民众。最后，对实体正确的追求应在法秩序框架内进行，比如要对后果论证施加一定的形式限制，使之不得逾越有效法秩序的范围。

总之，构建二阶论证理论应秉持一种兼顾司法实践的规范立场，既要遵循既定

---

① Vgl. Arthur Kaufmann, Das Verfahren der Rechtsgewinnung: eine rationale Analyse, C. H. Beck, 1999, S.8.
② 参见雷磊：《类比法律论证——以德国学说为出发点》，中国政法大学出版社2011年版，第33页以下。
③ 参见季卫东：《法律程序的意义——对中国法制建设的另一种思考》，《中国社会科学》1993年第1期。

的程序和论证规则,也要致力于在有效法秩序内寻找合乎实质正义的裁判结果。从适用范围上看,二阶论证是裁判疑难案件的方法框架,而简单案件可通过一阶性质的规则涵摄予以解决。从论证过程上看,应当以丰富的法律渊源为基础,适用类推、目的性限缩等传统法学方法和后果考量、经济分析等社会科学方法,并遵守既定的论证程序和论证规则,最后得出的论证结论须通过法秩序的一致性检验,与既有规范之间不存在形式冲突和评价矛盾。由此,在价值理念上实现依法裁判和个案正义的平衡。

四、合秩序裁判下的二阶论证框架

(一)迈向一种厚重的依法裁判观

传统的依法裁判观是"依规则裁判",具有很强的稳定性与可预期性,但也具有僵化、保守和过于形式化的缺陷。当面临规则缺失、规则冲突或规则导致结论极端不正义的情形,这种依法裁判观将无所适从,陷入要么拒绝裁判、要么作出不正当的判决的困局。因此,有必要主张一种新的依法裁判观,进而对"法"作出更厚重的理解。[①] 法不仅体现为规则,还表现为原则、价值、体系和秩序;法不仅有实体内涵,还具有程序维度,实体正义和程序正当都是法治的必要部分;法不仅是同类案件同等裁判的制度构造,也是妥善分配当事人利益的纠纷解决机制。司法案件不应被局限在某一规则之下进行裁判,而应放在整个动态融贯的法秩序下予以系统性解决。有别于传统的依法裁判观追求依规则裁判,这种新的依法裁判观,对法律渊源、法律方法、法律机制作出了更厚重的理解,但仍以有效法秩序作为必要约束,是一种"合秩序裁判"。

将法理解为一种秩序,而不仅仅是规则,这是厚重依法裁判观的基础。"秩序并非规则或规则的加总;反之,规则只是构成秩序的一部分,或只是秩序的一种手段。在具体秩序论中,规则无法创造秩序;它们只能在现存秩序的框架下,拥有某种程度的管制功能。"[②] 相比于法律体系更强调各种法律规范之间的组合、排列与协

[①] 厚重的依法裁判观,受启发于导师孙海波教授的指点,尤其是他的这篇论文,参见孙海波:《司法义务理论之构造》,《清华法学》2017年第3期。

[②] 卡尔·施密特:《论法学思维的三种模式》,苏慧婕译,中国法律出版社2012年版,第51页。

调关系，法秩序着重指向的则是法律要素所塑造的一种价值秩序。①法秩序与内在体系概念具有类似之处，后者是指法的内部构造，以法原则和法价值为基础，是一致的价值判断体系。②笔者更偏向使用法秩序的原因是，强调法秩序的价值融贯，并在一定程度上包容法作为制度的静态面向和作为系统的动态面向。法作为制度，能够常态化地解决当事人之间的利益分歧，具有稳定、可预期的特点；法作为系统，为当事人提供四级两审制的裁判服务，并努力调动各级法院法官的智慧和整个司法系统的力量，以更好地裁判疑难案件。③

法秩序的观念落实到方法论构建上，就超越了依规则裁判对应的一阶演绎，而走向二阶论证。当面对简单案件时，制定法规则能够与案件事实基本适应，且不在解释、区分和相关问题上存在争议，那么法官运用一阶演绎的方法就可高效率地裁判案件，且能实现同案同判。当面对疑难案件时，需要先进行二阶论证，具体来说，或是在各种解释方案中作出更优选择，或是在相互冲突的原则之间作出权衡，乃至依据一般的法理念与法价值创造新的规则。后果考量是其中的重要方法，但绝不是唯一的论证工具。各种法律解释方法、教义学上的主流观点、比较法上的立法与判例，以及社会科学上的经验研究成果等，都可作为支撑二阶论证的有力论据。当然，以上论证要受有效法秩序的约束，既要积极寻求秩序根据作为论证支撑，又不能与既有规则产生评价矛盾。最后一步是回归从规则到事实的司法三段论，得出裁判结论，这是依法裁判观中平等价值的要求，也是实现形式正义的结构依归。

要之，从规则之治走向秩序之治，从一阶演绎到二阶论证，是厚重依法裁判观的必然要求与方法落实。形式正义固然是法治的主要价值依托，但并非不能与一定程度的实质正义共存，二阶论证便是能够容纳和协调二者的裁判方法体系。下一步便是以合秩序裁判为理念，综合二阶论证的既有学说，构建一套疑难案件的二阶裁判方法。它的大体框架由外部证成和内部证成两部分组成：前者是依据丰富的渊源与资料、通过多元方法、遵循论证程序而证立裁判规则的过程；后者是经由裁判规则和案件事实之间的涵摄得出结论的过程。

（二）外部证成

"法官将个案涵摄于其下的规范，在大多数案件中根本不是制定法中确定的规

---

① 参见孙海波：《司法义务理论之层次》，《清华法学》2017年第3期。
② 参见恩斯特·A. 克莱默：《法律方法论》，周万里译，法律出版社2019年版，第59页以下。
③ 参见苏力：《法条主义、民意与难办案件》，《中外法学》2009年第1期；孙海波：《疑难案件裁判的中国特点：经验与实证》，《东方法学》2017年第4期。

则,而是由法官形成的规范,虽然法官形成此种规范时要以制定法规则为基础,还要考量待决个案的具体情况。他将这种真正的裁判规范称为'个案规范'。借助此规范,待决个案的案件事实被赋予适合它的法律效果;他认为,该规范是'技术意义上的法条'。"① 裁判规则并非制定法规范,而是法官考量案件事实、运用解释和续造等方法得出的,仅适用于当前案件的"个案规范"。赵春华案中,裁判规则并非《刑法》第128条第1款,而是结合案件事实对该条文构成要件和其他相关规范作出解释、反思和具体化的某一规则。外部证成的主要目标便是获取这种裁判规则,来作为内部证成中的司法推理大前提。

1. 论证依据：效力渊源、认知渊源与法外资源

外部证成,以丰富的法律渊源为证立裁判规则的依据,既包括效力渊源,还包括认知渊源。② 在我国,效力渊源主要是制定法,认知渊源则包括习惯、司法解释、指导性案例、政策等获得国家法律认可的论证资源。值得思考的是学说能否构成认知渊源,成为有效证立裁判规则的依据。反对者认为,学说没有得到现行法的认可,法官没有义务把它们援引为裁判依据的内容来源,而只能在裁判说理部分中得到适用。③ 因此,学说虽然能够提高证立裁判规则的说服力,但并不能提供法律制度上的效力支撑,至少还需要与其他法律渊源相互结合、配合使用。同理,社会调查、经济利益、道德原则等法外标准,也是如此。在适用顺序上,应当首先考虑效力渊源,其次是认知渊源,最后是法律渊源以外的论证资源。外部证成虽然不排斥基于法律渊源以外标准的说理与论证,但这些标准须获得一定的法律制度支撑(融贯性要求),并且论证结论不得与法秩序的其他规范产生冲突(一致性要求)。

如赵春华案中,如果以行为不具有社会危害性作为辩护理由,那么这一社会后果的考量自身不足以成为裁判规则,至少还需要援引《刑法》第13条但书条款("但是情节显著轻微危害不大的,不认为是犯罪")作为效力渊源。但这一论证具有以下缺陷：一是社会危害性的判断,不具有客观化标准、自由裁量空间过大,很难做出令人信服的论证；二是直接适用后果考量和一般原则,违背效力渊源-认知渊源-法外标准的适用顺序,有从分则向总则、从具体规则向一般条款逃逸的风险,因此更佳方案是对非法持有枪支罪中的枪支、持有和抽象危险要素做限制性解

---

① 卡尔·拉伦茨:《法学方法论》(全本·第六版),黄家镇译,商务印书馆2020年版,第188—189页。拉伦茨此处引用和评述的是菲肯切尔的观点,具体可参见 Wolfgang Fikentscher, Methoden des Rechts: in vergleichender Darstellung, IV Band, Mohr., 1977, S. 202。
② 参见雷磊:《重构"法的渊源"范畴》,《中国社会科学》2021年第6期。
③ 同上。

释。① 同理，以学理上的违法性认识错误或者缺乏期待可能性作为阻却事由的论证方案，也面临着类似的批评。②

2. 论证方法：多元主义

二阶论证是裁判疑难案件的方法论，疑难案件有规范模糊、规范缺失、规范冲突等类型，那么化解不同类型的疑难案件需要适用相异的法学方法，这些方法又统合在二阶论证的框架之下。

其一，规范模糊。"模糊性以及因模糊性而产生的不确定性是法律的基本特征，虽然并非所有的法律都是模糊的，但是在不同的法律制度中必然包含模糊的法律。"③当立法者使用一些模糊的表达时，裁判者能够清晰地确定一些对象符合该规范（肯定的候选），也能够确定一些对象无疑地不适用该规范（否定的候选），剩余的一些对象，则无法确定是否适用（中性的候选）。④规范模糊的难题，就在于解决这些中性候选的适用问题，具体可运用文义、历史、体系、目的等解释标准。

值得讨论的是，在法律解释的过程中，能否运用后果考量来辅助抉择何种解释方案更优？如在刑法中存在"以刑制罪"的解释现象，即刑法分则中就特定罪名规定的法定刑严厉程度反过来制约和影响犯罪成立要件的解释。⑤赵春华案中，非法持有枪支罪基本刑为三年以下有期徒刑，加重刑为三到七年有期徒刑，如果不对构成要件作严格解释，将导致处罚过重、违背公平正义的不良后果。在司法实践中，依据权衡判决后果进而对多种解释方案进行选择是常见现象，因此不能将后果考量完全排除于法律解释的过程之外，但需要对它施加限制：一是需要获得制定法的支撑，比如"以刑制罪"的效力依据是《刑法》第5条（罪刑相适应原则）；二是不能用后果考量取代法律解释方法，而是应定位在辅助性地位；三是解释结果需要受到法秩序的检验，不能产生形式冲突和评价矛盾。

其二，规范缺失，指制定法中不存在适用于本案的规则，属于公开的法律漏洞，需要进行漏洞填补。传统方法主要是类推，也可以考虑援引习惯法、法律原

---

① 参见劳东燕：《法条主义与刑法解释中的实质判断》，《华东政法大学学报》2017年第6期。
② 参见陈兴良：《赵春华非法持有枪支案的教义学分析》，《华东政法大学学报》2017年第6期。陈兴良教授意识到违法性认识错误和缺乏期待可能性作为学说，没有法律制度上的支撑，但他主张刑法上的罪刑法定原则只是要求法无明文规定不为罪，并未要求出罪也需法律规定，应当依法入罪、以理出罪。
③ 蒂莫西·A.O.恩迪克特：《法律中的模糊性》，程朝阳译，北京大学出版社2010年版，第1页。
④ 参见恩斯特·A.克莱默：《法律方法论》，周万里译，法律出版社2019年版，第29页以下。
⑤ 参见劳东燕：《刑事政策与刑法解释中的价值判断——兼论解释论上的"以刑制罪"现象》，《政法论坛》2012年第4期。

则、判例、学说、比较法、法律交往的需要、事物本质等标准来证立新的规范。①从理论上看,应当遵循一定的适用顺序,即首先考虑基于制定法规则的类推,其次是习惯法的援引和法律原则的具体化,最后是其他论证方法。但在实际案件中,各种论证依据和论证方法多被综合使用,以尽可能提高论证过程的说服力。

比如无锡胚胎案是一个新型案件,制定法上没有相应规则,因此法院需要首先创制规则,继而裁判案件。一审法院对胚胎和物(继承标的)做了类比,认为胚胎"具有发展为生命的潜能,含有未来生命特征的特殊之物,不能像一般之物一样任意转让或继承,故其不能成为继承的标的",也衡量了胚胎继承将发生的社会效果,继而依据"胚胎不能作为继承标的"之规则判决失独老人败诉。②二审法院则从伦理、情感、特殊利益保护三方面,证立了"胚胎应由与其生命伦理上、情感关系上、利益联系上最密切的人监管和处置"的裁判规则,进而判决由双方老人共同监管和处置胚胎。③从现行法看,还可援引《民法典》第16条,或归纳得出胎儿利益保护原则,继而以最有利于胚胎利益保护的方案裁判案件;或继续类推适用《民法典》第27条,由祖父母、外祖父母在胚胎父母死亡后担任"监护人",行使监管和处置权利。以上综合应用各种论证依据和论证方法的路径,也被称为"实用的方法多元主义",虽然有利于法院摆脱束缚、追求个案正义,但也面临使方法论规则丧失客观化控制功能和沦为"方法机会主义"的批评。④

其三,规范冲突,指适用于当前案件的规则或原则之间存在评价矛盾,且不能通过法律解释予以排除。法律解释化解规范冲突的方法是适用"特别法优于一般法""新法优于旧法""上位法优于下位法"等法律适用规则,这也可归于体系解释的范畴。⑤其余不能通过解释方法予以化解的规范冲突,多需要进行后果论证和实质权衡。如北雁云依案(最高人民法院指导性案例89号)中,判断"北雁云依"的姓名是否满足《全国人民代表大会常务委员会关于〈中华人民共和国民法通则〉第九十九条第一款、〈中华人民共和国婚姻法〉第二十二条的解释》(以下简称"姓名权立法解释")第三项规定,即具有不违背公序良俗的其他正当理由,表面上看是一个法律解释问题,背后实质上是公民姓名权和政府公共管制的冲突,需要以权

---

① Vgl. Karl Larenz, Methodenlehre der Rechtswissenschaft, 6. Aufl., Springer, 1991, S. 381 ff. 恩斯特·A.克莱默:《法律方法论》,周万里译,法律出版社2019年版,第168页以下。
② (2013)宜民初字第2729号民事判决书。
③ (2014)锡民终字第01235号民事判决书。
④ 参见恩斯特·A.克莱默:《法律方法论》,周万里译,法律出版社2019年版,第93—95页。
⑤ 如克莱默就是在体系解释部分讨论了以上优先规则,参见恩斯特·A.克莱默:《法律方法论》,周万里译,法律出版社2019年版,第77页以下。

衡方法来解决私法自治原则和公序良俗原则之间的冲突。法官在判决书中强调"增加社会管理的成本""造成对文化冲突和伦理观念的冲击",来突出公序良俗原则在本案的分量,而"仅凭个人喜好愿望并创设姓氏,具有明显的随意性",则是在削弱私法自治原则在本案中的分量,由此经过分量权衡,判决原告败诉。①

阿列克西曾构建"重力公式"来确定相互冲突的原则在具体案件中的分量关系,在重力公式中需要考量的因素包括原则的抽象重力、判决对原则的损害程度和以判决实现该原则所需经验前提的确定程度。②重力公式也可拓展至规则与原则、规则与规则之间的冲突解决情形,规则本身就是原则之间相互权衡的结果,且还具有形式原则的支撑,因此,可以将规则解构为若干原则的复合,然后再进行分量权衡,当然这一过程更为复杂。③这一理论构建为裁判规范冲突问题提供了科学有序的操作指南,但也对法官的专业素质和工作付出提出了极高的要求。如果分量轻重较为清晰,法官自然不必使用重力公式;如果规范之间的分量很难权衡,则重力公式至少可以提供一些考量标准和方法引导。

3. 论证程序:提出假设、展开论证和检验结论

外部证成过程,至少包括结合案件事实提出假设、依据方法规则展开论证、检验结论是否合乎法秩序等步骤。这一过程是可以循环往复、不断进行的,若某一假设无法找到充足论据予以证立,或者证立后的结论与法秩序的其他规则产生评价矛盾,则需要放弃这一假设,而进入到新假设的论证和检验过程,直到获得与案件事实相适应、能被充分证立且合乎法秩序的裁判规则,此时外部证成过程方告结束,进入到内部证成阶段。

提出论证假设,在逻辑上体现为"设证",是从结论经由规则到案件的推论,它是有疑问、不确定的,但其意义本就在于提供一种假说,以帮助司法者从"方法—论证"上检验其真值进而获得终局性的结论。拉德布鲁赫的名言——"解释是其结果的结果"④,"法律解释是理论与实践、认识和创造、科学性和超科学性、客观与主观因素不可分割的混合体"⑤,便是此理。具体来说,法官在论证之初,需要结合案件事实和疑难所在,预设外部证成的可能结论或者至少是大致方向。比如在

---

① (2010)历行初字第 4 号行政判决书。
② Vgl. Robert Alexy, Die Gewichtsformel, in: Joachim Jickli/ Peter Kreutz/ Dieter Reuter (Hrsg.), Gedächtnisschrift für Jürgen Sonnenschein, de Gruyter Recht, 2003, S.783 ff.
③ 参见雷磊:《法律推理基本结构的形式分析》,《法学研究》2009 年第 4 期;阿列克西的论述,Vgl. Robert Alexy, Die Gewichtsformel, in: Joachim Jickli/ Peter Kreutz/ Dieter Reuter (Hrsg.), Gedächtnisschrift für Jürgen Sonnenschein, de Gruyter Recht, 2003, S.791 f.
④ 拉德布鲁赫:《法学导论》,米健译,商务印书馆 2013 年版,第 155 页。
⑤ 拉德布鲁赫:《法哲学》,王朴译,法律出版社 2005 年版,第 124 页。

赵春华案中，法官对涉案气枪是否属于构成要件中的"枪支"存在疑问，那么他可能想到以下几条解决方案：一是能否结合立法目的对"枪支"作限缩解释；二是能否将刑法中"枪支"概念与行政法中的"枪支"划等号，进而直接适用后者对枪支的界定标准；三是考量对枪支界定宽泛将导致滥用刑罚、违背司法公正的不良后果，能否以量刑来限制构成要件的解释；四是能否借鉴科学研究成果来确定对枪支的界定标准。[①] 以上解决方案可能来自法官的前理解、法感和实践经验，需要后续逐一进行论证和检验。

第二步便是对假设展开论证，论证依据是上述的效力渊源、认知渊源和法外标准，论证方法则可根据疑难案件的类型有针对性地予以选择和综合应用。丰富的论证依据、多元的论证方法，需要受到论证规则的约束。论证规则包括但不限于：a）法外标准不能单独作为裁判规则证立的依据，必须获得法律制度的支撑（融贯性要求）；b-1）面对规范模糊型疑难案件时，解释方法应按照"文义-体系-历史-目的"有序进行，解释结论不能超出规范文义的最大范围；b-2）面对规范缺失型疑难案件时，优先适用基于制定法规则的类推，其次是习惯法的援引和法律原则的具体化，最后是其他论证方法，即便是综合应用多种论证方法，也应按照上述规则有序展开；b-3）存在规范冲突时，首先判断能否通过法律适用规则予以解决，如果可以则属于法律解释问题，如果不能则属于规范冲突型疑难案件，需要诉诸实质权衡……论证应尽可能做到首尾衔接、环环相扣，契合事实、说理透彻。

最后是对论证结论的检验，也是法秩序发挥限制作用的环节。内部证成所得出的裁判规则，不仅要在形式层面不能与法律体系的其他规则产生冲突；更要在内容上符合法秩序的价值要求，不能产生评价矛盾。如果某一论证结论不能通过上述检验，则不应将其作为裁判规则，而是要继续尝试下一假设的论证和检验，直到获得契合案件事实、能被充分证立且合乎法秩序的裁判规则。各种论证假设的提出，以丰富依据和多元方法展开论证，彰显了疑难案件裁判中的法官能动性，以尽可能地实现个案正义；那么，最后来自法秩序的结论检验，就体现了疑难案件裁判中的保守维度，是对法官依法裁判义务的落实。疑难案件二阶论证，虽然在一些情形中超脱了制定法规则，但仍在有效法秩序的约束范围之内，因此，它是对依规则裁判的背离，对合秩序裁判的回归。[②]

---

① 参见（2017）津 01 刑终 41 号刑事判决书；劳东燕：《法条主义与刑法解释中的实质判断》，《华东政法大学学报》2017 年第 6 期。
② 受启发于该书的标题和观点，孙海波：《裁判对法律的背离与回归：疑难案件裁判新论》，中国法律出版社 2019 年版，第 56 页、第 101 页以下、159 页以下、第 164 页、第 195 页以下、第 220 页以下、第 271 页。

(三) 内部证成

内部证成是以外部证成获得的裁判规则为大前提、以案件事实为小前提的演绎推理过程。对此，各种二阶论证模式基本没有争论，都是以其作为司法推理的最后环节。演绎推理虽然不足以独立裁判疑难案件，但仍在疑难案件二阶论证中具有不可或缺的价值。其一，从逻辑关联上看，它能清晰显示外部证成需要为内部证成提供怎样的裁判规则，并促进裁判者对案件事实进行加工处理和规范化，以获得司法三段论的大、小前提；其二，从理性认识角度看，以演绎结构为基础的内部证成，清晰明了、易于分析，能够显著提高识别错误和批判错误的可能性，它是理性化程度最高的逻辑形式；其三，从法律价值上看，它能保障法官的依法裁判义务和判决的一致性，并促进法的安定性和平等正义的实现。

内部证成，可能并非仅运用一次演绎推理即可完成，为使规范的构成要件和案件事实能够严丝合缝地连接在同一逻辑环节之中，可能需要经过层层递进的多次演绎方能达成。前者为简单演绎，后者为复杂演绎。① 在简单演绎和复杂演绎中，均须遵循阿列克西的内部证成规则，这些规则对于复杂演绎的正确运用尤其具有指导价值和规范作用。其一，可普遍性要求，即欲证立法律判断，必须引入一个普遍性的规范。裁判规则虽然是法官结合案件事实、针对个案所证立、相对具体化的，但仍未丧失其普遍性；其二，连贯性要求，即法律判断必须至少从一个普遍性的规范连同其他命题有逻辑地推导出来，并且，每当对于演绎推理的主词概念（Subjektsbegriff）、中项概念（Mittelbegriff）和谓词概念（Prädikatsbegriff）之间的归属关系产生疑问时，均须引入新的规则，② 对该问题作出决定，若对这些新规则的适用存在疑难，则需要回溯到前述的外部证成予以解决；其三，论辩饱和性要求，即需要尽可能多地展开逻辑推导步骤，以使某些表达达到无人再争论的程度，提高论证过程的说服力；其四，陈述性要求，即应尽最大可能陈述逻辑的展开步骤，这既能在逻辑推演中尽可能地减少错误，又能贯彻方法忠诚的要求，便于进行外部评价与同行批评。③

继续以赵春华非法持有枪支案为例。法官在适用《刑法》第 128 条第 1 款（T1）时，不免对构成要件中的"枪支""持有""抽象危险"等存在疑问，因此需

---

① 类似见解，参见雷磊:《为涵摄模式辩护》，《中外法学》2016 年第 5 期。
② 演绎推理过程中是否需要引入中间规则，也是简单演绎和复杂演绎的区分标准之一。
③ Vgl. Robert Alexy, Theorie der juristischen Argumentation: die Theorie des rationalen Diskurses als Theorie der juristischen Begründung, 2. Aufl., Suhrkamp, 1991, S.275 ff.

要展开解释、引入中间规则。对枪支的定义，可以适用《枪支管理法》第 46 条规定（T2），"本法所称枪支，是指以火药或者压缩气体等为动力，利用管状器具发射金属弹丸或者其他物质，足以致人伤亡或者丧失知觉的各种枪支。"在枪支的构成要件中，存在争议的是"足以致人伤亡或者丧失知觉"这一性能特征，需要进一步引入中间规则进行解释。可能方案是参考公安部的部门规章《枪支致伤力的法庭科学鉴定判据》，以枪口动能比 1.8 焦耳 / 平方厘米作为枪支性能的鉴定标准（T3）；其他方案则是采取独立于行政规章的更高标准，避免刑罚泛滥（T3'）……其他构成要件也是同理，直到能够根据案件事实清晰连贯地展开一个个次级演绎，并最终完成外部证成为止。

五、余论

在疑难案件裁判中，法官无法固守依规则裁判的传统观念，而需要对规则本身展开反思性论证，再通过司法三段论裁判案件，这体现出鲜明的二阶性。既有的二阶论证学说，在作为演绎推理的内部证成上基本不存在分歧，争议焦点在于外部证成中如何证立裁判规则、解决法律疑难，呈现出分析模式、商谈模式和诠释学模式等不同进路。各种模式在适用范围、论证方法和价值理念上存在分歧，笔者尝试在合秩序裁判的框架下对各种分歧予以调和，并构建一种二阶论证的新型范式。这种二阶论证模式以兼顾实践需求的规范视角，追求对依法裁判和个案正义的平衡，是专门适用于疑难案件裁判的方法体系。在外部证成中，强调法官可以依据丰富的渊源资料，运用多元实用方法，展开对裁判规则的证立，但须遵循提出假说-展开论证-验证结论的程序，尤其要受到法秩序的一致性限制。在内部证成中，法官以外部证成得出的裁判规则为大前提，以规范化的案件事实为小前提，展开环环相扣、连贯充分的演绎推理，并最终获得裁判结论。

这种内容广泛、具有综合折中倾向的二阶论证模式，可能面临以下批评。其一，将法律解释、法律续造、后果论证、演绎推理等诸多内容都塞进二阶论证之下，将导致此概念无所不包又指向空泛的危险。其二，这种以综合方法构建二阶论证模式的做法，可能缺乏理论建构意义与实践意义，因为法官完全不须知晓二阶论证，只要适用其下的各种论证方法即可。

诚然如此，本文所建构的二阶论证，主要作为疑难案件裁判的方法框架使用，诸如法律解释、后果考量、类比推理、原则权衡等多元方法都可纳入其中，得到有序整合。但这种框架性概念并不因此丧失意义，它至少可以发挥以下作用。第一，区分意义，强调简单案件和疑难案件应当适用不同的裁判方法，前者是一阶性质的规则涵摄，后者则是合秩序裁判下的二阶论证。第二，工具箱作用，在二阶论证框架下，丰富的法律渊源和法外标准、多元的法律方法和社会科学方法，都得以系统呈现，法官可以结合案件事实、择其所需，展开更加全面充分的法律论证。第三，约束功能，合秩序裁判下的二阶论证过程需要遵循相应的论证规则，论证结论也要受到有效法秩序的一致性检验，这是对依法裁判和个案正义的平衡举措，避免在方法论上盲目飞行，甚至滑向法外裁判。①

---

① "方法论上盲目飞行"之表述，参考自陈林林：《方法论上之盲目飞行——利益法学方法之评析》，《浙江社会科学》2004 年第 5 期。

疑难案件中依法裁判原则的证立及其两种样态[*]

张竹成[**]

摘　要　疑难案件中经常遭遇法律空白、法律规则过于抽象、法律规则之间存在冲突、法律规则适用于个案不尽合理等难题，适当地处理这些难题的方法往往遭遇违背或者超出依法裁判原则的质疑。面对这一质疑，有两条路径可选：要么放弃疑难案件中存在依法裁判的主张，承认依法裁判是一个只适用于简单案件的狭窄原则；要么对依法裁判观及其预设的法律概念进行深化理解，为疑难案件中也存在依法裁判的主张辩护。以法律实证主义为代表的第一种路径是失败的：其基于不合理的法律概念得出了狭窄的依法裁判原则；其主张的裁判方法与法律概念割裂开来，无法解释法官这一职位的特殊性。以德沃金为代表的第二种路径则是更为合理的选择。但德沃金版本的第二种路径也有其缺陷，即囿于其所关注的裁判方法问题，他只把握住了依法裁判的一种样态。本文尝试指出，疑难案件中的依法裁判应当存在两种样态——"作为底线义务的依法裁判"与"作为愿望道德的依法裁判"，二者分别有着不同功能，对构成依法裁判原则均不可或缺。

关键词　依法裁判　疑难案件　底线义务　愿望道德

---

[*]　本文写作得到北京社科基金"中国权利的理论与实践"项目（项目批准号：17FXC033）的资助。感谢刘叶深教授对本文写作的悉心指导，感谢匿名评审专家所提出的宝贵修改意见。一遵成例，文责自负。

[**]　张竹成，北方工业大学文法学院法律系2019级法学理论专业硕士研究生。

引 言

通常而言，依法裁判不但是司法裁判的应有之义，更是一个重要的社会共识。但是，这种共识主要存在于简单案件（easy cases）之中，当我们在疑难案件（hard cases）①中追问应该如何判决时，便会发现达成共识并非易事。造成疑难案件之"疑难"的主要原因是现行法律与案件事实之间存在隔阂，这种隔阂来自于现行法律在适用中出现的四种情况："法无规定""规定模糊""规定冲突""结果不可欲"。反对疑难案件中存在依法裁判的学者认为，在上述四种情形中法官的审判行为常呈现出"背离法律"的现象，这使得依法裁判命题在疑难案件中受到了巨大挑战。

本文将对这一挑战作出回应，指出这些质疑依赖着一种过于简单的、不合理的依法裁判观，正确理解依法裁判原则及其预设的法律概念则可以阐明疑难案件中同样存在着依法裁判的标准。本文还将进一步揭示依法裁判原则在疑难案件中会呈现出多维的、多功能的样态，"作为底线义务的依法裁判原则"和"作为愿望道德的依法裁判原则"分别在司法场域中发挥着不同的作用。这种多样态特征往往为学界所忽视。本文第一部分通过简要展示疑难案件中所谓的审判行为"背离法律"的现象，来展现疑难案件中不存在依法裁判原则观点的根本动因。第二部分将以法律实证主义为模板来展现疑难案件中不存在依法裁判原则的观点，进而指出哈特等人持有的这种裁判观背离了其所预设的法律概念观，这使得疑难案件中的依法裁判命题无法在法律实证主义的基本立场上实现逻辑自洽，更无法说明法官职位的特殊性。第三部分是以德沃金为模板论证为什么通过深入理解依法裁判原则及其预设的法律概念，疑难案件中仍然存在着依法裁判原则。德沃金的整全性裁判观虽然避免了法律实证主义的错误，但其提出的最佳裁判理论却并不能说服众人。笔者认为德沃金的整全性裁判理论只是疑难案件中依法裁判的一种样态，而非全貌。于是在此基础上，本文第四部分又提出了另一种样态——作为底线义务的依法裁判——来解决疑难案件中的依法裁判困境。

---

① 在司法过程中人们常会因三种问题而产生争论：事实问题、法律问题、政治道德与忠实问题。事实问题是指双方当事人及法官、侦查人员对实际发生的事件真相存在争议，以"辛普森杀妻案"为例，控辩双方及法官面临的最大争议就是辛普森是否真的杀害了妻子、证据是否能够消除争议。法律问题指的是法官与律师就案件应当如何适用法律产生分歧，他们对自己观点的检验标准各执一词。政治道德与忠实问题是指人们就适用于本案的法律内容在道德上存在异见，比如一条"恶法"是否应当被坚持适用。由于事实问题不涉及法律适用，无关"依法裁判"，所以本文所指"疑难案件"只关涉后两种意义上的争论。关于三种争议类型的提出与说明，参见罗纳德·德沃金：《法律帝国》，许杨勇译，生活·读书·新知三联书店 2016 年版，第 2—3 页。

一、疑难案件中依法裁判难题

（一）简单案件中的依法裁判

在司法裁判理论中，我们通常将司法实践活动中的案件类型大致地区分为简单案件与疑难案件。简单案件之"简单"在于现行法律体系[①]可以为法官在当前案件的审判中提供详实且合理的指导答案，法官可以直接将法律规则"无争议"地适用于案件。简单案件构成了司法实践的主要部分，也是大多数法官的工作常态，并影响着社会成员对"依法裁判"概念的理解。不具有法学知识背景的社会成员普遍认为依法裁判就是法官将业已存在的法律规定严格地适用于当前案件，此种观点与法律形式主义（legal formalism）的裁判观不谋而合。他们都要求法官在司法裁判中必须严格以法律规则为裁判依据，不得将法律之外的内容作为法官裁判的规范依据。

法律形式主义背后所体现的是法治的形式价值，他们将法律之安定性和社群成员"受保护的预期"（protected expectations）作为追求。[②]应该说这是所有法律人

[①] 本文所指的"法律体系"不仅为成文法体系，至少也包含该法域内作为法官裁判依据的其他"必需的法的渊源"（must-sources）。（随着文章论证的深入，本文认为法律体系中不仅包含必需的法的渊源，还包括"应该的法的渊源"与"可以的法的渊源"。但是由于法律实证主义者否认后两种渊源属于法律，考虑到行文的方便，笔者只能在此处承认法律体系"至少"包含必需的法律渊源。）"必需的法的渊源"是指在某种情形下，法官必须要引用或提及这种法的渊源，如果法官未引用，将会被认为没有履行自己的职责，因此这种渊源具有强意义上的约束力。"应该的法的渊源"是指法官在某种情形下应该引用或提及的法的渊源，法官可以基于自由裁量权的合理性决定是否引用或提及这种渊源，但当他决定不提及或引用时必须给予理由。"可以的法的渊源"是指允许法官可以引用的法的渊源，法官未提及或引用时无须说明理由。（笔者并不认同关于法官未引用或提及三种法的渊源的可责性的区别，因为在某些情况下，法官对"可能的法的渊源"的忽视也应当受谴责。但是这种异议并不影响认同"必需的法的渊源"属于法律体系之中。）关于这三种法的渊源的介绍，请参见王夏昊：《法律规范的外部证成》，徐显明主编：《法理学原理》，中国政法大学出版社2009年版，第254—255页。换言之，如果先例、习惯也是某一法域内必需的法的渊源，它们就也在法律体系之中。由于世界上多数国家都承认先例制度为法律渊源，所以后文所说的"法律规则"既包含成文法规则也包含已经确立且未被推翻的先例。以德国为例，《德国民法典》之所以能在颁行后的百余年中仍具有强大的生命力，正是因为判例与学说协力不断地对法典中的漏洞进行填补。在此基础上，德国发展出一套与法典法并存的法官法，其中包括诸如行为基础障碍、缔约上过失以及不当得利法上的差额说等经典制度。由于法官法与法典法均为德国法官裁判案件的法的渊源，所以如果德国法官在法典法中无法找到可以适用于本案的法律条文，但可以在法官法中轻松地推导出裁判结论，其行为仍属于依法裁判，且当前案件属于简单案件。感谢匿名评审专家指出这一问题。

[②] 参见罗纳德·德沃金：《法律帝国》，许杨勇译，生活·读书·新知三联书店2016年版，第96页。

的理想。在秉持形式法治观的学者心中，所有的法律都应当符合可预期、公开且明确的原则，①法律的适用应当具有前瞻性且不得溯及既往（applied prospectively and not retroactively）。②法律实证主义的代表人物约瑟夫·拉兹认为："人们应当出生在一个有文化和规范的社会中，他们适应文化，并学习规划自己的生活，创造性地利用各种机会，并观察他们的文化规范，实现个人的富裕和追求：这一过程是通过熟悉（了解如何工作）和可预测（有能力规划和对未来做决定）来实现。而一旦缺乏这个有利的背景，人们就会迷失方向，失去对自己和处境的掌控感，随之而来的是自尊的丧失。"③即使是自然法学派也认可这种价值，例如，朗·富勒的法律的内在道德理论就包括官方行为应当与事先公布的规则保持一致性。④

基于法治形式价值的考量，法律形式主义的存在是合理的，但是这种合理性必须止步于疑难案件的门前。在"法无规定"的疑难案件中，法官根本没有法律规则可以适用，法律形式主义没有登场的机会；而在"结果不可欲"的疑难案件中，坚持法律形式主义将使案件事实与法律规则之间呈现一种削足适履的状态，最终使得法律形式主义落得"机械法学"（mechanical jurisprudence）的骂名⑤。

（二）疑难案件中的"背离法律"现象

在疑难案件的裁判过程中，法官必须放弃刻板的法律形式主义，转而采取一种较为灵活的裁判方式，但是这样的裁判行为常常会使得司法过程呈现出"背离法律"的现象。

由法无规定、规定不明与规定冲突造成的疑难案件主要是指现行法律体系无法为法官提供审判案件的所需的明确的指导答案。具体而言，法无规定是指法官在审理案件时发现立法者、先例制度或其他必需的法的渊源均未就该问题做出规定，法律出现空白，法官在具体审判中无法可依；规定不明则是指法律在表述中存在过于抽象、模糊不清等情形，这种模糊使得法律规定所表述的内容偏离其意图表达的真实意义，可以说"模糊性是导致法律不确定的主要渊源，也是使得案件陷入疑难的最常见的理由"⑥；而规定冲突是指法律体系内部不融贯，部分法律规定之间存在冲

---

① 参见约瑟夫·拉兹：《法律的权威：法律与道德论文集》，朱峰译，法律出版社2005年版，第187页。
② See Joseph Raz, "The Law's Own Virtue", *Oxford Journal of Legal Studies*, Vol. 39, No. 1, 2019, p. 3.
③ Ibid., p. 2.
④ 参见朗·富勒：《法律的道德性》，郑戈译，商务印书馆2005年版，第96页。
⑤ See Roscoe Pound, "Mechanical Jurisprudence", *Columbia Law Review*, Vol. 8, 1908, p. 608.
⑥ 孙海波：《不存在疑难案件？》，《法制与社会发展》2017年第4期。

突,法官在法律适用时需要进行抉择。在解决这三类问题时,法官常常需要以立法者意图、成文法目的或先例确立时的具体语境与目的作为自己填补法律漏洞、解释法律语词和在冲突法律规则中抉择的标准。但是,以斯卡利亚大法官为代表的文本论者认为这些被法官参考的意图与目的到底归属于谁、其真实含义为何都尚不清楚,①法律实证主义者坚称这些参考资料并没有出现在法律体系之中,并非法律的组成部分,这种裁判方式面临着无法律依据的困境。

上述三类问题可被归纳为法律体系本身的确定性出现缺陷,但是,即使法律体系可以为某案提供明晰的法律规范,但由于"结果不可欲"造成的疑难案件的存在,法官的工作也未必轻松。一方面,简单地套用法律规定可能会使得案件结果出现不可欲的情形;另一方面,清晰明确的法律规定可能是一条"恶法",正如富勒对哈特的发问:如果法律规则本身就是邪恶的,我们将如何防御这种危险?②在一些主流的观点中,例如拉德布鲁赫公式和成文法解释的"黄金规则"(Golden Rule),都提醒我们当法律规则出现极端不正义时,法官可以放弃法律规则,转而通过公平、正义等价值对法律进行矫正。但这种矫正法律的方式也面临着无法律依据的困境:由谁来决定极端不正义的定义?其判断标准为何?如果没有适格的标准是否会造成法官权力的滥用?法官矫正法律是否有越俎代庖之嫌?③

对上述疑难案件的其他解决方案也同样会遭遇到"背离法律"的指责。由于相关方案杂多,本文只以"基于后果的论证"(consequence-based arguments)方案来说明。法官依法裁判的程序模式大致有两种:司法三段论模式与事实涵摄推理模式。④司法三段论模式要求法官先识别一个具有权威性的法律规范作为大前提,然后将符合法定构成要件的行为或事实置于该法律规范之下,进而作出裁判。司法三段论模式大致流程如下:识别法律规范(大前提)→明确案件事实(小前提)→得出裁判结论。在事实涵摄推理模式中,事实认定环节将被前置,法官需要先对行为或事件是否符合法定构成要件作出认定。因此事实涵摄推理模式的大致流程如下:分析案件事实→寻找法律依据→得出裁判结论。无论是司法三段论模式还是事实涵摄推理模式,得出裁判结论都是最后一步。基于后果的论证不同于这两种模式,其允许法官先对案件裁判做出结论预设,然后根据结论寻找法律依据,大致流程如下:分析

---

① 弗里德里克·肖尔:《像法律人那样思考:法律推理新论》,雷磊译,中国法制出版社2016年版,第175页。

② See Lon Fuller, "Positivism and Fidelity to Law: A Reply to Professor Hart", *Harvard Law Review*, Vol. 71, No. 4, 1958, pp. 635-638.

③ 参见弗里德里克·肖尔:《像法律人那样思考:法律推理新论》,第179—181页。

④ 参见王洪主编:《法律逻辑学》(第二版),中国政法大学出版社2016年版,第278—279页。

案件事实→预设裁判结论→寻找法律依据。后果论证的支持者认为至少有两类案件法官必须先进行后果判断：一是适用特定法律并依据法律逻辑推理后的结果是显失公平的，此时法官必须从案件的社会后果出发，择他法以用之，实现社会效果与法律效果的统一；二是该种类型案件的影响已经超越双方当事人，将对行业和社会产生更大影响，所以法官必须从可能导致的潜在社会后果出发进行裁判。[①] 这些学者坚持认为，法官只有在受到某种正义观的约束后才可以暂时将法律对自己的约束后置，因此法官绝不是恣意的。但后果论证依然面临着无法律依据的困境。首先，裁判结论前置会影响法律在裁判案件中的作用和地位，出现由法律主导向结果（或效果）主导的转变，此时法律相较于价值判断和利益衡量而言并没有特殊的权威。[②] 其次，虽然后果论证认为自己是基于正义而偏离法律，但鉴于在多元社会中正义本身就是存在分歧之事，如果法官对某种应当制约自己的正义观进行隐性的偏离，[③] 或者法官伪造一种在该案中本不存在的正义观，却为其冠以正义之名时，那么所谓的制约就会落空。最后，即使法官没有伪造正义，依正义裁判也绝不等同于依法裁判。所以，以基于后果论证为代表的其他疑难案件的解决方法同样会遇到违背法治的困境。

（三）放弃依法裁判还是重新理解依法裁判？

疑难案件中这些"背离法律"的现象使得法官的裁判陷入了依法裁判的困境。至此，我们将面临两个选择：要么坚持简单案件中存在依法裁判，但放弃疑难案件中存在依法裁判；要么对简单案件中的依法裁判观进行深化理解，为疑难案件中的依法裁判辩护。前一个路径的代表是以赫伯特·哈特为代表的法律实证主义者，而后一路径的代表则是提出整全性裁判观的罗纳德·德沃金。笔者将分别在下面两节对其进行探讨。

二、法律实证主义的法律概念及其裁判观批判

上文展示的"背离法律"的质疑之所以批评疑难案件中法官违背依法裁判原

---

① 参见侯猛：《司法中的社会科学判断》，《中国法学》2015年第6期。
② 星野英一：《现代民法基本问题》，段匡、杨永庄译，生活·读书·新知三联书店2012年版，第216页。转引自侯猛：《司法中的社会科学判断》，《中国法学》2015年第6期。
③ "隐秘的偏离"借鉴了孙海波博士的用语。参见孙海波：《越法裁判的可能、形式与根据》，《东方法学》2019年第5期。

则，是因为其暗中预设了一种狭隘的法律概念，即其对依法裁判中的"法"有着特定的理解。但是，在许多国家的法律方法论语境下，这些行为并非背离法律。以德国为例，至少法官在法律存在漏洞时所从事的"填补漏洞"（Lückenausfüllung）"补充法律"（Ergänzung von Gesetzen）的活动都被认为是依法裁判。因此，持有何种法律概念观将直接影响"依法裁判观"。本部分将指出上文之所以推导出疑难案件中法官的裁判行为是"背离法律"的，正是因为他们选择了将简单案件中的"法"视为所有情况中的法律概念的完全标准。而法律实证主义就是这种路径的代表。

（一）哈特的法律概念及其依法裁判观

作为法律实证主义的领军人物，哈特坚持一种"规则论"的法律概念观，其认为法律是一阶规则（primary rules）和二阶规则（secondary rules）的结合。一阶规则在尚没有立法机关、法院和任何官员的原始社群中便已经存在，其为社会群体中的成员课予义务。形成一阶规则必须具备两个条件：第一，社群中多数成员的外在行为应具有规律性、一致性；第二，大多数社群成员对该规则持有内在观点，即接受该规则。[1] 这种内在观点会表现为一个人对自己违反规则的行为负有内疚感、对他人遵守或违反规则的行为持有赞同或批评的批判反思态度。从哈特对一阶规则的分析我们可以看出，他认为规则的核心是外在行为与内在接受态度的双重一致性，这种一致性在简单案件中普遍存在，却于疑难案件中难以获得，疑难案件之所以疑难就是人们对到底何为适用于个案的规则存在着分歧。换句话说，在疑难案件中由于双重一致性的缺乏而不存在规则。

一阶规则在简单社群的生活中发挥着重要作用，但是随着生产力的进步与社会的发展，一阶规则固有的三个缺陷逐渐显现。第一，缺乏可供鉴别或共同的标识来识别社群生活所依赖的规则中哪些可以作为行为规则。[2] 在此，为解决一阶规则体系的这一缺陷，哈特引入了"承认规则"（a rule of recognition）。承认规则会为识别行为规则提供某个或某些特征，被承认规则识别出的规则即成为具有法律效力的规则。[3] 承认规则在哈特的法律概念中具有根本重要性，其出现标志着法律体系的产生。一阶规则的第二个缺陷在于静态性，即在简单社会中，规则的任何变动都是缓慢的，不存在为适应环境变动而刻意变更规则的方法。[4] 哈特通过"变更规则"

---

[1] 参见 H. L. A. 哈特：《法律的概念》，许家馨、李冠宜译，法律出版社 2006 年版，第 86—87 页。
[2] 同上，第 87 页。
[3] 同上，第 89 页。
[4] 同上，第 88 页。

（rules of change）对该缺陷予以补救，该规则将授予立法机关以立法权，使其通过立法活动引进新规则、废改旧规则。① 简单社会的第三个缺陷是缺乏可以终局地和权威地确定违规事实的机构，所以在简单社会中用以维系规则的压力是分散的，规则是无效率的。② "裁判规则"（rules of adjudication）将扭转这种局面，其为简单社会指定了裁判者，并界定出裁判者所应当遵循的程序。③ 承认规则、变更规则和裁判规则共同构成了哈特法律概念理论的二阶规则。二阶规则的出现使得一阶规则体系转变为法律体系，世界也从前法律世界步入法律世界。承认规则是二阶规则中的核心内容，相较于一阶规则中要求规则必须被社会成员一致地接受，承认规则只要求官员们对规则一致地接受。这也就意味着法律的出现并不需要以社会成员一致接受为条件。值得注意的是，由于官员们的共识是有限的，所以在疑难案件中法官对于承认规则本身也会出现理解上的分歧，例如法官对立法机构的授权具体界限在何处会产生分歧，由此法官们对界限的不同理解将导致不同的规范被"识别"为法律。

综上所述，无论是具体的一阶法律规则，还是像承认规则这样的二阶法律规则都以民众或官员的"双重一致性"为基础。一旦这种双重一致性付之阙如，法律就会呈现出"开放性结构"（open texture）④。因此哈特认为，在具有一致接受性的"核心地带"存在法律，接受态度存在分歧的"边缘地带"则无法律可循。开放性结构的存在意味着法律中充满了漏洞，所以哈特认为所有的法体系都以不同的方式折衷于两种社会需求之间，即规则指导下的稳定性与执行规则时的可选择权，⑤前者针对核心地带，后者则关涉边缘地带。由于核心地带有普遍一致的社会共识保障，在法律适用时较少出现争议，⑥法官可以也应当依法进行裁判。但是在权威性标准用尽的边缘地带则不同，法官无法律可依，其将在该地带获得自由裁量权，进而进行立法性活动，所以哈特对疑难案件中依法裁判的存在持否定态度。

（二）其他法律实证主义者的裁判理论及其评价

在哈特之后，一些法律实证主义者们也提出了各自的裁判理论，本文选择其中

---

① 参见 H. L. A. 哈特：《法律的概念》，许家馨、李冠宜译，法律出版社 2006 年版，第 90 页。
② 同上，第 88 页。
③ 同上，第 91 页。
④ 同上，第 117 页。
⑤ 同上，第 125 页。
⑥ 同上，第 122 页。

有代表性的观点予以展示分析，这些观点虽然看待裁判问题的角度各异，但与哈特的理论相较并无实质性的突破，均印证了法律实证主义认为疑难案件中无依法裁判的基本立场。具体包括如下三个观点：简单案件的边界流动性、自由裁量的道德枷锁、法律概念与裁判行为的分离现象。

第一个观点的提出者是约瑟夫·拉兹，他并不认同哈特在处于法律核心地带的案件中持有的裁判观。拉兹认为几乎在所有案件中，法官都既适用现行法律又创制新法（或考虑创制新法）。① 拉兹将法律案件分为法有规定的案件（regulated cases）和法无规定的案件（unregulated cases），前者是指法律能够为争议提供解决办法的案件，此时法官不能造法；而后者是指适用于本案的法律存在空缺，法官需要造法来填补漏洞。② 拉兹认为，虽然在法有规定的案件中法官不能造法，却可以修改法律，这种修改是通过"区分"（distinguishing）与"推翻"（overruling）实现的。法官在司法裁判中拥有"区分"和"推翻"的权力，它们将改变由先例确定的普通法规则。"区分"以两种方式帮助法官排除先例规则的适用。方式一：直接发现当前案件与先例的规范性差异。方式二：通过修改先例规则，创制当前案件与先例的规范性差异。③ 拉兹将"区分"视为一种法律的修改形式，符合"区分"要求的每一个规则都有无数种修改形式，法官的责任在于采纳其认为能够最好地提升规则的修改方式。④ "区分"可以适用于所有法院，但是"推翻"只适用于部分法院。⑤ 当符合条件的法院确信新规则比旧规则有所改进时，法官便可以推翻旧规则，适用新规则。拉兹提出的法有规定的案件基本等同于哈特的简单案件，但与哈特不同，他认为在简单案件中法官也可以用"区分""推翻"这两种方式作出裁量性判断，这使得原本严格适用法律规范即可的简单案件也具有了更多可能，简单案件与疑难案件的边界呈现出"流动性"的特点，简单案件将不再是绝对的。

---

① 参见约瑟夫·拉兹：《法律的权威：法律与道德论文集》，第 159 页。
② 同上，第 158—160 页。
③ 关于"区分"的两种作用形式，笔者在此对拉兹的观点进行简要介绍。先例规则 P 由特定案件事实 a、b、c、d、e、f 组成，该规则规定无论何时，只要有 A、B、C 就应当作出判决 X。（小写字母代表案件判决中特定情况，大写字母代表案件事实的一般性质，即 a 是 A 的具体情况）。现有新型案件 N，其包括事实：a1、b1、c1、d1、非 e1、f1。因为案件 N 具有 A、B、C 三个一般性质，所以应当认定作为先例规则的 P 对 N 具有约束力。"区分"的第一种情形是指，如果案件 M 由 a1、b1、非 c1 构成，则意味着法官应当直接发现其与先例的差异，而拒绝将 P 适用于 M 案件。"区分"的第二种情况则是法官拥有修改规则 P 的权力，其可以将"P：A、B、C 则 X"改为"P：A、B、C、E 则 X"，此时案件 N 与 P 产生了差异，先例 P 无法适用于案件 N。同上书，第 160—162 页。
④ 同上，第 160—165 页。
⑤ 拉兹认为行使"推翻"有两种情况：（1）上级法院可以推翻下级法院制定的规则；（2）法院可以推翻自己以前的判决（或者被另一同级法院推翻）。同上，第 165 页。

拉兹指出简单案件边界的流动性当然是正确的。但我们关注的问题是这是否推翻或者修正了哈特"疑难案件无依法裁判"的观点。答案是没有,因为这一观点关注的焦点是简单案件(即拉兹所谓的法有规定的案件),而对疑难案件能否有依法裁判问题并未表态。它挑战的是哈特的如下观点:简单案件中适用依法裁判原则足矣。拉兹指出了简单案件之"不简单",法官也需要通过特定的技术创造性地自由裁量。但本文认为,即使这一挑战是不成功的,我们也可以追问拉兹一个问题:法官在使用"区分"和"推翻"时,他手头要处理的案件还是简单案件吗?换言之,虽然某案过去是法有规定之案,但先例规则在此时却无法被合理地适用,该案将不再是核心地带中的简单案件,而是边缘地带中的疑难案件。假如不是的话,法官为什么会使用区分和推翻的技术呢?为什么不径直适用规则呢?诚然,法官可以通过运用"区分"或"推翻"的权力为这类疑难案件发展出新的判例规则,使其再次成为简单案件。但问题的关键是,在这些新的判例规则被确立之前,其当属疑难案件无疑。因此,法官行使"区分"或"推翻"权力的过程不仅是不受先例规则约束的过程,更是打破先例规则的过程。此种意义上的活动证实了法律实证主义在疑难案件中的裁判观绝不是依法裁判。

法律实证主义者的第二个与裁判相关的观点认为,在法律边缘地带的疑难案件中,法官的自由裁量权并不是毫无约束的,它身负道德枷锁。因此读者无须为疑难案件中依法裁判规则无用武之地而担忧,这并非无约束的权力恣意。以拉兹的"区分"和"推翻"理论为例。法官在行使"区分"权力时,应当在诸多修改形式中选择能够"最好地"提升规则的形式,"推翻"权力得以行使的前提则是新规则将比旧规则有所改进。然而,关于"最好"的选择标准、何种情形属于"有所改进",均取决于法官的价值判断。应当说这一观点起到了纠正偏见的作用。人们通常认为法律实证主义的裁判观是拒绝价值考量,只能严格地适用法律规范,法律解释不会参考法律文本之外的资源。但这是对法律实证主义裁判观的误解,是把法律实证主义混淆于某种形式主义裁判观。实际上,无论是哈特本人,还是其后的各位法律实证主义者都认为裁判是灵活的,他们不仅同意法官可以在疑难案件中行使自由裁量权,更允许法官在核心地带修改法律。但这种灵活绝不是无条件、无约束的,法律实证主义坚持的自由裁量权是带有"枷锁"的。

虽然第二种观点更清晰地阐明了法律实证主义的裁判观,并起到了很好的纠偏作用,但其对哈特的裁判理论的推进有限,特别是对疑难案件中无依法裁判的观点毫无改变,甚至是再次肯定。因为在疑难案件中法官的裁量虽然受枷锁束缚,但这道枷锁与法律无关,它只是一种道德约束,在法律实证主义法律与道德严格分离的前提立场下，它不可能是一种法律约束，因此也不可能是依法裁判。

在前两种观点的基础上，第三个观点应运而生：法律概念与裁判行为可以适当分离。这种观点认为持有何种法律概念观并不能支配法官的裁判行为。由于法律实证主义认为法律只能基于官员一致性的批判反思态度，即只有存在共识的地方才会存在法律，一旦疑难案件出现法律将会"用尽"，而"法官不得拒绝裁判"亦是法官的职业原则，这必然要求法律实证主义的裁判理论必须在法律之外寻求资源。所以法律实证主义者认为一旦现行有效的法律规范被穷尽，依靠案件中的价值进行裁判就是必要且正当的，这部分裁判将脱离法律概念圈定的范围。如此一来，法律概念观与裁判观相分离的观点便正式形成：法律实证主义者坚称法律体系中特定法律的有效性之判准与道德或正义无关，法律概念应当与道德截然二分，但却在法官运用法律裁判案件时允许法官将道德或正义作为约束自己价值判断的重要标准。他们在坚持法律概念的价值无涉的同时，支持着法官在裁判中进行价值考量。换言之，"一个人可以同时是法律实证主义者和支持法官成为主要立法者的鼓吹者"①。

法律概念与裁判行为相分离的裁判观对法律实证主义关于疑难案件中无依法裁判的立场毫无突破，且其自身的合理性也很成问题，分述如下。第一，该种裁判观或许可以帮助法官在个案中作出合理的裁判行为，却师出无名，至少它不是依法裁判。依法裁判决不能与法律的概念割裂讨论，哈特等人可以在坚持自身法律概念的同时允许法官造法，但却不能声称这种行为是依法裁判。因此这一观点反而肯定了疑难案件无依法裁判的立场。第二，与法律概念相分离的裁判理论会遭遇合法性危机。依据法官职业性质的要求，法官的裁判说理也必须以依法裁判为标准。"法官"作为一种职业，具有相较于普通人和其他法律职业不同的属性。普通人对一个案件的评价可以完全不以法律为依据，立法者在立法过程中也可以考虑道德的因素，而作为辩护人的律师更是以当事人的利益为主。但是这些法外因素在法官的裁判中却很难被证立，法官的职业属性无法与法律割裂开来，法官的职责应该是严格地遵守并适用法律。无论法官作出多么合理的裁判，只要这一判断不是源于法律，就都可能被怀疑为超出其正当性授权的举动，都会面临着合法性危机。当然这一危机也不是根本不可解决的，但仅仅宣誓法律概念与裁判相分离的立场绝对是无济于事。

哈特会对其他法律实证主义者的三个裁判理论照单全收，因为他们的理论之间并没有实质性的差异，更为关键的是，他们共享着同一个错误——疑难案件中不存在依法裁判。

---

① 约翰·加德纳：《法律实证主义：五个半误解》，雷磊译，郑永流主编：《法哲学与法社会学论丛》（总第12卷），法律出版社2014年版，第237页。

三、德沃金的法律概念及其依法裁判观

如前文所述，以哈特为代表的法律实证主义者认为在疑难案件中不可能存在依法裁判的空间。鉴于依法裁判原则在司法领域的根本性，这种观点对法律职业群体的基本价值观是摧毁性的。德沃金并不认同法律实证主义的裁判观，他指出以哈特为代表的法律实证主义者秉持着一种错误的法律概念，疑难案件中不存在依法裁判就是建立在这一错误的根基之上。只要我们深入反思法律的概念，就会发现法律不仅仅由哈特意义的规则组成，规则背后还隐含着"法律原则"。这种新型的法律概念观不但使得疑难案件中法官的裁判行为不再是"法外行为"，也为德沃金提出整全性裁判观扫除了障碍。当然这一观点也毫无疑问地否认了法律概念可以和司法裁判观相分离的观点。

（一）对哈特法律概念理论的批评

与哈特"规则论"模式的法律概念观相比，德沃金持有一种"法律原则隐含论"的法律概念观，他既不认为法律的概念只由法律规则构成，也不承认法律是由规则和原则这两种截然二分的规范形态组合而成。德沃金认为法律原则"隐含"在法律规则之中，发现法律原则的过程是从法律规则出发，对规则进行诠释而获得的。学界通常将法律规则和法律原则理解为两种界分清晰的规范形态，但这并非德沃金使用这对概念的本意。[①] 以"罪刑法定"为例，我国刑法教科书普遍将其视为一条基本法律原则，但是根据德沃金的观点来看，我国《刑法》第3条已经对罪刑法定进行了明确规定，并且由于全国人大拥有立法权这一事实为我国官员群体所一致接受，所以其显然属于法律规则而非法律原则。这里的关键并非学界通行用法和德沃金的用法哪个更准确，而在于不能以学界对"法律原则"的通行界定替代德沃金的不同理解，进而失去捕捉德沃金思想洞见的机会。德沃金所认为的法律原则应当是通过以罪刑法定这样的规则为起点，对其背后蕴含的价值理念进行诠释，最终获得超出社会现有共识的结果。例如，刑法应当保持谦抑性、法律不得溯及既往这些规范并未被一国法律体系的明确规则所包含，但它们均"隐含"于各个具体法律规则背后，可以经由适当的诠释揭示出来，是德沃金意义上的法律原则。在这个意义上，德沃金的法律概念既包括官员群体一致接受的、无分歧的规则，也包括规则

---

① 参见刘叶深：《法律规则与法律原则：质的区别？》，《法学家》2009年第5期。

背后蕴含的原则，所以其观点可以被适当地称为"法律原则隐含论"。而按照哈特法律概念理论，法律是由规则组成的，而规则可以还原为规则之下人们的双重一致性，即外在行为的一致性和内在批判反思性态度的一致性。对于哈特而言，那些从一致性规则出发诠释出来的原则如果是无分歧的、一致的，那么它们也属于规则的固有含义；但是，如果这些原则是有分歧的，则是法律外规范，并不属于法律。所以，在哈特看来，法律是直白的，除了一致观点外，不存在什么隐含的部分。问题的关键在于，这两种法律概念哪一种更为合理？

德沃金对哈特的法律概念理论的批评从一个关键区分开始。德沃金将规则分为惯习性规则（conventional rule）和同时性规则（concurring rule）。① 前者是指如果社群成员对该规则大体一致地抱有一种"接受态度"，就意味着规则的存在。换言之，他人如此行动或接受某一行为模式为规则就为我如此行动提供了理由，我也应当如此行动。例如，设想在一个法律尚不存在的地方，我驾驶的车辆之所以应该靠右行驶是因为其他人都从右侧通行。其实车辆靠右行驶或靠左行驶并没有本质区别，但关键在于所有驾驶者应当一致地靠某边行驶，即如何行动并不重要，关键在于所有社群成员要一致地行动，这样才能保证良好的交通秩序。惯习性规则的这种特点可被称为"任意性"。同时性规则虽然也具有行为上的一致性，但他人一致遵循某一规则并不是我遵循该规则的理由。换言之，虽然大家的行为模式是一致的，但"大多数人一致地接受"这一事实本身对于遵循规则并没有贡献。以"不得随意杀人"这项规则为例，人们之所以认同并一致地遵循该规则，是基于对其背后道德价值的认可，而非大家都一致地遵守这一现象。换言之，即使大多数人都认为可以随意杀人，也不等同于杀人就是正确的。总之，同时性规则存在的地方，社群成员遵守规则是基于对规则背后之道德价值的认同与接受，每个人遵循这一规则的理由是"独自的"，人们对该规则的同时遵守是基于对其背后价值的认可而"同时"出现和发生的，它们之间并不具有横向的联系。

通过思考车辆靠右行驶与不得随意杀人之间的差异，我们可以发现生活中只有部分规则才是惯习性规则，惯习性规则只具有协调行为、使行为彼此一致这一单一功能。而更多的规则并不认为不同行为模式具有无差别的任意性，它们都在背后预设了某种价值，这种价值将决定某种行为比相反的行为更优。哈特将规则均概括为

---

① 参见罗纳德·德沃金：《认真对待权利》，信春鹰、吴玉章译，生活·读书·新知三联书店2008年版，第82页。此处"规则"一词应作广义理解，既包括哈特意义的规则，也包括德沃金所说的原则，其范围大致等同于规范。中文译本中对"concurring"有不同译名，该词被译为"同意"，但笔者认为"同意"无法将基于道德价值的同意与基于惯习的同意相区分。本文采取"同时性规则"译法的原因将在下文阐述。

人们外在行为和内在观点的一致性，这一概括表面上能够涵盖惯习性规则和同时性规则，毕竟两种规则都有一致性的外表，但深究下去就会发现哈特的规则理论不能涵盖同时性规则。因为哈特认为，一旦一致性不存在，即分歧出现时，规则将不复存在，规则不能对此情形的行为提供任何指导。但同时性规则并不会因为分歧出现而缺乏指引行为的能力，因为同时性规则背后预设了某种价值，这一价值虽然抽象但仍能够在分歧出现时为行为指出一个大致的方向。所以考虑到哈特关于边缘地带法官造法的自由裁量权理论，就可以推测出哈特的规则理论无法包含同时性规则。而同时性规则背后预设的道德价值就是德沃金法律概念理论所要着力诠释的对象，其诠释出来的具体规范就是德沃金所谓的法律原则。因此德沃金的法律原则隐含论是可以涵盖同时性规则的。相对于哈特的法律概念，德沃金理论的优势可以概括为其更广阔的理论涵盖能力，远远优于只能揭示部分规则特性的理论学说。

具体到法律概念，法律中的一阶规则是施加义务的规则，不得杀人这样的规则毫无疑问属于一阶规则之列，这些规则多是同时性规则，它们背后都预设着特定的价值。二阶规则也是如此。以承认规则为例，按照哈特的理论，承认规则就只能是惯习性规则，那么其他法官如何识别法律并以之为依据判案就决定了本法官应该如何判案。诚然，法官会考虑彼此行为的协调，实现同案同判也确有法治价值，但是什么是法律、什么是正确的裁判依据并不具有任意性，并不是只要一致就怎么判都好。法官在识别法律时，特别是在疑难案件中，要诉诸民主、分权等政治价值，以之为基础来确定适当的法律是什么。诉诸规则背后的价值来澄清规则，这是对待同时性规则的典型方式，也是德沃金法律原则隐含论的方式。尽管这些价值不会直接呈现为法律规则的形式，但其同法律规则的成立、有效与实施问题不可分割，将其与法律规则截然二分的做法也是错误的，它们应当被认可为法律的一部分，属于法律原则。总之，德沃金认为单纯依靠共识来识别法律是不够的，对法律效力标准（即哈特的承认规则）的说明无法离开"道德""价值"的考量。[①]

（二）对哈特依法裁判理论的批评

以法律原则隐含论这种法律概念理论为基础，德沃金必然也会对哈特的裁判理论持批判性观点。这种批评最为集中地体现在其对哈特疑难案件自由裁量理论的批评。哈特认为，如果一个案件中没有明确的法律规则以兹适用，法官便应当使用自

---

① 这也是对法律实证主义的"分离命题"有力的一击。参见刘叶深：《法律规则与法律原则：质的区别？》，《法学家》2009年第5期。

由裁量权进行裁判，而这种自由裁量行为是一种类似于创制新法的立法性活动。这也就意味着在边缘地带中，法官的裁判行为是一种"法外行为"，将不再受法律的约束。

德沃金反对这种观点，他区分了三种意义上的自由裁量权。第一种是指官员们基于某种理由不得机械地适用标准，在适用过程中必须加入判断；第二种是指某些官员有权作出最终决定，且没有其他官员对其判决再进行监督或撤销其判决。这两种都属于弱意义上的自由裁量权，第三种情形则是强意义的，它指的是官员们将在某些问题上不为权威机关为其创设的准则所约束。德沃金认为第一种意义的自由裁量权是毫无争议的，他也不否认法官在疑难案件中必须使用自己的判断，即司法裁判不可能是机械的，法官不可能是自动售货机，法官必须要作出自己的选择，选择最合理的一种判决。但使用判断和不受法律权威性约束地使用判断并不是一回事，因此从判断必然被使用中无法推论出法官没有依法裁判。所以法律实证主义者坚持的自由裁量权不会是第一种。第二种意义上的自由裁量权并不为法官所必然享有，在某一国家法官是否能够对法律问题作出终局性的判断，这要极大地依赖于该国的政治体制。一国宪法把终局决定权给予立法机关并不是不合逻辑的。因此坚持法官必然拥有第二种自由裁量权是荒谬的。更重要的是法官即使拥有终局裁判的权力，也不能推论出法官这一判决是不受法律约束的。终局裁判权和在法律、宪法下活动是完全可以相容的。所以法律实证主义者所说的自由裁量权肯定也不是第二种。法律实证主义者只能接受第三种意义上的自由裁量权，实际上这种裁量权并不等于不受批评，其依然要为公平、正义、合理等道德因素所约束，只是这种自由裁量意味着该国具有法律权威性的规范无法约束裁量者的决定。① 即在疑难案件中法官们是在"法律之外"进行活动，不再被任何法律权威制定的标准约束。

鉴于法律原则隐含论的法律概念理论更为合理，我们可以发现在这种法概念观的观照下，在疑难案件中，即使规则用尽了，仍存在着隐含的原则为法官的裁判提供指引，因此作为"法外行为"的第三种意义上的自由裁量是不可能存在的，法官在此要依法（法律原则）裁判。当然法律实证主义者可能认为法律原则对法官的裁判行为不起约束作用。② 第一，他们可能提出法律原则不具有约束力的观点。但德沃金随即反驳道，这种观点是错误的，预设了某种价值的法律原则会为裁判指出大致方向，而违背该方向将会面临指责。例如，当一名法官在裁判中有意或无意地

---

① 参见罗纳德·德沃金：《认真对待权利》，第53—56页。
② 同上，第57页。

忽略他本应当考虑的法律原则时，其批评者不但会立即指出该条原则，还会强调考虑采取该原则是法官的责任。① 这种指责已经充分说明其法律约束力的力量。第二，法律实证主义者可能提出法律原则不能确定一个特定的结果。德沃金承认不会决定特定结果是法律原则区别于法律规则的重要特点，但这并不应当成为质疑法律原则是否具有约束力的理由。边缘地带中的法官需要在多项法律原则中进行抉择，尽管他的选择可能是错误的，但他仍必须对各种不同的法律原则的相对重要性进行判断，而此种自由裁量只能是第一种意义的自由裁量权，即法官要使用自己的判断。② 但所有这些判断都是在法律权威性标准的约束下进行的，根本不是"法外行为"，而是依法裁判。第三，法律实证主义者指出由于法律原则的分量和权威性具有争议，所以其不能算作法律。德沃金同样承认法律原则的分量和权威性在法官群体中有分歧，但关键是如何看待这种分歧，有这种分歧不是就意味着相关标准无约束力。恰好相反，某一法律原则虽然抽象，但是能够毫无疑问地排除一些行为方式，例如毫无理由的性别歧视就会被平等原则排除在外，不能认为价值具有抽象性就是无约束力的表现，这就意味着不是任何分歧都能够在价值的诠释中合理地生存。同时，对于那些并非具有明显错误的分歧，价值仍对其解决有指导作用，对价值的不同理解、不同诠释会有是否更合理、是否与该价值的典型范例相冲突的问题，这些方面都可以作为解决分歧的标准。总之，以我们对价值有分歧性理解就推论出该价值无法指导我们解决分歧，是对我们围绕价值展开辩论、彼此说服的能力的蔑视，也不符合人类社会中广泛存在的实践理性。③

至此，我们对该部分内容进行简要梳理。首先德沃金否认了哈特"规则论"式的法律概念观，证明了其所持有的"法律原则隐含论"的法律概念观，表明从法律规则中推导而来的法律原则也属于法律概念的范畴。因此法律原则实际上对疑难案件中法官的裁判行为具有极强的约束力，法官此时的裁判活动绝不是"法外行为"，而是依法裁判。在此基础之上，德沃金将提出自己的裁判方法——整全性裁判观。

（三）疑难案件的整全性裁判观

德沃金将法律原则纳入法律概念之中，不但推翻了哈特的自由裁量理论，证明法官的自由裁量行为绝不是在"法外之地"的立法性活动，而且否定了承认规则理

---

① 参见罗纳德·德沃金：《认真对待权利》，第58页。
② 同上，第58—59页。
③ 同上，第59页。

论。这一切都建立在对法律原则之价值的认可，德沃金认为所有的实践都是追求某种要旨、承载某种价值的，① 而在德沃金的法律解释理论中，对实践要旨或价值的解释是进行法律解释的前提，事关其整全性解释的效果。②

在公平、正义、正当程序等价值美德之外，德沃金提出一种被称为政治整全性（political integrity）的美德，根据这项美德的内容，我们可以要求国家或社群依据某组融贯的原则行动。整全性的要求可以分为两组更为实用的原则：立法的整全性原则（the principle of integrity in legislation）和裁判的整全性原则（the principle of integrity in adjudication）。前者要求立法者保持法律原则上的融贯性，并予以实施；而后者说明了在法庭上怎样以及为何必须允许给予过去政治决定某种特殊的影响力，它说明了法官为何必须将他实施的那套法律视为一个整体。③

裁判的整全性原则为法官的裁判行为创制了两个维度：符合维度（the dimension of fit）与证立维度（the dimension of justification）。④ 符合维度是法官在裁判中应当考虑的首要之事，其并不要求法官就某案对法律作出的解释必须与国家过去作出的大部分政治决定（成文法或判例）完全符合，但是他的解释必须符合一国法律体系中最重要、最具普遍解释力的原则，即一组有关公平、正义和正当程序的融贯原则。符合维度是法官寻找适格解释的入门要件（threshold requirement），当某一解释跨过这道门槛时，就意味着它已经是适格的解释。以帕尔默遗产继承案为例，⑤ 尽管格雷法官与厄尔法官的裁判结果不同，但他们各自的判决依据都不是空穴来风，格雷坚持纽约州现行的法律规则，而厄尔则从法律规则中发展出一条法律原则，它们都与成文法或判例相符，也符合基本的融贯原则，满足符合维度。

如果有多个法律解释均通过了符合维度的检验，证立维度将要求法官在诸种适格解释中选择最佳解释。此时法官必须问道：哪个解释在政治道德的观点看来能够

---

① 参见罗纳德·德沃金：《法律帝国》，第 38 页。
② 参见范立波：《作为诠释性事业的法律——德沃金〈法律帝国〉的批判性导读》，郑永流主编：《法哲学与法社会学论丛》（总第 19 卷），法律出版社 2014 年版，第 273—303 页。
③ 参见罗纳德·德沃金：《法律帝国》，第 130—133 页。
④ 同上，第 182 页。
⑤ 本案的基本情况如下：帕尔默的祖父在遗嘱中决定将遗产留给帕尔默，但 1882 年帕尔默却在纽约州毒死了自己的祖父，原因是他担心这位新近再婚的老人会改变现有遗嘱，使其一无所获。帕尔默的罪行败露后被判处了有期徒刑，但是关于遗产的继承问题却成为一个疑难案件。审理本案的格雷法官认为纽约州遗嘱法的相关条文并没有出现模棱两可的地方，因此没有理由剥夺帕尔默的继承权。但该案中的另一位法官厄尔却持相反意见，他援引了一条法律原则：任何人均不可从其不法行为中获利（no one should profit from his own wrong）。最终厄尔的意见占据上风，纽约州最高法院判决帕尔默因杀害被继承人而丧失继承权。

以更好的角度展现社群的整体公共准则，而该解释便是法官应当适用于本案的最佳解释。① 尽管格雷法官与厄尔法官的判决依据都通过了符合维度的检验，但在证立维度面前，明显厄尔的理由要比格雷的更符合社群整体的公共准则，因此厄尔的判决最终得以成为符合整全性裁判观的最佳判决。

四、德沃金理论的一个困境及其解决

（一）德沃金整全性理论的一个困境

德沃金在整全性裁判观的"证立维度"中为我们展示了一位优秀的 Hercules 式的法官应该如何裁判案件、作出对法律最佳的解释。他认为所有接受整全性裁判观的法官在判决疑难案件时，都应当像 Hercules 那样"努力在有关人们权利与义务的某组融贯性原则中，找到对其社群之政治结构与法律教义的最佳构建性解释"②。但是，一旦我们将"最佳"理解为"唯一正确"时，德沃金的唯一正解命题就产生了，而这为德沃金引来了无数的争议和批评，③ 其焦点主要是怀疑"最佳""唯一正确"能否实现，以及 Hercules 是不是一个无法企及的理想目标。但是，"无法企及"并不是一种有力的批评。第一，可能 Hercules 是无法企及的，但这并不意味着德沃金要求所有法官达到 Hercules 的水平，而是要法官去追求这种水平并遵循其方法。第二，Hercules 作为一种理想在法官自己知识、能力的范围内仍然有效，该理想可以成为法官自己行动与他人督促的方向。

整全性裁判观真正的困境在于其只把握住了疑难案件中依法裁判的一个维度，而忽略了另一维度。在司法与政治实践中，我们通常在两种意义上使用依法裁判的概念。第一种依法裁判的样态我们将其称为"作为底线义务的依法裁判"，其与法官的职业评价相关，要求法官将依法裁判原则作为红线原则，不得违反。而对于违反依法裁判的行为，国家则有司法问责和错案追究等配套制度对法官进行惩戒。例如，我国最高人民法院在 2015 年出台的《最高人民法院关于完善人民法院司法责任制的若干意见》第 26 条中明确规定了七种应当依纪依法追究相关人员违法审判

---

① 参见罗纳德·德沃金：《法律帝国》，第 201 页。
② 同上。
③ 王琳博士对关于整全法理论的批评进行了细致和富有启发性的梳理，请参见王琳：《为整全法裁判理论辩护》，《安徽大学学报（哲学社会科学版）》2017 年第 2 期。

责任的情形。① 而在《德国刑法典》第 30 章中也明确规定，法官实施受贿、枉法裁判及追究无罪者的行为都属于职务犯罪，需要承担纪律惩戒责任。② 除此之外，还有一种依法裁判样态被称为"作为愿望道德的依法裁判"，此种裁判观并不将依法裁判仅仅视为法官的底线义务，而是一种更高的理想追求。例如，习近平总书记在第十八届中央政治局第四次集体学习时提出，所有司法机关应当紧紧围绕"要努力让人民群众在每一个司法案件中都感受到公平正义"这个目标改进工作。但由于司法案件的特殊性，通常很难保证法官的每一个判决都可以使诉讼两造感受到公平正义，因此该目标的要求便是"作为愿望道德的依法裁判"。值得注意的是，尽管法官可能在个案中没有实现"作为愿望道德的依法裁判"，并不会为其招致像违反"作为底线义务的依法裁判"那样的惩戒后果，但是法官依然应当将"作为愿望道德的依法裁判"作为一个目标去竭力完成。

对最佳构建性解释的执着使得德沃金的整全法裁判理论具有了"作为愿望道德的依法裁判"的性质，却忽略了"作为底线义务的依法裁判"。也正是如此，德沃金的理论才会面临上述质疑。

（二）两种依法裁判样态及其功能

"作为愿望道德的依法裁判"和"作为底线义务的依法裁判"类似于富勒所称的"愿望的道德"（morality of aspiration）与"义务的道德"（morality of duty），前者是以人类所能达致的最高境界为出发点，关注人在发挥最佳可能性时能够做出的行为；而后者则从最低境界出发，确立了使有序的社会成为可能或使有序的社会得以达致某种特定目标的基本原则。"愿望的道德"常关注某事的利处，思考某事是否是一件值得人为之努力的事情，而"义务的道德"则关注某事的害处，思考如何避免人们涉足其中。③

德沃金的唯一正确命题就是"愿望的道德"。其实他从未试图主张或论证所有人都能在裁判观点上达成一致意见这个幼稚的观点。正如他所说，接受整全法裁判观的律师和法官只是根据自己的整全法观念，对问题作不同的回答而已。④ 最佳构建性的法律解释无法统一所有人的认识，却对现实中所有的法官提出了统一的

---

① 《最高人民法院关于完善人民法院司法责任制的若干意见》，中国法院网 https://www.chinacourt.org/law/detail/2015/09/id/148462.shtml，最后访问日期：2020 年 11 月 2 日。
② 参见施鹏鹏：《司法改革热点问题研究（Ⅰ）》，黑龙江教育出版社 2019 年版，第 166—167 页。
③ 参见朗·富勒：《法律的道德性》，第 8 页。
④ 罗纳德·德沃金：《法律帝国》，第 189 页。

要求：应当督促自己在最大程度上效仿 Hercules，[①] 并将 Hercules 作为自己努力的方向。Hercules 式的法官是"愿望的道德"，所以他留给世人的争议主题从不是其判决是否合法、正确，而是应该努力实现。换言之，所有议论 Hercules 的人其实都知道 Hercules 的判决是对的，他们只是对自己充满了不自信。如同从来没有人怀疑正义女神手中的秤是否永远精准那样，Hercules 的现实意义也不在于质疑，而是应当同正义女神一道，成为所有法官的理想。而"作为底线义务的依法裁判"则发挥着"义务的道德"的作用，它虽然无法像"作为愿望道德的依法裁判"那样保证所有裁判都是最佳意义上的依法裁判，却可以为法官的裁判行为划定最低界限，提醒法官不要坠入枉法裁判的深渊。

"作为底线义务的依法裁判"同"作为愿望道德的依法裁判"一道构成依法裁判理论的两种样态。前者关涉着法官职业评价的问题，其与相关惩戒制度一起保障法官的裁判行为不跌破最低底线；而后者则发挥着指导法官裁判的作用，促使法官在职业道路上不断精进，力争在每个案件中都作出力所能及的最佳判决。

（三）疑难案件中"作为底线义务的依法裁判"

"作为底线义务的依法裁判"由两部分组成：形式底线义务和实质底线义务。这两项义务成为检验法官裁判行为是否合格的底线标准，共同保障着法官的裁判行为在依法裁判的轨道内运行。

形式底线义务是法官裁判应当遵循的第一义务，主要建立在尊重法治形式价值的基础上。形式底线义务对法官的裁判行为提出下述两点要求。第一，"不得超越法律之围"。法官作出裁判的规范依据必须在法律规则或法律原则之中，不得超越法律。第二，"从法律规则出发"。法官在寻找裁判的规范依据时，必须从基础层——法律规则——出发，只有当需要填补法律漏洞、解释抽象模糊的法律规则、在冲突规则中进行选择或矫正法律时，方可诉诸法律原则，以法律原则为指导标准。

法治形式价值的最佳实现模式是用"规则论"的法律概念观来指导简单案件的审理。但是，在疑难案件的审理中我们必须放弃唯"规则论"的方法，而用法律原则来指导审判。较之于法律规则，法律原则具有更强的抽象性和非实证性，因此为了更好地保护社群成员的可预期性，法官裁判依据的选择必须从每个人都知道的东西——法律规则——出发。如果法官面对的是由于规定缺失导致的疑难案件，他应

[①] 罗纳德·德沃金：《法律帝国》，第 194 页。

当先向公众表明本案并没有法律规则以兹适用。这种说明是必要的，因为相较于法律职业群体而言，大多数社群成员对法律规定的了解都是浅薄的，法官对规则缺失的说明不仅是对法治形式价值的尊重，更体现了司法对公众的友好。同样，如果法官面对的是由规则模糊、规则冲突或结果不可欲导致的疑难案件，其必须在援引法律原则对模糊的法律语词进行解释、抉择冲突法律规则和矫正法律规则之前向公众说明如此行为的原因。总而言之，法官不能将法律原则视为法律文本的应有之意而直接作为裁判依据，他需要对排除适用现行法律规则的理由进行说明，并向公众展示法律原则的探寻过程。

符合形式底线义务标准的裁判会有很多，此时法官需要通过实质底线义务对它们进行筛选。实质底线义务主要是对法官裁判理由的审查，即法官关于案件的道德论证必须满足最低道德合理性的要求。这些裁判在经过实质底线义务的检验后会被区分为三个阵营，作为法官裁判选择的三套方案：应抛弃的裁判、应做到的裁判与应追求的裁判。"应抛弃的裁判"是指不满足最低合理性的道德论证；"应做到的裁判"则是刚好满足实质底线义务的裁判，该类裁判所基于的道德论证只满足及格要求；而"应追求的裁判"则远远高于实质底线义务的要求，是满足德沃金"证立维度"的最佳构建性解释。

下面笔者将以"布朗诉托皮卡教育局案"（Brown v. Board of Education）①为例，进行说明。在正式分析之前，我们先假设该案中存在三位法官：A、B、C，他们的观点分别对应："应当抛弃的裁判"、"应当做到的裁判"与"应当追求的裁判"。A 法官认为托皮卡镇教育局的决定符合联邦最高法院在 1893 年就普莱西案②作出的判决，应当尊重先例，认定托皮卡镇教育局的行为符合"隔离但平等"原则。B 和 C 法官则基于美国宪法第十四修正案的内容，认为应当判定教育局的行为违反了平等保护条款，故应判决布朗胜诉。A、B、C 三位法官观点都符合形式底线义

---

① "布朗诉教育局案"的内容大致如下：琳达·布朗是住在堪萨斯州托皮卡镇的小学生，由于布朗家距离她所就读的黑人学校蒙罗小学太远，于是她向离家较近的萨姆纳小学提出入学申请。但是托皮卡教育局基于种族的因素，驳回了其入学申请，理由是萨姆纳小学是一个只供白人小孩就读的学校。1954 年，布朗一家提起诉讼，他们主张实行种族隔离的学校已经侵害了琳达·布朗依据美国宪法第十四条修正案所拥有的被平等保护的权利。美国宪法第十四条修正案规定，任何州不得对任何在其管辖下的人，拒绝给予平等的法律保护。
② "普莱西诉弗格森案"大致内容如下：1892 年 6 月 7 日，具有八分之一黑人血统的荷马·普莱西故意登上路易斯安那州的一辆专为白人服务的列车，根据路易斯安那州 1890 年通过的相关法律，白人和有色种族必须乘坐平等但隔离的车厢。普莱西被认定为是"有色种族"，根据该条法律，遭到逮捕和关押。他将路易斯安那州政府告上法庭，指责其侵犯了自己依据美国宪法第十四条修正案而享有的权利。1893 年 5 月 18 日，联邦最高法院以 7∶1 的多数裁决判定：该路易斯安那州法律并不违背宪法第十四条修正案，该案标志着"隔离但平等"原则的确立。

务的要求，但他们在各自观点的道德论证上将会产生差异。A 法官的判决是基于"部分种族是低人一等"的种族平等观而作出；B 法官则持有一种粗糙的种族平等观，其认为各种族之间的平等应当是"完全无差异"的；而 C 法官认为真正的种族平等应当是"允许合理差异的种族平等"。后两种观点在判决上将会体现为不同内容，B 法官可能仅仅判决布朗胜诉，要求托皮卡镇教育局同意布朗的入学申请，而 C 法官则会在此基础上判决政府给予黑人种族以必要的种族优待。

B 法官就该案的道德论证为依法裁判划定了一条及格线，即实质底线义务。以此为标准，A 法官的裁判由于其糟糕的道德论证不满足最低的道德合理性而被抛弃；C 法官的判决则因其论证在道德上最为正当，而成为最理想的方案。

在帕尔默遗产继承案中，格雷法官的判决是"应做到的裁判"而非"应抛弃的裁判"。他所做的道德论证是，如果法律文本的含义足够清晰，法院无权仅仅因为相信适用结果荒谬而拒绝适用。这与 A 法官坚称应当尊重普莱西案这个先例是不同的，因为普莱西案确立的"隔离但平等"原则本身就没有满足实质底线义务，而应被抛弃。

实质底线义务无法为法官裁判提供一个最佳答案，其只能帮助法官分析出及格的选项，这也正是其底线性之所在。因此，在帕尔默遗产继承案中，我们可以评论格雷法官的裁判是不够好的，但很难批评他完全没有遵循依法裁判的原则。值得注意的是，尽管格雷与厄尔的判决都是依法裁判，但其判决结果可能是截然相反的。因此，仅仅通过判决结果来审查裁判行为是不够的，如果"应追求"与"应做到"之间得出的结论是相反的，则意味着从案件结果看，"应抛弃"必然与"应追求"或"应做到"之间的一个相同。所以，审查法官的裁判理由与道德论证是必要的。

（四）回应三个反对意见

可以想象，"作为底线义务的依法裁判"还会面对一些友善的批评，在此列举三个反对意见进行回应。

第一个反对意见是我们为什么需要"作为底线义务的依法裁判"，而不直接追求最佳裁判。笔者认为该问题可以在两个层面进行回答。首先，Hercules 式的法官毕竟是"愿望的道德"，是多数法官穷极一生都无法实现的理想目标，只将依法裁判理论定义在"作为愿望道德的依法裁判"这个维度，会使该理论成为空中楼阁，缺乏实践可能性。通过"作为底线义务的依法裁判"的补充，不但可以补强依法裁判理论，还为依法裁判与枉法裁判之间树立了一面更为坚固的壁垒。其次，一个美好的世界应当是价值多元的，法律世界也当如此。一位法官在疑难案件中将会面临多种不可通约的价值，例如，他必须在法律的稳定性与个案的正义之间做出抉择，但法官抉择的前提是这些价值将被多元地呈现出来，以最佳裁判为依法裁判的及格线是无法做到的。

多元的价值意味着法官多元的选择，因此第二种观点批评道："作为底线义务的依法裁判"会使得司法部门在疑难案件中的判决出现冲突，此时同案同判将如何实现？的确，"作为底线义务的依法裁判"允许不同法官对类似案件，甚至同一法官在不同时期对同一案件的判决意见出现矛盾，但我们也应当意识到，孤立地看待这种裁判观是错误的。当将其放入整个司法语境中审视时，会发现存在许多司法制度与"作为底线义务的依法裁判"的合作，例如，审判等级制度、遵循先例制度、案例指导制度等，它们将一道保障司法裁判结果"大体一致"的统一。值得注意的是，这种统一只能是"大体一致"的，同案同判（或类案类判）是一项值得追求的目标，但其却应当先以依法裁判为前提。简单粗暴地追求同案同判将使得司法审判成为一项惯习性规则，一旦先例不是一个值得追随的判例，我们的司法便应当鼓励勇敢的异见者站出来推进裁判的进步。

第三，根据前文的观点，针对一个案件作出结果截然相反的两种判决却都被冠以"依法裁判"之名，似乎与直觉不符。尤其是在断人生死的刑事案件中，如果允许同一案件的"罪"与"非罪"结果均属于依法裁判，岂不是为冤假错案的产生提供了契机。在此，笔者进行几点回应。首先，刑事案件中的冤假错案主要产生于案件事实不清的基础上，而本文所称的疑难案件是以案件事实业已查实为前提。其次，同一案件中结果相左的两个裁判并不必然都是依法裁判，笔者只是指出这种现象是存在的。最后，我们也应当接受刑事案件裁判结果多元化的事实。以"赵春华案"为例，笔者认为二审法院严格依据法条主义的原则宣判赵春华犯非法持有枪支罪成立并未错判，属于依法裁判，但仅是"作为底线义务的依法裁判"。诚如陈兴良教授所言，赵春华被判有罪符合我国当下的司法逻辑，但却可以出罪，刑法教义学已为赵春华出罪提供了法理依据。[①] 车浩教授的观点则与德沃金关于法概念的分析异曲同工，其认为"法"不仅仅是成文的法律规范，更包括历史形成的、社会共同体成员在生活中创造并共享的传统习俗和善良风俗，[②] 在这个意义上，赵春华并未违反刑法。

---

① 陈兴良：《赵春华非法持有枪支案的教义学分析》，《华东政法大学学报》2017 年第 6 期。

② 车浩：《非法持有枪支罪的构成要件》，《华东政法大学学报》2017 年第 6 期。

五、总结

依法裁判能否实现？依法裁判又将如何实现？这两个问题在学界讨论已久，后一个问题主要在方法论意义上进行，关注法官的法解释与裁判的技术，但其讨论却必须以第一个问题为前提，只有证立依法裁判具有实现的可能时，才有讨论裁判技巧的必要。

本文坚持依法裁判必然可以实现的立场，在这种观点中，依法裁判由两种样态构成，它们分别关涉着"愿望的道德"与"义务的道德"，两个维度不仅划定了法官裁判的最低限度，更为法官如何实现最佳的依法裁判指引了方向。两种疑难案件中的依法裁判样态必须共同发挥作用，"作为底线义务的依法裁判"将为法官裁判设定最低限度的要求，提醒法官不要坠入"枉法裁判"的深渊，在这个意义上，裁判是作为工作的裁判。而法官在完成底线义务的同时，他还需要不断地鞭策自己，必须以"作为愿望道德的依法裁判"为目标，攻坚克难，在这个意义上，裁判则是作为艺术的裁判。

特色栏目·人工智能与计算法学

人工智能生成内容可版权论批判

李亚兰[*]

摘　要　相较于不可版权论，人工智能生成内容可版权论秉持经济激励的理念，试图打破著作权法原有的理论预设与架构，故对其应作更为严格的检验。由于在人格主义论证方式之下，自然人智力付出过于微弱的人工智能生成内容几乎不可能符合道德律令从而成为著作权法层面上的作品。故可版权论者将眼光投向功利主义，试图完全摆脱主体问题的纠缠，直接以"可能产生的结果"为出发点论证赋予人工智能生成内容作品地位的必要性，并在此基础之上进行具体的制度设计。然而其理由都并不完备。通过引入麦考密克的二阶证立理论，对可版权论的论证方式进行反思，可以发现可版权论的功利主义论辩方式在标准上存在异化及单一的问题，且过度依赖"假定"这一思维工具，这是导致其观点发生逻辑疏漏的主要原因。可版权论对著作权法现有制度的颠覆，需要跳出人工智能领域，进行更高层级的讨论，经历体系化的检视，才有证立的可能性。

关键词　人工智能　可版权性　著作权法　功利主义　麦考密克

---

[*] 李亚兰，山东大学（威海）2019级法律（法学）硕士研究生。

一、问题的提出

1950年,英国数学家图灵在《计算机和智力》一书中提出了"机器能够思维"的理念。1956年,在达特茅斯会议上,科学家首次提出了"人工智能"这一概念。2016年,以谷歌机器人AlphaGo击败世界围棋冠军李世石为标志,人工智能时代被宣布正式到来。2016年也因此被称为全球人工智能元年。也正是在这一年,人工智能进入了我国法学研究的视野,其生成内容成为我国著作权法理论研究所考察的对象。那么引发争论的究竟是何种类型的人工智能生成内容呢?对这一问题的回答是研究该问题的前提,因为有研究者从根本上质疑:学界所称的"人工智能生成内容"可能根本就不存在,"人工智能生成内容之上存在可版权性问题"可能是一个虚假命题。[1]

人工智能生成内容,亦称计算机生成内容,就全球范围来看,其可版权性问题所引发的争论最早可以追溯至20世纪60年代。1965年《美国版权局版权注册年度报告》有如下记录:其收到关于计算机创作的音乐,以及至少有部分"工作"来源于计算机的绘画的版权注册申请,并预感到此后计算机生成作品的数量会持续增加,这给版权注册工作带来了困难。并指出问题的关键在于:这些申请注册的"作品"是不是基于人的创作,计算机仅仅起到辅助作用。[2] 此中暗含着受版权法所保护的作品只能为人所创作的要求。1975年美国国会成立版权作品新技术利用委员会(CONTU),授权其对利用计算机自动生成的作品的版权问题进行研究。CONTU最终得出结论认为计算机还仅仅作为人类创作的辅助设备而存在,无须担忧1965年《美国版权局版权注册年度报告》所提出的问题。[3] 此后该问题成为美国版权法理论研究的课题。另外,英国是世界范围内少有的立法中明确出现"计算机生成内容"的国家,其现行《版权、设计与专利法》(1988)第178条强调计算机生成内容的过程"没有人类的参与"[4],而第9条却将人工智能生成内容的作者

---

[1] 李雨峰教授在"人工智能:科学与法学的对话"研讨会上提出的观点,参见陈伟:《未来已来、将至已至:人工智能视域下法律的忧患与理性——"人工智能:科学与法学的对话"研讨会综述》,《西南知识产权评论》2020年第2期。

[2] See Copyright Office. Sixty-Eighth Annual Report of The Register of Copyrights: For The Fiscal Year Ending June 30, 1965.

[3] See Final Report on National Commission on New Technological Uses of Copyrighted Works Act. 1977.

[4] 原文为:"computer-generated", in relation to a work, means that the work is generated by computer in circumstances such that there is no human author of the work",参见英国政府知识产权局官网:《Copyright, Designs and Patents Act 1988》,访问网址:https://www.gov.uk/government/publications/copyright-acts-and-related-laws,访问时间:2021年5月6日。

认定为"对作品的创造性部分做必要性安排的人"①。然而，没有人类的参与，又何来"必要的人为安排"呢？这无疑相当于未对人工智能生成内容作出法律安排。但其中的逻辑可以这般理解：一方面，甚至连启动键也无须人工按动的绝对意义上的人工智能生成内容（computer-generated works）尚不存在，强人工智能时代仅仅处于想象阶段，该种类型的人工智能生成内容的可版权性问题并不值得过多讨论。另一方面，以照相机的诞生为标志，以机械或电子设备辅助创作的情形在著作权法中早已存在，人工智能辅助生成内容（computer-assisted works）并未产生新问题，亦无须额外探讨。②可见，无论是绝对意义上的人工智能生成内容，还是在大量人工操作之下创作的人工智能生成内容，都没有带来实质性的理论难题。真正使人警觉的，并不是人工智能在作品创作过程中参与得过多，而是自然人作者在作品的创作过程中参与得过少。当形成某一作品的关键性安排与选择并非来源于自然人之时，确实会令人怀疑该自然人是否应当继续享有该作品整体的著作权，又或者是否应该继续享有传统理论预设下设立的保护强度。给予微弱的人力付出以垄断性的保护给著作权法所坚持的利益平衡宗旨带来了挑战。

如果说以互联网为代表的数字技术的发展使作品的传播媒介发生了重大变化，那么人工智能对著作权法的影响则主要体现于创作方式的变革。在传统创作方式之下，尽管也存在着诸如照相机之类的机器辅助设备，但仍保有"人力"、"智力"与"劳动"的鲜明主体色彩。而在人工智能创作背景之下，作为创作主体的自然人对作品的贡献日益间接化与边缘化。人工智能可以在几乎没有人类直接参与的情况下自动生成出各类内容，例如微软小冰可以在一分钟之内创作出唯美的诗歌，日本科研团队研发的人工智能机器人可以创作出小说，百度智能创作平台可以根据图片自动生成出视频，AIVA 机器人可以建构出经典音乐编曲的数学模型并进而生成同种风格的音乐作品，"快笔小新"等写作机器人亦被新华社等众多单位用于新闻稿件的撰写。那么，由人工智能生成出的文字、音乐及图画等内容是否能够被认定为著作权法意义上的作品呢？根据我国现行《著作权法》第3条的规定："作品，是指文学、艺术和科学领域内具有独创性并能以一定形式表现的智力成果"。根据该定义，无法直接对上述问题做出确切的回答。疑问至少出现在两个地方：第一，人工智能生

---

① 原文为："In the case of a literary, dramatic, musical or artistic work which is computer generated, the author shall be taken to be the person by whom the arrangements necessary for the creation of the work are undertaken." 参见英国政府知识产权局官网：《Copyright, Designs and Patents Act 1988》，访问网址：https://www.gov.uk/government/publications/copyright-acts-and-related-laws，访问时间：2021年5月6日。

② See Mark Perry, Thomas Margoni, "From music tracks to Google maps: Who owns computer-generated works?," *Computer Law & Security Review*, Volume 26, Issue 6, (November 2010), pp. 621-629.

成内容具有"独创性"吗？第二，人工智能生成内容属于"智力成果"吗？如果仅从《著作权法》的文字性规定来看，既存在将人工智能生成内容解释为作品的空间，也存在将其排除出作品范围的空间。正因如此，人工智能生成内容的可版权性认定，在著作权法领域引起了激烈争论，在司法实践中也存在不同的做法。[①] 因此，自然人参与度极小的人工智能生成内容，确实给著作权法带来了新问题，值得研究。

目前，在此问题之上，存在可版权论与不可版权论两种截然对立的观点。不可版权论认为人工智能生成内容的创作过程是算法过程而非自然人的智力创造过程，人工智能生成内容不具有独创性，也不属于"智力成果"。因传统著作权法中的作品都直接来源于自然人的创作，故其观点有长期存在并被遵循的经验作为支撑，也应和了对著作权法理论进行体系化建构的需求，具有很强的说服力。尽管如此，与之相反的可版权论亦被众多研究者所采信，其坚信人工智能产业的发展是社会前进的必然趋势，认为只有认可人工智能生成内容的可版权性，对其进行著作权法上的保护，才能激励相关主体继续研发与改进人工智能技术，从而促进人工智能产业的发展。可版权论的观点在传统著作权法理论内无法找到强有力的支撑，若被立法或司法所采纳，必然意味着打破著作权法原有的理论预设与架构，故应对其进行十分严格的检验。这不仅是对体系化的尊重，更是对现代法治观所提倡的稳定性这一形式价值的坚守。本文将首先对可版权论的论证策略与说理思路进行深入分析，进而采用否证的方式对其论据进行一一反驳，最后对其所依据的"功利主义论证路径方法"这一法律推理方式进行总体性的反思，指出其逻辑上的不完善之处，并认为这种逻辑上的不完善是造成肯定说论证疏漏的根本原因。本文的主要任务，不在于立，而在于破。以期通过这种方式，对人工智能生成内容的可版权性认定进行更为严厉的把关，为立法及司法提供参考。

二、人工智能生成内容可版权论的证成思路

要理清可版权论者的证成思路，需要从人工智能生成内容是否具有独创性这一问题说起。独创性是获得著作权法意义上的作品身份的核心要件，且传统理论多采

[①] 参见北京菲林律师事务所与北京百度网讯科技有限公司著作权权属侵权纠纷案，北京知识产权法院（2019）京73民终2030号民事判决书；深圳市腾讯计算机系统有限公司与上海盈讯科技有限公司侵害著作权及不正当竞争纠纷案，广东省深圳市南山区人民法院（2019）粤0305民初14010号民事判决书。

用"考察作品的创作过程是否体现作者个性与思想"的方式来判断独创性之有无。20世纪90年代国外关于人工智能生成内容可版权性的研究便体现出这种思维方式。研究者认为考虑人工智能生成内容创作过程中自然人的地位还为时过早,因为当时使用人工智能创作作品尚需要明显的可识别的人工操作,其中的人为要素(human element)足以使其符合独创性要件。例如运用翻译软件完成的翻译作品便需要自然人在校对上付出精力。[1] 欧共体持同样看法,其认可人工智能生成内容的创作过程中始终存在着自然人的劳动与智力付出。[2] 总结起来,早期西方世界对人工智能生成内容的可版权性的论证遵循以下路径:自然人在人工智能创作作品的过程中发挥着明显的作用,这些参与足以体现自然人的个性,故具有独创性。然而时过境迁,随着技术的进步,如今人工智能生成内容的创作虽然依旧离不开人类,但在某些情境下,自然人的参与度已经退化到极其微小的地步。而如此单薄的人类参与,是否依旧能够体现自然人的个性,值得怀疑。

也正因如此,当下国内可版权论者基本放弃了上述论证思路,采用新的论证策略。他们放弃了对"作品必须体现作者个性与思想"的拥护,转而投向一种更为形式化的对独创性的理解方式。其认为传统的通过"考察作品的创作过程是否体现作者个性与思想"来判断有无独创性的方式太过主观,会造成思想与表达的混同。[3] 进而呼吁对著作权客体独创性的认定应当坚持客观标准(以下简称客观标准),只要符合"最低限度的创造性",人工智能生成内容就可以成为作品。[4] 而至于"客观标准"的具体实施方式以及如何可以满足"最低限度的创造性",其借用早先诞生于英美法司法实践中的"可区别的变化"这一概念,认为只要人工智能新生成的表达与既有表达之间存在差异与变化即可。[5] 只要人工智能生成内容在形式上与现有表达之间存在区别,就推定其具有独创性。

至此,可版权论者需要对客观标准本身的正当性进行论证。要使客观标准证立,主要目标是剔除独创性判断中的主体要素。而要剔除主体要素,就必须使"创作过程"这一基于自然人作者建立起来的主观概念丧失法律意义。可版权论者的论

---

[1] See Arthur R. Miller, "Copyright Protection for Computer Programs, Databases, And Computer-generated Works: Is Anything New since CONTU？", *Harvard Law Review*, (1993), p. 977.

[2] European Commission, Green Paper on Copyright and the Challenge of Technology: Copyright Issues Requiring Immediate Action (COM (88) 172 final) (June 7, 1988). 5. 6. 26, p. 197.

[3] 参见易玲、王静:《论人工智能生成内容著作权法保护》,《湘潭大学学报(哲学社会科学版)》2019年第6期。

[4] 参见石丹:《人工智能创作物版权归属问题及其应对策略》,《广西社会科学》2020年第4期。

[5] 参见孙山:《人工智能生成内容著作权法保护的困境与出路》,《知识产权》2018年第11期。

据概有：第一，经过多年的讨论，学界主流观点认为"作品体现人格"这一命题并不正确。① 一者无法解释数据库与计算机软件等功能性作品的存在；二者创作行为属于民法上的事实行为，即便没有创作意图，也可以构成作品；三者法律是第二性的，只需要关注作品最终的呈现形态，作品具体是经由何种创作过程被创造出来的属于第一性的事实问题，无须法律关注。② 第二，传统著作权法树立了作者中心主义，而后现代主义哲学掷地有声地提出了"作者之死"的口号，罗兰·巴特明确地认为"读者的诞生应以作者的死亡为代价来换取"，③ 与此相应，著作权法理论应当重塑读者的地位，建立读者中心主义。④ 具体来讲，即不再考虑作者在作品中注入何种意志，而是强调读者在作品中是否能够受益。如此对独创性的判断将不再过多考虑创作过程中是否体现作者个性，而是考察读者的可吸收性。然而此番论证却很难抵挡得住追问。

首先，"使独创性的判断标准尽量客观"的目标确实值得追求，但客观标准说并不能直接适用于人工智能的场域。"客观标准说"之所以能在一定程度上获得认同，乃是因为传统著作权法上的作品都由自然人创作。"当结果论者指出独创性的判断只能针对表达本身、'思想'或'人格'不具有规范意义时，忽略了'表达'一词本身就隐含了主体的意向。"⑤ 进入人工智能域界之中，客观标准的存在基础已不存在。无视这一事实，便等于是在说"非人类的创作成果当然地可以成为著作权法意义上的作品"，这无疑是在捏造一个虚假的共识；其次，作品是否一定体现作者的人格与个性，与作者是否必须是自然人是两个完全不同的问题。前者是一个第一性上的事实问题，后者则是第二性上的法律选择问题。即便作品不一定体现作者的人格与个性，也并不意味着著作权法应当接纳人工智能成为作者；再者，罗兰·巴特提出"作者之死"口号的用意并不在于让作者彻底消失。⑥ 况且法律是一种独立变化的文化现象，著作权法理论不必一定追随后现代主义思潮的变化而变化。⑦

---

① 参见孙建丽：《人工智能生成物著作权法保护研究》，《电子知识产权》2018年第9期。
② 关于法的第二性原理与著作权法的关系，参见李琛：《质疑知识产权之"人格财产一体性"》，《中国社会科学》2004年第2期；李琛：《法的第二性原理与知识产权概念》，《中国人民大学学报》2004年第1期。
③ 罗兰·巴特：《罗兰·巴特随笔选》，怀宇译，百花文艺出版社2005年版，第307页。
④ 参见梁志文：《论人工智能创造物的法律保护》，《法律科学（西北政法大学学报）》2017年第5期。
⑤ 李琛：《论人工智能的法学分析方法——以著作权为例》，《知识产权》2019年第7期。
⑥ 参见孟凡生：《论作为文学主体的作者》，《文艺评论》2015年第3期。
⑦ 参见郑媛媛：《作者死了，著作权何存？——再论后现代主义思潮对作者法学概念的冲击》，《理论界》2011年第4期。

通过在创作过程中寻找创作者的个性、人格、意志以判断人工智能生成内容是否具有独创性的路径，可将其称为人格主义的论证方式。① 此种路径所依存的哲学基础为：康德之"作品是作者人格的体现"、费希特之"作品是思想的形式"与黑格尔之"作品完全表现作者个人的独特性"等先验唯心主义哲学。② 此种路径先对"作品是什么""作品是谁创作出来的""作品是怎么创作出来的"等问题进行哲学上的思索，以抽象归纳出作品的本质特征。由于作品的产生离不开自然人，故这种本质特征又具体指向了人格、个性、意志。而人格、个性、意志这几个要素，将"人的尊严"放到了最醒目的位置，适应了个体价值提升与个性解放的历史趋势，这又恰为著作权法本身的存在依据提供了坚实的基础。这是以欧洲大陆为代表的作者权体系所坚持的理论体系。但就世界范围来看，人格主义的论证方式并不是唯一的，以英美为代表的版权体系则完全遵从另一路径——功利主义的论证方式。其特点在于将版权法视作激励、刺激作品创作的公共政策，专注于保护作品之上的经济利益，立法具有极强的工具主义色彩。版权体系并不关心著作权是否是作者的人格外化，也不关心作品在本质上是什么，而只关心将某一对象纳入版权保护范围是否会产生经济效益，因此它也是结果主义的。这在很大程度上是因为自18世纪下半叶开始的一个世纪里，边沁之功利主义理论在英国受到极大的重视。以计算机软件为例，在作者权体系中，由于很难将算法解释为自然人人格的体现，故将其纳入著作权法的保护范围遭遇了很大抵触；而在版权体系中，将计算机软件纳入保护范围几乎是法律的应有之义，因为其上产生了巨大的商业价值。由于我国在总体上属于作者权体系，大量移植了德法著作权法的制度设计，例如承认著作人格权制度，所以人格主义的论证方式成了主要的可版权性论证路径。然而我国也在一定程度上借鉴了版权体系的制度设计，例如在特定条件下将法人或其他组织"视为"作者，故功利主义论证方式在我国著作权法研究中亦有体现。

在我国著作权法理论中，关于人格主义的论证方式与功利主义论证方式的关系问题，尚存在极大的争议。③ 例如对于两者究竟是择一还是需要同时满足，以及功利主义论证方式本身是否具有正当性，都尚无定论。但可以确定的是，由于两者所在意的要素并不相同，尽管在理论上两者并不决然对立，但在大多数情况下，两者

---

① 亦有研究将其称之为理性主义，参见曲三强：《理性主义式微与功利主义勃兴——兼论知识产权侵权归责原则的走势》，《学术探索》2010年第5期。
② 参见李琛：《质疑知识产权之"人格财产一体性"》，《中国社会科学》2004年第2期。
③ 关于我国究竟该如何吸收转化两大体系的制度，进而再生产出适合我国国情的著作权理论体系，一直是我国著作权法理论研究的难点。

并不统一，故要求受版权保护的客体同时经受此两种方式的论证考验较为困难。从我国理论研究的情况来看：在通过人格主义的论证方式可以证成相关客体的可版权性之时，便可在理论研究上达成共识，功利主义的论证方式在这种情况下并不是必需的；而在通过人格主义的论证方式无法使相关对象的可版权性得以证立之时，赞成者便会拿起功利主义论证方式这一武器，试图做"最后的挽救"。尽管如后文所述，功利主义的论证方式是盲目且危险的，但这种路径确实已为我国学者在理论研究中所运用，有时运用该种方式进行论证所得出的结论也为立法所采纳。故对人工智能生成内容的可版权性问题的讨论，无论是证成还是否证，在方法上，都需要考虑到这两种研究路径。

在人格主义的论证路径之下，自然人智力付出过于微弱的人工智能生成内容几乎不可能符合道德律令从而成为著作权法层面上的作品。在康德等人的哲学视角下，承认这类作品的法律地位本身就意味着自然人地位的贬值，[①] 是对人类个体极不负责任的做法。[②] 可版权论者即便是借用独创性判断的客观标准主义，亦不可能逃脱"主体问题"这一梦魇：其试图采用"可区别的变化"这一工具来将注意力集中于作品本身，却忽视了"变化"这一概念原本就是高度主观的，将其作为判断标准最终仍会陷入主观性与随意性的噩梦之中。可见，独创性概念本身就是附带主观色彩的，只要具有主观性，就不可能完全放弃对创作主体与创作过程的考虑。[③] 也正是因为意识到通过证成独创性以证成人工智能生成内容的可版权性的困难之处，众多研究才将论证路径转向功利主义，试图完全摆脱人格主义与主体问题的纠缠，直接以经济效益为出发点论证赋予其作品地位的应然性。从功利主义的视角出发，可版权论者提出了如下观点：

第一，在必要性上，可版权论认为否定人工智能生成内容的可版权性将阻碍人工智能产业的发展。斯坦福大学《人工智能指数报告2019》显示：从2010年到2018年，对人工智能初创公司的全球投资，从13亿美元上升至404亿美元，而2019年全球人工智能私人投资则超过了700亿美元。[④] 人工智能经济在全球范围内

[①] 参见龙文懋：《人工智能法律主体地位的法哲学思考》，《法律科学：西北政法大学学报》2018第5期。

[②] 参见李扬、李晓宇：《康德哲学视点下人工智能生成物的著作权问题探讨》，《法学杂志》2018年第9期。

[③] 关于通过人格主义的论证方式无法使人工智能内容的可版权性得以证立的问题，笔者已另文详细阐述。

[④] Raymond Perrault, Yoav Shoham, Erik Brynjolfsson, Jack Clark, John Etchemendy, Barbara Grosz, Terah Lyons, James Manyika, Saurabh Mishra, and Juan Carlos Niebles, "The AI Index 2019 Annual Report," AI Index Steering Committee, Human-Centered AI Institute, Stanford University, Stanford, CA, December 2019.

迅速发展的事实，使可版权论者意识到人工智能技术研发中必然蕴含着大量的劳动与投资。①而基于一种原始的"投资回报"理念，可版权论认为只有通过著作权法的途径给投资者提供获得经济回报的制度保证，市场主体才能在期待之下继续进行投资，为投资者提供充足的经济驱动力。而如果人工智能生成内容的权属处于不确定状态，也会增加交易成本。②因此，将人工智能生成内容纳入著作权的客体范围将有助于激发产业投资者的积极性。③

第二，可版权论提出否定人工智能生成内容的可版权性将诱发"内容僭越"问题。人工智能生成内容在形式上与人类作品难以区分，在没有事先声明的情况之下，使用者仅从外观上无法辨别相关内容究竟来自于自然人的创作还是人工智能的创作。而如果不对人工智能生成内容进行著作权法上的保护，仅对自然人创作的作品加以保护，市场主体为了追求制度利益，会倾向于用人工智能生成内容冒充人类作品进而骗取著作权法的保护。④为了解决这个问题，"法律可能必须对人工智能的持有者进行必要的监督和控制，比如实施创作主体登记制度"，⑤而这需要大量的人力物力提供支持，会徒增制度运行成本。

第三，在说明了保护的必要性之后，关于具体的制度衔接，可版权论提供了第一种路径：认为可以运用"视为"的法律技术，将人工智能生成内容拟制为目前《著作权法》所明文规定的法人作品。⑥我国现行《著作权法》第十一条规定："由法人或者非法人组织主持，代表法人或者非法人组织意志创作，并由法人或者非法人组织承担责任的作品，法人或者非法人组织视为作者。"根据该条的规定，法人作品的特征即为第一权利人与真实创作人发生错位，尽管自然人为真实创作者，但法律并不认可其作者地位，而将法人认定为作者并使其享有作者应享有的一切权利。这项制度为可版权论者所引用，认为即便人工智能所有人等主体没有直接参与内容创作，也可以被拟制为法律意义上的作者。这使得可版权论者认为将人工智能生成内容纳入著作权法的保护范围不存在制度障碍。

---

① 参见卢海君：《著作权法意义上的"作品"——以人工智能生成物为切入点》，《求索》2019年第6期。
② 参见陶乾：《论著作权法对人工智能生成成果的保护——作为邻接权的数据处理者权之证立》，《法学》2018年第4期。
③ 参见易玲、王静：《论人工智能生成内容著作权法保护》，《湘潭大学学报（哲学社会科学版）》2019年第6期。
④ 参见刘影：《人工智能生成物的著作权法保护初探》，《知识产权》2017年第9期。
⑤ 曹源：《人工智能创作物获得版权保护的合理性》，《科技与法律》2016年第3期。
⑥ 参见熊琦：《人工智能生成内容的著作权认定》，《知识产权》2017年第3期。

第四，关于具体的制度衔接，可版权论提供了第二种路径：直接将软件开发者在研发阶段的劳动与智力付出解释为人工智能生成内容过程中的劳动与智力付出。[①]此是为了适应独创性的要求。独创性要求作品的创作过程必须蕴含人的智力成分，但囿于人工智能对内容的生成过程无法提供足量的智力成分，可版权论便试图从研发阶段入手，从技术人员对数据的筛选过程中找到独创性所需的人类智力成分。

总体来讲，可版权论首先对人工智能生成内容被纳入著作权法保护范围的必要性进行阐述，再为具体的制度衔接提供方案，以期据此证明人工智能生成内容被纳入著作权法的客体范围不存在障碍。从论证方法上来看，可版权论主要从功利主义的角度进行思考：通过预测经由著作权法保护人工智能生成内容将会带来的有益后果，以说明对其进行保护的必要性，而后直接对其作制度安排。

三、人工智能生成内容可版权论的缺陷

可版权论一方面强调对人工智能生成内容提供著作权法上的保护会产生积极效果，一方面强调若拒绝为其提供著作权法保护，会造成一系列的恶性后果。但这些观点是否正确，值得推敲。

首先，不认可人工智能生成内容的可版权性未必会阻碍人工智能产业的发展，除著作权法之外尚存在其他替代性保护措施。可版权论认为：人工智能产业的发展需要投资，著作权法保护有助于激励投资，故应认可人工智能生成内容的可版权性。关于人工智能产业蓬勃发展的事实，本文不欲反驳。但若要从"著作权式的保护有利于鼓励投资"直接推导至"著作权法应当保护人工智能生成内容"，需要满足"只有著作权法才能给予人工智能产业发展以经济驱动力"这一条件。但事实却并非如此，除著作权法以外的可替代性激励措施多种多样，政府财政奖励、反不正当竞争法规制、合同法，甚至是道德情怀，都可以起到激励的效果。而为什么采用的方式必须是著作权法，这是功利主义可版权论者需要认真回答的问题。尽管著作权法允许权利共存，但从权利人与作品使用人的角度来看，著作权法仍旧是一种垄断性的权利。对任何事物实施排他性的保障，其上都可能会产生利用价值，进而产生经济效益。而著作权法又为什么一定需要赋予人工智能生成内容以作品地位，这

---

① 参见黄姗姗：《论人工智能对著作权制度的冲击与应对》，《重庆大学学报（社会科学版）》2020年第1期。

也是功利主义可版权论者需要认真回答的问题。即所谓到底是"因为有经济利益，所以要有权利保护"，还是"因为有权利保护，所以才有经济利益"呢？① 著作权法所保护的客体需要具有稀缺性，而对于某些人工智能生成内容来说，其稀缺性可能仅仅来源于人为构造，属于制度红利。

其次，无论是否在人工智能生成内容之上设置著作权，以人工智能生成内容冒充人类作品的情况都会存在。可版权论认为不认可人工智能生成内容的可版权性，将诱发"内容僭越"问题。然而必须指出的是，部分主体倾向于在推广过程中清楚表明该内容为人工智能自动生成，这主要是因为该人工智能生成内容的市场价值就在于其人工智能的"身份"，噱头的价值大过生成内容本身的文学、艺术与科学价值。例如《阳光失了玻璃窗》之所以能博得知名度，恰恰就是因为它是人工智能生成的，若它是人类创作的，不一定会享有如此高的知名度。"从市场驱动来看，纯粹的人工智能生成成果的吸引力主要在于来源的新奇，利益主体通常不会隐瞒来源。"② 又例如在深圳市腾讯计算机系统有限公司与上海乾衡信息技术有限公司侵害著作权及不正当竞争纠纷一案中，原告便在所有涉案文章的末尾都清楚地标注了"本文由腾讯机器人 Dreamwriter 自动撰写"的字样。③ 况且就算著作权法认可人工智能生成内容的可版权性，基于人类与算法的本质区别，也不可能赋予人工智能生成内容以同等强度的著作权。例如，可版权论者有观点认为可以适当提高人工智能生成内容之独创性标准。基于社会道德的考虑，立法对于人类作品的保护强度一定会高于人工智能生成内容。那么理性的主体便还是有可能会选择用人工智能生成内容来冒充人类作品，因为这样对著作权人更有利，垄断保护更全面，而且因为在形式上难以区分，所以很难被察觉与揭穿。因此无论认不认可人工智能生成内容的可版权性，冒充行为都是无法避免的。此外，可版权论者认为如果不给予人工智能生成内容与人类作品同等的保护，就必须在实体法层面对两者进行明确的区分。但实际上这一问题不一定需要由实体法来解决，更宜放在程序法层面进行解决。早已有类似经验可供借鉴：即便著作权法规定了创作作品的自然人为作者，著作权法不提倡代名行为，但实践中仍旧存在着大量寻找枪手代写的情形，法律无法禁绝。立法也不见得一定要禁绝此种代写行为，如《大清著作权律释义》有言："自然人各有意思行为能力，非若法人之必须请人代为著作，然苟不反于禁令及公安善俗，是即以当事者间

---

① 和育东：《从权利到功利：知识产权扩张的逻辑转换》，《知识产权》2014 年第 5 期。
② 李琛：《论人工智能的法学分析方法——以著作权为例》，《知识产权》2019 年第 7 期。
③ 参见深圳市腾讯计算机系统有限公司与上海乾衡信息技术有限公司侵害著作权及不正当竞争纠纷案，广东省深圳市南山区人民法院（2019）粤 0305 民初 14004—14007 号民事判决书。

之契约而出资聘人代作，亦无不可"，① 就是讲并非只有法人可以请人代写作品，自然人也可。正是因为这样，著作权法并未致力于在实体法层面区分出哪些作品是本人创作，哪些作品是他人代为创作，当前著作权法对这一问题几乎是视而不见的，对当事人之间自愿达成的代写合意并不禁止。只是提供事后的救济，如果有人可以证明他人在自己的作品上署名了，再以侵犯署名权等为依据给予保护。类似地，法律也无法完全阻止用人工智能生成物冒充人类作品的情形，立法只需守住最后一道防线，为通过证据推翻用人工智能作品冒充人类作品的行为提供可能即可。

再者，利用法律拟制的手段将人工智能生成内容"视为"法人作品违背了现存著作权法关于"创作者只能为自然人"的理论预设。可版权论认为应将人工智能生成内容视为法人作品。在深圳市腾讯计算机系统有限公司与上海乾衡信息技术有限公司侵害著作权及不正当竞争纠纷一案中，原告亦持有这种观点。② 但法人作品与人工智能生成内容不具有可比性。一般认为事实问题属于第一性的问题，而法律问题则属于第二性的问题。在著作权法的理论构建中，法人作品的著作权人在第二性上虽然是公司、合伙等非人类主体，但其事实层面上的创作人却一定是自然人。但对于人工智能生成内容来说，如果自然人的智力与劳动贡献过于微弱，则与公众常识里所认可的作者应有的贡献在程度上已有所不同。其要成为"创作者"，还需进行理性商谈，获得绝大多数社会公众的认可，形成社会共识。法律只能对第二性层面上的规则进行拟制，不可能对第一性上的事实问题进行拟制。如果人工智能生成内容上寻找不到可以充当"创作者"的自然人，则根本不可能进入到法律拟制环节。

另外，人工智能开发过程蕴含着人类智力成分并不意味着人工智能生成内容创作过程中蕴含着足量的人类智力成分。可版权论认为尽管人工智能生成内容的创作过程中自然人的智力成分微弱或趋近于零，但人工智能算法的开发过程却凝聚了人类的智力与意志。然而对人工智能的研制过程是一个过程（第一个过程），与人工智能生成内容的过程（第二个过程）并不能划等号，两者分属不同的阶段，在时空上并不重合。作品需要具有独创性，而独创性的判断标准是自然人的选择、取舍与安排。第一个过程是软件的开发过程，其追求的结果是人工智能软件而非人工智能生成内容，不是对人工智能生成内容的直接"创作过程"，缺乏创作行为，无法在这一过程中寻觅到自然人关于生成内容的独创性。即便非要认为人工智能生成结果的过程体现了其开发者事先的编排，但接下来必然会面临的质疑是：当人工智能最后

---

① 秦瑞玠：《大清著作权律释义》，商务印书馆2015年版，第25页。
② 参见深圳市腾讯计算机系统有限公司与上海乾衡信息技术有限公司侵害著作权及不正当竞争纠纷案，广东省深圳市南山区人民法院（2019）粤0305民初14004—14007号民事判决书。

到底能生出什么样具体内容的作品，其开发者根本无法预测的时候，当人工智能的"创作"过程完全超出了开发者的控制范围的时候，还仍然能够说其体现了开发者的选择、取舍与安排吗？显然不能。在这种情况之下，就算开发者事先为人工智能预设了某些"创作"的方向，其提供的也不过是抽象的"idea"而已，并非具体的表达。实际上现有研究很多都犯了"直接将机器行为归为人类行为"的错误。① 而且需要指明的是，即便自然人与人工智能都同时参与了创作，并且自然人也对独创性有实质性贡献，但该自然人的排他性权利是否要延及整个作品，是否要涵盖人工智能的创作部分，同样存在争论与探讨的空间。一方面，对作品整体而言，需要在技术上区分出自然人创作部分与人工智能创作部分。另一方面，如果直接让自然人权利延及人工智能创作部分，又可能助长搭便车情况，可能会出现自然人之"付出的努力和劳动与其能享有的收益并不构成对价"②的情况。这又是持"人工智能生成内容与人类作品在形式上无法区分"看法的可版权论者无法解决的问题。

最后，为可版权论所忽视的是，一旦认可人工智能生成内容的可版权性，放弃自然人作为作者的唯一性，将无法解释植物作品与动物作品的著作权法地位。某些类型的作品，尤其是美术作品，植物、动物创作的表达同样与人类创作的表达在形式上没有区别（如植物留在墙面或地面的爬痕有可能构成图画、动物随意打翻颜料也可能形成图画），在不知道这些表达是如何被创作出来的情况之下，单从外在形式我们无法识别究竟是动植物创作的还是人类创作的。功利主义可版权论者因为人工智能生成内容上可能产生经济利益而要求提供著作权保护，难道动物作品与植物作品上就不可能产生经济利益吗？在著名的"猕猴自拍案"中，放置相机的一方与照片使用方就曾就照片的使用问题发生了利益纠纷。但世界范围内所最终达成的理论共识却仍旧是不应对动物拍摄的照片进行著作权法上的保护。这也是需要可版权论者进行深思的问题。

四、对可版权论之法律论证方式的总体性反思

本文对可版权论者假想出来的给予人工智能生成内容以著作权法保护所能产生

---

① 在游戏实时操作画面的著作权归属问题之上，也有研究者犯同样的错误，即在缺少直接的创作行为的情况下，将游戏开发商认定为创作人。

② 朱梦云：《人工智能生成物的著作权归属制度设计》，《山东大学学报（哲学社会科学版）》2019年第1期。

的一系列"后果"进行了批驳。但讨论不应止步于此,我们需要继续追究为什么可版权论者的结论总是很难在逻辑上达到完备,本文将其主要原因归结为"功利主义论证方式"这一法律论证方式本身所具有的缺陷。功利主义论证方式首先是作为一种方法而存在,其次才是将这种方法运用到具体问题的讨论之上。"方法"具有一般性,同一种方法可以被运用到不同问题的讨论之中,对功利主义论证方式的法律论证理论层面的反思,将不仅有助于推动人工智能生成内容可版权性问题的思考,对著作权法甚至其他法律学科来说亦有启发。

正如本文第二部分所述,著作权法理论研究中的功利主义思维方式强调著作权法制度设计所能产生的经济效果,良好的经济后果可以成为制度选择的合理性基础。该思维方式在我国确实有实定法上的依据,我国现行《著作权法》第1条规定:"为保护文学、艺术和科学作品作者的著作权,以及与著作权有关的权益,鼓励有益于社会主义精神文明、物质文明建设的作品的创作和传播,促进社会主义文化和科学事业的发展与繁荣,根据宪法制定本法。"此种以目的、效应、结果为出发点,探究应当如何立法及司法的思维方式,在法理学研究中已并非小众性话题。本文在此引入当代著名法学家尼尔·麦考密克所构建的"二阶证立"理论对此问题做一探讨。据其学说:并非所有的法律规则对所有的具体问题都能给出精确的结论,当规则模棱两可之时,必须要对选择某种规则而非其他规则所依据的理由进行论证,即论证如何在相互对立的裁判可能之间做出选择,此即为二次证明。二次证明是对规则本身的证明,所要解决的问题是如何在若干不同的裁判规则间做出选择。① 发现这一现象并不新奇,因为至少在波斯纳对三段论的有效性和真实可靠性的区分、阿列克西对内部证成和外部证成的区分、佩策尼克对"语境充分的法律证成"与"深度证成"的区分等类似理论中都已有显现。② 麦考密克的独特贡献在于进一步对二次证明的一般性论证路径进行了探索,提供了可操作的指南,认为"在具体的社会情境中,适用这项还是那项规则获致的后果会大为不同,正是这种后果的差异决定了区别的内容"。麦考密克本人将其称之为"后果主义的论辩模式",指出"这种论辩方式要对各种裁判可能进行仔细辨别,通过考量各种裁判规则可能引发的情势来决定做出哪一种判决。从这个意义来看,后果主义论辩模式所关注的,是不同判决方式带来的后果如何"。③ 从不同的视角看待某一规则,会得出不同

---

① 尼尔·麦考密克:《法律推理与法律理论》,姜峰译,法律出版社2005年版,第62、96页。
② 参见焦宝乾:《内部证成与外部证成的区分》,《浙江学刊》2009年第4期。
③ 参见尼尔·麦考密克:《法律推理与法律理论》,姜峰译,法律出版社2005年版,第98—99页。

的"后果",那么又是什么因素,使得裁判者可以对不同的"后果"进行权衡并最终做出选择呢?麦考密克认为最重要的是排除掉有拘束力的相反先例以及寻求法律原则的支撑,使得判决符合协调性与一致性,并承认"将最后的结论正当化了的,是我们可以察觉到的'理性和公正'观念。"① 按照麦考密克的总结,二次证成的一般性论证路径包含两个要素:一为后果主义论辩方式,二为协调性与一致性。麦考密克将形形色色的法律论证状况进行高度抽象,并提供了较为完整的理论体系。正如符号逻辑学理论所认为的,推论的有效性首先取决于推理形式的有效性,而在多种推理形式都有效的情况下,最终引导人们做出抉择的往往是"直觉"。当然,并不是任何人的直觉都能够成为标准,而只有越具系统性的直觉,才越接近于真理。因此,麦考密克的理论具有一定的说服力,为我们提供了思考的坐标系。而回到人工智能生成内容的可版权性问题之上,"二阶证立"理论至少可以启发我们做出如下思考:

一方面,麦考密克所称的后果主义论辩"是综合了各种价值之后的最终判断",② 这些价值(或称标准)包括但不限于:正义、安全、常识、政策、便利、效率、经济等。而功利主义则借助于单一的标准。在功利主义理论的构造者边沁那里,"功利"是指幸福,"一切行为的共同目标。我所说的目标,就是幸福。任何行动中导向幸福的趋向性我们称之为它的功利"③。同时,"确有一种似乎普遍的看法认为,道德界已经再没有任何可发现的东西了,但情况可能并不如此。比方说'最大多数人的最大幸福是正确与错误的衡量标准'这一基本原理,到目前为止,在方法上和精确性上都还有待发展"④。后世的研究多认为"快乐的最大化与痛苦的最小化"是一种单一化的标准。也正因如此,麦考密克曾明确表示:"没有理由认为它⑤只是在借助单一的指标进行评价。边沁主义者就坚持单一的评价标准……不能把后果主义论辩称作一种'功利主义'的论辩方式。"⑥ 而反观人工智能生成内容可版权论所依据的标准,甚至比边沁式功利主义更为狭窄。至少在边沁那里,通往快乐的途径多种多样,他从未限定过快乐只能来源于某个单独的要素,而在可版权论者那里,能够激发人的创作欲望的,却只有经济利益。

---

① 尼尔·麦考密克:《法律推理与法律理论》,姜峰译,法律出版社2005年版,第114、121、124页。
② 陈伟:《法律推理中的二阶证立》,《政法论丛》2013年第1期。
③ 边沁:《政府片论》,沈叔平等译,商务印书馆1995年版,第114页。
④ 同上书,第91页。
⑤ 此处的"它"指后果主义论辩方式。
⑥ 尼尔·麦考密克:《法律推理与法律理论》,姜峰译,法律出版社2005年版,第99页。

在浪漫主义那里的天真想象，在边沁这里都要经历严格的形式逻辑的检验才行。这种对"精度"的狂热追求在后世愈演愈烈，以波斯纳为代表的法经济学家借用经济学领域内的公式体系来对制度选择进行评述。数学无疑是人类理性对逻辑的最高运用。然而人类的感情无法计量，道德无法计量，幸福更加无法计量。唯一可供计算的，便是作为等价交换物的金钱。于是，功利主义追求精确化的道路，必然是不断抛弃主观要素，而拥抱金钱这一客观标准的过程。但问题是，这种过度简化的思考方式，基本意味着对部分事实的掩盖。从这个意义上说，我们走向了最为边沁所不能容忍的道路。当功利主义者决定仅仅选取个别或单个标准对幸福的含量进行计算的时候，几乎就是功利主义发生异化的时刻，更是与麦考密克之"后果主义论辩方式"分道扬镳的时刻。麦考密克的"后果"是一个集合概念，边沁的"功利"则较为单一，而当下的功利主义者眼中的"功利"却特指金钱，更为简单。这在知识产权领域内表现得尤其明显：例如知识产权法的立法宗旨——激励创新，其逻辑在于通过知识产权为创造者提供经济驱动力；例如在损害赔偿的问题上，知识产权便经历了由主观主义到客观主义的嬗变过程，前者强调侵权人的主观过错，后者则强调当事人最终是否能够获得物质赔偿；[①] 又例如将数据库、计算机软件等功能性作品纳入著作权法的保护范围；又例如从个体权利人到集体权利人（法人作品与职务作品）的转变，所依据的理论也是功利主义。实际上，在知识产权领域内建立坚固的"投资保护原则"[②] 的呼声不断，其逻辑亦在于：通过对投资提供经济回报，以进一步激励投资。在现世知识产权功利主义者眼中，法律只是利益分配的工具，经济功能是其神圣的教条。英美式著作权法试图将一切对象的价值衡量标准都单一化为金钱，但这种经验，可能未必值得我们借鉴。

另一方面，功利主义论辩方式存在过于依赖"假定"的问题。麦考密克曾敏锐地意识到：除了卡尔·波普尔在其"科学证明理论"中所提出的逻辑检验过程需要考量的一个因素——经验之外，逻辑检验的过程中还存在着另外一个重要的相关因素，即"如何使用假设"。麦考密克有如下阐释：

> 因为，对于证据的解释必然关系到怎样使用假设，而假设本身属于科学理论的范畴。一个十分浅显的例子是，为了验证厨房中的盐会溶解于水这一假设，我放了一些盐在玻璃试管里，加上水后摇晃。盐溶解了，但只有在我认为

---

① 参见曲三强：《理性主义式微与功利主义勃兴——兼论知识产权侵权归责原则的走势》，《学术探索》2010年第5期。
② 参见曹新明：《合作作品法律规定的完善》，《中国法学》2012年第3期。

用试管作为容器来装水不影响测试结果的情况下，我才会把它当作证实假想的有力证据。不过，我又怎么知道，玻璃器皿里没有混进某种液体，而正是这种液体使盐溶解的呢？从技术上说，检验通常意味着对'附属假设'的信赖，这种假设在一个特定的试验中被认为是理所当然的东西。但是，它们本身也可以成为直接验证的对象——当然，在验证过程中，它们自身也会包含一些附属假设。①

尽管认识到了假设的这一特性，但麦考密克对之并不抱有太过悲观的态度，而是认为只要将假设放在相关的理论体系当中，就可以在一定程度上缓解其所能造成的"伤害"。正因如此，麦考密克才在后果主义论辩模式的基础之上，又提出了"协调性与一致性"标准，试图对后果主义论辩模式得出的结论进行修正。然而这样真的可以达到修正的效果吗？本文对此持怀疑态度。麦考密克将法律体系与法律原则作为对后果主义论辩结论进行"协调性与一致性"检验的重要工具，然而，为什么"法律体系与法律原则"就不是一种后果上的考量呢？实际上，在当代的研究中，我们常常将体系化视为一种目标及后果上的追求，这几乎成为一种常识。"实践中能够为法官所考量的后果是多种多样的，这个清单应至少包括：……法律体系的目的和价值怎样能够得到最好地促进。"②因此，问题至此就显得非常棘手，麦考密克对"后果主义论辩模式"与"协调性与一致性"的区分，以及要使两者达到相互促进的效果，就必须首先对两者进行明确地区别，至少要把"法律体系与法律原则"排除出"后果"的范畴。然而这又几乎不可能做到，因为在法的形式价值如此被重视的今天，我们几乎没有理由相信"法律体系"不是一种后果上的考量；而其所称的"法律原则"则更是将所有法律所欲追求的"目的价值"（不同于法的"形式价值"所追寻的逻辑严谨、简洁明了与公之于众，法的"目的价值"恰恰追求正义、自由、平等与自由③）又都带入了进来，这就使得"协调性与一致性"要素与"后果主义论辩"要素发生了十分严重的混淆。麦考密克从清晰化的分类出发，却又最终走向了混沌。

意识到"二阶证立"的这种缺陷，并不只是在玩弄思维游戏，它会直接招致如下困境的产生：既然"协调性与一致性"也是一种后果上的考量，那么它就与

---

① 边沁：《政府片论》，沈叔平等译，商务印书馆1995年版，第96页。
② 孙海波：《"后果考量"与"法条主义"的较量——穿行于法律方法的噩梦与美梦之间》，《法制与社会发展》2015年第2期。
③ 参见朱景文编：《法理学》，中国人民大学出版社2015年版，第47—48页。

"后果主义论辩"处于同等的地位,这就意味着就算研究者在讨论问题之时,把正义、平等、效率等各种后果连同"协调性与一致性"的后果一同呈现出来,也只能是"呈现出来",无法据此说明立法或者司法就应当选择自己认同的模式而放弃他人提出的模式。也就是说,即便是走完二阶证立的思维步骤,我们依旧无法得出终局性的结论,各种备选规则模式之间可能还是处于"停摆"的状态。而要得出终局性的结论,又只能仰仗于对法的各种价值,无论是形式价值、还是目的价值之间,在位阶上做出的划分,让低位阶的法律价值屈从于高位阶的法律价值,最终在"正义"的引导下艰难地做出抉择。实际上,如上文所述,麦考密克本人也承认这一点,但他没有意识到自身理论的内在矛盾之处。

上述难题在人工智能生成内容的可版权性问题上表现得十分突出。《著作权法》对作品的定义较为模糊,无法直接对人工智能生成内容定性,属于疑难案件,符合二阶证立的适用场景。不可版权论者从本质主义出发,秉持完善著作权法理论体系的态度,认为不应当赋予人工智能生成内容以作品身份;而可版权论者则从功利主义视角出发,本着对经济效果的追求,认为应当承认人工智能生成内容的作品身份。双方已经将各自的观点阐述得十分清楚,但即便如此,彼此都未能被对方说服或将对方说服,依旧无法得出终局性结论。可版权论与不可版权论都各自为我们展示了一种"后果",而如何继续在不同后果中做出选择,则需要依赖高位阶的正义标准。需要研究者将目光置于更高的层次,进入更加广阔的论辩空间。这已不仅仅关乎人工智能生成内容,它涉及整个著作权法律制度。可版权论意味着在一定程度上放弃作品的(直接创作中的)智力含量,关系到权利主体制度,而权利主体制度又关系到整个著作权法的利益分配机制。在传统著作权法体系下,无论作品最终被定性为自然人作品还是法人作品,其原始作者都是自然人,单个自然人都是著作权利益分配的起点。而在可版权论的理论之下,商业集团更可能成为作者,这会导致个体在整个人工智能产业中的贡献与地位被资本符号所淹没,这一转变显然十分重大,关乎整个著作权法甚至私法的根基。如果不慎重抉择,著作权法将走向盲目且危险的道路。可版权论者所描绘的"人工智能产业被著作权法所激励"的美好图景,不是著作权法对人工智能生成内容进行保护的充分理由。"经济效果"作为结果的一种,还需要与第三种、第四种、第五种其他结果进行比对,经过通盘考虑,才能"打败"其他的"结果"并进而具有终局性证明效力。这是当前研究尚未触及的地带。正如李琛教授所言:"人是否放弃作为创造者的唯一性,同样不是事实判断,而是我们又一次面临的价值选择。"① 这句话可谓道破了人工智能生成内容可版

---

① 李琛:《版权闲话之二:创造观的历史性与人文意义》,《中国版权》2018年第2期。

权性问题的本质。这或许就是立法的意义所在，不必完美，但必得做一决断。

相较于麦考密克对"假定"的保留态度，边沁的态度则更为鲜明。边沁本人曾讽刺到："如果无法为一种制度找到根据，我们就可以假设一个。正是根据这种假设的力量，我们可以大声疾呼这种制度是合理的。这样一来，法律的一切后果便都是合理的了。"[①]边沁认为，虚构（或称假定）具有伪造性与欺骗性，"现在试图提出任何一种新的虚构，都可以说是一种新的罪过"[②]。在对威廉·布莱克斯通的批判中，我们可以感受到边沁对"假定"的批判态度：

> 威廉·布莱克斯通设想存在两种不同的社会，即自然社会与政治社会。区分两者的标志是在政治社会中，一群人被认为具有服从一个人或由一些人组成的集团的习惯。而自然社会中没有这种所谓的"服从的习惯"。[③]面对这一假定，边沁追问到：（1）"服从的习惯"到底是什么？它确实存在吗？为什么有时候我们觉得它存在，有时候又感觉它并不存在？（2）对于一个人有时候对另一个人处于服从状态，但同时又对第三个人处于被服从状态的情况，如何解释？（3）人刚生下来的时候，对其父母处于完全服从的状态，那么他又是何时何样依次进入到其他的数目不同、程度不同的政治社会中的？（4）如何解释一个人在一个阶段服从于另一个人，而在其他阶段，这"另一个人"又服从于这一个人？（5）"习惯"要"服从"到何种程度，才足以建立起一个政府？（6）在哪一个精确的时刻，人们会从服从一个政府转变为不服从？（7）有服从便有"不服从"，什么又是"不服从"呢？一个人实施怎样的行为会表征他不愿再"服从"？[④]

这已不难觊见，假定之所以被称作假定，在于它尚不存在。无论关于过去，还是关于未来，仅仅存在于思想中的假定，都属于猜想与虚构，都需要面临诸多的变量。一旦设立一个假定，就可以用无数个额外添加的假定来推翻前一个假定。这便预示了假设这一思维工具的最终命运：难以经受细节推敲。而我们很难不注意到：在人工智能生成内容的可版权问题上，可版权论据以依靠的理由几乎全然都为"假定"。其表述方式皆为虚拟时态，即"如果……那么……"。如果将边沁式的盘问

---

① 边沁：《政府片论》，沈叔平等译，商务印书馆1995年版，第108页。
② 同上书，第149页。
③ 这显然是一种假定，因为没有足够的证据证明这种区别真实存在。
④ 参见边沁：《政府片论》，沈叔平等译，商务印书馆1995年版，第131—157页。

运用于可版权论，便会发生如下情况：

> 功利主义者所认为著作权法保护能够激励人工智能产业的发展，对于其中的"激励"一词，我们同样可以追问：（1）激励所产生的效果是什么？（2）激励的效果是否一定会发生？（3）激励的效果将发生于何时？（4）人工智能产业发展的哪一部分驱动力，来自于著作权法的激励？（5）用何种标准判定，人工智能产业的发展可以归功于著作权权法？（6）激励的方式包括哪些？是否只存在著作权法这一种激励模式？（7）金钱激励扮演着怎样的角色？金钱激励是否是唯一途径？如何解释非营利性的人工智能研发活动？（8）即便承认可以产生所谓的激励作用，但激励总是相对而言的，如何解决一项制度对某一领域产生激励，而同时对另一领域却造成压制的问题？

现世的知识产权功利主义者无法也没有勇气描绘一幅完全在功利主义主导下运行的著作权法制度图景，因为人类理性的预判能力十分有限，即便运用算法，也很难对未来做出精准预测。正如有观点认为，功利主义往往是"近视"的，"在功利主义的驱使下，人们往往只顾眼前的短期利益，而看不到在未来可能产生的巨大危害"[①]。事物本质的显现总非半日之功，为解决今日之事大改"本事"，那明日之事，又该如何应对？此外，功利主义也是危险的，功利主义者可以提出无数的猜想，但他们自身却无须对将来的后果负责。功利主义对人性的功利主义改造，并非一日可现。正如亚里士多德所认为的："立法者的职务就是通过塑造善良的习惯而使公民们为善"[②]，法律的使命从来不仅仅在于规制行为，它无时无刻都发挥着人性塑造的作用。但可惜的是，功利主义所对应的，往往并不是善良的人性。

结 论

给予微弱的人力付出以垄断性的保护给著作权法所坚持的利益平衡宗旨带来了挑战，故人工智能生成内容的可版权性问题值得探讨。在著作权法里，以主体为核心的人格主义论证方式对应于以利益结果为中心的功利主义论证方式，二者是著作

---

① 史少博：《功利主义与科技异化》，《理论学刊》2008年第6期。
② 罗素：《西方哲学史（上卷）》，何兆武、李约瑟译，商务印书馆1996年版，第255页。

权法研究领域所采用的两大主流思维路径。但因可版权论者通过人格主义论证方式论成人工智能生成内容作品性的失败，故其将目光转向功利主义，试图直接绕过主体问题的纠缠，径直论证对人工智能生成内容进行保护的结果上的必要性，并在此基础之上，试图通过法律拟制等手段进行具体制度设计。然而可版权论者的每一个理由，都经不起追问。通过引入麦考密克的二阶证立理论，对麦氏所称的后果主义论辩方式与可版权论之功利主义论证方式进行对比分析，可以发现当下知识产权中的功利主义不仅在标准上太过单一，而且过度依赖"假定"这一思维工具。而"假定"所能预测到的因素有限，难以满足形式逻辑的要求，并进而对未来做出较为精准的预判。给予人工智能生成内容以著作权法上的保护与著作权法的现有体系有较多冲突，可版权论的建议需要在更广阔的理论空间内经受检验，才能得以证立。

实证法学研究中的因果推理可信度[*]

丹尼尔·E. 何　唐纳德·B. 鲁宾[**] 著

丁文睿[***] 译

摘　要　通过对实证法学研究中广泛应用的可信因果推理的发展回顾，得出研究设计胜于方法分析的结论。用更直观（而非技术）的方式对匹配和回归不连续性进行展开，申言之，将其运用于有关监狱设施对犯人行为不端的影响的研究，并对结果数据与实验数据进行比较。认为将现代因果推理方法统一起来的是研究设计创造——是一种不参考任何结果数据的、可比较的单位子集。在这些子集中，结果差异会可信地归因于数据处理方式而非对照组实验条件，且传统分析方法在这一过程中的作用微乎其微。法律中的可信因果推理依赖于实质性的法律知识，而不是数学知识。

关键词　研究设计　政策评估　匹配　回归不连续性

---

[*]　本文原载于 *Annual Review of Law and Social Science*, Vol. 7 (December 2011), pp. 17-44。

[**]　丹尼尔·E. 何（Daniel E. Ho），斯坦福大学法学院威廉·本杰明·斯科特（William Benjamin Scott）与露娜·M. 斯科特（Luna M. Scott）讲席法学教授、政治学教授、斯坦福经济政策研究所高级研究员、斯坦福人本人工智能研究所（Human-Centered Artificial Intelligence）副所长、斯坦福大学监管、评估与治理实验室（RegLab）主任，曾任实证法律研究学会主席与《法律、经济学与组织杂志》（*Journal of Law, Economics, and Organization*）主编，主要研究方向为实证法学、行政法与监管政策。

　　唐纳德·B. 鲁宾（Donald B. Rubin），哈佛大学统计系统计学名誉教授，曾任哈佛大学统计系主任、国家经济研究局理论与应用统计学研究员，主要研究方向为实验和观察研究中的因果推理、贝叶斯分析方法及其应用、开发统计模型等。

[***]　上海师范大学哲学与法政学院诉讼法学 2020 级硕士研究生，美国马里兰大学行为与社会科学院刑事司法与犯罪学 2020 级硕士研究生。

一、摩尔停车定律

昂德希尔·摩尔（Underhill Moore）的停车研究一直以来都被人们所忽视。从 1933 到 1937 年，这位著名的耶鲁大学法学教授始终试图量化法律关系中的因果效应：他和研究助理清点了停在纽黑文 15 个地区的 13000 余辆汽车，在交叉路口模拟了一个白色环岛，并派警察给 3400 余辆违章汽车贴了罚款标签。虽然这项研究只涉及"界定汽车何时停车"（即车轮停止转动的时间）的细节，但其目标是崇高的——这是与法律有关的"人类行为的一般理论"。[1] 摩尔自己也承认这次冒险微妙地游离于前卫和荒谬之间："他（们）嘲笑我的项目……不理解我正在为（那些）试图将科学方法应用于探索社会科学的人们写下这篇文章……多年后，一个相似的灵魂会从我粗浅的研究中找到一些解决问题的线索。"[2]

尽管法学理论和实证研究在那时联系不够紧密，但量化研究作为一种方法论来说实在不应被形容为荒谬。摩尔的研究就像 20 世纪 20 年代和 30 年代的大部分第一批实证法学研究一样，在对法律的因果关系进行推理中，面临着棘手的方法论挑战，而此时现代实验的基础才刚开始成形。[3] 直到 1925 年，费雪（Fisher）才提供随机检验方法（randomization）作为实验的"推理基础"（reasoned basis for inference）。[4] 那么，怎样才能推断出停车管制的因果效应呢？正如威廉·道格拉斯（William O. Douglas）及其同时代的学者所指："问题将主要围绕着如何发展更适当的技术来控制错误与产生数据，并从这些数据中推断出不同因素的因果关系而展开。"[5] 更笼统地来说——第一批实证主义法学家如何对"法律会造成何种影响"展开定量评估？

摩尔的方法虽不够现代化，但足具开创性。他推断道，当"实验情境不能随意设定"时，人们可以"利用条款自身的含义"，[6] 这一见解至关重要。面对针对街道进行"设限"或"不设限"的简单考察毫无意义这一问题，摩尔的解决方案是利用停车限制的地点任意性和时间随机性。比如：在皇冠街，本月街道左侧不得泊车，

---

[1] See Moore U, Callahan CC. 1943. Law and learning theory: a study in legal control. *Yale Law J.* 53: 2.

[2] See Douglas WO. 1950. Underhill Moore. *Yale Law J.* 59: 187–88.

[3] See Schlegel JH. 1995. *American Legal Realism and Empirical Social Science*. Chapel Hill: Univ. N. C. Press.

[4] See Fisher RA. 1935. *The Design of Experiments*. Edinburgh: Oliver&Boyd.

[5] See Clark W, Douglas WO, Thomas DS. 1930. The business failures project—a problem in methodology. *Yale Law J. 39*: 1013–24.

[6] See Moore U, Callahan CC. 1943. Law and learning theory: a study in legal control. *Yale Law J.* 53: 88–89

下月则是右侧不得泊车；在教堂街，15 分钟的停车时间限制只到晚上 7 点前，晚上 7 点后则无时间限制，摩尔为检验停车时间限制的有效性，特于晚上 7 点前后分别进行了数据收集。为评估一天中不同时间的差异是否会影响推断，摩尔还让研究助理跟踪研究对象到目的地，从而对交通流量和司机活动的重合性进行调查。

图 1 是摩尔收集的关于纽黑文市教堂街的停车数据，x 轴代表停车的分钟数（按照摩尔的说法，这些统计仓每隔 1 分钟、5 分钟或 10 分钟增加一次）。深绿色的轮廓直方图显示了受 15 分钟停车时间限制时，从下午 5：30 至 6：30 停放汽车的停车时间。浅绿色填充的直方图显示的是没有时间限制时，从晚上 7：00 至 8：00 的停车时间。由图表可见，停车时间存在较大区别——无时间限制时，约有 36% 的汽车停车时间少于 15 分钟，而有停车时间限制时，该比例约为 57%。尽管仍有大量司机未遵守时间限制，但大体上该限制的存在使得每个车位的平均占用时间少了 40 分钟。

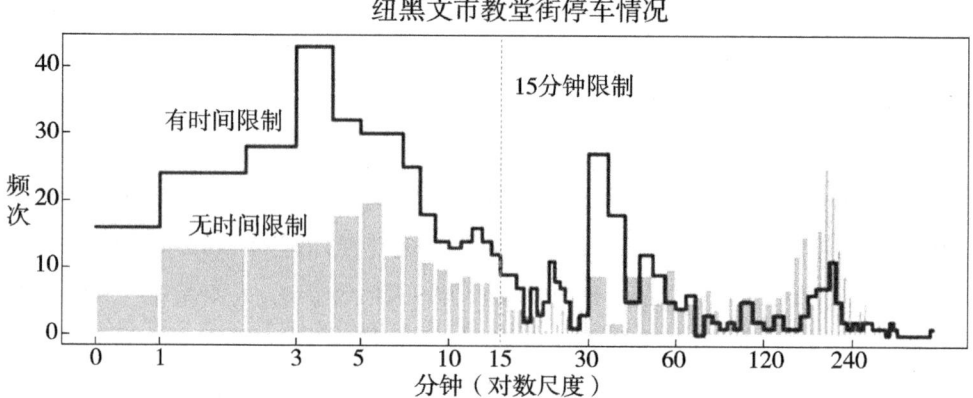

图 1：1936 年，纽黑文市教堂街 35 天停车记录的观察数据。浅绿色直方图表示在没有 15 分钟停车时间限制（灰色虚线）的情况下，晚上 7：00 到 8：00 的停车时间。深绿色的轮廓直方图表示有 15 分钟停车时间限制的情况下，下午 5:30—6:30 的停车时间。x 轴是对数刻度，统计间隔见摩尔和卡拉汉的报告（30 分钟内每分钟记录一次，30—100 分钟每隔 5 分钟记录一次，100—450 分钟每隔 10 分钟记录一次）。①

当然，现在看来摩尔的方法在某些方面有所欠缺。比如，由于晚上 7 点以后的泊车需求可能和 7 点前存在较大差异，所以时间限制仍然会影响晚上 7 点以后的停车行为。② 差异也许仅是偶然，但在"研究设计"这一关键方面，摩尔的研究仍是具有开创性的。实际上，这可能是第一次在法学研究领域非正式地使用我们现在称

---

① See Moore U, Callahan CC. 1943. Law and learning theory: a study in legal control. *Yale Law J.* 53: 104-106.
② 在现代术语中，这些缺陷指的是关于强制变量、"稳定单位处理值假设"和抽样可变性的结果连续性/平滑性问题。

之为"回归不连续"的设计——用 7 点前后时间的非连续性评估停车管制的因果效应——出现在该技术正式被运用的 30 多年前。可能就像 Pyx 实验之于假设检验，摩尔对回归不连续的应用也是法学层面上使用统计学的先驱。[①]

本文回顾了因果推理数据分析的现代发展，尤其侧重匹配和回归不连续性两种方式。对这些方法进行统一的，是将研究设计的优先次序确定为创建可比子集，而不参考任何关于结果的数据。现代方法更强调方案设计而不是方法分析，这也许是对摩尔研究方法的另一种证明（甚至是摩尔所谓的"志同道合的灵魂"）。

下文主要由以下几部分构成：第二部分对社会科学向可信度（credible）和设计导向型推论（design-oriented inference）的大幅转变进行讨论；第三部分涉及广泛使用的对阐明因果推理的中心问题的潜在后果框架（potential outcomes framework）；第四部分详细介绍了首次由 BdL[②] 进行的，关于最高安全监禁对服刑人员行为不端之因果影响的数据分析和研究；第五部分使用上述数据，对许多困扰传统回归实践的"模型敏感性"问题进行说明；第六部分详细介绍了笔者所谓的研究设计重点：在不参考结果数据的情况下进行收集、组织、测量和准备数据；第七和第八部分将匹配方法和回归不连续性应用于 BdL 进行的上述监狱数据；第九部分对实验结果进行了比较，这两种方法都比基于朴素回归的方法提供了更接近实验结果的预计；第十部分做出总结。

二、实证法律研究中的因果推断

因果关系一直是实证法学研究的核心。无过错保险法与机动车事故伤害赔偿的关系如何？被法庭指定律师的被告会比自主聘请律师的被告表现更差吗？自由裁量权如何影响最高法院的决定？所有这些问题都促使罗斯科·庞德（Roscoe Pound）、菲利克斯·法兰克福（Felix Frankfurter）和詹姆斯·兰迪斯（James Landis）等人，在二十世纪二三十年代转向了实证研究。[③] 然而，他们的努力遇到了前所未有的挫折。威廉·道格拉斯（William O. Douglas）在某破产原因研究项目中说："我们千

[①] See Stigler SM. 1977. Eight centuries of sampling inspection: the trial of the Pyx. *J. Am. Stat. Assoc.* 72: 493-500.

[②] See Berk RA, de Leeuw J. 1999. An evaluation of California's inmate classification system using a generalized regression discontinuity design. *J. Am. Stat. Assoc.* 94: 1045-52.

[③] Kritzer HM. 2010. The (nearly) forgotten early empirical legal research. In *Oxford Handbook of Empirical Legal Research*, ed. P Cane, HM Kritzer, pp. 875-900. Oxford: Oxford Univ. Press.

辛万苦得到的'事实'似乎压根没用。"①

无独有偶，认知学科也出现了类似的挫折。其认为传统（基于回归的）因果推理（causal inference）存在局限性，对因果推理概念的进一步明晰导致了对"回归时代"日益严重的怀疑。②"如果没有强大的设计……计量经济学或统计模型无法让相关性与因果推理之间有什么关系。"③对此，道格拉斯也许会说："我们千辛万苦得到的'回归'似乎也压根没用。"

与此相反，艾雷斯（Ayres）授予"大规模微数据"和"田野调查"以"超运算时代"（super crunching）的桂冠，④ 两位著名经济学家也将其称为"可信度革命"（credibility revolution）。⑤ 甚至还有学者预测，随着对因果推理的深入理解，社会科学将发生"戏剧性的转变"（dramatic transformation）⑥。各领域对因果推理的共有认知就是尽一切可能地严格遵循实验方法。当然，法学也不例外，实证研究方法刷新了我们的认知：⑦ 公司治理、⑧ 法律职业⑨ 和卫生保健⑩ 等，这些只是

---

① Schlegel JH. 1995. *American Legal Realism and Empirical Social Science*. Chapel Hill: Univ. N. C. Press, p230.

② Morgan SL, Winship C. 2007. *Counterfactual and Causal Inference: Methods and Principles for Social Research*. Cambridge, UK: Cambridge Univ. Press；Berk RA. 2004. *Regression Analysis: A Constructive Critique*. Thousand Oaks, CA: Sage；Donohue JJ III, Wolfers J. 2006. Uses and abuses of empirical evidence in the death penalty debate. *Stanford Law Rev*. 58: 791–845；Gelman A, Meng X–L, eds. 2004. *Applied Bayesian Modeling and Causal Inference from Incomplete Data Perspectives*. Hoboken, NJ: Wiley; Leamer EE. 1978. *Specification Searches*. New York: John Wiley & Sons; Leamer EE. 1983. Let's take the con out of econometrics. *Am. Econ. Rev*. 73: 31–43; Manski CF. 1995. *Identification Problems in the Social Sciences*. Cambridge, MA: Harvard Univ. Press; Pfaff JF. 2010. *A plea for more aggregation: the looming threat to empirical legal scholarship*. SSRN Work. Pap. , July 16. http://ssrn.com/abstract=1641435; Sobel ME. 2000. Causal inference in the social sciences. *J. Am. Stat. Assoc*. 95: 647–51; Strnad J. 2007. Should legal empiricists go Bayesian? *Am. Law Econ. Rev*. 9: 195–303.

③ Sekhon JS. 2009. Opiates for the matches: matching methods for causal inference. *Annu. Rev. Polit. Sci*. 12: 487–508.

④ Ayres I. 2008. *Super Crunchers: Why Thinking-by-Numbers Is the New Way to Be Smart*. New York: Bantam.

⑤ Angrist JD, Pischke J-S. 2010. The credibility revolution in empirical economics: how better research design is taking the con out of econometrics. *J. Econ. Perspect*. 24: 3–30.

⑥ Sobel ME. 2000. Causal inference in the social sciences. *J. Am. Stat. Assoc*. 95: 647–51

⑦ Ayres I. 1991. Fair driving: gender and race discrimination in retail car negotiations. *Harvard Law Rev*. 104: 817–72; Pager D. 2003. The mark of a criminal record. *Am. J. Sociol*. 108: 937–75.

⑧ Guttentag MD, Porath CL, Fraidin SN. 2008. Brandeis' policeman: results from a laboratory experiment on how to prevent corporate fraud. *J. Empir. Legal Stud*. 5: 239–73.

⑨ Abrams DS, Yoon AH. 2007. The luck of the draw: using random case assignment to investigate attorney ability. *Univ. Chicago Law Rev*. 74: 1145–77.

⑩ King G, Gakidou E, Ravishankar N, Moore RT, Lakin J, et al. 2007. A 'politically robust' experimental design for public policy evaluation, with application to the Mexican universal health insurance program. *J. Policy Anal. Manag*. 26: 479–506.

其中一部分。① 即使当研究具有"可观测性"时不存在随机干预，直接诉诸"套用实验模板"的方法也揭示了实证研究的关键问题。譬如，匹配方法（matching method）已被应用于种族和（特定情况下有明确定义的）性别、② 刑法、③ 知识产权、④ 公司治理、⑤ 劳动与就业、⑥ 环境、⑦ 监管、⑧ 宪法、⑨ 选举法、⑩ 公民权利⑪ 和教

---

① Angrist JD. 1990. Lifetime earnings and the Vietnam era draft lottery: evidence from social security administrative records. *Am. Econ. Rev.* 80: 1284–86; Gerber AS, Green DP. 2000. The effects of canvassing, telephone calls, and direct mail on voter turnout: a field experiment. *Am. Polit. Sci. Rev.* 94: 653–63; Gibson JL. 2008. Challenges to the impartiality of state supreme courts: legitimacy theory and 'new-style' judicial campaigns. *Am. Polit. Sci. Rev.* 102: 59–75; Green DP, Winik D. 2010. Using random judge assignments to estimate the effects of incarceration and probation on recidivism among drug offenders. *Criminology* 48: 357–87; Ho DE, Imai K. 2006. Randomization inference with natural experiments: an analysis of ballot effects in the 2003 California recall election. *J. Am. Stat. Assoc.* 101: 888–900.

② Boyd CL, Epstein L, Martin AD. 2010. Untangling the causal effects of sex on judging. *Am. J. Polit. Sci.* 54: 389–411; Greiner DJ. 2008. Causal inference in civil rights litigation. *Harvard Law Rev.* 122: 533–98; Greiner DJ, Rubin DB. 2010. Causal effects of perceived immutable characteristics. *Rev. Econ. Stat.* In press; Grogger J, Ridgeway G. 2006. Testing for racial profiling in traffic stops from behind a veil of darkness. *J. Am. Stat. Assoc.* 101: 878–87; Ridgeway G. 2006. Assessing the effect of race bias in post traffic stop outcomes using propensity scores. *J. Quant. Criminol.* 22: 1–29.

③ Berk RA, Newton PJ. 1985. Does arrest really deter wife battery? An effort to replicate the findings of the Minneapolis Spouse Abuse Experiment. *Am. Sociol. Rev.* 50: 253–62; Helland E, Tabarrok A. 2004. The fugitive: evidence on public versus private law enforcement from bail jumping. *J. Law Econ.* 47: 93–122; Mocan NH, Tekin E. 2006. Catholic schools and bad behavior: a propensity score matching analysis. *B.E.J. Econ. Anal. Policy 5* (1): 13. http://www.bepress.com/bejeap/contributions/vol5/iss1/art13; Papachristos AV, Meares TL, Fagan J. 2007. Attention felons: evaluating Project Safe Neighborhoods in Chicago. *J. Empir. Legal Stud.* 4: 223–72; Petersilia J. 2008. California's correctional paradox of excess and deprivation. *Crime Justice* 37: 207–78.

④ Chen MK, Shapiro JM. 2007. Do harsher prison conditions reduce recidivism? A discontinuity-based approach. *Am. Law Econ. Rev.* 9: 1–29.

⑤ Litvak K. 2007. Sarbanes-Oxley and the cross-listing premium. *Mich. Law Rev.* 105: 1857–98.

⑥ Dehejia RH, Wahba S. 2002. Propensity score-matching methods for non experimental causal studies. *Rev. Econ. Stat.* 84: 151–61; Morantz AD. 2010. *Coal mining safety: Do unions make a difference?* Stanford Law Econ. Olin Work. Pap. No. 413. http://papers.ssrn.com/sol3/papers.cfm?abstract_id=1846700.

⑦ List JA, Margolis M, Osgood DE. 2006. *Is the Endangered Species Act endangering species?* NBER Work. Pap. 12777, Natl. Bur. Econ. Res., Cambridge, MA. http://www.nber.org/papers/w12777.

⑧ Galiani S, Gertler P, Schargrodsky E. 2005. Water for life: the impact of the privatization of water services on child mortality. *J. Polit. Econ.* 113: 83–120.

⑨ Persson T, Tabellini G. 2002. Do constitutions cause large governments? Quasi-experimental evidence. *Eur. Econ. Rev.* 46: 908–18.

⑩ Brady HE, McNulty JE. 2007. *The costs of voting: disruption and transportation effects.* Presented at Midwest Polit. Sci. Assoc., Chicago, IL, April12. http://www.can-so.org/vote/polling-locations-and-transportation-effects.pdf.

⑪ Epstein L, King G. 2002. The rules of inference. *Univ. Chicago Law Rev.* 69: 1–133; Fisher RA. 1925. *Statistical Methods for Research Workers.* Edinburgh: Oliver & Boyd.

育。① 回归不连续（regression discontinuity）同样涉及众多法律领域，包括教育、②反歧视、③ 公司治理、④ 犯罪、⑤ 劳动和就业、⑥ 健康、⑦ 环境、⑧ 财产、⑨ 住房、⑩ 和选举。⑪

---

① Ho DE. 2005a. Affirmative action's affirmative actions: a reply to Sander. *Yale Law J.* 114: 2011–16.
Ho DE. 2005b. Why affirmative action does not cause black students to fail the bar. *Yale Law J.* 114: 1997–2004.

② Angrist JD, Lavy V. 1999. Using Maimonides' rule to estimate the effect of class size on scholastic achievement. *Q. J. Econ.* 114: 533–75; Kane TJ, Riegg SK, Staiger DO. 2006. School quality, neighborhoods, and housing prices. *Am. Law Econ. Rev.* 8: 183–212; Ludwig J, Miller DL. 2007. Does Head Start improve children's life chances? Evidence from a regression discontinuity design. *Q. J. Econ.* 122: 159–208; Thistlethwaite DL, Campbell DT. 1960. Regression-discontinuity analysis: an alternative to the ex post facto experiment. *J. Educ. Psychol.* 51: 309–17; van der Klaauw W. 2002. Estimating the effect of financial aid offers on college enrollment: a regression- discontinuity approach. *Int. Econ. Rev.* 43: 1249–87.

③ Grogger J, Ridgeway G. 2006. Testing for racial profiling in traffic stops from behind a veil of darkness. *J. Am. Stat. Assoc.* 101: 878–87; Hahn J, Todd P, Kasarda JD. 1999. *Evaluating the effect of an antidiscrimination law using a regression- discontinuity design.* NBER Work. Pap. 7131, Natl. Bur. Econ. Res., Cambridge, MA. http://www.nber.org/papers/w7131.pdf.

④ Black BS, Kim W, Jang H, Park KS. 2008. *How corporate governance affects firm value: evidence on channels from Korea.* ECGI Fin. Work. Pap. No. 103/2005. http://ssrn.com/abstract=844744; Listokin Y. 2008. Management always wins the close ones. *Am. Law Econ. Rev.* 10: 159–84; Listokin Y. 2009. Corporate voting versus market price setting. *Am. Law Econ. Rev.* 11: 608–35.

⑤ Chen MK, Shapiro JM. 2007. Do harsher prison conditions reduce recidivism? A discontinuity-based approach. *Am. Law Econ. Rev.* 9: 1–29; Hjalmarsson R. 2009a. Crime and expected punishment: changes in perceptions at the age of criminal majority. *Am. Law Econ. Rev.* 11: 209–48; Hjalmarsson R. 2009b. Juvenile jails: a path to the straight and narrow or to hardened criminality? *J. Law Econ.* 52: 779–809; Lee DS, McCrary J. 2005. *Crime, punishment, and myopia.* NBER Work. Pap. 11491, Natl. Bur. Econ. Res., Cambridge, MA. http://www.nber.org/papers/w11491.

⑥ DiNardo J, Lee DS. 2004. Economic impacts of new unionization on private sector employers: 1984–2001. *Q. J. Econ.* 119: 1383–441; Lalive R. 2008. How do extended benefits affect unemployment duration? A regression discontinuity approach. *J. Econom.* 142: 785–806; Lemieux T, Milligan K. 2008. Incentive effects of social assistance: a regression discontinuity approach. *J. Econom.* 142: 807–28.

⑦ Card D, Dobkin C, Maestas N. 2008. The impact of nearly universal insurance coverage on health care: evidence from Medicare. *Am. Econ. Rev.* 98: 2242–58.

⑧ Chay KY, Greenstone M. 2005. Does air quality matter? Evidence from the housing market. *J. Polit. Econ.* 113: 376–424.

⑨ Bubb R. 2009. *States, law, and property rights in West Africa.* Work. Pap. , Dep. Econ., Harvard Univ. http://isites.harvard.edu/fs/docs/icb.topic637140.ftles/Bubb_StatesLawProperty.pdf.

⑩ Berry CR, Lee SL. 2007. *The Community Reinvestment Act: a regression discontinuity analysis.* Harris Sch. Work. Pap. Ser. 07.04, Univ. Chicago, Chicago, IL.

⑪ Eggers AC, Hainmueller J. 2009. Mps for sale? Returns to office in postwar British politics. *Am. Polit. Sci. Rev.* 103: 513–33; Hopkins DJ. 2009. *Language access and initiative outcomes: Did the Voting Rights Act influence support for bilingual education?* CELS 2009 4th Annu. Conf. Empir. Legal Stud. Pap. http://ssrn.com/abstract=1434374; Lee DS. 2008. Randomized experiments from non-random selection in U.S. house elections. *J. Econom.* 142: 675–97; Gerber A, Kessler DP, Meredith MN. 2008. *The persuasive effects of direct mail: a regression discontinuity approach.* NBER Work. Pap. 14206, Natl. Bur. Econ. Res., Cambridge, MA. http://www.nber.org/ papers/w14206.pdf; Lee DS, Lemieux T. 2010. Regression discontinuity designs in economics. *J. Econ. Lit.* 48: 281–355.

图 2 通过经济学、政治学、社会学和统计学的顶尖期刊中涉及"匹配和回归不连续性"内容的文章数量，揭示了其过去 10 年产生的巨大影响。

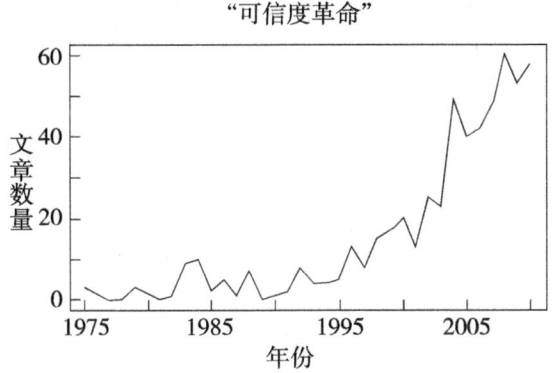

图 2：可信度革命：经济学、政治学、社会学、统计学和社会科学（数学方法）的前 23 名期刊中，涉及匹配和回归不连续性的文章数量。本文选取了 1975—2010 年度，"全文检索"的"期刊引用报告类别"中基于 2009 年影响因子排名前 10 位的期刊，主要在 JSTOR、Pro-Quest 和相关期刊网站进行检索，且剔除了重复期刊。搜索关键词为"匹配方法"（matching method）、"回归不连续"(regression discontinuity)、"倾向指数"（propensity score）、"西斯尔思韦特与坎贝尔"（Thistlethwaite and Campbell）和"匹配与'潜在结果'"（matching and 'potential outcomes'）。

诚然，不太关注上述研究发展的学者也许会觉得费解：法学学者应该如何理解和运用这些方法？实证主义法学家们都从这一热门研究范式中纳入了哪些原则？这一研究方法真的更可信吗？针对读者的上述疑问，本文略表以下拙见。

三、潜在后果

首先，"鲁宾因果模型"[①]（Rubin Causal Model）是一个被广泛应用的因果推理框架，出自鲁宾（Rubin）的系列开创性论文。[②] 该模型看似简单，实际却阐明了因

[①] Holland PW. 1986. Statistics and causal inference. *J. Am. Stat. Assoc.* 81: 945-60.

[②] Rubin DB. 1974. Estimating causal effects of treatments in randomized and non randomized studies. *J. Educ. Psychol.* 66: 688-701；Rubin DB. 1976. Multivariate matching methods that are equal percent bias reducing. I: Some examples. *Biometrics* 32: 109-20; Rubin DB. 1978. Bayesian inference for causal effects: the role of randomization. *Ann. Stat.* 6: 34-58; Rubin DB. 1979. Using multivariate matched sampling and regression adjustment to control bias in observational studies. *J. Am. Stat. Assoc.* 74: 318-28;

果推理的一些关键概念,且无须通过数学也能解释。申言之,与"对照"(control)这一基准模式相比,我们对单一介入结果——"处理"(treatment)更感兴趣。例如,监狱管理中一个关键问题就是安全级别最高的监禁(处理组)与安全级别最低的监禁(对照组)对行为不端处理结果的因果影响。

一般会存在两个"潜在后果",一个基于"处理组",另一个则基于"对照组"。在因果推理中,最关键的问题是从未对两者同时进行观测。[①] 比如,若一名犯人被送到安全级别最高的监狱,就无法观察到他/她在最低安全级别的监狱中可能遭遇的"反事实"(counterfactual)结果。该语境中隐含了(a)"对照组"是单一的,以及(b)处理组不会影响其他组别的潜在结果(有时也被称为"处理组价值稳定假设")的假设。[②] 例如,如果对同一名犯人指定两所安全级别最高的监狱,每一所都将对该犯人的行为不端产生不同的影响结果,就违反了前者;再如,如果一个犯罪团伙成员的监狱分配影响到另一个犯罪团伙成员的行为,就违反了后者。

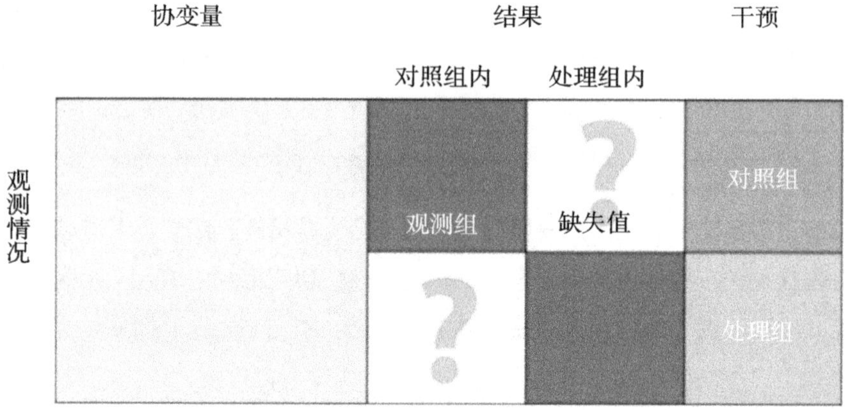

图3:上图为因果推理的潜在后果设定。该图根据假设数据绘制,左列表示未处理的协变量,中间两列表示潜在结果,最右一列表示干预分为"处理组"和"对照组"。因为潜在结果无法被同时观测,所以因果推理存在数据缺失问题。

(接上页)Rosenbaum PR, Rubin DB. 1983b. The central role of the propensity score in observational studies for causal effects. *Biometrika* 70: 41-55; Rosenbaum PR, Rubin DB. 1984. Reducing bias in observational studies using sub classification on the propensity score. *J. Am. Stat. Assoc.* 79: 516-24.

① Epstein L, Ho DE, King G, Segal JA. 2005. The Supreme Court during crisis: how war affects only non-war cases. *N. Y. Univ. Law Rev.* 80: 1-116; Holland PW. 1986. Statistics and causal inference. *J. Am. Stat. Assoc.* 81: 945-60; Rubin DB. 1978. Bayesian inference for causal effects: the role of randomization. *Ann. Stat.* 6: 34-5.

② SUTVA, stable unit treatment value assumption.

图 3 将该假设进行了可视化处理。每个方框代表不同的数据集，以一行为一组；左列为未处理的协变量，中间两列为潜在结果，最后一列为分组。绿格表示数据已知，白格表示数据缺失，我们只能观察到上半部分的对照组内数据和下半部分的处理组内数据。

该模型说明了几个问题。首先，因果推理是对缺失数据的推断。因为反事实的结果无法被观测，所以因果推理本质上是带有不确定性的（故存在一定概率风险）。其次，无干预则无因果推理。也即，"无操纵则无因果"。[①] 然而，这给反歧视法等领域的实证分析带来了挑战，因为在这些领域本身要素的不可变特性，使其难以通过明确定义的方式被操纵和对比。[②] 最后，该模型强调了实验模板对研究的重要性。在资源不受限的情况下，研究人员应阐明如何通过实验设计来研究他所感兴趣的问题。

实证缘何如此重要？甚至连观测研究类实证也不例外？实证的关键在于"处理"是随机的，从而确保了"处理组"和"对照组"在除处理之外的所有变量都具有可比性，所有协变量都可以处于"平衡"状态。将犯人按安全级别随机分配，确保了最高安全级别监禁的犯人在年龄、性别和犯罪史方面与非最高安全级别的犯人相似，从而更恰当地推断潜在缺失数据与预测的"处理效果"。

在可观测状态下，结果的区别可能会被其他因素所"混淆"。例如，监狱当局可能会根据危险程度将犯人分到不同安全级别的监狱中，所以处于最高安全级别和非最高安全级别监狱的犯人之间，行为差异可能会被犯人的危险程度不同所混淆。观测研究（observational research）是在这些混杂的（预处理）协变量上实现平衡的一种假设实验。大多数观测研究将关键假设归结为非混杂性（unconfoundedness），又称外生性（exogeneity）、附条件外生性（conditional exogeneity）、可忽略性（ignorability）或基于可观测性的选择（selection on observables）。也即，给定协变量并随机"处理"使得研究人员可以将结果差异归因于"处理"。正如下文所述，非混杂性的可信度是一种定性判断而不是定量判断，其关键仍依赖于实体知识。

[①] Rubin DB. 1975. Bayesian inference for causality: the importance of randomization. *Proc. Soc. Stat. Sect. Am. Stat. Assoc.*, pp. 233–39. Alexandria, VA: Am. Stat. Assoc; Holland PW. 1986. Statistics and causal inference. *J. Am. Stat. Assoc.* 81: 945–60.

[②] Greiner DJ, Rubin DB. 2010. Causal effects of perceived immutable characteristics. *Rev. Econ. Stat.* In press.

四、应用：最高安全级别监狱与行为不端

表 1：犯人分类示例。例如，刑期为 10 年的分数为 27 分 [=(10-1)×3]，无高中学历的增加 2 分。根据上例，该犯人被判定为 53 分。本例仅为说明，因为其他因素（有利的先前行为和未记录的先前行为）已被考虑在内。①

因素	计算方法	例证	
		值	得分
背景因素：			
刑期 (x)	$(x-1) \times 3$	10	27
26 岁以下	+2	是	2
未婚	+2	是	2
无高中学历	+2	是	2
失业	+2	是	2
未服兵役	+2	是	2
从最低安全等级监狱的出逃次数	× 4	1	4
从中等安全等级监狱的出逃次数	× 8	0	0
从最高安全等级监狱的出逃次数	× 16	0	0
此前监禁经历：			
严重违纪次数：	× 4	1	4
伤害监狱工作人员次数	× 8	1	8
伤害其他服刑人员次数	× 4	0	0
拥有管制武器的数量	× 4 - 8	0	0
煽动骚乱的次数	× 4	0	0
殴打并造成严重伤害的次数	× 16	0	0
		总分	53

　　本文选取了由 BdL 首次进行分析的监狱数据集作为修正认识的一个运行实例。该数据集包含了 1994 年加州 3918 名犯人的信息。笔者（和 BdL）所感兴趣的是最高安全级别监禁与行为不端之间的因果关系。最高安全级别监禁作为具有"牢房内部与外部都有安全配套设施，监狱内侧和外围都有武装掩护"设施的简称（四级监狱的内部区别仍然存在，但本文遵循 BdL 的研究，只关注四级监狱的

---

① CDC 2000, ch. 6, art. I, § 61010. 11. 2 (Form 839).

影响)。①

对"处理"这一分配过程的了解是评估因果推论可信程度的前提。1994年，加州将犯人分配到监狱的程序分为三个步骤。②

首先，一名被告被判刑后，加州惩教署（CDC）会根据犯人的安全风险对其进行分类，③主要通过对犯人背景、曾经是否脱逃和监禁前的信息来计算从1到80的"分类评分"。表1假设了计算一个犯人的分数的主要考虑因素，总分共计53分。刑期长短是主要因素，每增加一年就增加3分，但年龄、婚姻状况、高中学历、就业、服兵役和有越狱企图也包括在内，并且此前任何对监狱工作人员的人身攻击都会增加8分。在整个样本中，平均分类评分为31分（SD=12）。

其次，在大多数情况下，加州惩教署使用分类评分将犯人分配到特定安全级别的监狱。《加州惩教署操作手册》规定，52分及以上将被分配到最高安全级别监狱。④据表2第一行，非最高安全级别监狱犯人的平均得分为24分（SD=13），而在最高安全级别监狱犯人的平均得分为66分（SD=12）。

最后，对于特定的"行政安排"，加州惩教署也考虑了偏离评分标准的其他属性。例如，性犯罪者更有可能被关押在最高安全级别监狱（BdL），⑤或监狱过度拥挤也可能会导致"交替安置"。其他特殊因素包括：（a）犯人行为是否足以表明该犯人"能够成功安置"在较低安全级别的监狱内；（b）狱内是否存在被书面记载的"对抗势力"；（c）家庭关系；（d）医疗条件；（e）工作技能。⑥由于分类评分是犯人安置的决定性因素，不妨将其称为"强迫"变量，即"被强行分配至最高安全级别监狱"的变量。然而，分类得分仅意味着强制处理的概率。⑦表2最后一行显示，约81%的犯人被安排在非最高安全级别监狱里（对照组），而19%则被安排在最高安全级别监狱（处理组）。

---

① CDC 2000, ch. 6, art. 5, § 62, 010. 6.
② Petersilia J. 2008. California's correctional paradox of excess and deprivation. *Crime Justice* 37: 207–78.
③ CDC 并不是指疾病控制和预防中心，笔者使用的缩写是与 BdL 一致的。
④ CDC 2000, ch. 6, art. 1, § 61010. 11. 4.
⑤ Berk RA, de Leeuw J. 1999. An evaluation of California's inmate classification system using a generalized regression discontinuity design. *J. Am. Stat. Assoc.* 94: 1045–52.
⑥ CDC 2000, ch. 6, art. I, § 61010.11.2 (Form 839).
⑦ 有些学者使用"尖锐"和"模糊"的回归不连续性，来区分强迫变量的阈值是确定性的还是概率性的。

表 2：监禁率数据汇总统计

	非最高安全级别		最高安全级别		所有数据		区别
	平均数/计数	标准差/百分比	平均数/计数	标准差/百分比	平均数/计数	标准差/百分比	P值
犯人分类得分	24	13	66	12	31	12	0.000
"三振"犯罪	208	0.07	523	0.72	731	0.19	0.000
行为不端	890	0.28	246	0.34	1136	0.29	0.002
总数	3188	0.82	730	0.19	3918	1.00	

第一、二列是非最高安全级别监禁犯人的统计数据（对照组）；第三、四列是最高安全级别监禁犯人的统计数据（处理组）；第五、六列表示所有受试者的统计数据。最后一列表示处理组和对照组之间的均值或标准差的 p 值检验。对于犯人分类评分（定序数据）的统计方式是均值和标准差，而"三振"犯罪和行为不端（二元数据）的统计方式是数量和（组内）比例。

表 2 还指出了另外两个关键变量：一个是预处理协变量，评估犯人是否曾由于加州的"三振出局法"被判刑（令人遗憾的是，本文并不适用数据摄入过程中使用的全套协变量）。根据该法，第三次犯重罪会导致刑期大幅提升，也就是说该犯人被分配到最高安全级别监禁的可能性会增加。在 BdL 的数据中，最高安全级别监禁中曾至少犯罪三次犯人约有 72%，相比之下，非最高安全级别监禁的犯人只有 7%。结果显示，有大约 29% 的犯人曾在监禁期间因行为不端而被传唤（例如，不服从命令、贩毒或进行人身攻击），其中最高安全级别监禁的有 34%，而非最高安全级别监禁的有 28%。

最后一列报告了"处理组"和"对照组"在分类评分（强迫变量）、三振出局犯（协变量）和行为不端（结果）的差异测试结果。正如下文所强调的，设计阶段不应检查最终结果数据，但这些结果差异在这里只为说明解释。虽然结果的原始差异具有统计学意义（p=0.002），但是"处理组"的犯人具有更显著的分类评分和三振出局比例。三振出局犯更有可能倾向于危险行为，从而混淆了原始差异。

由于分类评分只是一种概然性，分类评分范畴内的犯人可能被分配到不同安全级别的监狱。例如，左边的小绿点代表有两个评分为 1 的犯人，都处于安全级别最高的监狱里，其中一人存在行为不端。总体而言，有 67 名评分 52 分及以上的犯人被安置在非安全级别最高的监狱，有 51 名得分在 52 分及以下的犯人被安置在安全级别最高的监狱。正如下文所述，图 4 的可视化表达在很大程度上有助于我们理解如何通过回归、匹配和回归不连续方法来识别因果效应。

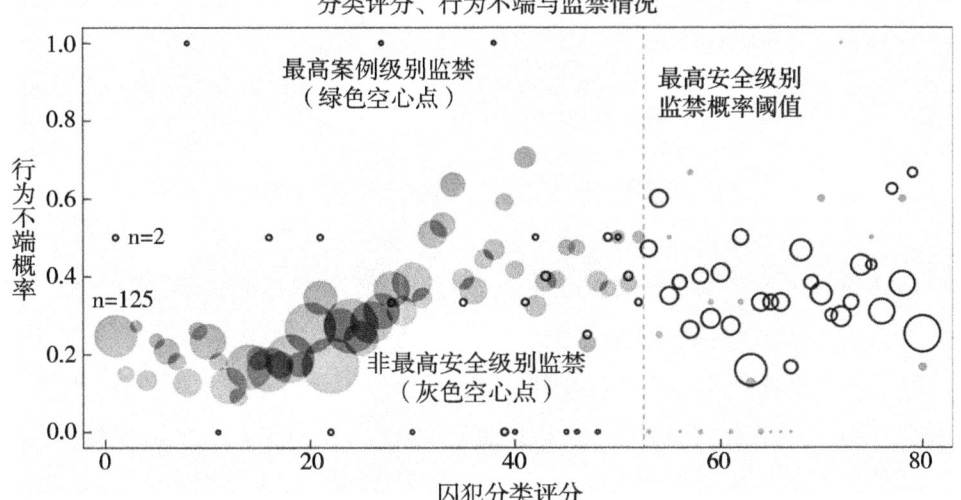

图 4：x 轴表示犯人分类评分，y 轴表示行为不端的概率。每个点表示犯人在既定分类评分与安全级别下行为不端的比例。灰色实心点和绿色空心点分别代表非最高安全级别监禁和最高安全级别监禁下的犯人，与样本大小成正比。例如，左下角的大灰点代表 125 名非最高安全级别监禁的犯人，其中有 25% 的人存在行为不端。虚线表示将犯人分配到最高安全级别监狱的分类评分临界值。得分在 52 分以上的犯人中，92% 被分配到最高安全级别监狱，而得分在 52 分以下的犯人中，98% 被分配到非最高安全级别监狱。

BdL 最初使用这些数据来研究（a）加州惩教署按犯人危险性分类的有效程度和（b）最高安全级别监禁对监狱行为不端的因果影响。从逻辑上来说，因果关系的方向不甚明晰。更有力的安全措施或许能直接阻止行为不端，[1] 也可能会诱使"边缘犯人"从最恶劣的犯人处被传授其他恶习，从而增加行为不端的可能。[2] 基于一个利用了分配过程不连续性和（值得赞赏的）敏感性分析的分对数回归模型，BdL 得出结论："现有证据支持了一种推论，即对'最高安全级别监禁'的分配减少了行为不端的可能。"[3] 虽然下述分析与这些推论有所不同，但这些研究方法在过去 10 年中发展迅猛。且正因如此，这些方法对大多数研究人员来说都是略显深奥的。笔者引用 BdL 这一具有里程碑意义的研究，不仅是因为该研究在实验设计方

---

[1] Zimring FE, Hawkins G. 1973. *Deterrence: The Legal Threat in Crime Control*. Chicago: Univ. Chicago Press.

[2] Bayer P, Hjalmarsson R, Pozen D. 2009. Building criminal capital behind bars: peer effects in juvenile corrections. *Q. J. Econ*. 124: 105–47.

[3] Berk RA, de Leeuw J. 1999. An evaluation of California's inmate classification system using a generalized regression discontinuity design. *J. Am. Stat. Assoc*. 94: 1052.

面具有核心洞见,更是因为这些洞见被应用于具有开创性的实证方法,能够更好地评估观测方法的有效性。

五、难以置信的结论:传统的回归实践

应用统计学对于因果推理达成的共识是:单凭回归得出的结论是十分脆弱的。[1] 即使在数据毫不混淆的情况下,这一结果也是高度敏感的。

为进一步说明,笔者将朴素的回归方法应用于监狱数据。图 5 中的每个板块都适用了 95% 的(点态)置信区间,以通过监狱数据总结一系列相关回归模型的结果。例如,图 5 左上角分对数模型中,灰色波段的点绘制了非最高安全级别监禁犯人的行为不端预测率,绿色波段的点则相应绘制了最高安全级别的。如果说这些曲线是正确而精准的,由图可推断出与事实截然相反的结果。两者之间的差异是预计的平均处理效果:最高安全级别的监禁降低了行为不端率的 13%,误差为正负 4%。

但是,该模型存在两个强有力却毫无根据的假设。首先,它假设概率与分类评分理想化地呈线性关系(linear relationship)(更准确地说,是对数概率的线性关系);其次,它假设在处理组和对照组之间,分类评分和行为不端之间的关系是同质的(homogeneous)。图 4 的数据不仅明确指出了这些假设夸张的原因,并且很大程度上都无法被数据佐证。由于评分高于 52 的数据和评分低于 52 的数据都很少,灰色波段基本是从上述数据中推断得出的,而数据的贫瘠导致了该预测对线性和同质性假设都非常敏感。

---

[1] Angrist JD, Krueger AB. 1999. Empirical strategies in labor economics. In *Handbook of Labor Economics*, ed. O Ashenfelter, D Card, 3A: 1277−366. Amsterdam: Elsevier; Berk RA. 2004. *Regression Analysis: A Constructive Critique*. Thousand Oaks, CA: Sage; Dehejia RH, Wahba S. 1999. Causal effects in non experimental studies: reevaluating the evaluation of training programs. *J. Am. Stat. Assoc.* 94: 1053−62; Ho DE, Imai K, King G, Stuart EA. 2007. Matching as non parametric preprocessing for reducing model dependence in parametric causal inference. *Polit. Anal.* 15: 199−236; King G, Zeng L. 2007. When can history be our guide? The pitfalls of counterfactual inference. *Int. Stud.* Q.51: 183−210; Lalonde R. 1986. Evaluating the econometric evaluations of training programs. *Am. Econ. Rev.* 76: 604−20; Leamer EE. 1978. Specification Searches. New York: John Wiley & Sons; Leamer EE. 1983. Let's take the con out of econometrics. *Am. Econ. Rev.* 73: 31−43; Manski CF. 1995. *Identification Problems in the Social Sciences*. Cambridge, MA: Harvard Univ. Press; Rubin DB. 1973. Matching to remove bias in observational studies. *Biometrics* 29: 159−83; Rubin DB. 1975. Bayesian inference for causality: the importance of randomization. *Proc. Soc. Stat. Sect. Am. Stat. Assoc.*, pp. 233−39. Alexandria, VA: Am. Stat. Assoc; Rubin DB. 2006. *Matched Sampling for Causal Effects*. New York: Cambridge Univ. Press; Strnad J. 2007. Should legal empiricists go Bayesian? *Am. Law Econ. Rev.* 9: 195−303.

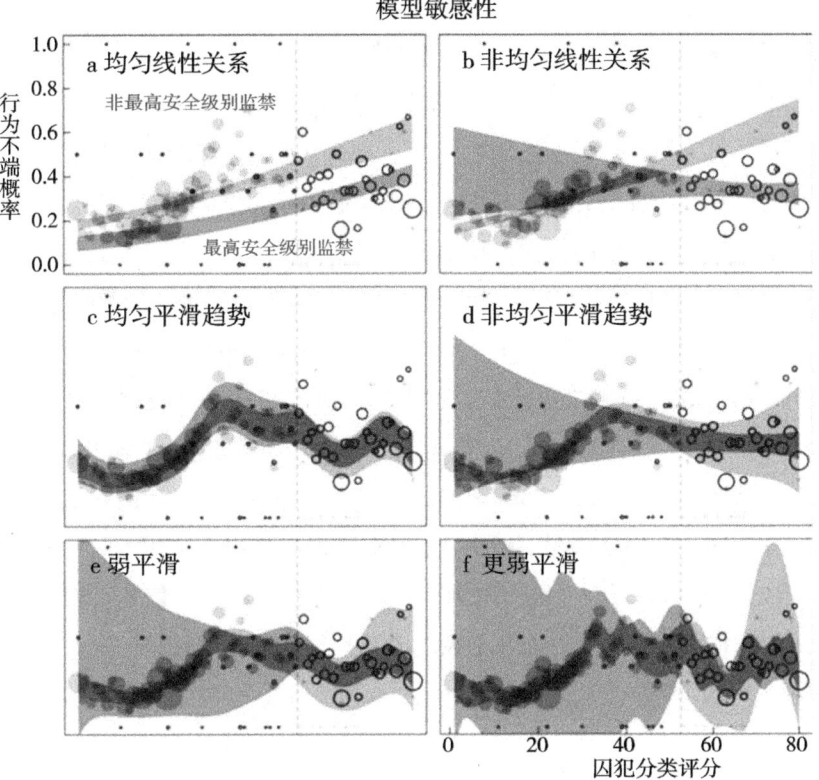

图 5：回归方法的模型敏感性。上述每个图表都呈现了回归模型中 95% 的点态置信区间。灰色波段代表非最高安全级别监禁的犯人，绿色波段代表最高安全级别监禁的犯人。模块（a）是 BdL 的（分对数）模型，该模型假设处理组和对照组之间存在（对数概率的）均匀线性关系；模块（b）表示非均匀线性关系；模块（c）通过广义相加模型（GAM）表示均匀平滑趋势；[1] 模块（d）表示异质平滑趋势，模块（e）和（f）通过减少 GAM 的带宽和增加节数，依次减少了平滑假设。当"多项式"中的每一"项"在分对数模型中展开时，其结果基本上是相似的。上述图表预计了模型敏感性会在何种程度上影响处理行为的效果。

图 5b 则放宽了同质性假设，使两曲线的斜率在处理组和对照组之间存在差异。该模型预测到安全级别最高的监狱中，行为不端（a）在评分高于 52 分的情况下会减少，但（b）在评分较低的情况下会增加。有些人可能会将此解读为监狱（向犯人）传授恶行的证据。[2] 但数据中不会有真正的答案，毕竟只有 6 名被最高安全级

---

[1] Hastie TJ, Tibshirani R. 1990. *Generalized Additive Models*. London: Chapman Hall.

[2] Bayer P, Hjalmarsson R, Pozen D. 2009. Building criminal capital behind bars: peer effects in juvenile corrections. *Q. J. Econ*. 124: 105-47.

别监禁的犯人评分低于 20 分。

相反地，图 5c 囊括了非线性平滑趋势，且安全级别上的变化是相对稳定的。但该曲线对二者无法区分，也无证据表明有上述影响。图 5d-f 是不同平滑程度的非均匀平滑趋势。图 5d 与图 5b 存在矛盾，前者表明上述影响仅在阈值以下为正。因为置信区间在整个分类评分范围内已完全重叠，所以图 5e 和 5f 仅表明统计的不确定性，使关于处理效果的任何证据都没有什么说服力。

研究人员如何确定"最佳"模型？平滑度应假定为多少？应将同质性加入其中吗？其是否呈线性？即使只有一个协变量，也会出现一组令人震惊的规范选择。一个"非参数"的方法是预估处理组和对照组的每个分类评分的概率，从而产生 160 个参数。但随着其他协变量的加入，参数即呈指数型增长。如增加 360 个月刑期，参数变为 57600（=360×160）；加上 15—64 岁的年龄因素，参数就变为 2880000（=50×57600）；如果再加上就业状况、性别、犯罪记录和婚姻状况，参数则变成了 6900 多万。当组间差异很大时，回归便难以可信地"控制"各种混杂因素，所以常常伴随着有力而不必要的功能性假设的传统结果——很可能是经不起考验的。

六、可信推论：设计胜于分析

本文秉持的观点是：研究设计胜过分析方法。所谓研究设计指的是"在得出任何结果数据之前，对数据进行思考、收集、组织和分析"。[①] 相比之下，分析方法则涉及对结果模型的开发（如线性回归、广义线性模型、机械算法学习）。正如该实验在结果价值未知的情况下精心设计了实验过程，观察性研究也可据该关键原则来进行设计。

第一，设计阶段不应考虑结果数据会如何。模型被多次拟合时，统计检验中的经典 p 值并不合适。对具有特定结果模型的无意选择有威胁可信度的可能。

第二，设计的关键因素是利用所有协变量信息，实现对"处理组"和"对照组"之间预处理协变量的平衡。下文第七部分展示了如何通过精确匹配犯人分类分数进行平衡，第八部分关注了普遍意义上的回归不连续在实践中是如何逆转分析设计的。

[①] Rubin DB. 2008. For objective causal inference, design trumps analysis. *Ann. Appl. Stat.* 2: 808–40; Rubinfeld DL. 2010. Econometric issues in antitrust analysis. *J. Inst. Theor. Econ.* 166: 62–77.

第三，研究者必须对"识别"假设的实质可信度进行定性评估。什么是所谓的"识别"假设？数据中的协变量是否足以使匹配可信？该协变量是否被无误处理？受试者是否能够操纵处理组内容？

实质性认知是无法被取代的。安格瑞斯特和拉维[①]就教室规模对教育成果的影响进行了一项令人信服的研究。该研究利用了以色列公立学校系统中的"迈蒙尼德规则"（Maimonides's rule），该规则对教室人数进行严格限制，要求每个教室不得超过40名学生。学年伊始，入学人数是略低还是略高于40人是完全随机的，所以可以通过比较41名和39名注册学生（或20名和21名注册学生）的班级规模来对其影响进行评估。尽管在以色列公立学校这一背景使得该研究数据十分可信，然而在其他行政辖区，家长们在发现自己的孩子在大规模班级后会更换学校，因此这种比较的结果也许会受到干扰。[②]同理，可信性取决于对所审查制度的深入与实质性了解。

七、匹配

匹配——通过将数据精简到与处理前协变量的处理组和对照组相平衡——减少了强而无用的功能形式假设作用。关键在于，以协变量为条件的处理必须是随机的，可信度取决于（a）是否收集了足够的相关（预处理）协变量，以及（b）处理组和对照组之间是否实现了平衡。

在监狱数据中，处理组能否随机进行准确的分类评分，以及如何进行处置和管理则显得尤为重要。如果在得分低于52分的犯人中，性犯罪者是唯一一类被安置在最高安全等级监狱的，那么对同处于低分段的"性犯罪者"和"非性犯罪者"行为不端倾向的比较或许就是有效对比。加州惩教署官员在管理和处置上是否存在系统性差异？如果存在，如何进行行政指定？如果由于最高安全级别监狱过于拥挤，而导致高分犯人被安置在非安全级别最高的监狱中，此类过度拥挤的时间究竟是随机的，还是由于帮派暴力的浪潮（帮派成员通常存在更高的行为不端比率）？确立这些假设基础都需要实质性的认知与研究。

[①] Angrist JD, Lavy V. 1999. Using Maimonides' rule to estimate the effect of class size on scholastic achievement. *Q. J. Econ.* 114: 533–75.
[②] Angrist JD, Pischke J-S. 2010. The credibility revolution in empirical economics: how better research design is taking the con out of econometrics. *J. Econ. Perspect.* 24: 14; Urquiola M, Verhoogen E. 2009. Class-size caps, sorting, and the regression-discontinuity design. *Am. Econ. Rev.* 99: 179-2.

假设给定分数的监狱分配是随机的，最佳做法是对匹配之后得以改善的平衡情况做出报告。准确进行分类评分匹配可以很好地解决数据问题。在其他情况下，多个连续的协变量可能使精确匹配较为困难，此时"倾向评分"匹配提供了一种解决方法——对于不够精确的匹配，研究人员应尽一切努力通过实质性认知来达到最佳平衡。例如，在一项药物对先天缺陷的影响研究中，需要关于女性年龄的科学认知。21岁和23岁之间的两年差异也许是微不足道的，但41岁和42岁之间这一年差异反而可能会使这项研究归于无效。幸运的是，法律学者恰恰是那些对所研究的法律制度最了解的人，因此他们处于使评估平衡的最佳位置。

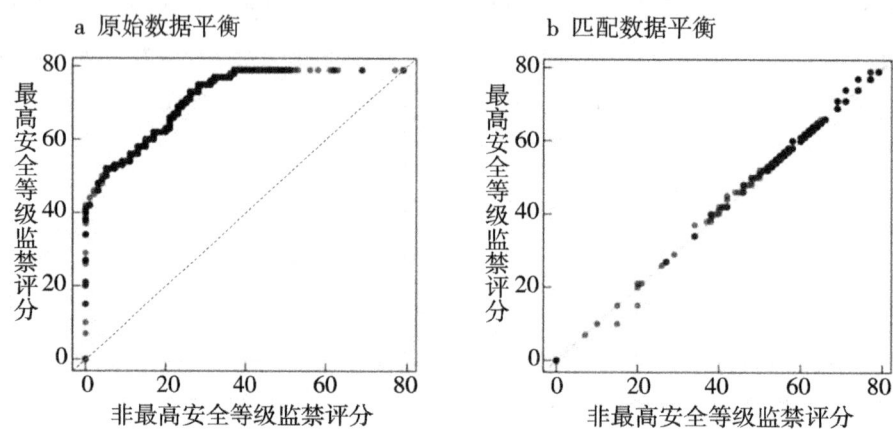

图6：处理组与对照组间犯人分类评分平衡Q-Q图。图（a）为原始数据，表示最高安全级别监狱中犯人的分类评分明显更高。图（b）为匹配数据，表示分类评分的平衡性，点态呈45度。后者由于抽样与精确匹配的权重成比例，表现出了轻微的抽样变异。

图6a的x轴是对照组数据，y轴是处理组数据，若完全实现平衡，则点应在45度线上分布，但原始数据的差异是十分明显的。右图为匹配数据，由于单位实现完全匹配，所以平衡状况良好。

图7表示每个分类评分中既有处理组又有对照组的行为不端概率的差异。例如，最左边的点表示2名最高安全等级监禁犯人中的1名，与125名有行为不端的非最高安全级别监禁犯人中25%的分类评分相差为0，即分类评分相同。在95%的置信区间内，按最小组的样本大小对匹配的样本中的1910个数据分别进行加权，这些条件作用并无规律且大多数都包含其起源。① 为计算最终结果，可以将加权平

---

① 置信区间是用 χ^2 来构造的，若该区间存在，则每个分类评分的微型样本均较为保守。

均值应用于这些类别，以每个数据的处理单元对其加权，由空心绿色圆圈表示。得出的结果估计值为0.03，误差正负0.08，即灰色区间。也就是说，将相同分类评分的犯人进行比较，最高安全级别监禁导致行为不端发生率减少了5%，下降到了11%。尽管图中信息相当丰富，但不足以拒绝零假设——监狱的安全级别对行为不端没有任何影响。

八、回归不连续性

回归不连续性（RD）的关键假设是：（a）在强迫变量阈值（threshold of the forcing variable）内，处理组的分配是不连续的，且无法做到精确操纵；（b）所有其他协变量在阈值处都是平滑的（或平衡的）。上述假设下，略低于或高于阈值的组别是更合理的比较组。若结果分布差异大，可归因于处理行为本身。

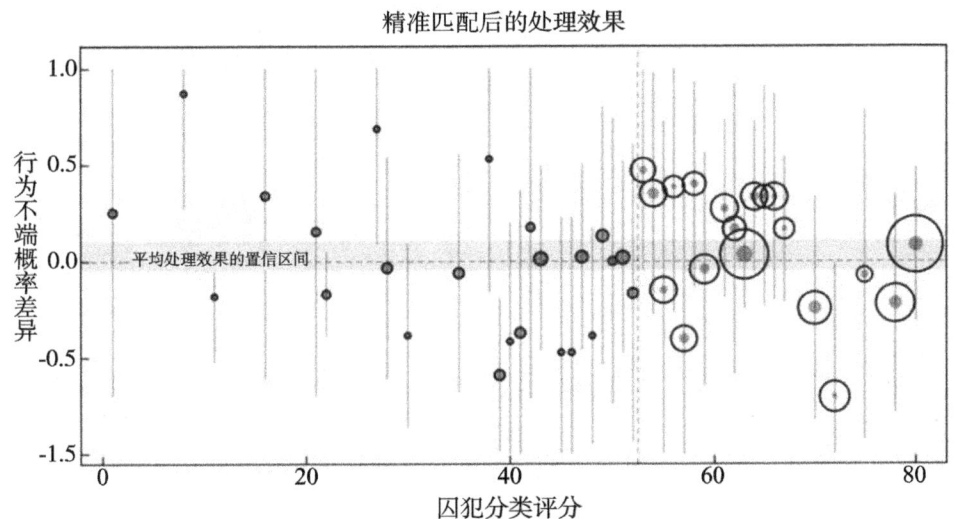

图7：每个分类评分的作用效果既包含处理组也包含对照组。灰点代表比例差异，与该分数下处理组或对照组的最小数量成正比。空心的绿色圆圈与该分数下处理组的数量成正比。垂直的灰色线表示95%的置信区间，水平的浅灰色带表示平均处理效果对被处理者（包括来源）95%的置信区间，垂直的灰色虚线表示处理阈值。

监狱数据中不连续性假设的可信度如何？当分类评分达到52分时，监狱分配情况会发生急剧变化。图9a（下文中会详细论述）显示，评分为52时，犯人被分配给最高安全等级监狱的概率从0.2跃升至0.9。加州惩教署官员是否会根据犯人潜在分配结果来操纵犯人的接收过程？在此，对分类评分方式和安排管理的定性评估至关重要。例如，如果监狱袭击"造成严重伤害……其严重程度实质上（原文如此）足以危及生命，以至于被害人需要长期医务护理或造成残疾，则分数会增加16分"[1]。

该标准在多大程度上允许主观评分——将个人评价置于以预期行为为基本阈值的以上或以下？同样，当评分与预期行为背道而驰时，目标的安置（target placement）会成为"管理性安置"（administrative placement）。这不仅存在主观上的特殊情况因素（例如，犯人是否"与特定领域有牢固的家庭纽带，而其他安置方式会带来特殊困难"），而且标准本身也建议优化这一潜在结果（即犯人的"行为记录表明了他/她能否成功安置在低于由评分所显示的监狱"）[2]。若如此，则这种精确的操作会使回归不连续性失效。

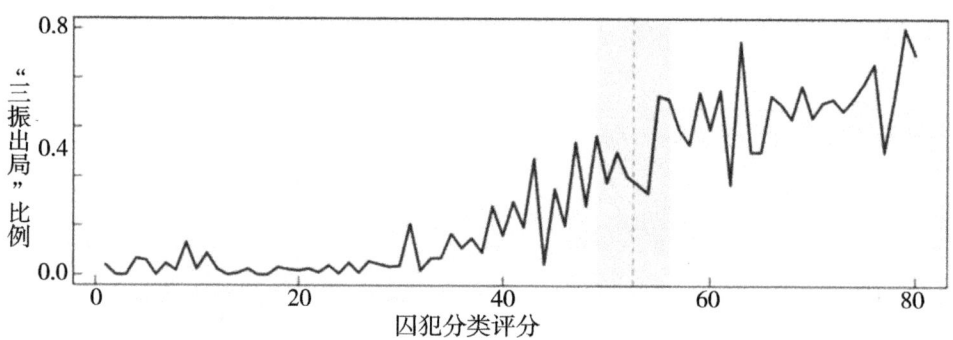

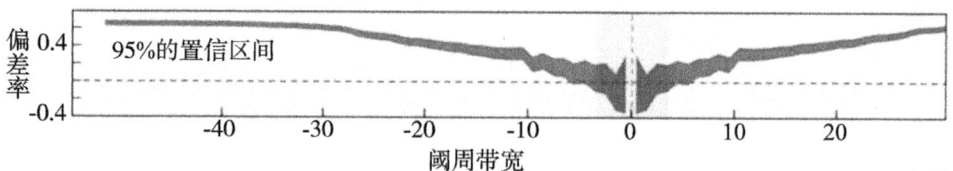

图8：犯人是否为"三振出局"犯的协变量平衡。图（a）的x轴是分类评分，y轴是"三振出局"犯人所占的比例。图（b）通过在52分的阈值附近（垂直灰色虚线）改变带宽来绘制比例差异的置信区间。带宽越宽，"三振出局"犯人所占比例的不连续性就越大。垂直的浅灰色带表示"三振出局"这一协变量具有相对平衡的带宽范围。

---

[1] CDC 2000, art. 1, ch. 1, § 61010.11.2.
[2] CDC 2000, art. 1, ch. 1, § 61010.11.3

此处必须注意匹配和 RD 之间对识别假设的实质性差异。匹配本质上是通过管理性安置（administrative placement）来识别效果。若分类评分被确定适用，则给定的分数下不会存在最高和非最高安全等级监禁犯人的重叠。另一方面，RD 则通过对评分高于或低于 52 分的任意性（arbitrariness）来识别效果。这两种方法都可以在更多的协变量支撑下获得可信度（如表 1 中的协变量）。

假如处理无法精确进行，传统的 RD 实践可能会将大量回归拟合到结果数据中（如多项式中的项、协变量集和带宽），但这忽略了两个关键问题。首先，它忽略了协变量的平衡。如果设计是正确的，那么在检查任何结果数据前都应先验证平衡性（以及选择适当的带宽）。其次，传统 RD 实践在实施研究设计之前就已经引入了模型敏感性问题。[1]

从这种意义上讲，传统做法使这一过程发生了逆转。研究设计（和协变量平衡）应进行于任何分析之前。设计的主要目标是确定阈值附近的带宽，以形成可比组且无须诉诸结果。[2]

为展示实验设计阶段，图 8a 表示"三振出局"犯人的比例随着分类评分的增加而增加。平均从 40 分增加到 50 分的现象与"三振出局"犯人率约增长 12% 有关。此外，"三振出局"犯人在 54 分到 55 分区间内，比率从 33% 急剧上升至 72%。对实验设计不连续性的误解，可能会错误地将行为不端的区别归因于监狱安全等级的差异。在设计阶段，应尽可能使用实质性认知来确定阈值上下带宽。从这个意义上说，匹配和回归不连续性是可比的。[3] 图 8b 按点绘制了 95% 的置信区间，使其随带宽在阈值附近扩展（并因此对称）。和匹配一样，经典的偏差-方差平衡也存在：带宽越窄，偏差就越小，但样本容量所导致的可变性反而越强。垂直灰度带的带宽较合理，评分介于 49 分到 56 分之间，其中置信区间包括原点。实践中，设计阶段应该通过实质性认知对所有重要协变量的平衡进行审查，从而决定带宽宽度。

在关键变量上取得平衡后，可以对结果数据进行检查。分析方式很简单。图 9b 绘制了评分与行为不端发生率的关系图，将处理的不连续性与结果的连续性在阈值内进行对比。结果的激增本应是处理效果的证据，但在阈值内没有可察觉的变

---

[1] Rubin DB. 1977. Assignment to treatment group on the basis of a covariate. *J. Educ. Behav. Stat.* 2: 1–26.
[2] Lee DS, Lemieux T. 2010. Regression discontinuity designs in economics. *J. Econ. Lit.* 48: 281–35.
[3] Heckman JJ, Lalonde RJ, Smith JA. 1999. The economics and econometrics of active labor market programs. In *Handbook of Labor Economics*, ed. O Ashenfelter, D Card, 3A: 1865–2097. Amsterdam: Elsevier; Lee DS, Lemieux T. 2010. Regression discontinuity designs in economics. *J. Econ. Lit.* 48: 281–355.

化。据此估计，因果效应的区间间隔为95%（从-17%到27%），且无法判断其是否有效。

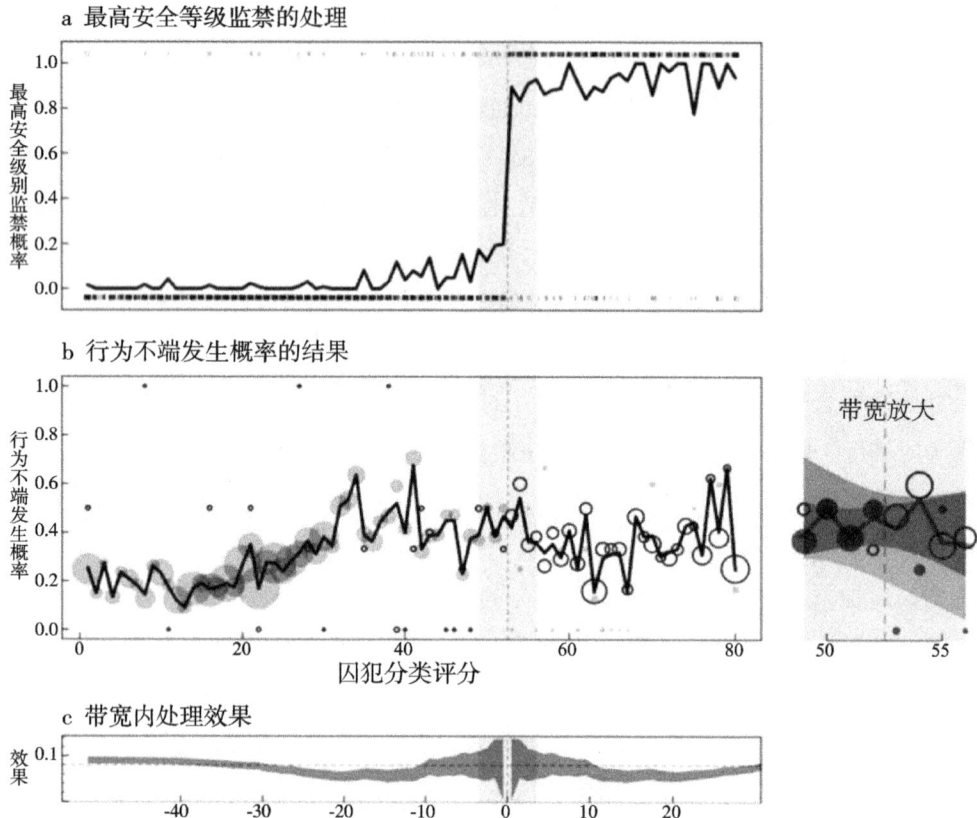

图9："处理"的不连续性与"结果"的连续性。图（a）的y轴是最大安全级别监禁（处理）的概率，x轴是犯人的分类评分。短垂线代表每个数据点（随机抖动以增强可见性）。图（b）是相对于x轴上的犯人分类评分的概率，y轴表示行为不端（结果）的概率。图（c）在52分的阈值附近改变了带宽，表示处理效果95%的置信区间（更确切地说，是"处理意图"效果）。

垂直灰度带覆盖了"三振出局"这一协变量影响的带宽。在带宽范围内可以（局部）适用罗吉斯回归来调整剩余的不平衡。图9b右侧的插图放大了带宽范围，并逐点覆盖95%的置信区间，表明了几乎没有任何证据可以证明处理效果的存在。基于这一回归调整，总体因果效应的区间为95%且包含原点，范围从-10%到29%不等。最后，图9c绘制了95%置信区间的处理效果变化的带宽。随着带宽的增加，间隔收敛到表2所报告的简单原始差值。总而言之，RD的设计并未证实存在任何处理效果。

九、与实验结果的比较

这些方法与随机实验相比如何？对于大多数社会科学应用来说，很少有这样的验证存在。[①] 幸运的是，伯克（Berk）等人与加州惩教署合作进行了一项有价值的田野调查，从而可以对观测方法进行潜在验证。[②] 伯克等人将犯人随机分配到现有接收程序和新设程序中，后者调高了部分犯人的安全级别，也就是说这些犯人的分配受到新设差异的影响，故该随机性有助于确定监狱安全等级对该类犯人的因果关系影响。

可以肯定的是，该田野调查也存在一定局限性。首先，随机性越过了摄入程序，未通过安全级别处理。其次，实验中的摄入程序通常将安全级别从低级提高到中级，但对最高安全级别限制几乎没有影响。因此，该实验本身无法提供有关最高安全级别的信息。因此，只需关注（a）实验中摄入程序的总体效果（也即"意向处理"效果），本质上是在比较所有犯人在旧的和新的接收程序中的行为不端比率，以及（b）实际上受到随机性影响的犯人的组间区别。[③] 当然，这些影响可能随人数不同而处理效果不同。[④]

图10展示了95%的置信区间内不同观测方法和实验中的数点预计。第一行用绿色表示BdL和第五部分提到的朴素分对数回归估计。第二行是第七部分中的精确匹配的估算值。第三行是第八部分中带宽内均值差异或带宽内基于模型的调整，以及基于回归不连续性的估算值。第五行的总体实验估计为-1%（偏差为正负1%）；第六行为子组效应（设施与开放宿舍），为-4%（偏差为正负8%），两者均无明显区别。最后一行为实验小组对严重的错误行为增加的估计，为3%（偏差为正负8%）。基于朴素回归的预计，减少的13%与实验估计有相当大的偏差，为正负4%。此外，匹配、回归间断和实验的间隔都包含了原点。

[①] Dehejia RH, Wahba S. 1999. Causal effects in non experimental studies: reevaluating the evaluation of training programs. *J. Am. Stat. Assoc.* 94: 1053–6; Lalonde R. 1986.Evaluating the econometric evaluations of training programs. *Am. Econ. Rev.* 76: 604–20; Heckman J, Ichimura H, Smith J, Todd P. 1998a. Characterizing selection bias using experimental data. *Econometrica* 66: 1017–98; Heckman JJ, Ichimura H, Todd P. 1998b. Matching as an econometric evaluation estimator. *Rev. Econ. Stud.* 65: 261–9.

[②] Bench LL, Allen TD. 2003. Investigating the stigma of prison classification: an experimental design. *Prison J.* 83: 367–8.

[③] Camp SD, Gaes GG. 2005. Criminogenic effects of the prison environment on inmate behavior: some experimental evidence. *Crime Delinquency* 51: 425–42.

[④] 如果存在异质处理效应，则匹配、回归不连续性和实验可以正确地识别（a）受行政性安置和人口覆盖影响的子组犯人，（b）高于和低于52的犯人的分类分数，（c）实验程序分别改变了最终安置情况的犯人。但上述影响可能会各有不同。

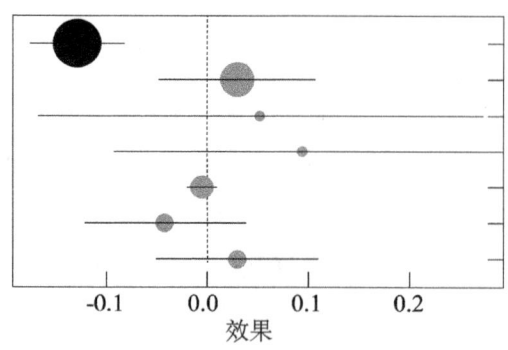

图 10：观察方法与实验结果的比较。点表示估计值（由有效样本量加权），线表示 95% 的置信区间。原始分对数（绿色）是伯克和德立弗（de Leeuw）所报告回归的总体平均处理效果（基于渐近后验模拟）。[①] 精确匹配基于分类评分的加权差异和对被处理者的平均处理效果。回归不连续是处理的意图所在，结果是（a）带宽内高于和低于阈值的受试者间的均值差异，或（b）带宽内分对数回归的处理效果（基于渐近后验模拟）。总体实验结果是根据伯克等人的样本大小和影响计算的。[②] 子组实验结果来自康（Camp）和加埃（Gaes）的研究。[③]

本奇（Bench）和艾伦（Allen）将 200 名犯人随机分配到犹他州的最高或中等安全级别监狱。[④] 虽然对行为不端的测量不同，但这项研究可能是最接近理想状态的实验。研究结果发现处理组和对照组之间"在数量上没有显著差异"[⑤]。

最后，加州和犹他州的研究均非理想中的实验。在犹他州，有 10% 的犯人中途改变了监禁的安全等级。而在加州，数据处理并不够随机化。实验和观测研究之间的区别只是程度上的，而不是种类上的。一个精心设计的观察性研究——比如监狱床位的波动会影响犯人的安置——比"破碎的"实验提供了更多的有效信息。图 10 中的比较足以证明类实验方法，可以通过削弱缺乏根据的函数形式假设的作用，来恢复真正的因果效应。

---

① Berk RA, de Leeuw J. 1999. An evaluation of California's inmate classification system using a generalized regression discontinuity design. *J. Am. Stat. Assoc.* 94: 1045-5.

② Berk RA, Ladd H, Graziano H, Baek JH. 2003. A randomized experiment testing inmate classification systems. *Criminology & Public Policy* 2: 215-42.

③ Camp SD, Gaes GG. 2005. Criminogenic effects of the prison environment on inmate behavior: some experimental evidence. *Crime Delinquency* 51: 434, 436.

④ Bench LL, Allen TD. 2003. Investigating the stigma of prison classification: an experimental design. *Prison J.* 83: 367-82.

⑤ Bench LL, Allen TD. 2003. Investigating the stigma of prison classification: an experimental design. *Prison J.* 83: 377.

十、结论：回到摩尔的讨论

因果推断是很困难的。正如本文回顾，技术进步使得研究人员能够通过更可信的方式来评估法律机构的影响。然而一旦设计"脱去技术外衣"，实证研究就应该授权更广泛的法律学术界——准确地说是更具优势的社会——来评估因果推理的可信度。

以简洁的形式重申本文观点：

1. 实验模板需概念化。

2. 设计研究时无须考虑结果。

3. 对协变量进行收集和平衡。

4. 数据可视化。

虽然本文所讨论的形式化方法相对新颖，但早期的法律经验主义者摩尔早已要求强调对研究设计的回归。诚然，他的停车研究没有统计标准误差，未能评估阈值附近的前后趋势，也没有使用常规统计模型进行分析，但这些都是次要的。摩尔更注重设计。研究设计优先于结果，正如 BdL 的研究数据需要对法律本身有更深入的实质性知识。从这个意义上说，摩尔的停车研究并非误入歧途，而是未雨绸缪。

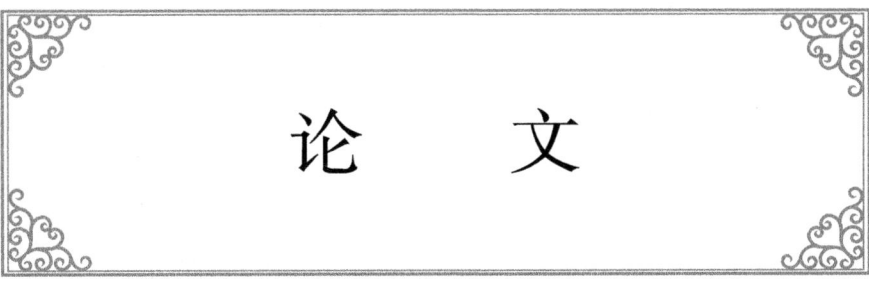

法律的边界*

弗雷德里克·肖尔** 著

张海斌　高蕴洁*** 译

法律的历史很大程度上就是法律边界的历史。因此，法律理论史，抑或更为狭义的法理学（jurisprudence）①，其实就是一部探索、分析以及争论法律边界的发展史。早在1906年，约瑟夫·比厄（Joseph Beale）在悼念已故法学家克里斯托弗·哥伦布斯·兰德尔时回忆道，兰德尔的很多学生曾经抱怨，老师总在课堂上研究英国的旧判决，鲜少分析法律条约（Treaty）中的一般法律规则或者美国国内的最新案例，因此他所讲述的内容，在学生眼中，并"不是法律"②。

2017年，当我们再次回顾上述事件时，不免感到非常疑惑：为什么当时的学

---

* 本文原文为英文，原载于《哈佛法律评论》2017年第130卷。Frederick Schauer, Law's Boundaries, Harvard Law Review, Vol. 130, (2017).

** 弗雷德里克·肖尔（Frederick Schauer），美国弗吉尼亚大学法学院大卫与玛丽·哈里森讲席杰出教授（David and Mary Harrison Distinguished Professor of Law, University of Virginia）。

*** 张海斌，上海外国语大学法学院院长，教授；高蕴洁，上海外国语大学法学院2020级多语种法律硕士生。

① 如今，学者通常把"法理学"（jurisprudence）和"法哲学"（philosophy of law）混为一谈。但是这种做法欠妥，因为它错误地认为，只有哲学，事实上只有当代分析哲学（contemporary analytic philosophy），才能用于研究法律本身的性质，而不能研究特定地区或是特定分支的法律。尽管我们有必要细细研究法理学中那些哲学性不强的部分，以及常被当代分析法哲学学者所忽视的方面，但是本文将着眼于通常被理解为法哲学的法理学的形成。

② 参见 Joseph H. Beale, Jr., *Professor Langdell, His Later Teaching Days*, 20HARV. L. REV. 9, 10 (1906).

生认为，英国法官在抵押贷款与合同纠纷等事件上作出的判决并不是法律？有什么能比分析这些法院判决更具有法律意义呢？可能在这些学生眼中，法律是一种更为狭义的东西，由权威法律条约中的一般原则、个人所处司法管辖区域内的现行法律规章（statutes）、各种法律学说以及管控决定所构成。我们由此可以推测，除此之外的一切事务对他们来说，都只是考古学、历史学或古籍学的研究对象，并非法学院的学习内容。

兰德尔教授的这则轶事值得我们深思。因为法律不仅是整个社会中所有规则（rules）、原则（principles）、程序（procedures）、规范（norms）和制度（institutions）的总和①，它还涉及规范性指导及事实启迪（factual enlightenment）——它们本身的存在合法，但是却不属于法律②。然而，正如法学院、法学图书馆和律师职业资格考试等机构和制度之间存在明显边界，即使是上述这种最谦虚的说法，也预设了法律的边界。只是，就像我们现在对兰德尔学生抱怨的反应那样，此边界一直在不断变化，且趋势并不固定：即使如今的法律边界比过去更为宽广，它仍然在时而扩大，时而收缩。但即便如此，法律的边界在划分法律特征、进行法律论证和作出法律决策方面仍然起着重要作用，因为如果人们想知道法律是什

---

① 我在文中提出的主张并无争议，它属于实证主义（positivism）和自然法（natural law）之间的不可知论，而且事实上，对现存的任何法律本质的理论都是不可知的。我的观点是，法律与社会的全部规范和制度并不一致（即哲学中所说的发散（divergent））。毕竟，即使是最著名的自然法理论家托马斯·阿奎那（Thomas Aquinas），也区分了自然法和人定法（human law），并暗示后者与通盘考量（all-things-considered）之后为正确之事并不一致。参见 ST. THOMAS AQUINAS, SUMMA THEOLOGIAE pt. 1, 1-11 q. 91, q. 96, arts. 2, 4 (R.J. Henle trans., Univ. Notre Dame Press 1993) (1269-70) ; John Finnis, *The Truth in Legal Positivism*, THE AUTONOMY OF LAW: ESSAYS ON LEGAL POSITIVISM 195, 203-05 (Robert P. George ed., 1996) ; Louis W. Hensler III, *A Modest Reading of St. Thomas Aquinas on the Connection between Natural Law and Human Law*, 43 CREIGHTON L. REV. 153, 153-54 (2009). 而现代法学理论家罗纳德·德沃金（Ronald Dworkin）并不认为法律仅由某种法律规则所确认的规范组成，但是他仍将政策排除在了他的法律"帝国"之外。参见 RONALD DWORKIN, LAW'S EMPIRE 221-24（1986）【以下简称 DWORKIN, LAW'S EMPIRE】。RONALD DWORKIN, TAKING RIGHTS SERIOUSLY 84-85 (1977)【以下简称 DWORKIN, TAKING RIGHTS SERIOUSLY】。德沃金同时承认狭义范围的法律原则（legal doctrine）具有某种"引力（gravitational force）"。参见同上 pp. 111-115。因此，我们很难反驳约瑟夫·拉兹教授（Professor Joseph Raz）的结论，即"一旦我们允许任何一类人行事不受法律的约束，那么法律标准与不合法的、不属于法律的标准之间就一定存在区别"。参见 Joseph Raz, *Incorporation by Law*, 10 LEGAL THEORY 1, 15-16 (2004).
② 恰恰相反，现在一些渊源和争论在法律上是成立且合理的，但是放在社会大背景下却无法算作是合法可行的法律依据。虽然法律的特殊性——它能够使原本社会上无效之物产生法律效力——并不是本文的关注焦点，但是这里也可以分享一下奥利弗·温德尔·霍姆斯（Oliver Wendell Holmes）对于"遵循先例"（stare decisis）的看法："设若亨利四世时代如此的理据久已丧失，而现在的法律之治只不过为对于过去的盲目模仿，则更为令人难以接受。"参见 O.W. Holmes, *The Path of the Law*, 10 HARV. L. REV. 457, 469 (1897).

么，首先就得明白法律不是什么。

因此，这就是为何法理学界，在过去 200 多年中，一直围绕着法律的边界展开争论，探究哪些新的事物成了法律，以及原本认为的法律究竟是不是真正意义上的法律。法律是一门以来源为基础（source-based）的事业，人们必须理解法律的渊源是什么，进而才能理解法律的本质。因此，对于法律性质的争议，往往在于确定哪些决策指导（decisional guidance）可以被视为法律（即什么算作法律）。在这一问题上，哈佛法学院的众学者贡献出了不小的力量，他们一直致力于研究法律的边界，进而释明法律本身的含义。

一、源起：兰德尔

事实上，对于法律边界的探究并非始于兰德尔。起初，艾萨克·帕克、内森·戴恩、西蒙·格林里夫、约瑟夫·斯托里等人创立了哈佛法学院[①]。而美国体系化的法律教育并非始于哈佛，而是发源于威廉玛丽学院[②]以及利奇菲尔德法学院[③]。然而，美国法学理论界的开山鼻祖还是克里斯托弗·哥伦布斯·兰德尔。[④]事实上，兰德尔现在仍是一些学者心中"法律形式主义"（formalism）[⑤]的代表，他们认为美国法律理论史便是从兰德尔的法律形式主义之中逐渐发展而来的[⑥]。

然而，无论上述看法多么普遍，它确实在一些重要方面出现了理解错误。它错

[①] 参见 DANIEL A. COQUILLETTE & BRUCE A. KIMBALL, ON THE BATTLEFIELD OF MERIT: HARVARD LAW SCHOOL, THE FIRST CENTURY 75-188 (2015); R. KENT NEWMYER, SUPREME COURT JUSTICE JOSEPH STORY 237-70 (1985)。

[②] 参见 Thomas Hunter, *The Teaching of George Wythe, in* 1 THE HISTORY OF LEGAL EDUCATION IN THE UNITED STATES 138, 138-44 (Steve Sheppard ed., 1999)。

[③] 参见 MARIAN C. MCKENNA, TAPPING REEVE AND THE LITCHFIELD LAW SCHOOL 137 (1986)。

[④] 参见 BRUCE A. KIMBALL, THE INCEPTION OF MODERN PROFESSIONAL EDUCATION: C.C. LANGDELL, 1826-1906 (2009)。

[⑤] 举例参见 DOUGLAS G. BAIRD, RECONSTRUCTING CONTRACTS 150 (2013); GRANT GILMORE, THE AGES OF AMERICAN LAW 42-67 (1977); Thomas C. Grey, *Langdell's Orthodoxy*, 45 U. PITT. L. REV. 1, 9 (1983); Brian Leiter, *Legal Realism*, A COMPANION TO PHILOSOPHY OF LAW AND LEGAL THEORY 261, 276 (Dennis Patterson ed., 1996); Timothy Zick, *Constitutional Empiricism: Quasi-Neutral Principles and Constitutional Truths*, 82 N.C. L. REV. 115, 124-25 (2003)。

[⑥] 参见材料，如：Soia Mentschikoff & Irwin P. Stotzky, *Law—The Last of the Universal Disciplines*, 54 U. CIN. L. REV. 695, 698 n.5 (1986)（认为法律现实主义是对法律形式主义的批判）; Horacio Spector, *Fairness and Welfare from a Comparative Law Perspective*, 79 CHI. KENT L. REV. 521, 523 (2004)（认为法律工具主义是对法律形式主义的批判）。

误地将兰德尔视为拓宽法律边界的先驱,认为是兰德尔引领着哈佛的学生和学者,扩大了人们对于法律领域的认知范围。

兰德尔开创了法律案例教学法,同时也是美国第一位提出法律及其研究是一门科学而非简单的职业(trade)的先锋——人们对他的这种观点或称道或批评①。对兰德尔来说,法院的观点就是数据,如同科学家们通过寻找特定理论充分解释科学观察数据那样,法学学者们(或者法学科学家们)通过数据归纳②,提炼出能够解释数据的最普遍理由,将其总结为法律原则。

兰德尔认为,法律原则可以从判决案件中客观提炼出来,无须考虑外部的道德、政治、经济和政策因素。他的这一观点,如今常为人诟病③,但人们的批评对兰德尔来说并不公平,原因有两点。首先,尽管与本文关系不大,但是兰德尔并非不知道当时热议的归纳与演绎之间的区别,也并未对普通法法院的立法活动视而不见④。也许他只是认为立法是一项中间环节,在生活中的应用并没有很普遍,也因此高估了普通法系的确定性程度。此外,人们的这些指责既可以直指兰德尔的观点,也可针对大部分的法律思维。兰德尔也许认为归纳法确实比现代分析法更具有决定性⑤,但

---

① 参见文献,如:BRIAN Z. TAMANAHA, BEYOND THE FORMALIST-REALIST DIVIDE 52 (2010)(该书记录了兰德尔坚持认为法律是一门科学的观点);M.H. Hoeflich, *Law and Geometry: Legal Science from Leibniz to Langdell*, 30 AM. J. LEGAL HIST. 95, 120 (1986)(内容同上);Eugene Wambaugh, *Professor Langdell—A View of His Career*, 20 HARV. L. REV. 1, 2 (1906)(描述了兰德尔希望将"理工科实验室的数据归纳法应用于"法律)。更为冷漠的一种看法是,兰德尔的方法其实是对"科学的嫉妒"。参见 BRIAN BIX, JURISPRUDENCE: THEORY AND CONTEXT 35 n.8 (3d ed. 2003). 值得注意的是,当兰德尔试图将法律研究视为一门科学时,他所指的"科学"很大程度上仍指的是现代的自然科学,与人们对"法律科学(legal science)"的理解相差甚远。在 EDWIN W. PATTERSON, JURISPRUDENCE: MEN AND IDEAS OF THE LAW 12 (1953),以及凯尔森法学理论中,法律科学仅指对法律规范的学术性和系统性研究(德语为 *Rechtswissenschaft*),与自然科学没有密切联系,参见 HANS KELSEN, PURE THEORY OF LAW 70-107 (Max Knight trans., 1967)。

② 同第 183 页注①,COQUILLETTE & KIMBALL, p. 326;同本页注①,Wambaugh, p. 2。

③ 参见 MORTON J. HORWITZ, THE TRANSFORMATION OF AMERICAN LAW, 1870-1960: THE CRISIS OF LEGAL ORTHODOXY 189 (1992)(该文提到,兰德尔将法律理解为一门"自然、中立、非政治性"的科学)。

④ 参见第 183 页注①,COQUILLETTE & KIMBALL, pp. 324-334;本页注①,TAMANAHA, pp. 51-53;Bruce A. Kimball, *Langdell on Contracts and Legal Reasoning: Correcting the Holmesian Caricature*, 25 LAW & HIST. REV. 345, 347 (2007);Gerald J. Postema, *Legal Philosophy in the Twentieth Century: The Common Law World, in* 11 A TREATISE ON LEGAL PHILOSOPHY AND GENERAL JURISPRUDENCE 49, 51 (Enrico Pattaro ed.,2011)(本文发现兰德尔最多是"半个形式主义者")。

⑤ 具体来说,人们现在普遍认为,对任何理论或原理的解释并非由解释所需的数据一锤定音。参见 WILLARD VAN ORMAN QUINE, *Two Dogmas of Empiricism*, FROM A LOGICAL POINT OF VIEW 20 (2d ed. 1961);Kyle Stanford, *Underdetermination of Scientific Theory*, STAN. ENCYCLOPEDIA OF PHIL. (Sept. 16, 2013);http://plato.stanford.edu/entries/scientific-underdetermination [https://perma.cc/Q9J4-DJLF]. 也可参见 PIERRE DUHEM, THE AIM AND STRUCTURE OF PHYSICAL THEORY (Philip P. Wiener trans., Atheneum 1964) (1914)。

根据他对法院立法活动的态度以及对归纳法和演绎法之间区别的理解，硬生生将法律是一个完全确定的封闭系统，以及法律推理是形式（或机械）上逻辑演绎的观念强加于兰德尔身上，根本没有实际证据支持。

更重要的是，兰德尔认为，司法活动可以类比科学观察，法院的判决及其附带意见就是法律研究的原始材料，该观点本身乃是一大进步。在兰德尔之前，威廉·布莱克斯通以及大量追随其脚步的美国律师和学者都认为①，案例本身不是法律，它们仅仅是法律的证据②，或者是一根指示针（pointer），引领着人们找到法律。但法律本身，尤其是普通法本身，只包括持久的法律原则，它们一旦被人们提炼总结出来，就会被分类写进各种法律条约中。案例仅仅能够帮助人们发现这些原则，其本身不是法律，不具有法律的权威性。

在这一背景下，兰德尔仍然愿意甚至迫切希望将法官的判决视为主要的法律渊源，即作为法律本身而不仅仅是证据③。可以发现，其实兰德尔的想法并不符合

---

① 参见 BLACKSTONE'S COMMENTARIES: WITH NOTES OF REFERENCE, TO THE CONSTITUTION AND LAWS, OF THE FEDERAL GOVERNMENT OF THE UNITED STATES; AND OF THE COMMONWEALTH OF VIRGINIA (St. George Tucker ed., Philadelphia, Birch & Small 1803)，描述了兰德尔时代之前美国主流法律条款和制度。同时可参见 Davison M. Douglas, *Foreword: The Legacy of St. George Tucker*, 47 WM. & MARY L. REV. 1111, 1113–14 (2006)。

② 事实上，"证据"正是布莱克斯通使用的词。参见 1 WILLIAM BLACKSTONE, COMMENTARIES *69。兰德尔对案件地位的理解参见 Story 所写 NEWMYER 一文，同第 183 页注①，pp. 258, 391。

③ 其中隐含的观点是，在诸如"关于这个问题的法律是什么？"等问题中的"法律"是由有效的法律渊源构成的。就目前而言，这一观点十分贴近罗纳德·德沃金所说的"法律的'理由（ground）'"，参见 DWORKIN, LAW'S EMPIRE，同第 182 页注①，p. 4。一个稍加扩展但仍然隐含此观点的概念来自马克·格林伯格提出的"法律决定实践"的观点，参见 Mark Greenberg, *How Facts Make Law*, 10 LEGAL THEORY 157, 157(2004)。相比之下，1875 年至 1913 年，哈佛大学法学院教授约翰·奇普曼·格雷（John Chipman Gray）则将法律与法律渊源区分开来，将案例、法规、条例和规范性条款视为法律渊源，而不是法律本身。参见 JOHN CHIPMAN GRAY, THE NATURE AND SOURCES OF THE LAW, pp. 123-24, pp. 152-309 (2d ed.1921)；Stephen A. Siegel, *John Chipman Gray and the Moral Basis of Classical Legal Thought*, 86 IOWA L. REV. 1513, 1538-41 (2001)。对格雷来说，只有"法院制定的裁决规则"才是真正的法律，GRAY，同上，p. 121。然而，格雷的结论无法解释法律如何指导法官断案，甚至在没有现存判例的情况下。参见 H.L.A.HART, THE CONCEPT OF LAW pp. 142-47 (Penelope A. Bulloch, Joseph Raz &Leslie Green eds., Oxford Univ. Press 2012) (1961)；Michael Steven Green, *Legal Realism as a Theory of Law*, 46 WM. & MARY L. REV. 1915, 1988-93 (2005)。如果我们因此接受了，某个主题的"法律"在逻辑和时间上先于适用它的判例存在，那么就会出现这样的结论：法律仅仅是由格雷认为的法律渊源构成。因此，对于本文所分析的法律的理解应当是："法律"与具有法律效力的司法和行为指导范围相同。

　　对于"法律"是否应当包括全部或部分法律决策，仍然存在争议。如果我们认为法律由所有认可的法律决策组成，那么我们便会得出一个不太认可的结论：语言、语法、逻辑和数学规则都是法律，同时关于世界的一切事实也都是法律。但是，正如拉兹对法律渊源的理解那样，如果我们认为法律仅仅由一小部分被认可的法律论证和法律决策组成（参见 JOSEPH RAZ, THE AUTHORITY OF LAW (1979) 一书），那么我们也不得不承认：律师和法官所做的大量工作，以及他们进行论证和做出决策时的很多依据根本不是法律。这一结论与法律现实相矛盾。我

当时的主流观点①。他认为普通法由法官制定，而不是由其发现，同时他也默认了，法律不仅包括法律规则和法律原则，法官的实际裁决也应包含在内——判决并非单纯的外部证据，同时也是法律本身②。事实上，从布莱克斯通的观点到兰德尔的观点的重大转变，标志着法律概念的进一步扩大。

二、"法律的生命不在于逻辑……"

"法律的生命不在于逻辑，而在于经验。"③小奥利弗·温德尔·霍姆斯在担任波士顿律师和哈佛大学兼职教师时写下了这句广为人知，但鲜为人理解的佳句，它进一步拓展了法律的边界。如果假设霍姆斯并非在单纯攻击幻影（phantom）④，那

（接上页）们在此对该问题不做深究，本文所讨论的是哪些法律论证和司法判决的输入（input）可为法律社会所接受。至少在这里，我们并不关注是否将所有认可的资源都定义为"法律"的问题。本文所提到的什么"算作法律"，仅泛指社会学上认可的，法律争论和结论中的合法输入。

① 参见 James Schouler, *Cases Without Treatises*, 23 AM. L. REV. 1 (1889)。兰德尔的学生抱怨他教授的不是法律（见第 181 页注②及附文），对于这个问题的另一种说法是，学生们认为法律是由权威性条约中的法律原则组成，而不是那些用于说明、应用或提炼出这些原则的案例。

② 如果案例只是用于提出法律原则的证明，如果只有法律原则才具有法律权威性，那么在法律论证中案例的可信度便不如公认的法律原则。但是，如果案例本身就是法律，那么从案例提炼出的法律原则位阶便会降低，同时法律权威性的等级排序也会颠倒过来。与兰德尔同时的一些人，确实认为他对案例的理解属于前者。参见 William A. Keener, *The Inductive Method in Legal Education*, 17 ANN. REP. A. B. A. 473, 483-84 (1894)（案例教学法的支持者认为"案例只是一种材料，我们需要从中提炼出一个通俗的原则"，同上，p. 484, 见 WILLIAM P. LAPIANA, LOGIC & EXPERIENCE (1994)）；同第 184 页注①，Wambaugh, p. 2 ("兰德尔教授决定使用那些原始的权威性案例用于课堂教学，并从司法判决中得出……文本撰写者从而……以同样的方式发现的一般命题（general propositions）")。然而，如此理解兰德尔的观点，不仅无视了他对脱离传统条约论的功劳，而且还大大低估了案例在后兰德尔法律论证（post-Langdellian legal argument）中的权威性。如今法官引用条约时无须附带案例，这就意味着没有案例可寻；但是引用案例而非条约的现象却无处不在，而且广泛为人接受。因此，当尤金·万博教授（Professor Eugene Wambaugh）发现兰德尔"了解……法律规则的存在及其局限性必须通过法院的判决报告来证明，而非通过教科书"。兰德尔更加能理解反对布莱克斯通的观点（anti-Blackstonian idea），即赋有权威性的是案例而非条约。参见 Stephen M. Feldman, *From Premodern to Modern American Jurisprudence: The Onset of Positivism*, 50 VAND. L. REV. 1387, 1428 (1997) (文中认为案例是"所有法律知识的终极来源"（引自 C.C. Langdell, *Teaching Law as a Science*, 21 AM. L. REV. 123, 124 (1887)))；Catharine Pierce Wells, *Langdell and the Invention of Legal Doctrine*, 58 BUFF. L. REV. 551, 610 (2010) (本文中，兰德尔认为案例为理论提供了基础，而由此总结的理论将为今后的案件判决提供"明确的答案（definite answer [s]）"。

③ 参见 OLIVER WENDELL HOLMES, THE COMMON LAW 1 (1881)。

④ 也许这种假设过大。参见第 183 页注①，COQUILLETTE & KIMBALL，pp. 319-334；G. Edward White, *Introduction* to OLIVER WENDELL HOLMES, THE COMMON LAW, pp. vii, ix, xxiv-xxv (G. Edward White ed., 2009)。

译者注：霍姆斯曾在《法律，我们的情人》一文中，将法律比作情人，提及希腊神话中的女巫喀耳刻（Circe），危险又美丽，利用黑魔法、变形术和幻术制造出虚无的幻象。

么我们可以认为，确实有人相信法律的生命就是逻辑。霍姆斯可能在暗指兰德尔，但更有可能指的是1870年代或更早时期的某种观念和心态①。

如果说1870年代的确存在着霍姆斯所反对的法律意识，那么这种意识至少可以分为两类。一是认为法律决策由现有法律前提（legal premises）机械推导得出。二是认为法律仅指传统法律来源的集合，即法规、案例报告、宪法文本、法律条例、行政成文法规以及一些权威条约。尽管人们批判所谓19世纪的法律形式主义，认为法律逻辑推理等同于拥有一套封闭的法律体系，但是这两者没必要如此联系在一起②。以国际象棋这项有限制边界的职业为例，棋手只能按规定走棋步，同时未经允许不得加棋或移动棋子。尽管如此，下棋并不需要推演，胆大心细的棋手们可以充分发挥其创造力和想象力。因此，即使一些人认定法律并非依靠现有法律材料逻辑推理得出，霍姆斯也许仍会力图说服他们相信，正如国际象棋具有明确的规则一样，法律决策也完全源自一套封闭的现有法律体系。换言之，法律的可推演性，与法律建立在有限的法律渊源之上这一观念并不等同。霍姆斯试图说服的对象很可能会赞同后者，但是不相信前者。霍姆斯可能也意识到了这一区别，因此，他也许是在挑战法律有限性说法之同时，接受了1881年时鲜少人相信法律演绎推理的事实。

要理解霍姆斯的观点，我们就得对他提到的"逻辑（logic）"保持一定的怀疑态度。当时有的人深信：人们可以首先确定相关的法律渊源，然后通过严密的逻辑程序，推导出一切法律问题的正确答案。而也许霍姆斯真正关心的是，如何改变这些人对法的理解。因此，如果我们相信霍姆斯对当时法律决策领域有更为精准的认识，那么我们就会发现他的目的并非在于抨击已经过时的1881年所提出的观点，而在于攻击当时广泛为人接受的关于什么是法律、什么不是法律的信念。

以这种方式解读霍姆斯，就会发现他对"经验（experience）"持有不同看法。即使兰德尔及其他学者承认：提炼法律结果，或者将普通法从此处应用到彼处，并

---

① 我在此所说的"1870年代或更早时期"，仅指19世纪中叶和早期。如果我们回溯18世纪，那么会发现司法非常依赖看似无限的"自然理性（natural reason）"原则，而这些原则之后在兰德尔和霍姆斯时代的思潮中逐渐褪去，司法转而将目光投向正式的法律学说。的确，尽管斯多利（Story）承认自然理性和自然正义可能被法院判决所取代，但是他也同样认为两者仍应当是普通法要素之一。参见 Caleb Nelson, *Stare Decisis and Demonstrably Erroneous Precedents*, 87 VA. L. REV. 1, 41-42 (2001)。

② 参见 Thomas C. Grey, *Modern American Legal Thought*, 106 YALE L.J. 493, 495-96 (1996)（本文回顾了 NEIL DUXBURY 1995年所写的 PATTERNS OF AMERICAN JURISPRUDENCE (1995)）。

不完全是推理，他们仍然可能相信，正如上述对象棋的比喻和文学解释一样①，法律决策形成于一个高度受限的法律渊源内，在准许范围内"移动（moves）"。在提到"经验"时，我们可以从反面来理解霍姆斯的观点，即他坚持认为法律推理既不像国际象棋也不像"形式主义"的文义解释那般②。相反，法律推理，尤其是涉及改变法律，而非简单适用普通法的法律推理时，需要借助外部力量。霍姆斯认为，应当将所有的法律解释纳入法律认知范围内，而不是仅仅被简单解释一下。因此，他进一步扩大了兰德尔建立的法律构成的模型。兰德尔此前扩大了法律的边界，将法官的判决视为法的一部分，但是霍姆斯在《普通法》一书和其他文章中，认为法律应当包含那些必须解释和适用的外部因素，再次扩大了兰德尔所认为的法律的边界③。

三、经验主义：庞德的见解

霍姆斯常被认为是第一位法律现实主义学者④，或是重要先驱之一⑤。但他在许多方面都维持着传统主义的观点，因此他只能被称为一名前现实主义者（a pre-Realist）。我们可以从那则著名的佛蒙特州治安法官故事中加深理解：

---

① 所谓新批评主义（New Criticism）的形式主义者认为，文学作品的文本，在某种程度上成为了文学解释的唯一途径，但并不否认这种解释给人们留下了创造与想象的空间。参见诸如 CLEANTH BROOKS, THE WELL WROUGHT URN: STUDIES IN THE STRUCTURE OF POETRY, pp. x-xi (1947); I.A. RICHARDS, PRACTICAL CRITICISM pp. 6-9 (Harvest Books 1956) (1929); RENÉ WELLEK & AUSTIN WARREN, THEORY OF LITERATURE pp. 38-40 (3d ed. 1977)。而新批评主义的批评家们认为，解释应当避免文本之外事项，如历史背景、作者意图、道德和心理等，这种做法既不可能，也不可取。参见 WESLEY MORRIS, TOWARD A NEW HISTORICISM 14-31 (1972); FREDERICK A. POTTLE, THE IDIOM OF POETRY 32, 40-41 (1946); Douglas Bush, *The New Criticism: Some Old-Fashioned Queries*, 64 PUBLICATIONS MOD. LANGUAGE ASS'N 13, 13-14 (1949)。我们可以把兰德尔看作带有新批评主义倾向的学者，而霍姆斯的观点则倾向于新批评主义的批评家。

② 同本页注①。

③ 参见举例：Oliver Wendell Holmes, *Law in Science and Science in Law*, 12 HARV. L. REV. 443, 460 (1899); 同第 182 页注②，Holmes, p. 469。关于如何将霍姆斯对于经济学、统计学和历史的价值理念应用于"经验"范围内，参见 John C.P. Goldberg, *Style and Skepticism in* The Path of the Law, 63 BROOK. L. REV. 225, 231 n.24 (1997); David M. Rabban, *The Historiography of* The Common Law, 28 LAW & SOC. INQUIRY 1161, 1197-98 (2003)。

④ 来自一些主要的法律现实主义者的观点。参见 JEROME FRANK, LAW AND THE MODERN MIND 7, 133-34, 164 (1930); 参见 KARL N. LLEWELLYN, THE THEORY OF RULES 56 (Frederick Schauer ed., 2011)（原文刊登于 pp. 1938-1939）。

⑤ 参见 AMERICAN LEGAL REALISM 3-6 (William W. Fisher III, Morton J. Horwitz & Thomas A. Reed eds., 1993)。

有天某农民状告另一个农民打碎了他的搅乳器。这位法官思考一番后说，他翻遍了所有成文法规，但是找不到任何关于搅乳器的规定，由此做出了被告胜诉的判决。①

　　搅乳器的故事及其附注表明②，霍姆斯对司法判决的来源持传统观点，远没预见现实主义的理由。他认为，在应用法律规则及法律分类时，需要借助一些"经验"，但是得出法律结果的决定性因素，还是从标准法律规则和传统法律分类所选出的法律事实③。用霍姆斯自己的话来说，对于律师和当事人，即便法律由"预测法院判决的预言（prophesy）④"构成，但也正是由于法律渊源和法律分类的存在，预言才可能成真。因此，如果想预见法官在搅乳器案中的判决，就需要首先预测法官会将案件归入哪种法律——也许是保释法下的侵占案件或侵犯案件。由此，我们可以认为，预测司法结果需要借助传统的法律分类进一步确定，从这方面看，霍姆斯仍然是一位带有前现实主义理念的传统主义者。

　　在这一背景下，罗斯科·庞德在担任哈佛法学院院长后，逐渐发展起了社会法学派⑤，进一步扩展了法律渊源的范围。庞德很可能认同霍姆斯对于现有法律分类的理解，因为他认为，传统意义上的法律规则在大部分法律适用中都起着重要作用⑥。尽管霍姆斯发现了法律分类之优与美，但是庞德从规范性角度出发，拓展了法律的含义。他反对"机械法学（mechanical jurisprudence）"⑦，推崇社会法学，但其实都是在针对霍姆斯曾提及的"经验"大做文章，他甚至将自己的理解拓展到了霍姆斯观点的对立面上。尽管庞德认同描述标准法律分类的重要性，但是他也认为，法律分类不仅是一种规范，应当扩大法律决策依据的来源范围。社会法学派认

---

① 参见第 182 页注 ②，Holmes，pp. 474–475。
② 类似内容在常见的文章和教材中均有提及。申请合同或者侵权行为的基本规则规定于《美国法典》（译者注）的"铁路篇"或者"电报篇"，或者可能归入诸如"航运篇"或者"衡平法"等历史条约之中，抑或是归于其他能够引众人关注的分支之下，比如商法。一旦某人研究法律，便会成为法律的主人，这意味着要直面所有可能会发生的戏剧性事件，并找出预言的真正依据。
③ 我个人对于霍姆斯搅乳器案例的观点，详见 Frederick Schauer, *Prediction and Particularity*, 78 B.U. L. REV. 773, 775–81 (1998)。
④ 同第 182 页注 ②，Holmes，p. 461。
⑤ 参见 Roscoe Pound, *The Need of a Sociological Jurisprudence*, 19 GREEN BAG 607 (1907)；Roscoe Pound, *The Scope and Purpose of Sociological Jurisprudence* (pt. 1), 24 HARV. L. REV. 591 (1911)；Roscoe Pound, *The Scope and Purpose of Sociological Jurisprudence* (pt. 2), 25 HARV. L. REV. 140 (1912)。以及 N.E.H. HULL, ROSCOE POUND AND KARL LLEWELLYN: SEARCHING FOR AN AMERICAN JURISPRUDENCE (1997)；第 184 页注 ①，PATTERSON, p. 518–527；WILLIAM TWINING, KARL LLEWELLYN AND THE REALIST MOVEMENT 22–25 (2d ed. 2012)。
⑥ 参见 ROSCOE POUND, AN INTRODUCTION TO THE PHILOSOPHY OF LAW 100–06 (1922)。
⑦ 参见 Roscoe Pound, *Mechanical Jurisprudence*, 8 COLUM. L. REV. 605, 607 (1908)。

为法律规范性强,应当扩大法律及其认知范围。

庞德的社会法学派针对的是法学学者以及法官。对法学学者而言,庞德力图扩大法律评论的范围。他希望学者从实证主义角度出发,利用社会科学数据并在更大的社会背景之下理解法律的含义[1],进而可以明确书本中的法律和行动中的法律之不同[2],并且让学者意识到法律所服务的社会利益的多元性[3]。庞德本人的职业生涯便围绕着这一目标进行,他积极邀请社会科学家参与法律改革,并做出了突出的科研成果,其中包括了他在成为法学院院长后所进行的刑法改革[4],以及在侵权法方面的革新[5]。

庞德也试图让法官在做出司法判决时,必须考虑法律的整体目标,并将一切有用经验和政策资源纳入考虑范围[6]。虽然他还是对编纂法典以及通过立法进行法律改革持怀疑态度[7],但是他仍坚持,法官仅可以且应当适用当代现有立法与行政规则断案[8]。的确,尽管我们知道庞德与当年的"马勒诉俄勒冈案(*Muller v.*

---

[1] 庞德之所以对历史法学派感兴趣,是因为他认为,历史法学派研究者们——亨利·萨姆奈·梅因(Henry Sumner Maine)、弗雷德里克·波洛克(Frederick Pollock)、鲁道夫·冯·耶林(Rudolph von Jhering)和卡尔·冯·萨维尼(Karl von Savigny),认识到了"法学与政治的统一性",并且意识到了法律与法律秩序不能脱离更广泛的"社会控制"体系存在。参见 Roscoe Pound, *Fifty Years of Jurisprudence*, 50 HARV. L. REV. 557 (1937); ROSCOE POUND, INTERPRETATIONS OF LEGAL HISTORY 68 (1923)。对于其他将约瑟夫·比厄(Joseph H. Beale)视为典型的形式主义者的人而言,他们也许没想到,比厄在历史对于法律的塑造和理解方面有着与庞德类似的观点。参见 Joseph H. Beale, Jr., *The Development of Jurisprudence During the Past Century*, 18 HARV. L. REV. 271, 282-83 (1905)。

[2] 参见 Roscoe Pound, *Law on the Books and Law in Action*, 41 AM. L. REV.12 (1910)。

[3] 参见 ROSCOE POUND, SOCIAL CONTROL THROUGH LAW 1-2 (1942); Roscoe Pound, *A Survey of Social Interests*, 57 HARV. L. REV. 1 (1943); Caroline Humfress, *Telling Stories About (Roman) Law: Rules and Concepts in Legal Discourse*, in LEGALISM: RULES AND CATE-GORIES 79, 85 (Paul Dresch & Judith Scheele eds., 2015)(本文提到,庞德敦促法官和法学教授"以促进社会发展为目的,制定相关法律规则和概念")。另同第 183 页注[5], Richard Hyland, *Comparative Law*, in A COMPANION TO PHILOSOPHY OF LAW AND LEGAL THEORY, p. 184。

[4] 参见 ROSCOE POUND, CRIMINAL JUSTICE IN AMERICA (1930); Roger A. Fairfax, Jr., *A Fair Trial, Not a Perfect One: The Early Twentieth-Century Campaign for the Harmless Error Rule*, 93 MARQ. L. REV. 433, 441 (2009); Thomas A. Green, *Freedom and Criminal Responsibility in the Age of Pound: An Essay on Criminal Justice*, 93 MICH. L. REV. 1915, 1973-2000 (1995)。

[5] 参见 Michael L.Rustad, *Torts as Public Wrongs*, 38PEPp. L. REV. 433, 519-22 (2011)。

[6] 参见 Roscoe Pound, *Justice According to Law*, 14 COLUM. L. REV. 1, 24-26 (1914); Jay Tidmarsh, *Pound's Century, and Ours*, 81 NOTRE DAME L. REV. 513, 521-22 (2006)。

[7] 参见 DAVID WIGDOR, ROSCOE POUND: PHILOSOPHER OF LAW 89-90 (1974); Herbert Hovenkamp, *Evolutionary Models in Jurisprudence*, 64 TEX. L. REV. 645, 680 n.197 (1985)。

[8] 同本页注[6],Tidmarsh, p. 522。的确,将行政管理规则理解为法律,本身就拓宽了法律与法律意识的边界。参见 Kevin M. Stack, *Lessons from the Turn of the Twentieth Century for First-Year Courses on Legislation and Regulation*, 65 J. LEGAL EDUC. 28, 36-39 (2015); Adrian Vermeule, Essay, *Bureaucracy and Distrust: Landis, Jaffe, and Kagan on the Administrative State*, 130 HARV. L. REV. 2463 (2017)。

Oregon)[①]"中发明的"布兰代斯诉讼方式(Brandeis brief)"无直接关联,但是该方式提议法官通过社会科学数据做出判决,与庞德的目标不谋而合。庞德相信,借助社会科学,法官可以更好地通过法律服务社会公益。

从上述角度看,庞德似乎是一位法律现实主义者,因为他原本是一个比霍姆斯更为明显的现实主义者。但是比起最极端的现实主义者,庞德认为传统意义上的法律规则仍然意义重大[②]。人们也常把他的观点与其他现实主义者进行对比[③]。但是,这些研究一方面对比的是庞德成为法学院院长后的思想与行为,并非此前作为普通教师和学者的经历[④];一方面以他与卡尔·卢埃林关于现实主义的著名辩论为基础[⑤],同时还研究庞德与其赞同者观点之间细微的不同[⑥]。但如果认真阅读庞德的文章便会发现,他其实希望将法律学术研究与司法实践都纳入社会科学和政策分析的范畴内。因此,要了解美国法律思潮,将庞德视为法律现实主义者可能更为精确[⑦]。而就本文主题,最好认定庞德与现实主义者们都相信法律领域(庞德常将其中的一部分称之为"自由裁量权"[⑧]),比兰德尔与霍姆斯等人所理解的更为宽广。当然,扩大法律的边界——将何物认定为法律渊源,从而认定什么可以算作法律[⑨]——并非以连续不断的线性方式进行,而是一种断断续续的发展过程。但是,当法律渊源的数量随着时间的推移逐渐增多时,庞德和现实主义者都认为,法律渊源远比前人所理解的更加多样,法律决策以及法律研究都可算作其中的一部分。

[①] 参见 208 U.S. 412 (1908)。关于分析庞德与"布兰代斯诉讼方式"之间的联系,详见 Noga Morag-Levine, *Facts, Formalism, and the Brandeis Brief: The Origins of a Myth*, 2013 U. ILL. L. REV. 59, 93–96。

[②] 比较庞德(同第189页注⑥, pp. 100-102)与 Frank(同第188页注④)、哈奇森(Joseph C. Hutcheson, Jr., *The Judgment Intuitive: The Function of the "Hunch" in Judicial Decision*, 14 CORNELL L.Q. 274 (1929))的观点。相反,卢埃林将规则描述为"漂亮的玩物(pretty playthings)"(参见 K.N. LLEWELLYN, THE BRAMBLE BUSH: ON OUR LAW AND ITS STUDY 5 (1930)),仍未精准表达出自己的观点(参见 K.N. LLEWELLYN, THE BRAMBLE BUSH: ON OUR LAW AND ITS STUDY 9 (Oceana, 2d ed. 1951) (1930)),甚至没能说明他如何区分了"书本上的规则(paper rules)"以及"行动中的规则(real rules)"(参见 Karl N. Llewellyn, *A Realistic Jurisprudence—The Next Step*, 30 COLUM. L. REV. 431, 444-57 (1930))。其余详情参见第189页注⑤, TWINING, p. 32; Frederick Schauer, *Legal Realism Untamed*, 91 TEX. L. REV. 749 (2013)。

[③] 参见 LAURA KALMAN, LEGAL REALISM AT YALE, 1927–1960, at 45–66 (1986)。

[④] 同本页注③。

[⑤] 参见 Karl N. Llewellyn, *Some Realism About Realism*, 44 HARV. L. REV. 1222 (1931); Roscoe Pound, *The Call for a Realist Jurisprudence*, 44 HARV. L. REV. 697 (1931);以及第189页注⑤, HULL。

[⑥] "在适当的时候,向盟友开枪,也是庞德的特色(modus operandi)。"参见 NEIL DUXBURY, FREDERICK POLLOCK AND THE ENGLISH JURISTIC TRADITION, 115 (2004)。

[⑦] 同第184页注③, HORWITZ, pp. 169-170。

[⑧] 同第189页注⑥, POUND, p. 112;第184页注③, pp. 106-143。

[⑨] 就法律、法律渊源和何物可算作法律之间的关联,参见第185页注③。

四、朗·富勒的反实证主义

法理学与大多数事物一样，深受第二次世界大战的影响。有些影响来自于个人层面，比如在纳粹主义的冲击下，汉斯·凯尔森（Hans Kelsen）等学者背井离乡①，还有许多人投笔从戎。但二战也影响到了法学本身，其中影响最为深刻的莫过于哈佛学者朗·富勒与牛津大学哈特在哈佛法学院进行的辩论。这场辩论最精彩的部分日后也刊登在了《哈佛法律评论》中②。

由于古斯塔夫·拉德布鲁赫试图将德国律师和法官（包括他本人）在纳粹主义干涉下形成的合作，归结为法律实证主义行为③，并且由于纽伦堡审判关注是否存在一种不成文的法律，从而能够追究战犯们的责任④，因此，在战后十几年中，人们在探讨法理学问题时，无法绕开纽伦堡审判、第三帝国时期的法律以及战后的

---

① 汉斯·凯尔森（Hans Kelsen）——20 世纪上半叶最主要的法律实证主义者，他与哈特都是 20 世纪最重要的两位法哲学家之一。凯尔森不只是一名学者，他曾在他的祖国奥地利担任法官，是 1920 年奥地利宪法的主要起草者之一（参见 Nicoletta Bersier Ladavac, *Hans Kelsen (1881–1973) Bibliographical Note and Biography*, 9 EUR. J. INT'L L. 391, 392 (1998)）。1930 年，凯尔森因政治斗争被开除司法职务，随后在德国科隆任职（来源同上）。1933 年，他因犹太人的身份而被迫离开德国，来到美国；1936 年在哈佛大学获得荣誉法学博士学位；1941 年在哈佛法学院"霍姆斯年度论坛"发言；1940 年至 1942 年的大部分时间，受洛克菲勒基金会（Rockefeller Foundation）资助，担任法学院访问研究员（参见 Thomas Olechowski, *Hans Kelsen, The Second World War and the U.S. Government*, HANS KELSEN IN AMERICA—SELECTIVE AFFINITIES AND THE MYSTERIES OF ACADEMIC INFLUENCE 101–03 (D.A. Jeremy Telman ed., 2016)；Editorial Comment, *Hans Kelsen: October, 11, 1886–April 15, 1973*, 67 AM. J. INT'L L. 491, 493–95 (1973)）。令凯尔森深感失望的是，他未被聘为终身讲师，据说是因为基金会资金短缺，同时也可能是因为他的英语不流利，并且无法教授法律基础课程（参见 Carlo Nitsch, *Holmes Lectures, 1940–41*, HANS KELSEN, DIRITTO E PACE NELLE RELAZIONI INTER-NAZIONALI, p. V (Carlo Nitsch ed., 2009)）。因此，凯尔森在随后的职业生涯中（1973 年去世，享年 91 岁），常在加州大学伯克利分校政治学系讲课，在那里边授课边发表学术论文（同 Ladavac, pp. 230, 231, 234）。如今英美法哲学中，哈特及其赞同者的意见仍占据主流；而欧洲大陆和拉美法哲学中，凯尔森占据着类似的地位，两个流派之间存在巨大鸿沟。因此，我们不妨猜测，如果凯尔森当时留在了哈佛，那么当代法哲学又会如何发展呢？至少，他在英美法界的影响会比现在大很多，也许哈特和凯尔森之间的地理和文化鸿沟便不会存在，或者会缩小很多。

② 参见 H. L. A. Hart, *Positivism and the Separation of Law and Morals*, 71 HARV. L. REV. 593 (1958)；Lon L. Fuller, *Positivism and Fidelity to Law—A Reply to Professor Hart*, 71 HARV. L. REV. 630 (1958)。

③ 详情参见 Stanley L. Paulson, *Lon L. Fuller, Gustav Radbruch, and the "Positivist" Theses*, 13 LAW & PHIL. 313 (1994)。

④ 参见 JUDITH N. SHKLAR, *LEGALISM* 157 (1964)；TELFORD TAYLOR, *THE ANATOMY OF THE NUREMBERG TRIALS* 629 (1992)；MARK J. OSIEL, MASS ATROCITY, ORDINARY EVIL, AND HANNAH ARENDT: CRIMINAL CONSCIOUSNESS IN ARGENTINA'S DIRTY WAR 70 (2001)（该文以阿道夫·艾希曼审判为背景展开讨论）。

纳粹法律地位及其后果的话题。正因如此，1957年，刚受任牛津大学法理学教授的哈特①，应邀出席哈佛大学"奥利弗·温德尔·霍姆斯年度讲坛"并发表学术演讲②。演讲时，他自然而然提及了纳粹法，讨论了法律与道德之间的关系，也重点论述了他的法律实证主义观点③。当时，富勒已是一位坚定的反实证主义者④，因此在听完哈特的言论后，富勒认为自己有必要写文章做出回应⑤。此后，哈特与富勒之间的这场辩论成为二十世纪法理学界的里程碑⑥，因为它为富勒后来在《法律的道德性》中发展的程序自然法⑦以及哈特在《法律的概念》中提出法律实证主义具有强大影响力的观点提供了基础⑧。的确，哈特在这场辩论中贡献巨大，他的观点衍生出了一种新的理论，在后续很长一段时间内主导了英美法学，并且标志着法学研究性质的转变。法学的研究者原本只是理论功底深厚的律师，后来逐渐向兼具完备哲学知识的理论学家转变，这些学者更擅长通过哲学来探究法律⑨。

"哈特-富勒辩论"（the Hart-Fuller debate）由两部分组成。其中比较重要的一部分是对实证主义和自然法之间长久争论做出的贡献。哈特和富勒对实证主义和自然法的概念以及描述的准确性产生了明显的分歧，但他们似乎又使用了同一种法学方法论。在讨论应当采用实证主义还是自然法理解法律本身，从而在惩治违法行为上达成一致解决方法时，双方都认为，任何特定的社会都会创造自己的法律概念、法律理解或法律意义。因此，他们的分歧就变成了工具的选择，即社会应当创造或者使用哪种法律概念，才能实现共同的目标。由此可见，针锋相对的辩论之下，实则隐含了双方达成共识的一种观点：法学方法论的一部分由规范组成，可以为整个社会认识和理解其制度提供论据。⑩

---

① 参见 NICOLA LACEY, A LIFE OF H. L. A. HART 151 (2004)。
② 同上，p. 196。发表演讲时，哈特的身份是哈佛大学法学院客座教授（注释同前，p. 179）。
③ 同第 192 页注②，Hart；同本页注①，pp. 615-621（论述纳粹法律部分）。
④ 参见 LON L.FULLER, THE LAW IN QUEST OF ITSELF (1940)。
⑤ 同第 192 页注②，Fuller；对富勒的思想与纳粹法之间争论的分析，详见 KRISTEN RUNDLE, FORMS LIBERATE: RECLAIMING THE JURISPRUDENCE OF LON L FULLER 66-78 (2012)。
⑥ 关于哈特在霍姆斯研讨会上的讲话、他在哈佛的生活以及本场世纪辩论最权威的记录，参见（同本页注①）NICOLA LACEY, A LIFE OF H. L. A. HART (2004)。
⑦ 参见 LON L. FULLER, THE MORALITY OF LAW (rev. ed. 1969)。
⑧ 同第 185 页注③，HART。
⑨ 这种转变有利有弊。详见 Frederick Schauer, *(Re) Taking Hart*, 119 HARV. L. REV. 852, 857-69 (2006)（回顾本页注① LACEY 所写一文）。
⑩ 参见 Frederick Schauer, *The Social Construction of the Concept of Law: A Reply to Julie Dickson*, 25 OXFORD J. LEGAL STUD. 493, 493-95 (2005); Frederick Schauer, *On the Nature of the Nature of Law*, 98 ARCHIV FÜR RECHTS-UND SOZIALPHILOSOPHIE 457, 460-62 (2012)。与"哈特-富勒辩论"

"哈特-富勒辩论"一方面在于实证主义、富勒所推崇的自然法观念（如果它真的是自然法的话[①]）及其法学方法论之间的争论，另一方面则是关于法律解释的论战。这里便提到了我们熟知的禁止"车辆进入公园"条例一案[②]。哈特在此提出了他那个著名的观点：所有规则都包含一个确定意义的核心区（a core），它被一个具有不确定性的半影区（a penumbra）包围着[③]。摩托车显然是车辆，但自行车和溜冰鞋则存在着不确定性，需要解释者如立法般谨慎地理解，进而做出决定[④]。对此，富勒以一座战争纪念碑（a war memorial）为例，上面刻画着一辆功能完备的车辆。他通过该例子表明，如果适用上述条例禁止该雕像作品入园是一种非常荒谬的行为。因此，我们不可能在不考虑立法目的的情况下，对案件作出审判。[⑤]

虽然哈特后来承认，在某些法律制度中，那些"显而易见或是商定的立法目的（obvious or agreed purpose）"也可以明确案件审判[⑥]，这只是在法律判决准许的输入

（接上页）方法论以及法律概念分析相反的观点是，即使承认了一些法律概念可能附带某些善恶的道德观念，包括富勒和哈特在内的理论家们都在试图以一种非规范的方式确立社会现有的法律概念（参见 JULIE DICKSON, EVALUATION AND LEGAL THEORY 92-93 (2001) ; Leslie Green, *Positivism and the Inseparability of Law and Morals*, 83 N.Y.U. L. REV. 1035, 1036-37 (2008)）。对哈特文本的此类替代性解释并非完全不可信，但我认同的工具性解释可信度更高（参见第 185 页注③，HART，pp. 207-212）（哈特在 p. 209 提及"我们接受的"法律概念，并在 p. 210 提到了采用其他法律概念的"实际好处（practical merits）"）。富勒认为法理学是一项不可重复的规范性事业的观点非常明确，但对于哈特来说，这个问题的答案却模糊不清。因此，要理解哈特，也许我们只能同意迪克森（Dickson）后来的结论，即哈特提出问题的方式比较尴尬（awkward）。参见 Julie Dickson, *Is Bad Law Still Law? Is Bad Law Really Law?*, LAW AS INSTITUTIONAL NORMA-TIVE ORDER 161, 164 (Maksymilian Del Mar & Zenon Bankowski eds., 2009)。

① 对富勒及其读者而言，都不是一个简单的问题。参见第 193 页注⑤，RUNDLE, pp. 45-46 ; Kristen Rundle, *Opening the Doors of Inquiry: Lon Fuller and the Natural Law Tradition*, THE CAMBRIDGE COMPANION TO NATURAL LAW JURISPRUDENCE (George Duke & Robert P. George eds., forthcoming 2017) ; LON L. FULLER, THE PRINCIPLES OF SOCIAL ORDER: SELECTED ESSAYS OF LON L. FULLER 334-36 (Kenneth I. Winston ed., rev. ed. 2001)。

② 详见 Frederick Schauer, *A Critical Guide to Vehicles in the Park*, 83 N. Y. U. L. REV. 1109 (2008)。

③ 同第 192 页注②，Hart，pp. 607-608。

④ 哈特对于司法自由裁量权的观点，详见 H.L.A. Hart, *Discretion*, 127 HARV. L. REV. 652 (2013) ; Nicola Lacey, Essay, *The Path Not Taken: H.L.A. Hart's Harvard Essay on Discretion*, 127 HARV. L. REV. 636 (2013) ; Geoffrey C. Shaw, *H.L.A. Hart's Lost Essay: Discretion and the Legal Process School*, 127 HARV. L. REV. 666 (2013)。不过，哈特承认，法官在履行立法职能时，可能会受到某些程序性和其他方面的限制，而立法机关则可以避免此类限制。参见 H.L.A Hart, Lecture, *The New Challenge to Legal Positivism* (1979), 36 OXFORD J. LEGAL STUD. 459, 462 (2016)（由 Andrzej Grabowski 从西班牙语翻译成英语）。

⑤ 同第 192 页注②，Fuller, p. 663。富勒认为，结果的荒谬性足以在此类情况下，推翻规则，而其他人并不赞同。参见 John F. Manning, *The Absurdity Doctrine*, 116 HARV. L. REV. 2387 (2003) ; Frederick Schauer, *The Practice and Problems of Plain Meaning*, 45 VAND. L. REV. 715 (1992)。

⑥ 参见 H.L.A. HART, *Introduction*, in ESSAYS IN JURISPRUDENCE AND PHILOSOPHY 1, 8 (1983)。

（input）范围这个更大的争论上做出的小小让步，但同时，这种观点也与法律的边界有关。对哈特而言，法律结论可以不经补充，直接从规则中得出，或者偶尔从某些立法目的、监管目标中得出。但是，即使是更广泛的版本也远不及富勒为法律渊源框定的范围。与哈特不同，富勒认为，法律解释和决策必须考虑所有合理或者不合理的方面，通过这种扩张性理解，可以确定影响法律解释的重要因素以及可以成为法律的事物范围。富勒的观点可以视为对霍姆斯和庞德观点的再一次延伸[1]。至少在美国，富勒可能比哈特更为准确地定义了法律决策领域[2]，更重要的是，他极大程度上确定并捍卫了法律边界的实质性扩展。

富勒曾早在其作品《洞穴奇案》中，以充满趣味的方式预示了人们也许可以通过扩大法律渊源范围来理解法律[3]。在这个虚构的故事中[4]，富勒大抵上怀着相同的同情心，描述了法院处理此案件的不同方式。其中采用法律文意解释将案件判决指向一个方向，而利用道德和常识则将判决指向了另一个方向。富勒本人希望重点强调的立法的目的以及法律条文的合理性，这种观点也最终通过文中福斯特法官（Justice Foster）的声音传递给了世人[5]。但在奇案审判的另一份意见书中，汉迪法官（Justice Handy）将一份显然通过职权以外（extrajudicial）的方式得到的资料，作为了断案依据（法官妻子的侄女从行政长官的秘书手中得到）[6]。富勒在故事中植入该情节，很可能试图带入法律现实主义的观点[7]，从而暗示：无论源自哪里的信

---

[1] 在他的遗作中（参见第185页注③，HART, pp. 244-253），哈特似乎接受了如今所说的"包容性法律实证主义（inclusive legal positivism）"。参见 W.J. WALUCHOW, INCLUSIVE LEGAL POSITIVISM (1994)（本文解释和捍卫了实证主义的概念，即只要社会允许，就可以把道德伦理算作法律）。也就是说，根据哈特对规则的终极理解（参见第185页注③，HART, pp. 100-110），法律包含一切可以被视为法律的事物。因此，他可以接受富勒认可的一部分法律来源，在一定法律制度下，可以视作法律的说法。根据这种解释，哈富的分歧只在于这是一个法律制度的必要（富勒的观点）还是偶然（哈特的观点）特征。然而，关于法律解释的辩论，显然在于，应当对法律判决准许的"输入（inputs）"范围做广义（富勒的观点）还是狭义（哈特的观点）的理解。

[2] 参见案例 Yates v. United States, 135 S. Ct. 1074 (2015)（本案反对文义解释，认为应考虑采用法定目的解释）；Holy Trinity Church v. United States, 143 U.S. 457 (1892)（支持法定目的解释）；以及 United States v. Kirby, 74 U.S. (7 Wall.) 482 (1868)（同前）。

[3] 详见 Lon L. Fuller, *The Case of the Speluncean Explorers*, 62 HARV. L. REV. 616 (1949)。关于笔者对于洞穴奇案的观点，参见 Frederick Schauer, *Fuller's Fairness: "The Case of the Speluncean Explorers,"* 35 U. QUEENSLAND L.J. 1 (2016)。

[4] 富勒的故事来源为 *Regina v. Dudley & Stephens* (1884) 14 QBD 273。关于真实案件的详情，参见 A.W. BRIAN SIMPSON, CANNIBALISM AND THE COMMON LAW (1984)。

[5] 同本页注③，Fuller, pp. 620-626。

[6] 同上，p. 642。

[7] 也许富勒由此会名誉扫地，参见 L.L. Fuller, *American Legal Realism*, 82 U. PA. L. REV. 429 (1934)（富勒在本文中批评了法律现实主义）。

息，都可能成为司法裁决的一部分。富勒也许希望引起读者对法官此类操作的震惊之感，而并非同情。但是该情节表明，富勒对法官（不）可以或者（不）会使用什么样的信息，其实非常敏感。

五、罗纳德·德沃金的法律帝国

1889 年《哈佛法律评论》中刊登了一篇简短的评论[①]，讨论了纽约上诉法院在"里格斯诉帕尔默（Riggs v. Palmer）案[②]"中耐人寻味的判决。弗朗西斯·帕尔默（Francis B. Palmer）是纽约北部一名富裕的农民，他写了一份遗嘱，指定将大部分财产留给孙子埃尔默·帕尔默（Elmer Palmer）。自此之后，弗朗西斯对 16 岁的埃尔默的表现越发挑剔，常常以修改遗嘱相要挟。后来，弗朗西斯打算再婚[③]。埃尔默为了阻止祖父更改遗嘱，用士的宁（strychnine）毒死了祖父。但由于埃尔默犯案时尚未成年，因此被关在州教养院服刑[④]。

埃尔默获释后，要求继承遗产，但遭到其他受益人的一致反对。这场纠纷最终诉至纽约州最高法院[⑤]。埃尔默认为，《纽约遗嘱法》（the New York Statute of Wills）的字面意思并不包含谋杀遗嘱人的继承人的例外情况，因此，根据该法的字面意思，他有权获得遗产[⑥]。而剩余受益人则坚持认为，如果允许埃尔默享有遗产的利益，就会允许将法律用作追求不公的工具，因此必须将《遗嘱法》字面意思以外的一些东西视为法律的一部分[⑦]。

埃尔默败诉。虽然格雷法官（Judge Gray）支持辩护律师的意见，认为直接遵循适用法律法规的字面含义是受到传统的合法性原则和法定解释原则强制约束的，法院不能无视"严格的法律规则"[⑧]（即使是"补救性司法（remedial justice）"也不得无视[⑨]），

[①] 参见 Wills—Murder of the Testator by Legatee, 3 HARV. L. REV. 234 (1889)。

[②] 参见 22 N.E. 188 (N.Y. 1889)。本案例详细背景与历史介绍，详见 CALEB NELSON, STATUTORY INTERPRETATION 7-27 (2011)。

[③] 参见 Daniel A. Farber, Courts, Statutes, and Public Policy: The Case of the Murderous Heir, 53 SMU L. REV. 31, 33 (2000)。最初起草遗嘱时，弗朗西斯已是一位鳏夫。

[④] 同上，pp. 31, 33。

[⑤] 关于上诉，详见 Preston v. Palmer, 42 Hun 388 (N. Y. Sup. Ct. 1887), rev'd, 22 N. E. 188。

[⑥] 参见 22 N. E. p. 189。

[⑦] 同本页注③，Farber，p. 34。

[⑧] 参见 Riggs, 22 N. E. p. 191 (Gray, J., 并不赞同)。

[⑨] 同上，p. 192。

但是其他法官却不赞同。厄尔法官（Justice Earl）在代表大多数法官发表观点时，依据的是一系列古老的条约、法律学说、美国及其他司法管辖区域的法律，但最重要的依据是"任何人不得从自己的过错中获益"这一古老的原则①。本案的大多数法官认为，这项原则为作出明显不符合相关法律法规文义的判决提供了依据。

同当时典型的案例评论一样，《哈佛法律评论》的案例评述侧重对案件的描述②，而不是分析或批评。然而，这篇评论却引发了人们的长期关注。1907年，庞德发表评论，表示不赞同判决结果③；而本杰明·卡多佐（Benjamin Cardozo），同为纽约上诉法院法官，在《论司法过程的性质》一书中称赞了最终判决④；亨利·哈特教授和艾伯特·萨克斯（Albert Sacks）教授则在《法律过程：法律制定和应用中的基本问题》（Legal Process）一书中介绍了本案⑤，而这本直到1994年才出版的教材，向几代哈佛学子强调了对结果合理性的关注，也成为法律过程学派（the Legal Process School）的标志之一。⑥

在法律过程学派的全盛时期，出现了一位叫作罗纳德·德沃金（Ronald Dworkin）的哈佛学子⑦，他曾担任耶鲁大学法学院教授，后又担任牛津大学法理学教授。他继续围绕"里格斯诉帕尔默案"，攻击他所认为的法律实证主义的核心主张⑧。

---

① 参见 Riggs, 22 N. E. p. 190。关于"任何人不得从自己的过错中获益"格言，参见 *Still v. Norfolk & Western Railway Co.*, 368 U.S. 35, 50-51 (1961) (Whittaker, J., 并不赞同)；*Shoemaker v. Shoemaker*, 263 F. 2d 931, 932 (6th Cir. 1959)；*United States ex rel. Zdunic v. Uhl*, 56 F. Supp. 403, 409 (S.D.N.Y. 1943)；以及第196页注②, NELSON, p. 20。

② 同第196页注①。

③ 参见 Roscoe Pound, *Spurious Interpretation*, 7 COLUM. L. REV. 379, 382 (1907)。

④ 参见 BENJAMINN. CARDOZO, THE NATURE OF THE JUDICIAL PROCESS 40-41 (1921)。

⑤ 参见 HENRY M. HART, JR. & ALBERT M. SACKS, THE LEGAL PROCESS: BASIC PROBLEMS IN THE MAKING AND APPLICATION OF LAW 80-85 (William N. Eskridge, Jr. & Philip P. Frickey eds., 1994)。

⑥ 参见 Charles L. Barzun, *The Forgotten Foundations of Hart and Sacks*, 99 VA. L. REV. 1, 10-11 (2013)。

⑦ 德沃金并没有上过《法律过程》课程，但他承认《法律过程》这本教材及其"神秘感（mystique）"对他的影响。参见 DUXBURY, 第187页注②, p. 296 n. 628；DWORKIN, TAKING RIGHTS SERIOUSLY, 第182页注①, p. 6。

⑧ 第182页注①, DWORKIN, LAW'S EMPIRE, pp. 15-20；DWORKIN, TAKING RIGHTS SERIOUSLY, pp. 28-43。我之所以说是"他所认为的"，是因为德沃金的许多批评者认为（参见下文注释107-08），德沃金对实证主义的理解是错误的。我认为德沃金准确辨别了从杰里米·边沁（Jeremy Bentham）至今一直存在的法律实证主义的核心内容，但他对这一传统内容某些方面的攻击过于夸张，存在错误。参见 Frederick Schauer, *The Limited Domain of the Law*, 90 VA. L. REV. 1909, 1951 (2004)；Frederick Schauer, *The Path-Dependence of Legal Positivism*, 101 VA. L. REV. 957 (2015)。与本文其他人物不同，德沃金和波斯纳法官（见下文，pp. 2457—2458）从未担任过哈佛法学院的教员。然而，两人却都是哈佛法学院的优等生。波斯纳曾担任《哈佛法律评论》的主席，德沃金则以优异的成绩毕业（magna cum laude），随后又担任过勒尼德·汉德法官（Judge Learned Hand）的助理。此外，两人多年来经常在法学院发表精彩演说，也常常在《哈佛法律评论》上发表文章。此外，德沃金关于法律的性质和界限的观点，与富勒和法律程序学派的观点十分类似，因此本文讨论他的观点十分合理。

德沃金所理解的法律实证主义，特别是对于哈特观点的理解，是指人们通过"系谱（pedigree）"（即法律来源）来确定权威法律渊源的范围，而不是法律本身的内容①。因此，根据德沃金对实证主义的理解，至少在系谱明确时，法律决策会被限制在承认规则的法律渊源之内②。但是由于该渊源实际未能得出德沃金对"里格斯诉帕尔默"一案的结论，因此实证主义被认为是错误的。

里格斯一案可能不足以支撑德沃金的观点。正如本案大多数法官的意见那样，"任何人不得从自己的过错中获利"这一原则在当时的实在法（positive law）中得到确立，并成为哈特承认的法律渊源之一③。与此同时，德沃金的批评者认为，适用广泛带有道德色彩的原则、古旧的法律信息抑或是美国之外的法律资源，并未与哈特对法律实证主义的描述相悖。这些原则有时也可以成为被现行法律所接受的社会资源④。

我们可以使用另一个更好的例子来佐证德沃金的观点。在他首次论述里格斯一案时，还提到了"亨宁森诉布隆菲尔德汽车公司"（*Henningsen v. Bloomfield Motors, Inc.*）一案⑤。这是合同法领域的一项著名案例⑥，新泽西州最高法院（the New Jersey Supreme Court）认定汽车购买协议中签署的放弃保修（the waiver of warranty）声明无效，因为这些附属细则以及免责条款不合理，无法执行⑦。如果与里格斯案相同，实在法中存在直接适用的相关规则，即双方当事人自愿签署的不含欺诈意图的合同条款具有普遍执行力（the general enforceability）⑧，法官就可据此执行放弃保修合同。与此同时，里格斯案中法官为了维护道德正义并未采用这条最适用的规则。但是，在亨宁森案中并没有像"任何人不得从自己的过错中获利"那般明显、可

---

① 第 182 页注①，DWORKIN, TAKING RIGHTS SERIOUSLY, p. 17。
② 在哈特的用语（terminology）中，法律规则分为两类——初级规则（primary rules）和次级规则（secondary rules），属于法律规则的规则（参见第 185 页注③，HART, pp. 100-110）。次级规则中的一种是承认规则（a rule of recognition），即决定哪些主要规则有效，哪些无效。承认规则本身是由进一步的承认规则而确定的，并且一个法律制度的终极承认规则，本身就是一个经验事实问题，它决定了在某个法律制度中，什么是有效的法律，什么是无效的法律。
③ 参见 Riggs v. Palmer, 22 N. E. 188, 190 (N. Y. 1889)。
④ 参见举例 NEIL MACCORMICK, LEGAL REASONING AND LEGAL THEORY 229-43 (1978)。
⑤ 参见 161 A. 2d 69 (N.J. 1960)。
⑥ 至少在德沃金写作期间，本案影响重大。如今大部分基础合同法案例书籍使用 *Williams v. Walker-Thomas Furniture* Co., 350 F. 2d 445 (D.C. Cir. 1965) 一案来说明同样的观点，即对不利于消费者的合同格式条款，如果消费者无权修改、也无法避免，则认定合同不合理，无法执行。
⑦ 第 182 页注①，DWORKIN, TAKING RIGHTS SERIOUSLY, pp. 23-25。
⑧ 参见举例 Faulk v.Weller K-F Cars, Inc., 70 So. 2d578 (Fla.1954)；Broaderick Haulage, Inc. v. Mack-Int'l Motor Truck Corp., 153 N. Y. S. 2d 127 (App. Div. 1956)。

以对应案情的原则存在。法院在审理中确实提到了几起相关案例,但更多的是直接使用了"公共政策"、"社会的最大利益"和法律的"精神"等模糊的表述①。这一做法支持了德沃金的观点,即法院作出最终判决的依据并不局限于哈特所认为的法律规则及原则的集合体内。因此,人们之所以密切关注亨宁森案,不仅因为法院在此借鉴了公共利益这一广泛的概念,还因为法院的做法实则暗示了法官可以利用无限的法律、政治和道德范畴的资源来判决案件。如果法律上不限制判决依据的来源,那么德沃金认为,必须剔除承认规则(the rule of recognition)及其实证主义理念。

德沃金挑战实证主义导致了法学评论行业的兴起。在这股思潮中出现了一种批评德沃金的声音,这些学者们发表各种文集与评论,力图证明法律实证主义并非德沃金所宣称的那般,如果正确理解实证主义的内涵便会发现,德沃金的抨击理由根本站不住脚。对那些认同"包容性实证主义(inclusive positivism)②"的人来说,哈特所描绘的实证主义,完全承认诸如规则、原则、道德等一切事物为规则,进而将其认定为有效法律的一部分。但认定上述理论正确性的前提是,我们得意识到这种包容性的理解是由偶然的社会因素决定的,并非法律本身所固有。而与之相对的,排他性实证主义者(exclusive positivist)则认为③,在里格斯和亨宁森等案件中,德沃金所认定的判决的大部分依据,只是帮助法官完成了推理,它们本身并不是法律。对排他性实证主义者来说,德沃金的错误在于认为可以将法律与司法裁决理解成一回事。他们认为法律是一个较小范畴的概念,而且根据实证主义观点,并非只有法律才是律师辩论与法官裁决的基础。德沃金对此做出回应,他反对包容性法律实证主义,认为他们所称法律渊源具有或然性以及无限性的主张与他的观点一致,只不过是称呼不同罢了。同时,他也反对排他性实证主义者的观点,认为一个

---

① 参见 *Henningsen*, 161A. 2d, pp. 94-95;参见同第 198 页注 ⑧, pp. 94-95。
② 该理念的基础由 Lyons 首次提出,参见 David Lyons, *Principles, Positivism, and Legal Theory*, 87 YALE L.J. 415 (1977)(可回顾第 182 页注 ①, DWORKIN, TAKING RIGHTS SERIOUSLY);以及 E. Philip Soper, *Legal Theory and the Obligation of a Judge: The Hart/Dworkin Dispute*, 75 MICH. L. REV. 473 (1977)。后续有影响力的文章包括 JULES COLEMAN, THE PRACTICE OF PRINCIPLE: IN DEFENSE OF A PRAGMATIST APPROACH TO LEGAL THEORY (2001);第 195 页注 ①, WALUCHOW;Jules L. Coleman, *Negative and Positive Positivism*, 11 J. LEGAL STUD. 139 (1982);以及 Kenneth Einar Himma, *Inclusive Legal Positivism*, THE OXFORD HANDBOOK OF JURISPRUDENCE AND PHILOSOPHY OF LAW 125 (Jules Coleman & Scott Shapiro eds., 2002)。
③ 举例:同第 185 页注 ③, RAZ;本页注 ②, Andre Marmor, *Exclusive Legal Positivism*, THE OXFORD HAND-BOOK OF JURISPRUDENCE AND PHILOSOPHY OF LAW, p. 104;Joseph Raz, *Authority, Law, and Morality*, 68 MONIST 295 (1985);Scott J. Shapiro, *On Hart's Way Out*, 4 LEGAL THEORY 469 (1998)。

只经过了少量法律论证、仅含些许司法判决理由的说法根本算不上是法学理论；即使是，也不过是一种站不住脚的学说①。

我们再去重复这场似乎已经脱离轨道的辩论，意义已经不大。但是，不论德沃金在反对法律实证主义方面是否成功，我们都不应该忽略法律渊源"帝国（empire）"这一最基本的问题②。用德沃金自己的话来说就是：事实上，法律本身远比一个世纪前理论家们所认为的更为广阔。的确，尽管德沃金所定义的，是排除了社会政策（大部分为功利性政策）的原则性帝国③，但如果将其理解为一种描述性主张（a descriptive claim），那么他的观点肯定是错误的④。暂且不论法院审理案件时是否应当考虑功利性政策，或者政策是否应当留给立法机关解决，正如梅尔文·艾森伯格教授⑤以及其他学者⑥所认为的那样，毫无疑问，普通法法院确实分析政策，而且还认为部分"社会命题（social proposition）"与法律决策有关，因此是法律的一部分。所以，如果我们认为德沃金对承认规则的挑战，究其本质，是对所属西方出版公司（the West Publishing Company）⑦书籍中所提到的法律的挑战，那么打个比方，我们就可以理解德沃金、艾森伯格等人是在试图识别、理论化并证明法律和法律决策远远超出了经典法律书籍中所框定的界限，超越了比厄和兰德尔所认为的法律的边界，也远大于德沃金所认为的可以通过承认规则来进行法律解释的范围。⑧

---

① 参见 Ronald Dworkin, *Thirty Years On*, 115 HARV. L. REV. 1655 (2002)。
② 同第 182 页注①，DWORKIN, LAW'S EMPIRE。
③ 同上，pp. 221-224；以及第 182 页注①，DWORKIN, TAKING RIGHTS SERIOUSLY, pp. 84-85。
④ 参见 Kent Greenawalt, *Policy, Rights, and Judicial Decision*, 11 GA. L. REV. 991 (1977)。
⑤ 参见 MELVIN A. EISENBERG, THE NATURE OF THE COMMON LAW (1988)。艾森伯格（Eisenberg）后来作为合同法和法学理论学者，取得了杰出的成就，他本人也参与了哈特《实证主义和法律与道德的分离（*Positivism and the Separation of Law and Morals*）》（同第 192 页注②）的编辑工作。有趣的地方在于，《哈佛法律评论》在编辑过程受到重重干扰，令哈特十分担忧，最终在富勒的帮助下，才避免被撤稿。参见第 193 页注①，LACEY, pp. 200-201。
⑥ 同本页注④，Greenawalt。
⑦ 鲁斯·加维森教授（Professor Ruth Gavison）用"第一阶段法律（first-stage law）"来指代法律图书馆中的传统法律资料，其中包含了什么算作法律这一问题。参见 Ruth Gavison, *Legal Theory and the Role of Rules*, 14 HARV. J.L. & PUB. POL'Y 727, 740-41 (1991)。
⑧ 如果我们不把承认规则理解为传统意义上的"规则"，而是一套无法归结为规则形式（rule-like formulation）的流动的社会性与专业性实践，那么承认规则对法律性质和法律渊源的有效性说明就变得更加可信。参见 Gerald J. Postema, *Positivism and the Separation of Realists from Their Skepticism*, THE HART-FULLER DEBATE IN THE TWENTY-FIRST CENTURY 259, 274-75 (Peter Cane ed., 2010)；Frederick Schauer, *Is the Rule of Recognition a Rule?*, 3 TRANSNAT'L LEGAL THEORY 173 (2012)；A.W.B. Simpson, *The Common Law and Legal Theory*, 2 OXFORD ESSAYS IN JURISPRUDENCE 77, 98-99 (A.W.B. Simpson ed., 1973)。

六、逐渐不受限（Unlimited）的法律管辖

我一直尝试讲述法学辩论的一个重要问题，即关于在以法律渊源为基础的法律行业中，（描述与规范上都）有效的资源范围。这些争论已经进行了几百年，如今仍然存在。其中之一是为人熟知的关于外国法的争论，主要集中在美国最高法院①。人们纷纷讨论在何种程度上，应当将外国的法院判决、法律法规和宪法规范视作国内法律争论与法律决策的依据。其中，肯尼迪大法官（Justice Kennedy）、布雷耶大法官（Justice Breyer）和金斯伯格大法官（Justice Ginsburg）的观点可以概括为（也许他们不想承认）：域外法律判决是美国法院审判的合法依据，因此，即使这些判决日渐式微，但也是美国法律的一部分②。但是其他法官——斯卡利亚大法官（Justice Scalia）、托马斯大法官（Justice Thomas）、再加上波斯纳法官（Judge Posner）③，已经认识到将法国、新西兰或欧洲人权法院（the European Court of Human Rights）的裁决作为美国法院的权威性指导来源，是在扩大美国法律本身的范围。即使斯卡利亚大法官去世，这些辩论仍将继续，因为它们涉及在某一司法管辖区内什么是有效的法律来源这一终极问题④。

---

① 参见 Lawrence v. Texas, 539 U.S. 558, 572-73 (2003)（声称得到了英国法律和《欧洲人权公约（the European Convention on Human Rights）》的支持）；Atkins v. Virginia, 536 U.S. 304, 316 n.21 (2002)（援引了一份欧盟提交的书状）；Thompson v. Oklahoma, 487 U.S. 815, 830-31 (1988)（提及许多国家已经废除了少年死刑）；*Lawrence*, 539 U.S. 598 (Scalia, J., 反对)（将多数人对外国法律的援引称为"无意义的口述（meaningless dicta）"）；*Atkins*, 536 U.S. 322（Rehnquist, C.J., 反对)（反对援引外国法）；同上 pp. 347-348 (Scalia, J., 反对)（理由同前）；*Thompson*, 487 U.S. 868 n.4 (Scalia, J., 反对)（理由同前）。参见 Vicki C. Jackson, *Constitutional Comparisons: Convergence, Resistance, Engagement*, 119 HARV. L. REV. 109 (2005)（支持对外国法的非决定性（non-conclusive）引用）；Ernest A. Young, *The Supreme Court, 2004 Term—Comment: Foreign Law and the Denominator Problem*, 119 HARV. L. REV. 148 (2005)（质疑将外国法律视为非决定性权威依据是否明智）。虽然外国法的辩论在美国最引人注目，也最为激烈，但这个话题最近也引起了重要的比较学术研究。参见 ELAINE MAK, JUDICIAL DECISIONMAKING IN A GLOBALISED WORLD: A COMPARATIVE ANALYSIS OF THE CHANGING PRACTICES OF WESTERN HIGHEST COURTS (2013)；THE USE OF FOREIGN PRECEDENTS BY CONSTITUTIONAL JUDGES (Tania Groppi & Marie-Claire Ponthoreau eds., 2013)。

② 对于美国人援引外国法律的争论，参见本页注①，Young, p. 156。支持使用外国法律的人往往认为，使用外国法律具有说服力，不具有权威性（参见本页注①，Jackson, pp. 114-115），但是我们应当认识到，即使引用外国法律的理由并非决定性因素，其本身内容也应当具有权威性，参见 FREDERICK SCHAUER, THINKING LIKE A LAWYER: A NEW INTRODUCTION TO LEGAL REASONING 79-80 (2009)；Frederick Schauer, *Authority and Authorities*, 94 VA. L. REV. 1931 (2008)；以及本页注①，Young。

③ 参见 Richard Posner, *No, Thanks, We Already Have Our Own Laws*, LEGAL AFF., July-Aug. 2004, p. 40。

④ 更广泛地说，它们涉及管辖权是什么，以及政治社会的界限是什么的问题。如果法国法律在美国法院中具有权威性，即使仅有微弱的权威性，那么法国法律制度与美国法律制度之间的区别就会被相应地削弱。

最近，人们不太关注非法律渊源的争论，但是认识到了来源的合法性是问题的关键①。例如，证据法的学者和从业者都熟知最高法1999年在"锦湖轮胎案"（*Kumho Tire Co. v. Carmichael*）中的裁决②。此案完善了先前法院在"道伯特诉梅里尔制药公司"（*Daubert v. Merrell Dow Pharmaceuticals, Inc.*）③案中启用的专家证据方法（expert evidence），并首次将道伯特标准（Daubert principles）应用于所有专家证据，而不仅仅是"科学的（scientific）"证据④。

尽管"锦湖轮胎案"在证据法学中意义重大，但在更广泛的法学领域贡献并没有十分突出。然而，由哈佛法学院毕业生布雷耶大法官撰写的多数意见中，至少揭示了一个具有法理意义的问题，即什么是法律以及什么不是法律。在为轮胎故障分析专家资格出具的认定意见书开头，布雷耶大法官提到了《如何购买和保养轮胎》（*How to Buy and Care for Tires*）一书⑤。虽然提及本书仅仅是为了提供背景信息，并且书中的内容不会影响审判结果，但是值得注意的事，这本书既未在下文提及，也未在案件概述（brief）中出现，更未在口头辩论环节有所涉及。相反，布雷耶大法官似乎是在简述案情、口头辩论以及初次表决后，在书记员的帮助下找到了本书。

布雷耶大法官一直试图扩大法律的认知范围，这一想法在他处理的一些案件中体现得尤为明显。这些案件审判书中所记载的一些资料信息并非来自档案记录、案情摘要或是口头辩论，但是它们却比"锦湖轮胎案"中的《如何购买和保养轮胎》一书对司法裁决起到了更大的作用。例如，在"美利坚合众国控诉洛佩兹案"（*United States v. Lopez*）中⑥，布雷耶大法官引用了远远超出记录和案情摘要的资料，通过实证研究来表明，他并不认为允许公立学校佩戴枪支将对各州商业产生实质性影响⑦。在"家长参与社区学校诉西雅图第一学区教育委员会案"（*Parents Involved in Community Schools v. Seattle School District No.1*）中⑧，他通过回溯涉案学区的学校融合和种族隔离的历史，表达了自己的反对意见⑨。在"布朗诉娱乐商业协会案"

---

① 参见 Frederick Schauer & Virginia J. Wise, *Nonlegal Information and the Delegalization of Law*, 29 J. LEGAL STUD. 495 (2000)。
② 参见 526 U.S. 137 (1999)。
③ 参见 509 U.S. 579 (1993)。
④ 参见 Kumho Tire, 526 U. S. 141。
⑤ 同上，p. 143（引用了 ALEX MARKOVICH, HOW TO BUY AND CARE FOR TIRES 4 (1994)）（图注）。
⑥ 参见 514 U.S. 549 (1995)。
⑦ 同上，pp. 615, 618-644（Breyer, J., 反对）。
⑧ 参见 551 U.S. 701 (2007)。
⑨ 同上，pp. 804-837, 869-876（Breyer, J., 反对）。

（*Brown v. Entertainment Merchants Association*）中[1]，尽管斯卡利亚大法官对此感到担忧[2]，但是，布雷耶仍然对社会上因电子游戏导致的暴力事件进行了调查研究，进而表明自己的反对意见：即使受到第一修正案的保护，加州也拥有强大的基础对青少年基于电子游戏而实施的暴力行为进行管制[3]。

在这场运动中，布雷耶大法官的强大盟友是波斯纳法官，他慷慨激昂地解释自己在法外互联网进行调查研究的行为，认为这么做可以比辩护人提前掌握所需信息[4]。这种做法对正当程序（due process）及其相关行为提出了疑问：除了通过正当程序采取措施，是否允许通过其他途径进行司法调查（judicial research）[5]？同时，该做法也再次引起了对司法裁决可依据的法律渊源和理由等非程序性问题（nonprocess issues）的讨论。

上述行为也引起了激烈的辩论[6]，但是现在重提未免有些过时。然而，我们也不能因此将它们完全忽略，因为这些辩论也同样在讨论什么是法律。我们确实可以将法律与法律解释或者法律指导的来源区分开来，但这种一刀切的做法未免太过理想化。当我们或者法官在问到某一领域或者某一行为相关的法律时，答案不应当仅仅包括立法以及司法规定，还应当包括对于正式规定的其他权威性解释与适用规范。也许面对兰德尔的学生时，我们应该回答后者不是法律[7]。但无论我们如何称呼它们，它们确确实实影响着法律体系该如何得出结论、要求人们实施什么行为，以及允许人们怎样行为的问题。同时，如果我们把这一有效来源的界限看作是对法律行业的定义或者核心的话，那么，理解过去两个世纪法学辩论的一个重要方式，就是仔细审视这些界限中的内容，并且在大多数情况下将其看作是具有扩张趋势的动态边界[8]。

---

[1] 564 U.S. 786(2011).

[2] 同上，p. 801 n.8。

[3] 同上，pp. 850-872（Breyer, J., 反对）。同见 STEPHEN BREYER, THE COURT AND THE WORLD: AMERICAN LAW AND THE NEW GLOBAL REALITIES (2015)。

[4] 参见 RICHARD A. POSNER, REFLECTIONS ON JUDGING 134-43 (2013)。

[5] 参见 Frederick Schauer, *The Decline of "The Record": A Comment on Posner*, 51 DUQ. L. REV. 51, 64 (2013)。

[6] 可参见 Allison Orr Larsen, *Confronting Supreme Court Fact Finding*, 98 VA. L. REV. 1255 (2012); Elizabeth G. Thornburg, *The Curious Appellate Judge: Ethical Limits on Independent Research*, 28 REV. LITIG. 131 (2008)。

[7] 参见第 181 页注 ① 及相关文字。

[8] 的确，我们现在可以在哈佛大学法律图书馆中找到如此的资料来源，而在一个世纪前，这些资料肯定不会出现。

人们通过经验得出：法律的界限往往扩大而非缩小，但是这一结论并没有任何逻辑支撑。人们也无法解释为何法律边界会缩小，为何那些曾经被认为合法的法律渊源逐渐被排除在界限之外[①]。然而事实上，边界扩张的驱动力通常更加强劲，其中一部分原因是技术和经济加速了信息的获取效率。由于获得信息的便利性和数量提高，而获取成本降低，因此可用法律渊源的范围也在渐渐扩大[②]。此外，随着法律拓宽到社会生活的新领域，便产生了更多的用来管理和规范这些领域的资源。上述推测表明，法律渊源很可能会继续扩展下去，未来法律的边界可能会进一步扩大。

七、结论

毫无疑问，哈佛法学院虽然已经成立了 200 年，但是法学院仍然需要不断注入新鲜的思想和血液，同时，对法学院的评价也不如以往拥有那般高度强烈的称赞（triumphalist encomium）。不过，美国法学的曲折发展总与哈佛法学院息息相关。在这条道路上，鲜少有人会去研究法律的基本性质这个所有法律制度都会涉及的话题。可是对于其他地区的法学学者而言，这确实是一个非常重要的研究领域[③]。但

[①] 一个突出的例子与宪法原旨主义（constitutional originalism）有关，参见 Daniel A. Farber, *The Originalism Debate: A Guide for the Perplexed*, 49 OHIO ST. L.J. 1085 (1989); Keith E. Whittington, *The New Originalism*, 2 GEO. J.L. & PUB. POL'Y 599 (2004)。该理论试图将"活宪法（living constitution）"的倡导者可能使用的当代社会信息（比如 DAVID A. STRAUSS, THE LIVING CONSTITUTION 1-3 (2010)），或是道德事实和规范（比如 RONALD DWORKIN, FREEDOM'S LAW: THE MORAL READING OF THE AMERICAN CONSTITUTION 2-12 (1996)），排除在合法来源之外。另一种提议的收缩方式是文本主义（textualism），它认为证明立法意图（或者制宪者在宪法文本上反映的意图）的证据不应算作法律渊源之一，参见 ANTONIN SCALIA, A MATTER OF INTERPRETATION 16-23, 38 (Amy Gutmann ed., 1997)。

[②] 参见第 202 页注①，Schauer & Wise。技术不仅影响了现代电子技术。虽然两者因果关系是否存在以及如何存在均不能确定，但有趣的是，兰德尔于 1871 年出版了他的第一本关于合同法的案例书籍，1890 年在哈佛之外首次使用案例教学法进行法律指导；同时，1871 年 John B. West 创立了西方出版公司（the West Publishing Company），并于 1879 年在 1876 年的基础之上创建了 West Digest 系统，参见 Ross E. Davies, *How West Law Was Made: The Company, Its Products, and Its Promotions*, 6 CHARLESTON L. REV. 231 (2012)。由于案例越来越方便获得，因此相对于论文，案例教学法在法律培训（legal training）、法律论证（legal argument）和法律裁决（legal decision）中的使用率和重要性极速上升，令人感到不可思议。

[③] 人们可以从反面讲述分析法学的发展，从杰里米·边沁、约翰·奥斯汀、汉斯·凯尔森、到 H. L. A. 哈特和约瑟夫·拉兹等主要人物，几乎都出现在哈佛法学院之外。哈佛大学不太研究那些长期困扰着其他学校的问题，部分原因可能在于，专门培训律师的机构所编纂和教授的法理学，与一般法学教育中的法理学存在差别，特别是在研究生教育中，两者更为分离。而其中一些原因可能与美国法律教育普遍特别关注法官和上诉决策有关（也非尽然）。当然还存在其他原因，本文不再一一讨论。

是，在法学领域，至少同等重要的一个问题是：在法律论证和判决中，哪些决策来源是可以被接受的，即何物应被视为法律。在这个问题上，哈佛法学院作为教育、学术和著名辩论的起源地。

随着哈佛法学院的变化，法学的兴趣和关注点也发生了变化。对于当代法学或法哲学的许多研究者而言，他们的职业是由法律体系中[①]法律概念的基本属性所决定的。他们将法哲学更多地看作是哲学的一个分支，而非法律分支；因此，其范畴、研究方法及研究主题主要与当代分析哲学息息相关，并不属于本文大多数法学理论家所谈论的范畴。因此，本文集中讨论的内容对于研究法律推理和论证的人而言，无论多么有趣，都不再被视为属于法学行业的一部分[②]。在现代法学的大部分领域中，法理学可能仅指对于法律概念的概念性分析（conceptual analysis），同时将对法律其他理论的研究分配到一个不同的、非法学领域中去。但这种做法可能会震惊庞德，因为他曾写了《法理学》（五卷本）[③]和《法哲学导论》[④]。富勒也许也会对此大吃一惊，因为他的理论研究清楚表明了法律拟制（legal fiction）[⑤]、法律解释[⑥]和法律本质[⑦]三者的关联性。牛津大学法理学教授德沃金也会惊讶无比，因为他坚决反对法律推理和法院决策脱离法律理论而存在，并且从一开始就把注意力集中在法官审理案件时使用的资料来源上[⑧]。这种做法同样也会引起波斯纳法官的错愕，他在《法理学问题》一书中曾讨论了其他法学理论[⑨]。

我们并不否认当代法哲学在分析法律概念等问题的理解和贡献。当代法哲学借

[①] 举例：第193页注[⑩]，DICKSON；第185页注[③]，RAZ；SCOTT J. SHAPIRO, LEGALITY (2011)。近期分析法学领域对此提出了挑战，参见 FREDERICK SCHAUER, THE FORCE OF LAW (2015)；Brian Leiter, *The Demarcation Problem in Jurisprudence: A New Case for Scepticism*, 31 OXFORD J. LEGAL STUD. 663 (2011); and Gerald J. Postema, *Jurisprudence, the Sociable Science*, 101 VA. L. REV. 869 (2015)。

[②] 比如，约瑟夫·拉兹教授区分了法律和法律推理，认为法律推理包括法律，但绝不限于法律（参见 Joseph Raz, *Postema on Law's Autonomy and Public Practical Reasons: A Critical Comment*, 4 LEGAL THEORY 1, 4-6 (1998)）。鉴于拉兹也将法哲学事业限制在寻找"所有法律制度都必然拥有的东西"（参见第185页注[③]，RAZ, p. 105，与 Julie Dickson 教授观点相呼应，同第193页注[⑩], pp. 11-15)，那么就不难理解，为什么主流分析法学对法律推理的偶然性特征的理解已经脱离了理论或哲学上的范畴。

[③] 参见 ROSCOE POUND, JURISPRUDENCE (1959)。

[④] 参见第189页注[⑥]，POUND。

[⑤] 参见 LON L. FULLER, LEGAL FICTIONS (1967)。

[⑥] 参见第192页注[②]，Fuller；第195页注[③]，Fuller。

[⑦] 参见第193页注[⑦]，Fuller。

[⑧] 参见 RONALD DWORKIN, JUSTICE IN ROBES (2006)。

[⑨] 参见 RICHARD A. POSNER, THE PROBLEMS OF JURISPRUDENCE (1990)。

助现代哲学的精华技术以及细致的分析方法,推动了我们对法律现象和法律权威的认识,影响深远。但奇怪的是,当律师和法官的法律认知边界在扩大的同时,主流法律学的研究范围却在缩小。可见,扩大法律范围与缩小法理学边界之间的关系非常有趣。但是,探究法律渊源的组成,研究什么可以成为法律,不仅仅是法学研究的一部分,正如本文许多学者认为的那样,它同样也是法理学本身的一部分。如果研究什么可以算作法律以及法律的本质这一问题,能够再次像庞德时代、富勒时代或者德沃金时代那样紧紧相连,那么也许我们便可以进一步加深对于法律的理解。

当代法理论中的法政关系模型*

莫罗·赞博尼** 著

张昌辉*** 译

"法律的政治性代表着现代法理学中的一个——如果不是唯一一个——根本性问题。"① 那么,当代法律理论是如何回答法律中究竟含有多少政治这个问题的?对此,我将不同法律理论流派的路径划分为三种理想类型式的模型。"自治模型"(法实证主义(legal positivism)和分析法学(analytical jurisprudence))将法律与政治的关系描绘为两种有所联系但又各自自主的现象。"嵌入模型"(批判法学(critical legal studies)、法与经济学(law and economics)、菲尼斯(John Finnis)的自然法理论(natural law theory))将法律-政治的关系描绘成嵌入政治的法律。最后,美国和斯堪的纳维亚的现实主义法学(American and Scandinavian legal realisms)代表着第三种理想模型,名之为"交叉"模型,原因是这些理论将法律与政治视为两种交叉现象。每一种模型都反映了现代法律的独特处境:法律与政治

---

* 本文原文为英文,原载于《法律政策:一种法律理论框架》,牛津:哈特出版社2007年版,第11—60页。Mauro Zamboni, *The Policy of Law: A Legal Theoretical Framework*, Oxford: Hart Publishing, 2007, pp. 11-60. 本文的翻译和发表已获得作者授权。译者对文章首尾的表述稍作了节略和整合。本译文获安徽师范大学博士科研启动金项目"意识形态视野中的司法面孔"资助。

** 莫罗·赞博尼(Mauro Zamboni),斯德哥尔摩大学法学院教授,《立法理论与实践》(The Theory and Practice of Legislation)(原《立法法理学》(Legisprudence))刊物总编。

*** 张昌辉,安徽师范大学法学院副教授,《安徽师范大学学报》法学编辑。

① N Duxbury, 'The Theory and History of American Law and Politics' (1993) 13 *OJLS* 270.

倾向于保持作为两种不同现象的特征，同时，又呈现出相互作用的区域，尽管这些区别与互动在范围和强度上存在差异。

一、法律与政治论辩：不同的方向、一样的起点

在介入对各种法律理论对于法律与政治关系问题的回答进行分类的方法论之前，有人可能要问是否存在"这个"法律与政治问题。换句话说，人们会指出这样一个事实，即当代法律理论遭遇这一问题之时倾向于将自身定位于不同的讨论方向上，最终以讨论不同的事情而告终，彼此之间虽有所重叠但几乎可认为是截然不同的。

比如，有人会很容易地争辩说，19世纪影响了欧洲和美国的法典化论争引发了这样一种信念："法律"——正确理解的话，意指普通法——某种程度上反映了居于纯粹政治之上的东西。"正确的"普通法反映了特定发展阶段的民族精神、人民的风俗习惯，甚或是理性的理想。相比之下，立法或曰"政治家法"是对不适宜的外国观念的移植或仅仅反映了特定压力群体的临时联盟。"法律 vs. 政治"的观念由此转向为一个相当强烈的关于法律及其推理自治的观念，并对"政治家法"或立法的合法性或价值提出疑问。[1]

另一方面，晚近的批判法学学者们指出，理解法律问题的基本出发点就是承认"法律即政治"。如本文将要论述到的，这很大程度上是对法律推理自治性的否定，但其对自治性的理解并不那么具有实质性。在这里，被批判法学批驳的法律推理自治性仅仅意味着，法官裁判可以而且应当独立于个人的主观偏好。[2] 进一步讲，在斯卡利亚看来，法律与政治问题仅仅意味着法官不应容许其裁判不受明确的文本含义或美国开国元勋们意图的约束；否则，他们的裁决只可能是他们自己的政治偏好而已。[3]

那么，大多数法律理论尽管都谈及"法律与政治"问题，到最后所谈的其实

---

[1] See eg, FC Savigny (von), *System of the Modern Roman Law* (Westport, Hyperion Press, 1979) 31–40 (reprint 1867); and JC Carter, 'The Ideal and the Actual in the Law' (1890) 24 *American Law Review* 756, 772–5. See also M Reiman, 'The Historical School against Codification: Savigny, Carter, and the Defeat of the New York Civil Code' (1989) 37 *American Journal of Comparative Law* 97.

[2] See eg, RL Abel, 'Ideology and Community in the First Wave of Critical Legal Studies by Richard W. Bauman' (2003) 30 *Journal of Law and Society* 605 (book review).

[3] See eg, A Scalia, 'The Rule of Law as a Law of Rules' (1989) 56 *University of Chicago Law Review* 1184.

是该问题的不同方向或方面。然而，本文旨在指出，尽管不同的法律理论在不同的方向上讨论政治与法律是否以及如何关联的问题，他们依然都要将其探讨建基于考量法律、造法和法律学科有无政治性时所使用的"分类"或"理想类型方法"上。易言之，本文研究的中心就是将不同的法律理论及其不同的论争方向归置聚集到一条共同的起点上，即认识法律、造法和法律学科与政治世界关联的共同的基本方法。

例如，当谈论到法律与政治问题时，汉斯·凯尔森（Hans Kelsen）以及许多其他的法实证主义者会将主要注意力集中在后文将会予以界定的认识论层面，意即有无可能将法律与政治或道德话语分离开来进行考察的问题。相反，如上文已指出的，批判法学则将其主要关切转移到问题的"动态"层面，意即白纸黑字的制定法、先例或宪法是否在司法裁决或"实现"宪法理念的立法过程中发挥作用。

除去这些论辩方向或层次上的差异，凯尔森和批判法学最终都需要将他们的讨论建立在一些关于法律、造法和法律学科中究竟有多少政治成分的观念基础上。比如，批判法学聚集于司法活动政治化的研究，这就是以法律本质上向政治影响开放这一观念为起点的。相反，凯尔森强调他的追求是一种"纯粹"法理论，而这一纯粹理论是以法律与政治之间或多或少的本体论上的分离为出发点的。[①]

二、法律、政治和法律理论：问题的解决之道

现代法律受到方向相反的牵引力的支配，这些力量影响着法律现象的本性。当代社会的这些张力既将法律推向政治，同时又将法律牵离政治，这一事实无法不影响到法学学者们的研究。

从当代法理论关于法律与政治问题的立场可以看出这些力量在现代西方法律体系中的影响印迹。一方面，当代法律学者们倾向于以一种二元化路径来解决法律与政治的困境。当代法律理论要么将法律现象看成是由政治权力所塑造的，要么视为由其自身内在理性所支配的。另一方面，由于两种牵引法律的力量势均力敌，"法律即政治" vs. "法律或政治"的二分法仍然是一种趋向。当代法律理论由此延展在

---

① See eg, D Kairys, 'Law and Politics' (1984) 52 *George Washington Law Review* 245; and H Kelsen, 'On the Pure Theory of Law' (1966) 1 *Israel Law Review* 1.

量和质上都相当广泛的中间立场上，其间，法律被描绘成一种由政治塑造与内在理性构成的混合物。①

由于这些立场是如此复杂而分散，对当代法律理论及其在法律与政治关系问题上的立场进行考察和系统化的方法论已经在两个主要平台上得到构建：关于法律与政治关系中的基本问题的回答；主要理想类型模型的分组。

（一）法律与政治关系的基本问题

确立不同理论之间分界线的考察视角，主要考虑的是法律学者是如果看待法律与政治的关联的。② 归纳不同理论之间的差异，更多的是基于流派和学者们如何界定他们在法律-政治问题上的立场，而不是基于他们是如何被批评者们归类的。我的研究重点是，这些理论是否明确地认为法律与政治必须作为两种不同现象、相似现象或交叉现象进行研究。选定了这一视角来考察当代法理论，接下来的工作就是从静态、动态和认识论三个层面对法律与政治关系论争中涉及的主要问题进行归纳。

1. 静态层面：法律与政治的区别何在？

尤其是在民族国家发展以来，只有少数法律学者会坚持认为法律的内容或是彻底独立于政治或是完全依赖于政治。关于第一个层面，法律的内容不可能被视为彻底独立于政治，这是因为民族国家组织性政治形式的部分特点恰恰在于，法律是政治行动者可资用来在特定共同体中实施方案的一个工具。

另一方面，法律的内容通常也不会完全消融于政治之中。民族国家已经推行了权力分离原则，从制度的角度来看，这一原则意味着立法行动者与法律适用者不再是同一批人。此外，法律范畴和概念日益专业化和复杂化也使得政治家几乎不得不去雇用受过科班立法技艺训练的人。

这是大多数当代法律学者们生活和工作的外部环境，所以，几乎很自然的是，绝大多数学者都认为法律的内容仅在一定程度上与政治保持分离或一致。除此共同基础之外，根据法律所承载的政治内容或信息是否也会影响到法律自身的结构和形

---

① See R Cotterrell, *Law's Community: Legal Theory in Sociological Perspective* (Oxford, Clarendon Press, 1995) 165–66, 277–8. See also J Raz, 'On the Functions of Law' in AWB Simpson (ed), *Oxford Essays in Jurisprudence (Second Series)* (Oxford, Clarendon Press, 1973) 280–8.

② 法律学者为何要从法律与政治的角度来思考，意即他们的社会学、政治学或道德性背景是什么，这一问题在此就不讨论了。See eg, R Nobles and D Schiff, *A Sociology of Jurisprudence* (Oxford, Hart Publishing, 2006) 1–18; or R Cotterrell, *The Politics of Jurisprudence: A Critical Introduction to Legal Philosophy* (2nd edn, London, Lexis Nexis, 2003) 13–19.

式这一问题，特别是在主要的理论流派那里，有可能找到一条分界线。①

分界的问题进而转化为如下问题：法律在本质上是弹性的，即法律会根据其所承载的政治内容来改变自身的形式与实质；又或者法律是刚性的，即不管政治内容如何法律都会保持同样的形式与实质。这里的核心问题是，法律是否会像法律行动者所理解的那样，根据政治行动者旨在实现于共同体中的那些价值而改变自身的形态和运作方式。②

2. 动态层面：造法如何与政治秩序相关联？

转向法律与政治关系的第二个层面即动态层面，法律流派把这里的造法活动视为政治秩序及其进程的替代性或从属性过程。当政治的目的旨在控制某一共同体的全部生活，包括社会、经济、文化诸方面时，尤其如此。这种政治目标在民族国家那里具有典型性，福利国家则达至极致状态，尽管其形式迥异，但诸如纳粹和苏联的极权主义政体亦是如此。造法机制似乎日益成为政治机器不可或缺的一部分。新的法律规范、范畴和概念的创制被认为受到政治环境的强烈影响。

另一方面，一个相反的趋势是不断专业化的法律世界，这一趋势使得政治秩序介入法院、律师和法学研究的工作越发困难。同时，不断增进的法治机制也逐渐剥夺了政治领域任何完全的行动自由，限定了法律世界和造法机制中政治影响的范围和方式。③

这些分离的趋势，影响着造法与政治秩序之间的关系，也影响到法律理论。理论之间的分界线由此得以划定，其根据是这些理论就下述问题给出的解答：造法究竟是依其自身规则和机制运作的（即封闭造法），又或只是更大的政治秩序的一部分（即开放造法）。④

3. 认识论层面：法律学科多大程度上考虑政治材料？

对下述第三个问题的回答，也将当代不同法律理论整合为一个理想类型模型：法律学科在多大程度上将政治材料纳入考量范围，即法律与政治关系的认识论层面。尽管不是排他性的，但这一问题是当代法律理论的一个典型问题。随着政治作

---

① 哈特与富勒之间的著名论战，see eg, HLA Hart, 'Positivism and the Separation of Law and Morals' (1958) 71 *Harvard Law Review* 615 and L Fuller, 'Positivism and Fidelity to Law: A Reply to Professor Hart' (1958) 71 *Harvard Law Review* 648。

② See A Aarnio, *Reason and Authority: A Treatise on the Dynamic Paradigm of Legal Dogmatics* (Cambridge, Harvard University Press, 1997) 20-25.

③ See H Berman, *Law and Revolution: the Formation of the Western Legal Tradition* (Cambridge, Harvard University Press, 1983) 9-10; and P Stein and J Shand, *Legal Values in Western Society* (Edinburgh, Edinburgh University Press, 1974) 32-4.

④ See Aarnio, *Reason and Authority* (n 9 above) 53-4.

为一种自主研究对象的成长，以及西方各大学政治学院系的兴起，法律学者开始关注他们的学科是否以及在多大程度上受到非法律学术环境中发展起来的那些范畴和概念的影响。

大学和研究机构周遭的环境使这一认识论问题变得较为复杂。一方面，社会-政治现实总是在推动将法律纳入到更广阔的政治背景中去，并激励更具政治性的法律研究路径，这一路径更倾向于探究法律体系之外的法律目标。另一方面，法律职业和法律概念体系上还存在一种日益专业化的趋势，这一趋向推进一种只关注纯粹法律技术问题、仅使用法言法语并把政治问题留给政治家的法学学科构造。

上述这种张力关系促成了两条不同的处理法律学科中的纯粹性问题的研究路径。第一条路径是纯粹法律研究路径，这包括了所有主张法学有必要不受诸如"民主""合法化"等政治范畴和概念影响的理论。第二条是混合法律研究方法，此类学者坚称，有必要将那些非专属于法律语言但仍然相关的范畴和概念，纳入到法律学科中来，以便更充分地解读当下的法律现象。

（二）作为探索手段的理想类型

考察当代法律理论在三个层面上的立场，由此提出了三种理想类型的模型：自治模型、嵌入模型和交叉模型。类似于韦伯的理想类型适用于复杂社会现实研究时的效用，此三种模型旨在作为富于启发性的研讨手段，以助益于描绘复杂的当代法律理论世界。它们还有助于揭示彼此相当不同的法律运动或流派（如批判法学和法经济学之间），在解读法律与政治关系问题上存在的某些相似的基本方式。[①]

使用理想类型作为研讨手段对不同法律流派在三个层面上的立场进行归类，确实存在着局限性。其中一个局限性就源于如下事实：根据这里使用的类型来归类，并非严格基于韦伯的理想类型方法论。[②] 如此一来，当涉及单一学者或是某一法律哲学运动时，现实中就不大可能对属于"纯粹"嵌入模型或是"纯粹"自治模型的理论或学者作出敏锐的区分。相反，由于模型是理想类型，大多数法律理论和法律学者实际上从未完全契合于此一模型或彼一模型。他们更为可能的是处于**诸种模型之间**。尽管当代法律学者倾向于接受某种模型，但几乎总是具有其他类模型的某个或某些特征。现代社会中显然存在的多重且往往相互冲突的趋势，软化了甚至是较

---

① 为绘制法律与社会问题上的不同法理论立场而使用理想类型的一个类似例子，see R Gordon, 'Critical Legal Histories' (1984) 36 *Stanford Law Review* 59。

② See M Weber, *The Methodology of the Social Sciences* (E Shils and H Finch (eds), New York, Free Press, 1949) 99-100. See also A Ross, *Why Democracy*? (Cambridge, Harvard University Press, 1952) 87.

为激进的个别学者的立场。例如，近来发展起来的包容性法实证主义的缓和版本，其在阐述"一项道德原则可以是一项规范作为法律规范之地位的必要条件"时就不存在什么理论障碍。①

尽管我们承认这种可能的方法论质疑之实质有效性，但人们也应当注意，本项研究是根据韦伯理论来使用理想类型模型的，是将其作为研讨手段或工具，而非考察的对象。因此，这里提出的模型不能视为忠实表现当代法律理论如何考量法律与政治关系的照片，相反，这些模型更像是一些超现实主义的绘画，用来展开对这种现实的解释和评价。

每一种理想类型模型都以其纯粹形式体现了法律学者如何描述法律与政治关系的一些特征。通过这种方式，尽管无法完全归属于某一种理论或某一位法律学者，但是这些模型依然有助于揭示一些基本趋势，这些趋势将当代诸种不同的法律理论及其代表性学者联系起来或区别开来。②

在这一方法论的支撑下，现在我们可以开始探析当代法律理论及其在法律与政治现象关系问题上的各种不同立场了。

三、法律或者政治：自治模型

从 19 世纪下半叶始，以及整个 20 世纪，法律学者们最常从事的一项研究工作是竭力将法律现象归类为一种独特的现象。在此追求下，许多学者在看待法律与政治关系问题时接受了可描绘为自治模型的观点。这种关系是两种自治现象、创制过程和探究性学科之间的关系。接受自治模型意味着，尽管承认法律与政治之间联系的存在，但是法律的内在性质及其功能以及法学研究只能通过专属于法律本身的术语和范畴来描述，与非法律体系尤其是政治系统很少有关。采取此一理想类型模型来描述法律与政治关系的学派包括法律实证主义和分析法学。

诚如比克斯（Bix）所指出的，法实证主义和分析法学强调法律研究和政治研究之间的分离观点。③ 但是，本部分研究的目的在于展现两种学科或研究之间的明确分离最终是如何建基于或预设了两个研究对象——法律与政治之间实际分离的观

---

① M Kramer, *Where Law and Morality Meet* (Oxford, Oxford University Press, 2004) 17.
② See eg, *ibid* 42–3. See also *ibid* 230.
③ See B Bix, *Jurisprudence: Theory and Context* (3rd edn, London, Sweet & Maxwell, 2003) 33–4. See also R Posner, *The Problems of Jurisprudence* (Cambridge, Harvard University Press, 1990) 24.

点上的。①

　　法律实证主义的最新发展，尤其是包容性和包容论方向的发展，并未显著影响到此处所述的观念，法实证主义总体上可认为是有倾向性地描绘了一幅法律自治于政治现象的图景。当涉及法律与政治的关系的议题时，包容性、兼容主义和排他性实证主义似乎仍然植根于一般的实证主义思想，即法律本身不同于政治现象及其所表达的道德性、经济性或文化上的价值。②

　　尽管本文未予探究，但仍值得一提的是，另一重要的法学流派也采取了自治模型：卢曼（Luhmann）的法自创生路径（autopoietic approach to the law），特别是托依布纳（Teubner）对此理论路径的全面发展。③因此，无论是凯尔森、哈特、自创生路径还是法实证主义的最新发展均趋向于一种类似的立场，即都"强调一个不受法外原则影响的封闭、自治的法律体系"④。

（一）法律相对于政治的刚性

　　这些流派和学者共同的出发点是，法律或多或少在结构上相对于政治是刚性的。法律刚性意味着，法律就其定义来讲是建立在维持不变的形式与结构之上的，不为输送给它们的政治内容或它们运转其间的政治环境所动。法律之为法律的原因正在于，其最独特的特色——它的规范性只能恰当地从内在的法律视角衍生出来。最后，之于法律实证主义和分析法学而言，法律当然愿意接收来自周遭政治世界在价值方面的内容贡献；但是，法律的结构（或是索伦（Sollen）意义上的或是法律语言的角度上的）仍然趋于刚性，即不管何种价值介入，它都保持不变。⑤

　　例如，凯尔森承认，法律和政治都试图促使人们去做些事情，法律是"一种社会秩序，也就是说，一种规范人类交互行为的秩序"。⑥进一步讲，法律和政治具

---

① See Cotterrell, *The Politics of Jurisprudence* (n 7 above) 106-7.
② See J Raz, 'The Problem about the Nature of Law' in J Raz, *Ethics in the Public Domain: Essays in the Morality of Law and Politics* (Oxford, Clarendon Press, 1994) 192; Kramer, *Where Law and Morality Meet* (n 14 above) 223-44; W Waluchow, 'Authority and the Practical Difference Thesis: a Defense of Inclusive Legal Positivism' (2000) 6 *Legal Theory* 80.
③ See N Luhmann, 'Law as Social System' (1989) 83 *Northwestern University Law Review* 136; and G Teubner, 'Introduction to Autopoietic Law' in G Teubner (ed), *Autopoietic Law: a New Approach to Law and Society* (Berlin, Walter de Gruyter, 1988) 1-2. See also Cotterrell, *Law's Community* (n 6 above) 105-8.
④ J Habermas, *Between Facts and Norms: Contributions to a Discourse Theory of Law and Democracy* (Cambridge, The MIT Press, 1998) 202.
⑤ See eg, J Gardner, 'Legal Positivism: 5 ½ Myths' (2001) 46 *American Journal of Jurisprudence* 201.
⑥ H Kelsen, 'Law, State, and Justice in the Pure Theory of Law' in H Kelsen, *What is Justice? Justice, Law, and Politics in the Mirror of Science* (Berkeley, University of California Press, 1957) 289.

有一个共同的特点，即它们都试图通过归责法（如果某人实施了堕胎行为，那么他或她就必须／应当被处以监禁）来在自然世界中两个没有任何因果关系的要素（堕胎和监禁）之间确立一种联系。①

对凯尔森来说，法律区别于政治的实质可追溯到法律陈述的主观含义与客观含义之间的区分上。根本的区别在于，法律之政治维度的最终构成要素是法律本身的主观意义，即行动者根据命令或请求赋予法律陈述的意义。法律的政治维度是面向共同体以主观含义（"堕胎必须受到惩罚"）表达的情感。政治陈述是事关通过法律工具宣传人们希望实施于共同体之中的那些价值的陈述。②

与政治相反，法律是一套规范体系，"实施堕胎的人应当被处以 X 年监禁"。这套复杂规范具有的客观意义不是由立法者的主观意图赋予的，而是由这些规范在其他法律规范的更广泛的等级结构中的位置赋予的（等级结构（Stufenbau））。法律规范的含义是客观的，它们只能来自于一种处于立法者、法官、学者或政治家的主观视野之外的构造："应当"的规范事实，法律体系的事实。③

凯尔森式的法政分离发生在结构性层面而非物质层面。凯尔森很清楚法律的内容有赖于政治考量。然而，他认为这种依赖仅与构成规范体系的客观含义之内容有关，与它们的性质无关。因为法律是经由一种明确而独特的手段（法律规范）形成的，这一特征使得法律最终在结构上与政治相分离，保持其内在结构，而不管其生成或适用于具体案件过程中被赋予的各种政治信息。④

尽管分析法学往往被视为更为一般的法律实证主义运动的组成部分，但它在处理法律如何与政治关联的问题上所采取的模型有着很大的不同。哈特公开承认，法律体系属于更广泛的社会事实，法律规则是基于社会实践的社会规则之一。⑤

哈特承认从社会环境中生成的价值以特定内容填充法律体系，即法律体系建基于这些价值之上，但这并不意味着，他认为这些价值在法律体系的性质和结构中具有构成性作用。哈特将对法律体系及其构成要素的考察建立在法律语言分析上，

---

① See H Kelsen, *The Pure Theory of Law* (Berkeley, University of California Press, 1970) 89–91.

② See *ibid* 2–3. See also H Kelsen, *Allgemeine Staatslehre* (Berlin, Julius Springer, 1925) 28.

③ See Kelsen, *The Pure Theory of Law* (n 23 above) 3–5. 尽管始于不同的模型，沃尔德伦或多或少得出了相同的结论。See J Waldron, *Law and Disagreement* (Oxford, Oxford University Press, 1999) 144.

④ See Kelsen, 'On the Pure Theory of Law' (n 5 above) 5. See also T Honoré, 'The Basic Norm of a Society' in SL Paulson and B Litschewski Paulson (eds), *Normativity and Norms: Critical Perspectives on Kelsenian Themes* (Oxford, Clarendon Press, 1998) 94.

⑤ See HLA Hart, *The Concept of Law* (Oxford, Clarendon Press, 1961) 80; and HLA Hart, 'Postscript' in HLA Hart, *The Concept of Law* (PA Bulloch and J Raz (eds), 2nd edn, Oxford, Clarendon Press, 1994) 240, 255.

他聚焦于法律概念中呈现出来的那些特征，即不同法律规则的逻辑-语言统一性。①从内在视角来考量法律语言，哈特得出的结论是，仍然有可能辨明法律规则体系的构成性特征并非衍生于或至少不是直接源自于政治或道德的价值世界。普遍性、稳定性、服从的习惯，这些法律体系所独有的特征保持不变地描绘着法律现象，而不管规则承载或建基其上的那些道德或政治价值及相关问题如何。法律终究是一种语言工具，其实质趋于建立在所有要通过法律这一工具以实现于共同体之中的价值之上，但又仍然是自治的。②

哈特确实强调法律概念的一个显著特点，即这些概念拥有一个确实含义的核心地带，又为不确定意义的半影所环绕。因此，可以说，在裁决一个处于概念半影地带的案件时，政治标准实际上应当介入到哈特给出的法律描述之中。哈特本人相当清楚遭到此类批评的可能性，并反驳说，含糊不明并不意味着概念在其半影地带就被政治化了。哈特辩称，即使是这种半影通常也不允许政治概念和范畴介入专门为法律概念保留的区域。法律概念和范畴的这一不确定区域并不属于政治；它是哈特法律思想的一部分，是语言或概念性问题的一种表达。③

在哈特看来，某一法律概念的核心地带和半影地带之间存在着连续性，这是因为法律语言就像许多其他语言一样往往具有一种开放结构。非法律的语言标准的引入（诸如法官裁判中对社会政策的评价）打破了这一结构（即脱离文本进入到不同于语言标准的现实中），无法让我们看到，在同一术语的许多明显不一的用法背后，存在着法律语言世界所特有的那种法律理性。④

（二）造法相对于政治秩序的封闭性

一如在自治模型理论中所预示的那样，法律的刚性往往转化为造法之于其他秩序，尤其是政治秩序的封闭性。自治模型中造法的封闭性源于法实证主义者和分析

---

① See HLA Hart, 'Problems of the Philosophy of Law' in HLA Hart, *Essays in Jurisprudence and Philosophy* (Oxford, Clarendon Press, 1983) 90. See also J Coleman, 'Second Thoughts and Other First Impressions' in B Bix (ed), *Analyzing Law: New Essays in Legal Theory* (Oxford, Clarendon Press, 1998) 258.

② See Hart, *The Concept of Law* (n 27 above) 21–3, 49–50, 73; and HLA Hart, 'Commands and Authoritative Legal Reasons' in HLA Hart, *Essays on Bentham: Jurisprudence and Political Theory* (Oxford, Clarendon Press, 1982) 254–5. Compare J Coleman, *The Practice of Principle: In Defence of a Pragmatist Approach to Legal Theory* (Oxford, Oxford University Press 2003) 81–3.

③ See Hart, 'Positivism and the Separation of Law and Morals' (n 8 above) 607–8. See also B Bix, *Law, Language, and Legal Determinacy* (Oxford, Clarendon Press, 1993) 35.

④ See Hart, 'Positivism and the Separation of Law and Morals' (n 8 above) 614–15; and HLA Hart, 'Analytical Jurisprudence in Mid-Twentieth Century: a Reply to Professor Bodenheimer' (1957) 105 *University of Pennsylvania Law Review* 956, 963 fn 20, 968.

法学所提出的如下观点：造法接收来自政治秩序的输入（如以立法建议的形式），但是一旦这些输入进入造法领域，就只能按照法律秩序本身所提供的理性和参数来处理。造法的运作及其结果（如制定法、司法意见、学者著述）仅仅在转译为法律范畴和概念之前，也即在政治建议转换为法律之前，才受到政治舞台上的角力和胜出党派的影响。

在这些理论看来，政治秩序主要是评价和决定造法旨在实现之价值目标的舞台。另一方面，造法则是一台政治上中立的机器，其运作、创制和创造性适法（law-applying）的方式，与政治过程和不同的政治行动者希望赋予其使用法律机制的各种价值内容是趋于分离的。① 法律系统在运作上只受到来自政治话语极有限（且大多是最高宪法层面的）输入的影响。

法实证主义和分析法学提供的答案是相似的。它们都试图通过诉诸最高约束力的法规范来拯救造法和法律适用机制的封闭性。大多数情况下，最高约束规范在一国法律体系中是隐而不现的，其确立了基本的规范标准，用来区分属于法律体系的内容（有效法律）和属于政治系统的内容（政治声明）。

根据凯尔森的观点，从动态的角度看，法律体系可视为一个等级体系，其中特定规范的法律效力即作为客观意义的载体，是由如下事实来保证的：在根据特定形式和程序表达一个更高效力的规范时，就已经将这一客观的品质赋予某些主体及其声明了。反过来，较高效力的规范从更高效力的规范那里获得客观含义，比如确立议会制定法规之程序和权限的宪法规范就是这种更高效力的规范。②

所有步骤之后的结果就是，整个法律体系的效力基础完全建立在凯尔森所谓的基础规范之上。基础规范决定着何种主观情形（如政治声明），允许其在等级结构的各个阶段进入法律体系，进而获得一个客观意义，从而成为有效法律。基础规范在整体造法过程中具有先验逻辑功能，因而在政治与法律体系的相互关系中处于相当重要的位置。这是法律行动者预先设定的关键段落，用来确定哪些内容保留在政治的主观含义内，哪些可以获得法律上的客观意义。③

---

① See eg, Kelsen, *The Pure Theory of Law* (n 23 above) 63. See also J Waldron, 'Legislation, Authority, and Voting' (1996) 84 *Georgetwon Law Journal* 2189.

② See H Kelsen, *General Theory of Law and State* (Cambridge, Harvard University Press, 1949) 128-35; and Kelsen, *The Pure Theory of Law* (n 23 above) 8-10, 233-6. See also J Raz, 'Kelsen's Theory of the Basic Norm' in Paulson and Litschewski Paulson (eds), *Normativity and Norms* (n 26 above) 50. But see C Santiago Nino, 'Confusions surrounding Kelsen's Concept of Validity' in Paulson and Litschewski Paulson (eds), *Normativity and Norms* (n 26 above) 256-8.

③ See Kelsen, *The Pure Theory of Law* (n 23 above) 193-5; and Kelsen, *General Theory of Law and State* (n 33 above) 116-17.

然而，与其法律实证主义理论前提相一致，凯尔森明确强调法律体系对基础规范的内容缺乏兴趣。与造法相关的是，基础规范发挥了将非法律情形（或价值）转换为有效法律的功能。基础规范从法律相关性角度对具体情形类型的选择，法律行动者对此不感兴趣，无论是遵循第一部宪法意义上的政治价值还是服从元首（Fuehrer）意志层面上的价值。凯尔森式的造法由此是一个机制、程序和行动者的复合体，它们往往以相同的方式（并根据自身的法律效力标准）运转，而不受政治秩序中发生的过程和结果的影响。①

哈特和凯尔森一样，也觉得有必要确定一个规范性转折点，这是一处十字路口，许可和控制来自政治秩序的输入何时以及如何进入法律秩序。哈特封闭了法律创制与实施的程序和机制，从政治输入到法律范畴或规则的转折点是一条预设的有效次级规则（承认规则），即"一条决定性地确认初级义务规则的规则"②。将政治声明转换为法律，这是在法律秩序内运用诸如权限或效力等法律范畴来调整的，而不是在政治秩序中运用诸如"社会正义""民主"等政治范畴来规范的。哈特的法律理论由此将法律描绘为一种自我调节的规则系统，其接受或拒绝政治情形的工作方式是基于规范本身的。③

确实，对哈特来讲，承认规则是经验性质的，它只能通过观察法律行动者的实际思考才能揭示出来；因此，社会背景是法律体系效力的最终基础。④ 然而，与哈特式造法最为相关的，并不是法律体系有效性之终极基础这样的经验性证据（例如，社会对法律体系的普遍认可为"公正的"）如何客观呈现，尽管这对法律的存在和运作至关重要，换言之，并非其外部视角。相反，最为相关的是法律秩序自身内部如何感知这些经验数据，准确地说，是其内部视角或规范性视角。⑤

---

① See Kelsen, *The Pure Theory of Law* (n 23 above) 217–18. See also J Raz, *The Concept of a Legal System: An Introduction to the Theory of Legal System* (2nd edn, Oxford, Clarendon Press, 1980) 100; and JW Harris, 'When and Why Does the Grundnorm Change?' (1971) 29 *CLJ* 116.

② Hart, *The Concept of Law* (n 27 above) 92.

③ See Cotterrell, *The Politics of Jurisprudence* (n 7 above) 94–5; and J Coleman, 'Rules and Social Facts' (1991) 14 *Harvard Journal of Law and Public Policy* 707.

④ See Hart, *The Concept of Law* (n 27 above) 92. 通过将承认规则建立在社会背景上，一些哈特的评论者指出哈特法思想中暗含着一种"社会命题"。See W Waluchow, 'The Weak Social Thesis' (1989) 9 *OJLS* 26; and J Raz, 'Legal Positivism and the Sources of Law' in J Raz, *The Authority of Law: Essays on Law and Morality* (Oxford, Oxford University Press, 1979) 37.

⑤ See Hart, 'Postscript' (n 27 above) 255–7. See also Coleman, *The Practice of Principle* (n 29 above) 77–83. 比较 L Murphy 一文中的评论，'The Political Question of the Concept of Law' in J Coleman (ed), *Hart's Postscript: Essays on the Postscript to the Concept of Law* (Oxford, Oxford University Press, 2001) 372，其最后不得不将承认规则确认为一个法律实体（"宪法条款"）。

例如，与造法相关的承认规则的规范性特征，是法律秩序存在的一个基本方面所确认的，即法律秩序的连续性。对哈特来说，政治秩序中诸如革命这样的剧烈动荡并不影响一个社会造法功能的运作方式。造法之运作总是以一个"应当"的陈述作为出发点，这一陈述是法律行动者内部认可的规则，其规定了新的法律创制者有权制定新的规范。"承认规则……[是]从前法律世界到法律世界的第一步"，但它不是一场革命的政治产物，而是作为"对被提及的书面文字或碑文权威性的承认，意即作为消解规则存在之疑问的适当方式"。①

（三）法律学科相对于政治材料的纯粹性

谈到法律学科应当如何将自身及其考察与政治和政治材料联系起来的问题，自治模型理论通常否定法律分析中任何政治因素存在的必要性。法律学科一如自然科学或社会科学一样被界定为一门自主的知识分支，这端赖于其自主的运作空间——法律。由于这里的法律是用严格的术语描述的，即只使用了严格的法律术语和性质，自治模型理论提倡一种"纯粹"的法律学科似乎就是很自然的事情。法律现象被净化了任何政治物质，或换言之，去除了诸如政治科学或社会学等其他科学分支中的典型范畴和概念。②

如上所述，自治模型学者中很少有声称法律学者所要探讨的法律现象（即纯粹法律科学的对象）与政治或社会等其他系统没有任何联系。但是，为了发掘法律的基本结构，法律学者就不得不穿越环绕法律现象的经验灰尘，穿越附着于法律的各种主观含义（如凯尔森）或法律语言的政治运用（如哈特）。他们必须深入到法律的核心地带，实现法律学科的首要目标：识别、描绘和考察客观表达于法律规范中的实证法。③

比如，凯尔森一开始就直接指出法律政治和法律科学如何因其研究对象的本体而有别于法律现象的心理学和社会学研究路径。心理学的考察对象是人类意志，意在作为生活在时空现象中的生物-心理存在的经验性确证。相较而言，法律政治和

---

① Hart, *The Concept of Law* (n 27 above) 92. See also R Sartorius, 'Hart's Concept of Law' in R Summers (ed), *More Essays in Legal Philosophy* (Oxford, Basil Blackwell, 1971) 157. 经由一种稍有不同的模式，包容性法律实证主义得出了与哈特一样的结论。See eg, W Waluchow, *Inclusive Legal Positivism* (Oxford, Clarendon Press, 1994) 39.

② See H Kelsen, *Introduction to the Problems of Legal Theory* (Oxford, Clarendon Press, 1996) 18–19.

③ See eg, HLA Hart, 'Definition and Theory in Jurisprudence' in Hart, *Essays in Jurisprudence and Philosophy* (n 28 above) 47; Kelsen, *The Pure Theory of Law* (n 23 above)70; Waluchow, *Inclusive Legal Positivism* (n 40 above) 15–30; or G Postema, 'The Normativity of Law' in R Gavinson (ed), *Issues in Contemporary Legal Philosophy: the Influence of H.L.A. Hart* (Oxford, Clarendon Press, 1987) 85.

法律科学关注的是个体意志，这是"应当"世界中的表达，来自一个仅在伦理和法律系统认可的情况下才存在的实体。①

然而，在凯尔森著名的《纯粹法理论》一书中，法律政治反过来又明确区别于法律科学。法律现象的政治路径之特点是其核心考察点不是法律的事实（法律是什么），而是法律背后的利益和冲突（法律应当是什么或应当如何产生）。②

相比之下，要成为科学，法律研究工作就必须理性解读法律之事实。至少对于由法律学科来处理的那些部分来说，法律并非由利益或冲突构成，而是一个规范体系。法律科学家由此就不应该关切那些被转化或应当转化为法律的价值类型，因为这些价值的内容与法律体系的运作和存在本身（有效性）是无关的。之于法律学者来讲，重要的是发掘规范是否是有效的法律，即它们是否是有效法律体系的组成部分，或换言之，是否可以从现有的基础规范中衍生出来。③

认为有效的法律源于基础规范，即在一共同体绝大多数成员的具体行为中可观测的规范，由此便滑入经验事实的世界。尽管如此，根据凯尔森的说法，法律学者为了研究法律机制及其工作方式，并不需要知道方向盘后面的驾驶员是谁或汽车将要驶向何方，这一点仍是清楚的。对他来说，考察工具必须与研究对象——法律秩序相适应；因此，使用诸如"正义""民主"等概念将会误导整个考察，因为如此一来，研究重点就不再是客观的法律机制而是主观的目标选择，这些机制是用来实现这些目标的。相反，诸如效力、权限和法人等纯粹概念是受凯尔森式建构欢迎的，因为这些概念的起源和目的完全处于法律世界之内，即内在于法律机制，因此也完全属于"应当"陈述。④

尽管理论出发点与凯尔森相去甚远，但哈特的分析中也有着同样的纯粹法律学科的理想。凯尔森的侧重点在于法律之客观含义与主观含义之间的显著区别，而哈特的主要关切是，指出诸如普遍性、连续性等法律现象的独特性是由特定词语和概

---

① See H Kelsen, *Über Grenzen zwischen juristischer und soziologischer Methode* (1970) 52–5.

② See Kelsen, *The Pure Theory of Law* (n 23 above) 1. 至于凯尔森著作中"法律科学"一词的模糊性，see S Paulson, 'Appendix I: Supplementary Notes' in H Kelsen, *Introduction to the Problems of Legal Theory* (n 41 above) 127–31.

③ See H Kelsen, 'The Pure Theory of Law and Analytical Jurisprudence' (1941) 55 *Harvard Law Review* 49; and Kelsen, *The Pure Theory of Law* (n 23 above) 86–7, 210. See also Raz, 'The Problem about the Nature of Law' (n 18 above) 185.

④ See Kelsen, 'The Pure Theory of Law and Analytical Jurisprudence' (n 45 above) 51; and Kelsen, *The Pure Theory of Law* (n 23 above) 73–5. See for critiques J Raz, 'The Purity of the Pure Theory' in R Tur and W Twining (eds), *Essays on Kelsen* (Oxford, Clarendon Press, 1986) 82; and HLA Hart, 'Kelsen Visited' in Paulson and Litschewski Paulson (eds), *Normativity and Norms* (n 26 above) 70–6.

念在特定语境中使用这一事实所赋予的。对法律学科来讲，在语境之外界定诸如"权利""公司"等单一词语是毫无意义的。相反，法律学科必须朝着法律秩序的内在与外在两个特定方向发展。两个方向在规范性上都趋于纯粹，它们都将法律行动者如何在法律秩序内构思和使用概念——用哈特的术语讲，即内在方面——作为理论出发点。然而，法律学科宣称的内在任务却是相当传统的，并与其他法律理论相分享。这一内在任务包括将各种不同法律概念置放于法律思维地图上。法律学科必须恰当构建其研究中使用的概念性工具。①

法律学科的外部任务——这是原初的贡献——建基于哈特如下的基本思想上：法律的特点就是以特定方式运用语词。这一独特性是由这些词语和概念运作期间的法律背景所赋予的。之所以必须这么做是为了澄清这些概念和范畴获得的具体含义，以及与它们在日常生活或政治语言中的使用区分开来。法律学科的任务就是"阐明 [法律] 语词在特定法律语境中的用法"。②

借助于分析法学提供的语言审查方法，法律学科可以在"公司""权利"等术语的规范性使用与将法律作为心理、社会、道德或政治现象进行研究的科学家的其他用法之间划出一条清晰的界线。通过这种方式，哈特将关于特定法律概念如何被社会感知的社会学考察，以及关于某一政治行动者对某些法律范畴的使用类型的政治学考察，排除在法律学科可用的材料之外。

哈特并不否认，了解道德哲学、政治科学或社会学的研究前沿可以带来一些普遍的益处。③ 然而，哈特一再强调，这只能是对法律科学之基本规范核心的补充活动。与凯尔森类似，哈特提倡一种法律学科，其不能从其他非纯粹的规范性材料和方法论中获取任何实质益处，这不仅因为其考察对象的特殊性，还因为"法律观念……可以通过适合其特性的方法来阐明"，即分析方法。④

---

① See Hart, 'Analytical Jurisprudence in Mid-Twentieth Century' (n 31 above) 972. See also Murphy, 'The Political Question of the Concept of Law' (n 39 above) 380; and S Perry, 'Hart's Methodological Positivism' in Coleman (ed), *Hart's Postscript* (n 39 above) 342–7.

② Hart, 'Analytical Jurisprudence in Mid-Twentieth Century' (n 31 above) 961–2. See also Hart, *The Concept of Law* (n 27 above) chs II, IV; and N MacCormick, *H.L.A. Hart* (Stanford, Stanford University Press, 1981) 29.

③ See eg, HLA Hart, 'Abortion Law Reform: the English Experience' (1972) 8 *Melbourne University Law Review* 394, 400–8. See also Coleman, *The Practice of Principle* (n 29 above) 199–201.

④ Hart, 'Definition and Theory in Jurisprudence' (n 42 above) 21. See also Raz, 'The Purity of the Pure Theory' (n 46 above) 96–7; and Coleman, 'Rules and Social Facts' (n 37 above) 715–17. Compare F Schauer, 'Constitutional Positivism' (1993) 25 *Connecticut Law Review* 800.

四、法律就是政治：嵌入模型

尽管方式相当粗糙，"法律就是政治"的口号概括了归属于法政关系上所谓嵌入模型的那些理论与学者们所采取的核心视角。根据这一模型，法律嵌入政治，意味着法律现象是嵌套在政治现象之中的。[①]

法律与政治之间的嵌入关系被视为一种双系统关系，其中，法律系统嵌入在更广泛的政治秩序背景之中。这一模型中，两种现象之间的互动和交流是频繁的，比如，从法规起草到法官推理以及所有层面的传播，从法律的结构和性质到描述法律学科的方式。这种频繁的交流往往导致难以辨识法律现象的特质。

嵌入模型将几个在某些方面相当不同的法律理论纳入旗下：当代自然法理论、批判法学以及法与经济学派。尽管本文未予以探究，但是公共选择理论（public choice theory）、法律与社会运动（movement of law and society）也可视为嵌入模型的认同者。[②]

（一）法律相对于政治的弹性

对这一异质理论群来讲，法律成为更广泛的政治和道德环境的一部分，制定法、判决和其他法律产品得以在其间产出。某一规范或范畴要成为完全法律性的，即真正对共同体产生约束力的，仅当其满足外部环境所确定的某些要求即可。这些要求可以是"善""正义"，也可以是"效率"或"忠诚"。

嵌入模型所涵盖的理论通常可与自治模型理论区分开来，因为前者将经济目标、道德目标或严格意义上的政治目标视为法律的组成部分，而法律现象是用来在共同体中实现这些目标的。换言之，自然法理论、批判法学和法与经济学肯定认为法律是握在政治行动者手中的权威工具，而"法律"这一标签是根据该工具将在共同体中推行的道德的、政治的或经济的价值来分配的。

当然，这并不意味着嵌入模型中法律现象独特性的消失。嵌入模型理论仍然是

[①] See A Hunt, 'The Politics of Law and the Law of Politics' in K Tuori et al (eds), *Law and Power: Critical and Socio-Legal Essays* (Liverpool, Deborah Charles Publications, 1997) 51-3. 关于嵌入性的概念，see M Granovetter , 'Economic Action and Social Structure: the Problem of Embeddedness' (1985) 91 *American Journal of Sociology* 485。

[②] See eg, L Friedman, *The Limits of Law: a Critique and a Proposal* (Siegen, Center for Studies on Changing Norms and Mobility, 1986) 8, 13; and D Farber and P Frickey, *Law and Public Choice: a Critical Introduction* (Chicago, University of Chicago Press, 1999) 55-62.

规范性理论。法律由于其权威性和强制性，在实现非法律性价值方面发挥着核心作用。正是价值的"应当"性将法律规范、法律体系，和政治系统为获得某种结果而使用的其他规制工具区分开来。

然而，归于嵌入模型下的理论的特点就是将法律的性质和结构界定为弹性的。与自治模型相反，嵌入模型理论声称，法律现象的一些基本特征必须在法律世界之外寻找，因此使得法律的内在结构本身必然对政治和道德层面发生的变化保持弹性。由此，对法律必然是什么这一问题的回答就必须经由并致意政治或道德环境，例如运用"公正因而有效的法律"这样的陈述。

嵌入模型最显著的一个代表当然是自然法理论，尤其是约翰·菲尼斯所提供的版本。相较于古典自然法，当代自然法学者特别强调，法律无法仅用政治或道德术语来解释。尽管被纳入到更广泛的道德和政治背景中，法律仍然占据了一定的、不同于道德和政治的独特空间。就像凯尔森和哈特一样，就政治而言，这种区分导致现代自然法学者把法律描述为具体的权威性陈述，而非对权威机构所追求之目标的一般评估。[1]

尽管从传统自然法理论迈向了更接近法实证主义的立场，但当涉及法律是什么的问题时，菲尼斯眼中的法律仍然是政治性的。根据菲尼斯的观点，法律是规则复合体，"旨在合理解决共同体的合作问题……为的是共同体的共同善"[2]。

上述定义直接预示了政治评价，这种评估针对的是通过法律实现共同体中的哪些价值的选择：法律的"合理性"这一政治价值，即选择适当法律手段来满足某些目标；以及作为法律机构运作指引的共同体的共同善这一政治价值，即实现正义的理想。[3]

对菲尼斯来说，这样一个共同体尤其是在现代领土国家，其与政治共同体完全同一。在解读何为政治共同体问题时，除了当代领土国家外，菲尼斯还使用了另一个历史形式——希腊城邦的例子，在那里，法律包纳在更广阔的政治环境之中，这一点最具特色。[4]

---

[1] See J Finnis, 'The Truth in Legal Positivism' in RP George (ed), *The Autonomy of Law: Essays on Legal Positivism* (Oxford, Oxford University Press, 1996) 204–5; PE Soper, 'Some Natural Confusions about Natural Law' (1992) 90 *Michigan Law Review* 2394; and B Bix, 'Natural Law Theory' in D Patterson (ed), *A Companion to the Philosophy of Law and Legal Theory* (Oxford, Blackwell Press, 1996) 223–40.

[2] J Finnis, *Natural Law and Natural Rights* (Oxford, Clarendon Press, 1980) 276.

[3] See *ibid* 267; and J Finnis, 'On the Incoherence of Legal Positivism' (2000) 75 *Notre Dame Law Review* 1610. See also B Bix, 'On the Dividing Line between Natural Law Theory and Legal Positivism' (2000) 75 *Notre Dame Law Review* 1622.

[4] See Finnis, *Natural Law and Natural Rights* (n 54 above) 148–9. See also N MacCormick, 'Natural Law Reconsidered' (1981) 1 *OJLS* 105.

菲尼斯认为法律面向周围政治环境趋向于一种弹性结构的本体论，它既是由价值选择标准构造而成，又旨在将这些价值实现于一群人身上，这群人主要是通过其所归属的共同体来确定的，而这一共同体又主要是从政治角度来界定的。

如果说自然法学者眼中的法律在面向周遭政治环境时依然保留着某些独特品质，例如，其形式上是权威陈述而非仅仅是政治宣传，那么对于批判法律研究运动来讲，法律面向政治似乎显得非常灵活，以致于彻底消失在形成政治世界的意识形态、范畴和价值冲突的海洋中了。采取同一条路径的还有那些或多或少被认为源自于批判法律研究路径的学派，尤其是女权主义法律理论（feminist legal theories）、批判种族理论（critical race theory）和后现代法学（postmodern approach to the law）。[①]

对于批判法学及其衍生学派来讲，由此导致的法律消失在政治海洋中的结论是从法律的功能和机制角度得出的，而非就明确制定法律活动本身而言的；是着眼于法律解释的政治化，而非简单关注法律的政治化问题。[②]

与自然法论者类似的是，批判法学学者将政治和经济特征包括在法律定义之中，因为对他们来说，法律概念和范畴的机器往往通过司法和教义解释方法把竞争的理念和政治包括进来。在对法律概念和范畴的不同且往往相互冲突的解释中发现的不和谐，实际上只是其背后各种政治价值不一致的反映。

一如大多数当代马克思主义法律理论一样，法律不仅仅是统治精英的工具。根据批判法学理论，法律趋于多元化，法律层面上几乎同时吸引和表达了政治秩序中各种相互竞争、冲突的价值和意识形态。[③]为了理解法律是什么，重要的是法律解释中发生的复杂而零散的历史、社会和政治性偶然：谁出于何种目的在负责，以及如何运用他们的政治内容来填充法律概念和范畴的空瓶。[④]

如果转向法与经济学派，尤其是波斯纳的芝加哥学派（Chicago School of Posner），在法律与政治关系的问题上，我们会看到法律面向政治现象特别是经济

---

① See MDA Freeman, *Lloyd's Introduction to Jurisprudence* (7th edn, London, Sweet & Maxwell, 2001) 1041; and Bix, *Jurisprudence* (n 16 above) 221.

② See eg, R Mangabeira Unger, 'The Critical Legal Studies Movement' (1982) 96 *Harvard Law Review* 568, 582; or D Kennedy, 'Form and Substance in Private Law Adjudication' (1976) 89 *Harvard Law Review* 1685.

③ See Unger, 'The Critical Legal Studies Movement' (n 58 above) 570-8; D Kennedy, 'The Structure of Blackstone's Commentaries' (1979) 28 *Buffalo Law Review* 211; and A Altman, 'Legal Realism, Critical Legal Studies, and Dworkin' (1986) 15 *Philosophy and Public Affairs* 222. Compare L Althusser, *Sur la reproduction* (Paris, Presses Universitaires de France, 1995) ch XI.

④ See Note, 'Round and Round the Bramble Bush: from Legal Realism to Critical Legal Scholarship' (1982) 95 *Harvard Law Review* 1678; and P Gabel and J Feinman, 'Contract Law as Ideology' in D Kairys (ed), *The Politics of Law: a Progressive Critique* (3rd edn, New York, Basic Books, 1998) 497-8, 504-9.

价值的开放性。

根据法律与经济学理论，法律之所以是政治性的，乃是因为它是一套开放的概念，其特质在于源自立法者、法官和律师们的一系列社会行为："当……法律是且应当是由社会需求和利益所塑造时，法律思想何以可能'不受法外之物的影响'？"[①]

因此，以法律之名发生的社会行动的内在结构或逻辑，倾向于反映着这些社会行动所处的经济和社会环境中的需求和利益。所以，波斯纳明确指出，法律的逻辑无法通过纯粹的法律类关系得到充分解释，法律的逻辑有着法外世界的来源。一如波斯纳所言，声称"法律的逻辑实际上是经济学"，这是一种弹性而依赖政治的法律本体论方式，法律由此成为一种根据特定共同体中的"效率"或"福利最大化"等非法律价值而产生的活动。[②] 例如，在现代资本主义社会，对市场效率的需求被转译为激发个人所得税法之逻辑的效率标准。[③]

（二）造法还是政治决策？

当谈及造法与政治系统的关系时，归属于嵌入模型的理论家们采取了明确的开放立场。与自治模型理论相似，嵌入模型理论认为，来自政治系统的政治输入必须由专门人士将其转换为最终的法律产品，这些专门人士是根据特定标准并使用特定范畴和概念进行工作的。例如，某一政党关于在民族共同体内分配某些经济活动风险的意志，就必须由议会委员会根据事关立法提案的议会程序使用"严格责任"这一法律工具来转换。

然而，在嵌入模型中，造法向政治秩序开放，政治秩序领域特定价值的生成与选择过程，与造法程序中相应法律范畴的形成与选择之间并无明确的区分。与自治模型的封闭造法相反，这里的造法向政治秩序开放，监控法律系统运转的理性与参数往往直接由政治秩序输入。例如，在起草法案时，根据嵌入模型理论，立法机关有权明确推动严格责任的适用，因其提升了国家成员之间的经济团结价值。造法运作及其结果（比如以制定法或司法判决的形式）持续受到政治层面发生的各种冲突对抗的影响。政治秩序之于造法活动的影响发生在政治价值向法律范畴转换之前、期间和之后的各个阶段。嵌入模型的信奉者认为，造法作为一种机制，其运转方式

---

① Posner, *The Problems of Jurisprudence* (n 16 above) 243. See also *ibid* 225-6.
② R Posner, 'The Economic Approach to Law' (1975) 53 *Texas Law Review* 764. See also P Rubin, 'Why is Common Law Efficient?' (1977) VI *Journal of Legal Studies* 53.
③ See eg, L Kaplow and S Shavell, 'Why the Legal System is Less Efficient than the Income Tax in Redistributing Income' (1994) XXII *Journal of Legal Studies* 667.

和结构主要是由政治舞台上发生的各种争斗决定的。①

对嵌入模型学者们来说，很难区分出政治声明向法律性有效陈述转换的具体时间点。为解决这一问题，大多数学者诉诸事实标准，如法与经济学派那里绝大多数法官的意见，又或者诉诸自然法学者那里的道德标准。由此，这一问题就变成了如何识别那些许可政治秩序启动造法的法外标准，这些标准允许其自身的范畴和观念在法律话语空间自由穿行而不必转换为纯粹法律概念和范畴。②

这种面向政治秩序的开放性在自然法理论关于造法过程的含义及其运作的阐述中表现得相当清楚。如前所述，根据菲尼斯，法律体系不仅是一套规则，它的构成要素参数和标准（如共同善）还可以在周围的社会政治环境中找到。尤其是，存在于这些"其他"环境中的价值通过菲尼斯所谓的慎断（determinatio）过程进入到法律体系之中。③

慎断是一般政治原则向法律转换的机制。它通过实践推理（遵循菲尼斯所谓的"中间原则"之一种）进行，这种推理旨在实现法律体系意在促进的一项基本善。④ 在将政治秩序中生成与表达的价值植入法律体系的过程中，慎断不仅仅是立法者或法官等造法者所操持的演绎过程。

菲尼斯强调，慎断不是以一种数学公式而是作为一种权威裁决机制运行的，因此，它需要造法者根据实现共同善的"最佳"法律原则中的中间原则进行积极干预和选择。政治秩序被引入到法律体系的动态层面，不仅是在选择要实行的原则层面，还包括选择最适合在特定共同体推行这些共同善的法律工具层面。⑤

对菲尼斯而言，法律现象的动态层面在很大程度上被造法趋于向政治系统开放这一事实所主导。法律行动者必须运作一个更大的政治框架来适应这一框架，这个框架是由政治秩序设计和选择的善与程序、政治秩序的推理及其价值构成的。

如果把注意力转至批判法学及其"法律就是政治"的预设上，我们很难在造法

---

① See eg, Posner, *The Problems of Jurisprudence* (n 16 above) 442："法与经济学和批判法学相似之处……在于都从法律之外寻找法律之源泉和命脉。"
② See eg, Kairys, 'Law and Politics' (n 5 above) 247. 在本部分，法外标准仅意指这些标准并非完全源自造法过程的内在（形式）逻辑。See eg, M Weber, *Economy and Society* (G Roth and C Wittich (eds), Berkeley, University of California Press, 1978) 657; and Hart, *The Concept of Law* (n 27 above) 94. Against E Mensch, 'The History of Mainstream Legal Thought' in Kairys (ed), *The Politics of Law* (n 60 above) 38–9.
③ See Finnis, *Natural Law and Natural Rights* (n 54 above) 282. See also *ibid* 271; and J Finnis, 'On "The Critical Legal Studies Movement"' (1985) 30 *American Journal of Jurisprudence* 35.
④ See Finnis, *Natural Law and Natural Rights* (n 54 above) 86–9, 100–26.
⑤ See J Finnis, 'The Authority of Law in the Predicament of Contemporary Social Theory' (1984) 1 *Notre Dame Journal of Law, Ethics and Public Policy* 133.

系统和政治生产系统之间作出区分。"法律就是政治"并不单意味着法律的结构趋于反映政治世界的政治斗争，还意指批判法学所言的造法是一种主要的执行机制，政治价值通过这一机制在客观和"自然的"法律形式的幌子下被引入到特定共同体的日常生活中。①

造法嵌入政治秩序，发生在两个层面。其一，在宏观层面，造法完全向政治秩序开放。当立法者（立法机关形式和司法形式）必须构建那些用以解决社会经济冲突的合理化方案时，政治就会影响法律。当涉及选择法律体系建基其上的基本法律范畴这一宏观层面时，造法完全向政治秩序开放，几近完全依赖于政治秩序领域发生的争斗。②

其二，根据批判法学理论，造法向政治系统开放边界的第二阶段更多的是在微观层面，即在法官选择将某一理性化方案（意即传统法律渊源中的正式原则和范畴）适用于某一具体案件之时。各种不同的原则和范畴已在宏观层面通过立法或先前的司法判决被理性化了，由于含糊不清和法律语言本身的不确定性，它们都可适用于同一个案件。于是，法官在这些正式原则和范畴中作出的选择是根植于司法身处其间的政治社会环境之中的。③

与批判法学相比，法与经济学学派所构想的造法与政治秩序之间的关系在前者向后者开放的趋向上不甚明晰。初看上去，似乎法与经济学认为造法是一个中立的系统，其间，行动者及其过程倾向于遵循他们自己的效率经济逻辑，这一逻辑并未给诸如"道德""民主"等概念留有任何空间。④

然而，法与经济学学者所接纳的法政关系模型最终包含了造法向政治秩序开放的思想。确实，这一学派的关注重点是法律与经济系统的关系，但政治秩序在其法律现象分析中一直处于中心地位。政治秩序是法律的经济路径通过造法得以进入经济和社会领域的关键系统。当波斯纳指出，财富最大化这一本身就被视为良好的价值，曾经是且现在仍然是塑造普通法生成的基本信念，此时就发生了上面所说的情况。⑤

---

① See R Gordon, 'Law and Ideology' in Freeman, *Lloyd's Introduction to Jurisprudence* (n 57 above) 1057.
② See eg, Unger, 'The Critical Legal Studies Movement' (n 58 above) 568 fn 59, 593-7.
③ See eg, P Gabel and P Harris, 'Building Power and Breaking Images: Critical Legal Theory and the Practice of Law' (1983) 11 *New York University Review of Law and Social Change* 383.
④ 例如，波斯纳声称有可能或多或少地将道德价值或严格意义上而言的政治价值从言论或宗教自由的司法造法活动中排除出去。See R Posner, 'The Law and Economics Movement' (1987) 77 *American Economic Review* 5.
⑤ See R Posner, *Frontiers of Legal Theory* (Cambridge, Harvard University Press, 2001) 100-1, 110-15.

法与经济学将造法描述为一个由缺乏相关自治度的过程及行动者构成的系统，这种自治性的缺乏既体现在他们的行为上，也体现在由此产生的新法律的选择上。一方面，留给造法的空间受到政治行动者政策创制活动的挤压。另一方面，造法者的行为依赖于对这些政策主要之于经济系统影响的评价。在两种情况下，造法及其行动者在其具体运作中必须遵循的首要标准主要是具有政治性或经济性的非法律性原则。造法尤其是其司法形式，由此就要经受来自政治与社会两方面的煎熬和考验（ceramic crucible between two iron pots），在这里，尊重"公共政策问题解决方案的合理性"和"社会目标的最佳促进"成为法官工作的指路明灯。①

（三）研究混合法的混合法律学科

对于嵌入模型的理论来讲，法律学科应当如何处理政治来源的材料问题深受其关于法律与造法的思想影响。由于法律的性质和造法的运作与政治和政治秩序有着密切关联，这些理论由此必然强调和推进法律学科使用在关乎政治世界的各种知识分支中发展起来的材料和方法。嵌入模型包含的这些理论既非单独又非主要地触及政治学这一考察政治世界的科学女王。这些理论还考虑人类知识的其他分支，这些分支虽然可能不是主要的，但对政治问题有着独特的视角和路径，比如经济学、社会学和道德哲学。

当然，这并未导致法律学科作为一门自主研究分支的消失。②但是，由于法律现象嵌入在政治环境中并易受政治秩序的影响，为了从同样的环境中获得更好的理解和讲授法律的工具和方法，法律学科便不必一直四处张望。其结果是，法律学科配置成了一门混合学科，既包含规范性成分（诸如对权威、管辖权等教义概念的使用），也包括了更多的政治范畴（诸如因其"不民主"而宣告法律无效的可能性）。

嵌入模型下的学派推出一种跨学科路径，作为将法律现象从其严格意义上的政治性、经济性、道德性根源中剥离出来的唯一方法。他们发现纯粹的规范性法律分析不足以真正洞悉法律的构成要素。由于法律要素的本体并非纯粹的规范性陈述，嵌入模型理论因此得出的结论是，法律现象的考察必须借助于那些分析对象与处于法律核心地带的规范性方面共存的学科，即从道德哲学到成本-收益分

---

① See *ibid* 155, 163, 166 fn 42; Posner, *The Problems of Jurisprudence* (n 16 above) 232-4; and R Posner, 'Pragmatic Adjudication' (1996) 18 *Cardozo Law Review* 4.

② 即使是在纳粹和苏联政权中，法律嵌入政治达到极致，但法学院系和法律理论本身从未停止存在。See eg, A Vyschinsky, 'The Fundamental Tasks of the Science of Soviet Socialist Law' in J Hazard (ed), *Soviet Legal Philosophy* (Cambridge, Harvard University Press, 1951) 317-21; and I Ward, *Law, Philosophy and National Socialism: Heidegger, Schmitt and Radbruch in Context* (Frankfurt am Main, Peter Lang, 1992) 11-13.

析这些学科。

法律学科的混合性被菲尼斯明确采用，对他而言，在法律研究中引入道德和政治特征汇于三个层面。首先，菲尼斯法律思想基于这样一种假设，即为了具有充分的规范性，必须将法律现象摆置于一个更广阔的道德性的合法化环境中。这也直接影响到他对法律学科的看法。法律学者必须穿越纯粹的法律层面去触及法律的道德和政治基础，甚至以某种方式来分享法律的内在的道德性真理，以至于"完全可以不使用任何规范性词汇就创制出整个法律体系"。①

法律学科的混合性也反映在用来阐明法律现象的方法论上。既然法律源自于运用慎断方法表达出来的政治共同体价值观，既然慎断是一种更具政治和道德性的启发性手段，那么法律学科就必须熟识主要具有道德和政治性质的推理方法，尤其是实践推理而非更具纯粹法律性的推理（如类比推理）。②

最后，菲尼斯认为，法律学科与政治材料是混合在一起的，它最终有责任产生一种有价值的结果。根据菲尼斯的观点，法律知识的终极目的在于确定某一法律体系是否运转良好，也就是说，造法者是否生产出了符合基本道德和政治价值的规范、原则和范畴，而有效法律体系必须以这些价值为基础。③

尽管批判法学也接纳了法律学科的混合性观念，但他们拒绝将自然法的价值理论作为法律学科发展的驱动与指引。对他们来说，法律研究的发展引擎既不在法实证主义的内省性工作，也不在"自然"附着于周围环境中的价值和传统。④ 根据批判法学的看法，法律学科在政治斗争以及某种程度上的经济斗争中发现了它的工作和进步的源泉、动力。由此源泉和动力，法律学者就必须着手并实现两项基本目的：深度洞察力，以及由此而得的政治效用。批判法学所论述的政治环境介入法律学科的双重入口也可定义为探究（理论推断）和社会实验（实践活动）。⑤

---

① Finnis, *Natural Law and Natural Rights* (n 54 above) 282. See also *ibid* 3–13; J Finnis, 'The Authority of Law in the Predicament of Contemporary Social Theory' (n 68 above)115–16; M Moore, *Educating Oneself in Public: Critical Essays in Jurisprudence* (Oxford, Oxford University Press, 2000) 342; and J Goldsworthy, 'Fact and Value in the New Natural Law Theory' (1996) 41 *American Journal of Jurisprudence* 22.

② See RP George, 'Human Flourishing as a Criterion of Morality: a Critique of Perry's Naturalism' (1989) 16 *Tulane Law Review* 1462.

③ See eg, J Finnis, 'Public Reason, Abortion, and Cloning' (1998) 32 *Valparaiso University Law Review* 377. See also Bix, *Jurisprudence* (n 16 above) 72–3.

④ See R Mangabeira Unger , 'Legal Analysis as Institutional Imagination' in R Rawlings (ed), *Law, Society and Economy: Centenary Essays for the London School of Economics and Political Science 1895–1995* (Oxford, Clarendon Press, 1996) 179.

⑤ See Note, 'Round and Round the Bramble Bush' (n 60 above) 1686. See eg, Kennedy, 'Form and Substance in Private Law Adjudication' (n 58 above) 1687.

从政治环境介入法律学科研究开始，如果法律就是政治，许多普通法是通过司法创造的，那么，根据批判法学，法律知识的主要目标就是揭露法律尤其是法官判决中的"隐藏动机"。法律学者必须越过法律推理和法律语言的形式逻辑，闯进政治统治的领地，进入造法者在制定法律或撰写判决时旨在推进的价值的领域。于是，批判法学强调法律学科有必要将他们的考察任务和理论武器扩展至与法律的政治基础相契合的材料与理论，就近乎是自然而然的事情了。①

法律材料与政治材料混合的必要之于法律学科其他目标——"政治效用"或社会实验——的实现是有作用的。当要细究这一有希望产生深刻洞见之结果的时候，法律研究也是一门混合学科。根据批判法学的观点，法律学科有帮助社会摆脱"法律推理建立在客观基础之上，以及通过剖析法律解释，可以找到裁断价值冲突的合理基础"这样的错误观念的独特使命。通过这种方式，批判法学旨在直接将法律学科纳入到选择价值并通过法律将其实现于共同体的过程中。②

尽管批判法学从一开始就一直公开承认他们所提倡的法律学科在方法论和结果上的政治性，法与经济学所遵循的承认法律学科混合性的路径则显得更加复杂。法与经济学从提出法律科学的科学研究路径开始，这一路径脱离了严格意义上的政治性的价值。③然而，这种脱离并未使法律学科摆脱在法外世界寻找范畴与原则的必要性。法律学科对非法律性范畴的依赖源于如下事实：法与经济学强调效率等纯粹经济标准作为法律适用和造法过程驱动力的中心地位。因此，法律学者被迫采用经济科学尤其是微观经济学中产生的概念工具。法与经济学的早期阶段支持的是法律的科学路径，而非法律科学。④

从20世纪70年代开始，法律学科的混合特质（法律规则与经济材料），因法与经济学对法律学科更具政治性的考量之转向而得到进一步加强。这一转变的主要原因在于，随着时间的推移和相关批评，法与经济学学者开始意识到，效率并非是一个独立而稳定的因素，而是一个有赖于特定分布的变量，或换言之，取决于经

---

① See Unger, 'The Critical Legal Studies Movement' (n 58 above) 570–7. 然而，应当注意的是，批判法学对社会科学中产生的经验研究持怀疑态度。See Gordon, 'Critical Legal Histories' (n 12 above) 101–2. Against Note, 'Round and Round the Bramble Bush' (n 60 above) 1682.

② See *ibid* 1689; and Unger, 'The Critical Legal Studies Movement' (n 58 above) 583. See also JW Singer, 'The Player and the Cards: Nihilism and Legal Theory' (1984) 94 *Yale Law Journal* 25.

③ 这方面的一个典型例子是科斯创立法与经济学学派的论文：'The Problem of Social Cost' (1960) 3 *Journal of Law and Economics* 41。

④ See G Calabresi, 'The New Economic Analysis of Law: Scholarship, Sophistry, or Self-Indulgence? Maccabaean Lecture in Jurisprudence' (1982) LXVII *Proceedings of the British Academy* 86.

济-政治环境。①

一旦法与经济学将福利最大化或社会财富等标准引入作为法律现象的目标,它便迫使法律学者使用政治或价值术语去思考和推理,这些价值术语之价值假定之于共同体来讲是正确的。此外,法律学科向政治理论和政治哲学世界发生的理论论辩开放,福利和社会财富思想正是源起于政治理论与政治哲学中。波斯纳本人明确指出,法与经济学和批判法学都迫使法律行动者放弃对逻辑、类比和遵循等原则的严格遵从,转而"从外部世界,从经济学或政治理论等其他学术研究领域所塑造的视角"来关注法律。②

在盖多·卡拉布雷西(Guido Calabresi)所阐述的法与经济学的温和版本中,甚至存在着正义概念的空间,这一概念是嵌入模型理论学派的经典概念。在卡拉布雷西的理念构建中,正义是法律学科必须使用的价值,以便限制纯粹应用功利主义财富最大化等政治原则可能导致的任何偏差。③

五、法律与政治: 交叉模型

自治模型和嵌入模型浓缩了现实中更为复杂的现象: 当代法律理论对于法律如何与政治关联这一核心问题给出的不同回答。尽管是一般化概括,这也是使用模型进行研究的典型特征,但可以认为这种类型学涵盖了当代绝大多数法律理论。但是,这一类型学又是不完整的,它并没有触及 20 世纪上半叶在西方法律文化中出现的两大运动给出的回答,这两大运动对于法律思想和法律实践都产生了巨大的影响: 美国和斯堪的纳维亚法律现实主义(American and Scandinavian legal realisms)。④

---

① See R Posner, 'Some Uses and Abuses of Economics in Law' (1979) 46 *University of Chicago Law Review* 288; and Calabresi, 'The New Economic Analysis of Law' (n 84 above)87-91. But see JR Hackney, 'Law and Neoclassical Economics: Science, Politics, and the Reconfiguration of American Tort Law Theory' (1997) 15 *Law and History Review* 277, 307-22.

② R Posner, 'Legal Scholarship Today' (2002) 115 *Harvard Law Review* 1316. See also Posner, 'The Law and Economics Movement' (n 72 above) 4. Compare M Horwitz, 'Law and Economics: Science or Politics?' (1980) 8 *Hofstra Law Review* 912.

③ See G Calabresi, 'An Exchange about Law and Economics: a Letter to Ronald Dworkin' (1980) 8 *Hofstra Law Review* 559. See also G Calabresi and P Bobbit, *Tragic Choices* (New York, Norton, 1978) 83-7. But see R Posner, *Economic Analysis of Law* (4th edn, Boston, Little, Brown & Company, 1992) 27.

④ See W Twining, *Karl Llewellyn and the Realist Movement* (London, Weidenfeld & Nicolson, 1973) 382; and H-H Vogel, *Der skandinavischer Rechtsrealismus* (Frankfurt am Main, Metzner Verlag, 1972) 9. Against T Grey, 'Judicial Review and Legal Pragmatism' (2003) 38 *Wake Forest Law Review* 492, 507-10; and L Kelman, *Legal Realism at Yale 1927-1960* (Chapel Hill, University of North Carolina Press, 1986) 229.

在开始分析这一组法律理论前，有一点需要澄清。如上所述，一般来讲，很难谈论一场法律思想运动或一股法律思潮。就法律现实主义者而言，这更具挑战性，尤其是在美国，因为他们倾向于涵盖相当广泛的法律理论立场。而且，通常难以找到美国法律现实主义与斯堪的纳维亚法律现实主义之间的共同点。两者在理论假设（美国的实用主义，瑞典人克塞尔·哈格斯特伦（Axel Hägerström）的道德哲学）和研究重点（美国的法院工作，斯堪的纳维亚的制定法文本）上都有所不同。这些差异使得一些作者甚至提出，两场运动的唯一共同点就是"法律现实主义"这一标签。[①]

本部分研究的目的在于表明，美国与斯堪的纳维亚的法律现实主义者对法政关系议题的态度使他们走上了同一条路径：交叉模型。在此，法律与政治被描述为两种交叉现象。看待法律与政治关系的这第三种方式在晚近形成的法律理论中具有典型性，反映了当代世界的典型现象。尽管美国和斯堪的纳维亚法律现实主义的哲学根源可追溯到 19 世纪末和 20 世纪初，但交叉模型所涵盖的理论直接面对的是 20 世纪的核心。[②] 在其自身的基本特征中，法律现实主义接受并试图解决当今法律理论面临的基本困境：就其与政治的关系而言，法律受到向心与离心双重力量的支配。

面对这一独特现实，交叉模型所包含的法律理论为法律与法律议题提供了一种新的研究路径。法律现实主义者关于法政关系问题的路径旨在取代以法律实证主义和自然法理论为代表的传统法律理论流派，这一路径建立在法律现象与政治现象局部区分这一基本观念上。

在交叉模型中，与嵌入模型相较，法律只是部分地与政治遭遇，而非完全嵌入政治之中；法律保持了一定程度的分离。法律不同于政治是因为它有一个真正的规范性内核，这一区域只能运用法律世界内部形成的特定理论工具来界定、操作和考察。法律与政治之间的区别确实存在，因为至少从历史上看，它们分化为两种不同的方式，去迫使或说服人们走上他们原本不想追随的道路。随着时间的推移，法律

[①] See W Friedmann, *Legal Theory* (5th edn, New York, Columbia University Press, 1967) 304–5; H McCoubrey and N White, *Textbook on Jurisprudence* (3rd edn, London, Blackstone Press, 1999) 178; and W Twining, 'Talk about Realism' (1985) 60 *New York University Law Review* 361. See also G Alexander, 'Comparing the Two Legal Realisms, American and Scandinavian' (2002) 50 *American Journal of Comparative Law* 132; and N Duxbury, *Patterns of American Jurisprudence* (Oxford, Clarendon Press, 1995) 68–71.

[②] See M Martin, *Legal Realism: American and Scandinavian* (Bern, Peter Lang, 1997) 2; and A Ross, *On Law and Justice* (London, Stevens & Sons, 1958) x.

获得了一定程度的自治正当性，这种正当性更多建立在特定规则的创制和适用的独特方式上（法律的规范性特征）而非其内容上（法律的政治目标）。①

然而，交叉模型不同于自治模型，在于法律与政治的分离只是局部的。为全面考察其构成性成分，必须将法律放置于一个与政治领域有所重合的位置。这是因为交叉模型理论把法律视为书面文字，认为法律是创作者价值的承载，是他们在创作或实施时所持有的目标。由于这一原因，交叉模型下的法律现象在一定程度上也被视为具有政治性质。

（一）法律现实主义中的法律与政治

论及法律及其与政治的关系问题时，交叉模型下的法律理论赞同法律概念与范畴的局部刚性。它们认为法律的本质最终是一种独特的规范性现象，即强调法律结构面向政治世界的分离和刚性。在交叉模型中，法律被视为政治的工具但是是一种中立的工具，可用来将截然不同的价值落实于社会中。与自治模型一样，法律被看作一门技术，有其自身的运转空间和规则，这是法律现实主义何以有时会被当成法律实证主义的一个特别版本或副产品的主要原因。②

然而，与法律实证主义和分析法学相比，交叉模型理论也不断强调这样一个事实：法律不仅仅是白纸黑字的、有逻辑的封闭规则体系，不仅仅是书本上的法。法律现实主义者是从如下评价开始理论建构的，即法律是一种经验现象，由人类行为和相关流行观念结合构成。法律主要是行动中的法。③

交叉模型的法理论打开了通往法律现象经验层面之门，将其作为法律本质的构

---

① See eg, K Llewellyn, 'On Reading and Using the Newer Jurisprudence' (1940) 40 *Columbia Law Review* 589; and A Ross, *Towards a Realistic Jurisprudence: A Criticism of the Dualism in Law* (Copenhagen, Ejnar Munksgaard, 1947) 72. See also N MacCormick, *Legal Reasoning and Legal Theory* (Oxford, Clarendon Press, 1997) 188.

② See R Summers, 'On Identifying and Reconstructing a General Legal Theory: Some Thoughts Prompted by Professor Moore's Critique' (1984) 69 *Cornell Law Review* 1017; and J Bjarup, 'Law and Legal Knowledge from a Realistic Perspective' in M Atienza *et al* (eds), *Theorie des Rechts und der Gesellschaft. Festschrift für Werner Krawietz zum 70. Geburtstag* (Berlin, Duncker & Humblot, 2003) 459–83. Against Freeman, *Lloyd's Introduction to Jurisprudence* (n 57 above) 810–11; A Sebok, 'Misunderstanding Positivism' (1995) 93 *Michigan Law Review* 2094; Hart, *The Concept of Law* (n 27 above) 132–44; and R Summers, *Instrumentalism and American Legal Theory* (Ithaca, Cornell University Press, 1982) 21.

③ See K Llewellyn, 'Some Realism about Realism' (1931) 44 *Harvard Law Review* 1237, points 5 and 6. See also R Pound, 'Law in Books and Law in Action' (1910) 44 *American Law Review* 35. 对法律现实主义者来说，将法的规范性观念与形式主义观念分离开来，这便有可能把法视为规范性和经验性兼具的现象。See B Leiter, 'Is There an 'American' Jurisprudence?' (1997) 17 *OJLS* 374; and Bix, *Jurisprudence* (n 16 above) 179–80. Against Duxbury, *Patterns of American Jurisprudence* (n 89 above) 64.

成要素，这同时也向人类的具体行为及其社会-心理基础敞开了大门。由此，法律范畴和概念直接为法律本质的扩充付出代价。法律的概念工具不得不在一定程度上允许社会性、政治性范畴和概念的介入。正是由于这一原因，交叉模型涵盖的理论通常可以被视为持有着法律相对于政治的局部刚性思想。①

法律与政治的多层面关系存在于美国法律现实主义理论中，在这里，法律本质的复杂性源生于法律现象的基本特征，即由规范性要素（法院判决）和社会-心理要素（司法行为）构成的混合结构。

根据美国法律现实主义理论，法律面向政治的局部刚性存在于它们的基本假设中，即法律主要是法院工作及其具体案件判决的结果。将法律等同于法院的判决，这会导致对任何试图在其他地方尤其是价值世界中确立法律之基础的法本体论的拒绝。在霍姆斯（Holmes）确立的路径上，构成司法判决的"应当"陈述被贴上"法律的"标签，而不管它们旨在实现的是价值"f"还是相反的价值"e"，因为法律语言和范畴的模糊性使得同一范畴实现不同价值成为可能。②

然而，法律语言的不确定性并不必然意味着法律面向政治的弹性，即法律语言的确定性必须参照法外世界生成的价值来发掘，这正是批判法学所主张的。恰恰相反，美国所有现实主义者的一个核心关切乃是尽可能提升司法判决的可预测性。这就不得不主要通过研究同一个法律世界的范畴和概念、司法判决及其使用的法律语言来实现。规则、技术和官员是"真实"法律的构成要素，更为重要的是，法官最终是在不同的法律解释也即不同的规范性范畴中，而非在不同的价值之间进行选择。③

然而，在不同法律范畴间的选择却是美国法律现实主义者准备开放法律结构的切入点。他们使法律更富弹性或更好，相对于政治世界仅保持局部的刚性。事实

---

① See eg, Ross, *Towards a Realistic Jurisprudence* (n 91 above) 11-13, 49; and, in a more indirect form, Llewellyn, 'On Reading and Using the Newer Jurisprudence' (n 91 above) 586-9.

② See F Cohen, 'The Ethical Basis of Legal Criticism' (1931) 41 *Yale Law Journal* 204. See eg, K Llewellyn, *The Common Law Tradition: Deciding Appeals* (Boston, Little, Brown & Company, 1960) 189. See also OW Holmes, 'The Path of the Law' (1897) 10 *Harvard Law Review* 459; J Murphy and J Coleman, *The Philosophy of Law: an Introduction to Jurisprudence* (Totowa, Rowman & Allanheld, 1984) 39; and W Rumble, *American Legal Realism: Skepticism, Reform, and the Judicial Process* (Ithaca, Cornell University Press, 1968) 55-63.

③ See Llewellyn, *The Common Law Tradition* (n 95 above) 12 n 1; and Llewellyn, 'Some Realism about Realism' (n 93 above) 1252. See also Twining, *Karl Llewellyn and the Realist Movement* (n 88 above) 490-1; Summers, *Instrumentalism and American Legal Theory* (n 92 above) ch 4; and B Leiter, 'Legal Realism, Hard Positivism, and the Limits of Conceptual Analysis' in Coleman (ed), *Hart's Postscript* (n 39 above) 278.

上，在法律的各种概念性结构间的选择，正是法官最受他们在其间接受教育、生活和工作的价值环境影响的时刻。美国法律现实主义者在这里引入了司法行为的社会-心理因素作为法律的一个组成部分，而法律一直被看作是由司法生产的具体规则。法律是法官生产的东西而非书本上的东西，正是这一观念使美国现实主义者指出，何以在解读法律是什么的问题时，必须将法官运作其间的社会、政治环境纳入考量。惟其如此，人们才可能真正理解某一规则、概念或范畴如何以及为何是在司法判决的创制或选择中成为法律的。[①]

尽管来自不同的理论背景和理论预设，斯堪的纳维亚法律现实主义者追随着他们的美国同行，因为他们也倾向于接受法律的性质与结构面向政治的局部刚性的观点。通过直接关注构成法律实质的各种概念和范畴（如权利、义务、财产、损害赔偿），斯堪的纳维亚现实主义者就法的本质问题得出了两种一致的观点。

首先，法律的概念和范畴本身脱离了任何道德、宗教或政治价值体系；说权利或义务概念对道德或政治价值的依附性，这就像"tû-tû"这一本身毫无意义的措词一样。[②] 法律是语言或象征符号的复合体，其颁布的目的是为了在受众身上激发某种作为或不作为；它们是"指令"，显示共同体成员或法官应当遵循的道路。不管这些信号承载着怎样的价值，它们总是以话语刺激或符号刺激的方式运作，以便从共同体成员那里获得行为回应。一个规范是法律，因此就对共同体产生约束力，即使它是高度不公或是经济低效率的。言及一个法律概念或范畴时，最为基本的是，它事实上作为一种刺激因素促使人们遵循某种行为模式。[③]

然而，概念和规范必须"在现实中运作"才能被视为法律，这一事实引出了斯堪的纳维亚现实主义者给法律本质描绘的第二个特征。与美国现实主义相关主张类似，斯堪的纳维亚现实主义法本质观的经验层面致使法律现象面向政治世界仅保持局部的刚性。

---

① See Llewellyn, *The Common Law Tradition* (n 95 above) 201; K Llewellyn, 'A Realistic Jurisprudence: The Next Step' (1930) 30 *Columbia Law Review* 453; W Cook, 'Facts and Statements of Fact' (1937) 4 *University of Chicago Law Review* 233; and J Frank, *Law and the Modern Mind* (London, Stevens & Sons, 1949) 23. See also B Leiter , 'Legal Realism and Legal Positivism Reconsidered' (2001) 111 *Ethics* 285.

② See A Ross, 'Tû-tû' (1957) 70 *Harvard Law Review* 818.

③ See Ross, *On Law and Justice* (n 90 above) 8; K Olivecrona, *Law as Fact* (2nd edn, London, Stevens & Sons, 1971) 128-34; and V Lundstedt, *Legal Thinking Revised: My Views on Law* (Stockholm, Almqvist & Wiksell, 1956) ch 1. 价值与法的分离使 Olivecrona 公开支持纳粹政权法律秩序的完整有效性。See generally K Olivecrona, *England oder Deutschland?* (Lübeck, Reichskontor der Nordischen Gesellschaft/ W. Limpert Verlagshaus, 1941).

根据斯堪的纳维亚法律现实主义者的观点，法律只要有效就会制约特定共同体或特定行动者去遵循特定行为模式。但是，这个有效性的来源必须在法外寻找，也即在经验现实的时空坐标里寻找。一项法律规范或概念被认为是有效的，只要它在"生效"，或换言之，只要共同体的大多数受众在遵循它并认同其"社会约束力"，它就因此从纯粹意图的宣告转换为有约束力的陈述。[①]

于是，尽管引入"民主"或"公正"等概念作为法律的构成要素毫无意义，但这些概念之于具有约束力的法律——"真正"的法律仍然至关重要。法律范畴和概念一般来讲反映了特定共同体和（或）特定法律行动者中传播的价值。惟其如此，法律才会被大多数人遵守，并被共同体受众们视为具有约束力。[②]

（二）法律现实主义者开放造法

关于新法律范畴和概念的生产过程与政治秩序的关系，交叉模型所涵盖的理论认为造法向政治过程开放。造法过程尤其是在结构上向政治领域的价值选择开放，后者选择的价值要通过法律落实于共同体中。

如嵌入模型那样，美国和斯堪的纳维亚法律现实主义者都声称，政治秩序采取的程序和导向直接影响到造法过程的运作。法律行动者是人，其在更大的共同体内，在价值生成与选择的政治系统中接受教育和工作。如果重点放在行动中的法或作为事实的法上，行为或事实得以发生的环境之于这些行为和事实的产生具有至关重要的意义。[③]

必须指出的是，造法的开放性这一理论主张并非专属于法律现实主义者。所有法律理论或多或少都承认政治秩序的运作会介入法律秩序的运作。交叉模型的理论在开放性上的创新贡献在于，政治刺激以及这些刺激因素的生成过程必须被视为造法程序的一个组成部分。法官受教育的法学院里的进步环境也须被看作是法律过程的组成成分，由此环境或程序，他或她才认识到"分散利益"概念与推进非政府组织对公司提起的民事诉讼具有法律相关性。

造法向政治秩序内部事务开放的特点在美国法律现实主义者那里尤为显然。他

---

① See Ross, *On Law and Justice* (n 90 above) 34-8, 55; and Olivecrona, *Law as Fact* (n 99 above) 112-14. 对 Ross 有效性思想的批判，see HLA Hart, 'Scandinavian Realism' (1959) 1959 *CLJ* 238；以及 Ross 的辩护 in 'The Concept of Law by H.L.A. Hart' (1962) 71 *Yale Law Journal* 1186 (book review).

② See eg, Lundstedt, *Legal Thinking Revised* (n 99 above) 150; and Olivecrona, *Law as Fact* (n 99 above) 111, 272.

③ "现实主义英雄是社会工程师，其熟练将法律当作政策工具来使用。" Gordon, 'Critical Legal Histories' (n 12 above) 67.

们将造法程序向政治秩序的开放安置于这一过程的一个基本时刻上,即法官解释制定法和先例期间。

在对法官工作的考察上,法律现实主义者指出在先例和制定法的解释过程中,法官时常面临规范性困境。由于制定法和司法先例的模糊和晦涩,法官可能很容易为同一具体案件找到两种甚至更多截然不同的解决方案。① 根据美国法律现实主义的观点,正是在这种选择中,造法向政治秩序敞开了大门。

选择某种法律路线而不是另一条,确实部分参照了政治舞台上的那些程序和选择。在选择达成某一规范性解决方案的过程中,不但被选择方案旨在落实的价值,而且法官受教育和生活期间的环境,都会强烈影响到他。②

实际上,在美国法律现实主义阵营中,关于造法过程作为政治价值之手段运作的方式,可以区分出两条解释路线。③ 第一条路线大致对应于事实怀疑论的支持者。价值介入造法过程并影响其运转方式,主要是因为法律行动者最终也是人,因此会将自己的私人价值以及其成长环境的社会价值引入工作中。换言之,由于法律语言的不确定性,法官直接利用他们自己私人的价值体系来建立法律范畴和概念的规范性内涵,并在此基础上对案件进行裁决。④

第二条路线大体对应于规则怀疑论的追随者。对他们来说,政治秩序影响法律系统的生产活动,这主要是因为法律行动者在解释制定法和先例过程中事实上趋于考虑政治舞台上表达的那些价值,而非他们自己的私人价值体系。尽管法官们的私人价值也发挥着重要作用,但是司法系统仍然倾向于决定实施政治行动者所赋予价值中的最佳内容。⑤

---

① See K Llewellyn, *Bramble Bush: On Our Law and its Study* (Dobbs Ferry, Oceana Publications, 1996) 2, 74. See eg, K Llewellyn, 'Remarks on the Theory of Appellate Decision and the Rules or Canons about How Statutes are to be Constructed' (1950) 3 *Vanderbilt Law Review* 395. See also W Rumble, 'American Legal Realism and the Reduction of Uncertainty' (1964) 13 *Journal of Public Law* 51.

② See Llewellyn, 'A Realistic Jurisprudence' (n 97 above) 442-7; and F Cohen, 'The Ethical Basis of Legal Criticism' (1931) 41 *Yale Law Journal* 219. See also Summers, *Instrumentalism and American Legal Theory* (n 92 above) 209.

③ 这一区分是对 Leiter 关于美国法律现实主义之"特性派"和"社会学派"划分在造法领域的具体应用。See B Leiter, 'Positivism, Formalism, Realism: Legal Positivism in American Jurisprudence by Anthony Sebok' (1999) 99 *Columbia Law Review* 1148 (book review).

④ See F Cohen, 'Transcendental Nonsense and the Functional Approach' (1935) 35 *Columbia Law Review* 845; and Frank, *Law and the Modern Mind* (n 97 above) 104, 111. See also B Leiter, 'Legal Realism' in Patterson (ed), *A Companion to the Philosophy of Law and Legal Theory* (n 53 above) 271.

⑤ See Llewellyn, *The Common Law Tradition* (n 95 above) 24-5. See eg, K Llewellyn, 'American Common Law Tradition, and American Democracy' in K Llewellyn, *Jurisprudence: Realism in Theory and Practice* (Chicago, University of Chicago Press, 1971) 287-99. See also Rumble, *American Legal Realism* (n 95 above) 191.

在美国法律现实主义理论中，对法律的刚性与造法的开放性相结合的问题的解释可追溯到他们的研究规划。他们理论的目标受众是职业律师和法官。因此，法律现实主义者必须在法律概念与政治概念之间保留局部刚性的区分，以便维系这种法律职业的独特性。尽管如此，由于对律师和法官而言，最重要的目标是解决案件，人们由此非常期待法律现实主义者开放造法过程，以便给法律人提供一套广泛的解释和创制性工具，进而支撑他们的法律推理活动，比如，容许在刑事案件中使用犯罪学推理。①

斯堪的纳维亚现实主义也将造法过程及其程序描绘成政治开放型的。开放造法的理论起点是，斯堪的纳维亚现实主义者认为造法是生产有效法律概念和范畴的过程。如前所述，这些法律概念和范畴被大多数受众遵循时，便被认为是有效的，因而具有了约束力。为了维持一个旨在生产有效法律的过程系统，造法必须将生产制定法和司法判决的过程与程序发动起来，而这些制定法和司法判决采纳并实现了大多数受众情感上共享的或至少不与之相违背的价值观。②

对斯堪的纳维亚现实主义者来讲，造法的过程及其程序的核心要素是法律语言。这种语言是法律规则得以被法律秩序生成并实行于社会中的主要手段。斯堪的纳维亚现实主义者认为法律语言主要具有影响人类行为的指引功能。③

如上所述，这种影响是通过一个基于语言的或有时基于象征符号的刺激-反应过程产生的。因此，发出"正确的"语言刺激以努力争取人们的反应，这对法律秩序来讲是至关重要的。反过来，刺激的正确性有赖于使用法律语言的社会-心理环境。法律语言的传统构成要素诸如权利、义务概念本身是没有意义的，但因为也是从被嵌入到特定社会和政治框架的那一刻开始，它们便获得了权威地位。正是这一框架及其承载的价值，通过确定如罗斯（Ross）所言的概念和范畴的语义参照，对造法产生深刻影响，否则这些概念和范畴将成为毫无意义的表达（tû-tû）。因其倾向于反映政治秩序中主导性价值的变迁和冲突，造法由

---

① See eg, Llewellyn, 'Some Realism about Realism' (n 93 above) 1236, *points* 1–3. See also Rumble, *American Legal Realism* (n 95 above) 194–5; Murphy and Coleman, *The Philosophy of Law* (n 95 above) 40; and HLA Hart, 'American Jurisprudence through English Eyes: the Nightmare and the Noble Dream' in Hart, *Essays in Jurisprudence and Philosophy* (n 28 above) 127–8.

② See Lundstedt, *Legal Thinking Revised* (n 99 above) 149; Ross, *Why Democracy?* (n 13 above) 231–43; and Olivecrona, *Law as Fact* (n 99 above) 89–90.

③ See Ross, *On Law and Justice* (n 90 above) 158–60; and K Olivecrona, 'The Imperative Element in the Law' (1964) 18 *Rutgers Law Review* 800. See also F Schmidt, 'The Uppsala School of Legal Thinking' (1978) 22 *Scandinavian Studies in Law* 171.

此成为开放的。否则,法律秩序便存在"不再有效"进而不再是一个有约束力体系的风险。①

(三)现实主义者的法律学科与政治材料

在交叉模型涵盖的理论中,对法律学科之性质和作用的考察占据着关键的位置。这一核心位置主要是由于法律现实主义者力图将两种在法律分析史上似乎总不可调和的要素结合起来:一是法律面向政治的(局部)刚性,一是造法面向政治秩序的影响与过程开放。②

基于对两个明显互相排斥之两极的分析,交叉模型理论试图在一种新法律学科构建中找到一个交汇点。一方面,他们使法律系统的造法向政治世界中发生的进程的影响保持开放。对法律现象的科学考察是一种旨在发掘何为真正的法律的探究。法律是政治机构手中最有力的工具之一,用来在社会中实现它们的目标。法律学者因此必须考虑到,在新法创生过程中,政治世界发生的事情与法律世界具有相关性。

法律学科需要聚焦于法律现象中那些带有政治色彩的部分或要素,以便发现和揭示存在于法律现实中的政治问题。交叉模型的理论由此向"福利""政策"等范畴敞开了法律学科之门,而此类范畴是在政治科学或政治哲学等政治领域典型学科中产生的。

另一方面,法律学科的这种混合性又是局部的。交叉模型的理论声称,为获得"科学的"学科的标签,法律学科必须强调其考察对象——法律的独特性。政治材料往往在不同的价值选择之间自由流动,但当其被引入法律世界,它经常受到教义、司法或立法的限制和约束。因此,为了被当成一种科学的知识形式,法律学科还必须考量构成的原则和教义的(局部)刚性。③

美国法律现实主义当然是朝着这个方向进展的,认为法律学科面向政治材料时是局部混合的。由于造法过程对来自政治世界的外部影响保持开放性,法律研究的

---

① See Olivecrona, *Law as Fact* (n 99 above) 297–303, 371–7; Ross, *On Law and Justice* (n 90 above) 352–3; and Lundstedt, *Legal Thinking Revised* (n 99 above) 16–17.

② 必须强调的是,这种历史上的不兼容性并不是绝对的。See eg, D Brink, 'Legal Positivism and Natural Law Reconsidered' (1985) 68 *The Monist* 369. But see Bix, 'On the Dividing Line between Natural Law Theory and Legal Positivism' (n 55 above) 1618–24; and J Coleman and B Leiter, 'Determinacy, Objectivity, and Authority' (1993) 142 *University of Pennsylvania Law Review* 554.

③ See A Kronman, 'Jurisprudential Responses to Legal Realism' (1988) 73 *Cornell Law Review* 337. 关于法律现实主义者的法律学科思想的"模糊性", see eg, A Scalia, 'The Rule of Law as a Law of Rules' (1989) 56 *University of Chicago Law Review* 1182; and J Sundberg, 'Scandinavian Unrealism: Co-report on Scandinavian Legal Philosophy' (1986) 9 *Rechtstheorie* 311。

主要路向是混合型的。根据现实主义者的观点，法律学者的目标是探讨法律的本来面目。法律探究就必须超越书本上的法、纸面的规则和原则，要进入到真实的法律之中：法律官员尤其是法官们的行为规则性。①

司法行为并非在规则和原则的真空中产生的，而是受到法官生活和工作于其间的价值体系的强烈影响。法律学者就必须到比单单书本上的法更为广阔的领地去冒险。他们必须进入人类及他们的生活和行为共同发挥核心作用的领域。法律学科无法避免考虑非法律学科提供的结果，诸如社会学、政治科学、统计学、犯罪学和经济学。正如卢埃林所言，"往右、往左、前面，都是急需使用的材料"②。只有使用那些外在于传统法律领域的材料，法律学科才能对法律现象及其在社会中的地位和功能有一个全面的认识。

在呈现法律研究混合性的同时，美国现实主义者也试图走另一条道路。为维系关于法律面向政治世界的局部刚性的思想，法律现实主义者肯定了法律学科本身作为一条科学的法律研究路径的必要性。这第二条轨道推动迈向一种更独立于价值世界的法律学科观念，或曰只是局部混合。

在拒绝法律学科研究书本上的法这种形式主义观点后，美国现实主义者宣称存在一个法律学科发挥核心作用的特定空间，即行动中的法空间。特别是，法律现实主义者让两类分析相分离的必要性浮现出来，即关于法律事实上起什么作用的分析与关于法律应当起什么作用的分析。也就是说，他们强调研究者有必要将法律看作法官行为中表现出来的样子，而非根据司法或其他的价值体系应当呈现的样子。在法律探讨中将法律与政治或道德方面相分离的必要性，契合法律现实主义者在一定程度上提供一种规范性法律学科的目的，这一规范性学科可以为法律行动者提供一份明晰的法律概念和范畴的清单。③

斯堪的纳维亚法律现实主义者同样提议一种与政治材料相混合的法律学科，他们强调法律学者在其研究中既有必要使用传统法律分析，也要运用政治科学、社会

---

① See eg, Llewellyn, 'A Realistic Jurisprudence' (n 97 above) 444. See also Summers, *Instrumentalism and American Legal Theory* (n 92 above) 154-5; and B Leiter , 'Rethinking Legal Realism: Toward a Naturalized Jurisprudence' (1997) 76 *Texas Law Review* 285, 298-300.

② K Llewellyn, 'On What is Wrong with So-called Legal Education' (1935) 35 *Columbia Law Review* 678. See eg, K Llewellyn, 'Law and the Social Sciences: Especially Sociology' (1949) 62 *Harvard Law Review* 1294.

③ See Llewellyn, 'Some Realism about Realism' (n 93 above) 1235; and K Llewellyn, 'My Philosophy of Law' in *My Philosophy of Law: Credos of Sixteen American Scholars* (Boston, Boston Law Book, 1941) 195. See eg, K Llewellyn, 'The Theory of Legal "Science" ' (1941) 20 *North Carolina Law Review* 22; or Llewellyn, *Bramble Bush* (n 103 above) 4-5.

科学、人类学以及某种程度上的统计学中产生的材料。为融入科学的世界，法律学科必须将法律当作一种经验现象来分析，例如探析共同体成员或法官的法律观念。法律学者必须分析法律及其要素如何在时空维度上呈现自己。①

特别是，斯堪的纳维亚法律现实主义者强调法律学者深入考察法律得以实现的主要手段——法律语言的重要性。这种考察不能仅仅使用传统分析工具，例如考察一段时间内颁布的不同制定法中法律概念的逻辑一致性。法律学者必须使用来自历史学、政治科学、社会科学、心理学、社会语言学和人类学的材料。之所以必须这样做是为了将法律概念和范畴置于其产生或运用得更为广阔的价值背景中。②比如，法律学科可用材料的扩充意味着，有必要重新界定法律学者为了找到某一法律问题之解决方案而要查阅的法律上相关材料的传统来源。尤其是，法律学科需要从政治领域论辩的经验现实出发，决定支持的是最适合特定共同体的解决方案，而非从法律秩序角度来讲的最佳方案。③

然而，法律学科的这种混合性质在斯堪的纳维亚现实主义者看来是局部的。他们反复强调法律学科是由法律观念构成并处理法律观念问题，因此这一学科不能无视共同体或法官们构想的这些法律观念：就好像它们远离了政治灰尘一样。法律学者虽然也运用到其他材料但也必须考虑法律现象的那些传统特征，特别是根据逻辑推理并使用特定概念的法律运作。④

政治材料生产背后的推理总是倾向于考量并存而分歧的利益或价值，发展诸如"社会正义"这样的范畴来整合对立的解决方案和价值，比如对个体正义与集体正义进行折中。相比之下，在法律学科提出的推理中，往往没有第三种可能（tertium is often *non datum*）；选择是在对立两极，比如有效或无效之间进行的，因此，折中的解决方案并不重要。推理的选择要在反映现行有效法律的正确陈述与涉及实际上不生效进而无效之规范的错误陈述之间做出。⑤

---

① See eg, Lundstedt, *Legal Thinking Revised* (n 99 above) 18.

② See K Olivecrona, 'Legal Language and Reality' in RA Newman (ed), *Essays in Jurisprudence in Honor of Roscoe Pound* (Indianapolis, Bobbs-Merrill Hill, 1962) 177–85.

③ See eg, PO Ekelöf, 'Teleological Construction of Statutes' (1958) 2 *Scandinavian Studies in Law* 84; or Lundstedt, *Legal Thinking Revised* (n 99 above) 69, 267–8. See also J Bjarup, *Skandinavischer Realismus: Hägerström–Lundstedt–Olivecrona–Ross* (Munich, Karl Albert Freiburg, 1978) 85.

④ See eg, Ross, *On Law and Justice* (n 90 above) ch 2; Olivecrona, *Law as Fact* (n 99 above) 184–5; and Lundstedt, *Legal Thinking Revised* (n 99 above) 8–9. See also V Aubert, 'The Structure of Legal Thinking' in A Andnæs (ed), *Legal Essays: a Tribute to Frede Castberg on the Occasion of his 70th Birthday* (Oslo, Universitetsforlaget, 1963) 61–2.

⑤ See Ross, *On Law and Justice* (n 90 above) 38–50, 321; and Olivecrona, *Law as Fact* (n 99 above) 261–7.

六、三种模型的共同点

将第二部分和第三部分得出的结论与最后一部分提出的交叉模型结合起来,就有可能绘制一个表格来呈现法律与政治关系的相关模型(见表 1.1)。从表 1.1 中可以清楚地看出,每一模型的结果都是独特的,每一模型都有一种独特方式来看待法律现象如何以及在何种程度上与政治现象相关联。自治模型涵盖的理论倾向于认为法律及其生产系统面向政治世界相对封闭。相比之下,嵌入模型和交叉模型学者则倾向于让法律现象向价值生成与选择的世界开放。

表 1.1:自治、嵌入和交叉模型中的法律与政治

	法律与政治的关系 (静态层面)	造法与政治秩序的 关系(动态层面)	法律学科与政治材料的 关系(认识论层面)
自治模型 (法律实证主义、分析法学)	法律的刚性	封闭型造法	纯粹法律学科
嵌入模型 (自然法理论、批判法学、法与经济学)	法律的弹性	开放型造法	混合法律学科
交叉模型 (美国与斯堪的纳维亚法律现实主义)	法律的局部刚性	开放型造法	局部混合法律学科

然而,交叉模型所涵盖的法律运动有别于批判法学和自然法学者采取的嵌入型立场。诚然,法律现实主义认为造法向来自于政治世界的影响开放,这种开放性反映在法律学科的混合特质上,即这一学科向政治领域生成的材料使用开放。尽管如此,法律学科的这种开放性又是局部的,因为该模型下的理论在法律概念和范畴面向政治概念架构时仍然保持着一定程度的自治。[①]

除这些区别,我们仍有可能在不同的模型中找到两个探讨的共同点,尽管它们的回答是不同的。这是因为当代绝大多数法律理论无论处于何一模型下,都倾向于反映这些理论运行其间的历史情境。

首先,一如导论所述,一种牵引力将法律拉至政治家手中,由此要求法律在结构上更为遵从政治理由而非系统性法律发展的理由。三种模型所涵盖的理论都是从

---

① See eg, Cohen, 'Transcendental Nonsense and the Functional Approach' (n 106 above) 845. See also Note, 'Round and Round the Bramble Bush' (n 60 above) 1669.

法律与政治相互关系这一点展开分析的。具体表征其路径和区分其模型的是，法律与政治彼此关联的紧密程度，而不是这种关联存在与否的困境。

嵌入模型中，这种关联强度达到极致。在这里，规范仅当其适应政治领域产生的某些价值时才被视为法律；造法向政治世界充分开放，法律学科实际上也是混合性的，大量运用政治领域产生的材料和范畴。在这一模型中，法律现象被政治现象完全包围。

交叉模型中，法律与政治之间的关联也可能不甚明显。法律现实主义理论认为，造法过程和（某种程度上）法律学科都是向政治现象保持开放的。然而，他们仍然试图让法律成为一个局部刚性的概念，就其性质而言，只需要有限的政治概念和范畴作为其构成要素。这一模型中，法律与政治两种现象相互重叠，同时又保持一定程度的自治内核，其本质可通过有限运用对方的范畴和概念得到充分解释。例如，美国现实主义法律观在保持法律刚性的框架下，给政治概念架构留出了相关空间。司法决定给予某一概念而不是另一概念以规范性地位的取向主要是由非规范性要素决定的，而这些非规范性要素首先指的就是社会环境和法官的政治意识形态。①

在第三种模型中，法律与政治被视为两种自治现象。法律的性质与法律秩序的造法过程都无须直接涉及政治世界；此外，法律学科避免与政治材料及其概念工具有任何接触。尽管该模型强调法律世界在决定价值如何以及何时转换到法律世界方面所发挥的核心和垄断作用，自治模型也承认确实存在着价值从政治世界向法律世界的转换。无论是凯尔森还是哈特都不否认如下事实：尤其是在当代，法律主要是由政治行动者（即其主要目的是看到他们的价值实现于共同体的制度主体）生产出来的。法律实证主义和分析法学的典型之处，不在于它们否认法律与政治之间存在接触空间，而在于它们尽可能缩减这些接触的范围和频率。②

第二个讨论共同点始于如下发现：越来越多的复杂领域被政治世界视为自己的领地并因此通过法律予以规制，这反过来滋生了一种将法律推向相反方向的力量。共同体生活日益增长的政治化激发了法律面向外部现实的刚性观念，法律拥有其自

---

① See Cohen, 'Transcendental Nonsense and the Functional Approach' (n 106 above) 839. See also Leiter, 'Legal Realism' (n 106 above) 270; and OW Holmes, *The Common Law* (New York, Dover Publications, 1991) 41.

② See J Raz, 'On the Autonomy of Legal Reasoning' in Raz, *Ethics in the Public Domain* (n 18 above) 314-15; and Waluchow, *Inclusive Legal Positivism* (n 40 above) 80-1. See also N Luhmann, 'Closure and Openness: On Reality in the World of Law' in Teubner (ed), *Autopoietic Law* (n 19 above) 335-48; and Coleman, *The Practice of Principle* (n 29 above) 4-5 n 4.

身的运转规则并由一群法律职业人士垄断。不同的模型于是从这样一个事实出发，即不管其联系的强度如何，法律与政治实际上是两种彼此无法完全同化的现象。

法律与政治之间的分离之于自治模型和交叉模型理论是显而易见的，这尤其是因为它们都认为法律拥有规范性内核。即使是当前法律实证主义运动最温和的版本——制度理论也是从法律与价值世界之间的结构多样性假设开始的。麦考密克（MacCormick）明确表示，"政治不是法律，法律亦非政治，尽管偶有来自批判法律研究壁垒的相反论断"[1]。

说到嵌入模型，法政分离就变得模糊不明了。这一模型的特点在于把法律植入到政治现象中，法律的存在和创生依赖于政治世界中发生的事情。尽管如此，嵌入性并不意味着法律被政治溶解。

首先，嵌入模型涵盖的所有理论仍然谈论着两种不同的现象：一者为法律，一者叫政治。强调法律对政治的依赖，这并不意味着它们只是一种现象的两个别名。尤其在批判法学内部，确实有"法律就是政治"的说法，但是这种表达只是指出法律往往被纳入到政治世界及其冲突之中。但法律并未被政治同化，两者始终存在着差异。[2]

例如，根据菲尼斯的观点，政治秩序与嵌入其中的法律系统的运作方面之间仍然存在着差异。政治秩序生产的是政治声明或宣告等"易变的"输出，相反，造法过程的目的却是赋予这些政治输出以某种程度的刚性，其方式是将政治陈述纳入议会颁制的正式法律中。[3] 类似的是，根据法与经济学理论，可以在法律与政治之间划出一道虽细小但依然存在的分割线。这条分界线的存在基于这样一个事实：法律体系通常呈现出某种程度的路径依赖，那正是迈向法律创新的刚性或惯性。[4]

其次，嵌入模型涵盖的每一种理论都是为振奋律师和法官而设计的。法与经济学理论追随者、自然法学者和批判法学都希望在更广泛的政治环境中确立一种核心地位意识，以及作为法律行动者运作的可能性觉悟，从而既影响他们自己的法律世

---

[1] N MacCormick, 'Institutional Normative Order: a Conception of Law' (1997) 82 *Cornell Law Review* 1062. See also Ross, *On Law and Justice* (n 90 above) 326-9.

[2] See Hunt, 'The Politics of Law and the Law of Politics' (n 51 above) 51-6. See eg, D Lyons, 'Justification and Judicial Responsibility' (1984) 72 CLR 188; and Posner, *The Problems of Jurisprudence* (n 16 above) 153-4.

[3] See Finnis, 'On "The Critical Legal Studies Movement"' (n 66 above) 38; and Finnis, 'The Authority of Law in the Predicament of Contemporary Social Theory' (n 68 above) 136.

[4] See Posner, *Frontiers of Legal Theory* (n 73 above) 153-4, 158-9. See eg, M Bussani *et al*, 'Liability for Pure Financial Loss in Europe: an Economic Restatement' (2003) 51 *American Journal of Comparative Law* 125.

界内部事务，也影响到法律之外的周遭政治世界中的事情。

根据不同理论倾向于优先保障或实施的价值观或政治，周围世界的影响自然可以采取不同的方向。比如，法与经济学看重政治世界在经济问题上自由放任主义的影响。相比而言，自然法理论更倾向于利用律师和法官来划定政治权力永不能逾越的极端边界，如果它仍然想利用被称为法律的强制手段的话。

即使"法律就是政治"，有了正确的法律教育和培训，法律行动者仍然可以在政治世界中发挥作用，这一作用不是以政治家身份而是以政治导向的法官或律师角色发挥的。嵌入模型涵盖的绝大多数代表性理论已经创作的大量法律著作都强调改革而非废除法律，这一点绝非巧合。这清楚地表明，对嵌入模型理论来讲，法律也是政治现象至关重要的组成部分，不能被其他类型的强制程序或机制取代。[1]

简言之，法律受制于两种强烈的并存且对立的力量，这一事实反过来影响了当代法律理论看待法律的方式：法律与政治一直倾向于被描绘成两种有着或多或少差异的现象，然而又存在着或高或低频率的互动交流。于是，法政关系问题的考察核心就是分析法律与政治之间得以交流与传输的一个联结环节。这一环节是政治触及法律的一个时刻，更具体地讲，它涉及到政治世界中形成的价值进入到法律世界的转换机制。

七、结论

本文描绘了当代法律理论在当今时代最根本的问题——法政关系上的各种立场。所有主要的法律理论流派都以这样或那样的方式讨论过这一问题，这一事实证明了这一问题的核心地位。本文研究的目的是检视当代这些主要法律理论进而构建一种类型学，由此类型学可以将处理法政关系的各种方式聚合起来。

在简要界定这一类型学的方法论基础后，根据对如下三个问题的回答，将第一种模型标记为自治型：静态问题——法律的本质；动态问题——法律的创制；认识论问题——法律学科的性质。自治模型将那些主张法律现象与政治世界之间存在显著区别的理论统一起来。

这里特别聚焦于凯尔森的法律实证主义和哈特的分析法学对法政关系的描述。

---

[1] See R Gordon, ' "Of Law and the River", and of Nihilism and Academic Freedom' (1985) 35 *Journal of Legal Education* 14. See also eg, Kennedy, 'Form and Substance in Private Law Adjudication' (n 58 above) 1777.

这些理论运动尽管明确承认法律与政治世界之间联系的事实必要性，但都倾向于将二者分离开来，认为法律的结构相对于价值体系及其选择过程而言是刚性的。此外，凯尔森和哈特都强调法律现象的自治性，分别把面向政治秩序的造法和面向政治材料的法律学科描绘为趋于封闭和纯粹的。

处理法政关系的第二条路径也被确定，这条路径将法律现象描绘为嵌入性的，并在某种程度上与政治现象的过程与价值混合在一起。尤其是以菲尼斯为代表的当代自然法理论、批判法学和法与经济学，因为法律面向政治世界中的价值及其生成时的弹性特质，因为造法向政治秩序领域发生的价值冲突保持开放，最终因为法律学科被认为是法律材料和政治材料的混合体，从而认为法律是包含在政治之中的。

回答法政关系问题的第三条路径也已辨明：法律现实主义者的嵌入模型。通过这种分析方式，两种法律现实主义都希望保留法律现象的独特性，这种独特性就其与政治类概念工具的关系而言是局部刚性的。与此同时，现实主义理论通过论述造法向政治秩序的机制与影响开放，从而强调了法律现象对政治行动者的依赖性；这导致了法律学术的局部混合性，在这里，法律学者进行法律推理时可能会在一定结构性限制的范围内使用政治领域生成的材料。

最后，交叉、自治和嵌入模型有一处共同的领域，这是这些不同研究视角的共同起点，即法律与政治是两种相互作用的不同对象，这一共同领域是由我们这个时代法律与政治两种现象之间独特而又有点矛盾的关系所导致的。

决疑术的历史误解及其澄清*

秦锋砺**

摘　要　道德困境是一个已让人们懊恼数千年的话题,为了解决这一问题,理论伦理学一直致力于对伦理原则的讨论,以期寻求一种"终极原则",指引人们走出道德困境的泥沼。自20世纪起,现实发生的一系列伦理难题使人们意识到了理论伦理学的局限,应用伦理学应运而生,而决疑术正为应用伦理学提供了一种方法上的选择。但是自17世纪起,在帕斯卡尔的批判下,决疑术就已经衰落并背负着负面评价。通过对其所处的时代背景考察得知,决疑术的骂名源自耶稣会决疑论者的滥用,但决疑论者道德原则的丧失并不能否认决疑术的工具价值。目前,决疑术的方法在许多领域已经开始被人们研究和借鉴,但决疑术方法的局限仍然存在,其方法仍有很大的研究与完善空间。

关键词　道德困境　决疑术　应用伦理学　实践论证

道德困境从古至今一直是一个令人懊恼的话题。早在战国时期,孟子便在"生"与"义"二者皆所欲但却不可兼得的情况下做出"舍生而取义者也"的抉择;西塞罗在其《论责任》一书中更是用大量篇幅就"义"与"利"的二难选择展开了详细的论述。时至今日,诸多道德难题引发的争论在历经数千年后仍未盖棺定论,

---

* 本文系陕西省教育厅青年创新团队建设科研计划项目"实践性正义观视域下的法哲学研究"(项目编号:21JP30)的阶段性研究成果。
** 秦锋砺,中国政法大学法学院2019级法学理论专业博士研究生。

例如"堕胎道德性"等问题从古希腊时期就开始被人们讨论，至今在一些国家仍会有不同阵营的人因其堕胎立场与国家政策不合而走上街头抗议……在诸如此类的道德困境中，人们很难就何种立场是道德的达成共识，甚至有人还会在不同立场之间反复转换，20世纪70年代美国堕胎案的当事人诺玛·麦克维便是如此。更为甚者，人类社会理论与实践的发展并未给道德困境指明一条出路，相反，愈加丰富的理论与复杂的案例情境却使我们在困境的泥潭中愈陷愈深。因此，探寻一种在道德实践中达成共识的方法相较于喋喋不休的理论争议来讲更有价值。而决疑术作为一种"解决道德原则（或规则）应用于具体情境（个案情况）所产生的道德困境"[①]的方法，为我们搁置理论争议、达成实践共识提供了一种可能。本文的目的并非要对决疑术的论证方法展开详细说明，而是对决疑术复兴的时代背景进行介绍，再对其在数百年间一直被人们诟病的原因展开分析，使其摆脱固有偏见，为人们摆脱道德困境提供一种方法上的可能。

一、决疑术何以复兴？

作为一门古老的技艺，决疑术的渊源最早可追溯至亚里士多德的伦理学思想，在经过长期的历史发展后，决疑术于17世纪已走向衰落，几乎不再为人所知。作为一门已经衰落数百年的技艺，决疑术为何会在20世纪被人们再次提及？

（一）道德困境的现实需求与应用伦理学的兴起

伦理道德困境作为一个古老的话题已困惑人们数千年，尽管从亚里士多德的《尼各马可伦理学》起至20世纪，伦理学已经形成了元伦理学、规范伦理学等理论分支，但是元伦理学等传统伦理学的分析进路在道德困境中仍深感无力：元伦理学不处理唯一的、个体的、绝对特殊的事实[②]，其重点是对什么是"善"的讨论；规范伦理学则致力于对寻找客观正确的道德原则的反思，以试图回答一个行动何以是道德的以及道德对错的根本原则问题。[③]从传统伦理学的观点来看，基于道德原则进行演绎推理所得出的结论是可靠、有效且毋庸置疑的，因此他们致力于对伦理原则的讨论。这便导致了两种结果：其一，这使传统伦理学家远离了社会现实，以至

---

① 舒国滢：《法学的知识谱系》，商务印书馆2020年版，第309页。
② G.E.摩尔：《伦理学原理》，陈德中译，商务印书馆2018年版，第9页。
③ 陈真：《当代西方规范伦理学》，南京师范大学出版社2006年版，第6—7页。

于在20世纪世界大战、种族灭绝等背景下，他们仍然致力于对"善"以及伦理学是否是一种知识等问题进行讨论，忽视了现实的需求；其二，在面对道德困境时，对一般原则的依赖并不能使人摆脱道德困境，因为在面对多元化的道德原则时，人们无法就何种原则优先适用达成共识。道德困境紧迫的现实需求出现在20世纪六七十年代，现代战争、"五月风暴"、生物医学、堕胎伦理等一系列标志性事件的出现为我们带来了新的伦理问题，这时人们发现，传统伦理学并不能使人们停止争议、达成共识，因为不同立场的人们总是可以根据不同的原则得出对立的结论。这种现实需要为伦理学提出了新的要求，在此背景之下，应用伦理学便应运而生。

应用伦理学的兴起标志着道德哲学在20世纪的转向。与传统理论伦理学的研究进路不同，应用伦理学并不必然寻求决定所有道德行为的规则，而是只讨论某类行为的道德属性，[1]其核心是在具体的问题处境中研究决断的一般程序和可能达成共识的有效规范。[2]与传统理论伦理学的另一不同之处在于，传统伦理学常以假定事例对道德原则进行说明，而应用伦理学处理的是现实存在且具有紧迫性的伦理困境。在此，根据一般的道德原则或直觉难以直接做出决定，因此便需要一种复杂且理性的权衡机制，其论证不应仅仅依赖一种前提，而是在对不同理论范式及事实因素进行权衡、考察、分析的基础上得出的较为合理的答案。[3]因此，应用伦理学的这种特征就要求我们探寻一种摆脱基于原则的演绎推理的论证方法，在此背景下，作为解决道德困境实践进路的决疑术为我们提供了方法上的一种选择。

（二）作为实践论证的决疑术

决疑术与传统的基于原则或规则的推理模式不同，决疑术在方法论上被称为"基于案例的推理"，与基于原理或规则的推理正相反。[4]决疑术的思想和方法起源于希腊哲学的思想、罗马司法的实践以及犹太教内部的拉比论辩传统，决疑者从这些传统中发展了决疑术。[5]早在古希腊时期，亚里士多德就对人类活动提出了理论与实践的二分法，认为人们不能期待一切理论都同样确定，正如不能期待一切技

---

[1] 陈真：《当代西方规范伦理学》，南京师范大学出版社2006年版，第7—8页。
[2] 黄凯锋：《应用伦理学："权衡"和"决疑"》，《社会科学》2007年第3期。
[3] 甘绍平：《应用伦理学的特点与方法》，《哲学动态》1999年第12期。
[4] 舒国滢：《决疑术：方法、渊源与兴衰》，《中国政法大学学报》2012年第2期。
[5] Albert R. Jonsen, Stephen Toulmin, *The Abuse of Casuistry: A History of Moral Reasoning,* California: University of California Press, 1988, p. 47.

艺的制品都同样精确，①这一思想成为决疑术最早的理论渊源。至古罗马时期，罗马的司法实践为决疑术发展提供了大量的案例材料。也正是同时期，西塞罗在《论责任》一书中使用了大量案例对"义"与"利"展开了探讨，因此他也被认为是第一位决疑者。②决疑术真正成型并走向成熟要归功于基督教的发展，基督教在世界范围内扩张的同时也为基督徒带来诸多伦理难题，神父不得不听取他们的困惑并给出告诫。在此阶段，才出现了解决道德问题程序清晰的决疑术。③进入16世纪后，决疑术的发展进入全盛阶段，其在此阶段的快速发展归功于耶稣会的创立。耶稣会神学家的贡献一方面在于确立了决疑术在方法上的基本构架，另一方面将他们的案例研究运用到社会生活的方方面面，成为决疑术最主要的支持者。至17世纪，决疑术走向衰落，几乎不再有人注意它的存在。

从方法上讲，决疑术摆脱了传统的理论推理路径。在道德困境中，意见分歧来自不同主体对不同原则或规则的运用，而决疑术恰恰相反，它是通过某种案情简单且存在共识的范例来解决法律、道德中的难题。④但决疑术并不排斥一般规则的运用，具有共识的范例评价正是建立在不容置疑的格言之上，⑤离开了指导原则，决疑术就退化为了相对主义。⑥例如我们从小被教导"杀人犯法"，因此在"A杀了B"的范例中，我们可以很容易地得出"A应受惩罚"的评价。除了发现范例，决疑论者还注重情境对案例评价的影响，即对同一种行为，我们应该给予何种评价取决于该行为发生时的具体情境，他们坚持"情境构成案例"。⑦因此，在人们就某一范例达成共识后，决疑论者便开始通过情境构建具有渐进性的疑难案例。情境是案例碎片化信息的表达，决疑论者通常根据情境目录——主体、地点、内容、时间、目的、动机、方式等对案例不断进行丰富，在达成共识的基础上层层推进。通过决疑术得出的结论具有推定性而非必然性的特征，这体现在两方面：其一，推定性结论

---

① 亚里士多德:《尼各马可伦理学》，廖申白译，商务印书馆2019年版，第4—5页。
② 参见 M. J. Buckley, "Philosophical Method in Cicero", *Journal of the History of Philosophy* 8, 1970, pp. 143-154。
③ Albert R. Jonsen, Stephen Toulmin, *The Abuse of Casuistry: A History of Moral Reasoning*, California: University of California Press, 1988, p. 101.
④ 舒国滢:《决疑术：方法、渊源与兴衰》，《中国政法大学学报》2012年第2期。
⑤ Albert R. Jonsen, Stephen Toulmin, *The Abuse of Casuistry: A History of Moral Reasoning*, California: University of California Press, 1988, p. 253.
⑥ David E. Boeyink. "Casuistry: A Case-Based Method for Journalists", *Journal of Mass Media Ethics*, 2009, p. 115.
⑦ Albert R. Jonsen, Stephen Toulmin, *The Abuse of Casuistry: A History of Moral Reasoning*, California: University of California Press, 1988, p. 255.

中暗含某种确信，这种确信存在程度之别，决疑论者通过"确定"、"很有可能"、"较小可能"或"几乎不可能"来对结果进行标注；[①] 其二，具有一定确信的结论可以随着新情景的出现被推翻。决疑术的确信程度之间并不存在逻辑关系，基于内在论证与外在权威的不同理由的累积影响着结论的确信程度。因此，决疑术所带来的启示是，我们不能指望任何道德体系（抑或伦理学理论）能时时处处直接指导我们的道德选择，任何一次道德选择都要求选择者根据具体情境而做出具体的决定。[②]

二、决疑术的历史骂名及其衰落

虽然决疑术的方法为我们摆脱道德困境提供了方法上的一种选择，但是自17世纪以来，人们一直对决疑术存在一种负面的评价，认为它是邪恶的，破坏了道德。因此，若要实现决疑术方法的复兴，对这些负面评价的考察是不可回避的。

（一）决疑术的骂名及其原因

决疑术的历史评价大多是负面的，这种最直接的偏见可见于词典对"casuistry"一词的解释：在《英汉大词典》中，决疑术是指"颠倒是非的诡辩"，而决疑术的应用者被称为"诡辩者"；在《牛津英语词典》中，决疑术被指"通过例外与区分破坏了道德，抹去了正确和错误之间的本质区别"。琼森和图尔敏甚至认为，"casuistry"一词的构成本身就带有一种贬义色彩，其词尾"-ry"属于贬义术语词尾，与"wizardry"（巫术），"sophistry"（诡辩术）与"harlotry"（卖淫）等名词为同类。[③] 当然，从词义解释和词汇构成上了解的是决疑术得到负面评价的结果，至于其为何会招致负面评价，还应从其发展史中寻找线索。

决疑术的衰落及其污名化与16、17世纪的一系列宗教活动密切相关。在此阶段，耶稣会对决疑术的发展有举足轻重的作用，以致于"耶稣会"几乎可以等同于"决疑术"。[④] 因此，决疑术的兴衰便也与耶稣会的发展紧密捆绑在一起。16世纪中

---

① Albert R. Jonsen, Stephen Toulmin, *The Abuse of Casuistry: A History of Moral Reasoning,* California: University of California Press, 1988, p. 255.
② 卢风：《道德选择、道德困境与"道德悖论"》，《哲学动态》2009年第9期。
③ See Albert R. Jonsen, Stephen Toulmin, *The Abuse of Casuistry: A History of Moral Reasoning,* California: University of California Press, 1988, p. 12。
④ See Albert R. Jonsen, Stephen Toulmin, *The Abuse of Casuistry: A History of Moral Reasoning,* California: University of California Press, 1988, p. 146.

叶，为了改变教会黑暗腐朽的现状，马丁·路德、约翰·加尔文等宗教改革家在欧洲掀起了宗教改革运动，新教开始被越来越多的人接受，贵族和城市市民阶级等也都开始加入这一行列，天主教面临有史以来最大的危机。在天主教所面临的严峻形势下，依纳爵·罗耀拉认识到了革除天主教弊病的必要性并承担起革新的重担。正是在此背景下，耶稣会于1534年设立并在教皇的批准下于1540年在罗马设立总部。在中世纪的欧洲，各种修会和修会革新运动层出不穷，耶稣会却在欧洲乃至世界成为最具影响力的修会，也正是其传播的广泛性，使决疑术在此期间得以快速发展。

通过培养人才、著书立说，耶稣会有能力将会士派往世界各地并为当地人民提供指引和救赎。为了更好地组织会士的工作，耶稣会采取了严格的中央集权组织结构，倡导"服从的美德"，每个人都生活在服从之中，必须接受修会上司的领导。与此同时，罗耀拉还撰写了《灵性操练》(Spiritual Exercises) 一书，对如何省察良心、如何做出生活决策等行为提供指导。但由于会士遍布世界各地，广泛分布于信徒与非信徒以及具有不同习惯的民族之间，他们彼此之间、甚至与总会长之间难以"结成一体"。这种模式下的耶稣会会士面临以下问题：他们被要求严格服从上级，但却为了普世的宗教信念奔赴世界各地，从而远离了教会权威的核心；他们在方法上有着统一的宗教指导，却不得不面对信徒与非信徒以及不同民族或地区的问题多样性。因此耶稣会会士被教导要依照自己的判断从实际情况出发来解决道德问题。

耶稣会恩惠世界的宗教目的和依情况而定的工作方法使其对决疑术的使用限制产生了松动。耶稣会会士为了能更好地开展地方工作，在良心案例的裁决中迎合当地人的利益，"先施人恩惠、与人方便，而后施以教导"[①]。他们此举的目的不在于败坏社会风气，也不在于移风易俗，而是要将其影响力扩展到所有地方并支配人们的良心，这对于其宗教利益是必不可少的。因此多样化的观点无论在多大程度上相异甚至是互相矛盾，只要经过思考并具有一定道理，这种或然的观点都会成为裁断的依据。而在或然观点之间进行选择的唯一标准便是与向他咨询的人所喜欢的观点相一致，最终，决疑法的发展使得那些顺从他们的人不会犯不可饶恕之罪。这种讨好权贵的作风不仅遍布世界各地，而且同样存在于宫廷贵族之中。例如作为欧洲当时艺术、科学和文学中心的巴伐利亚宫廷的君主马克西米利安一世便利用耶稣会会士来达到自己的政治目的。耶稣会的此种作风获得了极大的影响力，并招致教会内外的大量敌意。因此，耶稣会丧失原则的作风及其所处的宗教纷争的时代背景为决疑术背负的骂名留下了历史因素。

[①] 布莱斯·帕斯卡尔：《致外省人信札》，晏可佳、姚蓓琴译，商务印书馆2012年版，第55页。

（二）决疑术的衰落

决疑术作为一种道德推理方法，虽然在耶稣会会士的使用下得以快速广泛传播，但其也因耶稣会会士的滥用而衰落，其中最为直接的打击便是布莱斯·帕斯卡尔《致外省人信札》一书的发表，这本以散文为主要内容的著作的发表，给决疑术带来了沉重的打击并且再也未恢复。① 该书发表的背景是詹森派与耶稣会的论战。詹森派以康内留斯·詹森的名字命名，其曾于1602年至鲁汶大学学习，当时鲁汶大学内有两个流派：一派支持奥古斯丁所提出的预定论及恩典论，另一派则支持耶稣会所提倡的经院哲学。詹森成为前者的追随者并著有《奥古斯丁论》一书。在书中，詹森根据奥古斯丁的教义提出了与耶稣会不同的恩典学说，这反映了一部分法国新兴资产阶级的思想意识和社会利益，因此也成了耶稣会的对立派。帕斯卡尔出身于法国天主教家庭，其家人都受到詹森派思想的影响。由于和耶稣会的对立，詹森派在1653年被教皇英诺森十世宣布为异端并受到打压。詹森派信徒被召集起来讨论回击的对策，帕斯卡尔便是这些被召集的信徒中的一员。

在《致外省人信札》一书中，帕斯卡尔虚构了一位来回于詹森派和耶稣会之间并认真求教双方观点的人物形象，这本书也正是以询问和对话的形式展示了詹森派和耶稣会各自的观点及存在的分歧。詹森派和耶稣会的分歧主要体现在对恩宠的认识上。根据《致外省人信札》中一位神父的描述，事实的恩宠是上帝的圣灵感动，通过这种圣灵感动上帝可以使我们知道他的意志并且在我们的内心激发出实行这一意志的愿望来。② 因此耶稣会主张，如果一个人在犯罪时没有得到上帝的这种恩宠，那么罪责就不可归责于他。耶稣会的行事风格造成了道德上的宽纵主义，也即对道德标准的放松。帕斯卡尔指出，耶稣会会士对宽纵主义的嗜好源于他们的宗教目标，即"把他们的影响力扩展到其他地方并且应当支配一切人的良心，这样做在某种程度上对宗教利益是必不可少的"，"为了和不同等级、不同国家的人打交道，他们必须要有形形色色的决疑论者来应付各种差异"。③ 在决疑论者的这种工作方式下，几乎每一个前来忏悔的人无论罪恶程度如何，都能得到令自己满意的结论。因此在帕斯卡尔看来，决疑术是对真正道德的否定，它不仅轻视了福音书崇高的戒律，而且甚至没有暗示亚里士多德和西塞罗所信奉的"自然的美德生活"，它只不

---

① See Albert R. Jonsen, Stephen Toulmin, *The Abuse of Casuistry: A History of Moral Reasoning,* California: University of California Press, 1988, p. 144.
② 参见布莱斯·帕斯卡尔：《致外省人信札》，晏可佳、姚蓓琴译，商务印书馆2012年版，第38页。
③ 布莱斯·帕斯卡尔：《致外省人信札》，晏可佳、姚蓓琴译，商务印书馆2012年版，第55页。

过是借口、漏洞和逃避的混合。①

事实上，帕斯卡尔对耶稣会的憎恶原因是多层面的，除了上述的宗教纷争外，17世纪人们对世界认知观念的转变也参与进了这一过程。进入17世纪以来，哥白尼、开普勒、伽利略和牛顿等科学家对宇宙定律的新发现终结了亚里士多德的旧宇宙论，教会的威信衰落，科学的威信上升。②人们发现，自然可以被数学描述，这种运用逻辑和数学来发现和论证因果关系的科学方式成为衡量一切的尺度。③因此，在这种历史背景下，人们认识和研究世界的方法存在了交替冲突，以阿尔诺④（Antoine Arnauld）为代表的新方法站在了以西塞罗为代表的旧方法的对立面，新方法被描述为以不可置疑的第一真理为出发点，以几何学的方式进行推理的一种清晰和准确的方法。⑤因此，17世纪出生且身为数学家的帕斯卡尔无论是从宗教立场还是学科方法上注定要成为耶稣会的对立面。在此背景下，教皇权威衰落、新科学理念的普及、决疑术的或然性特征以及帕斯卡尔对耶稣会的批判使决疑术走向历史舞台的边缘。

三、对决疑术误解的澄清

决疑术作为一门古老的技艺已臭名昭著并退出历史舞台数百年，但是自20世纪起，它又被西方学者再次提及，这一现象暗示了决疑术于当代的工具价值。因此，对决疑术的历史评价是否是一种误解是决疑术能否复兴的前提工作。

（一）布莱斯·帕斯卡尔对决疑术的批判？

在现在的学者看来，自从帕斯卡尔在《致外省人信札》一书中攻击了耶稣会会

---

① See Albert R. Jonsen, Stephen Toulmin, *The Abuse of Casuistry: A History of Moral Reasoning*, California: University of California Press, 1988, pp. 242-243.
② 参见舒国滢:《论近代自然科学对法学的影响——以17、18世纪理性主义法学作为考察点》,《法学评论》2014年第5期。
③ 同上。
④ 安托万·阿尔诺在当时的另一层身份是詹森派的神学发言人，布莱斯·帕斯卡尔正是在他的召集和劝说下撰写了《致外省人信札》一书，在此期间，阿尔诺为帕斯卡尔的撰写工作提供了大量的材料和文献，具体内容参见Albert R. Jonsen, Stephen Toulmin, *The Abuse of Casuistry: A History of Moral Reasoning*, California: University of California Press, 1988, p. 234.
⑤ 参见特奥多尔·菲韦格:《论题学与方法——论法学的基础研究》，舒国滢译，法律出版社2012年版，第7页。

士以后，尝试在"案例"及"情境"分析与分类的基础上建立一般的伦理学解释便变得不再光彩，任何与情境和案例有关的道德都被认为是为不可饶恕之罪开脱的工具，[1] 决疑术的坏名声由此而来。因此，从《致外省人信札》的文本出发，重新审视帕斯卡尔的观点是我们了解其批判核心的切入点。那么帕斯卡尔在其书中是如何对耶稣会会士和决疑术展开批判的？较为直观的是，纵观《致外省人信札》，帕斯卡尔在书中提到"决疑论者"多达51次，"耶稣会士"62次，然而他却并没有提及"决疑术"一次。例如他在第7封信中写道，"支配绅士阶层之热情的是'名誉问题'……耶稣会士需要运用全部的智慧想出一些权宜之计以微妙地调节各种关系，使得这些绅士采取普通的方法来维护他们的名誉，又不致损害他们的良心"[2]；在第12封信中，帕斯卡尔写道，"我刚才说的一席话……是要你们感受和觉察到，你们的决疑论者的基本原则是伤天害理的"[3]；在第16封信中，他又写道，"你们决疑论者的基本原则是错误的，它将会使他们看不见上帝的愤怒……"[4]。由此可以看出，帕斯卡尔的批判并非直接针对决疑术本身，而是其适用主体决疑论者，与其说帕斯卡尔憎恶的是决疑术，倒不如说是决疑论者自身的无道德性及其对决疑术的滥用行为。

除了决疑论者对决疑术的滥用外，决疑术面临的另一个问题来自其方法内部，即其产生的或然性观点。帕斯卡尔借耶稣会神父之口指出，耶稣会士的或然观点是指经过思考而有一定道理的观点，[5] 或然的结论不具有绝对性，只要它有一定的道理就可以被采纳，即使是两种完全相反的意见。帕斯卡尔对或然论的否定是否意味着对决疑术方法本身的否定？回答这一问题就要探究决疑论者是如何利用或然论的。决疑论者对或然性观点的选择并没有特定的规则，而是随心所欲。在书中，帕斯卡尔借耶稣会神父指出，当耶稣会的决疑论者面对前来忏悔的人时，神父的判断"与向他咨询的人所喜欢的观点或是与他的观点相一致就行"[6]，他们会"赦免那些甘冒致死之罪的危险而根据或然的观点行事的人的罪过，从而使他们保持顺从"[7]。

---

[1] See Albert R. Jonsen, Stephen Toulmin, *The Abuse of Casuistry: A History of Moral Reasoning*, California: University of California Press, 1988, p. 12.
[2] 布莱斯·帕斯卡尔：《致外省人信札》，晏可佳、姚蓓琴译，商务印书馆2012年版，第87页。
[3] 同上书，第181页。
[4] 同上书，第267页。
[5] 参见同上书，第62页。
[6] 同上书，第65页。
[7] 同上书，第66页。

这种趋势在最后甚至发展成一种极端，以至于"拒绝赦免一个根据或然观点行事的忏悔者的罪过是有罪的"①。

事实上，由决疑论者造成的这种或然论并不能否认决疑术的价值，这种极端或然论产生的责任仍在于决疑论者自身，作为一种方法的或然式推理并不必然导致道德松弛主义。摆脱决疑论者与或然论的历史关系，仅从或然式证明自身来看，其属于修辞术的范围。②修辞术的功能不在于说服，而是在每一种事情上找出其中的说服方式，③属于亚里士多德所谓的实践知识的一种，④而实践知识需要把握"情况"的无限变化，这一过程需要具备实践智慧的能力。在这种实践智慧的指导下，修辞学作为实践知识的方法论具有不可替代的价值。⑤耶稣会的决疑论者之所以走向极端的或然式推理，正是为了迎合忏悔者的喜好而忽视了对实践智慧洞察力的注重。因此亚里士多德才有言："造成'诡辩者'的不是他的能力，而是他的意图。"⑥

当我们跳出特定的历史背景，以客观中立的立场再次看待詹森派和耶稣会的论战时便会发现，决疑术并不是帕斯卡尔攻击的对象，甚至在《致外省人信札》中，帕斯卡尔也从未直接攻击过决疑术，他所嘲笑和讽刺的对象一直是耶稣会会士。决疑论者通过对决疑术的滥用来实现自身的宗教目的，期间无可避免地导致情境主义的产生，但这不能否认决疑术是解决道德问题的一种方法，⑦作为以案例为中心的方法论，决疑术成为弥补理论与实践之间裂隙的桥梁，在二者之间建立了一个中间地带。⑧决疑术的复兴与其说是对道德哲学理论的拒绝，不如说是由于理论（原则）伦理学未能为特定的伦理困境提供合理的补救措施。⑨

---

① 布莱斯·帕斯卡尔：《致外省人信札》，晏可佳、姚蓓琴译，商务印书馆2012年版，第66页。
② 参见亚里士多德：《修辞学》，罗念生译，世纪出版集团、上海人民出版社2006年版，第19页。
③ 同上书，第20页。
④ 关于亚里士多德对"理论"与"实践"的区分，参见亚里士多德：《尼各马可伦理学》，廖申白译，商务印书馆2019年版，第182页。
⑤ 参见舒国滢：《西方古代修辞学》，《中国政法大学学报》2011年第4期。
⑥ 亚里士多德：《修辞学》，罗念生译，世纪出版集团、上海人民出版社2006年版，第20页。
⑦ See Albert R. Jonsen, Stephen Toulmin, *The Abuse of Casuistry: A History of Moral Reasoning,* California: University of California Press, 1988, p. 250.
⑧ See David E. Boeyink, "Casuistry: A Case-Based Method for Journalists", *Journal of Mass Media Ethics*, 2009, p. 107.
⑨ 转引自 Stephen J. Freeman and Perry C. Francis, "Casuistry: A Complement to Principle Ethics and a Foundation for Ethical Decisions", *Counseling and Values*, 2006 (50), p. 150.

（二）客观对待决疑术

决疑术在中世纪的盛衰可以说是"成也耶稣会士，败也耶稣会士"。从其发展历程来看，决疑术的使用既可以使人们达成共识、为司法实践提供指导、给基督徒提供良心指引，也可以在耶稣会的手中混淆是非、破坏道德。作为解决道德困境的有效手段，我们可以说，决疑术既有好的一面，也有坏的一面，好的决疑术将一般原则辨别性地适用于特定案例，坏的决疑术则是草率地做同样的事情。帕斯卡尔之所以破坏了决疑术的名声，正是因为在他所处的时代的人们忽视了决疑术作为工具的两面性，认为好的决疑术和坏的决疑术没有区别，但如果指导得当，决疑的技艺仍然是伦理学中最有力的实践分析工具。①

进入20世纪以来，人们对决疑术的再次关注也使得其正在从历史的负面泥沼中走出，逐渐被人们客观公正对待，其方法也不再是让人"闻风丧胆"的邪恶之术。一方面，在学科领域，决疑术在伦理学领域的作用也逐步被人们重视，例如元伦理学的先驱摩尔就指出，决疑术是"伦理科学理想之一部分：没有决疑论，伦理学就是不完备的"②。除此之外，决疑术及其方法也正在被其他学科重新审视和借鉴，在计算机伦理、国际刑法学、临床医学、新闻媒体等领域已有数量颇丰的著述。③另一方面，人们也逐渐认识到决疑术在日常生活中的必要性，无论对决疑术有何看法，我们都在有意或无意、系统或不系统地在不同的方法和程度上成为决疑论者，我们所做的每一个道德判断和选择在某种程度上都具有决疑术的性质，④它早已经融入我们的日常生活之中。虽然决疑术的历史误解已被澄清、方法也在复兴，但它也仅仅只是为我们摆脱道德困境提供了方法上的一种选择，其复兴并没有否认道德困境其他路径的尝试与探索。当然，决疑术就目前而言也并不是摆脱道德困境的万能钥匙，它在方法上也会存在一定的局限性，例如对不同案例相关特征的识别、具体的论证程序等内容尚未健全，仍有很大的研究空间。

---

① Albert R. Jonsen, Stephen Toulmin, *The Abuse of Casuistry: A History of Moral Reasoning*, California: University of California Press, 1988, pp. 16-17.

② G. E. 摩尔：《伦理学原理》，陈德中译，商务印书馆2018年版，第11页。

③ 具体内容参见 Kari Gwen Coleman, "Casuistry and Computer Ethics", *Metaphilosophy* 2007 (4); Marjolein Cupido, *Facts Matter: A Study into the Casuistry of Substantive International Criminal Law*, Eleven International Publishing, 2015; Albert R. Josen, "Casuistry as Methodology in Clinical Ethics", *Theoretical Medicine*, 1991: 12; David E. Boeyink, "Casuistry: A Case-Based Methods for Journalists", *Journal of Mass Media Ethics*, 2009 (2).

④ See J. S. Tasmania, "A Plea for an Honest Casuistry", *International Journal of Ethics*, 1912 (3), p. 257, 262.

四、结语

道德困境时至今日依然存在,人们深陷其中且难以全身而退,当前依据一般性规则而展开的道德论证以及道德情境对道德行为性质的影响是困境产生的原因,因此决疑术的实践论证模式为摆脱道德困境提供了一种可能。通过考察我们发现,决疑术的声名狼藉并非源于自身方法的缺陷,其结论更多地取决于主体的道德素养以及相关的程序限制。如今,当我们面对道德乃至法律判断中的价值冲突时,决疑术的实践路径仍值得我们考虑,或许当我们再次面对假设的道德困境时,停止理论争论、等待案例真实发生的做法会更有助于我们形成统一的评价。然而,决疑术的方法并非绝对完美,其中的缺陷和不足仍有待在今后的研究中进一步发现和完善。

拒不交出、处置错误汇款行为的刑法规制

姚沅辰 *

摘　要　尽管民法和刑法对错误汇款案件的关注重点不同，但刑法对该类案件的讨论不应忽视民法上的权利归属及权利变动规则。刑法学在该类案件中所争议的核心问题有二：收款人单纯拒不交出汇款的行为是否构成侵占罪？收款人在拒不交出汇款的基础上取款、转账的行为是否另行构成诈骗罪或盗窃罪？该类案件中，存款债权仍归属于汇款人，但收款人准占有着存款债权，且"存款债权所指向的现金"这一概念并无实际意义。收款人"拒不交出"的行为构成对存款债权的侵占；收款人后续的取款、转账行为不应被另行评价为诈骗行为或三角诈骗行为。

关键词　错误汇款　存款债权　占有　侵占罪　诈骗罪

一、前提界定

错误汇款是一个在民法和刑法中都备受关注的问题，其典型情形为：A（汇款

---

* 姚沅辰，中国政法大学刑事司法学院2019级刑法学专业硕士研究生。

人）欲以银行转账的方式汇给B100万元，但因A操作失误，输错了B的银行卡号，故100万元汇至C（收款人）的账户。虽然民法学界和刑法学界都对这一问题进行了一定程度的探讨，但二者重点不同，民法学界的讨论重点在于，在肯定A对C拥有不当得利请求权的情况下，A对C是否拥有物权请求权或其他足以依据《民事诉讼法》第227条提起执行异议之诉、排除强制执行的实体权利。又因为当前民法学界针对货币物权归属的通说仍为"占有即所有"规则，所以其对"错误汇款"的讨论则集中于前述"占有即所有"规则的例外情形。举例而言，司法实践中反复出现并被民法学者反复讨论的典型案情为：D本欲汇款至E的账户，但因D方工作人员失误而汇至F的账户，同时，F的账户已被冻结，此时，D可否主张自己拥有排除强制执行的实体权利？

与民法学更关注错误汇款情形下的权利复归问题相反①，刑法学则更关注收款人处置错误汇款行为的定性问题，其主要争议之处有二：第一，若收款人单纯拒不交出汇款②，是否成立侵占罪？第二，若收款人发觉错误汇款之后，将其取出或转账，则这一行为是否另行构成诈骗罪或者盗窃罪？③ 例如，"乔乐住将345200元款项错汇至被告人卜军账户下，该345200元即处于卜军的占有及代为保管之下，卜军无权对该款项予以利用处分，却将该款项予以支取非法占为己有，乔乐住求助公安机关追回款项，卜军却采取回避、离家出走等方式拒不退还，数额巨大，卜军的行为已构成侵占罪，依法应予惩处"④。该案中，法院仅认为卜军构成侵占罪，并未对卜军的取现行为另行评价为盗窃、诈骗罪。不难发现，刑法学界对前述公报案例置若罔闻之原因在于，在收款人账户被冻结的情况下，收款人并无实际支配账户内资金的权限和可能性，故而也就缺乏针对该资金成立任何犯罪的可能性。

---

① 参见"河南省金博土地开发有限公司与刘玉荣及第三人河南元恒建设集团有限公司案外人执行异议之诉案"，最高人民法院（2017）最高法民申322号民事裁定书。该裁定书亦被选进最高人民法院2018年第2期公报案例。民法学界对该案例及类似案例的讨论参见其木提：《错误转账付款返还请求权的救济路径——兼评最高人民法院（2017）最高法民申322号民事裁定书》，《法学》2020年第2期；谷昔伟：《特殊类型错误汇款返还请求权性质之理论重构》，《甘肃政法学院学报》2020年第2期。

② 本文所称"单纯拒不交出错误汇款"，是指收款人虽然以不法所有的意图占有、拒不交出错误汇款，但尚无任何对该款项进行取款、转账的行为。

③ 参见张明楷：《领取无正当原因汇款的行为性质》，《法学》2020年第11期；刘宪权、周光营：《对取得错误汇款行为定性再思考》，《检察日报》2019年6月1日；陈洪兵：《中国语境下存款占有及错误汇款的刑法分析》，《当代法学》2013年第5期；李强：《日本刑法中的"存款的占有"：现状、借鉴与启示》，《清华法学》2010年第4期。

④ 参见"乔乐住诉卜军、许淑娟侵占案"，长葛市人民法院（2014）长刑初字第00029号一审刑事判决书。

尽管民刑法对错误汇款的关注重点不同，但背后涉及的一些理论问题则是相通的。例如，既然侵占罪是变占有为所有的犯罪，那么若想讨论"单纯拒不交出错误汇款"是否构成侵占罪，则必须明晰错误汇款人财物的归属问题。由此，存款债权以及存款债权所指向的现金的归属便成为二法共同关注的话题；此外，就收款人后续对错误汇款的取款、转账行为（本文将二者合称为"处置行为"）是否另行构成盗窃罪或诈骗罪而言，则主要取决于收款人是否具备正当的取款权限，而这又绕不开收款人与银行在民法上的合同安排以及存款债权和存款债权指向现金的权利归属。由此，在不可能绕开民法上的理论和规则的前提下，如何既充分尊重民法理论又不至于违反刑法独立性便成为问题。然而，我国既有的理论在这两方面大都存在一定遗憾之处。

一方面，一些理论忽视，或者说并未充分顾及民法上的权利变动和归属规则。例如，有学者认为，既然储户可以在未经银行任何实质性审查的前提下随时取款，那么对于储户而言，此时的银行不过是一个保险箱或者一种保管财物的手段而已。[1] 然而，这一观点无视了存款合同在民法上作为"消费寄托合同"的性质，据此，存款行为本身就意味着储户将现金的所有权转移给银行，该观点系以生活经验替代法律逻辑（存款合同的性质笔者将于后文详细论述）。

还有学者认为，"收款人占有着存款，只是由于不具有最终的实质性权利，其无权将所占有的存款作为所有者进行利用处分"[2]。从该学者的表述来看，"实质性权利"所指涉的应为一种终局的、确定的权利。因为收款人对于汇款人负有不当得利返还义务，故而收款人仅是非终局地占有着存款，并不能对存款进行利用处分。在本文看来，该观点同样不必要地加剧了民刑法之间的割裂，既然在该学者看来，收款人占有存款债权并具有取款权限[3]，那么只要权利人正当地行使权利，无论这一权利是否是终局的，权利人的行为都不应构成犯罪。[4] 最后，还有学者从部门规

---

[1] 参见黎宏：《论财产犯中的占有》，《中国法学》2009年第1期。
[2] 陈洪兵：《中国语境下存款占有及错误汇款的刑法分析》，《当代法学》2013年第5期。
[3] 同上。
[4] 此外，"实质性权利"这一概念的创制又实无必要，而且会得出与现行法体系不符的结论。例如，A乘人之危而与B缔结显失公平的买卖合同，以10万元的价格买得市值30万元的汽车一辆。此时，因为B依据法律拥有撤销该合同的权利，故而依照该学者的观点，A尽管名义上拥有了汽车的所有权，但并无对汽车的实质性权利，此时一旦A进行对汽车的利用、处分行为，依前述见解，则A成立遗失物侵占罪。而一旦B在除斥期间内不行使撤销权，则撤销权消灭，A获得针对汽车的实质性权利，此时A又突然无罪。可是，无论刑法理论还是司法实践，A的上述行为均无构成侵占罪的余地，况且是否构成侵占罪全依B是否在除斥期间内行使撤销权的结论也难以为本文所接受。

章出发,认为"部门规章否定了无正当原因的收款人取得存款债权和享有取款权利"①。然而,该观点的不足之处在于,存款债权归根结底是民法上的权利,收款人能否取得该权利仍应依照民事法上有关"权利变动"之规则、理论加以说明。

另一方面,同样有观点过于依附既有民法理论,从而得出了不可欲的结论。例如,我国有学者在论述收款人无罪说的理由时说道:"存款适用'占有即所有'原则,存款由实际收款人占有,由此也由实际收款人所有。"②可是,单纯用货币"占有即所有"规则来否定侵占罪的做法是不可欲的。例如,甲把自己的10万元现金交给乙代为保管,在甲走后,乙把这笔钱挥霍掉了。此案中,若坚持"占有即所有"规则,则乙的行为亦是正当的行使权利的行为。由此引申出的结论便是,除了封缄物之外,就现金而言不可能成立侵占罪,这一结论既不可欲、又不协调(侵占其他物则成立侵占罪,侵占具有更为普遍认可的价值的现金反而无罪)。更勿论"占有即所有"规则是为了保护财产流转的动态交易,而侵占罪则是为了保护财产的静态归属这一本质差异。因此,前述观点还有太过简单之嫌。③

因此,在已有理论要么忽视、要么过度依附于民法规则和理论的状况下,寻找一种既与民法不冲突又不至于丧失刑法独立价值的路径对于错误汇款案件的准确定性便尤为重要。对错误汇款案件的探讨既不能忽视民法上有关存款债权及存款现金的权利归属和变动规则,又不能忽视刑法有关财产犯罪的构成要件和规范保护目的,换言之,应积极推进民法上的规则和理论与刑法教义学相兼容。

二、法益归属与财产占有:存款债权

在财产犯罪中明确财物归属和占有状况是正确认定构成要件的前提,例如,一旦认为收款人占有并且所有案涉财物,那么收款人拒不交出汇款的行为便无成立侵占罪的空间。而正如我国学者所言,"近年来,对于存款应从'存款指向现金'和'存款债权'两种不同意义上加以理解,逐渐在学界达成共识"④。本文亦遵循这一

---

① 张明楷:《领取无正当原因汇款的行为性质》,《法学》2020年第11期。
② 刘宪权、周光营:《对取得错误汇款行为定性再思考》,《检察日报》2019年6月1日。
③ 实际上,"占有即所有"规则在民法学界也受到一定的质疑,参见孙鹏:《金钱"占有即所有"原理批判及权利流转规则之重塑》,《法学研究》2019年第5期;朱晓喆:《存款货币的权利归属与返还请求权——反思民法上货币"占有即所有"法则的司法运用》,《法学研究》2018年第2期;其木提:《货币所有权归属及其流转规则——对"占有即所有"原则的质疑》,《法学》2009年第11期。
④ 钱叶六:《存款占有的归属与财产犯罪的界限》,《中国法学》2019年第2期。

路径来展开论述。

（一）存款债权归属于汇款人

因为存款债权源于存款合同，所以首先应该明确的便是存款合同的性质。我国《民法典》虽未将存款合同规定为典型合同之一，但一般认为，存款合同的性质属于消费寄托合同。台湾地区"民法"第602条对消费寄托合同做出了界定："寄托物为代替物时，如约定寄托物之所有权移转于受寄人，并由受寄人以种类、品质、数量相同之物返还者，为消费寄托。"第603条规定："寄托物为金钱时，推定其为消费寄托。"第603—1条则对"寄托物为代替物且未约定其所有权移转于受寄人"这一情况做出了详细规定："寄托物为代替物，如未约定其所有权移转于受寄人者，受寄人得经寄托人同意，就其所受寄托之物与其自己或他寄托人同一种类、品质之寄托物混合保管，各寄托人依其所寄托之数量与混合保管数量之比例，共有混合保管物。受寄人依前项规定为混合保管者，得以同一种类、品质、数量之混合保管物返还于寄托人。"

由此可知，存款债权的主要内容为，存款人在移转现金所有权于银行之后，要求银行以种类、品质、数量相同之现金返还的权利。而汇款，则属于典型的债权让与行为。这里还需要进一步区分"债权让与合同"与"债权让与"这一行为本身。鉴于我国民法体系不承认物权行为的无因性和独立性，在不考虑票据等例外情况下，债权让与合同这一原因行为若无效、被撤销，则债权让与不生效力，所让与的债权自动复归于让与人。

在明晰了存款债权的内容后，界定存款债权的归属和占有对于准确在刑法上定性拒不交出、处置错误汇款行为便是必不可少的。而这又要求考虑在错误汇款情形中存款债权让与合同的效力。如若让与合同有效，则收款人取得有效的存款债权；若让与合同自始不生效力（未成立），则收款人未取得有效的存款债权；若让与合同系可撤销合同，一旦汇款人行使撤销权，则收款人溯及既往地未取得有效的存款债权。

这里需要额外补充两点：第一，之所以这一部分的叙述以民事法视角为主则是因为既往理论对存款债权归属的探讨或多或少具备着"想当然"的性质，而民法上无比精细的法律行为理论则可以弥补这一弊端。第二，因为债权这一概念本身是人们抽象思维的产物，其具有观念性、规范性的特征，故而债权的归属也是一个观念性、规范性的问题。因此，收款人可以对"存款债权"进行事实上的支配这一事实并不能当然推出"存款债权"归属于收款人。

有关错误汇款后存款债权的归属，民法学界的理论学说如下：

第一种学说为错误意思表示说。依据该说内容，汇款人可以意思表示错误为由撤销其对银行的支付指令，从而连带性地影响其他法律行为的效力。在撤销之后，虽然汇款人并非名义上存款债权的"占有人"，但因收款人获得债权所基于的法律行为被撤销，存款债权仍然在实质上归属于汇款人。

该说所受到的主要质疑是，汇款人只得撤销其与汇出行的资金关系，但该关系与汇入行同收款人之间的法律关系、汇出行同汇入行之间的法律关系相互独立，后者并不因前者被撤销而连带地被撤销。并且，"在指示支付关系中，被指使人与受领人之间系给予关系而非给付关系。由于被指示人与受领人之间系给予关系（履行行为＝事实行为），指使人撤销其错误意思表示并不影响被指示人履行行为的法律效力"①。

该质疑的前半部分坚持各个法律关系的区分，一个法律关系被撤销不得连带地影响另一法律关系，从这一角度而言确有一定道理；该质疑的后半部分则是认为，因为汇入行汇款至收款人账户的行为是事实行为，而事实行为不同于法律行为，并无撤销的余地。然而，这一批驳存在一定错误之处：诚然，履行行为是事实行为，但本部分关注的是收款人是否存在保有存款债权的正当性这一问题，而这一问题只能诉诸法律行为来解决。例如，出卖人 A 与买受人 B 签订买卖合同，承运人 C 将货物运输至 B 处后，A 撤销买卖合同——此时 C 对 B 的履行行为的确是事实行为，但 B 是否拥有买卖合同标的物的物权？答案为否定的，在债权形式主义的路径下，因为债权合同被撤销，所以 B 无法据以取得物权。对应到错误汇款也是同理，诚然，收款人获得存款债权是因为汇入行的事实行为，但其保有存款债权的正当性则仍然要回归于收款人同汇款人之间的合同（双方法律行为）上来。

第二种学说为原因关系必要说，其主张：

> 虽然汇入银行与受款人之间的委托合同负有将汇款划转至受款人账户的义务，但依一般交易观念，汇入银行与受款人之间的这一委托关系不应包括欠缺原因关系的汇款交易行为。错误汇款属于欠缺原因关系的交易行为，因此汇入银行与受款人之间的存款合同关系即不能有效成立，错误汇款人据此可以提起执行异议之诉而对抗受款人之债权人，并依不当得利向汇入银行请求返还。②

---

① 参见其木提：《错误转账付款返还请求权的救济路径——兼评最高人民法院（2017）最高法民申 322 号民事裁定书》，《法学》2020 年第 2 期。

② 同上。

针对前述"依一般交易观念，汇入银行与受款人之间的这一委托关系不应包括欠缺原因关系的汇款交易行为"这一点，我国学者批评道，"若无法律、法规的特别规定，汇入银行并不负有审查原因关系之义务"①。该学者通过对《中国人民银行支付结算办法》第 1 条和第 6 条的分析得出，金融机构通常仅担任媒介付款之角色，若无法律、法规的特别规定，即不应介入他人之法律关系并审查其原因关系之有无。此外，原因关系必要说也面临同"错误意思表示说"一样的诘难，即履行行为之效力不受原因关系瑕疵的影响。②

第三种学说为原因关系不必要说。该说认为，系争存款债权的成立与否，不取决于原因关系之有无。即便错误汇款人享有撤销委托汇款合同的撤销权，也不影响受款人存款债权的成立。因此，错误汇款人仅享有请求受款人返还不当得利的债权请求权，而不享有足以排除第三人强制执行的实体权益……但若错误汇款具有特定性，鉴于系争款项与错误汇款资金的同一性，该系争存款即归错误汇款人"所有"。但此谓"所有"并非所有权，而是指存款债权之归属。亦即错误汇款人虽非系争汇款债权名义上的债权人，但在归属意义上系该债权实质上的债权人，故错误汇款人就系争错误汇款享有足以对抗受款人之债权人的实体权益。③

德国学说判例也持相似见解。"刑法理论与判例一致认为，汇款人与银行之间是资金关系，与收款人之间是对价关系，两者是独立的法律关系，即便在原因法律关系上存在瑕疵，也不影响收款人具有取款请求权；德国民事判例及通说也认为，基于收款人与银行间的合同关系，收款人对于银行关于错误汇款存在抽象意义上的债权，只不过汇款人存在民事上的不当得利返还请求权而已。"④

这里需要补充一点，在典型的汇款案件中，存在四方民事主体，分别为汇款人、汇出行、汇入行、收款人。例如，A（汇款人）通过 B 银行（汇出行）汇出 100 万元，汇入 C 银行（汇入行）的 D（收款人）的存款账户之中。首先，汇款人与汇出行、收款人与汇入行之间存在的法律关系为资金关系，这一关系具有委托合同和存款合同的双重性质：一方面，汇出行依据汇款人的委托将钱款汇出，另一方面，汇出行听从委托的前提在于汇款人账户内有对应的存款。⑤ 其次，汇出行与汇

---

① 参见其木提:《错误转账付款返还请求权的救济路径——兼评最高人民法院（2017）最高法民申 322 号民事裁定书》，《法学》2020 年第 2 期。
② 同上。
③ 同上。
④ 转引自陈洪兵:《中国语境下存款占有及错误汇款的刑法分析》，《当代法学》2013 年第 5 期。
⑤ 张叶妹:《错误汇款之三角关系不当得利——沙特公司与交行杨浦支行不当得利案评析》，《东南大学学报（哲学社会科学版）》2018 年 6 月第 20 卷增刊。

入行之间的法律关系则直接由规范设定，根据中国人民银行《支付结算办法》第 14 条之规定："汇出银行受理汇款人签发的汇兑凭证，经审查无误后，应及时向汇入银行办理汇款，并向汇款人签发汇款回单。"最后，汇款人与收款人之间的法律关系称为对价关系，因为正常情形下，汇款人是为了履行买卖、借贷抑或其他合同的义务才进行汇款的，故而二者之间存在一个基础关系，如买卖合同、借贷合同，这一法律关系被称为"对价关系"。

在理清四方法律关系之后，德国学说及判例的思路也变得明晰起来：错误汇款案件中，收款人之所以拥有存款，乃是基于收款人和汇入行之间的资金关系，这一资金关系与汇款人同收款人之间的法律关系（对价关系）是不同的法律关系，二者无法相互干涉。这与其说是因为"无因性原则贯穿到了德国《民法》的全部体系中"[①]，不如说是对法律关系进行有条理地分拆从而自然得出的结论。

对于前述"原因关系不必要说"和德国学说判例的观点，笔者将从两方面加以驳斥。一方面，"原因关系不必要说"存在无法自洽和语焉不详之处；另一方面，即便认为上述两种观点是正确的，我国刑法学理论也并无直接引用这一观点的余地和必要。

首先，"原因关系不必要说"存在无法自洽和语焉不详之处：

第一，存款债权的归属问题同汇款本身是否具有特定化是两个不同的问题。若依"原因关系不必要说"的理论，收款人之所以正当地保有存款债权是因为其只着眼于收款人与汇入行的资金关系，但这一资金关系即便在汇款被特定化（账户被冻结）的情形中也并未发生任何改变。毋宁说，"原因关系不必要说"所创设的例外情形完全是出于利益衡量而无视自身逻辑的结果，既然如此，其又何以指责其他学说忽视法律逻辑呢？

此外，该学者虽在后文以"行纪合同委托人的债权取回权制度"等情形加以补强论证，认为这一例外可以在比较法和我国司法实践得到论证，但这一做法的问题有二："行纪合同委托人的债权取回权"等制度在构成要件上与错误汇款情形并不存在任何的相似性，所以这一类推是无效的，此其一；该类比并不具备排他性，由此也可以用作支持"原因关系必要说""错误意思表示说"之论据，此其二。

第二，原因关系不必要说也认可在一般情况下，错误汇款人原则上仅享有不当得利返还请求权。考虑到前述德国学说判例也是此态度，故在此对之一并评

[①] 张明楷：《领取无正当原因汇款的行为性质》，《法学》2020 年第 11 期。

价。尽管"原因关系不必要说"与前述德国学说判例都对汇款人的不当得利请求权作出肯定，但对这一权利的性质则未作进一步的展开。换言之，这一请求权究竟是给付型不当得利请求权抑或非给付不当得利型请求权？对这一不当得利的定性问题被众多既有理论所忽视，而这一问题正是德国学说判例所持理论的阿喀琉斯之踵。

可以明确的是，该请求权不属于非给付型不当得利请求权[①]，因为后者包括"权益侵害不当得利""支出费用型不当得利""求偿不当得利"三种。在"权益侵害不当得利"中，就如何判断"对他人权益的损害"这一点存在违法性说与权益归属说的争论。违法性说认为，其构成不当得利的原因在于侵害行为具备不法性；权益归属说则更关注保有给付的正当性，认为"违反法秩序所确定的权益归属而取得利益，违反了财产法上的权益归属秩序，欠缺法律原因，应成立不当得利"[②]。然而，收款人取得利益（获得汇款）这一行为本身并不违法，存有争议的只不过是其之后"拒不交出"的行为罢了，并且若采原因关系不必要说，则收款人因其资金关系的独立性而具有保有存款债权的正当性。因此，无论是依违法性说还是权益归属说，收款人均不构成权益侵害型不当得利。同时，因为汇款人错误汇款的行为既非支出费用（非以给付的意思，于他人之物支出费用），又非清偿收款人债务（产生求偿不当得利）的行为，故汇款人的不当得利请求权不属于非给付型不当得利请求权。

既然如此，那么汇款人对收款人享有的不当得利请求权仅能为"给付型不当得利请求权"，但这就意味着，无论是原因关系不必要说还是德国学说判例都肯认汇款人与收款人之间存在给付关系，否则不当得利请求权便无从谈起了。给付，即有意识、有目的地增益他人财产。故而，在错误汇款案件中，汇款人有意识、有目的地将存款债权给付至收款人，并且从合同法来看，这一给付应被评价为债权让与。而一旦被评价为债权让与，那么汇款人让与债权之意思表示的瑕疵也应影响到收款人保有债权的正当性。因此，原因关系不必要说存在难以自圆其说之处。

虽然原因关系不必要说存在一定问题，但其对"原因关系必要说"具体论述的批判却也不无道理。其实，与其在此纠结于汇款人、汇出行、汇入行、收款人之间的四方关系，不如直接关注于"存款债权"本身。收款人要想取得原属于汇款人的存款债权，则其取得方式只得是继受自原权利人取得。又因为汇款人从头至尾均无

---

① 虽然检索顺序应从给付型不当得利出发，但这里为达到完整说明之目的特意改变论证顺序。
② 王泽鉴：《不当得利》，北京大学出版社 2015 年版，第 140—142 页。

将存款债权转移至汇出行和汇入行的意思表示，故而收款人之存款债权只得从汇款人处继受取得。由此，债权让与这一法律行为的效力也便对收款人保有存款债权的正当性产生直接影响。

其次，即便放下前述无法自洽和语焉不详之处，认为上述两种观点是正确的，我国刑法学理论也并无直接引用这一观点的余地和必要：

第一，前引观点是建立在刑法附属于民法的结论之上的，这不仅是对错问题，而且还是裁判（学术）立场和倾向的问题。但我国是否存在这种立场和倾向是存在疑问的，暂且不论我国"重刑轻民"的传统，单就二法关系而言，诚如陈兴良教授所言：

> 如前所述，民法是形式思维，强调法律关系。因此，在民法中注重法律关系的分析方法，在民事诉讼法中也是根据证据形式进行事实认定。但刑法与之不同，具有实质判断的性质……我们说刑法更强调实质判断，并不是否定形式判断的重要性和优先性，而是指在认定犯罪的时候不像民法那样拘泥于法律关系，而是直接考察行为是否具备犯罪的构成要件，而不受民事法律关系的制约。①

因此，我国刑法学不必太过拘泥于形式上的法律关系，只要得出的结论在总体的法秩序上是自洽的即可。需要补充的是，持有上述立场并不意味着本文完全忽视了民法上的法律关系。因为完全可以换一个角度重新认识收款人与汇款人之间的对价关系。如前所述，完全可以认为对价关系包含着存款债权之债权让与关系。因此，收款人之所以保有存款债权（抑或仅在形式上保有）的原因并不在于资金关系，该情形中权利的转让明显是通过法律行为（债权让与行为）设定的，而汇出行和汇入行在这一法律关系中仅起着辅助履行的作用。换言之，虽然收款人取得存款债权是因为其与汇入行的资金关系，但权利归属的来源仍然处于对价关系的管辖范围内。由此，对价关系的瑕疵便可以影响收款人的行为认定。

第二，我国现行规范并未完全支持将资金关系与对价关系完全割裂开来。例如，《中国人民银行关于加强支付结算管理防范电信网络新型违法犯罪有关事项的通知》第 2 条第 11 款规定："加强交易背景调查。银行和支付机构发现账户存在大

---

① 陈兴良：《刑民交叉案件的刑法适用》，《法律科学（西北政法大学学报）》2019 年第 2 期。

量转入转出交易的,应当按照'了解你的客户'原则,对单位或者个人的交易背景进行调查。如发现存在异常的,应当按照审慎原则调整向单位和个人提供的相关服务。"《银行卡业务管理办法》第47条也对发卡行追偿诈骗款项的途径作出了具体规定。① 也就是说,虽然在民事关系上对价关系与资金关系是分开的,但在刑法所处的公法领域,二者仍有一定程度的耦合。

因此,接下来需要思考的问题便是,债权让与合同本身是处于未成立、可撤销,还是有效的状态?因为债权让与合同是双方民事法律行为,并且结合《民法典》第134条"民事法律行为可以基于双方或者多方的意思表示一致成立"之规定,债权让与合同的成立需要债权让与方(汇款人)与受让方(收款人)的意思表示达成一致。

然而,在错误汇款中并不存在这种情形:一方面,汇款人并无将存款债权转让给收款人的意思表示,只不过因为输错卡号才导致转账发生;另一方面,收款人也知道汇款人并无将款项汇给自己的意思表示。可能的疑问是,汇款人的汇款行为在客观上就是将存款债权转让给收款人的行为,将这一意思表示进行解释的后果即为,尽管汇款人内心并无转账给收款人的意思,但仍应按有这一意思表示进行解释,因此,债权让与合同成立。

对这一疑问的回答有二:第一,即便是根据"意思表示"理论中的"表示主义",其重点亦被放在意思表示之受领人视角,强调受领人的信赖保护。尽管表示主义强调的是"一般理性人"处于受领人地位的理解,但即便是"一般理性人",其在与汇款人不存在任何基础交易之时突然收到汇款人的转账,也只会认为该款项系误转;第二,根据《民法典》第142条第1款,"有相对人的意思表示的解释,应当按照所使用的词句,结合相关条款、行为的性质和目的、习惯以及诚信原则,确定意思表示的含义"。此时,认为汇款人自始至终并无将存款债权转让给受款人方合乎诚信原则及基础交易背景(并无对应交易)。

这一观点在司法实践中也得到了支持,最高人民法院(2017)最高法民申322号民事裁定书中的裁判摘要部分亦正确地指出:"案外人所有的款项误划至被执行人账户的,误划款项的行为因缺乏当事人的真实意思表示,不能产生转移款项实体权益的法律效果,案外人就该款项享有足以排除强制执行的民事权益。"因此,汇款人同收款人之间的债权让与合同自始未成立,也就不存在讨论是否

---

① 《银行卡业务管理办法》第47条:"发卡银行通过下列途径追偿透支款项和诈骗款项:(一)扣减持卡人保证金、依法处理抵押物和质物;(二)向保证人追索透支款项;(三)通过司法机关的诉讼程序进行追偿。"

"可撤销"的前提。因此,收款人并未取得存款债权,存款债权自始至终归属于错误汇款人。

(二)存款债权由收款人"准占有"

在明确收款人并非存款债权的主体之后,接下来需要思考的便是收款人是否占有着存款债权?如果答案为否,则收款人不具备构成侵占罪的前提。

刑法中的占有指的是"事实上的占有,或者说事实上的支配、现实的支配……事实上的支配,不是根据物理的事实或者现象进行判断,而是根据社会的一般观念进行判断"①。在错误汇款案件的典型情形中,因收款人可以自由选择取款、转账,故而其毫无疑问有着对存款债权的事实上的支配,因此从刑法的"占有"概念来讲,收款人占有着"存款债权"。

需要额外提及的是,占有这一概念原仅被用于指涉于物而不及于对权利有事实上的管领力这一情形。不过,事实上行使某种权利的人,与事实上对于物有管领力之人的情形并无不同,故而民法学创设出了"准占有"的概念来形容这一情况,以期保护对于权利的事实上支配之关系。"事实上对于物有管领力者,法律既予以保护,则对于事实上行使某种权利之人,也同样有保护之必要。因此,各国民法均于保护占有之外,另设保护事实上行使权利(准占有)的规定,仅其保护范围不同而已。"②我国《物权法》及《民法典》虽未对这一概念进行界定,但并不妨碍将(仅适用于动产、不动产的)占有规定类推适用至权利。

根据民法学者的论述,准占有的要件和效力如下:

> 第一,准占有之标的,限于财产权;第二,该财产权不因物之占有而成立,否则可借占有制度而受保护,无承认其为准占有的必要;第三,准占有,以对财产权之行使为要件。所谓权利之行使,指实现权利内容的行为。就债权之行使而言,如债权人向债务人请求履行债务。③此项准占有人,如非真正之债权人而为债务人所不知者,债务人对于其人所为之清偿,仍具有清偿效力。④

对于在刑法中引入"准占有"这一概念的做法所进行的最为猛烈的批评如下:

---

① 张明楷:《刑法学》,法律出版社 2016 年版,第 945 页。
② 梁慧星、陈华彬:《物权法》,法律出版社 2010 年版,第 413 页。
③ 王泽鉴:《民法物权》,北京大学出版社 2010 年版,第 565—566 页。
④ 王泽鉴:《民法物权第 2 册,用益物权、占有》,中国政法大学出版社 2001 年版,第 384 页。

按照民法权利准占有的一般观念，权利的准占有以行使为要件…这就意味着以存款债权为对象的占有不再是一个静态的事实状态，而是一个动态的行为，这与对有体物的占有是两个完全不同的占有概念……当然我们似乎可以说，民法上的准占有与刑法上的准占有就如同民法上的占有与刑法上的占有的关系一样，在制度上是不同的，前者解决债权向第三人清偿效力的问题，而后者则要解决侵害债权的行为定性问题，因此可以作不同解释。但是如果一方面从民法理论中移植一个概念另一方面又根据自己的需要对这个概念加以任意解释，这在论述上似乎是过于轻率的，而且对概念进行重新解释缺乏必要的边界也并不符合明确性原则的要求。①

本文认为，这一批评并不成立：

第一，民法上的准占有制度并非仅为了解决"向第三人清偿"这一效力问题，其实，"法律规定准占有，旨在保护外形的事实，以维护社会秩序"②。第二，在前一点的基础上，之所以要求"行使权利"这一要件，其原因并非关注于"动态行为"而是因为不以物之占有的财产权（如债权）具备抽象的观念性质。只有行使权利才可以看出，不属于"占有"制度管辖的财产权实际上归属于某人。通过对准占有的"准用规定"的解释也可以得出相同结论，因为任何有关准占有的准用规定都未将准用范围仅仅限制在动态的流转领域，而将静态的占有保护规定排除在外。③所以，认为民法上的准占有仅保护动态行为的观点是似是而非的。第三，退一步讲，即便民法制度人为地对准占有进行限缩，也不能得出在刑法中将其扩张的做法是任意的结论。扩张的理由在于对社会秩序的维护，这一理由乃是占有（准占有）制度成立的根基，并非个人的任意。

综上，错误汇款案件中，存款债权仍然归属于汇款人，而收款人则准占有着存款债权。再加上本文对将错误汇款解释为遗失物的做法也并无异议，所以收款人"拒不交出"的行为应构成侵占罪。

---

① 徐凌波：《存款占有的解构与重建——以传统侵犯财产犯罪的解释为中心》，中国法制出版社2018年版，第556—557页。
② 参见王泽鉴：《民法物权》，第565—566页。
③ 例如，台湾地区"民法"第966条规定："财产权，不因物之占有而成立者，行使其财产权之人，为准占有人。本章关于占有之规定，于前项准占有准用之。"

三、法益归属与财产占有：存款现金

（一）存款指向现金的归属和占有主体均为银行

对于这一问题，亦存在着收款人、汇款人和银行何者为现金归属主体的争议。既然存款合同被界定为消费寄托合同，即便不从"占有即所有"这一规则出发，消费寄托合同成立的前提也就意味着存款人自愿将汇款的所有权转移给银行。据此，银行具有对现金完全的支配权且占有着现金，而汇款人在汇款之后对这笔现金丧失了控制、支配和管领力，进而不存在占有。

值得注意的一种反对观点认为，错误汇款案件中，存款指向的现金由收款人占有：

> 储户对于其账户内的金钱，是具有实质上的支配和控制的。对于储户而言，此时的银行不过是一个保险箱或者一种保管财物的手段而已，尽管在形式上看，银行在占有财物，但实际上，在储户的银行账户的范围之内，储户对其财物具有支配、控制权。如此说来，由于某种原因而进入储户的账户之内、本不属于其所有的财物，对于储户而言属于不当得利，储户必须返还；拒绝返还的场合，一定条件下，构成侵占罪。①

对于这一观点，首先，如本文第一部分所述，该观点主要是从生活经验出发，违背了存款合同作为消费寄托合同的性质；其次，不论是占有还是所有，事实（占有）或权利（所有）指向的对象都必须特定，这也是"物权客体特定原则"的引申之意。然而，当储户把存款存入银行之后，即便假设银行不将该笔存款贷出，而只是存进金库里，储户的钱款也会同其他储户的钱款进行混同。由此，特定物不复存在，占有亦失去了指涉的对象；此时，与其说储户占有着存款，不如说储户只是占有着一个抽象的份额。最后，即便是从生活经验来看，认为银行只是充当着保险柜的角色并不合理，因为银行会将储户的存款贷出从而谋求利润。即便认为储户对于账户内的金钱具有实质上的支配和控制，但在取款之前，其支配和控制的对象只得是一个抽象的数字概念，这与将自己的金银首饰存入保险柜显然不同。

---

① 黎宏：《论财产犯中的占有》，《中国法学》2009年第1期。

因此，错误汇款案件中所涉及的现金自始至终均归银行占有且归银行所有。但在这里，笔者不禁反问，"存款指向的现金"究竟为何？研究其权利归属的意义又何在？首先从文义解释来看，假若 A 有 10 万存款，则"存款指向的现金"就意味着与 10 万存款对应的 10 万现金。如若这一"现金"指代的是 A 存入时的那 10 万现金，即便不论其在进入银行保险库之后会同其他现金混同从而丧失特定性这一问题，其也会因为银行对外部的贷款及其他业务而流出银行，那么即便银行也不再占有着对应现金。

而假若"存款指向的现金"并不指 A 存入的那 10 万现金，而只是在"10 万存款债权对应 10 万现金"这一抽象意义上来谈的，那么这会带来两个问题：第一，因为银行的现金处于被混同状态，所以存款在被特定化（取出）之前，并不存在"指向"的这一说法。而一旦认为"存款指向的现金"是现金经混同后的按份共有的份额，则会面临后续第二个问题。第二，银行占有的"存款指向的现金"比银行实际所拥有的现金数量更多，因为银行必然会将储户存款贷出从而谋取利润，故而，会存在着存款人与银行之间、存款人与存款人之间的共同占有问题，徒增问题的复杂性。

因此，尽管存款现金的所有权归属于银行，但"存款指向的现金"这一概念并无实际意义。收款人单纯"拒不交出"的行为也并未对银行现金有任何妨害，从而无法成立对现金的侵占罪。而在此基础上进行取款或转账的行为，笔者则在后文详细论述。

以上是从"事实上的占有"这一概念出发得出的结论，但日本刑法学界尚提出了"法律上的占有"这一概念，根据这一概念，"占有不再要求一种在物理意义上的握持着物的事实，而只需要凭借某种法律上所认可的权利即可认定的占有的成立"[1]，"以法律上认可的取款权限为前提……日本仅在委托物侵占罪与业务侵占罪中承认法律上的占有"[2]。

其实，之所以仅在委托物侵占罪和业务侵占罪承认法律上的占有的原因则来自于一种妥协：

> 一方面，将存款合同视为消费寄托合同，存款人仅获得了汇款请求权而非对存款的支配权这一反对理由十分充分；另一方面，因为日本侵占罪的对象仅

---

[1] 徐凌波：《存款占有的解构与重建——以传统侵犯财产犯罪的解释为中心》，第 56 页。
[2] 张明楷：《领取无正当原因汇款的行为性质》，《法学》2020 年第 11 期。

限于狭义财物，不包括财产利益，故而"也不能无视下面这种批判意见：在出于保管的目的而将受托保管的钱款存入银行的场合，以现金的形式持有的，所实施的取得行为就属于侵占；反之，在存款的形式下，对该存款进行处理的，却只构成背信，这之间并无合理性可言。正是考虑到这一点，本书认为，下述观点要更为妥当：仅仅对侵占委托物、业务侵占才承认'基于存款的金钱的占有'……"①

可以发现，前述论证对"法律的占有"这一概念的承认具有强烈的问题导向，即为了解决日本刑法中侵占罪的犯罪对象仅限于狭义财物这一事实，但这一问题在我国并不存在，故而，并无必要采纳"法律上的占有"这一与存款合同性质相悖的概念。②

（二）货币"占有即所有"规则的适用并无必要

在本部分的结尾，本文将谈及货币"占有即所有"这一规则是否对错误汇款案件产生刑事法上的影响。

首先，对于"现金"而言，即便不适用"占有即所有"这一规则，根据前述消费寄托合同的性质，现金的所有权亦归属于银行，故而是否适用这一规则对结论而言并无影响；

其次，如果认为货币不仅限于现金，还应包括信用货币，即存款债权，则"占有即所有"规则不应适用于存款债权。主要原因有二：

第一，现行民法体系下的权利变动规则以及准占有规则已经可以达到对交易效率的维持和善意第三人的保护，强行突破现行规则，仅因收款人占有存款债权这一事实便将债权归属于他的做法对其太过偏惠，从而在利益衡量上失衡。

第二，"占有即所有"规则的核心理由在于确保金钱流通。③但相较于交易效率上的"动的价值"，刑法在对取得罪的规定中更关注权利归属上的"静的价值"。申言之，即便是民法学说、判例，还是司法解释无不出于保护原权利人的目的对"占有即所有"这一未明文规定的规则作出了例外限制，其典型情形为"错误汇款资金的特定化"情形，如以"保证金账户"的形式特定化，或者自法院查封、冻结

---

① 西田典之、桥爪隆：《日本刑法各论》，王昭武、刘明祥译，法律出版社 2020 年版，第 277—278 页。
② 对此更为详细的检讨参见徐凌波：《存款占有的解构与重建——以传统侵犯财产犯罪的解释为中心》，53—77 页。
③ 孙鹏：《金钱"占有即所有"原理批判及权利流转规则之重塑》，《法学研究》2019 年第 5 期。

该账户后并无其他款项进入的情形。① 最高人民法院关于适用《中华人民共和国民法典》有关担保制度的解释第 70 条第 1、2 款亦有对此加以规定:"债务人或者第三人为担保债务的履行,设立专门的保证金账户并由债权人实际控制,或者将其资金存入债权人设立的保证金账户,债权人主张就账户内的款项优先受偿的,人民法院应予支持。当事人以保证金账户内的款项浮动为由,主张实际控制该账户的债权人对账户内的款项不享有优先受偿权的,人民法院不予支持。在银行账户下设立的保证金分户,参照前款规定处理。"前述理论、判例、条文对这一规则进行限制的正当性根据在于,"专门的保证金账户并由债权人实际控制"或"自法院查封、冻结该账户后并无其他款项进入"的情形并不会对交易安全进行损害。同时,刑法上的盗窃、诈骗、侵占等罪并不涉及对交易效率的维护,而只涉及对财产归属的保障,故而二者基于同一实质性理由(不涉及交易效率的考量)而得以等同视之。因此,即便"占有即所有"规则在民法上成立,至少在错误汇款案件中,其不应适用于汇款人的信用货币(存款债权)。

四、拒不交出错误汇款的刑法定性

(一)正面检视:拒不交出错误汇款构成侵占罪之证立

在明确存款债权仍归属于汇款人,且收款人占有存款债权之后,该类行为的定性便明晰了起来。收款人拒不交出错误汇款的行为便是变占有为不法所有的侵占行为。当然,若想认定该行为符合侵占罪构成要件,仍须论证错误汇款属于《刑法》第 270 条第 2 款所规定的"遗忘物"。对于"遗忘物"这一概念,学界一般将其在规范上理解,将其视为遗失物,即非基于己意而丧失占有的财物。

由此面临的问题是,错误汇款毕竟是由汇款人亲自打款给收款人的,那么该款项是否符合"非基于己意"这一要件?对此,现有观点虽都持肯定意见但论证路径不尽相同。

有学者认为遗失物中"非基于己意"的"己意"指真实意思表示,"不能因为

---

① 其木提:《错误转账付款返还请求权的救济路径——兼评最高人民法院(2017)最高法民申 322 号民事裁定书》,《法学》2020 年第 2 期。谷昔伟:《特殊类型错误汇款返还请求权性质之理论重构》,《甘肃政法学院学报》2020 年第 2 期。北京国能中电节能环保技术有限公司等与郭秋红案外人执行异议之诉纠纷案,北京市第三中级人民法院(2018)京 03 民终 2986 号民事判决书。

汇款人具有转移所有权的意思，就否认错误汇款属于遗忘物。因为错误汇款不是汇款人的真实意志表示，汇款人没有将存款转移给收款人的意思……所以，在我国，不能否认错误汇款属于汇款人的遗忘物"①。然而，对于将"己意"理解为"真实意思表示"的背后理由，该学者并未加以说明。

另有学者在更为宽泛的意义上理解"非基于己意"，将并非基于委托关系的情形全部纳入其中，"由于收款人获得的该项不当得利（笔者注：存款债权），并非是基于汇款人的本意而脱离其占有，而是偶然（即不是基于委托关系）地因汇款人错误汇款所致，从规范的层面来说，应解释为广义上的'遗忘物'，对此，收款人负有返还的义务。拒不返还，数额较大的，构成侵占"②。这一观点因为将遗失物视为与委托物的对立概念而明显扩大了遗失物的范围。

两相对比，第一种观点，即将"己意"指真实意思表示的观点更为可取。这是因为，一旦将"己意"作完全形式化的理解，那么即便是典型的"遗忘物"也无法包含进"遗失物"的概念之中。例如，A 离开饭店时，将自己的钱包遗落在椅子上，此时 A 的不作为（不拿起自己的钱包）是基于遗忘抑或其他原因（抛弃），若不结合 A 的真实意思表示便无从得知。同样，在错误汇款案件中，尽管汇款人有汇款这一作为，但汇款到底是基于错误转账或是其他基础交易，仍不得而知。换言之，错误汇款与典型遗忘物情形不同之处在于，前者是基于作为而丧失占有，后者是基于不作为而丧失占有，但作为与不作为并非区分二者在规范上应受保护力度的理由。

因此，收款人单纯拒不交出错误汇款的行为符合《刑法》有关遗失物侵占的构成要件，构成侵占罪。

（二）反面考察：对相反观点的回应

相反观点主要有二：与本文所主张的"存款债权归属于错误汇款人"不同，第一种相反观点认为存款债权的归属主体为收款人，"汇款人搞错了收款人或者多汇了款，不影响转账的有效性，亦即对于收款人取得银行债权不会发生任何影响"③。因此，该观点一方面肯定了收款人对银行享有存款债权，从而收款人取款、转账的行为对银行并不构成犯罪，另一方面又认为"尽管如此，收款人也不应以所有人的身份自居对原本属于错误汇款人的财产加以处分……被评价为侵占的只能是取款或

---

① 张明楷：《领取无正当原因汇款的行为性质》，《法学》2020 年第 11 期。
② 钱叶六：《存款占有的归属与财产犯罪的界限》，《中国法学》2019 年第 2 期。
③ 同上。

者转账后的拒不退还（对错误汇款人而言）的行为，而非取款或者转账这一行使债权（对银行而言）的行为，如此评价或处理……契合了法秩序同一性的基本要求，从而避免了产生民事法与刑事法评价分裂的现象"①。

然而，该观点显然违背民法的基本原理，汇款人搞错了收款人的行为至少成立民法上的重大误解（本文则认为债权让与合同自始未成立），经撤销之后转账效力溯及既往归于无效，所谓"对于收款人取得银行债权不会发生任何影响"并无根据。诚然，错误转账行为无法归责于银行，收款人取款时银行既不必也不能审查清楚背后存款的真实来源，但这只是从交易效率和善意第三人保护的角度来谈的，取款人可以无顾忌地从银行处取款这一事实从来不意味着取款人取得了存款债权。在取出错误汇款这一行为中，存款债权的真实归属在与交易效率、第三人保护等价值进行权衡之中进行了让步，但这一让步并不意味着债权归属退出了权衡本身。

此外，诚如我国学者所言：

> 在遗忘物侵占罪中，行为人据为己有的财物，必须与他人的遗忘物具有同一性。否则，就不可能符合"将他人的遗忘物……非法占为己有"的构成要件。可是……汇款人没有遗忘过现金，只是遗忘了存款债权。既然如此，就只能将存款债权作为遗忘物侵占的对象，而不应将取出的现金作为侵占罪的对象。②

第二种观点则从四个角度主张收款人无罪：第一，错误汇款并非代为保管物；第二，存款适用"占有即所有"原则，存款由实际收款人占有，由此也由实际收款人所有；第三，原因法律关系评价不平衡，申言之，错误汇款的法律关系与基于借贷而取得现金的法律关系相似（不当得利与合同均为债之发生原因），在后者只产生民法上债之关系的同时却对前者适用刑法，就会产生法律评价的不平衡性问题；第四，收款人基于汇款占有而取得汇款所有权，其对自己所有的财产进行处分，并不存在不法性的问题。就好比借款人将通过正常手段借到的钱款使用一空而无法按约还款的，不能据此推定其具有非法占有目的。③

可以说，前述观点较为全面地展示了否定说的理由，但也存在一些疑问：

就前述第一点而言，认为错误汇款并非《刑法》第270条第1款所规定的"代为保管的他人财物"应无异议，但问题在于其是否属于第2款所规定的"遗忘物"。

---

① 钱叶六：《存款占有的归属与财产犯罪的界限》，《中国法学》2019年第2期。
② 张明楷：《领取无正当原因汇款的行为性质》，《法学》2020年第11期。
③ 刘宪权、周光营：《对取得错误汇款行为定性再思考》，《检察日报》2019年6月1日。

对此,该学者并未进行论述,因此该学者是认为"汇款是基于己意而汇出,并未被遗忘"(从字面意义上理解"遗忘物")抑或"汇款基于己意而汇出,并不属于非基于本意而脱离占有的遗失物"(从规范意义上,将"遗忘物"理解为遗失物)不得而知。但如前所述,既然错误汇款系非基于汇款人真实意思而丧失占有,那么将其理解为规范意义上的"遗忘物"并无问题。

就前述第三点而言,侵权行为亦为债之发生原因,而将他人财物毁坏这一侵权行为亦可构成"故意毁坏财物罪"。故而,与其将重点放到"债之发生原因",不如着眼于犯罪的构成要件。此外,该学者在将错误汇款与借贷合同进行类比时说道"错误汇款情形与民间借贷相似,民法均赋予受有损失一方以民事私法救济的权利。但若允许对取得错误汇款行为予以刑法评价,则会明显产生原因法律关系评价不平衡的问题"[①]。然而,进行类比的前提在于被类比的两事物具有相似性,从而基于"同等情况同等处理"的平等原则,将适用于一事物的规则类推至另一事物。同时,在认定相似性的同时应受规范评价的指引,否则万事万物均有相似之处亦均有不同之处,若忽视价值评价则会因此陷入形式主义的窠臼。就该学者所进行的类比而言,借贷关系所移转的存款乃是基于真实意思表示,而错误汇款则是基于错误的意思表示,二者之间存在不容忽视的质的差别。故而与其说错误汇款应同借贷合同类比,不如说错误汇款应同受欺诈而缔结的合同相类比,因为二者都存在"意思表示错误"这一要件。当然,在进行这一类比的同时还要考虑到合同相对方的可归责性问题,欺诈者具备可归责性,错误汇款的收款人单就收款而言不存在任何的可归责性。笔者无意将这一类比进一步展开,而只是想说,前述将"错误汇款"简单同"借贷合同"进行类比的论证因忽视了"意思表示真实或错误"这一关键要素而并不充分。

前述第二点和第四点的核心理由在于存款适用"占有即所有"。规则如本文第一部分所述,这一观点一方面没有处理好刑法和民法的关系,忽视了刑法的独立性;另一方面又会引起"只有封缄现金"才可成立侵占的不可欲的结论。

五、处置错误汇款的刑法定性

本部分所讨论的问题为,收款人在收到错误汇款后取款、转账的行为是否另行符合盗窃罪或诈骗罪的构成要件。

[①] 刘宪权、周光营:《对取得错误汇款行为定性再思考》,《检察日报》2019年6月1日。

赞同另行构成盗窃或诈骗罪的学者认为:"乙将存款误划入甲的储蓄卡,甲利用储蓄卡从自动取款机取出相应现金的,应认定为盗窃罪;盗窃的对象是银行管理者占有的现金,而不是乙占有的现金(因为乙根本没有占有现金)。"[①] 此外,该学者还在注释部分补充道:

> 在这种场合,一方面,在民法上银行或许不对乙的损失承担赔偿责任,但不能据此否认甲的行为成立盗窃罪,因为刑法与民法的目的不同。另一方面,银行最终没有受损失,不意味着银行没有损失,而是因为银行立即以减少乙的债权的方式弥补了自己的现金损失。[②]

否定另行构成盗窃、诈骗罪(即认为仅构成侵占罪)的理由则更为多样。有观点认为:

> 当汇款人由于错误,将存款汇入收款人的账户时,其丧失了对该笔存款债权的占有,相应地,收款人取得了该存款债权。此时的存款债权相当于'遗忘物'而被收款人事实上支配了。这里,侵占罪所要求的'他人的财物'并非存款债权所指向的存款现金,而是存款债权本身。收款人取现的行为从根本上消灭了该笔存款债权,表明收款人有'拒不交出'他人财物的意思和事实,因此符合侵占罪的构成要件,可以很容易地认定为侵占罪。[③]

对于这一观点,前述肯定另行构成夺取罪的学者从两个方面进行了反驳:一方面,取款行为因消灭了存款债权而进一步侵害了他人法益;另一方面,收款人从银行取出现金同样是对银行构成不当得利,不应只评价对汇款人的不当得利而遗漏对银行的不当得利。[④]

亦有观点从有责性以及相似案例类比的角度出发,主张该行为仅构成对存款债权的侵占罪。该观点认为:"对于发现账号多出一大笔钱的普通人难免产生诱惑,此时的有责性低于侵害占有的夺取罪,而与侵占误投的邮件和拾得的遗忘物相当……为了与找钱诈骗、误投邮件以及捡拾遗忘物案件相协调,侵吞错汇存款的,

---

① 张明楷:《刑法学》,第 947 页。
② 张明楷:《刑法学》,第 947 页注释 26。
③ 黑静洁:《存款的占有新论》,《中国刑事法杂志》2012 年第 1 期。
④ 张明楷:《领取无正当原因汇款的行为性质》,《法学》2020 年第 11 期。

有必要作为侵占罪予以规制。"①

可以看出,肯定说与否定说的主要分歧有二:第一,另行取款、转账这一行为的受害者是谁?主张盗窃、诈骗罪的学者认为是银行,而持侵占罪观点的学者认为受害人是错误汇款人。第二,犯罪的对象是银行占有的现金抑或存款债权?主张盗窃、诈骗罪的学者认为是现金,而主张侵占罪的学者们一般认为犯罪的对象是存款债权。在此基础上则自然而然引申出第三个问题,取款、转账人的行为是否因其既未"侵犯新的法益"又不具备"期待可能性"从而被评价为不可罚的事后行为?②因此,本文接下来即对这三个问题做出回答。需要声明的是,为避免叙述的繁琐,本文接下来的讨论都假设为在银行柜台办理取款或转账的情形。而至于在 ATM 机上取款、转账的行为,如若赞同"机器可以被骗",则该行为的定性与在银行柜台处置存款相同;如若否定"机器可以被骗",且"在银行柜台处置存款"的行为构成诈骗罪,那么该行为亦可被定性为盗窃罪。

(一)另行取款、转账的受害人是汇款人而非银行

在收款人另行取款、转账的过程中,汇款人丧失了对存款债权的"所有",故而,汇款人是毫无疑问的受害人。而至于银行,则并未在这一行为中受到损害,理由在于收款人基于存款债权的事实控制力而对存款债权存在着"准占有"的状态。借助于"准占有"的推定力,在银行看来,收款人是存款占有的正当权利人,故而其向收款人支付现金的行为可以成立"清偿",从而消灭银行的债务。也就是说,从规范的角度来看,银行的债务得到了消灭,并未受到任何损失。

主张受损者为银行的主要理由有二:第一,银行最终没有受损失,不意味着银行没有损失,而是因为银行立即以减少汇款人的债权的方式弥补了自己的现金损失。第二,刑法和民法的目的不同。

然而,前述第一点与民法理论不合,汇款人的债权并非在银行付款后受到立即减少而消灭的,而是因为银行付款的行为同时构成清偿而消灭的。此外,既然这里探讨的对象是汇款人的债权,而消灭债权的主体无论被认为是收款人还是银行,都是民事主体之间的权利得丧变更问题,应以民法为准据。就第二点而言,诚然,刑法和民法目的不同,且前者并非附属于后者,具备一定的独立性,但问题在于,此案中,刑法的目的为何?既然涉及取得罪的认定,那么刑法在此的目的应为保护受

---

① 参见陈洪兵:《中国语境下存款占有及错误汇款的刑法分析》,《当代法学》2013 年第 5 期。
② 张明楷:《刑法学》,第 480 页。

害人。那么接下来的问题便在于，在取款、转账的行为中，何者最需要保护？答案自然是错误汇款人，因为银行的债务已经得到清偿，并无保护的必要。

此外，该学者还从"实质的个别财产损失说"出发，认为"保障存款人的合法权益、避免银行卷入纠纷、避免银行因没有履行安全保障义务而承担责任，是银行重要的社会目的。既然如此，就不能否认收款人的取款行为导致银行的上述社会目的落空，不能否认银行的财产损失"。①

本文对"实质的个别财产损失说"本身并无异议，但问题在于，该学者所提及的目的是否会因收款人的取款行为而受到威胁？

首先，就银行承担责任而言，只要银行履行了正常的手续，其便可信赖取款人的准占有，从而达到清偿效果，故而银行并不会在此次交易中承担责任。其次，无论认为受害人是银行还是汇款人，银行都必然陷入纠纷，毋宁说，如果受害人是汇款人的话，银行仅作为附带民事诉讼中的"第三人"而出席，而如果受害人是银行的话，其会作为刑事诉讼中的被害人而出席。认为银行是受害者反而使银行陷入更深的纠纷。最后，认定银行为受害人是否有助于保障存款人的合法权益？本文以为不然，理由在于如果认为银行是受害人，那么刑事附带民事诉讼中的原告只得是银行，而并非汇款人；汇款人只得另行起诉取款人返还不当得利，但这还面对着取款人"已经赔偿银行"的免责；而如果汇款人主张银行向其让与损害赔偿请求权，抑或在理论上构造出"代偿请求权"来加以主张权利，则徒增法律关系的复杂性。因此，本文认为银行在这里不存在财产损失反而更有助于保护存款人的合法权益。

（二）存款处置行为不应被评价为诈骗行为

既然处置错误汇款的受害人为汇款人，且汇款人在收款人取款、转账时并无任何的处分行为，那么若想主张收款人另行成立诈骗罪，则只能借助于三角诈骗的结构。② 申言之，若欲在承认受害者为汇款人的同时主张收款人处置错误汇款的行为成立诈骗罪，唯一的路径便是认为在收款人取款时，银行因收款人的默示欺骗而陷入错误认识，进而处分了银行自己的财产（现金），从而导致汇款人因存款债权得到清偿而受损。该种类型的诈骗构造属于张明楷教授提出的"新型的三角诈骗"，即"被告人实施欺骗行为——受骗人产生或者继续维持认识错误——受骗人基于认

---

① 张明楷：《领取无正当原因汇款的行为性质》，《法学》2020 年第 11 期。
② 笔者并未检索到主张这一行为成立"三角诈骗"的任何文献，但鉴于处分人是银行且受害人为汇款人，三角诈骗便成为成立诈骗罪唯一可能的路径。故而，笔者接下来有关三角诈骗的论述乃是出于尽可能完善这一结构的考量。

识错误处分（或交付）自己的财产——被告人获得或者使第三者获得财产——被害人遭受财产损失"①。

另一方面，在收款人转账的时候，收款人（无权）处分了汇款人的存款债权，而汇出行则处于受收款人委托，协助收款人处分存款债权这一法律地位。故而，似乎也可以认为，汇出行基于错误认识而处分了汇款人财产，进而导致汇款人遭受丧失存款债权的财产损害。这一情形属于典型的三角诈骗。此外，这一认定也并非无法可依，因为根据《民法典》第149条之规定："第三人实施欺诈行为，使一方在违背真实意思的情况下实施的民事法律行为，对方知道或者应当知道该欺诈行为的，受欺诈方有权请求人民法院或者仲裁机构予以撤销。"转账错误汇款的情形中，转账人（收款人）是欺诈者，基于对存款债权的准占有而使银行在违背真实意思的情况下实施存款合同的履行行为（事实行为），此时若转账的相对方为善意，则转账（消灭原存款债权）的效力不受影响。概言之，这里是将《民法典》第149条类推至事实行为的效力问题，而这一做法可以在维持"受害者为错误汇款人"这一结论的同时，维持收款人转账、取款行为结论评价的一致性（均为三角诈骗）。

然而，这一论证在保持形式上的通畅性的同时却丧失了实质上的可接受性。首先，从罪数关系的评价来看，在收款人单纯拒不交出存款债权之后，存款债权已然受到了侵占，其后对存款债权的处置虽然导致债权消灭，但这在规范评价上与盗窃财产后的毁损财物行为别无二致。既然后者"属于共罚的事后行为，不另认定为故意毁坏财物罪"②。那么前者也应基于同样的理由，不另行构成诈骗罪。其次，对错误汇款的处置行为亦可在规范上被评价为"拒不交出"的行为，这是因为收款人以存款债权人的名义（且主观上具有不法所有目的）处置这一存款债权时，就已经表明了他拒不交出的行为和态度。最后，正如日本学者所言，认定为欺骗行为符合诈骗罪构成要件的必要条件便是虚构的内容必须属于"判断是否交付的重要事项"，重要事项的评价标准有二：第一，交付行为人如果没有陷入认识错误则不会交付财物；第二，从该交易的性质或者目的来看，该事项还必须一般性地、类型性地具有重要性，该事项属于在交付财物之际总是不得不放在心上的事实。③ 然而，在收款人处置错误汇款时，尽管银行如果没有陷入认识错误就不会交付财物，但这一事项并不具有重要性，并非"总是不得不放在心上的事实"，因为银行完全可以信赖收款人对存款债权的"准占有"的权利推定力。所以，无论从罪数关系来看还是从对

---

① 张明楷：《三角诈骗的类型》，《法学评论》2017年第1期。
② 张明楷：《刑法学》，第965页。
③ 参见桥爪隆：《论诈骗罪的实质性界限》，王昭武译，《法治现代化研究》2020年第2期。

诈骗罪构成要件的实质解释来看，收款人的处置行为均应仅构成对存款债权的侵占。因此，就本文最开始所引入的"乔乐住诉卜军、许淑娟侵占案"而言，法院未将被告人处置汇款的行为另行评价为诈骗罪或盗窃罪的做法是正确的。

结　论

综上所述，在错误汇款的案件类型中，首先应当对存款债权和现金这一对概念作出区分。就存款债权而言，其自始至终归属于汇款人，收款人只是相应地取得了对存款债权的准占有。就现金而言，借助于存款合同属于"消费寄托合同"这一性质可知，现金的所有权归属于银行，但并无纠结于"存款债权指向的现金"这一概念的必要。此外，民法上"占有即所有"规则在这一刑法案例类型中并无适用的必要性和足够的正当性。收款人单纯"拒不交出"错误汇款的行为构成对存款债权而非存款现金的侵占，成立侵占罪。最后，从罪数论以及诈骗罪的实质界限角度出发，收款人另行取款或转账的行为不应另行被评价为盗窃罪或诈骗罪，以侵占罪一罪论处的结论可以实现对案件整体的充分评价。

论刑罚论与法益论的沟通方式

郭 聪*

摘 要 "王佳豪侵犯著作权案""周志全等侵犯著作权案"表现出音乐制品刑法保护的构成要件认定"粗糙"、刑罚论证不足、现实展望欠缺等问题，受制于音乐制品"角落"的定位，寻求刑法教义学之外的修正方案更具有可取之处，"法益论"在我国实务中的有力地位和学界内的通说地位更进一步坐实了法益论的封闭作用，引发刑法教义学对"角落"法益保护不足的恶性循环。法益论目前面临抽象法益臃肿、集体法益定位不明、方法论意义显著不足三重批判，这些批判都在呼吁刑罚论的介入，但是学界"多数说"常用的截取性讨论和"有力说"常用的彻底性讨论路径都非最佳，各具可取和不足之处，应当综合考量，以实践场景为平台，以"多一步正当性反思"为路径，综合双方特点，构建音乐制品等"角落"法益的体系性方案。

关键词 音乐制品　刑法教义学　法益论　刑罚论

一、问题意识：教义学之外的音乐制品刑法保护

我国的著作权保护已经取得了可喜的成果。但是，诸多正版化的热点事件表明，著作权保护并非一帆风顺，尤其是在我国，正版化的进程推动缓慢，为著作权

---

* 郭聪，山东艺术学院音乐学院讲师，硕士。

付费的意识的养成还需要很长一段路。① 刑法手段是著作权保护法律武器中的重要一环，以往的研究过分注重侵犯著作权罪的个罪构成要件认定，② 并未形成良好服务于著作权保护的刑法理论体系。其原因可能是多个层次的，可以从以下两个典型案例开始分析。

【案例一】"王佳豪侵犯著作权案"，③ 本案基本案情为：被告人未经许可在网络上设立音乐网站提供试听，其中包括数家音乐公司享有版权的作品677首，网站上线一年后，被告人开始在网站中植入广告并获取费用一万余元。法院认为，被告人构成侵犯著作权罪，最终判处有期徒刑六个月，缓刑一年，并处罚金。

【案例二】"周志全等侵犯著作权案"，④ 本案的基本案情为：被告人周某设立多个论坛以及内站，雇佣多人未经著作权人许可，通过会员制等方式，将不具有著作权的音乐作品等以"种子"的形式上传并提供下载。本案另一被告人寇某则雇佣他人，复制他人享有著作权的音乐作品等至移动硬盘中并通过淘宝店铺售卖。法院认为，两被告人未经著作权人许可，通过信息网络复制发行他人作品，已经构成侵犯著作权罪。

上述两个案例表现了音乐制品在我国著作权保护中，存在以下特点：（1）数量较少。从数据库检索的情况来看，以音乐作品作为对象的侵犯著作权类案件的数量不过千起，无法与动辄数千万起的核心自然犯罪相提并论。因此，导出相应的司法认定规则较为困难。（2）规则迟滞。案例数量少是造成司法规则难以导出的客观原因，认定保守则是规则迟滞的主观原因。两起典型案例的场景类似，均是以网站作为媒介"发行"、传播不具有著作权的音乐制品；两起典型案例的手段类似，均是最为"初级"且最为明显的复制方式。在数据库检索的过程中，以音乐制品为对象的侵犯著作权类犯罪往往也限于复制、出卖盗版光碟等手段，这也侧面印证了长期以来音乐制品刑法保护手段的滞后。

如果深入分析两起案件，可以进一步发现音乐制品著作权保护中刑法手段的"粗糙"之处：针对"王佳豪侵犯著作权案"，构成要件中"非法营利目的"的认定依据不明，法院究竟是按照后续植入广告获取费用的行为进行认定，还是按照建

---

① 参见徐媛媛、王润奇：《从盗版到付费：当代中国知识青年版权意识形成的"伦理路径"》，《中国青年研究》2021年第4期。

② 参见例如安然：《人工智能时代侵犯著作权罪的法益嬗变与刑法应对》，《扬州大学学报（人文社会科学版）》2022年第3期；刘晓梅：《网络著作权刑事法保护的新思考——基于132份侵犯著作权罪刑事判决书的分析》，《山东社会科学》2022年第4期；王迁：《论著作权保护刑民衔接的正当性》，《法学》2021年第8期；等等。

③ 参见最高人民法院：《最高人民法院发布六起侵犯知识产权和制售假冒伪劣商品典型案例》，《最高人民法院公报》2011年第1期。

④ 参见"周志全等侵犯著作权罪二审刑事裁定书"，（2014）一中刑终字第2516号。

立网站后的流量分成进行认定？如果是前者，那么根据主客观相统一原则，①无法对进行广告收益之前的侵犯著作权行为进行认定。如果是后者，那么数额可能明显不足，难以按照犯罪处理。另外，本案并没有没收违法所得，而是并处罚金，相关标准何在也是一个待研究的话题。

针对"周志全等侵犯著作权案"，法院采用了模糊的论证方式，会员制不仅包括付费制会员，还包括免费的积分制会员，换取积分的方式除了看广告、付费购买等可以置换为虚拟财产的方式之外，②还有活跃度、评论、签到等不具有财产性的获取方式。但是，法院并没有过多论述营利方式，此案与"王佳豪侵犯著作权案"存在相类似的构成要件粗糙问题。此外，"周志全等侵犯著作权案"的典型之处主要体现为未与时俱进：作为音乐版权争夺初期、各大网络巨头入场时的典型案例，③本案忽视了对侵犯著作权罪构成要件的现实解构，此时国内对于音乐制品的复制仍然是100%复制，或者是原品复制，但国际上已经出现了定量分析的方法，当歌词、曲谱相似度达到一定数值之后，就可以被认定为著作权侵权。④事实证明，当代更多的音乐侵权方式是衍生相似作品，数字时代更出现了代码复制的侵权方式。

上述问题表现出当代刑法教义学的困境之一，缺少充分司法案例的情况下，注重实践导向的刑法教义学难以对"角落"里的不法状况进行系统分析。⑤司法机关缺少充分的理论资源汲取，在没有有关部门的直接指导以及规范性文件的间接指导的情况下，更是保守优先，形成恶性循环。具体到音乐制品的刑法保护，构成要件解释方案重建则是直接回归传统的讨论范式之中，实践中的案例状况已经表明，至少就音乐制品保护而言，传统讨论范式只会加剧"恶性循环"。因此，刑法教义学之外的原因，尤其是从基础理论层面进行分析，既有助于著作权保护之刑法基础理论构建，亦有益于将音乐制品等"角落"中的权利对象纳入保护内容。

如果以两起典型案例面对的构成要件粗糙、刑罚论证不足、现实展望欠缺的问题为基础，可以看到以实践性为导向的刑法教义学实际上受制于法益在现实世界遭受侵犯的方式。据此，本文提出的假定命题为：刑法教义学保护的不周延来源于法益论和刑罚论的沟通不足，即在法益论成为刑法教义学主流学说的情况下，阻断了

---

① 参见吴春雷、司马守卫：《柏拉图刑法思想中的"主客观相统一"原则》，《社科纵横》2015年第1期。
② 参见欧阳本祺：《论虚拟财产的刑法保护》，《政治与法律》2019年第9期。
③ 关于音乐市场的划分可以参见苑小艺：《中国流行音乐文化市场困境与对策初探》，《当代音乐》2021年第9期。
④ R. J. S. Cason, D. Müllensiefen, "Singing from the Same Sheet: Computational Melodic Similarity Measurement and Copyright Law", *International Review of Law (Computers & Technology)*, 2012 (25).
⑤ 参见杨兴培：《刑法实践应学会并做好"减法"功课》，《上海政法学院学报（法治论丛）》2019年第4期。

刑罚论从哲学正当性层面出发的分析，进而影响到现实世界中未被刑法重视之法益的刑法保护方案的体系化。为验证这个命题，本文将从以下三个方面进行展开：第一，法益论在我国刑事司法实践中的现状；第二，法益论所受到的批判；第三，在刑罚论与法益论沟通的情况下，法益论可否应对这些批判。

二、现实描述：我国刑事司法实践中的法益论状况

音乐制品的刑法保护本身具有小样本的特性，但是，法益保护是长期作为刑法的任务存在的，① 在刑法的机能、犯罪论与方法论中起着重要作用，② 换言之，法益保护代表着刑法作用于社会全域。随着我国刑法教义学逐渐成为刑法学界有力的研究路径，司法实践也开始接受部分教义学概念和成果，法益便是被接受的概念之一。裁判文书网的公开数据可以侧面印证，以"法益"为全文关键词，以"刑事案由"为限定条件，共检索出 2747 篇公开文书，按照时间顺序排列如下图所示：

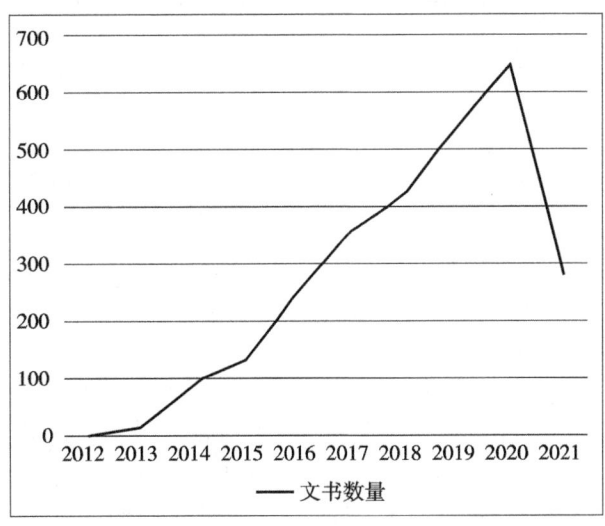

图 1　说理中含有"法益"的公开裁判文书数量
（数据来源：中国裁判文书网）

---

① 参见罗克辛：《对批判立法之法益概念的检视》，陈璇译，《法学评论》2015 年第 1 期；张明楷：《法益初论》，中国政法大学出版社 2000 年版，第 322 页。

② 一般认为，法益保护是刑法的机能之一；在犯罪论体系构建中，法益曾长期作为犯罪客体在四要件体系中存在，后来该观点被摒弃，法益成为解释论（尤其是实质解释论）的重要前提。参见张明楷：《法益初论》，中国政法大学出版社 2000 年版，第 249—253 页；参见平野龙一：《刑法的基础》，黎宏译，中国政法大学出版社 2016 年版，第 26 页。

虽然可以看到说理中包含法益概念的文书数量呈现上升趋势，但是如果从含有法益说理的裁判文书在当年公开的所有裁判文书中的比例来看，则上升趋势不够明显。因此，不能说我国刑事司法实践已经开始全面适用法益概念，只能说法益概念得到了一定程度的接受。

相较于实务界的态度，学术界更为广泛地接受法益之概念。首先，随着刑法教义学的发展，法益概念的正当性和可适用性已经不再是受到质疑的对象。① 其次，目前围绕法益的批评意见，基本都是在承认法益概念的大前提下，对于刑法教义学具体问题中的法益应用进行修正而已。② 再次，经过数个世纪的争论后，现在几乎已没有学者在重新进行给法益下定义的工作，③ 我国学者也很少就法益的定义本身展开争论。④ 最后，法益总能与一定的司法实践取向结合在一起，例如物质的法益概念和德国司法实践的客观化趋势相辅相成。⑤ 法益论还能作为筛选器排除非刑法教义学的内容，如果某个刑事法律主张以法益论所替代的道德侵害或者秩序破坏为基础，⑥ 那么该主张就不会进入刑法教义学的讨论之中，这侧面说明了法益论和刑法教义学的深度绑定。

但是，长久以来的刑法教义学研究集中在犯罪论，从"王佳豪侵犯著作权案"的情况可窥见一斑，罚金刑的应用并未提供充分的说理，而没有适用没收违法所得也侧面表现了构成要件层面的认定粗糙。即便晚近的目的理性主义试图将预防、报

---

① 伊东研祐：《法益概念史研究》，秦一禾译，中国人民大学出版社 2014 年版，第 348 页。与此内涵一致地，张明楷教授将法益界定为"根据宪法的基本原则，由法所保护的、客观上可能受到侵害或者威胁的人的生活利益"。参见张明楷：《法益初论》，中国政法大学出版社 2000 年版，第 157 页。

② 目前讨论个罪时，论者首先会分析相关刑法规范的保护法益。例如王充：《类型化的思考与多元保护法益——兼论污染环境罪保护法益的实践转向》，《政法论坛》2022 年第 2 期；张明楷：《污染环境罪的争议问题》，《法学评论》2018 年第 2 期。

③ 目前最普遍的做法是将法益和特定语境结合，才会进行定义工作。例如"感情法益自 19 世纪末的谱系演变表明，援用哲学、心理学的既有成果尝试定义感情，或立足于法益论的基本立场预设可被保护的感情类别，并非妥当的方法论路径"。张梓弦：《感情法益：谱系考察、方法论审视及本土化检验》，《比较法研究》2022 年第 1 期。再如"法益只有表现为某种功能时，它才能对具体的案件发挥解释效力"。郭栋磊：《形式的法益之理论基础、功能及其解释效力——从形式的法益与实质的法益之关系中展开》，《中国政法大学学报》2021 年第 1 期。

④ 法益本身是舶来品，我国学者对法益的定义主要来源于对其历史研究，除了张明楷教授的巨作《法益初论》之外，较新的文献还有冯文杰：《法益一百五十年的嬗变史》，《西部法学评论》2021 年第 3 期。

⑤ 即认为法益实际上是保护一定时间和空间内社会成员生活所必须的客观条件。Vgl. Hefendehl/von Hirsch/Wohlers (hrgs.), "Die Rechtsgutstheorie: Legitimationsbasis Des Strafrechts Oder Dogmatisches Glasperlenspiel?", *Nomos*, 2003, 255.

⑥ 尽管诺伊曼认为，这种对立关系目前已经相对松动了。乌尔弗里德·诺伊曼：《多数决可以替代论证？——对法益理论（后）现代批判之回应》，郑童译，江溯主编：《刑事法评论：刑法的多元化》，北京大学出版社 2021 年版，第 66 页。

应等刑罚目的思想融入犯罪论的实质认定过程中，①但我国的刑罚论研究和犯罪论分析之间仍缺乏互动。②其中，法益论支持者无法解释刑罚的正当性根据如何进入犯罪论体系中，报应、预防等刑罚目的中都没有直接与法益相关的描述，晚近以来的规范论则是脱离了传统的刑罚目的范畴，有重构一套刑法理论体系的趋势。③

作为体系科学，刑法教义学的基础应当同时对犯罪论和刑罚论起到作用。一方面刑法的正当性主要讨论的对象是刑罚的正当性，如果对犯罪分子适用的不是刑罚这种极端暴力，那么也不会产生诸多法学、哲学等方面的反思；④另一方面相较于定什么罪名，民众更为关心的是刑罚程度，⑤实践导向的刑法教义学不可能完全忽视犯罪认定结论产生的社会效果。因此，为了理顺犯罪论和刑罚论的沟通机制，明确法益论的机能，至少应该解决两个方面的问题：首先应当明确，法益论受到的批判是否与刑罚论之间存在沟通的可能性。如果不具有沟通的可能，法益论支持者完全可以用封闭性、独立性的特征，排除来自刑罚论的反思；如果双方具备沟通可能性，那么刑罚论似乎是另一条反思法益论的路径。其次在双方存在沟通的可能性的前提下，刑罚论针对法益论的批判是否构成了根本性颠覆。如果没有产生颠覆，法益论应当作出何种修正；如果存在颠覆，刑罚论的解构是否会带来刑法教义学体系的重构？

三、殊途同归：法益论受批判的三个层面

音乐制品刑法保护的不周延，极有可能与法益论受到的批判存在一致性和相关

---

① 例如罗克辛将预防引入需罚性（Sanktionsbedürftigkeit）。参见克劳斯·罗克辛：《刑事政策与刑法体系》，蔡桂生译，陈兴良主编：《刑事法评论》（第26卷），北京大学出版社2010年版，第271页。德国学者对此批判道，责任阶层实际也包括矫正和保安处分的内容。参见克努特·阿梅隆：《罗克辛刑事政策性刑法体系批判》，张志钢译，《南大法学》2021年第3期。
② 可以看到，随着合宪性解释作为一种方法在我国刑法学中的确定，需罚性似乎有脱离预防必要性，回归宪法的趋势。参见姜涛：《需罚性在犯罪论体系中的功能与定位》，《政治与法律》2021年第5期。
③ 尽管雅科布斯仍然在采用诸多刑法教义学的术语，但是他的犯罪论体系中诸多要件及要件之间的关系都发生了变化，例如义务犯（Pflichtdelikt）和客观归责理论。义务犯理论不仅产生了哲学基础上的变动，还产生了体系性的影响。Vgl. Sanchez-Vera, "Pflichtdelikt Und Beteiligung: Zugleich Ein Beitrag Zur Einheitlichkeit Der Zurechnung Bei Tun Und Unterlassen", *Duncker & Humblot*, 1999, 22-35.
④ See Duff, *Philosophical Foundations Of Criminal Law*, Oxford University Press, 2013.
⑤ 根据相关的实证研究，民众对于刑事司法系统中的刑罚程度更为敏感，媒体对于刑罚的报道更多。See Wood, Viki, *Public Perceptions of Crime and Punishment*, Willan Publishing, 2004, 16-38. 两人还有相关实证研究表明，刑事司法系统知识的专业性阻碍了民众对于罪名的认知。See Wood & Viki, Public Attitudes to Crime and Punishment: a Review of the Research, in KAR, https://kar.kent.ac.uk/4591/.

性。截至目前,法益概念仍然主要在刑法学界进行讨论,主要受到以下三个层面的批判:第一,抽象的法益概念功能过于臃肿,本身缺少定型性。作为犯罪的本质,规范违反说认为"刑法保护的……是规范的有效性,社会这一形态就意味着规范联系";① 法益论中的法益侵害说认为犯罪是侵害法益或者对法益有紧迫危险性的行为。② 我国刑法学界几乎都是在行为无价值与结果无价值争论的基础上对法益的地位加以探讨的,③ 并在刑事立法、犯罪论、犯罪与社会的关系等层面对规范违反说与法益侵害说进行清理与确定,④ 但很少在刑罚视角下展开论证。一种较为通行的观点是,法益侵害说具有为可罚性提供基础的作用;⑤ 亦有论者指出,法益侵害说可以起到限制刑罚的作用。⑥ 随着社会的发展与转型,刑法学理受到严峻的挑战,刑事立法的活跃化尤其是行为犯的增多,使得法益概念不断变动;⑦ 有论者指出"法益概念内涵上的模糊化与外延上的不断扩张,有其必然的一面,它是刑法为应对风险社会所做出的调适之举"⑧。而作为刑法的目的,法益论者们提出了法益保护说,并且承认,"最高法律原则必然具备的抽象性……我们无法从一个具有涵摄能力的概念中获得最高的法律原则,实际上,最高的法律原则指的仅仅是一种指导性的标准,我们需要在法律的素材中对该标准具体化地加以展开"。⑨

第二,集体法益、秩序法益等非个人法益与自由主义基本原理冲突。批判者指出,仅与公民的利益存在间接关系的对象,如果作为刑法的保护对象,有扩大国家权力之嫌,例如动物权利、环境权利等的保护跟人之权益保护没有直接关联,外观上只是假借特定价值之名,行扩大国家权力之实。⑩ 我国学界目前也

---

① 雅科布斯:《行为 责任 刑法——机能性描述》,冯军译,中国政法大学出版社1997年版。我国学者相同的见解参见冯军:《刑法教义学的立场和方法》,《中外法学》2014年第1期。
② 参见张明楷:《刑法学》(上),法律出版社2016年版,第109页。
③ 参见邹兵建:《中国刑法教义学的当代图景》,《法律科学(西北政法大学学报)》2015年第6期。
④ 参见周光权:《行为无价值论的法益观》,《中外法学》2011年第5期。
⑤ 金德霍伊泽尔:《法益保护与规范效力的保障——论刑法的目的》,陈璇译,《中外法学》2015年第2期,第547页。
⑥ 该观点认为,法益侵害说与损害原则(Harm Principle)相类似,把刑法的制裁仅限定在制造损害的举动方式上。Roxin, Strafrecht, Allgemeiner Teil, Band I, 4. Auf. 2006, § 2 Rn 123 ff. 转引自罗克辛:《对批判立法之法益概念的检视》,陈璇译,《法学评论》2015年第1期。
⑦ 参见舒洪水、张晶:《法益在现代刑法中的困境与发展——以德、日的立法动态为视角》,《政治与法律》2009年第7期。
⑧ 劳东燕:《风险社会与变动中的刑法理论》,《中外法学》2014年第1期。
⑨ 罗克辛:《对批判立法之法益概念的检视》,陈璇译,《法学评论》2015年第1期,第58页。
⑩ 罗克辛对这些批判进行了总结,参见克劳斯·罗克辛:《德国刑法学 总论》(第1卷),王世洲译,法律出版社2005年版。

开始反思集体法益、秩序法益的独立性，无论是支持论者还是否定论者，均采用了一定的方式限定法益概念的扩张。例如有肯定论者认为，集体法益应当是"真实"的，而非对"公共安全""社会秩序"等表象状态的保护。[1] 也有肯定论者认为，集体法益的独立性体现在其通过宪法，成为个人自由保障的外部条件。[2] 否定论者则指出秩序法益、集体法益等的形成具有历史性，应当通过具体的利益进行限定。[3] 可见，肯定论和否定论者都试图通过一定的实体利益，限定抽象法益的过度扩张，本质上是为了限制司法实践中犯罪圈的扩大。[4] 这实际上是对国家刑罚权力扩张的限制。

第三，法益概念欠缺方法论意义。从概念发展史来看，罗克辛将法益定义为："所在国家的宪法构成（应该）的社会内，作为该社会构成成员的共同生活的存立必不可少的条件，而且是由纯粹规范所保护（应该）的因果性变更可能的对象。"[5] 这一概念兼具两重方法论意义：首先，这一法益概念是以还原论为前提的，即某个对象只有构成社会成员共同生活必不可少的条件时，才能成为刑法所保护的法益。例如"李荣庆、李瑞生非法运输珍贵、濒危野生动物案"，[6] 两行为人在未办理相关运输许可手续的情况下，租用老虎、狮子、熊等濒危野生动物，从沧州运输到沈阳进行马戏团表演，两人运输野生动物的行为并没有对人之利益产生直接损害，反而有利于不同居住地的居民动物观赏权益之实现。可见，本案的结论表明，单纯的动物权利并不是刑法保护之对象，如果没有侵害人之利益乃至有利于人之利益，则侵犯动物权利的行为并不作为犯罪处理。其次，法益受到宪法的限定，一定程度上支持刑法学者采用合宪性解释处理疑难案件。例如学者认为，集体法益的正当性在于其包括宪法上的实体内容。[7] 但是，无论是哪个方法论路径，本身都已不具有司法上的指导性，其根源仍然是法益概念的过度抽象与功能臃肿。例如反对者指出，法

---

[1] 参见李志恒：《集体法益的刑法保护原理及其实践展开》，《法制与社会发展》2021年第6期。
[2] 参见马春晓：《中国经济刑法法益：认知、反思与建构》，《政治与法律》2020年第3期。
[3] 参见魏昌东：《中国金融刑法法益之理论辨正与定位革新》，《法学评论》2017年第6期。
[4] 仍以金融刑法之保护法益为例，我国学者认为，采用秩序说和新提出的利益说，均会造成司法实践的异化。参见蓝学友：《互联网环境中金融犯罪的秩序法益：从主体性法益观到主体间性法益观》，《中国法律评论》2020年第2期。
[5] 伊东研祐：《法益概念史研究》，秦一禾译，中国人民大学出版社2014年版，第348页。与此内涵相一致地，张明楷教授将法益界定为"根据宪法的基本原则，由法所保护的、客观上可能受到侵害或者威胁的人的生活利益"。参见张明楷：《法益初论》，中国政法大学出版社2000年版，第157页。
[6] 参见"李荣庆、李瑞生非法运输珍贵、濒危野生动物案"，（2017）辽01刑终126号。
[7] 参见马春晓：《现代刑法的法益观：法益二元论的提倡》，《环球法律评论》2019年第6期，第134—150页。

益理论目前不应当包含立法批判的功能,应当专注于司法解释,当集体法益和个人法益并存时也要吸收其他法律原则的观点。①

　　第一个层面和第三个层面的批判是一体两面的关系,抽象的、臃肿的法益概念推导出的方法无法直面司法实践中的细节;第二个层面的批判揭示了聚焦于解释的法益概念面临的种种困境。但是,在法益概念支持者看来,上述批判都是可修正的,尤其是在其他学者提出的替代方案存在问题的情况下,法益概念的地位更加无可撼动。②但是,是否存在替代方案的讨论,仍然聚焦的是犯罪本质为何,或者说实质犯罪概念(materienllen Verbrechensbegriff),如果仔细审查目前处于争论中心的法益论和规范论,③可以看到二者的对峙遍布刑法总论与各论的各个层面。如果再进一步思考法益论和规范论本体的诸多问题,还可能受到来自其他学科的反对。④外观上来看,法益论和阶层犯罪体系互相证明对方的存在是正当的,但双方之间的联系又不能用"一一对应"来描述,这使得只能通过解释来加强两者之间的沟通,例如抽象危险犯并无结果之概念。⑤因此,法益论只是阶层犯罪论体系的一种解释方式而已,最多称其为目前最有力的解释方式,法益论和阶层犯罪论体系之间并没有本体论和认识论意义上的对应关系。

　　刑罚论和法益论的沟通具有可能性,原因在于:第一,围绕法益论的批判主要是由法益概念的基础性造成的,刑罚目的之探讨主要也是基础性的。法益本体论和工具论的尝试均在一定程度上存在问题,围绕法益的批评意见主要认为法益概念过于抽象,容纳了太多功能,以致于产生了从定义到规则的诸多矛盾。除此之外,司法实践中采用法益作为解释方案所遇到的问题,外观上都能回溯到法益概念的抽象性和功能臃肿之缺陷上,其原因可能在于,法益概念的基础性、价值性决定了抽象性必须为其性质,法益概念的广泛适用和体系地位又决定了其功能必须丰富,以成

---

① 参见陈家林:《法益理论的问题与出路》,《法学》2019年第11期,第3—17页。
② 例如阿梅隆(Amelung)的危害性概念,韦尔策尔的价值概念等。回应与批判参见克劳斯·罗克辛:《德国刑法学总论》(第1卷),王世洲译,法律出版社2005年版,第25—26页。
③ 例如,现在对于犯罪概念之讨论,已经衍生出构成要件要素之于犯罪概念作用的分析方式,这侧面说明了一方面该论域的专门讨论目前已逐步深化,另一方面形成对立关系也基本是法益论和规范论。Vgl. Gropp, *Strafrecht Allemeiner Teil*, Springer, 2005, 117-119.
④ 例如来自宪法的反对。Vgl. Appel, *Rechtsgüterschutz durch Strafrecht? Anmerkungen aus verfassungsrechtlicher Sicht*, KritV, 1999, 278-311.
⑤ 尽管我国有学者指出,法益理论可以从多个层次解释抽象危险犯的问题,但这种事后的解释和直观的对应之间,仍然存在明显的距离。参见蓝学友:《规制抽象危险犯的新路径:双层法益与比例原则的融合》,《法学研究》2019年第6期。另外值得注意的是,法益理论本身并没有太多边界作用,即便是在法律交叉领域,也都有法益概念的存在。参见周光权:《法秩序统一性原理的实践展开》,《法治社会》2021年第4期。

为与法之正义价值对接的桥梁。换言之，所有法益概念遇到的问题，其他基础概念也都会遇到。刑罚目的之讨论亦然，只是如果将目光延展到哲学层次，基础概念就更具有讨论性，因为哲学整体以研究抽象内容为主，法益论的相关批判也可以更加深化。

第二，在传统的精细领域再对两种学说进行论证显得成本高昂，反而刑罚论——尤其是刑罚哲学中对刑罚正当性诘问的这一刑法学理中很少涉及的面向——就成为一个较好的比对视角：其一，刑罚成为反问法益保护或规范违反效果的桥梁，"刑罚是某种犯罪行为实施完毕之后才对其施加的后果，它既不可能对已经实施之行为侵害的法益提供保护，也不可能对犯罪所违反之效力提供保障"。[①] 其二，刑法的目的与刑罚的目的在研究中出现混淆，[②] 导致刑罚正当性的思考欠缺了与刑法教义学基本理论的对话，进而造成刑法学理版图的不完整。基于上述理由，刑罚哲学，即在刑罚的本质研究中反思法益论是为了解答如下两个问题：（1）在法益中寻求刑罚的正当性是否可行；（2）法益能否完成刑法学理的完整图景，如果否，那么如何完成。

由此可见，刑罚论和法益论之间具有沟通的可能性，如果从刑罚目的的维度思考法益概念，反而是最具有专业性、最能够与刑法学界沟通的做法。音乐制品的刑法保护很显然可以吸收刑罚理论的优势，尤其是后者，刑法教义学的精雕细琢并不能应用在"角落"领域之中，而刑罚论则有助于其中的贯通。

四、展开路径：刑罚论与法益论的沟通路径

论证至此，我们已然发现对于音乐制品等"角落"中的法益，采用刑法教义学的方法进行精雕细琢可能成本高昂、得不偿失，但是如果使用刑罚论的哲学分析方法，则这些层面是要当然涵盖的。因此，当支持法益侵害说的学者以相当强力的语言描述法益的前实定法性质时，下一步的任务就是直接沟通哲学基础了。[③] 法益概念本身的发展史也进一步证明，作为一个定位于刑法背后原理的思想成果，受到特

[①] 金德霍伊泽尔：《法益保护与规范效力的保障——论刑法的目的》，陈璇译，《中外法学》2015年第2期。

[②] 突出体现为将一般预防作为刑罚的目的。参见王刚：《论我国刑罚理论研究中的四个误区——刑罚目的一元论之提出》，《法学论坛》2012年第1期。

[③] Vgl. Reinhard Merkel, *Schuld, Charakter und normative Ansprechbarkeit Zu den Grundlagen der Schuldlehre Claus Roxins*, FS Roxin, 2011, 737–761.

定学者哲学立场的明确影响,例如张明楷教授的《法益初论》中就明确指出了黑格尔哲学思想和康德哲学思想对法益概念构建和发展的重要作用。[1]但是,目前的法益概念史之研究对哲学概念的考察呈现截取状态,例如在实证学派的法益概念之后,受到黑格尔学派的观念性思辨之支配的观念无疑是一种状态的截取,并不一定符合当时的学术讨论现实。[2]即便是在特定的黑格尔学派之中,法益概念也并不直接对话黑格尔的哲学思想,而是通过黑格尔对犯罪特殊性的论述和对象、客体之二分的方法论,讨论法益概念独立性的。据此,刑罚论和法益论的对话既可以是截取性的,像历史梳理那般,在特定的哲学思想之影响下,特定的刑罚概念和特定的法益概念之间进行碰撞;也可以是彻底性的,即进一步讨论法益和刑罚作为刑法概念的位置,并以此展开对话路径。前者目前是大部分学者的做法,[3]后者则是小而有力之学派的做法,两种做法均具有可取和可弃之处:

第一,截取性的讨论最终流于自说自话和概念完善,沦为一场文字游戏;彻底性的讨论则会导致"走火入魔",陷入虚无缥缈。哲学讨论本身具有贴近本原之性质,[4]无论是从哪一个被截取的片段进入讨论,并向其他的有益分析开放边界,作为被讨论对象的法益概念和刑罚理论都会为自身的完善而不断吸收、修正、转型,从而完全自说自话。更进一步来说,即便刑罚论在这一过程中批判了法益论,也只会为法益概念的自我完善添砖加瓦。相应地,如果采用纯刑罚论的讨论方式,音乐制品等"角落"中的保护对象可能就不会被"关照"或者理解,或者被高深的哲学语言所覆盖,无法落实到具体的刑事司法认定之中。但相较之下,截取性的讨论模式由于不会彻底思考,一旦缺少现实案例,则很有可能形成恶性循环;彻底性思考则可能抛弃现实语言,陷入无穷的追问之中。最好的路径是在两种分析中选取一个折中方案。

第二,以实践场景探索分析对象的哲学上限,而非依照截取性的讨论,以刑法教义学权威学者的做法进行划定。截取性的讨论将虚置刑法教义学的诸多分析。一旦某个基础概念的探讨过于形而上学,其分析结论就难以在刑法教义学中找到适用

---

[1] 参见张明楷:《法益初论》(上册),商务印书馆2021年版,第26、59页。
[2] 参见伊东研祐:《法益概念史研究》,秦一禾译,中国人民大学出版社2014年版,第41页。
[3] 例如在德国著名的刑法史研究论著之中,刑法思想会援引康德,但具体到犯罪概念则会使用黑格尔、费希特等。参见陈惠馨:《德国近代刑法史》,元照出版公司2016年版,第20页。
[4] 此处并不涉及哲学讨论到底是本体论还是认识论的,因为无论是本体论直接讨论万物之本原,还是认识论分析本原的认识可能性以及感知路径,最终都不会影响到哲学讨论本身有贴近本原之性质的结论,甚至当下的哲学亦然。See Churchaland, *The Engine of Reason, the Seat of the Soul: A Philosophical Journey into the Brain*, The MIT Press, 1996.

场景。法益便是如此，围绕这一概念的抽象讨论之实用性，远远不如法益的工具讨论。前者例如所谓前实定法的性质，当罗克辛为法益概念先于法律条文的性质奔走呼号时，讨论的内容已经远远超出了批判法益功能本身，在完全形而上的层面，刑法教义学的实践性思考反而是不重要的了，在康德主义者看来，实践理性和纯粹理性是两个层面的问题。后者如法益概念通过样态框定、方法明确、理由论证等，探讨如何适用刑法条文，此时并不一定完全借助目的解释的方法，还可以采用多种方法，例如维护同一种法益可以采用体系解释的方法。相较于前者，后者更具有实践的生命力。

第三，"多反思一步"，在认定模式之外再添加一重正当性考察。从方法论的文献来看，与截取性讨论相类似的路径基本上处于受到批判的地位。刑法教义学自身的方法论取向，也是反对截取性讨论的：首先，刑法教义学自身就是一套完整的理论体系，被冠以"牵一发而动全身"的特性，然而具备这种性质的学科何以容忍自身的正当性基础仅仅是哲学概念中的某个片段，而非系统性分析后的结论？该问题进一步延伸为，刑法教义学作为中层知识秩序，是否一定受到哲学体系变动的影响。其次，刑法教义学是类型思考和问题思考的同一，截取性的讨论则缺少一以贯之的稳定性，当被截取的侧面受到某个现实问题的根本诘问时，负面影响会无限放大，这就是所谓"刑法教义学理论大厦崩溃危险"的说辞的由来之一。最后，刑法教义学中包含着事实判断和价值判断，但最终占据主导的是价值判断。刑法教义学作为事实与规范之间的涵摄之学，其最终的认定是灵活的个案正义和尚未发现的终极正义之间的妥协，即一方面其并不完全依赖终极价值的问题解决，因此"电车难题"等永恒话题的讨论结果仅起到参考作用；另一方面很多问题的答案都是各自价值的妥协，例如尽管正义、公平、效率等不同的价值互相构成二律背反，但是某个案件中，这些价值会共同受到考量。

彻底性的讨论同样会遇到问题，最具有典型性的问题是，刑法教义学是否具有独立性？如果问题从法律条文的实践应用，转译为了如何适用法律条文能够体现最终的正义，并不可避免地不断争论何为最终的正义，那么这种讨论显然不是刑法教义学之探讨，而是哲学思考了。这并非不可以，只是在我国的语境下很难做到，即便是在德国的讨论中，也很难见到刑法教义学的问题转化为哲学的终极思考；相反，如果在英美的讨论中，则彻底性的讨论是完全可用的。在诺里（Alan Norrie）的作品《刑罚、责任与正义：关联批判》中，气势磅礴的论述随处可见：

个人主义者的模式蕴含了抽象性与唯心主义，有悖于个体的行为所处的社会情境。对此的关注与对康德哲学中个人主义道德之本质的现代广泛关注联系在一起。这将推动我们超越刑事正义,帮助我们拥有更广阔的视野。

……

哈里解释了,现代个体主体性作为存在于两个领域之间的现象,既是一种个体心理现象,又是一种集体社会现象,从而为探讨社会历史和单个个人的关系奠定了基础。

……

支撑了我的批判是我将这种内部联系称为"存在体关联主义",取代了"同一性的通常观念"。①

但是,上述论述很难出现在我国,因为哲学的讨论并未完全进入到刑法教义学之分析中,即便存在也只是部分引用。并且,作为讨论对象的刑罚和法益之次序也会从一个重要问题演变为一个被推导的问题,例如黑格尔主义者会首先讨论犯罪问题,因而如果笃信法益在犯罪概念中的正确性,那么刑罚的正当性就会后置于法益之分析,形成刑罚乃法益之恢复的观点。但是,在现实主义者眼中,刑罚手段的功利性将明显优于对特定利益之保护,甚至可以界定何为法益(rechtgut/protected legal interest)。② 可见,最重要的先后次序问题服务于根本的哲学立场,而立场之探讨近乎永远无法看到尽头,只能以信仰填充,从而让刑法教义学陷入虚无缥缈之中。

因此,本文并不提倡截取性和彻底性这两种讨论方案,而是采取一种折中的论证方案,处理音乐制品等"角落"中法益的保护,其中注重的是刑罚论和法益论的沟通,而非取一。

结　论

音乐制品的保护现状和近乎"富饶"的刑法教义学理论成果之间存在高度的不对称性,其原因在于当下刑法教义学对法益论过分依赖,忽视了刑罚论中对正当性的探讨,并由于法益论的阻断作用,形成了恶性循环。如何构建刑罚论和法益论的

---

① 艾伦·诺里:《刑罚、责任与正义:关联批判》,杨丹译,冯军校,中国人民大学出版社2009年版,第6—9页。
② 此处采用了张明楷教授的英译法。英文世界中并不存在法益之探讨。

沟通路径,则是下一步需要探讨的课题,如果打通刑罚论中的正当性论证和法益论中的实践性论证,那么音乐制品保护的体系性方案就有迹可循了。《著作权法》第45条新增了音乐制作者"获酬权",中国音像著作权集体管理协会公布了试行的"直播间使用音乐付费标准",说明我国在音乐制品的著作权保护上更进了一步,行业势必发生巨大变化或转型,刑法保护的体系性势在必行。

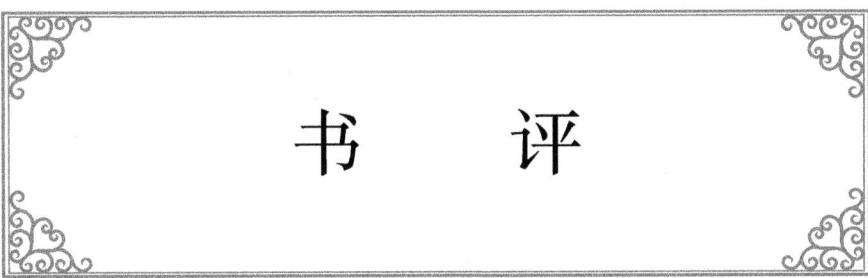

超越罪与罚

——《规训与惩罚》札记[*]

朱明哲[**]

摘 要 《规训与惩罚》对于法学界的意义绝不止于刑法与犯罪学。本文试图从国家理论的角度解读福柯的这部名著。不同于一般的成见，福柯的文风并不晦涩。相反，他无论是在细节的描写还是整体的结构规划上都显示出超人的清晰。《规训与惩罚》提出了理解权力行使的一种微观视角，试图理解现代国家诞生的宏大历史进程如何通过作用于每个个人的肉体而实现。福柯以刑罚空间和方式的变化为切入点，突出了在18世纪这个现代国家形成的关键时期新旧权力组织形式交替过程中对人的客体化和对一般大众的排除。同时出现的历史进程还有对共有地的私有化和对财产愈加严密的法律保护，以及国家权力与资本主义积累的同步增长。最终，所有"隐秘的角落"都消亡了，国家有能力打击一切形式的不法行为。此时，作为个体空间的隔离、劳动和教养这三个特征之集合体的监狱空间开始发挥作用，并奠定了现代社会的运行模式。新的知识类型也应运而生：作为个体的人走到了知识舞台的中心；但与此同时，科学开始生产关于人群的知识——出生率、死亡率、患病率等等。这些知识构成了现代国家统治的前提。在

---

[*] 本文脱胎于为中国政法大学"学术精英实验班"2019级同学授课的讲稿，感谢课上各位同学的讨论，也感谢比较法学研究院樊力源和徐莹两位同学协助整理编辑。本文关于所有权变革的部分得益于比较法学研究院硕士生葛嘉伟的指教和补充。

[**] 朱明哲，中国政法大学比较法学研究院副教授，博士生导师，钱端升青年学者。

发生在法律、政治、知识领域的一系列永恒斗争中，霍布斯意义上的现代国家浮出水面，宰制了社会的一切方面。

关键词 福柯 《规训与惩罚》 知识-权力 现代国家

一、福柯的文风

人文社会科学领域有一个普遍看法是福柯的文风十分晦涩难懂。人们之所以产生这样的感受可能有四方面的原因。第一，我们读哲学或理论文本太少。福柯并不比柏拉图、康德、霍布斯、黑格尔或者马克思更难懂。如果福柯的作品晦涩的话，那么我们也可以说大多数（如果不是所有）哲学作品都很晦涩。第二，福柯本人确实在通过句式和词汇上的实验探索法语的可能性，一些在法文版本中较为优美生动的表达可能在翻译成汉语后无法被完整地呈现。所幸，《规训与惩罚》和《古典时代疯狂史》的译本水平都比较高，虽然还是可能因为福柯的修辞造成一定的距离感，但整体上达到了"信、达、雅"的要求。第三，福柯喜欢使用欧洲前现代到现代早期的一些具体的例子，可是这些例子对于我们这些不了解欧洲史（特别是欧洲社会史）的中国读者而言可能十分陌生，只能造成阅读的障碍而不能进一步阐明作者观点。对此，或许只能通过补历史课来解决。第四，声称某些人的作品晦涩难懂往往只是逃避真正坐下来阅读这些作品的借口。

其实，福柯的文风在20世纪的法国社会理论家中（与布迪厄和德里达相比）绝对算不上晦涩。首先，福柯没有用太多的长句，他用的一般是比较短的句子，哪怕是用长句，他也会用分号隔成几个短句。其次，另一个反直觉的观察是福柯并没有使用太多的生僻词，虽然他使用了很多不常见的搭配。再次，福柯的作品中充满了对细节不厌其烦的描写。以《犯人的肉体》一章的开篇为例，他用了四页摘抄当时的报道，说明砍的是犯人的什么部位、犯人叫什么名字、他临死前说了什么话、观众是怎么反应的等等。相比于一些抽象的概念如"武器"或"刑具"，他更多使用具体的名词，把用于造成肉体痛苦的耻辱柱、行刑架、刀枪剑戟斧钺钩叉等等一口气罗列下来。

在和中国政法大学的同学一起阅读《规训与惩罚》的过程中，我收到的反馈更多是矛盾而非晦涩。这种矛盾首先存在于"具体"和"抽象"之间，其次存在于"整齐"和"混乱"之间。作为一名在写作上面非常讲究条理的作者，福柯在很多段落的末尾都概括了本段想要说的话，一头一尾基本上概括了他这一段的中心思想，然后下面他会用大量的排比、很多的事例、很多的反问去说明他想说明的事情。[1] 他在描写每一个场景和事件的时候都会把人物、动作、器具交代得很详细，整体的框架和思路也很清晰，难点在于理解这些场景与事件和他所想要说明的道理有何联系。在这里不妨提出一个未经深究的假设：这种矛盾似乎是一体之两面，源自福柯独特的视觉策略——我们可以把他的文本想象成一幅在每一个细节上都极尽考究之能事、又在宏观布局上疏密有致的画作。当我们观看这样一幅画时，通过不断变化凝视的角度和距离，终究可以欣赏其美感并理解其教育意义。但是当文本同时把不同的视角并置时，就容易让读者失焦。不妨试着把福柯的作品想象成荷兰画家博斯（Jheronimus Bosch）的画作，如《人间乐园》（The Garden of Earthly Delights），然后试着在福柯十分具体的场景描写、抽象的理论概括和整体框架结构中建立起联系。

此前说到，在阅读福柯时，经常会遇到一些以前不常见到的词语组合。不光是在中文里，在法文中这些组合也不常见。这也就是为何在翻译福柯时会产生难以抑制的造词冲动——通过造一个新的词可以逃避译者实际上并未真正理解作品的尴尬。不过，《规训与惩罚》的读者大可放心，本书的中译本没有很多新造词。

尽管如此，译本和原本之间的一些区别，特别是在修辞的使用上，还是值得进一步体会。比如说第二章的标题中译为"断头台的场面"，而法文直译是"肉刑的光辉"。另一个可以玩味的地方是对戏剧性场面的处理方式。第17页倒数第二段写道："这是一个重要的历史时刻……一个新的角色戴着面具登上舞台，一种悲剧结束，一种喜剧开演，这是一种影子的表演，只有声音没有面孔，所有的实体都是无形的，因此惩罚司法的机制必须刺透这种无形的现实。"[2] 如果把这句话采取直译的方式，更接近于："某一种悲剧终结；某一种喜剧，随着模糊的背影、没有面孔的声音和触不可及的实体上演。"这个"模糊的背影、没有面孔的声音和触不可及的实体"听起来好像更加修辞化，没有现在的中文译文那么好理解或者说直观，但是或许反而更能够帮助我们理解这句话。当人们看到"一种影子的表演"时，可能会疑惑什么是"影子的表演"，但是如果用"一个模糊的背影"，你就可以理解这是一种让人看不清具体人的身份的戏剧。如果把"只有声音没有面孔"换成"没有面孔的声音"，读者可以想到这是一种对人的身份进一步地隐去。另外，"触不可

---

[1] 参见米歇尔·福柯：《古典时代疯狂史》，林志明译，生活·读书·新知三联书店2016年版，第63页。
[2] 米歇尔·福柯：《规训与惩罚》，刘北成、杨远婴译，生活·读书·新知三联书店2019年版，第17页。

及的实体"说的是一个抽象化的过程。在读法文版的时候，又会觉得他的文笔非常优美、非常简练，而且传达的概念是比较直观的。福柯用了很多这样类似的修辞手法，这是读者在理解他的文本时需要注意的一点。

另外还有一个在中译本当中没有体现出韵味的是第四章的标题。第四章的法语标题中的 doux 被中译本翻译成了"温和"，也没错。但这个词在法语里另一个意思是"甜美"。改革后的惩罚对于改革者来说是非常温和的，对于国家来说则是非常甜蜜的。至于福柯是否是在这样一个双关的意义上使用这个词，我们恐怕暂时也只能猜测。另一个是在六项惩罚的基本原则中，有一项叫作"充分想象原则"[①]。福柯用的是 idealité，这个词在中译本中被译成了"想象"，实际上它跟"想象"不太一样，它的最核心的意思是"理念"。也就是说，刑罚不一定要向我们展示一个真正发生的事情——肉刑本身。相反地，重要的是在我们脑海中建立一种对肉刑这种刑罚的印象。在这个意义上，把 idealité 译成"想象"也可以接受，但更重要的是构成一种我们自己的理念，而且同时有一个积极意义在于，我们在想象一种犯罪行为的同时，必须可以想象到伴随着这种犯罪行为出现的刑罚，还要能够认可对于这种犯罪行为施加的惩罚。所以这里同时具有想象和理念两方面的意义。一方面，我们可以不看到处刑的场景而可以想象到处刑的存在；另一方面，我们必须从理念上认可这样的一种惩罚。

福柯并没有使用特别多的新概念，但是他给了许多既有术语完全不同的意义。比如"经济学"这个词，在他笔下指的或许是一种收益成本分析的思维方式，研究怎样能够用最节能的方式来实现惩罚的目的。在这些词中，représentation 尤为重要。它有时候被译成"表现"，有时候被译成"表象"。在翻译霍布斯文本的时候，我们一般将 representation 翻译成"代表"。霍布斯用"代表"的时候，他想说的是"主权者代表"和"没有生命的东西的代表"。这些"没有生命的东西"可以成为一个主体，只要有人能够去代表它们就行了。在这里他使用了一个很著名的说法：一个桥、一个教堂和一个医院都可以成为权力的主体，因为它们可以由管理人、院长和教长来代表。也就是说，一个东西由另一个东西来替代它去做一些它本来做不了的事情，而被代表的东西要授权给代表它的东西。然而，在福柯使用 représentation 这个词的时候，更多是在"表现"的意义上，而这背后透露着他的一种反本质主义的主张：认为世界上所有的东西没有本质，很难说人的本质是什么、

---

① 参见米歇尔·福柯：《规训与惩罚》，刘北成、杨远婴译，生活·读书·新知三联书店 2019 年版，第 100 页。

刑罚的本质是什么、法律的本质是什么。相反，有一系列关于人的本质或者事物的本质的表现，有一系列关于人的本质的知识，而知识实际上是用来进行权力斗争的。哲学是关于真理的斗争，关于真理的政治技术和权力技术。

关于福柯的文风，最后再提一下我对他所选择的人物的一些看法，同样只是猜测，未经深思熟虑。《利维坦》中，霍布斯提到了柯克、格劳秀斯、亚里士多德等有名的人物，以及许多《圣经》中的人物。福柯同样提到了大量的人物，但可能除了专门研究欧洲刑法史的人以外，大部分读者其实并不知道他提到的大部分人物都是谁。这可能也是福柯有意识采取的一个策略。有一种说法，援引莎士比亚《麦克白》中"麦克白杀死了睡眠"的名句，说"福柯杀死了作者"。这句话的意思可能是福柯关注话语（discours）而非作者。这种视角的一个表现是他不关心那些在历史上留下了赫赫声名的思想家，比如格劳秀斯、孟德斯鸠这样一些我们眼中伟大的启蒙思想家，他全都没有涉及。相反，他关心的是那些历史当中深陷于遗忘之中的人，如果不是福柯在这里把他们挖掘出来，其实不会有人再去重视他们。还有那些遭受刑罚的人，他们一切的身份、一切的事迹，只不过是通过一些司法档案记载下来，通过一些民谣记载下来，通过一些口口相传的作品记载下来，又或者通过回忆录记载下来。在这个意义上，福柯的哲学并不一定是一种"杀死了人的哲学"，也就是一切东西都会被一种社会的机制裹挟着向前发展、消去了人的主观能动性的哲学。不过，却可能是"杀死了那些伟大人物"的一种哲学，通过把这样的一种理性的光芒、知识的光芒或者历史记录的光芒投向那些历史上的隐名者，让那些规训的对象、刑罚的对象、主权者彰显其至高无上的权力的对象成为历史舞台上的主角。用另一个社会史学家的话说，就是"我们要关心的是那些小偷、乞丐、妓女，我们要关心这些边缘人，直到每一个边缘人都有属于他们自己的领地，正如每一片领土都有属于他们自己的边缘人群一样"[①]。可能我们有必要在整个五六十年代知识界向社会史的转型中理解福柯及其革命性意义。

二、从峰顶到谷底：福柯的新问题

接下来谈一下《规训与惩罚》诞生时的历史背景。福柯写这本书最直接的近因是 60 和 70 年代的监狱暴动。60 年代的欧洲，有很多知识分子受到中国、苏联和

---

① Vant A. et J.-Y. Authier (dir.), *Marginalité sociale, marginalité spatiale*, Editions du CNRS, 1986, pp. 21–22.

全世界社会主义运动的鼓舞，开始提倡社会主义，甚至主张用暴力革命推翻政府。在这种背景下，有很多欧洲国家以公共安全为名，作出把一些激进政党的参与者投入监狱、查封他们的报刊、停止他们的电台广播这样的一些判决。有些激进左派身陷囹圄后就开始在监狱中传播马克思主义思想、煽动狱友闹革命。① 左派理论强调要行动、要斗争、要改变世界，左派思想家进了监狱就会煽动暴动。这些暴动发生时在社会上引起了很多不同的情绪，其中有一种困惑，人们不知道到底为什么监狱会发生暴动，因为监狱是一个我们看不见的场合。这个时候福柯等知识分子组织了一个监狱信息调查委员会，法国政府允许他们去调查这些监狱的情况。他们走访了一些监狱，也研究了一些当时在其他国家也发生的监狱暴动。福柯也开始思考这些暴动产生的原因，而他的问题就出现在第一章最后两页中。

有一些监狱暴动反抗的是不好的待遇，比如：吃得不够、睡得不好、穿得不暖等不人道的待遇。② 而另一些监狱反抗的是精神类的药物，反抗的是过于人道的待遇，把他们作为一个需要去关怀和治愈的精神病患，而不是需要惩罚的犯人。③ 福柯面对的一个问题是：为什么会如此矛盾？为什么这些暴动既指向过于不人道的待遇，又指向过于人道的待遇，它们的共性到底是什么？④ 其实最重要的核心是物质的属性，监狱和监狱所囚禁的这些人在物质上的首要属性。监狱不仅是一个剥夺人自由的装置，更是一个囚禁了人的肉体的场所。在笛卡尔以来的西方哲学传统中，肉体与心灵的二分是一个本体论基础。无论是教会的道德教育，还是启蒙思想家关于法制改革的建议，都把重点放在了如何利用刑罚涤荡犯人的心灵上。但福柯最擅长的是去问："在这些已经有人说过的话之外，还有什么是别人没说过的？从这些失语中我们能看出什么？"于是，他放下了刑罚与心灵和道德教化的关系，转而关注刑罚如何处理人的肉体。

对于法学专业的学生而言，监狱一直处于我们观察范围之外。很可能一个人已经拿到法学博士了，却从来没去过监狱、也不知道监狱是怎么运行的。当我们构想社会的时候，甚至当我们想象法律的时候，我们不会去想监狱里边是什么样的。监狱在这个社会当中，但与此同时它又是社会中一个不可见的空间，监狱不但意味着

---

① 所以请大家记住，千万不要把激进派关到监狱里面，这正是他们传播理论的一个绝好的时机。平常那些以知识分子，甚至大学教授自居的学院左派都高高在上，巴黎两套房、郊区一套房，放假的时候还拿着银行的资助去多哈、阿布扎比这些地方开那些批判资本主义的会。

② 参见米歇尔·福柯：《规训与惩罚》，刘北成、杨远婴译，生活·读书·新知三联书店 2019 年版，第 32 页。

③ 同上。

④ 同上。

一种技术的诞生，同时也意味着一种空间的创造。监狱作为新的空间和一种新的技术，对人们同时具有惩罚和拯救的双重属性。这一点和福柯以前研究过的精神病院有异曲同工之妙。福柯跟精神病院很有缘分，他在巴黎高师读书的时候曾经经历了一次精神崩溃，并进入了现在是欧洲知名的精神病学研究中心的圣安娜精神病院修养。至少从这时开始，福柯开始对精神病感兴趣，他还教过很多年的精神分析学。在担任了几年华沙法兰西文化中心主任后，福柯去了瑞典的乌普萨拉大学。乌普萨拉大学在17世纪的时候是欧洲顶尖的大学，甚至可以说是欧洲当时最好的几个大学之一。而17世纪恰好是欧洲医学有重大发展的时候。此时，欧洲医学对人们身体的研究进入了一个小高潮。福柯在乌普萨拉大学就发现了一大批医学史的档案、特别是精神病学史料。回到法国后，福柯写了一本书叫《古典时代疯狂史》，非常有创意地提出了：其实最关键的问题不是启蒙时代如何推崇理性，而是启蒙时代如何在建构一种围绕着理性人这种假设建立起来的文明的同时压制了疯狂。

或者说，真正的问题不是启蒙运动为什么推崇理性，而是启蒙运动在构建一个所谓的理性的社会的时候压制了谁。答案很简单：压制了疯狂。接下来的一个问题就是：什么样的社会现象、什么样的社会真实进入了所谓疯狂的筐子里面，而人们又以理性的名义对这些人、对这些社会现象做了些什么。当我们说我们要摒弃疯狂、我们要脱离迷信的时候，我们也同时必须去处理这些所谓疯狂的人、迷信的人，迷信、幻想、疯狂这些东西总不能脱离人而存在。也就是在这个意义上，福柯开始了他漫长的知识考古学的历程。所谓的知识考古学或者系谱学，反对的是正统历史学的作品。历史学在福柯看来，讲述得更多的是一个统一的、有着一以贯之的逻辑的、前后连贯的、有一种可以为人所理解的方向的历程，甚至人们可以认为有一个宏大计划，不管这个计划是造物主的宏大计划还是理性的宏大计划，总之有一个方向，而这个方向是单一的，总是一个胜利接着另一个胜利的、从一个胜利迈向另一个胜利的，一个光辉灿烂的历程。① 而这样的一个光辉灿烂的历程是由伟大的人物所书写的，关注的是历史上的重大事件，关注的是历史上的伟人，关注的是这些人的思想行动、他们想法的形成方式。所以我们会发现，历史学有一种研究思路是做人头。肯定是从最重要的几个人开始做。比如，就美国史而言，写美国总统的传记就是一个很重要的组成部分，特别是这些开国元勋们的传记。写完他们再写没那么元勋的将军们的传记。各国的历史博物馆、国家博物馆，其实向我们展现的都

---

① Michel Foucault, "Nietzsche, la généalogie, l'histoire", *in Hommage à Jean Hyppolite*, Paris, Presses Universitaires de France, 1971, vol.II, pp. 145–172.

是这样的一种宏大的史观，一个民族从诞生、到发展、到经受挑战、到被奴役、再到获得解放、最后伟大复兴的过程。

福柯反对这种宏大叙事，他关心的是这些宏大的历史进程背后有哪些细小的权力的运作、细节的斗争。细细再回去读一下前两章的话，你会发现有一个段落，他说："我关心的是那些斗争、弥散的斗争、每时每刻都在进行的斗争。"① 这些斗争最为人所能见的形式就是肉刑所能够为我们带来的一场戏剧。肉刑是一种展示、一种戏剧性的展示、一种为人所见的形式。与此相反，另一种形式是你看不见的形式。在福柯笔下一些具体而微的东西得以展现，是这些光辉灿烂的历史进程所留下的那些肮脏的污血，那些在太阳的照耀之下人们所看不见的尘与土、血与肉，一些隐秘的仪式和公开的处刑，以及观看处刑的这些人、那些没有留下姓名的人、那些只能以"市场上的鱼贩们"这样的集体称号去称呼的人当时经历了什么。康托洛维茨写过一本书叫《国王的双体》，国王有一个肉体，还有一个灵体。② 当国王死的时候，人们说："国王已死，国王万岁。"死的是肉身的国王，而继续万岁地活下去、千古不绝的则是国王的作为一个职位的灵体。这一段其实福柯就展现了自己想要做的事情。他说，国王和犯人就像是权力的光谱的两个极端，一方面是无所不至的主权，另一方面是犯人一无所有的肉体。在这两个极端上面，我们却发现了一个惊人的相似，那就是它的双重属性。在国王的身体上有两个身体，而在犯人的身体上也有两个身体，一个是作为象征意义上的身体，一个是作为惩罚的具体承担者的身体。所以，我们要看的就是在犯人的身体上，如何映照出主权无所不至的权力。

换言之，当我们思考主权的时候，我们谈论的是霍布斯这种意义上的至高权，但至高权在社会的运行当中，总要落实到每一个具体的人的每一个具体的行动上。这就像一个无比之大的东西，可以在一系列玻璃的碎片上照出自己的一个部分，而每一个部分实际上都在诉说着关于无穷大的东西某一部分的真相，这可能是福柯为我们提供的一个地图。当然他还为我们提供了很多地图，比如说，他认为我们要问的是一系列新的问题，我们要问的不是刑法的人道化是如何得到正当化的，而是我们要实现这些人道化的话，我们要对犯人做些什么，我们要建立哪些制度，而这些制度又怎么样运行，把哪些人卷入了它的机制，而这些人卷入这个机制以后又发生了什么。所以在这个意义上，福柯其实是一个非常好懂的作家，我们只要掌握一项技术，就是关注他大量的连续发问就好了。

---

① 米歇尔·福柯：《规训与惩罚》，刘北成、杨远婴译，生活·读书·新知三联书店 2019 年版，第 28 页。
② 参见同上书，第 30 页。

福柯在紧跟着康托洛维茨那一段以后又给我们提供了另一项线索，他说："我要关心的不是那些以某种意识形态的方式反射出来的灵魂，而是某一种权力作用于肉体的技术。"[①] 译者把 technologie 翻译成了技术学，以区别于技术（technique）。technique 是每一项小的技术，而 technologie 就是每一项小的技术综合运用的一种知识。接下来几句话说的是：我们关心的是权力作用于那些人的肉体，作用于那些权力加之其上的那些人的肉体，那些我们既要规训又要矫正的肉体，那些我们要监视、规训和矫正的肉体。接下来有一系列的并列：那些疯人的肉体、那些小朋友的肉体、学童的肉体，还有那些被殖民者的肉体，最后是犯人的肉体。简单来说，我们要关心的就是这样一些人：疯人、幼童、学童、被殖民者和犯人。我们关心这些人的方法是，看看权力技术对于这些人的肉体做了一些什么。理解这一段是理解整本书想要说的故事的重中之重。换言之，福柯想要关心的不是那些有权的人怎么做，而是那些毫无权力的人、那些等待着被侮辱与被损害的人，在权力技术的运作当中经受了什么。他接着说，当我们去使用一系列的矫治技术、一系列的心理疾病的治愈技术的时候，我们并没有办法掩盖作用于肉体的那一系列权力技术的运作。因为心灵的技术只不过是肉体技术的一个部分而已。再下一段他就解释监狱暴动了，我们刚才已经说过了。

三、在罪与罚的变革中实现的客体化

车浩老师曾介绍过新旧刑法思想的转变。旧的刑法思想对于刑法的目的的认识是处罚、惩治、报复，而新的刑法思想是预防。这种预防可以是预防某个人再犯的特殊预防，也可以是一般预防。所以这个时候犯人同时具有了罪恶的承受者和成为社会良好公民的双重身份。在这里，福柯发现了精神病人和犯人有一些重大的区别，比如说，我们都把他们关起来，而与此同时我们都对他们实行一定的教化，是为了让他们能够重新融入社会，不至于对社会构成一种新的威胁，而所谓的不构成新的威胁，就是让他们像我们一样行为。这就是应了中国人的那句老话——木秀于林，风必摧之，行高于人，众必非之。这些教化都是为了让"他们"变成"我们"。然后他继续说，"犯人"在启蒙时代之后有了双重的含义，我们不但需要惩罚他，还需要教化和纠正他。如果直接把犯人吊死的话，给他的惩罚是不够的，必

[①] 米歇尔·福柯：《规训与惩罚》，刘北成、杨远婴译，生活·读书·新知三联书店 2019 年版，第 31 页。

须让他经受不断的惩罚，通过这些不断的惩罚，最终训导他走上正道。现代刑法关于刑罚的观念是这两种观念的混杂，而福柯探讨的是这两种观念混杂以前人们对于刑罚的认识，进而展现关于权力运作的知识。

　　于是，我们就进入第二章。第二章是思路出奇清晰的一个章节。这一章的内容安排是按照司法程序的时间先后顺序展开的：先写调查，然后写询问，接下来写判决，最后是执行。除了肉体和心灵的对立之外，第二个对立也出现了，即"可见的"和"不可见"的对立。在第二章中所描写的年代，调查是秘密的，审讯也是不可见的。而且，不同的行动者逐步加入这一过程：一开始只有法官、警长等官方人员的参与，然后嫌疑人和罪犯参与到了其中。嫌疑人在这个过程当中既是罪行可能的行为者，又是关于司法的真实的见证者，也就是说，他同时是行为者又是证人，他为自己犯下的罪行作证。① 福柯还引入了一系列关于司法技术的揶揄和嘲讽，比如，在使用证据的时候，两个间接证据相加并不能得到一个直接证据，福柯认为这是一种技术，其背后并没有蕴含特别多的逻辑，只不过是为了获取内心的确信而使用的一系列的手段而已。在调查程序结束以后，法官邀请犯人加入这样一场表演，于是犯人成了一张说出司法证据和司法真相的嘴巴。② 接着要进入的是判决和处刑，这时候它们都是公开进行的。司法程序是秘密的，而处决的场面是公开的。这跟今天恰恰相反。我们的司法程序中，庭审是公开的，宣判的程序是公开的，相反，执行是秘密的，因为要用犯人的尊严来正当化死刑。现在死刑是唯一剩下的所谓的肉刑了，执行死刑的方式似乎变得越来越利索，给犯人的痛苦好像是越来越少了，不再具备施加肉体痛苦的功能，只是对生命的剥夺。除了罚金刑和名誉刑，剩下的刑罚都是在监狱里面进行，而监狱必然是封闭的。

　　福柯接着说，刑罚之所以要公开展示，是因为要在大庭广众之下、在光天化日之下恢复受到伤害的主权。每一次犯罪不但是对法律的触犯，更是对国王的冒犯。于是我们必须通过这样一个杀人的仪式感来让受到冒犯的主权的尊严得以弥补。③ 但接下来他又说，这只是主权者自己的想法，老百姓的视角看来可能完全不同。对于老百姓来说，这是他们所要求的仪式。④ 公开的处刑对于老百姓来说是应得的，因为在公开的处刑当中，他们可以监视判决的执行，所以在一定意义上，公开的宣

---

① 参见米歇尔·福柯：《规训与惩罚》，刘北成、杨远婴译，生活·读书·新知三联书店2019年版，第37—45页。
② 同上书，第46—49页。
③ 同上书，第50—51页。
④ 同上书，第61页。

判和处刑其实给老百姓或者说给群众赋予了一种对司法进行监督的权利。[①] 在这样的情景下，每一个判决在恢复主权所受到的伤害的时候，其实也为主权的行使带来了一定的风险。

这里需要补充的是，在 18 世纪以前要成为一个啸聚山林、割据一方的悍匪相对比较容易。各个国家都有相似的故事，比如说罗宾汉的故事。成为罗宾汉的门槛是比较低的，只要你纠结一帮浪人并成功领导他们就可以了。这种形式的盗贼集团在各方面的要求都远低于现在的有组织犯罪，这也就意味着观看处刑仪式的人中，也蕴含着可以参与这种犯罪集团的人。为了说明犯罪与刑罚转变的共时性，福柯提到现代的刑事政策伴随着一种新的刑事小说的出现，侦探小说取代了悍匪传奇，而侦探小说的主角和反派都是文质彬彬的、优雅的人物。[②] 无论是福尔摩斯系列里的盗贼，还是亚森·罗宾系列里的罗宾，甚至柯南里面的侠盗基德都体现了这种转变。总而言之，在现当代小说里面很难看到只要残忍凶蛮就能成事的人，现代读者看重的都是智谋。换言之，就连犯罪英雄这样的角色，也只能向智勇双全的谋士敞开大门，却把一般群众排除在外了。

福柯最后得出了一个结论：当代的政治或者说当代的刑事体制的发展对民众的声音采取了一种双重否定的态度，一方面否定了他们作为惩罚的戏剧的观众的身份，与此同时，甚至否认了他们在犯罪之中具有一席之地的可能。所以在现代的犯罪体系的构想当中，并没有普通群众的这样一个构思，他们成了一个完完全全的客体，只能服从。当然，这本书要做的事情就是把这些经历了多重否定的人重新从历史的尘埃当中挖掘出来，并且给他们一个正确的位置，或者至少给他们在历史舞台当中留下一个位置。这是福柯这本书想要做的一些事情。

四、规训不法

现代以前和进入现代之后的不法行为之间的对比是理解本书的另一个关键点。在《普遍的惩罚》这一章所叙述的那些改革和社会变化出现的时代，有一些重要的背景福柯并没有交代。他可能默认读者们都是知道的。第一件事情是资本主义的兴起过程。在我国对资本主义原始积累的叙事中，常常会提到圈地运动，这一过程

[①] 参见米歇尔·福柯：《规训与惩罚》，刘北成、杨远婴译，生活·读书·新知三联书店 2019 年版，第 61—65 页。

[②] 同上书，第 72—73 页。

往往意味着把不安排耕种的公有地（the commons）转变为私人排他性地使用的土地。在封建土地使用权的体系下，平民有权在公有地上从事放牧、采摘和拾柴等活动。当然，这些活动都是受到各种风俗和习惯限制的，从而确保公地不至于遭到过度开采。圈地则往往意味着通过买断使用权、修改法律终止平民使用权，或把属于庄园的公地卖给私人业主的方式，让一些人获得这些土地的排他性使用权（或所有权）。同时，耕地私有化的过程也在公地之外展开。随着工业化的发展，越来越多的旧贵族或教会所有的土地为新兴的资产阶级所拥有。但在圈地运动发生的前工业化时代，劳动者通过正式法律途径与这些领主或地主争夺权利本身就并非是一件容易的事。一个典型例子就是 1788 年英国高等民事法院对 Steel v. Houghton 一案的公开判决，连底层贫民在公共土地捡拾麦穗这一行为都被英国法庭认定为违反了法律对于确定土地权利的排他性保护要求，这使得传统共有土地上"拾穗权"（Gleaning）的一般合法性也自此被判例法不断剥夺。[①] 由这些案例所承认的超越习惯的一种绝对所有权的资本主义意识形态，不仅从正式法律上也从社会观念上蚕食或挤压着土地习惯的领地。而一旦法律将权利与使用者分开了，无论如何之后的法官都会找到合理的说辞来否认历史流传下来的惯例。汤普森曾对这种习惯法意义上的权利剥离手术做过详实的描述，茅舍农所坚持的源自地方经验习惯，以及历史上实际存在的"共有的权利"被层层盘剥和改造，最后剩下的仅仅是新兴地主以自由主义政治伦理与土地公簿字面上所证成的绝对排他的物权。[②]

关于产权的研究中，有一篇特别著名的文章叫作《公地危机》，作者是哈丁（Garrett Hardin）。[③] 文中讲道，如果你是一个居住在一片公地旁边的牧人，由于这片公地的产权不确定，你可能会有过度放牧的道德风险，因为你在放牧的时候想的可能会是多一点、再多一点，大一点、再大一点。如果每一个牧人都像你这样做，放牧行为就会超过这片土地可以承载的最大能力，导致的结果是每一个人的福利都会因此而减少。这是一件很矛盾的事情，每一个人自利的决策带来的结果却是每一个人都受损。作者在这篇文章里面提出了一个解决方案，那就是用法律规则确定产权，而且是私有财产还是公有财产都无所谓。在这以后，我们就可以用最有效的方式去使用这些资源。哈丁在这篇文章中犯了很多很严重的事实错误，我们会专文指

[①] Peter King, "Legal Change, Customary Right, and Social Conflict in Late Eighteenth-Century England: The Origins of the Great Gleaning Case of 1788", *Law and History Review*, Vol 10: 1, (1992), pp. 1–30.

[②] E. P. 汤普森：《共有的习惯：18 世纪英国的平民文化》，沈汉、王加丰译，上海人民出版社 2019 年版，第 142 页以下。

[③] Garrett Hardin, "The Tragedy of the Commons," *Science*, 13 décembre 1968, vol. 162, no 3859, pp. 1243–1248.

出。这里只需要指出一个决定了他的论证是否成立的假设,那就是一个人们只受法律约束的社会,一种人们只受法定的权利以及权利受到侵害的时候的救济措施等来调整的经济形态。这样的社会和经济形态只有在某个特定的历史条件下才能出现,比如说资本主义的社会生活。在前资本主义时代以及现在很多地方,人虽然不受法律的约束,但是可能受到别的东西的约束。如果我们去考察世界各地对公有资源的分配的话,我们会发现,哪怕在没有法律确权的情况下,人们仍然能够通过一种协议的方式来实现对资源的合理配置,不需要确权。过度放牧作为一种道德风险,完全可以通过道德和习俗来进行预防。这在18世纪英格兰乡村共同体中则具体表现为一种"回避与忍让"的共有地使用原则,即便伊丽莎白时代以来正式法律也已禁止对绝对土地财产的非法利用,但在法律之外人们仍事实上对邻里的义务意识和长久以来的有效实践保有期待。^①而这里的"回避与忍让"不仅规定了类似当代不动产相邻权关系中的一种避免纠纷产生的容忍义务,也发挥着某种济贫法意义上的最低社会保障功能,即允许那些乡村社会最底层的茅舍农家庭通过捡拾柴火、收割干草、替人放牧等自力劳作的方式,使全家一年四季从公有地上获取所有生活经济来源成为可能。^②土地的私有化和习俗共同体的解体恰是一体之两面,背后的推手就是资本主义社会的兴起。在这个社会对资源的分配上,不再有可供周遭平民共同使用的公地。而在其对秩序的想象上,人们也只能服从法律,而不能相信身边人的善意和对社会规范的自愿遵守。

正是在这个历史背景下,福柯所讨论的刑罚普遍化现象出现了。法律正在不断地扩张,刑罚的普遍化意味着法律管的事情越来越多。简单对比一下现在的法律文本和以前的法律文本,不难发现今天的法律比以前多得多,国家管的事情比以前多得多。霍布斯笔下显得至高无上、无所不管的国家,按照今天的标准简直是一个自由的天堂。在那个国家管得如此之少的时代,社会却没有分崩离析,这显然暗示着有除了国家法以外的力量约束着人们。无论是习惯还是宗教规范,都约束着人们的行为。然而,在从福柯所说的"古典时代"向现代转变的过程中,以霍布斯为代表的启蒙思想家横空出世,国家击败了其他的社会机制,成了唯一的秩序提供者,并用法律去填补其他社会规范留下的一个巨大真空。换言之,国家可以从一个人们不再受到习惯约束的社会中获益。

随着国家的狂飙突进,不法行为也开始演变。福柯提到的很重要的一点是,每

---

① E. P. 汤普森:《共有的习惯:18世纪英国的平民文化》,沈汉、王加丰译,上海人民出版社2019年版,第164页。

② 同上书,第170—171页。

一群人在每一个时代都为不法行为留下了一定的空间。① 这个空间属于谁、由谁所占据就是一个至关重要的问题了。在古典时代，国家重点打击的犯罪是啸聚山林类的犯罪，因为这些犯罪指向的对象是公权力以及税收。无论是君主的武装力量还是封建领主的武装力量，最早有一个重要的功能就是收税。所以富兰克林才说人生中有两件事情是不能避免的，那就是死亡和税收。抗税这种行为在国家的眼中是一个十恶不赦的罪行，因为它会砍断国家的命脉。② 这样啸聚山林类的犯罪其实和当地的人群和社区是有很紧密的联系的。③ 有一个很简单的道理是，绿林好汉不事生产，无法自给自足。就像罗宾汉那样跑到林子里，还是需要由山下的村民给提供口粮。虽然抢夺粮食是一个选项（比如黑泽明《七武士》里的山贼），但在很多时候还是需要靠谷地农业人口的配合。所以，这种犯罪集团必须与当地社区产生一种联结。与此同时，进入山林落草为寇本身对于附近平原地区的居民而言也是在特定情况下另一种维持生计的手段。这一点只需要读一读《水浒传》就可以了解。的确，在资本主义出现之前，在完全守法和国家需要尽力打击的重大犯罪之间存在着一个大型的灰色地带，国家的权力无法完全渗透进去。

那么到了资本主义的时期，福柯说，针对财产的犯罪增加了。④ 而福柯没有说的是，针对财产的犯罪之所以增加，是因为对财产的法律保护更加严密了。⑤ 当对财产的保护越来越多的时候，针对财产的犯罪肯定就会越来越多。上文说到的圈地运动就是一个很好的例子。莫尔在《乌托邦》中讽刺为"羊吃人"的圈地运动把大量的公有土地转变为私有土地。此前许多依靠在公地上拾柴与放牧补充农业营生的人因此丧失了可观的生计来源。与此同时，私有化土地上经营的牧业并不需要很多的劳动人口。其结果是，大量无法依靠传统的农牧业为生的人要么违反法律进入此前的公地中拾柴和放牧，要么进入城镇、试图在工业中谋得一席之地。可是，在没有完善的社会保障立法的情况下，工业领域的雇佣随着市场的变化而阴晴不定。进入城市、成为工人的人恐怕仍然会在生命的某个时刻不得不违反法律以维持生活。于是，针对财产的犯罪肯定就会增加。随着新的财产制度摧毁旧的习惯的时候，现

---

① 参见米歇尔·福柯：《规训与惩罚》，刘北成、杨远婴译，生活·读书·新知三联书店2019年版，第87页。
② 作为对照，可以参见斯科特在《逃避统治的艺术》中关于税收、谷物、山地和山民的论述。参见詹姆士·斯科特：《逃避统治的艺术》，王晓毅译，生活·读书·新知三联书店2016年版。
③ 斯科特关于山地居民与谷地居民之间的互惠关系的论述亦可资参考。
④ 参见米歇尔·福柯：《规训与惩罚》，刘北成、杨远婴译，生活·读书·新知三联书店2019年版，第89—90页。
⑤ 降低犯罪率最好的办法是废除刑法，没有法律就没有犯罪，这是一件很简单的事情。

代法律非黑即白的判断也取代了原有对不法行为的容忍。在各个不同的社会阶层中，很显然新兴资产阶级最不能容忍对财产的犯罪。

不过，资本主义兴起的同时，又容忍了新的不法行为，比如说走私。走私的最终受害者也是国家，因为它动摇了国家的税基。虽然资产阶级原始积累阶段需要依靠走私，但是长远来看，国家自然不会允许走私行为的猖獗。于是，另一个福柯没有点明的历史背景浮现出来，那就是在某一个历史时刻，资本主义的经济力量，与国家的政治力量结合起来，并且在这样的一个结合中创造了一种普遍的刑罚，从此之后，所有"隐秘的角落"都消亡了，国家最终有能力打击一切形式的不法行为，特别是针对财产的不法行为。

五、监狱机制的胜利

时至今日，监狱几乎成了唯一的惩罚形式。然而是什么社会机制让监狱在与其他替代性的惩罚机构的竞争中最终获胜？福柯这本书的副标题是"监狱的诞生"，但是前半部分他基本上没有提到监狱，监狱一直到第四章才出场，在第四章出场的时候它还面临一个强劲的对手，这个对手叫"惩罚之城"[①]。但是很快，监狱就会在和惩罚之城的竞争当中胜出。背后的原因其实很简单，我们只需要仔细看看第三部分的三章分别论述的军队、学校、医院、工厂等等，它们跟监狱有一些关系，但它们不是监狱，也不是用来惩罚的场所。福柯告诉我们的实际上是：我们现在所知道的监狱并不是从一种惩罚手段发展起来的，相反它把学校、工厂、军队等在发展过程当中带来的种种技术统统装到了监狱的外壳里。所以，监狱的胜利并不是监狱这种惩罚机制的胜利，而是学校、军队、工厂这一系列教养机构和它们背后技术的胜利。最后，这些教养技术全部落在了监狱这一种机制之上。但是，监狱绝非社会中特殊的一部分。相反，它是我们现代社会的一个缩影，背后是整个教养体制。

前面我们说到过刑罚功能的转变，曾经作为报复工具的刑罚，现在用来预防犯罪和教育人，监狱就是刑罚发挥其教育功能的空间。所谓的预防无非是两种，一种是一般预防，另一种是个别预防。一般预防就是警示，让人们不要再这样做，完全可以通过公开处刑发挥同样的效果。公开的刑罚让人们看到法律的力量，为此，既可以通过建造一个处于市中心的监狱实现，也可以通过在广场上执行的死刑实现。

[①] 参见米歇尔·福柯：《规训与惩罚》，刘北成、杨远婴译，生活·读书·新知三联书店2019年版，第139页。

在展示法律的力量上，监狱相对于惩罚之城并无优势。但是，可见的惩罚之城或肉刑无法替代不可见的监狱的调教功能。虽然惩罚之城也声称能发挥教养功能，但却无法成为一个持续性的机构——肉刑只能以突发的、剧场式的方式，断续地出现在人们的视野中。惩罚之城在彰显法律之力时必不可少的可见性反而成了其最大的弱点，让人们在看见法律的同时，也能清楚地看到法律静默的时刻。相比于惩罚之城，监狱能通过对犯人长时间的囚禁而形成一个稳定的、持续的机制。每一个犯人的刑期是确定的——从1年到20年不等，当大量犯人的刑期叠加的时候，却形成了监狱理论上不会消灭的生命。我们可以说，监狱是永恒的。而同时把学校、军队、医院等这样一些机构当中产生的技术附加于其上。正是这种时间上的区别，让监狱可以变得更像学校、更像医院、也更像军队，同时，学校、医院、军队也可以变得更像监狱。

　　无论在空间、时间，还是所使用的技术上，监狱、学校、医院、军队都是同构的，这个问题要到第四部分才会具体展开论述，但是第三部分已经涉及对待犯人的方式和对待病人的方式等等。以上就是关于监狱如何成为唯一惩罚机制的回答。常见的误解是存在一个人为选择的过程，在启蒙时期人道思想的影响下，我们有意识地选择了某一种惩罚模式，因为这种模式具备某一些技术和道德方面的优势。然而并非如此。监狱之所以能够成为唯一的惩罚形式，并不是因为它具有一些我们能够理解的优势，而是在历史的变革当中，在不自觉的、没有任何人为参与的、没有任何人为有意设计的进程中，监狱附着上了其他教养机构的那些特点。换言之，福柯想告诉我们的是，今天的监狱的起源不是其他各种形式的惩罚，而是学校、医院、军队这些与惩罚没有直接关系的机制。在第三部分，福柯着重把发展的源头追溯到了军队。①《驯顺的肉体》这一章主要是在讲军队和学校，然后工厂和医院又加入了重奏。直到第三部分最后一章，监狱终于在前面敲锣打鼓做足铺垫之后出场了。由此，福柯不但告诉了读者监狱如何诞生，更为监狱如何成为整个社会组织模式的范本做足了铺垫。

　　监狱的胜利不仅体现在它取代了其他的惩罚机制，更在于以监狱为中心发展起来的一套技术成了社会中重要的一部分，亦即监狱机制的普泛化（généralisation）。第三部分的三章表面上是不同机制的对比，但实质上是一种对照。第一章的对比在工厂和军队之间，第二章在法律和纪律之间，第三章则在瘟疫和全景敞观式监狱之

---

① 参见米歇尔·福柯：《规训与惩罚》，刘北成、杨远婴译，生活·读书·新知三联书店2019年版，第145—208页。

间。但第三章与其说是一种对比,更像是一种对照,因为福柯提到的那些在时间、空间和人上的区别虽然也都成立,但更重要的是它们有着共同的组织原则,都是无所不在的监视,都是对一种空间的划分和兼顾。特别是在监狱与瘟疫的对照关系中,既然移动的人会带来死亡,那么我们就把人的移动消灭掉,创建出一种空间上的独立。换言之,瘟疫同样造成了人与人在空间上的独立,就像在监狱里看到的那样。只不过,瘟疫是一种例外的状态,而监狱是一种常态。如果仔细阅读第四部分的话,我们会发现,通过监狱这样一项制度,把瘟疫时一系列非常态的、紧急状态的措施都运作到了我们日常生活的方方面面。

从轻罪(déliquance)在现代社会中的地位就可以看出监狱机制的普泛化。轻罪和此前所说的不法行为之间的重要区别在于是否为人所发现和打击。福柯认为一般的违法行为讲的是那些违反了法律,但是得到了社会和制度的容忍,继续存在于社会之中的犯罪。而所谓的"轻罪"指的是那些已经为国家所发现并加以制裁的犯罪。这样的犯罪的特点之一在于"轻",意味着它指的并不是杀人越货的江洋大盗。国家当然重拳出击打击严重的犯罪,但从数量上来看,国家通过监狱体系更多针对的是那些鸡鸣狗盗之徒。现代国家并不致力于通过强力打击或制裁那些细小的、没有造成特别大损失的轻犯罪,但是会极力做到不让任何对规则最低规模的违背逃出其监视网络。《规训与惩罚》里面写道,进入现代以来,刑法的门槛越来越高,很多东西被非罪化了。[1] 人们可能会认为这是人道主义、轻刑思想改革的结果,是社会治理变得越来越具有回应性而非压制性特征的表现。然而,在福柯看来,轻刑的结果反而是把更多人纳入了监狱体制。现代社会在把犯罪的门槛提得很高的同时,在下面织了一张网。一个人如果没有跨过这个门槛,那么就不会进入司法的场域,也就不会有法官来判处你刑罚,但在门槛之下和这张网之上的空间则由一系列的教养机制填补,包括强制劳动、孤儿院、劳改农场、殖民地等等。没有进入刑法视域的人可能因为仍然做出了一些社会上认为需要矫正的行为而深陷这一系列监禁场所织就的密网之中。

于是福柯提出,从君主制时代到现代,刑罚出现了一个重大的转变,从可见的、戏剧式的集中爆发变成了"弥散(dispersé)"在整个社会之中、无处不在、从不中断的过程。[2] 在霍布斯的图像技术当中,高高在上、超越了所有臣民的主权者是可见的,而臣民是不可见的。这样的一个空间隐喻中有一个很明显的中心,由

---

[1] 参见米歇尔·福柯:《规训与惩罚》,刘北成、杨远婴译,生活·读书·新知三联书店 2019 年版,第 18 页。

[2] 同上书,第 225—234 页。

主权者占据。国家存在的目的是要终止一切人针对一切人的战争状态，在战争状态终结的时候，同时产生了主权国家和人民。换言之，在战争状态之中是不可能有主权的，没有主权也就没有主权者。在这样的国家建立起来以后，没有了战争，但还会有纠纷，仍然是高高在上的主权者以中立仲裁者的角色出现。假如我们像霍布斯和其他的契约论的支持者那样关心主权，那么我们也会像他们那样提出一系列主权在行使当中不能触碰的一些原则。霍布斯认为这样的一些原则只是因为实用的目的、为了保持主权的存在，所以最好不要滥用自己的权力做一些可能导致内乱和纷争的决定。而在洛克笔下，这些实用的指南变成了一种具有某种意义上神圣地位的原则，如果主权者违背了这些原则，老百姓就可以起来反抗。至于为什么不能这样做，是因为老百姓在授权给主权者的时候，并没有把那些权力也给交出来。所以关注主权，我们自然会关注让主权得以合法行使的一系列所谓的正当性原则。

但是福柯认为这样的一个图形学已经不合于现代国家的身体政治（body politics）。因为在现代国家中，作为抽象整体概念的人民加冕为王，不再有一个可视的、高高在上的、中心化的主权者了。主权的行使也不像霍布斯所想象的那样能够集中在一点上，可以通过限制主权行使的一系列原则加以约束和规训。现代法治的制度设计对正式权力、国家权力的限制很严格，却遗漏了在这一片灰色地带当中，不受这些法治原则约束的纪律和规训权力的行使。法律与纪律/规训很不同。当我们关注正式的法律制度时，在立法上除了有法律保留原则的限制外，还通过严格的立法程序实现对公权力的控制，在法律的执行上则通过罪刑法定、无罪推定、正当程序等规范进行约束。作为法律之对立面的纪律没有这样的特点——纪律的生产处于法律之下，在法律看不到的地方完成，通过纪律施加的惩罚在烈度上远远低于刑法所能够施加的惩罚，但是在广度上却远高于前者。纪律的教化最典型的场所就是监狱，在这里，业已经过司法程序确认有罪的人重新处于纪律无孔不入的监视之下，却又不在我们的视野之内，从而逃脱了现代政治哲学各种宏大原则的审查和控制。

纪律不仅仅局限在监狱之中。我们可以作为监狱来分析的那些机构或者场所，不一定真的非得叫监狱。只要符合个体空间的隔离、劳动和教养这三个特征，[①]一个机构就可以作为监狱光谱的一部分加以分析。这些机构都致力于实现人的规范化（normalisation）。在福柯的术语体系中，规范化意味着让每一个人都成为我们视作

---

① 参见米歇尔·福柯：《规训与惩罚》，刘北成、杨远婴译，生活·读书·新知三联书店2019年版，第255—276页。

典范的样子，而某个人一旦和这个样子不太一样，就会成为一个失范的个体，需要得到纠正。于是，福柯似乎揭示出了现代政治的一个悖论：一方面，人文主义哲学要求我们把每一个人当作一个个体来看待，要求关心我们每一个人身上和其他人不同的特质；另一方面，经验意义社会科学的诞生显示了对一群人所具有的特征的关心，包括出生率、死亡率、预期寿命、男女比例、患病率等，而不是关心个人的特质。在这两个完全不同方向的运动之间，就是规范化发挥作用的地带。

那就是我们给每一个群体设定一个标准，模范学生、模范士兵、模范老师、劳动模范，我们希望每个人都变成他们那样，这也是第三部分关于军校的训练里面所说的内容。① 与模范形象不符这个意义上的失范并不必然带有道德评价的意味，却是必须在档案中加以记录的现象。在各种违法中区分出轻犯罪作为一个独立的类别，并在罪刑相符的名义下降低刑罚的烈度，这就开启了一个过程——可以用各种规训技术加以纠正的失范行为越来越多。除非一个人一直是模范学生、模范士兵、模范工人，否则在一生中的某一刻，我们每个人都可能在或轻或重的意义上迈入"失范"的序列。规范化关心的甚至不是违背常规的行为，而是每个人自传式的档案的建立。在正式的法律机制中，审讯只能问在某时某刻你在哪里、你当时在干什么，却不能直接问："说说你都干了什么？"相反，在这一个自传式的档案中，浮现出了每一个人的性格肖像。一种犯罪学意义上的知识模式要求对这个人所有的信息进行全面的掌握：包括他从哪里来，他的人生中经历了什么，有哪些挫折让他变成了这样冷漠的、残忍的、对别人的痛苦毫无共情能力的一个对象。过失犯的产生，激发了我们对关于每一个个体的海量知识的兴趣。于是，监狱的胜利意味着一种新型知识的产生。

六、知识与权力

福柯和霍布斯不太一样的是，对他来说知识不是权力，权力也不是知识，他只是认为权力和知识有一种共同的结构。他同时还认为每一种特殊的权力关系必然需要产生出一种跟这种权力关系相适应的知识类型。与此同时，知识的产生也必然伴随着一种新的权力关系的塑造。在霍布斯看来，权力就是在政治场当中不见血的斗争的阶段性产物。每个人之间在政治场当中的斗争，形成了一种权力关系，形成了

---

① 参见米歇尔·福柯：《规训与惩罚》，刘北成、杨远婴译，生活·读书·新知三联书店2019年版，第192—198页。

我们人与人之间、我们人与机构之间、机构与机构之间的一种权力关系。福柯则提醒我们，知识也是如此。福柯曾经把哲学定义为关于真理的斗争，所以知识也是一种斗争的产物。于是知识与权力之间的第一个同构关系就出现了。

但知识与权力之间还有第二组权力关系，每一种独特的权力关系必然伴随着一个新的知识类型的产生，在《规训与惩罚》这本书里面所提到的现代国家的权力类型必然产生出现代的关于人的知识，这也是我的引文当中所说的"人文科学"的意思。人文科学无非是关于人的科学。启蒙运动不但塑造了利维坦，同时也塑造了一种新的知识类型，这种知识类型重新把人放在了舞台的中央，但人不只是万物的尺度，人也成为我们研究的对象。这样的一种新的现代的知识和中世纪的知识相比，重大的区别在于新的知识把人作为首要的对象，认为只有关于人的知识。而中世纪的知识认为最重要的事情是了解物的秩序、天地万物的秩序，人在这种秩序当中并不必然处于中心。在前现代的知识体系中，可以处于中心位置的候选项很多，但是当现代的人文科学把人放在中心的时候，只有人可以占据中心。这样看来我们的选择不是更多了，而是更少了。这就产生了上面所说的矛盾：人变成了个人，我们关心每一个个人的一切情况；但与此同时，我们也关心关于人群的知识，例如出生率、死亡率、患病率等等。这些知识构成了现代国家统治的前提。

主权弥漫在整个社会当中，创造出了无数的权力关系，与此同时，一种认识论的主权——关于知识的主权也在产生。这种主权是霍布斯等契约论作家没有关注到的，认识论的主权在现代知识的生产当中抽离出来，逐渐像利维坦一样从海中浮现。它并不判断真伪，并不能区分出真理和荒谬，它只是消除那些不符合它所提出的标准的说法、论证和信仰体系，以至于我们现在有了一种当代的知识，一种关于人的知识，一种把人同时放置在舞台的中央和显微镜之下的知识。这种知识和我们现代国家的权力的运作丝丝相扣。只要思考一下清末民初的民事习惯调查即可理解。调查的结果并未体现在各个民法草案中。但这一结局并不是调查本身的失败。相反，调查产生了海量关于老百姓如何生活的数据。在习惯调查所生产的人口、地理、经济数据中，一个现代国家逐渐获得了它所需要了解的知识。

"实际上，权力能够生产。它生产现实，生产对象的领域和真理的仪式。个人及从他身上获得的知识都属于这种生产。"① 这是非常关键的一句话，但是福柯把这句话隐藏在了很多炫目的话语之间。在这句话里，福柯想讨论的是，以前我们一直

---

① 米歇尔·福柯：《规训与惩罚》，刘北成、杨远婴译，生活·读书·新知三联书店 2019 年版，第 208 页。

把国家和一些负面的东西相连,比如,国家压制某些东西、国家取消某些东西、国家暴政等。但是国家其实同时也生产出一些真相或者说现实。比如我们都是国家权力所训导出来的灵魂和肉体;监狱的制度在发挥着教养的功能;我们可以通过把学校嫁接到监狱,从而让监狱变成一个不那么像惩罚而更多像教化的场所。在这个意义上,国家确实生产着现实。在霍布斯的笔下,知识是一种微小的权力,是一种可以让别人按照他的想法去做事的权力,但这只是一种建议的权力,而且是一种只有很少人能够获得的权力。在福柯的笔下,知识指的不是一个人对数学、几何学的一般规律等客观真理的了解,而指的是一种情报,是一种关于"某某人今天穿的是红裤子还是绿裤子、吃的是涮肉还是炒肝"这样的一些情报。对于这样的情报,每一个囚笼里的犯人都可以获得,最终这些情报的碎片可以汇聚到狱卒那里,再层层上报、层层汇聚。这些情报和信息对于产生它们的人而言并无作用,甚至对于它们的初级收集者而言也没有作用。但是当有一个人或者机构能够大量掌握和处理这些信息时,它们的价值就体现出来了。机构通过这些信息不但可以勾勒出人的一生,更能精确地设计出量身定做的治理手段。

七、一切皆流,一切皆变

以消灭犯罪为口号的监狱却在不断地制造罪犯,这一表面上看来矛盾的现象机理却十分简单。前现代的调查和审讯是秘密的,处刑是公开的;现代则把调查和审讯公开了,处罚却成了不可见的。同样在现代变得可见的还有犯罪本身。我们未必真的目睹犯罪,但可以通过社会新闻来知道我们身边发生了这些事情——碎尸案、连环杀人案、强奸抛尸案。与犯罪有关的社会新闻时刻在吸引着我们的眼球,造成一种不安全的感知。新闻不但告诉我们有哪些人在犯罪,而且往往会把这个罪犯的一生很详细地告诉我们。其结果是一些素未谋面的悍匪巨贪会在我们的脑海中留下深刻的印象。这种知识的产生告诉我们,我们时刻处于危险当中。于是,有必要增加警力,而警力的增加会发现更多的犯罪。无论对于我们一般公众,还是掌握了公权力的机关,直接的反馈信息是犯罪率上升了,不安全感进一步增加。于是,我们需要更多的警力、更严峻的刑罚、更快速的刑事程序。在数量上占主导地位的毕竟是轻犯罪,判的刑期不会很长,却足以把一个人卷入犯罪的循环。短期有期刑就是犯罪技巧的养成所。一个本来不怎么会犯罪的人进入监狱以后向其他大哥拜师学艺,碰巧这个人可能比较聪明伶俐,出狱以后他就是一个犯罪高手了。也许这个人本来想改过自新，但是出狱以后没有地方会雇佣这种曾经有犯罪记录的人，于是他只好重操旧业。第二次被捕的时候，他已经是累犯了，量刑的期限可能会更长。

  关于犯罪的知识可能进一步揭露，造成危险的人其实都属于某一个特定的人群，所以为了预防危险，就有必要增加对那个人群的监视。施加的监视多了，被发现的犯罪自然也就多了，犯罪的循环自然就会更快。霍布斯曾经说普通法是一种非常不理性的法律体系，因为普通法的一个原则是依循先例，就算先例错了也还是要继续依循这个先例。之所以先例应该得到依循，并不是因为它是对的，而是因为它是先例。所以，过去的法官犯的错只会像滚雪球一样越积越大。我们现在对人工智能裁判这件事探讨得比较多。大家认为的人工智能裁判可能是韦伯意义上的判决售卖机，也就是说我们有一系列已经定义好的概念、概念组成的法条以及法条组成的体系，然后我们把这个案件的事实输进去，它再分门别类得出一个裁判。但实际上现在的做法更糟糕，因为这种裁判其实用很低端的计算机就可以完成，只要人工智能知道应该怎样归类，然后把已知的案件事实涵摄进一个法律概念就可以了。真正的人工智能运用的蓝海是能够准确理解人工语言的算法。使用这个算法去研究以前的判决，只要看得足够多，就可以在这些判决当中找出一系列特征（patterns）来，以此知道以前的法官在面对某一类犯罪的时候更容易判什么样的罪名和刑期。然后，让这个算法根据以前所判案件的结果来处理新的案件。这样的做法最大的问题可能是以前的法官如果都是带着偏见来判案的，那这样的偏见只会越积越深。

  举例而言，美国曾经有一些法庭试着用人工智能去定罪，结果发现对于低收入人群特别是有色人种，相应判决的刑罚非常高。同样的一个案件，如果罪犯是一个没有受过良好教育的黑人男性的话，被判的刑期可能是10年，而如果罪犯是一个白人大学教师的话，可能被判的刑期就非常低。研究者感到十分奇怪，因为他们在设置的时候已经有意识地选择了与肤色、收入无关的数据。实际上，很多数据看似与阶级、种族无关，却可能完美地反映了一个人所处的社会阶级。比如说一个很简单的指标——教育程度。出身中产以上的人上过大学的比例一定比中产以下的人高。在美国有所谓的 legacy admission——如果申请者有亲属是某个学校的校友，那么他再被这所学校录取的几率就会大增。这样下去，社会的特权只会越来越集中。除了受教育程度，一个人是否有药品滥用的历史、是否有违法记录同样与他所处的阶级地位紧密相连。

  福柯在书中引用了一个法官和一个流浪儿的对话，然后他说，法官和流浪儿的对话体现了两种完全不同的世界观。① 在法官看来人必须有一个住所，必须有一份工作，必须有父母。在这孤儿看来并不是这样的，人可以诗意地在大地上栖居，可以不用拥有稳定的工作。福柯说，法官身上体现的就是一种现代的观念，人必须固定在某一个地方，必须把自己的时间用在某一个事业上面。这里有一个对于理解福柯可能不是那么重要、但是我觉得比较有意思的地方，就是法官的社会阶级。在法国，在大革命以后，法官从一个典型的贵族职业变成了和律师一样的典型中产阶级的职业。与流浪儿对话的法官所体现的就是当时来自中产阶级的一种世界观，而这种世界观恰好是由现代国家内化在它们的权力运作过程当中的一种世界观。对人的标准化，实际上就是通过一系列教化程序，让每个人都接受中产阶级的这种价值观。

所以，我们以后在讨论标准化时，首先可以提的问题是这样的标准是以谁为蓝本摹画出来的？背后的人类的形象是怎么样的？我们在谈《利维坦》的时候曾经说，霍布斯所构想的那种人人平等的社会，其实是根据中产阶级或者说资产阶级的理想来描画的。因为在市场上大家基本上都是平等的。但是，市场在霍布斯的时代极其少有，并不是每一个人都能够参与到市场之中。所以霍布斯把一个正在取得政治上权力的阶级所熟悉的生活场景给普遍化、一般化、标准化为我们所有人必须去想象的一种生活场景。福柯进一步告诉我们这样的一种想象如何通过弥散在这个社会当中的权力去变成现实。

本书最后一页的倒数第二段写道："这种处于中心位置的并且统一起来的人性是复杂权力关系的效果和工具，是受制于多种监禁机制的肉体和力量，是本身就包含着这种战略的诸种因素的话语的对象。在这种人性中，我们应该能听到隐约传来的战斗厮杀声。"② 什么叫"在这种人性中，我们应该能听到隐约传来的战斗厮杀声"？还记得霍布斯关于战争的评述，这种战争是一切人针对一切人的战争，唯一不参加这场战争的是主权者。但在福柯的笔下并非如此，主权本身、国家本身也在战争中出场。我们现在可以看到的一切权力关系、统治的模式和知识的类型，其实都是斗争的产物。这种斗争是持续性的，没有一个终点，所以一切权力关系、统治模式和知识类型也始终处于变化之中，福柯所描绘的也只是现在的一种短时的状态。理解这种动力特征是理解福柯的作品非常关键的一点。

福柯似乎是悲观的。他似乎认为揭示权力运行的特征没有太大意义，因为反

---

① 参见米歇尔·福柯：《规训与惩罚》，刘北成、杨远婴译，生活·读书·新知三联书店2019年版，第316页。

② 同上书，第340页。

对的结果不过是用一个也没有好到哪里去的一个新的权力机制取代一个不怎么好的旧的权力方式而已,我们的宿命似乎只不过是从一个悲剧走向另一个悲剧而已。我个人认为这种悲观理解可能过于静态了。在一种更加动态的理解下,事情似乎不必然如此。这本书是一个关于那些有权力的人如何去驯服那些没有权力的人的故事,但是如果我们换一种读法,其实也可以从背面读出受到规训的这些人是如何对权力进行反应的。那些被监视的人群、那些容易产生轻犯罪的人群,同时也是去支持这种监视的人群、是真正感受到这种危险的人群,甚至也正是产生具体去监视的人的人群。一个权力关系的建构不能没有来自受制于这种权力的对象的最低程度地服从和配合。在这个意义上,当我们每个人控诉体制的时候,当我们说我们是体制的受害者的时候,也别忘了,之所以这个体制会存在,一部分来源于我们自己的配合和纵容。

那么究竟怎么办?反抗还有没有意义?可能反抗是否有意义这样的问题本身也没有什么太大的探讨的必要。真正的问题或许是,对这样的权力的反抗到底会带来一些什么样的后果?会造成这种权力关系怎么样向下一种权力关系发展?当我们在人性中听到了战斗的呼号声时,也必须意识到这场战斗永远没有终结,它只会继续发展下去。而战斗中胜利的这一方并不一定真正获得了他想要取得的那些结果。关于这一点,我想最好不过的阐释应该是莎士比亚的《麦克白》。其中的第一个场景就是有三个女巫出来,女巫一有一句台词是:When shall we three meet again? 女巫二的回答是:In thunder lightning, or in rain. 女巫三的回答是:When the hurly-burly's done. When the battle lost and won. 朱生豪的译本是"且等烽烟静四陲,败军高奏凯歌回"[①]。这句话是矛盾的,既然失败了,怎么能高奏凯歌回来呢?朱生豪这个译本虽然强调这句话矛盾的一面,但是和原文的意思稍有出入。原文的意思其实是说,战争的胜负并没有定论。这有两层意思,第一层意思是说,战争到底是失败还是胜利,取决于你从谁的角度来看这个问题。你从胜利者的角度来看,这场战争可能是赢了;你从失败者的角度来看,这场战争可能是输了。这是第一层比较浅的含义。如果把全剧贯穿起来看,你会发现,一场战争的失败和胜利其实并不能仅仅看它表面的意思。一场战争的结果并不能仅看它的表象。福柯可能是在提醒我们,这场战争远远没有结束的那一天,而一切都可以当作一个斗争来分析。学术生产是关于知识的真理标准的斗争。战争是军事力量的一种碰撞。政治是没有硝烟的战争。

---

① 莎士比亚:《莎士比亚悲剧集》,朱生豪译,万卷出版社2014年版,第245页。

八、福柯与霍布斯的对话

福柯虽然在书中没有提到霍布斯,却时刻处于和霍布斯的对话之中。霍布斯和福柯之间最不明显的对话可能出现在两人的视觉策略上。在《利维坦》的视觉策略中,每一个组成巨兽身体的人都看着巨灵的脑袋,脑袋也能看到他的臣民。在这个图像中,国家和臣民都是可见的。17、18世纪专制君主制的产生,恰好呼应了这个视觉策略——作为国家代表的君主变得可见了,并通过他的形象让臣民不仅在日常生活中感受国家权力,更能够"看见"国家。此时的君主一改此前君主简朴的风格,开始极尽奢华之能事。只需要看一下大英博物馆的皇家珠宝展和礼器展览即可理解。虽然尚难以在历史中找到具体的证据说明转变如何发生,但是此时的专制君主确实开始通过自身形象的传播在臣民中创造一种对他本人的敬畏,从而使臣民不敢造次。无论在日常还是学术语言之中,我们总是说"中国"或者"美国"做了一个决定、采取了一个行动,仿佛国家是一个活生生的实体,却没人真正见过国家。这种对国家的人格化理解可能就产生于霍布斯式的权力展示,让"国家"这个抽象的概念得以具体化,具体化到一个君主的肉身上。

福柯的视觉策略中则没有中心。代表性的形象就是全景敞观式监狱。[①] 典型的全景敞观式监狱中有一个瞭望塔,塔里的人是行使监视权力的人,囚犯们却看不到塔里面是否有人。边沁认为监视者本身的不可见对于他的监狱设计非常重要,因为如果犯人不知道塔里是否有人,理性的选择就是假设塔里是有人的。相反,囚犯本身是可见的,而且不光可以为狱卒所见,更可以为每个囚犯所见。边沁还主张监狱应该售票供城里的富家公子小姐们参观。卖票不但能创收,还有宣传、警示、教育等作用。囚犯看到这些好的公民们得体的举止,从而反思自己,让他们自己更加自惭形秽。在这样的一个关系里面,除了掌握了监视权力的人本身,所有人都是可视的。权力的执掌者隐蔽在阴影之下,而他却是无处不在、无所不知的。低低在下的狱卒在监狱这一特定的空间中取得了高高在上的上帝的地位。为什么没有一部法学著作是研究狱卒的呢?因为他们不值得研究。但是最终主权的无上权威却要靠他们来落实,如果没有狱卒,这些主权的权威也必然是旁落的,必然没有办法执行下去。所以福柯说,我们与其关心主权者的无上权威,不如去关心一下这种所谓的微观权力。而且更有意思的是,这种微观权力不但存在于狱卒之上,每一个犯人的双

[①] 参见米歇尔·福柯:《规训与惩罚》,刘北成、杨远婴译,生活·读书·新知三联书店2019年版,第215页。

眼都成了狱卒双眼的延伸。

更妙的是，福柯说，这样一种权力有一种弥散的效应。① 监视者虽然掌握着这种权力，但所有的信息却不一定都为他所见。换言之，他虽然在理论上可以看到每一个人，但他没有必要真的去看到那些人。就算他没有必要去看到每个人，每个人却无时无刻不处在无数双眼睛的注视之下。因为还有两拨人可以看到他们——来参观的人和犯人的彼此监视。这种权力的行使是民主的，因为能够去看的人不只是狱卒，还有参观者和其他的囚犯。我们所生活的社会不也是如此吗？每个人不仅受到天眼系统的监视，还受到路人的朋友圈和摄像头的监视，由于社交网络的发展，我们的一言一行都可能成为一个公共的话题，所以人无时无刻不处在一种细密的监视之中。还有学生信息员制度。每次上课的时候，我都不知道学生里是否有学生信息员，但是也不需要真的有，只要上课的时候让老师感受到台下这 300 多个学生中可能有信息员，那老师自然就会注意一点。从霍布斯到福柯的视觉策略转变背后，也是关于权力的一种转变。在福柯的分析之下，每个人都掌握了一个权力的碎片，这种权力的碎片以某种形式组织起来放大，实现了霍布斯意义上的主权没有办法实现的功能。

福柯和霍布斯之间另一场隐秘的对话出现在对战争和策略的对立之间。第三部分第一章就体现了福柯对霍布斯在这方面的发展。霍布斯的理论立基于普遍的战争状态上，战争状态是一切人对一切人的敌意的状态，只要你没法十足地确信别人不会伤害你，因而你没法十足地确信你没有必要去伤害别人以自卫的话，这就是一种战争状态。福柯或许也接受了这种战争的隐喻，但是他进一步指出我们不要着眼于如何走出战争状态，而要看在战争当中人们为了取得胜利而做了些什么，也就是战术。以战术或策略作为分析焦点的福柯把注意力投向了军队和军营，希望揭示军营在备战状态下到底发生了什么。在从前现代到现代过渡的这个时期，军营中发生的恰恰是再造新人——一种新的士兵在一系列教养技术中创造出来了。

福柯通过对长矛兵的躯体描述，提到了天生的士兵。② 在 17 世纪的时候，一个人想成为士兵并不容易。当士兵作为一种职业时，它和其他职业一样有一系列的要求。在冷兵器时代，想成为一名优秀的职业军人往往意味着一定的社会基础。最明显的例子是骑兵，因为能负担得起战马的人一定有可观的家底。即便是以长矛兵为代表的步兵，在一个男性人口身高普遍不足一米六的时代，能够积累起熟练使用长

---

① 参见米歇尔·福柯：《规训与惩罚》，刘北成、杨远婴译，生活·读书·新知三联书店 2019 年版，第 216—218 页。
② 同上书，第 145 页。

矛等重武器所需要的体格和力量意味着这个人有一个营养比较充分的童年。另外，在讨论长矛兵的体态的时候，福柯还用了"身体绷直"这个词，意味着这名士兵在年轻的时候没有经受过长期务农的摧残。考虑到这些，我们不难理解其实在现代以前能够成为职业军人的人口非常少。就连规模相对比较大的战争，也可能要依靠大量没有经受过训练的志愿兵。

武器的发展带来了从天生的职业军人向可以通过训练塑造的职业军人的转型。从弓到弩的变化就是这一转变的先声。弩相对于弓而言在射速上没有优势，训练有素的弓箭手一分钟可以射出超过7支羽箭，而弩可能只能射出一两发。但是弓的使用需要长期的训练，弩却不需要——任何人只要学会操作绞盘都可以成为合格的弩手。所以弩的出现让大量没有受过训练的人可以在很短时间的集训后立刻成为士兵、投入战场。此后，火枪的出现让任何能够克服对火药爆炸声音的恐惧的人都很容易可以成为一名士兵，甚至不需要学习瞄准，因为在那个破伤风疫苗还没有出现的时代，子弹无论打中身体的哪个部位，只要造成了贯穿伤，致死率都是很高的。

恰恰是在这种历史转变之下，对长矛兵体态的欣赏转变为对普通士兵肉体的规训，以及后面所暗示的对工厂里工人肉体的规训，从而说明"驯顺的肉体"这样一个观念。一个好的肉体不仅仅是一个驯顺的（docile）肉体。而且是一个有用的（utile）肉体，驯服肉体不是为了别的，而是为了让它变得有用。霍布斯关注如何让人服从，福柯则认为这样还不够，还需要对每一个身体的部件的一种规训。所以他不厌其烦地使用多重的排比句，对空间、时间、身体的姿势、动作的安排进行描述。而这样的一切的东西都是从军队的训练当中开始的。一个训练有素的军人很容易成为一个训练有素的工人。至于学校，其功能在于提供那些可以成为训练有素的工人和训练有素的士兵的场所。关于此点，只要想到工业革命、义务兵役制和义务教育在19世纪的发展就可以明白。此前，首先，大部分人是没有受过教育的；其次，大部分的教育是由教会提供的，很少由国家提供。只有到了19世纪，也就是法国大革命以后，国家开办的学校才开始如此普遍。国家开办的学校当然是为了提高人民的受教育程度，但与此同时也开发出了一系列的规训的原则。在学校接受教育的时候，人们首先养成了对时间安排的尊重，其次学会了服从命令听指挥。具备了这样一种心态的人，可以成为现代社会的工人，也可以成为现代社会的军人，总之，可以成为对当代国家来说有用的那些东西。

福柯在这本书里面还提到了路易十四的那一次阅兵，欧洲的第一次阅兵，也是让欧洲的所有君主都忧心忡忡的一次阅兵。一个贵族看了这场阅兵以后说："好得很，唯一的美中不足之处就在于这些士兵还在呼吸，如果他们能不再呼吸那就更好了。"① 从这句话可以知道,有用的是不是每个士兵个人呢?不是的。有用的是每个士兵身上的那些肢体、那些零部件。这样的一种政治解剖学把每一个人都拆分成了这些部件,仿佛这些部件是可以分离的。而整个规训的机制,从在学校学习如何写字时就开始了。我们上学的时候都学过笔顺,其实笔顺跟一个人能不能把字写对是没有太大关系的,但是我们还是继续做这件事情。还有军队操演的时候,对每一个动作的执着追求也是同样的道理。这就是关于肉体的解剖术。在这样的一种观念之下,产生了福柯和霍布斯的又一场对话,就是"人是不是机器"这个问题。

福柯认为人不是机器,而霍布斯认为人就是 automata。霍布斯认为人受激情宰制,但这种激情又进一步由外界的运动支配。所有东西都是由运动组成的,当我们看到一个东西运动的时候,我们就会观察到它的运动,就会产生一系列的想法,这些想法就会产生一些感觉,这些感觉就会促使我们做一些事情。这是霍布斯的一套决定论的论断。福柯则进一步指出,假如我们掌握一系列所谓的新的政治解剖术的话,我们完全可以利用这样的一种决定论。如果说人的所有的东西都不是由自由意志来决定的话,那么我们就可以训练人去产生某一种反应。于是,福柯真正展示了如何把人变成机器的过程。他说 19 世纪的人文科学确实就把"人是机器"这一点推向了极致,而更有意思的是这一帮把人当作机器、把人的肉体当作机器来规训的启蒙思想家,竟然把自己称为人文主义者。

人文主义者关心的是人的灵魂,他们不关心人的肉体。启蒙思想家其实有两重的策略或者说计划。在灵魂和思想这方面,他们把人的灵魂和自由意志抬得无穷高;但在对人的肉体的规训方面,他们又把人拆解得如此精密,让人们去做一些根据他的自由意志可能并不会去做的事情。而这样的规训如何实现?福柯不断追本溯源,一直溯到了学校。书中有一个很经典的段落是:如果你能教会一个人说 2 乘以 2 不等于 4 的话,你就可以让他去做一切事情。② 在中国,我们把这种古老的御人术称为"指鹿为马"。我们用"指鹿为马"这个词的时候往往会用错,用来说明一个人故意曲解一些事实,但故意曲解一些事实为的是什么?为的是看谁是绝对忠诚的人。你如果敢说这不是马,那你就是对我不够忠诚。福柯其实在讨论的是,灵魂并不重要,我们完全可以通过一套对肉体的规训手段来训练出一个习惯于服从的灵魂。当然这里隐含的话就是,所有的统治方式必须同时塑造出符合这种统治方式的人。

---

① 米歇尔·福柯:《规训与惩罚》,刘北成、杨远婴译,生活·读书·新知三联书店 2019 年版,第 188 页。
② 参见同上书,第 220 页。

另外一个很有意思的是"空洞"这个概念。福柯认为"人是机器"的意思在于人性其实没有什么本质可言，人只是一个空洞的肉体，可以任由别人的权力摆布。我们还记得福柯在讲空间的时候提到，黎塞留这座新城市是19世纪的规划师眼中的理想城市。[①] 因为这是一个空洞的、没有人居住的领域，人们可以对它为所欲为、上下其手。所以你就可以理解为什么伟大的领袖都喜欢建新都。比如说哈萨克斯坦，首都从阿拉木图移到了阿斯塔纳，阿斯塔纳就是一个完全空洞的空间。以前那里什么都没有，就是一个戈壁滩，现在建了一个按照纳扎尔巴耶夫的理念设计出来的城市。既然这座城市里什么都没有，那伟大领袖想设计什么就可以设计什么，他想改变什么就可以改变什么。相反，我们定都北京的时候，北京城里面有古建筑，有一群在这里生活着的人，有一些机构，想要改建这座城市就没那么容易了。像福柯说的，国家权力的行使、无上主权的行使，最终还是要靠下级、靠最底层胥吏的配合，而这些最底层的配合往往来自地方社区，从而导致权力的行使必然受制于那些已经存在的社会关系。所以要真正按照一套理性化的理念去建造一个都市，最简单的办法就是在一个没有任何人生存的地方建立一个新的城市，但实际上这样的领土是不存在的，人们只不过是抹去了这个地方既有的生活方式而已，然后在所谓的无主地上建一座新城。澳大利亚、非洲这些殖民地的故事其实就是很好的例证。

人也是一样的，人和土地一样都是空洞的，主权者可以对人做一切他想做的事情，因为在权力的眼中、在国家的眼中，人并不是一个完整的人。民法学家总是引用孟德斯鸠的话说每一个人都是一个国家。那是前现代的陈年往事了。在现代国家的眼中，每个人都是一堆零部件，一堆可以为人所用的零部件。国家权力的最顶点的目标就是对每一个个人身上每一个器官的使用如臂使指。只要想一想我们小时候曾经做过的广播体操和眼保健操，就可以理解了。它们正是一个国家权力的巨大彰显。在某一个固定的时刻，全国几千万的小学生都在一起，用坚硬的手指去触碰自己身体上最柔软的那个位置。眼保健操对眼睛的健康有没有作用并不重要，重要的是它提供了一个简单而有效的规训。确实，在当代国家的学校、工厂、军队和监狱中，我们可以看到现代社会运作的规律——就是对每一个人的每一个器官在时间和空间上的分配，目的是创造出一种驯顺而有用的肉体。至于那些没有用的肉体，我们或许根本没有机会见到。

[①] Michel Foucault, *Security, Territory, Population: Lectures at the College de France, 1977-78*, Arnold I Davidson ed, Palgrave Macmillan UK, 2009, pp. 1-23.

预防刑时代的责任与自由

——读哈特《惩罚与责任》

陈曦宇 *

摘　要　面对预防刑观念对责任原则的挑战，无论是古典功利主义还是传统报应主义都无力证成责任原则。在这一问题意识下，哈特试图在功利主义和报应主义之外开辟一条证成责任原则的独特路径。哈特指出，刑事责任是一个独立于刑罚之整体目标的、关于刑罚如何分配的问题。承认刑罚的整体目标是社会功利与坚持责任原则并不冲突。责任原则以个体自由为价值基础，其重要性在于对实现功利目标的手段作出限定。哈特证成责任原则的方案隐含着他对自由与法治理念的伸张。尽管哈特的刑罚理论存在着种种逻辑缺陷，但是其背后的价值关怀对于身处预防刑时代的我们来说依然具有深刻的警示意义。

关键词　哈特　约翰·加德纳　刑事责任　功利主义　报应主义

米歇尔·福柯在《规训与惩罚》一书的开篇中描述了西方国家的刑罚实践在近代以来所发生的一场深刻变革。这场自 18 世纪末发端、持续了一百多年的刑事改革往往被改革家们标榜为刑罚"人道化"的产物：刑罚不再残害犯人的肉体，而是剥夺犯人的权利；刑罚的运行机制不再是制造骇人的处决场景，而是在人们心中建立"犯罪"与"刑罚"的观念联系；刑罚的威慑力不再体现在处决场面的残酷性

---

* 陈曦宇，清华大学法学院 2018 级法学理论专业博士研究生。

上，而是体现在刑罚的必然性和精确性上。然而，这一系列变化在福柯看来并不说明刑罚趋向"人道"，而是意味着刑罚作用的对象发生了转移：从人的肉体转向人的灵魂。这一转变的结果是，审判取代了执行，成为刑事程序的核心环节。并且，刑事审判更加关注犯人的动机、性格、习惯、精神状态等主观要素。其中，司法实践对"疯癫"问题的处理很好地揭示了这场刑事改革的本质与趋势。在改革之初的刑法典中，疯癫是排除犯罪的一项免责因素：行为人若在实施犯罪行为时处于疯癫状态则不构成犯罪，不受任何惩罚。而在19世纪的刑罚实践中，疯癫的法律意义逐渐被改造：疯癫者不再被看作是无罪的人，而是一种"病人"。对于这类病人施加刑罚是无济于事的，应该用医学手段加以治疗，使其恢复正常。在新的司法实践中，疯癫并不豁免罪责，只是改变了强制措施的类型。[①]

可以说，疯癫的法律意义从决定犯罪成立与否的主观要素演变为表征罪犯病态的一种症状，这一似乎令人费解的演变，实际上揭示了刑罚理念的根本转变。在新的刑罚理念下，刑事审判关注的焦点不再是"犯罪人实施了何种行为？触犯了何罪？应处以何种刑罚？"等一类问题，转而关注"这种行为说明犯罪人具有何种反常性格？他未来可能会实施什么行为？应采取何种手段来加以预防？"在这里，犯罪行为本身的性质以及犯罪人实施该行为时的心理状态，都变得无关紧要了。真正重要的问题是如何预测犯罪人未来的行为模式，以及应采取何种措施来加以应对。而选择应对措施时需要考虑的，是犯罪人受审时，而非实施犯罪行为时的心理状态。可见，犯罪的主观要素以及与之相连的责任问题，在这种新的刑罚理念下逐渐失去了重要性。至此，我们不禁要问：这种以人类灵魂为对象的刑罚实践何以最终导致了责任原则的取消？在这种刑罚理念已无可避免地占据了支配地位的现代社会中，责任原则是否依然重要？这些正是哈特在《惩罚与责任》一书中试图回答的问题。

一、极端化的"前瞻性"刑罚观对责任原则的挑战

那么，这种新的刑罚理念究竟具有哪些特征？它在何种意义上颠覆了传统的刑罚观呢？哈特指出，新的刑罚观是一种"前瞻性"（forward-looking）的刑罚观，它孜孜以求的是刑罚的实施在未来可能产生的积极效果，并以这种效果的有无和大小作为评价刑罚之正当性的唯一标准。而所谓惩罚的"效果"包括犯罪的预防和对

---

① 参见 Michel Foucault, *Discipline and Punish: The Birth of the Prison*, translated by Alan Sheridan, Vintage Books, 1977, pp. 3–22。

犯罪人的改造两方面。[1] 根据对刑罚效果之侧重点的不同，这种"前瞻性"的刑罚观又可分为两个流派：强调刑罚对社会成员的普遍威慑力和示范效应的古典功利主义和注重改造个体犯罪人的犯罪实证学派。以边沁为代表的古典功利主义者们相信，刑法中的犯罪与刑罚规定能够对所有社会成员造成普遍的威慑力，这种威慑力通过操纵人们的心理活动进而改变人们的行为，使潜在的犯罪人出于对刑罚的恐惧而放弃实施犯罪行为。在这幅古典功利主义者们精心构筑的"威慑技术学"蓝图中，潜藏着一个关键的预设：潜在的犯罪人都是具备高度计算能力的"理性人"，能够对犯罪的收益与刑罚的成本事先作出精确的计算和比较，并且能将权衡的结果付诸行动。而这一预设恰恰是犯罪实证学派所否定的。他们认为人们的行为主要取决于先天的遗传因素或周遭的环境，而非行为人理性决策的结果。犯罪人往往是具有某种反社会性格的不正常的人，甚至是"先天的犯罪人"。正是这些固有的、持续存在的反社会性格或精神状态，而非实施犯罪行为时的心理活动，导致了犯罪行为。因此，刑罚的威慑对犯罪人是无济于事的，因为具有人格缺陷的犯罪人即使预见到了刑罚的可怕后果，也总是不由自主地、不能自已地实施犯罪行为。在这个意义上，犯罪人更像是一个病人：病人并非自愿地选择了疾病，他们只是不幸地染上了疾病。因此，病人需要的是治疗，而非惩罚。按此逻辑，刑事司法的重点就在于根据犯罪人表现出的种种症状，诊断出隐藏在犯罪人人格中的种种疾病，并"对症下药"地选择相应的疗治措施。就此而言，犯罪行为以及实施犯罪行为时的心理状态仅仅是作为众多症状中的一种而被纳入考虑的范围，其意义在于帮助医生诊断出更深层次的病因。换言之，由犯罪行为所揭示的病因而非犯罪行为本身，才是决定是否以及采取何种强制措施的主要依据。

这一派理论中更为极端的观点，甚至不以是否实际发生了犯罪行为作为采取强制措施的前提条件：只要能够识别出某人具有危险的性格或倾向，就可以对他采取强制措施。在这里，不仅是犯罪的主观要件或责任原则，包括犯罪的客观要件也被一并取消了。通过抽象的法律规则来控制犯罪的传统刑事司法体系如今被一套包容万象、无孔不入的"社会卫生学"（social hygiene）所取代。[2] 它运用精妙的科学方法和技术手段，个别化地分析和评估每个人身上可能具有的危险倾向，并在这些倾向变成现实行为之前"未雨绸缪"地采取干预措施。在这一刑罚观所构想的"美

---

[1] H. L. A. Hart, *Punishment and Responsibility: Essays on the Philosophy of Law*, Second Edition, Oxford University Press, 2008, pp. 159-160.

[2] 参见 H. L. A. Hart, *Punishment and Responsibility: Essays on the Philosophy of Law*, Second Edition, Oxford University Press, 2008, p. 232。

丽新世界"中，一切犯罪的苗头都将被及时地遏止，一切犯罪都不可能发生。可以说，这是一个没有犯罪的乌托邦。

那么，既然人类已经找到了消除犯罪的"玄机"，为何不将它付诸现实？难道它不是最大程度地实现了减少犯罪的目标吗？难道它不是以最小的痛苦实现了最大的快乐吗？为什么我们还要固执地坚持责任原则这种似乎属于报应刑时代的陈旧观念呢？或者说，在这一诱人的乌托邦面前，还有什么是值得我们顾虑的呢？正是对这一极端化版"前瞻性"刑罚观或"社会卫生学"的忧虑，尤其是对于受到严重威胁的责任原则及其背后的价值理念的不舍，构成了哈特关于责任原则论述的核心关切。

二、两种失败的理论

（一）报应主义的失败与责任问题的本质

在阐述哈特对责任原则所作的正当性证成之前，有必要先介绍两种为责任原则寻求正当性证明的传统理论，因为尽管它们在哈特的笔下都是失败的理论，但对它们何以失败的分析，有助于厘清责任问题的本质。

首先是传统的报应主义。报应主义认为，犯罪本质上是一种"道德上的罪过"（moral guilt），刑事责任的本质是"道德上的可责难性"（moral culpability）。何种行为堪称具有"道德上的可责难性"呢？那便是在邪恶的心态（morally evil mind）下实施的不道德行为（moral wrongdoing）。因此，在行为人对所作行为的性质及其后果缺乏认识，或在无意识状态下实施行为的情况下，由于行为人并不具有邪恶的心理，便不能对他施以道德上的谴责。由此，报应主义所要求的邪恶心理与责任原则中的"犯罪意图"（mens rea）似乎形成了某种契合，从而使得责任原则被涂上了一层浓重的道德色彩。然而，当我们将目光转向"道德上可责难行为"之定义的后半部分时，这一理论的局限性就显而易见了：它要求行为本身具有悖逆道德的性质。而这显然无法解释刑法中大量存在的"行政犯"的规定：这类犯罪行为要么不具有反道德的性质，要么其道德意义模糊不清。但是，除非在极少数"严格责任"的情况下，对"行政犯"的处罚同样必须遵循责任原则。换言之，责任原则的正当性实际上并不依赖于犯罪行为本身的道德意义。[①] 而对于报应主义来说，当某人实

---

① 参见 H. L. A. Hart, *Punishment and Responsibility: Essays on the Philosophy of Law,* Second Edition, Oxford University Press, 2008, pp. 35-40。

施了一个不具有道德意味的行为时,其主观心态也就不具有道德上的重要性了。在这里,行为人的主观心态无法在脱离行为性质的语境下被独立地评价。这决定了报应主义无法在"行政刑法"逐渐取代"伦理刑法"的现代刑法体系中为责任原则找到立足之地。

尽管报应主义无法在上述意义上证成责任原则,但与那种"前瞻性"的刑罚观相比,责任原则与报应主义确实具有更强的亲和性:它们都属于一种"回溯性"(backward-looking)的刑罚观,关注过去发生的犯罪行为及其主观要素,并以此作为成立犯罪、施加惩罚的前提条件。对此,人们不禁要问:这种亲和性是否决定了报应主义的衰落也会在一定程度上"殃及"责任原则?尽管报应刑主义是一种失败的理论,但说明报应刑主义的衰落对责任原则的影响依然有助于澄清责任问题的本质。

实际上,报应主义更直观的制度形式不是责任原则,而是"罪刑相适应"原则:报应主义认为刑罚是对已经发生的罪行的报应,而报应强调对等性,要求刑罚的严厉性必须与犯罪的严重性相适应。在哈特看来,这一带有报应论色彩的"罪刑相适应"原则在刑事司法实践中属于"判刑"(sentence)层面的问题,而责任原则属于"定罪"(conviction)层面的问题,它们共同构成了"回溯性"刑罚观的两个主要方面。在人们的观念中,这两项原则具有共生共存、不可分割的关系,其中一项原则的动摇往往会引起人们对另一项原则的质疑。[①] 从近代刑法的演进过程来看,首先受到撼动的是"罪刑相适应"原则。这一原则面临的主要困难包括:如何衡量犯罪的严重性和刑罚的严厉性,以及如何在这两者之间建立准确的对应关系?如果说"罪刑相适应"要求在特定犯罪行为与特定刑罚之间建立天然的对应关系的话,我们如何确定与某种行为天然对应的刑罚是什么?即使我们退一步而言,放弃寻找这种罪与刑之间的天然对应关系,而仅仅要求对较严重的犯罪施加较严厉的刑罚、对较轻微的犯罪施加较轻微的刑罚这种相对而言的适应关系,我们也仍然面临新的难题。那就是:评估不同犯罪之间孰轻孰重的标准是什么?是行为造成的危害后果,还是行为人的主观心态?如果衡量犯罪的严重性必须考虑行为人的主观心态,我们又如何对不同的动机、欲望或目的根据邪恶性大小进行排序?[②] 这些疑问使得"罪刑相适应"原则陷入了难以摆脱的困境。

---

① 参见 H. L. A. Hart, *Punishment and Responsibility: Essays on the Philosophy of Law*, Second Edition, Oxford University Press, 2008, p. 160。
② 参见 H. L. A. Hart, *Punishment and Responsibility: Essays on the Philosophy of Law*, Second Edition, Oxford University Press, 2008, pp. 161-163。

然而，真正对"罪刑相适应"原则造成致命冲击的还是19世纪后期的刑事改革运动。哈特指出，在19世纪的大部分时期，主张以"改造"（reform）、"训练"（training）、"恢复"（rehabilitation）取代传统刑罚的改革运动主要局限在监狱机构内部，直到1895年格拉斯通报告（Gladstone Report）颁布以后，法院才被卷入到这场改革运动中。从此以后，法官不再仅仅根据犯罪的严重程度选择相应的刑罚，而是必须考虑罪犯的个体特征及其变化趋势。于是，一种"个体化的判决"（individualized sentence）的实践逐渐形成了：在传统的刑罚之外，缓刑（probation）、少年感化训练（borstal training）、矫正性训练（corrective training）、预防性拘禁（preventive detention）等都成为可供法官选择的强制措施。那么，这些个体化的强制措施在何种意义上背离了传统的"罪刑相适应"原则呢？对此，哈特提醒我们注意的是，这些个体化的强制措施对犯罪人来说未必是福音，因为它们往往意味着比依据"罪刑相适应"原则获得的刑罚更长的刑期。例如，在大陆刑法的"双轨体制"下，一个惯犯须同时经受两种刑罚：针对其犯罪行为的定期刑以及针对其个性特征的个体化措施。"当他服完三年定期刑之后被告知还须接受七年的预防性拘禁时，他多半会认为自己受到了虐待。"[①]在这种强调个体性的新刑罚观下，刑罚不再是犯罪人一次偿还完毕的"债"，而是需要根据犯罪人的改造情况和社会预防不断调整其类型与期限的"措施"。这将使犯罪人面临更大的不确定性，同时也削弱了其观念中犯罪与刑罚之间的关联性强度。总而言之，这种刑罚方式将导致刑罚与犯罪的联系越来越弱，以至于犯罪完全成为在决定刑罚措施时毫无关系的因素，而关注犯罪行为时心理状态的责任原则也可能因此被看作是一个无关紧要的事项。这便是"罪刑相适应"原则的衰落对责任原则的"连带效应"。

然而，值得追问的是，"判刑"层面的"罪刑相适应"原则与"定罪"层面的责任原则是否一定具有不可分割的关系？换言之，刑罚措施的选择与设计应服务于改造而非报应的目标，这一主张是否意味着施加这些刑罚措施的前提条件（行为＋责任）也变得无关紧要了？这些疑问都指向了一个关键问题：责任原则究竟是属于什么层面的问题？从报应主义证成责任原则的失败中，以及从"罪刑相适应"原则的衰落对责任原则的影响中，我们至少可以得出两点结论：责任问题与犯罪行为的道德性质无关；责任问题涉及的是实施刑罚的前提条件，从而可能是一个独立于刑罚之选择与运用的"前置性"问题。

---

① 参见 H. L. A. Hart, *Punishment and Responsibility: Essays on the Philosophy of Law*, Second Edition, Oxford University Press, 2008, p. 116。

（二）功利主义的失败与责任问题的再定位

在对责任原则的功利主义证成中边沁的观点代表了一种典型的论证进路。如前文所述，功利主义以最大快乐原则为宗旨，一方面假设人们会对刑罚与犯罪所带来的苦与乐作权衡计算，进而得出指导行动的最优方案；另一方面要求立法者也应作类似的权衡，比较刑罚给犯罪人带来的痛苦与犯罪的减少给全社会带来的快乐之间的大小，剔除那些"得不偿失"的法律规定。在边沁看来，刑法之所以不惩罚那些具有"免责事由"（excusing condition）的人，正是因为惩罚这类人是"无效果的"（inefficacious）或"浪费的"（wasteful）。在《道德与立法原理导论》的第13章"刑罚无效的几种情况"里，边沁认为对这两类人群适用刑罚是无效果的：第一类是具有先天心理缺陷的人，包括年幼者（infancy）和精神失常者（insanity）。边沁认为，这类人的心理缺陷决定了他们没有能力感知或想象刑罚在未来可能会施加在他们身上的痛苦，因而刑罚的威慑并不能影响他们的行为；第二类是在实施特定的犯罪行为时缺乏相关知识和控制能力的人。① 这两类人具有的共同特征是：要么是由于缺乏计算的能力、要么是由于缺乏计算的机会，刑罚的威慑力无法进入他们的理性计算过程，从而无法通过这一心理活动改变他们的行为。因此，对他们的惩罚显然是一种浪费。

边沁的主张似乎颇具说服力，然而，若根据功利的原则继续推论，则可以得出这样一个尖锐的反驳意见：尽管刑罚的威慑对这类人没有效果，但是惩罚他们对其他社会成员具有威慑效应，能使全社会成员达到"更高的守法水平"（a higher level of law observance）。因为，在犯罪构成要件中每增加一个新的要素，都会提高犯罪人编造虚假事实、欺骗法庭、从而逃脱罪责的机会。尤其是当新增的要素是心理要素时，这种欺诈行为的成功率更是大为增加。除了法律所规定的"心理疾病"（mental disease）以外，被告还可能声称他是在睡梦中，或在意外情况下，或是在某种暂时、反常的无意识状态中完成了杀人行为，而这些都是难以求证的事实。从功利主义的观点来看，这会导致两方面的损失：首先，欺诈机会的存在提高了逃脱罪责的概率，从而降低了犯罪的成本，这会鼓励某些原本不愿冒险的人敢于实施犯罪行为；其次，那些成功逃脱罪责的罪犯往往是对社会危害极大的危险分子，因而是最需要以预防性强制措施加以处置的对象。然而他们在被宣判无罪后实际上受不到任何处置。这两方面的损失构成了责任原则的"社会成本"，而这些社会成本是可以通过实行严

---

① 参见 H. L. A. Hart, *Punishment and Responsibility: Essays on the Philosophy of Law*, Second Edition, Oxford University Press, 2008, p. 41。

格责任加以消除的：如果实施了危害行为就足以构成犯罪，犯罪人就没有机会在主观要件方面虚构证据了。①因此，如果将功利主义的逻辑贯彻到底，就应该取消责任原则。同样的道理，如果追求功利的目标不受任何限制，还可能引出许多令人难以接受的惩罚方式。例如，为了避免某种巨大的社会灾难，司法官员可能会针对一个完全无辜的人罗织虚假的罪证，并据此对他进行审判、监禁甚至处决。此外，实行"团体责任"或"连坐"，即惩罚罪犯的家人也可以更强有力地威慑潜在的犯罪人，阻止其犯罪。对此，功利主义者也许会说，如此骇人听闻的刑罚方式会在人们心中造成普遍的恐慌和不安，这一"损失"远远超过了因此而实现的更高的守法水平。但是，正如哈特所言，如果我们仅仅考虑功利的话，总是存在某些极端的情况，在这些情况下，诉诸以上这些措施以实现某种社会目标是符合功利原则的。②

可见，只要条件允许，严格责任、为实现社会目标而惩罚无辜者、"团体责任"都是符合功利原则的。这说明，责任原则的正当性基础并不在于功利，而是功利以外的价值理念。那么，在一个普遍实行严格责任的社会中我们究竟失去了什么呢？

三、作为"分配"问题的责任原则

哈特指出，人们关于刑罚制度的争论，往往错误地将不同层面的问题混为一谈，或试图以一项原则来解决不同层面的问题。一旦我们澄清了各项议题所处的"层面"，许多无谓的争论就自然会消失。哈特认为，在现代社会中，包括刑罚制度在内的许多社会制度都至少包含两个层面的问题：一是该制度整体的价值或目标。它关心的是：与没有这项制度相比，建立和维持这项制度会给社会带来什么？这项制度所追求的整体目标是可欲的吗？第二个层面的问题是关于追求该制度整体目标的手段。它关心的是：追求整体目标的手段受到哪些限制？如果对手段的限制表达了某种价值理念，如何在整体目标与这种价值理念之间作出调和？哈特分别将这两个层面的问题称为"一般性的正当化目标"（General Justifying Aim）（以下简称"整体目标"）和"分配"（Distribution）。③以合同制度为例，该制度的整体目

---

① 参见 H. L. A. Hart, *Punishment and Responsibility: Essays on the Philosophy of Law*, Second Edition, Oxford University Press, 2008, pp. 19-20。

② 参见 H. L. A. Hart, *Punishment and Responsibility: Essays on the Philosophy of Law*, Second Edition, Oxford University Press, 2008, pp. 11-12。

③ 参见 H. L. A. Hart, *Punishment and Responsibility: Essays on the Philosophy of Law*, Second Edition, Oxford University Press, 2008, pp. 8-13。

标是私法自治,即最大限度地使人们有能力通过意思表示创设新的权利义务关系或改变自身的法律地位。同时,私法自治的目标受到"保护信赖利益"这一原则的制衡。合同中的"禁反言"(estoppel)以及"合同的客观意义理论"(doctrines of the objective sense of a contract)都是为了保护合同相对方的信赖利益而在一定程度上限制意思自治的制度。① 可以说,合同制度包含了两种相互冲突的价值原则。

将这一分析框架运用到刑罚制度中,可以帮助我们明确各项议题的性质。刑罚制度的整体目标既可以是报应主义也可以是功利主义。整体目标层面的报应主义指的是:设置刑罚制度的目的在于对那些犯有道德罪过者(offender who is morally guilty)报以刑罚的痛苦,这本身具有内在的价值(intrinsic value)。与此相对立,整体目标层面的功利主义指的是:刑罚的实施旨在减少未来可能发生的犯罪,而非单纯对过去恶行的报应。哈特认为,在现代社会中,随着宗教观念的淡化和理性、科学意识的觉醒,刑罚制度的整体目标从报应主义转向功利主义已是不可避免的趋势。然而,报应主义在整体目标层面的衰落并不意味着它的消失,它依然可以在刑罚的分配层面找到其位置。区分整体目标层面的报应主义与分配层面的报应主义是哈特重新界定责任问题的第一步。②

在刑罚的分配层面,哈特进一步区分了两组问题:"责任"(Liability)和"量"(Amount)。前者是关于刑罚的适用对象的问题;后者是关于刑罚的严厉程度以及刑罚的适用方式的问题。这两者都对于实现整体目标的手段或方式作出了限定。③ "责任"要求刑罚只能适用于那些有意地(intentionally)实施了违法行为的人,从而否定了惩罚无辜者以及惩罚无犯意的行为人的正当性。而"量"的问题至少涉及以下几项制度:首先,它要求刑罚的严厉程度应大致反映犯罪的严重程度,即"罪刑相适应"原则;其次,它要求对犯同一罪行者实施不同刑罚的原因不能超出以下两项:与该犯罪行为有关的犯罪人的个性特征,以及刑罚对犯罪人具有的效果。这便是刑法中的"同案同判"原则。这意味着,出于社会治安的考虑,在某种犯罪特别猖獗的时期对犯有该罪的人施加比通常情况下更重的刑罚,这种做法是违反"同案同判"原则的;④ 第三,当犯罪人在某些特殊的情况下

---

① 参见 H. L. A. Hart, *Punishment and Responsibility: Essays on the Philosophy of Law*, Second Edition, Oxford University Press, 2008, pp. 34-35。
② 参见 H. L. A. Hart, *Punishment and Responsibility: Essays on the Philosophy of Law*, Second Edition, Oxford University Press, 2008, p. 9。
③ 参见 H. L. A. Hart, *Punishment and Responsibility: Essays on the Philosophy of Law*, Second Edition, Oxford University Press, 2008, pp. 11-13。
④ Ibid., p. 24.

自我控制能力大为下降、遵守法律极为困难时，应减轻对他的惩罚。这便是英美法中的"减轻责任"（Mitigation/ Diminished Responsibility）制度。它与责任的重要区别在于，犯罪人的心理状态在这里只是影响量刑的依据，而不是决定犯罪成立的要件。[①]

在明确各项制度所归属的问题层次后，再次审视报应主义和功利主义证成责任原则的主张，可以看到，这两种理论失败的根源都在于它们试图从各自在整体目标层面的主张推导出分配层面的责任原则。换言之，它们都以同一种理论来解释分属两个层面的问题。首先，整体目标层面的报应主义主张，刑罚的目的是惩罚犯有道德罪过者，而只有那些在有犯意的心态下实施的行为才具有道德上的罪过，因此，为了保证整体目标的实现，刑罚只能施加于那些有意地实施了反道德行为的人。实际上，这一论证思路混淆了两个层面的问题。在整体目标层面，报应主义回答的是：刑法将何种行为规定为犯罪？是具有反道德性质的行为还是没有道德意义的行为？反道德性质的行为又包括哪些？在分配层面，报应主义回答的是：在给定刑法规定的情况下，刑罚应适用于谁？怎么实施？这两组问题是相互独立的，前者属于刑事立法的范畴，而后者属于刑事司法的范畴。对其中一组问题的回答不必然推导出另一组问题的答案。正是因为报应主义试图从整体目标层面出发推导责任原则，因此他们所论证的责任原则只能适用于符合整体目标层面的报应主义所定义的犯罪类型，即伦理犯，而无法解释行政犯的责任问题。其次，功利主义的论证也存在类似的错误。功利主义者主张，刑罚制度的整体目标是公民更高的守法水平（或更少的违法行为），这一目标是通过刑罚对公民心理造成的威慑力来实现的。因此，刑罚只应适用于那些能够被刑罚所威慑的人，即有犯意的人。然而，正如上文所指出的，功利主义版本的刑罚整体目标，不仅无法证成责任原则，反而会推导出取消责任的结论。而这再次说明了，刑事责任是一个独立于整体目标的、属于分配层面的问题，对责任原则的证成，无法从整体目标层面寻求资源。

四、责任原则与个体自由

既然在现代刑法中，我们已经普遍接受了功利主义在整体目标层面的支配地位，而功利主义又无法证成责任原则，那么，责任原则的价值基础究竟何在？借鉴

[①] 参见 H. L. A. Hart, *Punishment and Responsibility: Essays on the Philosophy of Law*, Second Edition, Oxford University Press, 2008, pp. 14-17。

罗尔斯在《两种规则观》中的论述[①]，哈特指出，分配层面的报应主义和整体目标层面的功利主义完全可以共存于同一个刑罚制度中，责任原则便是报应主义在分配层面的体现。但是，责任原则所捍卫的价值理念既非"报应"，亦非"功利"，而是"个体的自由"（individual liberty）。哈特认为，自由的要义是自治。自治意味着个体有能力在外在的强制性规则框架下选择自己所追求的生活。一种法律制度是否是保障自由的制度，取决于它是强制人们趋向某种特定的行为模式，还是仅仅提供多种"选项"，允许人们选择自己所欲求的行为模式。前者是一种"刺激机制"（a system of stimuli），以古典功利主义的法律观为典型；后者是一种"选择机制"（choosing system），以私法规则为典范。而哈特正是在与私法规则类比的意义上理解刑罚制度的。他认为，刑罚不是驱赶人们服从法律的棍棒，而是一套选择机制，它提供了两种选择：要么遵守法律而放弃犯罪的快乐，要么获得犯罪的快乐并承受刑罚的痛苦。刑罚制度所做的，是通过设置这些客观的选项，诱导人们选择合法的行为，但始终保留人们选择违法行为并承担其代价的可能性。[②]

那么，作为选择机制的法律规则在何种意义上扩大了个体的自由呢？哈特以遗嘱（wills）、赠予（gifts）、合同（contracts）、婚姻（marriages）等一系列民事交易行为（civil transactions）为例，指出这些法律制度在两方面扩大了个体的自由：一方面，个体能够通过当下的行为安排未来的生活，换言之，能够决定自己未来的命运；另一方面，个体有能力预测自己未来的生活，尤其是能预测国家强制力在未来会作出何种行动。在这一选择机制下，国家强制力的干预取决于个体事先的选择。因此，个体自由的程度，或个体选择能力的大小，就取决于国家强制力的启动在多大程度上是个体自愿选择的结果。而行为人的心理状态（mental condition），无论是私法中的"无效条件"（invalidating condition）还是刑法中的"免责事由"（excusing condition），都在这个意义上具有扩大个体选择能力的作用：在私法中，若行为人出于重大误解，或在受胁迫、疯癫的状态下签订了合同，该合同的内容就不是其真实意思的反映，因而国家强制执行该合同的行动就不是他自愿选择的结果；同理，在刑法中，若行为人出于错误（mistake）、意外（accident），或在无自我控制能力（lack of muscular control）的状态下实施了违法行为，并招致了国家的惩罚，这一惩罚行动就不是他自愿选择的结果。在这种情况下，惩罚可能是国家为了实现某一社会目标所采取的措施，这一目标也许是增强刑法对他人的威慑力、实

[①] 参见 John Rawls, *Collected Papers*, Edited by Samuel Freeman, Harvard University Press, 1999, pp. 20-46。

[②] 参见 H. L. A. Hart, *Punishment and Responsibility: Essays on the Philosophy of Law*, Second Edition, Oxford University Press, 2008, p. 44。

现更高的守法水平等等。当国家权力对个体生活的干预不是个体选择的结果时，个体也就成了实现社会目标的牺牲品。正是在这个意义上，哈特说，责任原则是保护个体对抗社会的一项道德／正义原则。①

可以说，责任原则的价值在于增强公民计划未来生活的能力，这是通过保障公民对国家刑罚权运行的预测能力来实现的。具体而言，责任原则要求刑罚只能施加于有意地实施了违法行为的人。一般来说，人们对自己在未来作出有意识行为的预测能力要高于对自己在未来作出无意识行为的预测能力。换言之，人们一般能够大致确信，在未来的一段时期里，自己不会有意地实施违法行为，但无法保证自己不会意外地或无意识地作出客观上违法的行为。②因此，在一个普遍实行严格责任的法律体系下，人们几乎无法预测在未来的某一时刻自己是否会"不幸地"作出某些违法行为，从而招致刑法的惩罚。这使得人们无法对未来的生活作出谋划和安排，或者说，无法"主宰"未来的命运。而承认责任原则的法律体系保证了公民对国家刑罚权的预期，在这个意义上，它确保了公民享有不受国家权力干扰的"消极自由"的可能性。

可见，责任原则所捍卫的个体自由是一种无法被涵括进"功利"的价值。实际上，在哈特的论述中，自由与功利是处于同等位阶、相互矛盾的两种价值：坚持责任原则势必降低刑罚的普遍威慑力，而实行严格责任则意味着牺牲个体以成全社会。对此，哈特指出，在任何一个法律体系中，责任原则都不是绝对的，它总是需要与其他价值原则进行妥协，有时甚至被抛弃。例如，英美法中对某些轻微犯罪实行严格责任，包括：向喝醉的人售卖酒精类饮料；持有被篡改的护照；售卖掺假的牛奶等。对这些行为实行严格责任自然是出于社会功利的考量。但是，哈特也不厌其烦地提醒我们，当我们决定牺牲责任原则以成全社会功利时，我们作出的是一项价值抉择，是放弃一种价值而选择另一种价值，而不是功利上的权衡比较的结果。③

然而，对个体自由造成威胁的不仅仅是古典功利主义者所追求的一般预防的目标，还有"社会卫生学"式的特殊预防措施。对此，我们还需回答的问题是：为什么一个允许人们选择、包括选择违法行为的社会，比一个把犯罪及时"扼杀在萌芽里"，决不允许有任何犯罪发生的社会更为可欲？实际上，哈特所推崇的"选择

---

① 参见 H. L. A. Hart, *Punishment and Responsibility: Essays on the Philosophy of Law*, Second Edition, Oxford University Press, 2008, pp. 45-49。
② 参见 H. L. A. Hart, *Punishment and Responsibility: Essays on the Philosophy of Law*, Second Edition, Oxford University Press, 2008, pp. 23-24。
③ 参见 H. L. A. Hart, *Punishment and Responsibility: Essays on the Philosophy of Law*, Second Edition, Oxford University Press, 2008, p. 12。

机制"和这种"社会卫生学"式的控制措施分别代表了两种不同的社会控制方式：作为"选择机制"的法律以抽象的规则设定一般性的行为标准，为人们的生活提供指引。在抽象规则之下，人们的行为只要满足法律所规定的抽象条件就不会受到国家的干预，而无须在每一次行动前都征询国家官员对于该行为的态度。国家的干预行动只有在违法行为实际发生后才会启动。从这个意义上说，通过抽象规则的社会控制是一种公民自治的模式。规则的抽象性确保了国家行动的可预测性；另一方面，"社会卫生学"式的控制措施并不设置一般性的行为标准，而是由国家官员在具体情况下对每一个个体单独地发号施令，告知他应该如何行动。这些指令完全服务于短期的、特定的行政管理目标，而这些目标因时而变，并不依循一般原则。因此，指令何时发出、其内容如何，对公民来说都是不可预测的。公民根据指令行动，本质上是对一个更高意志的服从。这两种社会控制方式的区别可以用一个形象的比喻来说明：就规范交通秩序而言，前者是通过设置交通信号灯或指示标志为人们提供"红灯停、绿灯行"的行为标准；后者则由交警随时随刻对每一个行人或车辆发出具体的行动指令。

在哈耶克看来，这正是"一般性规则"与"命令"的区别。两者的差异在于：在一般性规则中，立法者对于该规则会对哪个特定的人产生何种效果是无知的，也不知道人们会利用这些规则去追求何种目的；而在"命令"中，发布命令者可以确切地知道它将对何人产生何种效果。换言之，"一般性规则"本身并不包括特定的目标，它只是人们追求其各自不同目标的工具；而"命令"则表达了管理者的特殊目的或要求，它是服务于行政需要的政策工具。[①] 从根本上说，这是自治与他治的区别。与哈耶克的观点类似，哈特也从不同角度阐述了抽象规则的价值。在《法律的概念》中，哈特指出，法律作为一种社会控制的手段，主要通过两种方式实现其功能：一种是通过抽象的行为标准为社会生活提供指引；另一种是在违法行为发生后对特定的违法者进行制裁。前者是法律的首要功能，而后者只是法律的辅助功能。前者的首要性体现在：只有在法律的首要功能失败后（即违法行为发生后），法律的辅助功能才有施展的余地。因此，对罪犯的逮捕、审判和惩罚仅仅是应对首要功能之失败的补救措施。哈特甚至认为，在理想的状态下，一种没有制裁措施、只有行为标准的刑法规范是完全可以成立的。只要人人都自觉守法，这种没有制裁的行为规则就能发挥社会控制的功能。[②]

---

① 参见 F. A. Hayek, *The Constitution of Liberty*, The Definite Edition, University of Chicago Press, 2011, pp. 218-219。

② 参见 H. L. A. Hart, *The Concept of Law*, Third Edition, Oxford University Press, 2012, pp. 35-42。

可见，与哈耶克一样，哈特也强调抽象规则对于命令的优先性。而这种抽象规则的价值就在于：它是"最大化个体自由的控制方式"。它提供了选择的余地，保留了人们选择违法并受惩罚的可能性。[①] 与此相反，"社会卫生学"则取消了选择的可能性：它并不等到违法行为实际发生后才进行干预，而是无时无刻地侦查人格中潜在的危险倾向，并及时地加以矫正。在"社会卫生学"支配的社会中，人们无法预测国家的行动，不能确定自己何时会受到何种干预，人们的命运完全取决于国家官员的意志。

正是考虑到"社会卫生学"对个体自由的严重威胁，哈特坚持认为，"改造刑"（reform）不应成为刑罚制度的整体目标，而仅仅是在"分配"层面与"罪刑相适应"原则处于对抗地位的一种刑罚观念。换言之，"改造"只是在违法行为发生后、法律的首要功能宣告失败后所采取的一种补救措施，而不应成为首要的社会控制方式。[②] 从这个意义上说，上文所提到的"罪刑相适应"原则的衰落并不会动摇责任原则的正当性，因为责任原则涉及的是作为前置性问题的法律首要功能的有效性，而"改造刑"只是在这一功能失败以后才有运用的余地。换言之，只有在犯罪人实施了危害行为并被判有罪后，他才可能成为被教育和改造的对象。可是，这难道不是放纵了本来可以防止的罪恶吗？或许，在哈特眼里，哪怕我们必须容忍坏人享有选择犯罪的自由，哪怕我们必须承受犯罪的伤害，我们也有理由放弃那个没有犯罪的乌托邦而接受这个并不完美的世界。因为，一个保有"选择自由"而容忍其恶果的社会，远比一个企图消除一切罪恶、同时也取消一切自由的乌托邦更为可欲。

进一步而言，"选择机制"与"社会卫生学"以及它们对于"选择"的对立态度，其背后隐含着现代社会中两种不同的自由观。前者建立在一种"古典自由观念"的基础之上，这种自由观认为个体享有一个不受干扰的私人领域，只要他的行为不至于侵犯别人也享有的类似权利，他就可以在这个私人领域里思其所思、为其所欲为，而不必在意别人的看法和评价。与之对立的另一种自由观则否定人有选择自己生活方式的权利。它认为人是无知、冲动、缺乏理性的，人们并不知道自己真正想要的是什么，他们选择的生活往往并不是他们真正想要的生活。幸运的是，有些人（专家或官僚）比普罗大众更了解人性，他们比我们每个人自己更懂得我们真实的欲求所在。因此，我们应该放弃选择的自由，把权力交给这些"智者"，让他

[①] H. L. A. Hart, *Punishment and Responsibility: Essays on the Philosophy of Law*, Second Edition, Oxford University Press, 2008, p. 23.

[②] 参见 H. L. A. Hart, *Punishment and Responsibility: Essays on the Philosophy of Law*, Second Edition, Oxford University Press, 2008, pp. 26-27。

们来引导人类的生活。这样，如果某个人的行为方式或生活习惯在"智者"们看来是反常的、危险的，那么对他进行强制矫正就是正当的，因为这么做是为了他自己的利益。如果他不被愚昧所蒙蔽，能更理性地认识到自己的利益所在的话，他也会同意这么做的。而获得同意的强制不算强制，是一种更高程度的自由。这种源自古希腊的自由观一直延续至今，在一定程度上为"社会卫生学"提供了思想基础。[①]

可以说，尊重选择的自由观承认人性的不完美并容忍人类犯错，它所要求的不过是以外在的制度设施维持人类共同生活所必需的最低限度的秩序条件；而否定选择的自由观则相信人性可以被改造和完善，并极力用强制手段塑造出更完美的人性。在这里，福柯笔下针对人类灵魂的"权力技术"在"社会卫生学"式的惩罚工程中获得了最为彻底的实现。

五、约翰·加德纳对哈特的评述

在《惩罚与责任》的第二版中，约翰·加德纳（John Gardner）为本书撰写了一篇长长的导言，结合近40年来普通法国家刑罚理论的发展，对哈特的刑罚理论进行了全面的检讨。如前文所述，哈特认为刑罚制度的证成应区分"整体目标"和"分配"两个层面的问题，并认为可以在这两个层面分别适用不同的原则。具体而言，一方面，刑罚以及由此导致的痛苦本身都是一种恶，要说明一种刑罚是有价值的，就必须证明它具有工具价值（instrumental value），也就是刑罚的实施会带来何种有益后果。对于哈特以及边沁等古典功利主义者来说，一切刑罚的价值只能是减少未来可能发生的犯罪。因此，功利主义应当成为刑罚制度的整体目标。另一方面，由于哈特认为一切痛苦都是应当避免的恶，因此，认为"让罪犯承受痛苦"具有内在价值的报应主义是一种应当摒弃的野蛮观念，它理所应当从刑罚制度的整体目标中退出。但是，在否定报应主义可以成为刑罚制度的整体目标的同时，哈特又在分配层面为报应主义保留了适用的余地，认为刑罚制度中解决"刑罚应施加于谁身上"这一问题的所谓"分配规则"（distributive rule），在某种意义上正是报应主义在分配层面的体现。而分配层面的报应主义构成了实现整体目标的限制性条件。

对于上述哈特刑罚理论的"思想地图"，加德纳分别从多个"据点"发起了攻击。加德纳对哈特的批评总体而言可以分为两个方面：一是重申被哈特过早地宣判

---

① 参见 Isaiah Berlin, *The Power of Ideas*, Second Edition, Princeton University Press, 2013, pp. 134-138.

了"死刑"的报应主义的重要性,并以"新报应主义"对哈特的证成方案进行完善;二是重新检讨了哈特对"分配规则",①特别是其中的责任原则的"自由论"证成,并指出了这一证成路径的致命缺陷。

(一)哈特证成方案的"缺憾"

首先,加德纳重新澄清了被哈特所曲解的报应主义。在吸收近来"新报应主义"理论成果的基础上,加德纳指出,报应主义并非一种注定被现代社会摒弃的野蛮观念,不仅"让罪犯承受痛苦"可以构成一种在价值位阶上与"功利"并列的"善"(good),而且报应主义的证成逻辑和功利主义一样,本质上也是一种"前瞻性"的或"工具主义"的证成思路。这是因为,"对刑罚制度的任何一种证成理论(justification),甚至可以说对任何事物的证成理论,从某种意义上说都是'前瞻性'的,它们都需要说明被证成的事物将会使这个世界变得更好,或者至少能够阻止这个世界变得更糟。报应论的特征并不在于它试图否定这个定理,如果是这样的话,我们就很容易(至少比哈特认为的容易)将报应论冠以'非理性'的名头从而将其抛弃。报应论的特征实际上是:它认为某种痛苦具有内在价值而不仅仅是工具价值,这种痛苦被称为'应得的痛苦'"②。可以说,加德纳提升了报应主义的价值位阶,使"罪犯的痛苦"从哈特笔下的"恶"变成一种具有终极意义的"善",从而为报应主义在整体目标层面的"回归"预备了条件。正如加德纳所言,哈特自己也承认报应主义成为整体目标层面的原则在逻辑上是可能的,从这个意义上说,哈特与报应主义者的分歧本质上是道德立场的分歧。他们都同意整个刑罚制度的价值在于实现某种"善",但他们对何为"善"存在不同的理解。③在哈特这样的功利主义者眼里,"罪犯的痛苦"无论如何都不可能构成一种值得追求的"善"。而如果正如报应主义者所言,"罪犯的痛苦"确实是一种终极意义的"善"的话,那么哈特对报应主义的"宣判"便是无力的,要否定报应主义的价值就还需要提供更具根本性的道德论证。

如果报应主义并非如哈特所言注定从刑罚的整体目标中退出,那哈特将报应主义安置在"分配"问题中的尝试又是否成功了呢?在回答这一问题之前,需要探究的是,哈特的证成方案是否是一个融合了功利主义与报应主义的"多元主义"

---

① 加德纳所说的"分配规则"(distributive rule)实际上是哈特所说的"分配"层面中的"责任"(liability)问题。它是关于"刑罚应适用于谁"的问题,即犯罪构成(客观+主观)的问题。

② H. L. A. Hart, *Punishment and Responsibility: Essays on the Philosophy of Law*, Second Edition, Oxford University Press, 2008, p. xv.

③ 参见 H. L. A. Hart, *Punishment and Responsibility: Essays on the Philosophy of Law*, Second Edition, Oxford University Press, 2008, p. xvii.

方案？哈特认为，功利主义证成方案的核心缺陷是"价值一元论"，即仅仅以"功利"这一种价值来证成刑事制度的所有规则，从而将不同价值之间的冲突统统化约成功利数值的比较。这种思路之所以无法证成"分配规则"，是因为"分配规则"所涉及的是一种在性质上有别于"功利"，从而无法被化约的价值，哈特称之为"个体自由"。正是由于"个体自由"无法被化约成一定的功利数值，它才足以构成对刑罚制度整体的功利目标的限制。哈特的上述观点似乎让人以为他背离了功利主义的根本立场，并在他的证成方案中引入了报应主义的成分。然而，加德纳敏锐地消除了这一错觉。他指出，即使哈特提出的证成方案确实涉及两种不可通约的价值，但这并不意味着哈特采取了两种不同的证成原则。实际上，哈特始终坚持边沁式的工具主义论证，即认为整个刑罚制度（包括"分配规则"）的价值都在于它所能带来的有益后果，刑罚制度中的任何一项规则都不具有"内在价值"。哈特的证成方案只不过是完善了这一功利主义的根本立场，将"有益后果"进一步细分为两个方面：一是整个刑罚制度所追求的未来犯罪的减少，二是"分配规则"所追求的个体自由的扩大。①换言之，即使"分配规则"涉及的是一种与"功利"不同的价值，哈特对"分配规则"的证成也依然遵循着功利主义的证成进路，即证明"分配规则"的正当性在于它能增进"个体自由"这一"有益后果"，而非强调"分配规则"具有某种内在价值。从这个意义上说，哈特所构想的"分配问题中的报应"（retribution in distribution）并没有在他证成"分配规则"的理据中得以体现。这一方面再次确认了哈特的功利主义立场，另一方面也说明了哈特终究没能为报应主义找到一个合适的"归宿"。

在清理了哈特的证成方案中那些带有报应论色彩的"表象"后，加德纳指出，哈特的证成方案远非一种包含了多元原则的"混合式"方案，而是一种过于单一、不够"混合"的方案。②正如边沁所犯的错误一样，哈特方案的这一缺陷决定了它对刑罚制度的证成是不完整的，亟需报应主义的成分来加以补强。随之而来的问题便是，哈特的功利主义证成方案是否能容得下报应主义的成分？如果可以的话，我们又应该将报应主义安放在哈特证成方案中的哪个环节呢？要回答这些问题，还须回到哈特对"分配规则"的讨论中。

"分配规则"要求将刑罚的适用对象分为"有罪之人"（the guilty）和"无辜

---

① 参见 H. L. A. Hart, *Punishment and Responsibility: Essays on the Philosophy of Law*, Second Edition, Oxford University Press, 2008, p. xxv。
② 参见 H. L. A. Hart, *Punishment and Responsibility: Essays on the Philosophy of Law*, Second Edition, Oxford University Press, 2008, p. xxix。

者"（the innocent）两类，[①] 并只对前者施加刑罚。加德纳认为，哈特对"分配规则"的辩护仅仅说明了为什么不能惩罚"无辜者"，而没有说明惩罚"有罪之人"的理由是什么。具体而言，哈特为"分配规则"辩护的基本思路是：如果允许惩罚"无辜者"的话，只要惩罚所带来的社会功利足够大，刑事司法体系就会肆意地惩罚"无辜者"，从而使个体成为社会功利的牺牲品。因此，为了捍卫个体的自由，应当限制刑罚权的使用，将其适用对象局限于"有罪之人"身上。概言之，哈特的论证旨在说明禁止惩罚"无辜者"以及限制刑罚权运用的正当性依据。然而，正如加德纳所言，"追求最大程度自由的观念产生出一种反对惩罚无辜者的规则，而非一种支持惩罚有罪之人的规则"[②]。哈特的"分配规则"无非是说应"将刑罚留给有罪之人"（reserve punishment for the guilty），至于惩罚"有罪之人"的理由是什么这一问题，哈特未作进一步论证。哈特给出的唯一一个刑罚的理由是刑罚制度的"整体目标"，即减少未来可能发生的犯罪。然而，在加德纳看来，这一理由显得太过间接。在"不可惩罚'无辜者'"和"减少未来的犯罪"之间，还应该有一个更为直接、切近的积极理由（positive reason），而这便是加德纳所说的哈特的证成方案中缺失的那一段逻辑链条（the missing link）。

　　加德纳指出，对刑罚的辩护应兼顾刑罚制度的两方面特征：道德特征与逻辑特征。哈特的证成方案只着眼于前者而忽略了后者。所谓刑罚的逻辑特征，就是内在于"刑罚"定义之中的某些事实，其中一项重要事实便是存在"实际的或假设的罪过"（actual or supposed wrongdoing）。哈特自己也承认了这点，他曾说，刑罚就其本质而言是为一个实际存在或假设存在的罪过而设。加德纳认为，所谓的"刑罚为罪过而设"，意味着罪过构成了刑罚的理由或基础。只有当存在罪过，并且存在罪过这一事实构成了惩罚某人的理由时，我们才能合逻辑地说我们在惩罚某人。[③] 由此，需要得到说明的一个问题是：罪过何以构成了刑罚的理由？这便是加德纳所说的那项被哈特所忽略的对刑罚之逻辑特征的辩护。这项辩护尽管不能单独完成对刑罚制度的证成，但它却是其他辩护的前提和基础。也正是在这里，报应主义再次找

[①] 加德纳在后文提到，哈特对责任原则的定义是一种"罪的标准"，由此可见，这里的"有罪之人"与"无辜者"的区分实际上是符合全部犯罪构成要件和不符合全部犯罪构成要件之间的区分。换言之，这里的"无辜者"不仅包括未实施犯罪行为的人，也包括实施了犯罪行为但不符合责任要件的人。而哈特在批判功利主义证成方案时所说的惩罚"无辜者"，指的是未实施犯罪行为的人。此差异请读者注意。

[②] H. L. A. Hart, *Punishment and Responsibility: Essays on the Philosophy of Law*, Second Edition, Oxford University Press, 2008, p. xxiv.

[③] 参见 H. L. A. Hart, *Punishment and Responsibility: Essays on the Philosophy of Law*, Second Edition, Oxford University Press, 2008, p. xxv。

到了立足之地。

　　加德纳指出，20世纪90年代以来涌现了所谓的"新报应主义"思潮。"新报应主义"又分为两大支脉："矫正观"（rectificatory view）和"表达观"（expressive view）。"矫正观"认为对"有罪之人"施加痛苦是在"否定和没收他不法获得的利益或不法拥有的自由"，"表达观"认为对"有罪之人"施加痛苦是一种对他本人以及他所犯下的罪行表达谴责的方式。这两种"新报应主义"强调矫正或谴责行为本身具有某种内在价值，而矫正或谴责的对象是"有罪之人"及其所犯下的罪过。因此，罪过就成了"报应"或用刑的逻辑前提。但是，值得注意的是，这里的"罪过"指的是行为人与其所实施的行为之间具有某种联系，而与行为本身的道德性质或行为人的主观心态无关。① 从这个意义上说，"新报应主义"能够在不涉及"何种行为是道德恶行"这类道德争议的情况下为刑罚提供一个积极的理由。于是，根据"表达观"的"新报应主义"，我们可以说，施加刑罚是为了对"有罪之人"及其所犯罪过表达谴责。罪过之所以构成刑罚的理由，是因为没有罪过就不存在"谴责"的问题。

　　但是，单凭"新报应主义"提供的这项刑罚理由并不足以证成整个刑罚制度。正如加德纳所言，如果我们仅仅止步于此的话，将不得不面对这样的诘问：表达谴责的方式有许多种，我们完全可以用激烈的言辞来表达谴责，为何非要选择刑罚这种残酷的方式？由于"新报应主义"仅仅强调谴责本身的内在价值，而不涉及谴责的手段问题，因此它无法对这一诘问作出回应。要说明为何选择刑罚作为谴责方式，则需要对刑罚进行工具主义的证成，即说明刑罚的实施会带来何种有益后果。② 至此，我们就获得了一个融合了报应主义和功利主义的证成方案：报应主义提供了刑罚的积极理由，说明刑罚为何只能对"有罪之人"适用，从而确立了"分配规则"的正当性；在刑罚只能对"有罪之人"适用的前提下，功利主义论证刑罚的工具价值，并根据功利数值的权衡比较说明是否对"有罪之人"施加刑罚。可以说，加德纳所提出的这一"混合式"证成方案依然延续了哈特的"整体目标 + 分配"的思维框架。通过在哈特的功利主义证成方案中引入报应主义的成分，加德纳填补了哈特方案中的逻辑缺环，并真正实现了哈特所说的"分配问题中的报应"，从而以反对哈特的方式推进了哈特所推崇的"多元主义"的证成进路。

---

① 参见 H. L. A. Hart, *Punishment and Responsibility: Essays on the Philosophy of Law*, Second Edition, Oxford University Press, 2008, pp. xxvii–xxviii。

② 参见 H. L. A. Hart, *Punishment and Responsibility: Essays on the Philosophy of Law*, Second Edition, Oxford University Press, 2008, pp. xxx–xxxi。

（二）对哈特"自由论"证成的批判

在对哈特证成方案的整体思路进行批判之后，加德纳将矛头转向了哈特方案中的一个关键部分，即对责任原则的"自由论"证成。在对"犯罪意图"（英美法上的 "*mens rea*"）的具体内容如"故意"（intention）、"过失"（negligence）以及"免责事由"（excusing condition）的讨论中，哈特提出了他对责任之要义的理解，即行为人必须具备"生理方面和心理方面的'正常的能力'（normal capacity），即做法律所要求做的事，不做法律所禁止做的事的能力，并且拥有运用这一能力的平等机会"①。加德纳指出，哈特所提出的这一"罪的标准"（criterion of guilt）是用来支持他对责任原则的"自由论"证成的。简而言之，哈特认为责任原则旨在捍卫个体自由，而在刑事司法中适用这一"罪的标准"能够最大限度地增进个体自由。这一论证思路引发的疑问是，"罪的标准"所要保障的是一种什么样的自由？它能否实现这一目标？

加德纳指出，责任原则实际上是一种"法治主张"（rule of law argument），它与"法治"所要求的"禁止溯及既往""禁止秘密法""法律应当明确""法律应当稳定"等原则一样，根本目的都是为了保障人们对法律的预测能力。所谓对法律的预测能力，指的是人们在行动之前，能够根据既定的法律规则判断哪些行为是法律所禁止的，违反该法律会导致什么后果，从而能够将可预测的违法后果纳入到他的权衡因素之中。②换言之，根据"法治"理念，法律的运行不应使人们感到意外，不能破坏人们的预期，挫败人们的计划，使人们处于无所适从的不安状态中。在哈特对责任原则的"自由论"证成中，"罪的标准"正是在这个意义上增进了人们的自由。它要求人们受惩罚的前提是能够事先预见到法律的禁止事项及其违反后果，并有能力遵守法律。而惩罚不满足"罪的标准"的行为人，则使人们在"出其不意"的情况下受到惩罚，从而无法将"法律因素"纳入到行动之前的权衡过程中。就此而言，包括责任原则在内的"法治"诸原则所保障的自由，实际上是一种能够避免实施违法行为从而免受法律干预的自由。但是，正如加德纳所指出的，这种自由仅仅是一种与法律的运作过程（而非价值内涵）相关的非常有限的自由。尽管哈特对马克思批判"形式自由"的反驳是成功的，但是"法治"所保障的这种"形式自由"的根本局限却是哈特无法回避的问题。哈特自己也承认，单凭这种自由并不

---

① H. L. A. Hart, *Punishment and Responsibility: Essays on the Philosophy of Law*, Second Edition, Oxford University Press, 2008, p. 152.

② 参见 H. L. A. Hart, *Punishment and Responsibility: Essays on the Philosophy of Law*, Second Edition, Oxford University Press, 2008, p. xxxvi。

足以使人们摆脱受压迫、受奴役的状态，因为责任原则完全可能和一个邪恶的、压迫性的法律体系（例如纳粹德国时期的"告密法"）兼容。在这里，责任原则的价值仅仅在于，它避免了人们在遭受恶法摧残的同时，再额外承受一种由法律的不确定性所导致的"不自由状态"。换言之，责任原则能够避免另一种可能的"恶"，但不能改变法律体系本身的邪恶性质。从这个意义上说，哈特对"法治"的理解与拉兹是一致的。拉兹也认为，"法治"是通过避免"恶"来产生"善"，并且，"法治"所能避免的"恶"，是一种完全源自法律本身的"恶"。①

在澄清了"法治"所保障的"自由"的准确含义后，加德纳指出，哈特所说的"责任原则有助于增进自由"的观点，正确的表述应该是：一个贯彻了"法治"理念的法律体系能最大限度地减少一种"额外的不自由"（extra unfreedom）。这种"不自由"意味着人们会在出乎意料的情况下违反法律，并出乎意料地承担违法后果。而之所以说这种"不自由"是"额外的"，是因为它完全是由于我们必须在法律之下生活这一事实而导致的。②换言之，这种"不自由"是我们运用法律这种社会控制工具来管理社会生活和维持社会秩序所不可避免的结果。在对哈特的"自由论"证成作出这样的解读之后，加德纳随即提出了两点疑问。首先，既然"法治"的要求是为了减少普遍存在于所有法律部门中的"不自由"，为什么它特别适用于（甚至是只适用于）刑法？对此，惩罚的严厉性不能解释这一现象。因为在某些民事侵权案件中，巨额赔偿金对被告人造成的痛苦往往比对该行为的刑事处罚造成的痛苦大得多。其次，如果责任原则所保障的"自由"只是一种"最低程度的不自由"的话，它是否足以构成对"整体目标"的限制呢？③通过对这两个问题的回答，加德纳进一步分析和批判了哈特的"自由论"证成。

哈特对第一个问题的回答似乎是：刑法的特殊性在于它可能涉及社会对个体的压迫，在刑法中设置"分配规则"（包括责任原则）就是为了赋予个体一种对抗社会诉求（claims of society）的能力，"承认每个人都是一个能够进行选择的独立主体"④，而非实现社会目标的手段。加德纳对此不以为然，他指出，惩罚"无辜者"

---

① 参见 H. L. A. Hart, *Punishment and Responsibility: Essays on the Philosophy of Law*, Second Edition, Oxford University Press, 2008, p. xxxviii。

② 参见 H. L. A. Hart, *Punishment and Responsibility: Essays on the Philosophy of Law*, Second Edition, Oxford University Press, 2008, pp. xxxviii-xxxix。

③ 参见 H. L. A. Hart, *Punishment and Responsibility: Essays on the Philosophy of Law*, Second Edition, Oxford University Press, 2008, p. xxxix。

④ 参见 H. L. A. Hart, *Punishment and Responsibility: Essays on the Philosophy of Law*, Second Edition, Oxford University Press, 2008, p. xl。

的问题实际上类似于这么一个假想的情况:几名探险队员被困在了一个即将被淹没的山洞里,不幸的是一名特别肥胖的队友在逃生的过程中堵住了唯一的洞口。此刻,其他队友面临着两种选择:要么将这名胖队友炸成碎片从而获得逃生通道,要么绝望地等着被水淹死。加德纳认为,这个问题无关"公共道德",也不涉及任何人的自由,它本质上是一个"道德数学"(moral mathematics)的问题,也就是在天平两端放置价值平等但数量不同的"生命",比较孰轻孰重。但是,加德纳无意为这一纷争不休的道德难题提供一个明确的解决方案。他想提醒我们注意的是,这一问题的处理方式会影响人们对其处理结果的道德意义的认识。换言之,被别人故意地炸死与被水淹死也许具有不同的道德含义。在这个问题上,加德纳否定了哈特在讨论"犯罪故意"(intention)时提出的"直接故意和间接故意在道德意义上没有区别"的观点,并认为"痛苦是施加惩罚者有意追求的结果"和"痛苦不是施加惩罚者有意追求的结果,而只是惩罚的间接结果"这两种情况的道德含义是颇为不同的。正是在这个意义上,加德纳指出,刑罚的特殊性不在于它具有"多数压迫少数的"特征,而在于它是一种有意施加痛苦的惩罚方式。相比之下,在民事侵权案件中,无论赔偿金额有多高,它因此对被告造成的痛苦都不是"惩罚"的直接目的,而是其间接后果。正是刑罚固有的这种"故意"要素使它具有了特殊的道德含义,也使得限制刑罚权的使用变得尤为重要。[①]比起哈特那暧昧不清的"自由论"证成,加德纳认为刑罚的"故意"要素及其特殊的道德含义能为"分配规则"以及其他专属于刑法的"法治"要求提供更具说服力的证成。

　　加德纳对上述第二个问题的分析将我们引向了对"法治"之本质的思考。如前文所述,"法治"的功能是减少法律本身导致的"不自由"。而法律之所以会产生这种"不自由",是由法律作为一种使用抽象规则进行社会控制的"机械装置"本身的特征所决定的。从这个意义上说,"法治"仿佛是"法律机器"自带的一套"防火装置",其功能在于防止"法律机器"的运转给使用者造成伤害。"法治"具有的这种技术性和无价值性特征意味着它可以与具有不同道德内涵或整体目标的法律体系相结合。换言之,"法治"本身并不构成某种独立的价值,"法治"的价值是相对的、多样化的,它取决于"法治"在具体的法律体系中发挥着何种功能。基于此,加德纳指出,"法治"包含着两种"价值之源"(sources of value):一是"是保障个体自由的工具",二是"促进法律自身有效性的工具"。"法治"具有何种价值取决于它所"服务"的法律体系的性质:在一个压迫性的法律体系中,"法治"

[①] 参见 H. L. A. Hart, *Punishment and Responsibility: Essays on the Philosophy of Law*, Second Edition, Oxford University Press, 2008, pp. xl–xli。

的最高价值体现在它充当着保障个体自由的工具。"在这种情况下，免于法律压迫的自由，或者起码有能力事先预测到与法律'遭遇'的情况，就显得尤其可欲。"①相反，在一个良善的法律体系中，"法治"的最高价值体现在它充当着促进法律自身有效性的工具。这时候，促进法律的有效性比保障个体自由更为可欲。"法治"的这两种功能往往不会在一个法律体系中并存。因为，"法律体系越是糟糕，我们越希望它是无效的"②，而法律体系越良善，我们越希望它得到最大程度的实行。正是由于"法治"具有这种双重功能，即既能限制恶法的恣张，又能助益善法的实行，它才具有如此强大的生命力，在无数时代和无数国家里延续不绝。③

根据上述对"法治"的分析，哈特认为责任原则（"法治"之要求）构成整体目标之约束的观点需要重新检讨。首先，"法治"所保障的"最低限度的不自由"难以构成一种足以与"社会功利"相抗衡的价值理念。因为，"最低限度的不自由"的价值是相对的，只有在一个压迫性的法律体系中，它才具有重要的意义，法律体系越是良善，人们对"最低限度的不自由"的欲求就越弱。其次，"法治"与"整体目标"未必总是处于对立的地位。如果整体目标是良善的，"法治"也可以通过发挥"有效性"的功能来促进整体目标的实现。关于这点，还需要进一步说明的问题是，"法治"所促进的"法律的有效性"究竟是何种意义上的"有效性"？它如何能够与"法治"的要义——法律的可预测性——兼容呢？

对此，加德纳认可了哈特对法律的两种模式的区分：一种是将法律看作"指南"（guide）或"选择机制"（choosing system），另一种是将法律看作"棍棒"（goad）。尽管这两种模式都能实现某种程度的"有效性"，但是，哈特和加德纳都认为，只有前者才是"法律特有的有效性"（the specifically legal way of being effective），它指的是"法律通过权威性的规则为人们的社会活动提供指引，只有当这些规则被人们遵守时它们才是有效的"。④换言之，"法律特有的有效性"强调的是法律的规范指引功能，而非义务强制功能。而法律要成为人们社会活动的可靠指南，就必须具有可预测性。法律的可预测性越强，人们就越有能力判断合法与违法的边界，从而越有可能遵守法律。而法律越大程度地得到遵守，就越是"有

---

① 参见 H. L. A. Hart, *Punishment and Responsibility: Essays on the Philosophy of Law*, Second Edition, Oxford University Press, 2008, p. xlii。

② H. L. A. Hart, *Punishment and Responsibility: Essays on the Philosophy of Law*, Second Edition, Oxford University Press, 2008, p. xlii.

③ 参见同上，p. xlii。

④ 参见 H. L. A. Hart, *Punishment and Responsibility: Essays on the Philosophy of Law*, Second Edition, Oxford University Press, 2008, pp. xlii-xliii。

效"。就此而言,"法律的指引功能"、"法律的可预测性"和"法律特有的有效性"具有内在一致的原理,描述的都是同一种法律运行机制。

加德纳进一步指出,这种"法律特有的有效性"为我们理解"法治"与"整体目标"之间的关系提供了一种新的思路。刑法和刑罚制度的整体目标——减少未来的犯罪——要获得实现的话,就要求人们最大程度地遵守刑法规则。而要使人们最大程度地遵守刑法,就应该使刑法成为人们社会活动的指南,也就是增强它的可预测性。正是在这个意义上,加德纳认为,刑罚制度整体目标的实现需要"法治"来加以支持。责任原则与"整体目标"之间未必如哈特所说的那样处于相互制衡的对立地位,因为责任原则既可以充当保障个体自由的工具,也可以充当促进法律有效性的工具。而哈特恰恰忽略了后一种可能性。[①]

加德纳对哈特"自由论"证成的重新检讨揭示出了:哈特证成责任原则的核心理据实际上是"法治主张"和法律的指引功能。然而,加德纳发现,若以此来重新审视哈特对"故意犯罪"(crimes of advertant mens rea)、"过失犯罪"(crimes of inadvertant mens rea)和"免责事由"等具体问题的讨论,就会发现,哈特在这些问题中的某些观点与这一证成理据存在矛盾。根据哈特的论证逻辑,责任原则通过规定构成犯罪的主观要件,确保任何一个构成犯罪的人都事先对其行为的法律后果有所认识,从而对即将降临的惩罚存在预期,以此来尽可能地提高刑罚的可预测性。按照这一逻辑,主观要件中"非故意"的要素越少,构成犯罪的人对其行为的法律后果就具有越清楚的认识,刑罚也就具有越高的可预测性。从这个角度来说,"故意犯罪"比"过失犯罪"更符合"法治"的要求。因此,即使我们不质疑刑法中"过失犯罪"类型的正当性,我们也必须承认,为了保证"法治"得到贯彻、确保刑罚具有最低限度的可预测性,犯罪构成的主观要件中应当包括行为人对至少一项关键的犯罪事实存在故意的心态。然而,哈特关于过失犯罪的观点似乎突破了这一底线。在关于过失犯罪的讨论中,哈特认为"我当时没有想到"(I just didn't think)不能成为过失犯的辩护理由,因为惩罚过失犯的法理根据是行为人客观上没有履行法律所要求的注意义务,至于行为人对于损害后果的发生存在多大程度上的认识,则并不重要。哈特的这一观点似乎倾向于允许更多的"非故意"要素进入主观要件,从而减少犯罪行为的"故意"成分。而这势必降低行为人事先认识其行为的法律后果的可能性。[②]

[①] 参见 H. L. A. Hart, *Punishment and Responsibility: Essays on the Philosophy of Law*, Second Edition, Oxford University Press, 2008, p. xliv。

[②] 参见 H. L. A. Hart, *Punishment and Responsibility: Essays on the Philosophy of Law*, Second Edition, Oxford University Press, 2008, pp. xliv-xlv。

另外一个体现哈特自相矛盾的议题是"免责事由"。哈特认为，免责事由与主观要件乃一体之两面，两者背后的正当性依据都是"法治"。但是，加德纳指出，"法治"并不能完全说明免责事由的正当性。以免责事由之一的"胁迫"（duress）为例，受到胁迫的人在作出犯罪行为之前对其行为的违法性质及其违法后果不可谓不清楚。在这里，未来的违法后果与当下的威胁构成了两种相互对抗的权衡因素，共同争夺着对行为人最终行动的决定权。法律的指引功能在这种情况下并没有减弱。也正因如此，刑法对于这类免责事由才没有采取"不闻不问"的态度。正如哈特所论，存在免责事由与缺乏主观要件，两者的法律性质是不同的。就"胁迫"而言，受胁迫者的行为本身构成了犯罪，他之所以不受惩罚只是因为法律赋予了他对该犯罪行为的辩护理据。换言之，他是一个"不法行为人"（wrongdoer），但不是一个"罪犯"（guilty）。正是由于刑法对于受胁迫的犯罪行为采取了否定的态度，因此，刑法并不放弃对于受胁迫者的指引。刑法不仅明确地告诉他：他所实施的是一种犯罪行为，甚至还期待这种认识能够在他心中压倒当下的恐惧，促使他最终放弃实施犯罪行为。从这个意义上说，受胁迫者最终得到豁免的可能性并不是刑法所提供的指引内容之一。换言之，刑法所提供的指引不是要事先告诉人们：如果你在存在免责事由的情况下实施了犯罪行为，你将得到豁免。刑法所提供的指引仅仅是关于人们不应当做什么以及做了刑法所禁止的事情会有什么后果。既然"免责"并非刑法指引的内容，免责事由的规定就很难说是为了维持法律的指引功能而设，免责事由的正当性也就难以根据"法治"而获得证明。①

余 论

尽管加德纳对哈特的批评揭示了哈特论证思路中的某些逻辑漏洞，并在完善哈特方案的基础上提出了证成责任原则的新路径，但是，哈特关于责任原则的论述并没有因此而失去其理论价值。哈特提出的"整体目标"与"分配"的区分依然为我们提供了分析刑罚制度的基本框架；而哈特对于责任原则受到预防刑观念威胁的担忧，以及他对于"社会卫生学"式的惩罚工程的警惕，对于身处预防刑时代的我们来说依然具有深刻的警示意义。在一个高科技与国家刑罚权完美结合的社会里，责任原则将会面临怎样的命运，涉及的价值冲突如何调和，仍然是值得我们不断追问的问题。

---

① 参见 H. L. A. Hart, *Punishment and Responsibility: Essays on the Philosophy of Law*, Second Edition, Oxford University Press, 2008, pp. xlv–xlviii。

案评·气候变化诉讼的新进展

"气候变化诉讼的新进展"专题导引

朱明哲(中国政法大学比较法学研究院副教授)

随着我国于2020年在联合国大会上明确提出力争于2030年前达到二氧化碳排放峰值、于2060年前实现碳中和,应对气候变化一时间成为政策制定、新闻报道、社会讨论的焦点。实际上,我国参与全球气候变化治理的时间远早于此。早在20世纪90年代初,国务院环境保护委员会已经在气候专题会议上表示了对连续十年北方暖冬、海平面上升、相应农业影响等议题的关注,并提出积极参与气候变化公约谈判的主张。[①] 关于气候变化的科学验证更是已经有了一百多年的历史:早在1896年就有科学家注意到二氧化碳浓度与气候变暖之间的可能联系。[②] 当政府间气候变化专门委员会(IPCC)在1988年建立后,科学研究的权威开始转化为制定政策的重要依据,并且推动着国际气候变化治理谈判的进展。

各界对气候变化的关注也促使各种不同的参与者采取行动,试图把雄心勃勃但是拘束力堪忧的国际承诺落实为具体的国内政策。其中司法成了重要的渠道。最近三十多年来,气候变化诉讼在世界各地兴起,据统计已经有超过1700起气候变化诉讼案件进入审理程序。1990年到2016年之间在美国提起的气候变化诉讼案中,

---

① 国务院环境保护委员会秘书处编:《国务院环境保护委员会文件汇编(二)》,中国环境科学出版社1995年版,第246—248页。

② 参见 James R Fleming, "T. C. Chamberlin, Climate Change, and Cosmogony," *Studies in History and Philosophy of Modern Physics* 31, no. 3 (September 2000): 293-308。

42%取得了有利于气候变化应对的结果;① 在美国之外（不包括中国）的诉讼中，则有58%获得了有利的结果。② 我国最高法院也表态，要以司法保障能源转型。最高人民法院日前发布的《中国环境资源审判（2019）》明确提出，把以司法保障气候变化适应措施作为工作重点。③ 既然中国的法官几乎必然会成为这场席卷全球的司法浪潮中的一个组成部分，那么我国和世界法学界有必要理解中国司法的重要特点和独特贡献。为此，比较法可以提供独到的视角和材料。

正是在这一背景下，我们组织了国外气候变化诉讼案例评析的专题，邀请来自中国政法大学、慕尼黑大学和阿姆斯特丹大学的年轻学者分别接受并评析2021年做出裁判或正在审理的气候变化诉讼个案。这些诉讼个案针对的被告、提出诉讼的法院、请求的法律基础、法官的论证方式都各有不同。在段沁评述的"《气候保护法》部分违宪案"中，诉愿人以国家未采取足够气候行动来保护青年世代的基本权利为由，要求宪法法院审查立法的合宪性；法官处理了代际正义的问题。在王苓瑜评述的"Juliana案"中，原告同样以宪法权利和代际正义作为依据，但被告几经变更，法院也不愿意采取更加具有回应性的立场。在我评述的法国"世纪诉讼案"中，争议提交到了巴黎行政法院，虽然原告依据《欧洲人权公约》提出主张，但是法官据以判决政府应该采取更多减排政策的依据是《法国民法典》中的生态损害制度。在杜中华评述的"荷兰皇家壳牌案"中，被告是私人企业，原告受"Urgenda案"的启发在《欧洲人权公约》的背景下解释《荷兰民法典》中的注意义务，法院认为"普遍接受的不成文法"可以课私人企业以法定义务，并判决壳牌在2030年以前将其排放量降低45%。

无论我国是否已经出现了核心意义上的气候变化诉讼，无论我国是否会出现具有世界性影响的气候变化诉讼，以上案件至少在以下方面能够为我们提供重要的信息。首先，这些案件向我们展示了司法机关主动参与社会综合治理的能力和可能局限，可以促使我们批判性地反思现代法治理念中对司法功能的定位。其次，它们还体现了现代司法中从自治型法到回应型法、从法条主义思维到工具主义思维的双重运动。最后，让我们回到中国问题中，这些国外的司法裁判对基本权利、不具备强制拘束力的国际法规范、科学论证的使用就像一面镜子，能帮我们照出中国司法的

---

① Shaikh M. S. U. Eskander and Sam Fankhauser, "Reduction in Greenhouse Gas Emissions from National Climate Legislation," *Nature Climate Change* 10, no. 8 (August 2020): 750-56, https://doi.org/10.1038/s41558-020-0831-z.

② Joana Setzer and Rebecca Byrnes, "Global Trends in Climate Change Litigation: 2020 Snapshot," Policy Report (Grantham Research Institute on Climate Change and the Environment, July 2020), 11.

③ 最高人民法院：《中国环境资源审判（2019）》，人民法院出版社2020年版，第16页。

独特面向。

　　目光如炬的各位读者肯定已经看到了本次专题的局限：我们所选取的案件集中在欧美——当代国际经济秩序中的"北方国家"。实际上，更多激动人心、别出心裁的司法实践出现在"南方国家"——印度、巴基斯坦、肯尼亚、拉丁美洲。我们希望在下一期《法理》中可以再次针对这些发生在南方国家的气候变化诉讼案组织专题案例评述，希望对这些国家和地区素有研究的各位先进不吝惠赐大作！

跨世代的自由保证

——德国联邦宪法法院"《气候保护法》部分违宪案"评述

段 沁[*]

摘 要 宪法中保护生命和身体不受侵犯的基本权利以及保护自然环境的国家目标等条款，确立了国家进行气候保护的宪法义务，其包括以碳中和为目标的控温减排及相关的国际协作参与。但是对于该义务的落实，立法者有较大的形成自由，对此宪法法院须保持适当的审查密度，原则上仅当保护措施明显缺位、不足或滞后时才有违宪之虞。温室气体排放量预算的立法分配，会在法律上构成对未来自由的限制性预先影响，须通过合宪性论证。在尊重民主原则的情况下，上述宪法条款仍要求立法者对已经有可靠证据表明的、严重的、不可逆的损害可能，负有特别的注意义务，尤其是对后代的照顾义务。为此，生态性负担应在不同世代间合比例性地进行分配，即要非常谨慎地对待生命的自然基础并将之传于后世，以使后代不必以付出彻底的自我禁欲为代价来保护它们。

关键词 气候保护 形成自由 限制性预先影响 后代 合比例分配

为履行《巴黎协议》、推进气候保护，德国于 2019 年 12 月 12 日通过了《气候保护法》，其第 3 条第 1 款、第 4 条第 1 款第 3 句及该法附件 2 规定，到 2030 年德国的温室气体排放量相较 1990 年应减少 55%，并按领域确定了年排放量等减排路径。

---

[*] 段沁，中国人民大学法学院 2017 级、德国慕尼黑大学法学院博士研究生。

但该法并未为 2030 年之后的温室气体减排确立明确的目标。其第 4 条第 6 款仅规定，联邦政府应于 2025 年通过行政法规确定 2030 年后的年减排量。对此有诸多诉愿人提起宪法诉愿程序，其中包括居住在孟加拉国和尼泊尔的未成年诉愿人，他们认为相关法律违反了国家基于《基本法》第 2 条第 2 款第 1 句（生命权和身体不受侵犯）以及第 14 条第 1 款（财产权）的基本权利保护义务，侵犯了其基于《基本法》第 2 条第 1 款（一般人格权）会同第 20a 条（环境保护作为国家目标）、第 2 条第 1 款（一般人格权）会同第 1 条第 1 款第 1 句（人性尊严）而产生的"生态性最低生存权"。德国联邦宪法法院第一庭于 2021 年 3 月 24 日做出裁定，认为《气候保护法》部分违宪，支持了诉愿人中有未成年人的诉请，驳回了其他诉愿，并要求立法机关于 2022 年 12 月 31 日前，对 2030 年后温室气体减排目标做出进一步的具体规定。

该裁定拓宽了基本权利保护的时空维度，将后代权益保护、世代间自由机遇的分配纳入裁判视野，并进一步明确了作为纯粹客观法的国家目标条款与具有双重性质的基本权利条款，在主观性宪法诉讼中的综合解释结构，在学理上具有一定的开拓意义。此外，习近平主席在 2020 年第七十五届联合国大会一般性辩论上的讲话中承诺，中国二氧化碳排放力争于 2030 年前达到峰值，努力争取 2060 年前实现碳中和。因此该案中的许多裁判观点，对于我国协同推进减排事业和基本权利保护亦有重要的借鉴意义。为此，本文特将该案裁判中的论证要点予以归纳和评述。

一、气候保护作为宪法义务

（一）义务来源：基本权利与国家目标条款

在裁判中，联邦宪法法院基于基本权利和国家目标条款明确了气候保护属于国家的宪法义务。首先，《基本法》第 2 条第 2 款第 1 句规定，任何人都享有生命权和身体不受侵害的权利。这一主观权利除防御国家权力的侵犯外，还使其负有相应的客观法上的、针对第三方的保护义务，违反保护义务也意味着侵犯了基本权利。[①] 从横向的内容范围看，上述保护义务也包含使生命健康免遭环境污染所致损害、[②] 气候变化所致危险的义务。[③] 从纵向的时间维度看，保护义务的违反不必须是

---

① Vgl. BVerfG, Beschluss des Ersten Senats vom 24. März 2021-1 BvR 2656/18-, Rn.145, http://www.bverfg.de/e/rs20210324_1bvr265618.html.

② Vgl. BVerfG, Beschluss des Ersten Senats vom 24. März 2021-1 BvR 2656/18-, Rn.147.

③ Vgl. BVerfG, Beschluss des Ersten Senats vom 24. März 2021-1 BvR 2656/18-, Rn.148.

即时的，也可以是指向未来、涵盖后代的，只不过这种跨世代的保护义务仅仅是客观法上的，因为"后代"不论是在整体上，还是作为在未来才具有生命的个人的集合，在现时都不具备基本权利能力。① 此外，《基本法》第 14 条第 1 款规定，财产和继承权受到保障。基于此，国家有义务保障个人的财产和与之相关的社会交往环境，免遭气候变化所致之损害和危险。② 另外《基本法》第 20a 条规定，同样出于对后代的责任，国家在宪法秩序的范围内，通过立法并依法由行政和司法机构对自然生活基础和动物予以保护。全球的气候环境显然构成"自然生活基础"的重要组成部分，因此联邦宪法法院的多个裁判都曾指出③，国家目标条款对国家课以的环保义务包括了气候保护。④

（二）义务内容：控温减排、碳中和与国际协作

气候保护的核心任务就是要防止人为造成的不断的地球暖化，避免因此而产生的各种极端天气与自然灾害，进而保护人的生命健康。目前，气候暖化的主因是人为温室气体的大量排放与大气累积。气候变暖是不可逆的，只要继续排放，地球平均气温就会不断升高。所以控制增温就意味着减排，直到实现碳中和，使温室气体在地球大气中的存量不再增加，使气候变化不再受人类生产生活的影响。

鉴于气候变化问题固有的、天然的全球属性，该问题的解决不能靠个别国家的单打独斗。因此不论是基于《基本法》第 20a 条的环保义务⑤，还是基本权利保护义务⑥，国家在推进气候保护时，都有特别的国际维度。即国家应当在积极采取内政举措的同时，也在国际层面寻求各式合作解决之道，共同努力遏制气候暖化。

二、立法形成与对自由的限制

（一）宪法义务的立法具化与权衡

《气候保护法》第 1 条第 3 句表明，德国将接受《巴黎协议》所确定的全球控

---

① Vgl. BVerfG, Beschluss des Ersten Senats vom 24. März 2021-1 BvR 2656/18-, Rn.146.
② Vgl. BVerfG, Beschluss des Ersten Senats vom 24. März 2021-1 BvR 2656/18-, Rn.171.
③ Vgl. BVerfGE 118, 79, 110 f.; 137, 350, 368 f. Rn. 47, 378 Rn. 73; 155, 238, 278 Rn. 100.
④ Vgl. BVerfG, Beschluss des Ersten Senats vom 24. März 2021-1 BvR 2656/18-, Rn.198.
⑤ Vgl. BVerfG, Beschluss des Ersten Senats vom 24. März 2021-1 BvR 2656/18-, Rn.200 ff.
⑥ Vgl. BVerfG, Beschluss des Ersten Senats vom 24. März 2021-1 BvR 2656/18-, Rn.149.

温目标作为本国控温减排的根本依据,即全球平均气温升幅控制在相较于工业化前水平 2°C 之内,并尽可能控制在 1.5°C 之内。立法者以此将抽象的宪法义务要求予以具体化建构落实。但具体依循何种路径措施,在很大程度上属于立法者的形成自由,只有当保护预防举措完全缺位,或者相关措施对落实保护目标明显不适合或完全不足,又或者极大地滞后于保护目标时,联邦宪法法院才能认定其违反了宪法义务。[1]

《巴黎协议》的这一目标,所基于的是 IPCC 本就根据繁多资料和较多不确定性要素所给出的调查报告。[2] 此外,对气候变化已导致的不良影响还可以通过适应性措施来部分解决,以此进行补充保护。[3] 并且,确立控温目标不纯粹是一个科学认识问题,更是一个利益权衡和价值判断问题[4],立法者还要综合考量各类法益保护的需要。所以尽管有诉愿人认为,目前所确立的控温目标尚不足以有效保护气候环境,但联邦宪法法院认为,总体上立法者经过公共商议和利益衡量而确定的控温减排目标[5]及路径,[6] 对于抵御气候变化所致的危险还是适当的、较为充足的、契合于基本权利保护之目标的。[7] 尽管这一目标仍然有可能无法有效降低气候变暖的威胁损害,相应可排放预算可能无法有效实现控温目标,但这一风险和不确定性尚在宪法可接受的范围内,立法者尚可以通过其他工具弥补。[8]

(二)构成限制性预先影响

立法者在形成自由的权限内,将气候保护的宪法义务具体化为法定控温目标,基于科学上较为明确的线性相关性,这一目标又可以量化为二氧化碳总排放量预算。[9] 同时,《基本法》第 2 条第 1 款保障一般行为自由,包括那些在日常生活、工作以及经济活动中直接或间接产生二氧化碳的大量行为。[10] 对自由的保障和气候保护间始终存在立法权衡,如果环境污染所造成的气候暖化加剧,则行使自由的相对

---

[1] Vgl. BVerfG, Beschluss des Ersten Senats vom 24. März 2021-1 BvR 2656/18-, Rn.152.
[2] Vgl. BVerfG, Beschluss des Ersten Senats vom 24. März 2021-1 BvR 2656/18-, Rn.162.
[3] Vgl. BVerfG, Beschluss des Ersten Senats vom 24. März 2021-1 BvR 2656/18-, Rn.164.
[4] Vgl. BVerfG, Beschluss des Ersten Senats vom 24. März 2021-1 BvR 2656/18-, Rn.160.
[5] Vgl. BVerfG, Beschluss des Ersten Senats vom 24. März 2021-1 BvR 2656/18-, Rn.166 ff.
[6] Vgl. BVerfG, Beschluss des Ersten Senats vom 24. März 2021-1 BvR 2656/18-, Rn.169 f.
[7] Vgl. BVerfG, Beschluss des Ersten Senats vom 24. März 2021-1 BvR 2656/18-, Rn.153 ff.
[8] Vgl. BVerfG, Beschluss des Ersten Senats vom 24. März 2021-1 BvR 2656/18-, Rn.237.
[9] Vgl. BVerfG, Beschluss des Ersten Senats vom 24. März 2021-1 BvR 2656/18-, Rn.216.
[10] Vgl. BVerfG, Beschluss des Ersten Senats vom 24. März 2021-1 BvR 2656/18-, Rn.184.

权重也会相应持续下降。① 这意味着,《气候保护法》中关于减排目标和许可排放量的规定,构成一种对未来自由的限制性预先影响(eingriffsähnliche Vorwirkung),② 过快过多地耗用温室气体排放预算,无疑就使未来的自由行使处于巨大的负担之下。③ 这种当下的法律规定,构成一种法律上的自由限制行为,并且由于温室气体排放预算的分配安排一旦确定执行就是不可逆的,因此目前就需要对其进行合宪性论证,而不是将之作为一种事实上的潜在限制可能,留待日后检视。④ 合宪性的标准有二:一是《气候保护法》的规定符合《基本法》的基本决断(主要就是第20a条),二是其对诉愿人的未来自由的负担不得不合比例,且前者是后者的前提。

三、宪法的控制与对未来自由的保护

(一)国家目标条款的可司法性

《基本法》第20a条是可司法适用的宪法规范,而不是一种没有规范约束性的纲领(Programm),其切实地约束立法者,其蕴含的气候保护诫命因此也具有法规范性。⑤ 尽管它具有较高的抽象性和原则性,并将实质内容具体化的权限赋予了立法者,但为了防止民主决策对需要长期重视的生态利益的短视及滞后,同时也鉴于后代在当前政治商议中的不在场,宪法的相应条文必须给予立法形成自由以一定的内容约束。⑥

因此虽然原则上,联邦宪法法院不能取代立法者去确定具体的控温任务和减排目标,但也要做必要的审查,合理控制审查密度,确保第20a条的限制性规定得到遵守。⑦ 联邦宪法法院同时也强调,宪法将气候保护目标具体化的任务交给了立法者,其目的在于凭借政治商议的公开透明、多元意见以及专业资讯等特点,实现动态、利益均衡的气候保护。⑧ 这种具体化委托是宪法自身给出的,因此立法者具体

---

① Vgl. BVerfG, Beschluss des Ersten Senats vom 24. März 2021-1 BvR 2656/18-, Rn.185.
② Vgl. BVerfG, Beschluss des Ersten Senats vom 24. März 2021-1 BvR 2656/18-, Rn.184.
③ Vgl. BVerfG, Beschluss des Ersten Senats vom 24. März 2021-1 BvR 2656/18-, Rn.186.
④ Vgl. BVerfG, Beschluss des Ersten Senats vom 24. März 2021-1 BvR 2656/18-, Rn.187.
⑤ Vgl. BVerfG, Beschluss des Ersten Senats vom 24. März 2021-1 BvR 2656/18-, Rn.205.
⑥ Vgl. BVerfG, Beschluss des Ersten Senats vom 24. März 2021-1 BvR 2656/18-, Rn.206.
⑦ Vgl. BVerfG, Beschluss des Ersten Senats vom 24. März 2021-1 BvR 2656/18-, Rn.207.
⑧ Vgl. BVerfG, Beschluss des Ersten Senats vom 24. März 2021-1 BvR 2656/18-, Rn.213.

化后的控温减排目标，也是具有宪法性的规范标尺，如果未经清晰透明的程序而重新调整，立法者自身也必须遵守相应规定。①

（二）不确定性与为后代的谨慎考量

虽然温室气体的排放量和气温升高存在科学上的正相关，但具体的对应关系仍存在较多的不确定性②，此外还要考量诸多价值要素③，这些也就导致排放预算计算充满了不确定性，国家既不能安然放任，也不能过于紧缩，实际的剩余排放预算既可能更大也可能更小④。基于这种不确定性，联邦宪法法院对立法者的审查密度就不会过高，尤其无法以确切的数字作为标尺来细致地考察有关立法，而应尽可能地尊重立法者的政治形成自由。⑤但即便如此，宪法仍要求立法者在面对已经有可靠证据表明的、严重的、不可逆的损害可能时，保持谨慎和重视，其负有特别的注意义务，尤其是对后代的照顾义务⑥。这意味着，在分配排放预算时，不能短视恣意，而应特别考虑到后代的利益而克制地耗用排放预算。

（三）自由在跨世代间的合比例分配

将生态性负担在不同世代间合比例性地分配的要求，一方面来自于基本权利保护的要求，即防止对未来自由可见的损害威胁，另一方面也体现在《基本法》第20a条关于"后代照顾"的要求之中。第20a条的客观法上的保护委托，同样涵盖了这样的必要性，即要非常谨慎地对待生命的自然基础并将之传于后世，以使后代不必以付出彻底的自我禁欲为代价来保护它们。⑦比例原则意味着，减排负担应当公平地在不同世代间分配，不能让当代人可以相对轻松地耗用大部分的排放预算，而后代必须"急刹车"，承受极端的减排负担。⑧否则有朝一日，对于自由的严重减损可因气候保护的迫切性而变得合比例和正当。⑨谨慎克制地在当下耗用排放预

---

① Vgl. BVerfG, Beschluss des Ersten Senats vom 24. März 2021−1 BvR 2656/18-, Rn.213.
② Vgl. BVerfG, Beschluss des Ersten Senats vom 24. März 2021−1 BvR 2656/18-, Rn.220 ff.
③ Vgl. BVerfG, Beschluss des Ersten Senats vom 24. März 2021−1 BvR 2656/18-, Rn.224 ff.
④ Vgl. BVerfG, Beschluss des Ersten Senats vom 24. März 2021−1 BvR 2656/18-, Rn.228.
⑤ Vgl. BVerfG, Beschluss des Ersten Senats vom 24. März 2021−1 BvR 2656/18-, Rn.229.
⑥ Vgl. BVerfG, Beschluss des Ersten Senats vom 24. März 2021−1 BvR 2656/18-, Rn.229.
⑦ Vgl. BVerfG, Beschluss des Ersten Senats vom 24. März 2021−1 BvR 2656/18-, Rn.193.
⑧ Vgl. BVerfG, Beschluss des Ersten Senats vom 24. März 2021−1 BvR 2656/18-, Rn.192.
⑨ Vgl. BVerfG, Beschluss des Ersten Senats vom 24. März 2021−1 BvR 2656/18-, Rn.192.

算,也是为了能够使实现碳中和的目标有充足的过渡和发展落实时间。[①]今朝之法直接关系到明日之自由,因此必须要在当前就进行合比例性审查。

总体而言,《气候保护法》的相关条文本身,并未违反宪法上当下的保护生命健康及气候的义务,在目前是契合于基本权利的客观保护义务和国家目标条款的诫命要求的。但是,这些规定并未遵循不同世代间合比例限制自由的要求,并未以妥善地照顾基本权利的方式、具有前瞻性地跨时间分配达致碳中和前的二氧化碳排放量。[②]目前的法律规定意味着,到2030年德国已用去了排放预算的不少比例,为了能切实保护气候并进而同时保护人的生命健康,未来很有可能会严重限制个人自由。[③]因此国家有义务抵御这种基本权利损害的威胁,针对2030年后具有威胁性的减排负担进行提前部署予以化解,以最优化保障各类宪法法益。[④]

另外,宪法虽然没有对国家如何实现碳中和进而切实实现气候保护予以详细规定,但宪法要求立法者至少应对2030年后如何发展落实予以引导,并制定足够明确的标准、依据,以形成发展动力和规划确定性。[⑤]不同于《气候保护法》第4条第1款第3句会同附件二对2030年前年减排量予以详细规定的做法,该法第4条第6款仅规定,联邦政府应于2025年通过行政法规确定2030年后的年减排量,该规定的指向完全不明确。正所谓预则立、不预则废,只有规划视野清晰、明确,才能使减排的发展落实有的放矢、充满动力、及时跟进。[⑥]尽管从时间上看,这种分阶段依次确定减排目标的做法是合适的,可以与时俱进,充分照顾各类技术和客观环境的发展。但《气候保护法》的委托并未明确2025年制定的行政法规所应确定的未来减排期限跨度,导致授权立法可能会使2030年后的减排进程失去确切的规划视野和足够的准备时间。[⑦]

此外,相应授权也不够明确具体,尤其是未对行政法规关于年排放量的时间、总量范围等作出规定,而这些行政法规要规定的内容要素又极大地关系到基本权利的保障,因此这种过于抽象的授权也不符合《基本法》第80条第1款第2句的有关规定。[⑧]

---

① Vgl. BVerfG, Beschluss des Ersten Senats vom 24. März 2021-1 BvR 2656/18-, Rn.194.
② Vgl. BVerfG, Beschluss des Ersten Senats vom 24. März 2021-1 BvR 2656/18-, Rn.243.
③ Vgl. BVerfG, Beschluss des Ersten Senats vom 24. März 2021-1 BvR 2656/18-, Rn.246.
④ Vgl. BVerfG, Beschluss des Ersten Senats vom 24. März 2021-1 BvR 2656/18-, Rn.247.
⑤ Vgl. BVerfG, Beschluss des Ersten Senats vom 24. März 2021-1 BvR 2656/18-, Rn.249.
⑥ Vgl. BVerfG, Beschluss des Ersten Senats vom 24. März 2021-1 BvR 2656/18-, Rn.253 ff.
⑦ Vgl. BVerfG, Beschluss des Ersten Senats vom 24. März 2021-1 BvR 2656/18-, Rn.258.
⑧ Vgl. BVerfG, Beschluss des Ersten Senats vom 24. März 2021-1 BvR 2656/18-, Rn.261 ff.

结　语

通过上述裁判的要点总结可以看出，德国《气候保护法》部分违宪的主要原因是没有充分地顾及宪法上"照顾后代"的义务要求，没有将减排负担合比例地均匀分配给不同世代，进而造成对未来自由、后代自由的严重威胁。在学理上，联邦宪法法院借此裁定，明确拓宽了基本权利保护的时间范围，将对未来自由的限制也纳入当下的审查。同时，明确了国家负有的一系列对于尚未在场的后代的客观保护义务，是否履行、顾及了这些义务关系到相关立法是否合宪。

总体而言，联邦宪法法院恰当地保持了合理的审查密度。对于宪法的作为性要求和诫命的落实，立法者仍然享有较大的形成自由，司法性权力对此保持了克制，并未越俎代庖。但是，对于这些宪法义务中的禁止性、限制性或注意性的要素，立法者必须予以注意和遵守，联邦宪法法院也得以正当地缩紧审查密度，积极展开全面的合宪性审查。

中国已决定到2060年力争实现碳中和，这对于这样一个发展中大国而言可谓压力巨大，不论是待减排量还是减排时限，都是一个巨大的挑战。德国经验启示我们，应当加紧制定与控温减排相关的、具有长远规划的法律法规。一方面明确方向、稳步推进，防止出现空转懈怠、竭短汲深的局面；一方面均匀分配减排预算，使不同世代所受到的自由限制大致相当。

从 Juliana 案看气候变化诉讼的权利转向[*]

王苓瑜[**]

摘　要　近年来，全球气候变化诉讼呈现全新的面貌，以"Juliana 诉美国案"为代表的诉讼表现出气候变化同权利保护之间联系更加突出的特征。Juliana 案是由美国的年轻人代表今世后代的气候利益所提出的，他们根据公共信托原则以及宪法对基本权利的保护诉请联邦政府实施更有效的气候变化应对措施，这是一项具有企图心和创造力的行为。以权利受损为由进行诉讼不仅能够阐明气候变化给现世带来的破坏，也能通过证明对后代的伤害实现代际正义，气候诉讼的"权利转向"使之具有变革的潜力。Juliana 案为在气候变化背景下主张权利保护的类似案件提供了借鉴，该案标志着全球气候运动的转折，今后将会有更多针对气候危机进行的司法干预，气候诉讼未来可期。

关键词　气候变化诉讼　权利转向　正当程序　公共信托　平等保护[③]

近二十年来，气候变化诉讼在全球范围内如火如荼地展开，诉讼手段已经成为寻求补救过去和未来气候变化致损的重要司法工具。[①]气候变化诉讼不仅包括

---

[*] 本文是中国政法大学科研创新项目"《民法典》生态规范司法适用研究"（项目号：21ZFG82004）的阶段性研究成果。

[**] 王苓瑜，中国政法大学比较法学研究院 2020 级比较法学硕士研究生。

① Cf. Jacqueline Peel & Hari M. Osofsky, *Climate Change Litigation*, Annual Review of Law and Social Science, vol. 16, pp. 21-38 (2020).

以气候变化为核心焦点提起的诉讼和明确提出气候变化相关问题的案件，还包括以气候变化为动因之一的案件和就应对气候变化有影响的案件。① 然而过去的案件多集中在法律解释层面，向国家或高碳排放企业寻求索赔，或是要求气候变化政策的取消及变更，能够进入案件的实质性审判阶段、能够取得实质性胜利、能够促进政府应对气候变化的案件并不多。② 2015 年后，气候行动者使用权利主张的趋势越来越强，许多案件都取得了惊喜的社会效果。③ 在荷兰，环保组织 Urgenda 基金会诉荷兰政府未采取必要措施限制温室气体排放，侵犯了今世后代的生命权和私人生活及家庭生活受尊重的权利；④ 在巴基斯坦，一位年轻农民诉称巴基斯坦政府在应对气候变化问题上无所作为，侵犯了他享有的基本生命权和尊严权；⑤ 在哥伦比亚，25 名年轻人控告政府未能保障其生命权和环境权等基本权利。⑥ 气候变化现在被广泛认可为"我们时代最大的人权威胁"，⑦ 在气候诉讼中使用人权论据的情况持续增加。

"Juliana 诉美国"案（Juliana v. United States）同样是以权利为由提起的气候变化诉讼之一。⑧ 该案的当事人和诉讼请求在同类"权利诉讼"中均具有创新性，该案的诉请人均为不成比例地遭受气候损害的年轻人，这是由青年一代提出的旨在保护他们所代表的今世后代的基本权利的案件，力图实现代际正义。就诉讼请求而言，他们根据宪法原则而非依靠普通法上的侵权理论寻求正义。Juliana 案是第一个争论享有稳定的气候系统是一项宪法权利的诉讼，该案经常被拿来与布朗诉教育委员会案（Brown v. Board of Education）和奥伯格费尔诉霍奇斯案（Obergefell v. Hodges）等具有里程碑意义的裁决相提并论，因为它或许也可以扩大受宪法保护的权利的范围。俄勒冈州地区法院科芬（Coffin）法官称该案为"一项史无前例的

---

① Cf. Jacqueline Peel & Hari M. Osofsky, Climate Change Litigation: Regulatory Pathways to Cleaner Energy, Cambridge University Press, 2015, p. 8.

② Cf. Raymond, M., A Hypothetical Win for Juliana Plaintiffs: Ensuring Victory Is More Than Symbolic, Ecology Law Quarterly, vol.42, pp. 704-715 (2019).

③ Cf. Jacqueline Peel & Hari M. Osofsky, A Rights Turn in Climate Change Litigation?, Transnational Environment Law, vol. 7, pp. 40-50 (2018).

④ Urgenda Foundation v. State of the Netherlands (ECLI: NL: HR: 2019: 2006).

⑤ Ashgar Leghari v. Federation of Pakistan (W. P. No. 25501/2015).

⑥ Future Generations v. Ministry of the Environment and Others (Radicación n.° 11001-22-03-000-2018-00319-01; STC4360-2018).

⑦ UNEP, Climate Change and Human Rights (2015). Available at: https://wedocs.unep.org/bitstream/handle/20.500.11822/9530/-Climate_Change_and_Human_Rightshuman-rights-climate-change.pdf.pdf?sequence=2&amp%3BisAllowed=.

⑧ Juliana v. United States (6: 15-cv-01517). 以下简称 Juliana 案。

诉讼"。① 该案持续的六年期间经历了错综复杂的程序性挑战，先后经历了奥巴马、特朗普以及拜登三任总统在任，仅是联邦被告就变更了三次。尽管囿于程序迷宫，俄勒冈州地区法院在2016年就政府的驳回动议进行的实质审查以及作出的法律裁决为该案赋予了远超胜诉的社会意义。地区法院艾肯（Aiken）法官确认了原告对维持人类生命的气候系统具有基本的宪法权利，联邦政府负有公共信托责任，以保护个人所赖以生存的自然资源；如果法院认定年轻原告的宪法权利受到侵犯，则他们要求的补救措施是适当的。② Juliana案能够为其他以权利主张提起的诉讼提供示范，本文以俄勒冈地区法院对该案的初步裁决为基础进行分析，说明年轻原告是如何以权利为武器寻求气候正义的，该案又为气候诉讼征程提供了哪些希望。

一、青年一代登上舞台

2015年8月，美国的21名儿童与青少年将美国总统、多个国家行政机构负责人以及以埃克森美孚、壳牌为代表的625家化石燃料相关公司、团体、组织诉上了法院。提起诉讼时原告的年龄均在8至22岁之间，由非营利组织"我们的儿童信托基金"（Our Children's Trust）代理，气候学家詹姆斯·汉森（James Hanson）进行协助，充当"后代的守护者"。原告在诉状中详细说明了每个孩子的故事，阐明政府的作为或不作为行为导致的气候危机对他们当下、未来造成伤害的具体方式。③ 随着气候状况的持续恶化，青年一代的人身、财产、精神乃至娱乐权益都会遭受不同程度的不利影响。

青年原告的指控集中在政府对化石燃料产业发展的促进作用以及因此对气候环境造成的破坏。其诉称联邦政府通过"促进、补贴和授权化石燃料产业"的方式加剧了气候状况的恶化，并对因此造成的危险"故意漠不关心"，这直接导致并将进一步导致气候系统的重大损害。④ 此外，年轻原告声称，政府对燃烧化石燃料导致全球变暖和气候变化的科学知识已经了解了五十余年。⑤ 政府明知长时间的排放会破坏气候系统的稳定，给今世后代造成更严重的气候灾难，却仍然放任甚至促进美

---

① 217 F. Supp. 3d, Juliana v. United States, No. 6:15-cv-01517 (D. Or., Nov. 10, 2016), para. 1263.
② 217 F. Supp. 3d, Juliana v. United States, No. 6:15-cv-01517 (D. Or., Nov. 10, 2016).
③ First Amended Complaint, Juliana v. United States, No. 6:15-cv-01517 (D. Or., Sept. 10, 2015), para. 16-97.
④ First Amended Complaint, Juliana v. United States, No. 6:15-cv-01517 (D. Or., Sept. 10, 2015), para. 7-10.
⑤ First Amended Complaint, Juliana v. United States, No. 6:15-cv-01517 (D. Or., Sept. 10, 2015), para. 1, 153, 280.

国全境碳排放率的提高。[①]因此，孩子们诉请法院宣告政府侵犯原告的宪法权利，破坏了稳定的气候系统，政府没有尽到对公共资产的保护义务。政府必须采取行动保护今世后代的基本权利，制定并实施逐步淘汰化石燃料、减少大气二氧化碳排放的补救计划。[②]

二、基于宪法权利的论证路径

Juliana 案以宪法权利为依托的诉讼请求使之具有独特性与开创性，该案以宪法上的正当程序条款和平等保护原则作为理论支撑，试图将大气列入受保护的公共资产范围。而政府迄今为止应对气候变化的行动未能保护该项重要的公共信托资源，侵害了当代与后代对稳定的气候系统所享有的宪法上的权利。该案试图通过确立今世后代对稳定的气候资源享有宪法上的权利，使气候诉讼向宪法和人权诉讼转变。

（一）正当程序原则保护下的基本权利

Juliana 案中，年轻原告认为政府持续许可、授权和补贴化石燃料开采、生产、运输和利用的行为导致大气中二氧化碳浓度持续上升，这会危及原告的生命、自由和财产。[③]而在过去的五十年间，政府在明知危害原告健康和福祉的情况下，却故意对气候系统持续进行干预，加剧了气候危险，这剥夺了原告基本的生命权、自由权和财产权。[④]不仅如此，在将原告置于危险的气候环境后，政府对于他们所处的危险境况熟视无睹，没有实施应有的气候计划或其他具有针对性的政策措施，保护原告免遭气候伤害。[⑤]政府的作为与不作为均对原告的权利造成了不可逆转的损害，这有违美国宪法上的正当程序原则，政府不正当地剥夺了青年乃至后代的基本权利。[⑥]针对原告的指控，政府提出了两项质疑。第一，年轻一代的控诉不能成

---

① First Amended Complaint, Juliana v. United States, No. 6:15-cv-01517 (D. Or., Sept. 10, 2015), para. 131-191.
② First Amended Complaint, Juliana v. United States, No. 6:15-cv-01517 (D. Or., Sept. 10, 2015), Prayer for Relief.
③ First Amended Complaint, Juliana v. United States, No. 6:15-cv-01517 (D. Or., Sept. 10, 2015), para. 279.
④ First Amended Complaint, Juliana v. United States, No. 6:15-cv-01517 (D. Or., Sept. 10, 2015), para. 280.
⑤ First Amended Complaint, Juliana v. United States, No. 6:15-cv-01517 (D. Or., Sept. 10, 2015), para. 284-285.
⑥ First Amended Complaint, Juliana v. United States, No. 6:15-cv-01517 (D. Or., Sept. 10, 2015), Prayer for Relief.

立，因为他们无法确定被告的行动侵犯了宪法上的基本权利；第二，年轻一代没有理由质疑政府的不作为行为，也即政府应当阻止第三方的碳排放，因为政府并没有保护原告免遭气候变化影响的积极义务。①

年轻原告首先基于宪法的正当程序条款对政府行为提出挑战，主张基本权利的保护。正当程序原则规定在美国宪法的第五修正案和第十四修正案，也即未经正当法律程序，政府不得剥夺任何人的生命、自由或财产。这一原则不仅包括程序性的正当程序要求，还包括实质性的正当程序要求。前者是指权益受到影响的当事人享有被告知和陈述自己意见并获得庭审的权利，后者是指针对政府侵犯公民基本权利的行为，法院将采取严格的审查标准以维护基本权利，使之符合公平与正义的标准。②根据原告的控诉与被告的反驳可以看出，能否根据正当程序条款确定被告侵害原告所享有的宪法权利的关键在于对该项基本权利的确认。地区法院的艾肯法官确认了原告对维持人类生命的气候系统享有宪法上的基本权利，并且政府的行为对该权利构成了侵害。

艾肯法官解释道，正当程序条款所保护的权利不仅包括美国宪法列举的权利，还包括"根植于国家的历史和传统"或"对自由有序社会至关重要"的权利。③前者是指美国宪法明确列举出的作为基本权利的生命权、自由权以及财产权，后者则体现在宪法第九修正案所保护的"未被宪法明确列举的权利"。确定和保护基本权利是司法职责的一个重要部分，纵使最高法院要求对未列举权利的拓展适用要保持极强的审慎态度，④但基本权利并不是一个封闭的概念，其仍为宪法制定时未预料到的基本权利提供了入口，审慎并不意味着禁止。正如2015年美国最高法院在奥伯格费尔诉霍奇斯案（Obergefell v. Hodges）中判决确定同性伴侣享有结婚的基本权利。本案中，地区法官正是比照这一先例，对享有维持人类生命的气候系统是否属于一项基本权利进行了谨慎而合理的判断。艾肯法官表示，正如奥伯格费尔案所证明的婚姻是"家庭的基础"，类似的，稳定的气候系统实际上是"社会的基础，没有它就没有文明和进步"，因而拥有能够维持人类生命的气候系统的权利是自由有序社会的基础，这属于一项基本权利。⑤

---

① Federal Defendants' Motion to Dismiss, Juliana v. United States, No. 6:15-cv-01517 (D. Or., Nov. 16, 2015), para. 14.

② Federal Defendants' Motion to Dismiss, Juliana v. United States, No. 6:15-cv-01517 (D. Or., Nov. 16, 2015), para. 14.

③ 217 F. Supp. 3d, Juliana v. United States, No. 6:15-cv-01517 (D. Or., Nov. 10, 2016), para.1249.

④ 217 F. Supp. 3d, Juliana v. United States, No. 6:15-cv-01517 (D. Or., Nov. 10, 2016), para.1249.

⑤ 217 F. Supp. 3d, Juliana v. United States, No. 6:15-cv-01517 (D. Or., Nov. 10, 2016), para. 1250.

然而，政府在反驳意见中指出，尽管第九修正案可能为未列举权利提供基础，但这只是"一种建构规则"与解释规则，并不产生个人权利，由于原告未能根据第五修正案或第十四修正案证成任何权利，因此其主张应被驳回。① 针对政府方观点，艾肯法官援引罗伊诉韦德案（Roe v. Wade）进行说明，该案详细说明了作为基本权利但未被宪法列举的隐私权的历史，隐私权不仅来源于第十四修正案，同样仰赖于第一修正案。这说明，一项未列举的权利会涉及多个宪法渊源，明确列出的基本权利或未列举权利都可能是其权源。②

此外，艾肯法官对宜居气候权进行了阐明。她表示原告并非简单地指控政府行为同环境污染与气候变化之间具有因果关系，他们之所以提起诉讼是因为政府造成的污染和气候危机已经构成了灾难性破坏，如果政府行为继续不受控制，将会永久且不可逆地损害原告及后代的生命权、财产权和自由权。故而对年轻一代而言，稳定的气候系统是行使生命权、自由权和财产权的必要条件。③ 同时，为防止本案以后的所有环境主张都被"宪法化"，艾肯法官表示"维持人类生命"既不应被限缩解释为政府行为将导致人类灭绝，对该项权利的承认也并非旨在将任何可能致使气候变暖的行为都认定成违宪行为，而是当政府行为实质性地破坏气候系统，将会对人类生命、财产、健康造成广泛破坏时，才构成对基本权利的侵害、对正当程序的违反，如不进行救济乃是宪法的缺位。据此，艾肯法官认为年轻原告的主张充分证明政府的行为已侵害了基本权利。④

就年轻原告对政府的不作为行为提出的指控，艾肯法官在论证过程中引用了"危险创造"例外学说给予支持。也即尽管正当程序条款并未强加给政府采取行动的积极义务，但当政府行为使得个人安全陷入危险境地，却对此种情况漠不关心且无所作为时，这属于"危险创造"，此种情形是政府不需要采取积极行为的例外，即例外地允许个人根据正当程序条款进行索赔。⑤ 因为这种"漠不关心"是比重大过失更应当受到谴责的状态，它使得个体暴露于其原本不会面临的危险境况之中。⑥ 若以不作为为由对政府提出质疑，年轻原告必须证明政府的行为造成了危险、政府知道其行为造成了危险以及政府"故意漠不关心"，未采取行动

---

① Federal Defendants' Motion to Dismiss, Juliana v. United States, No. 6:15-cv-01517 (D. Or., Nov. 16, 2015), para. 26.
② 217 F. Supp. 3d, Juliana v. United States, No. 6:15-cv-01517 (D. Or., Nov. 10, 2016), para. 1249−1250.
③ 217 F. Supp. 3d, Juliana v. United States, No. 6:15-cv-01517 (D. Or., Nov. 10, 2016), para. 1250.
④ 217 F. Supp. 3d, Juliana v. United States, No. 6:15-cv-01517 (D. Or., Nov. 10, 2016), para. 1250.
⑤ 217 F. Supp. 3d, Juliana v. United States, No. 6:15-cv-01517 (D. Or., Nov. 10, 2016), para.1251.
⑥ 217 F. Supp. 3d, Juliana v. United States, No. 6:15-cv-01517 (D. Or., Nov. 10, 2016), para.1251.

防止所谓的"危险例外"。本案中,年轻原告通过列明青年个体遭受的实际损害、结合气候科学理论、援引法律规范指控联邦政府完全知道其过去是、现在也是全球气候危机的主要促成者,并且不合理地追求风险,艾肯法官认为这满足危险创造例外的条件。①

尽管艾肯法官只是初步认可了原告的指控,肯定其应当进入下一步程序,进而继续提出更有力的证据对该项诉请进行证明,但不论该项义务成立与否,借用艾肯法官的总结:该案"指控被告的行为和不行为——无论他们是否违反任何特定的法定义务——已经如此深刻地损害了我们的地球家园,以至于他们威胁到原告的基本宪法权利——生命和自由"②。

(二)作为公共资产的气候系统

除了通过利用正当程序原则说明政府对保护气候系统具有义务外,原告还将政府义务建立在公共信托原则之上。"公共信托"原则最早可追溯至罗马法,查士丁尼《法学阶梯》为公共信托原则阐明了基础:"根据自然法,下列事物是所有人共有的——空气、流水、海洋,因此也包括海岸。"③英国普通法延续了公共信托的传统,首先表现为对国王权力的限制,国王基于国民的托付而占有自然资源,尽管国王享有土地和水等自然资源在法律上的所有权,但衡平法上的收益权属于全体国民,国王对自然资源行使权力要受到限制。作为英国曾经的殖民地的美国随之继受了其普通法和公共信托理论,该理论秉持:一些资产对国民福祉至关重要,包括诸如空气和水等共有的自然资源,而政府基于人民的信任与权益为人民托管这些信托资产,作为受托人的政府不得放弃或让渡这些资产及其相关权力。随后,公共信托理论在美国发展成为一种普通法学说。19世纪末,美国最高法院在斯通诉密西西比州案(Stone v. Mississippi)中表示"信托财产的任何部分都不能被放弃",④并在伊利诺伊州中央铁路公司诉伊利诺伊州案(Illinois Central Railroad Co. v. Illinois)中认定"该州不得放弃具有全民信托利益的财产"。⑤这两个案件使公共信托理论在美国全境得到承认和适用。最初,公共信托资产的范围局限于可通航水域,在20世纪70年代美国环保主义运动的推动之下,公共信托理论的适用向整个自然资

---

① 217 F. Supp. 3d, Juliana v. United States, No. 6:15-cv-01517 (D. Or., Nov. 10, 2016), para.1251.
② 217 F. Supp. 3d, Juliana v. United States, No. 6:15-cv-01517 (D. Or., Nov. 10, 2016), para.1261.
③ Caesar Flavius Justinian, Roman Code of Justinian, J. Inst. 2.1.1 (J.B. Moyle trans.).
④ Stone v. Mississippi, 101 U.S. 814, 820 (1879).
⑤ Illinois Cent. R.R. Co. v. Illinois, 146 U.S. 387, 453 (1892).

源领域拓展。[1] 然而，由于美国联邦和州之间的纵向分权结构，公共信托资产的范围尚存在争议。[2]

本案中，青年原告的索赔源于公共信托原则在自然资源领域的应用。原告诉称政府作为公共自然资源的受托人，为作为受益人的公众维持和保护自然资源是其职责；公共信托中的自然资源应当包括大气层；因而政府必须维持大气层等自然资源的可持续性，有责任避免对气候系统造成重大损害；并且，政府作为受托人对自然资源的当前受益人和未来受益人负有同等义务。[3]

艾肯法官认定原告根据公共信托原则提出了有效的主张，她在裁决中针对联邦政府提出的"公共信托原则无法适用"的论点逐条进行了反驳说明，很大程度上为公共信托理论的适用开辟了新的领域。

首先，针对公共信托资产范围，政府认为大气并不属于公共信托资产。[4] 艾肯法官认为，该阶段（处理政府被告的驳回动议）没有必要界定大气层是否属于公共信托资产范围，因为原告已经证明诸如海洋酸化以及海平面上升等因气候变化致损的领海是属于公共资产范围的，凭此已充分证明公共信托资产受到损害。[5]

其次，针对公共信托原则对于联邦政府的可适用性问题，被告政府方认为该原则仅适用于各州范围而不适用于联邦政府，[6] 其论点主要依托于 PPL 蒙大拿州有限责任公司诉蒙大拿州案（PPL Montana, LLC v. Montana），政府方诉称该案表明"公共信托原则仍然是州法律的问题"。[7] 艾肯法官指出，政府断章取义地理解了该案件，该案的核心关注点是平等原则而非公共信托原则，案涉法院只是指出由联邦法而非州法确定蒙大拿州是否对河床拥有所有权，如果蒙大拿州拥有所有权，那么州法将定义蒙大拿州的公共信托义务范围，该案并没有对公共信托义务是否适用于联邦政府进行任何说明。[8] 紧接着，艾肯法官援引了两起联邦法院判决的案例，被引案件的决定是基于公共信托原则的历史以及公共信托与主权的独特关系作出的，

---

[1] Cf. Joseph L. Sax, *The Public Trust Doctrine in Natural Resource Law: Effective Judicial Intervention*, Michigan Law Review, vol. 68, no. 3, pp. 475-565 (1970).

[2] Cf. Kacie Couch, *After Juliana: A Proposal for the Next Atmospheric Trust Litigation Strategy*, William & Mary Environmental Law and Policy Review, vol. 45, no. 1, pp. 219-246 (2020).

[3] 217 F. Supp. 3d, Juliana v. United States, No. 6:15-cv-01517 (D. Or., Nov. 10, 2016), para. 1252-1254.

[4] 217 F. Supp. 3d, Juliana v. United States, No. 6:15-cv-01517 (D. Or., Nov. 10, 2016), para. 1255.

[5] 217 F. Supp. 3d, Juliana v. United States, No. 6:15-cv-01517 (D. Or., Nov. 10, 2016), para. 1255-1256.

[6] 217 F. Supp. 3d, Juliana v. United States, No. 6:15-cv-01517 (D. Or., Nov. 10, 2016), para. 1256

[7] PPL Montana, LLC v. Montana, 565 U.S. 576, 603 (2012).

[8] 217 F. Supp. 3d, Juliana v. United States, No. 6:15-cv-01517 (D. Or., Nov. 10, 2016), para.1256-1257.

均肯定了公共信托原则适用于联邦政府,"信托具有这样一种性质:只能被主权者享有,并且只能因为主权者的摧毁而消逝"①、"没有其他人可能比联邦政府对此类土地拥有更大的权利"②、"通过征用,美国政府基于公众信任获得土地,如同该土地此前不存在他方权益"③。艾肯法官还风趣地总结到"我想不出为何源自罗马和英国的公共信托原则流转至这个国家时却仅适用于各州而非联邦政府"④。

此外,政府争辩说,普通法信托索赔已被国会的各种法案所取代,如《清洁空气法》和《清洁水法》,政府还特别引用了美国电力公司诉康涅狄格州案(American Electric Power Company, Inc. v. Connecticut)进行说明,该案认定《清洁空气法》及其授权的环保署行动取代了寻求减少化石燃料厂二氧化碳排放量的联邦普通法的权利。⑤艾肯法官表示,该案件并不涉及公共信托索赔问题,没有理由考虑公共信托和其他类型索赔之间的差异。⑥公共信托因涉及主权属性而具有独特性,政府所负保护信托资产的义务不能被其他立法所取消或替代,前述案例所确定的规则在此并不适用。⑦

政府的最后一个论点是,原告缺乏依据公共信托原则强制执行索赔的诉讼依据。⑧艾肯法官表示,公共信托理论早于宪法而存在,尽管宪法没有明确规定公共信托,但第五修正案的正当程序条款为公民行动提供了权利依据,原告基于公共信托的索赔能被归类为实质性正当程序索赔,原告要求政府履行义务的权利源自宪法,因此该项诉求能够在法院进行主张。⑨

(三)平等保护原则下的代际正义

青年原告还依据宪法第十四修正案的平等保护原则提出了索赔。根据平等保护原则,儿童和后代是需要进行特别保护的少数群体,联邦政府长期以来故意歧视今世后代,为追求短期的经济和能源利益通过化石燃料的进出口制造了过量的

---

① 217 F. Supp. 3d, Juliana v. United States, No. 6:15-cv-01517 (D. Or., Nov. 10, 2016), para.1258.
② 217 F. Supp. 3d, Juliana v. United States, No. 6:15-cv-01517 (D. Or., Nov. 10, 2016), para.1258.
③ 217 F. Supp. 3d, Juliana v. United States, No. 6:15-cv-01517 (D. Or., Nov. 10, 2016), para.1258.
④ 217 F. Supp. 3d, Juliana v. United States, No. 6:15-cv-01517 (D. Or., Nov. 10, 2016), para. 1259.
⑤ Federal Defendants' Motion to Dismiss, Juliana v. United States, No. 6:15-cv-01517 (D. Or., Nov. 16, 2015), para. 8.
⑥ 217 F. Supp. 3d, Juliana v. United States, No. 6:15-cv-01517 (D. Or., Nov. 10, 2016), para. 1259-1260.
⑦ 217 F. Supp. 3d, Juliana v. United States, No. 6:15-cv-01517 (D. Or., Nov. 10, 2016), para.1259-1260.
⑧ 217 F. Supp. 3d, Juliana v. United States, No. 6:15-cv-01517 (D. Or., Nov. 10, 2016), para. 1260-1261.
⑨ 217 F. Supp. 3d, Juliana v. United States, No. 6:15-cv-01517 (D. Or., Nov. 10, 2016), para.1260-1261.

碳排放。对气候系统的破坏行为不仅给儿童造成了严重和持续的伤害，后代没有政治决策权，却也不成比例地承受气候系统不可逆的灾难性后果。[1]这侵犯了原告依据宪法获得平等保护的权利。就该项主张，政府辩称年轻原告缺乏法律依据，因为儿童从未被视为宪法上的"可疑群体"，他们并非孤立的、需要政治特别保护的少数群体。就气候变化的当前影响而言，原告与其他年龄的人所承受的负担并无区别。[2]

艾肯法官并没有就平等保护问题进行说明，因为平等保护原则同正当程序原则存在密切的联系，只有根据正当程序原则确定了享有稳定的气候环境是一项宪法上的基本权利，才能够在气候问题语境下使后代受到第十四修正案平等保护原则的保障，才能确立政府以及当代人对后代进行保护的责任与义务。

以年轻一代作为主体提起诉讼是本案的另一重要特点，年轻人基于代际正义代表其自身和后代提出平等对待的要求，有学者表示"气候变化问题本质就是代际问题"[3]。年轻原告诉称他们应当被视作受保护群体，符合需要特别保护的"可疑群体"标准，因其对碳排放的政治决策几乎没有政治影响力，而这些行为造成的绝大多数影响都将在未来发生，未成年儿童和后代受到法律平等保护的权利被剥夺。[4]这体现了他们作为年龄特征相当明显的一类"可疑群体"，在气候问题上受到歧视，同时无法通过政治途径保护自身权益，为了代际间的公平与正义他们只得诉诸法院寻求救济。所谓代际正义是指每一代人都同过去、现在、未来的每一代人对自然资源享有平等的权利，代际正义要求在每一代人之间公平分配自然资源。[5]但是代际正义并不意味着资源分配的绝对平等，而是尽可能平衡当下和未来世代的需求，不致损害后代应有的权益。

欲图运用司法手段实现代际正义面临的挑战之一是作为权利所有人的后代并不存在，也即权利主体的不特定。气候行动者采取了多种方法突破主体的限制。首先，由个人或民间组织作为诉讼代表人代表未来世代的利益；或是，由当代年轻人

---

[1] First Amended Complaint, Juliana v. United States, No. 6:15-cv-01517 (D. Or., Sept. 10, 2015), para. 290-301.

[2] Federal Defendants' Motion to Dismiss, Juliana v. United States, No. 6:15-cv-01517 (D. Or., Nov. 16, 2015), para. 23.

[3] Cf. Ylan Nguyen, *Constitutional Protection for Future Generations from Climate Change*, Hastings Constitutional Law Quarterly, vol. 44, no. 3, pp. 347-369 (2017).

[4] First Amended Complaint, Juliana v. United States, No. 6:15-cv-01517 (D. Or., Sept. 10, 2015), Prayer for Relief.

[5] Cf. Lydia Slobodian, *Defending the Future: Intergenerational Equity in Climate Litigation*, The Georgetown Environment Law Review, vol. 32, pp. 570-588 (2020).

代表他们自身以他们未来将遭受的损害为由提起诉讼，将代际正义的要求适用于尚未出生的人；又或者是，由国家、部落、社群、组织这些现在存在并将在未来持续存在的跨代群体主张权利，代表其未来成员的利益。① 本案中，青年原告综合使用了前述三种方式尽可能解决后代的诉讼资格问题，力图实现代际正义的主张。艾肯法官表示没有必要讨论后代能否作为诉讼的原告，因为青年已经充分指控了其遭受的伤害。② 类似地，即使是在被誉为具有革命性意义的 Urgenda 诉荷兰王国案（Urgenda Foundation v. State of the Netherlands）中，法官也并不认同年轻原告能够代表后代，因为当代人的主张已经可以被接受。③ 然而，对后世诉讼资格的不置可否并不意味着代际正义主张的挫败，肯定当代青年原告的诉讼地位恰恰代表着代际正义主体范围的拓展，以及代际正义的时间重点向着气候变化威胁对此时此世的紧迫性转移。④ 这符合以 Juliana 案件为代表的由年轻一代提起诉讼的趋势，也即随着气候威胁的日益加剧，气候正义与代际正义将更多着眼于政府和企业行为对当代年轻人的伤害。正如哥伦比亚青年气候案中原告所言"代际公平不仅存在于当代人和不存在的后代人之间，也存在于今天作出决定的人和受到决定影响的年轻一代之间"⑤。

为未降临的后代确立诉讼资格是困难的，由于气候变化的时空跨度之大，尽管很可能在未来造成更为严重的损害，当下却难以证明其将对后代造成的具体伤害与相关的因果关系。虽然难以从法律角度确定义务，但对后代人的保护在道德层面仍具有意义。⑥ 平等和正义要求所有世代都具有平等地位，因而当代人对后代人负有道德义务，即使难以保证代际之间享有完全一致的自然资源，前代人却仍有责任将其对自然资源的损害程度降到最低，因而当代人必须积极应对气候变化。通过以 Juliana 案为代表的由年轻一代提出的气候案件可以看出，越来越多的青年气候活动家正在为了保护儿童和后代的利益寻求出路，他们将在气候变化治理中发挥越来越重要的作用，并将继续为代际正义进行斗争、为气候正义寻求突破。无论能否确

---

① Cf. Lydia Slobodian, *Defending the Future: Intergenerational Equity in Climate Litigation*, The Georgetown Environment Law Review, vol. 32, pp. 570-588 (2020).

② 217 F. Supp. 3d, Juliana v. United States, No. 6:15-cv-01517 (D. Or., Nov. 10, 2016), para. 1260.

③ ECLI:NL:GHDHA:2018:2610, para. 10-20.

④ Cf. Lydia Slobodian, *Defending the Future: Intergenerational Equity in Climate Litigation*, The Georgetown Environment Law Review, vol. 32, pp. 570-588 (2020).

⑤ Pena v. Presidencia de la República de Colombia, Tutela Action, 3 (Tribunal Superior del Distrito Judicial de Bogotá-Sala Civil, 2018).

⑥ Cf. Steve Vanderheiden, *Individual Moral Duties Amidst Climate Injustice: Imagining a Sustainable Future*, The University of Tasmania Law Review, vol. 37, p. 122 (2018).

立后代的气候权利,通过诉讼唤起公众对代际正义的认识与重视就足以证明未来充满希望。①

三、气候诉讼征途中的希望

基于权利的气候诉讼构成了全球气候变化诉讼新一波浪潮的主力军,②尽管该类案件在美国成效并不显著,但更重要的是认识到这类案件已经取得的成果。Juliana案以公共信托理论捍卫气候权利的方式为气候诉讼提供了新思路。其综合运用自然法、普通法以及宪法试图确立公民对气候系统享有的基本权利,敦促政府和企业履行气候治理义务。从另一角度而言,司法部门在承认和应对这些基本关系方面发挥着不可或缺的作用,尽管美国的司法系统在环境问题上态度日趋保守,但随着气候诉讼的权利转向,司法将更为频繁地被要求介入气候治理,法院在应对气候变化问题上的功用将随着时间的推移而深化和扩大。最后,Juliana已经并将继续在法庭之外获得持续的胜利,通过激励气候运动进而刺激政治进程,倒逼政府制定和实施更为有效的气候应对政策。

(一)权利诉求开启气候诉讼新征途

Juliana案的青年原告在运用宪法的正当程序原则以及平等保护原则的基础上,结合公共信托理论将享有稳定的、维持人类生命的气候系统解释为一项基本权利,并得到地区法院艾肯法官精彩的论证与大胆的肯定。这不仅是对美国宪法基本权利因应时代需求进行的拓宽,也为那些同样没有将享有健康的环境权认定为基本权利的国家提供了方向和路径——不必大费周章地进行法律制定,而是运用法律解释,将该权利用宪法路径进行释明。借助权利诉求实现气候治理目标的优势在于能够直接处理气候变化对个体生命、健康、财产的影响,为个体提供了一个平台,让公权力主体或是高碳排主体对其未能实现监管或造成的生态损害行为负责。③同时,当

---

① *Cf.* Lydia Slobodian, *Defending the Future: Intergenerational Equity in Climate Litigation*, The Georgetown Environment Law Review, vol. 32, pp. 570-588 (2020).

② The Geneva Association, *Climate Change Litigation-Insights into the evolving global landscape* (2021). Available at: https://www.genevaassociation.org/sites/default/files/research-topics-document-type/pdf_public/climate_litigation_04-07-2021.pdf

③ *Cf.* Alan Boyle, *Climate Change, The Paris Agreement and Human Rights*, International and Comparative Law Quarterly, vol. 67, no. 4, pp. 759-777 (2018).

气候问题被定性为侵犯基本权利时,政府更有动力也更具有现实的必要采取措施应对这一问题。从反面而言,基于宪法权利提起诉讼很大程度避免了"司法处理气候治理涉嫌干预行政权"这一问题的争议,因为此时法院不需要去衡量政府的决策是否明智或恰当,而只需要对政府的行为是否符合宪法进行是非评价,这完全属于司法问题,是司法不能规避而必须积极处理的。①

自《巴黎协定》通过后,基于权利提出的气候诉讼总体数量不断增长、分布范围逐渐扩大,并且具有持续拓展的强势劲头。②基于权利的方法能够填补国际承诺和国内行动之间缺失的空隙,并使得法院有理由也有义务要求政府提高应对气候变化的标准和决心。2021年10月8日,在联合国人权理事会第48届会议上,43个国家通过了第48/13号决议,承认"享有安全、清洁、健康和可持续环境的权利"是一项人权。③该决议的通过堪称一个里程碑时刻,它是一项可能影响全球标准的重要政治声明,特别是这种承认可以作为气候行动者进行司法诉讼的依据。然而美国是少数几个拒绝通过该决议的国家之一,美国表示该项权利并非普遍公认的人权,亦无国际法上的权利基础。④美国对内对外都拒绝承认健康环境权为一项宪法权利,这意味着基于权利进行气候诉讼道阻且长。但其并非不能实现,纵使享有稳定气候环境的权利是否属于美国宪法上的基本权利仍然悬而未决,但Juliana案中艾肯法官的论证及认可至少埋下了一颗怀疑的种子,其日后的生根发芽是可被期待的。⑤

(二) 推动司法作为促进气候治理的手段

尽管基于权利论点进行诉讼正为全球各地的法院所接受与支持,但在美国却恰恰相反,其所具有的保守主义的司法传统致使法院在该问题上持消极态度。⑥对

---

① Cf. May, James R. & Daly, Erin, *Can the U.S. Constitution Encompass a Right to a Stable Climate? (Yes,it Can.)*, UCLA Journal of Environmental Law and Policy, vol. 39, no. 1, pp. 39-64 (2021).

② Cf. Joana Setzer & Rebecca Byrnes, *Global trends in climate change litigation: 2021 snapshot (2021)*. Available at: https://www.lse.ac.uk/granthaminstitute/publication/global-trends-in-climate-litigation-2021-snapshot/.

③ Access to a healthy environment, declared a human right by UN rights council. Available at: https://news.un.org/en/story/2021/10/1102582.

④ UN Human Rights Council-48th Session, End-of-Session General Statement of the United States of America. Available at: https://geneva.usmission.gov/2021/10/13/un-human-rights-council-48th-end-of-session-general-statement/.

⑤ Cf. David Markell, *Can non-statutory federal climate litigation drive federal climate policy?*, FSU College of Law, Public Law Research Paper, no. 864, pp. 12-15 (2017).

⑥ Cf. May, James R. & Daly, Erin, *Can the U.S. Constitution Encompass a Right to a Stable Climate? (Yes,it Can.)*, UCLA Journal of Environmental Law and Policy, vol. 39, no. 1, pp. 39-64 (2021).

于 Juliana 案件是否涉及不可由法院审理的政治问题，不同法院的法官呈现出不同的态度，进而也导致该案在程序问题之上被不断拉扯，无所终结。艾肯法官认为该案不包含不可由法院审理的政治问题，其核心涉及原告的宪法权利，这一问题完全属于司法机关的职权范围。此外，因为原告实际上受到了伤害，这种伤害可追溯到被告的行为，法院必须通过判决纠正这种伤害。① 即便如此，在克服了几个程序障碍后，2020 年 1 月，联邦第九巡回上诉法院推翻了艾肯法官的决定，并以缺乏诉讼资格为由驳回了该案件。上诉法院认为，在本案中，诉讼资格的第三项要求，也即"可补救性"并没有得到满足。② 法院无权下令实施一项涉及"复杂政策决定"的计划，因此法院的决定不会纠正损害，这个问题必须在行政部门内部解决。③

尽管气候诉讼在美国并不受欢迎，Juliana 案取得胜诉结果的希望亦相当渺茫，但地区法院艾肯法官的裁决和上诉法院斯塔顿（Staton）法官的异议表明司法在此问题上的积极面向，今后未来很可能会有更多美国法官接受权利论点，使司法成为促进气候治理的手段。艾肯法官表示"即使案件涉及激烈争论的政治问题，作为与政府机关同等地位的司法机构也不能退却"④。同时，尽管上诉法院"不情愿地"驳回了该案件，但上诉法院对气候变化的现时危险性、国家应对行动的失败以及司法诉讼的重要性给予了肯定。⑤ 这些都证实了法院在该问题上具有正确认识，也即行政部门的不作为存在问题，司法可以甚至应当介入该问题。斯塔顿法官更是在她的异议中强烈反对上诉法院对该案的驳回处理："该诉讼不能单独阻止气候变化这一事实并不意味着它没有提出适合司法解决的主张……宪法不容国家的故意破坏，原告的索赔符合司法上可裁判的标准，原告的诉求不亚于阻止国家灭亡……等待不是一种选择……解决这一行动只需要回答科学问题，而不是政治问题，原告已经提出了足够的证据，证明他们有权在法庭审判中解决这些问题……确定法院何时必须介入以保护基本权利并没有标准，我的同事认为是永远，我认为是现在……我认为原告有资格质疑政府的行为，根据宪法阐明主张，并提供足够的证据在审判中证明这些主张。"⑥

气候危机迫在眉睫，无论主动还是被动，法官将更多地被要求直面其司法辖区

---

① 217 F. Supp. 3d, Juliana v. United States, No. 6:15-cv-01517 (D. Or., Nov. 10, 2016), para. 1262.
② Juliana v. United States, 947 F.3d 1159, 1166 (9th Cir. 2020).
③ Juliana v. United States, 947 F.3d 1159, 1166 (9th Cir. 2020).
④ 217 F. Supp. 3d, Juliana v. United States, No. 6:15-cv-01517 (D. Or., Nov. 10, 2016), para. 1263.
⑤ Juliana v US, 947 F 3d 1159, 1175 (9th Cir 2019).
⑥ US Circuit Judge Andrew D Hurwitz and US District Judge Josephine L Staton, Opinion and Dissent in Case No 18-36082 DC No 6:15-cv-01517-AA (Jan. 17, 2020), para. 4.

内的气候问题。由于国际行动和国家行为未能有效应对气候变化威胁，进而侵害基本权利并破坏民主和政治进程，司法干预对于将国家责任与基本权利重新结合起来是必要的，这是法院的职责，也是气候诉讼的核心目标。[①]回溯历史，从美国法院取消种族隔离、推进保护个人隐私权，到欧洲人权法院从环境正义到肯定健康环境权等一系列新兴权利方面，尽管历时悠长、困难重重，但司法在推进权利保护方面发挥着至关重要的作用，有理由相信并期待司法在气候变化问题上发挥更大的影响。[②]法官能够通过解释法律、塑造判例适应当下的气候变化状况，进而影响法律适用、促进政府积极应对。Juliana案的反复驳回暗示着其结果并不乐观，但整个诉讼过程释放出了一定的积极讯号——地区法院艾肯法官的肯定意见、第九巡回法院斯塔顿法官的异议表明了未来气候诉讼案件的希望，气候诉讼有潜力克服其面对的障碍。随着气候威胁的显著，随着关心地球未来的青年、后代人数越来越多，像本案中艾肯、斯塔顿这样具有勇气的法官也会越来越多，并将推动当下的少数"异议"成为未来的多数意见。

（三）引发更为广泛的气候运动

六年来，Juliana案因程序问题被反复拒于法庭门外，无法对其实质内容进行辩论和裁判。但案件胜诉与否并不是衡量气候变化诉讼的唯一标准，诉讼的目的同样在于促进气候变化相关的政策变革和观念进步，从这一角度而言Juliana案在法庭外取得了极大的胜利。

Juliana案为基于权利主张质疑政府和企业的气候行动提供了新思路，无论是作为发现侵权行为的依据，还是作为违反其他法律义务的论点的补充。并且，世界各地的青年气候活动者陆续采取类似的方式将政府诉至法庭，要求政府保障今世后代的环境权益、采取更强有力的气候应对措施，其中部分青年原告取得了重大的法律胜利。可以说，该案在法庭中停留的每一天，对以青年原告为代表的气候活动家来说都堪称胜利。媒体对诉讼进展的报道引发了社会对于气候变化问题的讨论，提升了年轻人作为气候政治进程中一股强大力量的地位，越来越多的青年走上街头、踏入法院，Juliana案预示着全球由青年领导的气候活动将会持续进行并愈演愈烈。

---

① *Cf.* Cinnamon Piñon Carlarne, *The Essential Role of Climate Litigation and the Courts in Averting Climate Crisis*, in Benoit Mayer & Alexander Zahar(eds), Debating Cliamte Law, Cambridge University Press, 2021 Forthcoming.

② *Cf.* Cinnamon Piñon Carlarne, *The Essential Role of Climate Litigation and the Courts in Averting Climate Crisis*, in Benoit Mayer & Alexander Zahar(eds), Debating Cliamte Law, Cambridge University Press, 2021 Forthcoming.

结　语

迄今为止，没有美国总统明确表示支持去碳化，更有甚者，以乔治·布什和唐纳德·特朗普为代表的总统公然质疑乃至否认气候科学的准确性。即便是高举环保大旗的巴拉克·奥巴马，不仅其任内制定的气候政策被其继任者所推翻，也因为发动"煤炭战争"而受到抨击——国会认为其绕过了立法、煤炭巨头，明确表示反对，就连气候活动者也认为其减排力度不够。至于使美国重新加入了《巴黎协定》的约瑟夫·拜登，在面对国内气候治理问题仍然首鼠两端，无视 Juliana 案年轻原告一再提出的和解协议等要求。这些情况都表明美国国内实现减排要求所面临的政治挑战。然而，Juliana 案直接对这种政治现实宣战，如果法院支持了原告的诉求，确立了享有宜居气候系统这一基本权利并通过司法要求政府实施减碳计划，政治问题就将不再是美国气候诉讼的障碍，Juliana 案也将成为重要先例，为其后气候诉讼的展开指明方向。退一步而言，不考虑案件裁决结果，至少该案件尝试证明政府和化石燃料巨头对灾难性气候危机的责任，并已经引发如何逐步淘汰美国化石燃料的公众讨论，Juliana 案能够为美国行之有效的气候政策的出台铺路奠基。①

尽管通过一个案件实现气候诉讼领域的系统性改变是不可欲的，② 但以权利受损为由进行气候变化诉讼进而取得进展是可期待的。Juliana 案之外，在德国、荷兰、爱尔兰、尼泊尔、巴基斯坦、哥伦比亚等地区和国家，涉权利的气候变化诉讼如雨后春笋般不断涌现。基于权利的主张在气候变化诉讼背景下具有一定的潜力，随着相关诉讼案件数量的增加，以及公众对气候环境的日益关注，我们可能会看到更多的法院宣布享有稳定的气候环境是一项基本权利。气候变化诉讼的"权利转向"会不断引发其他国家的类似诉讼。一旦构建起气候保护同权利保护之间的直接关系，确认政府在应对气候变化方面的职责与义务，则就能将该问题引入宪法领域，部分现在看来无从遵照的法律解释与法律推理问题便能够迎刃而解。在宪法背景之下，权利的确定可诉性与可执行性为公民在司法战场上对抗高碳排企业与国家机器提供了强有力的武器。随着基于权利框架进行气候诉讼的频率的增加，孩子们在法庭上"自救"的壮举会逐渐引发社会支持，直至司法无法再否认其索赔为止。

---

① *Cf.* Raymond, M., *A Hypothetical Win for Juliana Plaintiffs: Ensuring Victory Is More Than Symbolic*, Ecology Law Quarterly, vol.42, pp. 704-715 (2019).

② *Cf.* Paolo Davide Farah, *Urgenda vs. Juliana: Lessons for Future Climate Change Litigation Cases* (2020). Available at: https://law.ucla.edu/sites/default/files/PDFs/Academics/Farah-Urgenda%20vs%20Juliana.pdf.

"世纪诉讼"与政府的生态责任[*]

朱明哲[**]

摘　要　2021 年,巴黎行政法院对非政府组织起诉法国政府的"世纪诉讼"做出判决,认为政府在应对气候变化方面的作为不足,违反了其法定义务,应该承担《法国民法典》所规定的生态损害责任,并要求政府在 2022 年底之前采取措施以修复、预防、终结气候变化带来的损害。本案的焦点在于确定政府的生态责任。法院基于关于气候变化的科学研究证明了与气候变化相关的生态损害的存在,通过综合使用国际条约、欧盟法、国内减排政策确定了政府所负担的应对气候变化责任,通过检讨各种气候目标的完成情况证明政府存在过失,并最后判决政府应当采取更加积极的政策修复既有损害、预防未来的损害。通过分析总结该判决在法律论证的形成、对"气候变化"的性质认定和民法生态规范在公法上的使用等几方面的贡献,有助于我们思考未来气候变化诉讼如何更有效地让政府实现气候变化承诺。

关键词　世纪诉讼　气候变化　生态损害责任　行政法院

荷兰的"Urgenda 案"胜诉后,[①] 欧洲许多国家的法官也收到诉愿,要求他们

---

[*] 本文是作者所承担的中国政法大学科研创新项目"《民法典》生态规范司法适用研究"(21ZFG82004)的阶段性研究成果。
[**] 朱明哲,中国政法大学比较法学研究院副教授,博士生导师,钱端升青年学者。
[①] 关于 Urgenda 案的中文介绍,参见张忠利:《应对气候变化诉讼中国家注意义务的司法认定——以"Urgenda Foundation 诉荷兰"案为例》,《法律适用》2019 年第 18 期。

判决国家未能完成其所承诺的减排目标，并在解释民法中的具体规则时援引人权法的原则性规定和缺乏强制力的国际条约义务。法国法官也不例外。近年，至少有两个重要的气候变化诉讼案件呈现于法国行政法官面前。2018 年底，敦刻尔克的卫星城大桑特（Grande Synthe）市在最高行政法院起诉法国政府，主张法国政府因为减排不力而违法，引用的法律依据包括《欧洲人权公约》《巴黎公约》《法国环境法典》《法国环境宪章》等在内的法律规范。① 2019 年 3 月，在另一起由法国乐施会、为众人而诉（Notre Affaire à tous）、自然与人类基金会和法国绿色和平组织向巴黎行政法院提起的诉讼中，原告要求法院判决政府未能应对气候变化、下令赔偿精神损失和生态损失，并下令要求国家履行其义务。② 后一个案件的原告高调称其为"世纪诉讼"（l'Affaire du siècle），并在社交媒体上广为宣传。

2021 年，巴黎行政法院和最高行政法院分别就这两个案件的程序和实体方面做出裁判。两个行政法院都认为政府在应对气候变化方面的作为不足，违反了其法定义务，并判决政府在一个具体的期限内采取相应措施以实现其减排目标。其中，最高行政法院在 2021 年 7 月 1 日判决政府拒绝采取进一步措施的证明不充分，必须在 2022 年 3 月以前采取一切必要手段减少温室气体排放，从而实现其气候目标，包括在 2030 年以前实现比 1990 年排放标准降低 30% 的具体目标。③ 巴黎行政法院则援引大桑特案的判决，认为政府的气候政策效果不明显，判决政府必须在 2022 年 12 月 31 日前采取措施以修复、预防、终结气候变化带来的损害。④ 在我国，无论是从不同国家机关权力的分配结构而言，还是从法文化的角度而言，似乎都很难想象法院竟然会判决政府未能实现应对气候变化这一如此重要的国际承诺。然而，这种差异并不意味着法国法院的裁判对我国法治全无意义。实际上，我们完全可以从被告建构其诉求的视角和法官使用不同法律渊源进行论证的方式中得到启发。甚至可以说，对明显不具备直接移植可能的司法实践进行观察，是突破"国外制度及其中国借鉴"的比较法惯习的必要一步。本文将以"世纪诉讼"的两个判决为材料，针对确定政府环境责任的问题，展现法官在行政诉讼中使用民法规范和参照国际法规范解释国内法的方法。

---

① Conseil d'État, 6ème-5ème chambres réunies, 1er juillet 2021, n° 427301, Publié au recueil Lebon.
② Tribunal administratif de Paris, 3 février 2021, req. n° 1904967, 1904968, 1904972, 1904976/4-1.
③ Conseil d'État, 6ème-5ème chambres réunies, 1er juillet 2021, n° 427301, Publié au recueil Lebon.
④ Tribunal administratif de Paris, 14 octobre 2021, req. n° 1904967, 1904968, 1904972, 1904976/4-1.

一、判决简介

2021年2月3日，巴黎行政法院做出判决，承认存在与气候变化有关的生态破坏，并裁定法国政府应该对此承担责任，因为它未能完全实现其设定的温室气体减排目标。法院裁定，当事人可以根据《法国民法典》中关于生态损害赔偿的规定起诉国家，行政法院也可以受理此类诉讼。法院认为，生态损害的存在尤其明显地表现为造成了大气层及其生态功能改变，进而致使全球平均气温持续上升，法国政府对此并无异议。法国没有遵守其减少温室气体排放的承诺，虽非全球气候变暖的唯一原因，但是与相关生态破坏之间存在因果关系，所以应当承担部分责任。至于生态损害的赔偿，法院则认为应当以修复为主，只有在修复措施不可能或不充分时才可以判决金钱赔偿，所以拒绝了原告的经济赔偿要求。不过，法官认为申请人有权要求法国政府采取生态修复措施，并下令在2个月的期限内补充调查，确定政府为了修复已经造成的、防止进一步生态损害所必须采取的措施。最后，法院判决政府因为不履行其减排承诺而损害了集体利益，应该向四个协会各支付1欧元作为精神损害赔偿。[①]

2021年10月14日，巴黎行政法院就原被告双方提交的报告再次针对政府需要采取的修复和预防措施作出判决。法官首先拒绝原告提出的全面评估所有气候变化政策有效性的要求，因为这一问题已经在大桑特案中处理过了。法官随后指出，2015—2018年的排放严重超过了第一次碳排放预算，政府在修订第二和第三次碳预算时没有考虑到超支问题。不过，评估损害的时间点应该放在判决之日，虽然2020年温室气体排放大为减少主要是因为新冠肺炎的流行，而非国家任何具体的行动，但只要能使此前的生态破坏得以补偿、进一步恶化得以防止，就应该在判决中考虑。所以，法官把损害定为15Mt的二氧化碳当量。法官还注意到减少的排量并不充分，而且与超标排放有关的损害仍持续存在，因此有必要命令其采取补救和预防措施。最后，法院明确指出过量排放是持续和可积累的，所以命令总统和主管部长采取有效的部门措施以修复、预防、终结损害。法官承认政府在采取哪些具体措施方面有完全自主的决定权，法院无法替他们进行决策，但是要求足够减少15Mt二氧化碳当量的修复措施必须在2022年12月31日前生效。[②]

---

① Tribunal administratif de Paris, 3 février 2021, req. n° 1904967, 1904968, 1904972, 1904976/4-1.

② Tribunal administratif de Paris, 14 octobre 2021, req. n° 1904967, 1904968, 1904972, 1904976/4-1.

可见，法国的司法系统和欧洲其他国家一样，都积极推动国家采取更积极的气候变化应对措施。最高行政法院和巴黎行政法院都认为法国政府已经采取的措施并不充分，生态转型部作为代表法国应诉的部门所提出的辩护理由也不能令人信服。而且，两个法院都为政府制定政策设定了较短的时间限制。但不同于 Urgenda 案，法国法院并没有通过转向《欧洲人权公约》或者其他基本权观念寻找法律基础。相反，其论证集中于法国政府所负的责任。

二、国家生态损害责任的确立

在"世纪诉讼"中，原告认为法国政府应当负担《法国民法典》中规定的生态损害责任。这也是初审判决最重要的贡献。提纲挈领的第 1246 条规定："对生态损害负有责任者应补偿该项损失。"[①] 正是因为 2016 年进入《法国民法典》的生态损害责任制度突破了传统欧洲大陆民法中对于责任必须能够归结到具体的被侵权人的规定，[②] 该制度让影响到全世界所有人（而非具体人）的气候变化可能成为主张生态损害赔偿责任的对象。第 1247 条把可以救济的损害限定为对生态系统或人们从环境中获取的集体利益造成的不可忽视的侵害。第 1248 条对诉讼原告资格做出规定："所有具有诉讼利益与资格的人均可提起环境损害赔偿之诉，例如……于提起诉讼之日已经核准或创立至少五年的旨在保护自然环境的组织。"在确定原告诉讼资格方面，法院并未遇到太多困难：只需要指出各个公益组织成立的时间，并援引其章程中关于设立目的的说明即可。[③]

更大的挑战在于论证气候变化所造成的损失属于《法国民法典》中的"生态损害"。为此，法院直接援引了政府间气候变化专门委员会（IPCC）报告的内容，指出地球平均温度相比于前工业化时代已经上升了 1℃，而且人类活动造成的温室气体排放是升温的主要原因。[④] 法院还特别指出法国本身积极参与 IPCC 的组织和活动，贡献了其全部经费的 15%。接着，法官历数冰川和永久冻土融化、海洋变暖、海平面上升、极端天气增加、海洋酸化、生态系统破坏等生态后果以及包括粮食与

---

① 条文的翻译参见李琳：《法国生态损害之民法构造及其启示》，《法治研究》2020 年第 2 期。本文有所改动。
② 参见李琳：《法国生态损害之民法构造及其启示》，《法治研究》2020 年第 2 期。
③ Tribunal administratif de Paris, 3 février 2021, req. n°1904967, 1904968, 1904972, 1904976/4-1, para. 11-15.
④ Tribunal administratif de Paris, 3 février 2021, req. n°1904967, 1904968, 1904972, 1904976/4-1, para. 16.

水安全、健康与经济增长等社会后果在内的影响。① 法官进一步重述 IPCC 报告对 1.5℃升温和 2℃升温的对比，并援引生态转型部设立之观察站所发布的报告指出，气候变化影响了法国的海岸线、增加了洪水的危险、让 62% 的法国人暴露在极端气候的风险中。基于以上科学事实，法官认为温室气体排放所造成的生态损害存在。

接下来的问题是确定国家的过失及其与损害之间的因果关系。原告的主张是国家有应对气候变化的整体义务，行政当局没有采取足够措施完成其减排目标，而且根据现有的减排目标也不足以满足把温升控制在 1.5℃ 的要求，从而违反了这一义务。② 法官从国际法、欧盟法和国内法三个角度入手，验证应对气候变化整体义务是否存在。在国际法上，法官依次援引了《联合国气候变化框架公约》（1992）第 2 条、第 3 条第 1 段和《巴黎协定》（2015）的第 2 条、第 4 条。这些条文表达了国际气候法的缔约目标和"共同但有区别的责任"原则。③ 于欧盟法上，法官指出 1993 年欧洲理事会已经代表后来成为欧盟的欧共体批准加入了《联合国气候变化框架公约》，并为了执行上述国际法规定通过了第一个《2020 年气候和能源一揽子计划》，其中特别规定了成员国必须为了降低温室气体排放而做出努力，因此减排成了一项欧盟法上的义务。欧盟加入《巴黎协定》后，向《联合国气候变化框架公约》缔约方会议通报了欧盟及其成员国的国家自主贡献，承诺在 2030 年减少排放至 1990 年水平的 40%。随后，2018 年通过了第二个《气候和能源一揽子计划》，其中包括了对各成员国有约束力的年度减排量。④ 最后，法官援引《环境宪章》第 3 条、《能源法典》第 L100—4 条和《环境法典》第 L222—1 条，指出法国承诺通过制定低碳发展战略，具体而言是在 2030 年实现减排 40% 和 2050 年碳中和的政策，从而防止环境损害。⑤ 所以，法国政府本身意识到了应对气候变化的重要性并且自愿设定了一系列的减排目标，可以证明其应对气候变化总体义务的存在。

于是，法官要判断法国现行气候政策是否构成对义务的违反。这个问题包括三个方面：提高能源利用效率、提高可再生能源在最终能耗中的占比、减少温室气体排放。法官援引研究报告指出，法国的能源利用效率和可再生能源占比增速较慢，

---

① Tribunal administratif de Paris, 3 février 2021, req. n°1904967, 1904968, 1904972, 1904976/4-1, para. 16.
② Tribunal administratif de Paris, 3 février 2021, req. n°1904967, 1904968, 1904972, 1904976/4-1, para. 17.
③ Tribunal administratif de Paris, 3 février 2021, req. n°1904967, 1904968, 1904972, 1904976/4-1, para. 18.
④ Tribunal administratif de Paris, 3 février 2021, req. n°1904967, 1904968, 1904972, 1904976/4-1, para. 18.
⑤ Tribunal administratif de Paris, 3 février 2021, req. n°1904967, 1904968, 1904972, 1904976/4-1, para. 19.

但是能源政策本身只是一项可能对于能源效率提高有效的产业政策，不能将其失败视为整个气候政策的失败。① 问题的关键在于确定政府是否有效降低了碳排放。法官指出，《环境法典》中规定了每年产生于法国领土之上的碳排预算，这一年度预算每五年递减。② 而 2015—2018 年之间实际产生的碳排放超过了预算的 3.5%。此后每年碳排放下降的速度都没有达到政府法令所规定的速度。③ 所以，国家虽然为了完成 2030 和 2050 年的两个碳排放目标设定了轨迹，但是如果不能沿着既定的方针和规划稳步推进，必将造成更多的温室气体排放从而加剧生态破坏。④ 换言之，仅仅设定了目标本身还不够，还需完成每年的执行方案。

不过，法院虽然认为确实存在因为政府气候政策不足导致的生态损害，却拒绝原告对此种生态损害进行金钱赔偿的要求。《法国民法典》第 1249 条规定："对环境损失的补偿优先采取实际修复的方式。如果实际修复不可能或不充分，法官可以责令责任人向原告支付损害赔偿金用于环境修复，当原告无法采取适当措施时此项赔偿金向国家支付。损失的评估应考量已经采取的补救办法，尤其是基于《环境法典》第 1 卷第 6 编而采取的方式。"因此，法院拒绝了原告提出国家应该对生态损害支付 1 欧元象征性赔偿的要求。但与此同时，法院认为原告可以就国家因气候政策不足所造成的生态损害提出精神损害赔偿，所以判决国家向每一个非政府组织支付 1 欧元的象征性精神损害赔偿。⑤

三、让国家实现承诺

生态治理的痼疾不在于制定法律文本，更不在于编纂环境法典，而在于如何把规则变成治理的实效。各国制定了数百个关于环境的国际条约和几万部关于环境的法律，但我们所面临的生态环境还在以前所未有的速度恶化。⑥ 森林在我们的眼皮底下倒下，因为跨国石油公司要开采油砂和其他石油资源；成吨的化肥和农药倾倒在大片的农场，因为大豆和谷物为工业提供了重要的原材料。在气候变化领域尤其

---

① Tribunal administratif de Paris, 3 février 2021, req. n°1904967, 1904968, 1904972, 1904976/4-1, para. 23.
② Tribunal administratif de Paris, 3 février 2021, req. n°1904967, 1904968, 1904972, 1904976/4-1, para. 29.
③ Tribunal administratif de Paris, 3 février 2021, req. n°1904967, 1904968, 1904972, 1904976/4-1, para. 30.
④ Tribunal administratif de Paris, 3 février 2021, req. n°1904967, 1904968, 1904972, 1904976/4-1, para. 31.
⑤ Tribunal administratif de Paris, 3 février 2021, req. n°1904967, 1904968, 1904972, 1904976/4-1, para. 42-45.
⑥ Corinne Lepage, «Les véritables lacunes du droit de l'environnement», *Pouvoirs*, décembre 2008, no 127, pp. 123-133.

如此。各国领导人、商业巨子、公民机构代表乘坐着专机在巴黎、伦敦、柏林、日内瓦、纽约或达沃斯论坛上相会，表达对气候变化问题的深切担忧，并一致同意必须立刻采取雄心勃勃的行动应对挑战。不仅如此，各国纷纷承诺在21世纪上半叶实现碳排放达峰、在21世纪中叶实现碳中和，还为此制定了一系列立法、法令、规划、路线图。然而在实践中，让一百年后的人类不至于面对一个荒芜地球的努力一次次在其他更为紧迫的现实目标前让步。全球温室气体排放的总量仍在一年一年不断增加。

在这个意义上，巴黎行政法院的判决对思考各国气候变化诉讼有着重要的启发意义。法官在解释《法国民法典》生态损害赔偿相关规则时援引国际法、欧盟法、国内立法、一系列具体的政策目标、科学报告等材料，得出了国家应对气候变化不力的结论，并要求其在固定时间内采取更有效的手段。诚然，这些手段是什么、能否真的有效减少温室气体排放，尚不得而知。但是，本案至少在法律论证、对气候变化的法律定义、民法与公法的关系三个方面能够为我们提供新的思考。

与Urgenda案类似的是，本案裁判的一个要点在于确定国家在民法上的义务。巴黎行政法院的论证首先围绕着《法国民法典》第1246和第1247条展开，重点在于确定损害的存在、法国政府的总体义务及过失。损害的存在作为一个事实问题，仅通过援引实证材料即可确证，而法官在此几乎完全依赖于以IPCC报告为代表的科学证据。至于法国政府所负之应对气候变化义务，法官则首先追溯到《联合国气候变化框架公约》和《巴黎协定》中所表达的目标以及法国承诺的自主减排目标。值得注意的是，虽然《法国宪法》第55条规定"依法通过或加入的国际条约或协定，一经公布即具有高于法律的效力"，但或许正如生态转型部部长在答辩状中所言，此类条约不具备对公民个人的直接效果。实际上，法官也并未直接使用国际条约作为裁判基础，而是在条约义务的背景下进一步解释拘束力更加确定无疑的欧盟法和国内法规则。至于判断政府是否有过失，使用的只是政府自己设定的"碳预算"。尽管该预算所体现的减排目标现在写在《环境法典》之中，却只不过是政府用于执行法律的一项法令。换言之，其要求非常具体而规范位阶较低。

就这样，法国行政法官以扩大了"损害"概念的生态损害制度为法律基础，沿着传统民法学证明侵权责任的思路，成功把具体明确的减排路线图填充入国家高调承诺，但内容空洞、规范性也尚待商榷的国际义务之中。相比之下，在Urgenda案中，法官通过把享有健康和可持续的环境解释为《欧洲人权公约》第2条（生命权）和第8条（私生活安宁权）的内在要求，从而判定《荷兰民法典》中规定的

"注意义务"除了消极义务以外还包括主动防止损害发生的积极义务。① 虽然本案原告也像 Urgenda 基金会一样希望从人权法入手，但是法官最终没有试图把气候变化问题和国际人权法或可能受到威胁的基本权利联系起来。同样，法官也没有费心探讨代际正义等伦理问题。可见，"权利转向"并不是气候变化诉讼的唯一出路。

本案法官把气候变化定义为一种已经造成了并且还将持续造成一系列生态破坏的现象。这并不是法官首次在气候变化诉讼中处理定义问题。在著名的"马萨诸塞州诉环保署案"中，当时美国联邦最高法院面对的难题是能否把温室气体定义为"污染物"。受"马萨诸塞州诉环保署案"启发，我国也有学者认为可以通过把温室气体解释为污染物进行治理。的确，我国目前一些针对空气污染物提出的诉讼确实试图通过空气污染物治理和温室气体排放治理之间的协同效益实现减排目标。但是，《大气污染防治法》第 2 条第 2 款规定："防治大气污染，应当加强对燃煤、工业、机动车船、扬尘、农业等大气污染的综合防治，推行区域大气污染联合防治，对颗粒物、二氧化硫、氮氧化物、挥发性有机物、氨等大气污染物和温室气体实施协同控制。"仅从文义即可看出，我国的立法者有意区分了大气污染物和温室气体，这就导致把温室气体解释为"污染物"面对巨大的制度障碍。

实际上，随着科学研究不断深入，不同国家、地区、人群、行业、企业的排放责任变得越来越清晰。"气候变化"正逐渐从一个抽象的一般概念具体化为一系列现象，从而让人们越发能够清楚界定损害发生的具体地点、影响的具体人群，以及背后的因果关系。就在 2021 年，IPCC 的第六次评估报告中加入了关于气候变化在各地区影响的内容。与此同时，不论在美国还是欧盟其他国家，越来越多的气候变化诉讼围绕着滨海城市的土地侵蚀、安第斯山脉上冰川融化、妇女更容易受不利气候事件影响等主张提出，这些主张更加具象，而且可以通过科学研究证实或者证伪。"世纪诉讼"中的行政法院所援引的科学报告不也把受气候变化影响的法国人口精确到了 62% 吗？在此背景下，或许针对气候变化导致的具体损害的赔偿将是各国气候变化诉讼新的突破口。

自从《欧洲人权公约》生效后，法律实践中对民法许多规则的解释都必须经受人权保护的检验，说是公法对私法自治的入侵也不为过。在"世纪诉讼"中，我们则看到了一个相反的运动方向，也就是私法成为让国家对其承诺负责的工具。生态转型部部长在答辩状中主张，"生态损害"不应适用于行政诉讼，从一个侧面体现出了法国政府对这一趋势的认知。然而，"世纪诉讼"的法官和 Urgenda 案中的法

---

① ECLI: NL: HR: 2019: 2007. para 8.3.3.

官一样，都认为国家需要承担民法上的义务。于是，我们看到在当代民法的生态转型过程中出现了两种并行不悖的趋势。一方面，越来越多的民法规范突破了传统民法对行为中立性的假设，要求行为人不仅要考虑其他社会行动者的利益，还必须考虑生态保护利益。[①] 另一方面，国家虽然通过执行民法中限制个人行为自由的条款保护生态，但自身也要受其限制。理解此点观念变迁对于更好地解释和适用我国《民法典》中的生态规范，特别是其中的生态损害条款而言或许尤其重要。

---

① 参见朱明哲：《生态原则与民法的当代转型》，《学术月刊》2020年第6期。

让跨国公司为气候变化负责

——评"地球之友等诉荷兰皇家壳牌案"

杜中华*

摘　要　在过往的气候变化诉讼中,国家和政府机关常常作为被告出现,直接将跨国公司的气候变化责任作为诉讼对象的案件占据少数。"地球之友等诉荷兰皇家壳牌案"构成了在这个领域填补空白的标志性案件。法院支持了原告非政府组织的实质请求,不仅要求荷兰皇家壳牌依照国际规则和标准,在 2030 年前将碳排放减少相对于 2019 年水平的 45%,还强调减排的范围是跨价值链的,包括其自身生产过程中的直接排放以及原料供应商和产品消费者的间接排放。法院判决跨国公司直接承担气候变化责任,在一定程度上突破了国际法的传统适用界限,而且为看待国际软法规则的效力问题提供了新的思路。但同时,法院的论证说理中也存在着诸多问题,尤其是在处理气候变化法和市场机制的问题上,暴露出国内法院解决全球性气候治理问题的局限。

关键词　气候变化诉讼　公司责任　不成文注意义务　软法　国际法的国内化

---

* 杜中华,阿姆斯特丹大学法学院 2021 级博士生。

一、背景

在传统意义上，国际公法是处理国家之间问题的法律规范的总和。^①国际法通过直接对国家课以义务达成规范效果，在国际法的形成及演进中，国家都是最重要的主体。这一结构同样体现在《巴黎协定》的谈判和缔结过程之中。仅是在四年谈判中的最后一年，各国家才就协议的法律形式和性质达成一致^②；而对协定的最终达成起到决定性作用的，是"国家自主贡献"（nationally determined contributions）概念的产生。在自主贡献的框架之下，国家可以依据其主权，充分考虑国内情况和能力进行"自我责任区分"（self-differentiation），自行确立其在协定下的具体法律义务；这一方面降低了订立具有法律约束力的国际条约的主权成本，^③也在另一方面极大地限制了协定可以达到的减排效果和强度。"Urgenda Foundation 诉荷兰案"正是在这样的背景下发生，法院最终判决，荷兰应提高其对 2020 年温室气体的减排目标，以 1990 年的温室气体排放量为基准，减少 25%的碳排放，且这一义务是独立的积极义务，并不以其他国家是否也完成义务为前提。

虽然 Urgenda 案对完善《巴黎协定》下的国家自主贡献制度作出了巨大的贡献，但国家义务并不是国际环境治理，尤其是共同面对气候变化的全部图景和唯一方案。研究表明，针对气候变化的直接推手——跨国公司——进行的气候变化诉讼正在迅速增加，仅在 2020 年，针对化石燃料公司提出的气候变化诉讼就有数十件^④，而这一数字在未来只会有增无减。在针对跨国公司的新的诉讼浪潮中，"地球之友等诉荷兰皇家壳牌案"是里程碑式的，这不仅因为荷兰皇家壳牌是温室气体排放量达到全球前十的跨国公司，而且因为此案在法理上具有重要的开拓意义。^⑤

---

① *Cf.* Prosper Weil, "Towards Relative Normativity in International Law," *American Journal of International Law* 77, no. 3 (July 1983): 413.

② *Cf.* Danial Bodansky, Jutta Brunnee and Lavanya Rajamani, *International Climate Change Law*, Oxford University Press 2017, p. 211.

③ *Cf.* Danial Bodansky, Jutta Brunnee and Lavanya Rajamani, *International Climate Change Law*, Oxford University Press 2017, p. 212.

④ Joana Setzer and Rebecca Byrnes, "Global Trends in Climate Change Litigation: 2020 Snapshot," Policy Report (Grantham Research Institute on Climate Change and the Environment, July 2020), p. 28.

⑤ 本文对于"地球之友等诉荷兰皇家壳牌案"的分析所依据的文本是判决的英文译本，译本由海牙地方法院官方签发，http://climatecasechart.com/climate-change-litigation/wp-content/uploads/sites/16/non-us-case-documents/2021/20210526_8918_judgment-2.pdf.

本案被告是荷兰皇家壳牌公司（Royal Dutch Shell，简称"壳牌"），我们需要将其和壳牌集团（Shell Group）作出区分。荷兰皇家壳牌是依据英格兰和威尔士法律设立的上市公司，总部位于荷兰海牙；2005 年公司重组之后，荷兰皇家壳牌成为壳牌集团的控股公司，也是超过 1100 个分布于世界各地的独立公司的直接或间接股东。壳牌集团所囊括的公司可细分为经营能源业务的自营性公司和为公司所营业务提供协助的服务性公司。荷兰皇家壳牌公司对壳牌集团拥有绝对的控制地位，意味着荷兰皇家壳牌对于壳牌集团的公司政策起到决定性的作用。[1] 本案的原告包括旨在进行环境保护的非政府组织"地球之友"，除了"地球之友"之外的其他非政府组织，以及授权地球之友进行集团诉讼的 17379 位个人。她/他们援引国际气候变化法[2]、国际能源署的报告[3]以及荷兰于2019年通过的《气候法》[4] 等材料，要求法院判决荷兰皇家壳牌公司经由商业行为和能源生产进行的温室气体排放行为违法，而且壳牌必须减少通过直接或者间接（通过壳牌集团下的控股公司等）的方式进行的温室气体排放。原告要求，具体的减排义务应该以 2019 年壳牌集团的排放量为标准，依据《巴黎协定》的气候目标要求和所掌握的最佳科学知识来确定[5]。

在判决中，海牙地方法院充分运用国际法规范来论证荷兰皇家壳牌作为义务主体在荷兰民法中的不成文注意义务，这些规范不仅包括具有法律约束力的国际环境法，还包括一系列具有"软法"性质的国际文件，这在一定程度上突破了国家对于国际法在国内的适用问题上的既有实践。在具体义务的划定上，海牙地方法院还处理了与跨国公司承担气候变化责任相关的诸多问题，尤其是荷兰皇家壳牌跨越全产业链的减排义务与温室气体核算体系之间的对应关系。此外，虽然不构成实质判决中的一部分，但海牙地方法院的论证还触及了全球气候变化治理中的根本问题，即如何调和国际发展的能源需要和遏制气候变化的减排要求之间的矛盾，以及如何处理气候变化下的责任与能源交易市场之间的关系。本文将主要针对这三个方面对地球之友诉荷兰皇家壳牌案进行评述。

---

[1] C/09/571932 / HA ZA 19-379, 2.2.3.

[2] C/09/571932 / HA ZA 19-379, 2.4.2-2.4.3 & 2.4.7-2.4.8.

[3] C/09/571932 / HA ZA 19-379, 2.4.9-2.4.11.

[4] C/09/571932 / HA ZA 19-379, 2.4.13-2.4.15.

[5] C/09/571932 / HA ZA 19-379, 3.1.

二、跨国公司承担气候变化责任的法律依据

（一）集团诉讼的可采性

法院要解决的第一个问题是诉讼可采性的问题。根据《荷兰民法典》第三卷305a部分，只有具有完全法律能力的组织或者机构，在与其所代表的法益具有相似性的情况下，才能够提起集团诉讼。

法院指出，本案中所涉及的相似性法益可以"捆绑"（bundling）在集团诉讼中。虽然在荷兰地区（包括荷兰境内以及荷属瓦登海地区），居民所遭受的气候变化损害的时间、范围以及强度都不一样，但是相比于全球范围而言，荷兰居民受到气候变化的影响仍然是共性大于差异性。只要集团诉讼所代表的是荷兰居民的利益，就可以被采纳。[①] 法院同时指出了提起集团诉讼的主体要求：在集团诉讼中，个人主体如非存在"充分且实在的"特殊诉求，则无权独立参与集团诉讼。因此，法院指出，本案中的17379位个人的诉讼主张已被地球之友所代表的共同利益吸纳，不能单独被采纳。[②]

（二）法律基础：回应气候变化的特殊性

在诉讼请求的路径选择上，原告主张，根据欧盟法《罗马条例 II-关于非合同之债的法》第7条的规定，由"环境损害所带来的"非合同性之债，在受损害一方请求依"损害起源地"，即"导致该损害产生的事件"发生地的法律寻求救济时，应当依该地法律决定；作为二者择一的另一个选择，也可以依据该条例第4条第1款的一般性规则，[③] 适用"损害发生地"法律所规定的侵权之债。这两种路径在本案中殊途同归，因为原告在本案中想要追究的壳牌对于气候变化的责任，既起源于荷兰（壳牌在荷兰的经济活动），受损范围也被圈定在荷兰境内。双方对气候变化损害构成《罗马条例 II》所指的环境损害并无异议，核心的争议点在于，壳牌的经济行为与发生在荷兰地区的环境损害之间是否构成足够强的因果关系，也即壳牌公司在其荷兰总部进行的经济行为，是否构成"导致该损害产生的事件"。

气候变化的成因复杂，在对所有经济主体进行责任的划定时，需要考虑地理空

[①] C/09/571932 / HA ZA 19-379, 4.2.1-4.2.5.
[②] C/09/571932 / HA ZA 19-379, 4.2.7.
[③] C/09/571932 / HA ZA 19-379, 4.3.1-4.3.2.

间要素，也需要考虑历史维度上的责任范围。如果说霍布斯式的世界图景是所有人对所有人的战争，那么在某种意义上，气候变化则是所有人对所有人的侵权，每一份排放的二氧化碳每时每地都在对气候变化产生影响，其发生机制的广泛性和复杂性不仅仅是碳排巨头自我辩护的修辞，也是客观存在的事实。在这种复杂性中确定某一主体的具体责任，是不可能的任务。

因此，成功论证《罗马条例Ⅱ》的适用需要规避这种细分责任的逻辑，也需要突破传统侵权法上因果关系论证模型的限制。为此，海牙地区法院首先指出，《罗马条例Ⅱ》第7条所提供的是一种欧盟法上最高等级的保护[①]，过去的欧盟法院在其他责任上的判例并不能为本案中依据《罗马条例Ⅱ》第7条中的法律保护进行的法律渊源的选择提供基础。[②]法院进而展开其颇具创新性的论述。法院指出：气候变化由二氧化碳排放在大气层中并通过长期的累积过程产生，这个过程是全球性的，发生在荷兰地区的、由气候变化导致的环境损害是由发生在全世界的碳排放造成，皇家壳牌公司在这个过程中贡献几何已无从确知；但重要的是，每一个排放主体都促成了损害结果的发生，因此，不管是直接排放还是间接地参与排放过程，都应该对结果负有责任。气候变化的危害是如此迫在眉睫，导致每一份碳排放，也就是每一个造成气候变化的原因，都有潜在的重要性，《罗马条例Ⅱ》第7条所涉的因果关系也必须要在这样的原则中理解。[③]

法院进一步回应了壳牌的辩诉，即虽然荷兰皇家壳牌对壳牌集团的经济行为具有一定的影响力，但并不构成最终"导致"气候变化损害发生的事件，因为《罗马条例Ⅱ》第7条规定的因果关系必须具有直接性，仅仅是政策制定并不满足直接性的条件。[④]法院认为，虽然《罗马条例Ⅱ》第7条中的"事件"一词采用了单数形式，但这不代表可以构成损害结果发生的原因的事件只有一个；条例为多因一果的可能性保留了适用的空间，因为环境损害的因果机制常常不是严格对应的一元结构。因此，荷兰皇家壳牌的政策制定行为，仍然构成最终导致气候变化损害的"独立因素"，给荷兰居民遭受的损害带来了不可忽视的影响。[⑤]

至此，通过对于气候变化特殊性的论证以及与之对应的对《罗马条例Ⅱ》第7条所要求的因果关系的扩张解释，法院确立了荷兰作为损害起源地的法律的适用性。

---

① C/09/571932 / HA ZA 19-379, 4.3.3.
② C/09/571932 / HA ZA 19-379, 4.3.3-4.3.4.
③ C/09/571932 / HA ZA 19-379, 4.3.5.
④ C/09/571932 / HA ZA 19-379, 4.3.6.
⑤ C/09/571932 / HA ZA 19-379, 4.3.6.

(三)义务内容:充分利用软法规范

在荷兰法中,荷兰皇家壳牌的减排义务的渊源是《荷兰民法典》第六卷第162部分所涉的"不成文注意义务"。根据法院的解释,某一行为如违反被普遍接受的不成文法,则被认定为违法。这种不成文的注意义务要求公司主体必须要尽到对于社会的"适当的关怀"责任。①实际上,《荷兰民法典》第六卷第162部分对"侵权行为"的定义包括三个类型:对权利的侵犯,对法律义务的违反,以及对不成文法中认定的"恰当的社会行为"②的违反。虽然原告在诉讼请求中就直接以不成文法中的注意义务,亦即162部分中的第三种侵权行为类型作为法律依据,但在法院对不成文注意义务的简短解释中,并没有引用《荷兰民法典》中的原文,而将"恰当的社会行为"变为"适当关怀"。这似乎隐微地提高了这种义务的标准,暗示企业肩负的社会责任。

法院对不成文注意义务的转述或许可以理解为一种春秋笔法,在对于企业所负的注意义务的具体内容的论述中,法院毫不吝啬篇幅,充分援引国际条约和软法性规范,来论证公司对于气候变化的责任的存在。这一责任的具体表现形式是公司对于人权的保护。其中最为引人瞩目的是法院在判决中用独立的一节引用了《联合国工商企业与人权指导原则》("原则")③。法院开门见山地指出,这一文件是具有权威性和国际认可的"软法"性文件,它反映的是一种见解,并不创设任何额外的法律义务;但是自2011年起,欧洲委员会就在政策文件中呼吁欧洲企业根据《原则》进行人权保护,这说明《原则》可以作为不成文的注意义务的标准;同时,这一标准的确立不以壳牌本身是否承诺遵守原则为前提,因为《原则》已经得到了国际认可。④为了论证企业在一般意义上具有保护人权的责任,法院不仅依据《原则》具体阐释了企业的人权责任与国家的人权责任的区别,且指出这一责任具有相对独立性⑤。此外,通过进一步援引《公民与政治权利公约》、《欧洲人权公约》以及《经济合作与发展组织跨国企业准则》等文件,指出这一责任要求公司主体采取积极行动。⑥虽然原则上所有企业都要承担尊重人权的责任,但是具体的责任范围和企业

---

① "observe the due care exercised in society".
② "proper social conduct". Dutch Civil Code, http://dutchcivillaw.com/legislation/dcctitle6633.htm.
③ HR/PUB/11/04, https://www.ohchr.org/documents/publications/guidingprinciplesbusinesshr_en.pdf.
④ C/09/571932 / HA ZA 19-379, 4.4.11.
⑤ C/09/571932 / HA ZA 19-379, 4.4.12-4.4.13.
⑥ C/09/571932 / HA ZA 19-379, 4.4.15.

的规模相关，并且应当与之成比例对应；①因此，以荷兰皇家壳牌之巨，其应承担的责任就更加可观。

企业的不成文注意义务的另一个来源是《巴黎协定》。对于企业是否在严格意义上构成第25届联合国气候变化大会中所指出的"非缔约方"，法院无意着墨讨论；法院更加重视的是对于企业承担责任的现实要求，这一要求更多是在理念的层面上，并非以有约束力的硬法为依据。首先，国家的努力在应对气候变化上远远不够，政府间气候变化专家委员会的报告指出，各国相对于2030年自行确立的减排强度远远无法达到《巴黎协定》所设定的标准。②其次，虽然《巴黎协定》中将气候变化控制在2度以内并且争取达到1.5度的目标并不具有强制约束力，但它标志了一种"广泛的共识"，这种共识是判断壳牌是否有义务通过其公司决策进行减排的关键。③第三，能源的转型是一个全球范围的结构性问题，并且很大程度上取决于市场和消费模式，④这意味着能源转型的目标并不强求壳牌改变自己的公司政策，⑤公司如何具体落实《巴黎协定》的控温目标的"广泛共识"也缺乏配套的机制。⑥但这并不意味着壳牌可以逃避责任。由于缺乏明确可依的法律标准，法院再次依赖"紧迫性"的论述：气候变化导致的环境损害的迫近意味着每一个排放主体都应该承担责任，因此，与气候变化专家委员会的报告所标志的共识对应，⑦法院认定壳牌应当在2030年前将二氧化碳排放量相对于2010年减少45%，并在2050年达到碳中和。⑧

在对义务内容进行论述的每一步中，法院似乎都未以具有约束力的实在法为依托，而是基于一种规范性的期待，依据"软法"逐步推理。这一做法的开创性是毋庸置疑的，也可能引发又一波关于国际法的性质与作用的学界辩论。值得注意的是，海牙地方法院并非首个引用国际软法来裁决气候变化诉讼的法院。例如，在澳大利亚的Gloucester案中，Preston法官就依据《巴黎协定》中的控温指标，指出虽然《气候变化法》并未直接规定案件所涉的煤矿工程非法，但是该工程"很有可

---

① C/09/571932 / HA ZA 19-379, 4.4.16.
② C/09/571932 / HA ZA 19-379, 4.4.26.
③ C/09/571932 / HA ZA 19-379, 4.4.27.
④ C/09/571932 / HA ZA 19-379, 4.4.31.
⑤ C/09/571932 / HA ZA 19-379, 4.4.32.
⑥ C/09/571932 / HA ZA 19-379, 4.4.35.
⑦ C/09/571932 / HA ZA 19-379, 4.4.29.
⑧ C/09/571932 / HA ZA 19-379, 4.4.38.

能"阻碍全球实现碳排放的大幅下降且尽快达到碳排总量峰值的努力;①化石燃料工程会进一步增加全球碳排放,只会给减排目标起到反作用,也正因如此,新的煤矿工程不应该被批准。②

三、公司责任、产业链与市场

(一)公司对于经济行为的控制程度与公司责任性质之间的关系

由于跨国公司复杂的组织结构和业务关系,除了原则性地论证公司应当承担气候变化的责任以及确立了这种责任的基本内容以外,另一个需要探讨的问题是公司需要为哪些经济行为负责,这种责任的法律性质如何。

法院借助由世界资源研究所建立的温室气体核算体系来区分荷兰皇家壳牌各个价值链的碳排放(其中,范围一是公司所拥有或控制的排放源的直接温室气体排放,范围二是公司所拥有或控制的设备或运营消耗的外购电力所产生的间接温室气体排放,范围三是指其他一切由公司行为所导致的间接温室气体排放)③,并指出不管是荷兰皇家壳牌及壳牌集团的生产排放(范围一)、其作为原材料买方的排放(范围二),还是其作为能源卖方的排放(范围三),荷兰皇家壳牌都应负责。依据非政府组织所发布的报告,法院强调,让企业为其终端用户的排放承担责任是受到广泛国际认可的;④另一方面,由于壳牌集团作为化石燃料公司的性质,其终端用户的排放可占据全价值链排放总量的85%之多,这更加强化了让荷兰皇家壳牌承担范围三的排放责任的必要性。⑤

对于这种责任的法律性质,法院引入了另一层区分,即壳牌集团自身的经济行为和壳牌集团的终端用户等所发生的关联经济行为。⑥法院认为,皇家壳牌公司的控股地位导致了其对于前者的控制和影响是绝对性的,因此对于该项的减排义务性质应当是一种对于结果的义务(obligation of result);⑦而对于后者,皇家

---

① [2019] NSWLEC 7, para. 526.
② [2019] NSWLEC 7, para. 527.
③ C/09/571932 / HA ZA 19-379, 2.5.4.
④ C/09/571932 / HA ZA 19-379, 4.4.18.
⑤ C/09/571932 / HA ZA 19-379, 4.4.19.
⑥ C/09/571932 / HA ZA 19-379, 4.4.22.
⑦ C/09/571932 / HA ZA 19-379, 4.4.23.

壳牌公司只能采取必要行动消除可能的风险,因此,对应的减排义务性质是一种过程的义务(obligation of best-efforts)。① 法院的这种区分具有实用主义的精神,也提高了司法裁判过后壳牌履约的可操作性;但是由于第二层区分的引入,法院混淆了三个范围的碳排放的界限,在荷兰皇家壳牌和壳牌集团的同名陷阱以及复杂业务关系和经济行为的迷雾中再次迷失,不仅模糊了范围一和范围二排放的边界,还对范围三排放在第二层区分中的归属毫无提及。② 追溯先例,法院在澄清责任行为所要求的控制程度问题上似乎一直含糊不清或前后矛盾。在2017年美洲人权法院的咨询意见案中,法院在考虑一国对于他国公民所负的域外人权责任时,使用了"有效控制"的概念,指出如果一国内的经济行为所导致的污染和另一国家的环境人权侵犯之间具有因果关系,那么该国就对这些域外公民有有效的控制,因此需要承担人权责任。③ 美洲人权法院关于有效控制的论述不仅可能以其极大的扩张性遭到国家的抵制,还可能和国家责任法和国际人道法中的有效控制的概念构成冲突。在此背景中,本案中海牙地方法院对于公司对经济行为的不同类型的控制的含混区分不仅值得警惕,也可能引发对司法正当性的进一步质疑。

(二)公司承担社会责任和公司作为市场主体之间的矛盾

除了澄清公司所要承担的责任性质之外,让公司这一市场主体承担社会责任,必然要处理这项责任制度和其他经济机制之间的兼容关系。

法院首先回应了让荷兰皇家壳牌减少碳排放和全球对于能源的需求这一"双胞胎挑战",指出保障能源的可靠供给以及荷兰皇家壳牌作为化石燃料公司在这过程中可以起到的作用和荷兰皇家壳牌在《气候变化法》框架内的责任是相互独立的,而且前者必须在后者的背景下理解。④ 一方面,《巴黎协定》中就已经包含了对于联合国可持续发展目标的考虑;另一方面,保障能源供给是国家对于公民的责任,需要与国家和企业在气候变化法框架下减排的责任相区别。⑤

法院进一步讨论了公司在本案中所需承担的减排责任和欧盟碳排放交易体系之间的关系。碳排放交易体系通过建立限额加交易的系统,旨在发挥市场作用,以更

---

① C/09/571932 / HA ZA 19-379, 4.4.24.

② C/09/571932 / HA ZA 19-379, 4.4.25.

③ Advisory Opinion OC-23/17 of 15 November 2017, Inter-American Court of Human Rights, para. 101.

④ C/09/571932 / HA ZA 19-379, 4.4.40-4.4.41.

⑤ C/09/571932 / HA ZA 19-379, 4.4.43.

有成本效益的方式进行碳排放，并且最终减少碳排放总量。① 然而，满足了碳排放交易体系的限额要求不代表就已经承担了所有气候变化的相关责任。碳排放交易体系的减排限额相比于《巴黎协定》的要求仍然是不充分的，而且就算碳排放交易体系可以给荷兰皇家壳牌在欧盟境内的碳排放提供合法化的依据，它也不能包含皇家壳牌公司所关联的在世界范围内的其他地区的碳排放行为。这些发生在其他地区的排放都会堆积在大气层中，最终对荷兰境内的公民产生损害。②

法院最后论证了荷兰皇家壳牌所需承担责任的有效性问题。壳牌指出，由于能源市场的竞争机制，即使其自身做到了减排，这个缺口也会被其他公司的排放所弥补。③ 法院驳斥了这一论点，认为市场机制不能给壳牌提供可靠辩护，因为壳牌需要承担的是独立的责任，不以其他公司是否承担相应责任为前提。虽然壳牌不可能通过自身的行为解决全球性的问题，但是每一个公司对于自身责任的承担都可以给碳排预算提供更大的空间。另外，其他公司会代替壳牌填补碳排缺口的论点也并不一定成立，因为这种假设是建立在未来的碳排总体图景仍然维持现状的基础上，而实际上由于其他公司同样负有气候变化的责任，这一图景必然发生变化。④

四、总结

作为气候变化诉讼中被公认为具有里程碑意义的案件，"地球之友等诉荷兰皇家壳牌案"的意义是毋庸置疑的。海牙地方法院在案件的判决和说理中发挥了极强的创造力，不仅通过环环相扣的论证，将公司的气候变化责任落实到本国侵权法的适用范围内，而且运用国际法规则，大量使用软法性规范作为依据，澄清荷兰皇家壳牌义务的具体内容。判决在很大程度上打通了国内法和国际法的界限，也使得通过国内的诉讼来追究跨国公司的气候变化责任，从而促进全球性的气候变化危机的缓解成为可能。在一定程度上，本案标志着韦尔在 1983 年关于国际法的经典论述的局限性，韦尔认为：即使是通过多次重复和累积效应，仅具有规范性的软法概念也不能进入到实在法的范畴、化无为有发生效力。⑤ 但本案恰恰说明了，当软法性

---

① C/09/571932 / HA ZA 19-379, 4.4.45.
② C/09/571932 / HA ZA 19-379, 4.4.46.
③ C/09/571932 / HA ZA 19-379, 4.4.49.
④ C/09/571932 / HA ZA 19-379, 4.4.50.
⑤ Prosper Weil, "Towards Relative Normativity in International Law," *American Journal of International Law* 77, no. 3 (July 1983): 417.

文件的规范性凝聚为一种全球性的共识的时候，就可以参与法律的适用，并且实质性地决定一项法律义务的内容。在这个意义上，本案在其社会效用之余，还可以作为一种软法的"硬化"方式的例证，复兴关于国际软法的理论讨论。

要让跨国公司为气候变化负责，另一个无法回避的问题就是处理这项责任与公司的经济行为以及相关的市场机制之间的关系，而本案也暴露出现有的法律工具以及法院说理在处理这些问题中的局限性。对于跨价值链的经济行为的减排责任的细分，法院并没有为我们提供一个足够清晰、足够有说服力的体系；在澄清跨国公司在气候变化法下的责任和其他市场机制之间的关系上，法院经常陷入对伦理层面的可期待性的论证，而无法仅靠法律和逻辑的力量来证成自身的判决。在更深的层面上，这提示了司法机关在参与社会治理，尤其是气候变化这一全球性问题的治理上的局限。而就在 11 月 15 日，在判决作出的半年以后，荷兰皇家壳牌宣布，提议将总部从荷兰迁至英国，并就这一问题进行股东决议。这或许是一个巧合，但作为欧洲最大的能源公司和荷兰最大的上市公司，壳牌这一决议背后的考虑引人深思，也必然会给世界能源结构和经济结构的转型带来长久的影响。

Representing In-Between: Law, Anthropology, And the Rhetoric of Interdisciplinarity

Author: Annelise Riles

Translator: Wang Weichen, Zou Qi

Abstract: This article considers how lawyers and nonlawyers discuss the contribution of interdisciplinary scholarship to the law as a means of rethinking the relationship between these disciplines. The article first examines the arguments of the nineteenth-century lawyer Henry Maine and of the twentieth-century anthropologist Edmund Leach on the subject, and notes the difference between Maine's emphasis on "movement" from one theoretical discovery to another and Leach's emphasis on creating relationships between disciplines by exploiting a "space in between" the two. Then, turning to contemporary scholarship in legal anthropology, "Law and Society," and the sociology of law, the article critiques the rigid opposition between disciplines at the heart of much of this scholarship and argues that the task of relating law and anthropology as disciplines, or law and society as social forms, has now lost its rhetorical force. The article concludes that the current contribution of interdisciplinary scholarship to legal studies lies in the tension it discloses between reflexive and normative modes of engagement with legal problems.

Keywords: Law; Anthropology; Rhetoric; Maine; Leach

Disagreement and reconciliation of the two-level judgment of hard cases

Xiao Yi

Abstract: The one-level theory is constructed by deductive reasoning and difficult to judge hard cases, so scholars add something to the judicial syllogism and move towards the two-level argument. The two-level argument can be divided into analysis model, argument model, and hermeneutics model. Their differences mainly focus on the scope of application, judicial methods and values. If holding a massive methodology of the judgment according to law, these differences can be unified and resolved. In external justification, judges use rich sources, apply multiple methods and follow argumentation rules and procedures to demonstrate the judicial rule; in internal justification, judges take the judicial rule in accord with the legal order and the standardized case facts as premises, and obtain the final judgment conclusion through interlocking and complex deduction. This methodological framework is under the decision in accord with the law order and has distinguishing function, toolbox function and restraint function. It can better coordinate the relationship between the judgment according to law and individual justice in hard cases, guarantee the stability of the law and improve the acceptability of judgments.

Keywords: Two-level Argument; Hard Case; Internal Justification; External Justification; Judgment in Accord with the Law Order

Two Types of Adjudication According to Law in Hard Cases

Zhang Zhucheng

Abstract: There are a host of tough questions in hard cases, such as unclarity and uncertainty of legal rules, gaps in the law, undesirable results and so on. Solutions to these difficulties are often criticized for violating or transcending the principle of Adjudication According to Law. We can tackle this dilemma in two ways: either give up the principle in hard cases and admit that it's a narrow principle which can be only applied to easy cases, or deepen the understanding of the principle and its presupposed concept of law, so as to justify this principle in hard cases. The first path following legal positivism is a failure, which not only separates the principle from the concept of law, but also hardly explains the special of judges. The second path represented by Ronald Dworkin is more reasonable while with a shortcoming. More specifically, it is limited by his methods of adjudication and he focused on only one type of the principle of Adjudication According to Law. This dissertation attempts to point out that "Adjudication According to Law" should have two kinds of types in hard cases: the judgment of the law of baseline duty and the judgment of the law of morality of aspiration. They have different functions, but all of them are indispensable to a complete principle of the judgment of the law.

Keywords: Adjudication According to Law; Hard Cases; Baseline Duty; Morality of Aspiration

Criticism to The Theory of Protecting AI's Productions by Copyright Law
Li Yalan

Abstract: Compared with the negative standpoint, the theory of protecting artificial intelligence's productions by copyright adheres to the concept of economic incentive, trying to break the existing theoretical presupposition and framework of copyright law, so it should be tested more strictly. Under the path of personalism, the productions generated by artificial intelligence, including few labor of natural person, are impossible to be regarded as works. Therefore, some people turn their eyes to utilitarianism, trying to get rid of the entanglement of legal philosophy and subject issues, and directly build the necessity of protecting the production generated by artificial intelligence. However, their reasons are not valid. By introducing McCormick's second-order justification theory and reflecting on the thinking mode of copyrightable theory, we can find that the utilitarian argumentation mode of copyrightable theory has the problems of standard alienation and too single, and relying too much on the thinking tool of "assumption", which are the main reasons for its logical omission. The subversion of the existing system of copyright law needs a discussion on a higher level, undergoing systematical examination and overstepping the scope of artificial intelligence, to make the possibility of being right.

Keywords: Artificial Intelligence; Ability to be copyrighted; Copyright Law; Utilitarianism; MacCormick

Credible Causal Inference for Empirical Legal Studies
Author: Daniel E. Ho, Donald B. Rubin
Translator: Ding Wenrui

Abstract: We review advances toward credible causal inference that have wide application for empirical legal studies. Our chief point is simple: Research design trumps methods of analysis. We explain matching and regression discontinuity approaches in intuitive (nontechnical) terms. To illustrate, we apply these to existing data on the impact of prison facilities on inmate misconduct, which we compare to experimental evidence. What unifies modern approaches to causal inference is the prioritization of research design to create—without reference to any outcome data—subsets of comparable units. Within those subsets, outcome differences may then be plausibly attributed to exposure to the treatment rather than control condition. Traditional methods of analysis play a small role in this venture. Credible causal inference in law turns on substantive legal, not mathematical, knowledge.

Keywords: Research Design; Policy Evaluation; Matching; Regression Discontinuity

Historical Misunderstanding of Casuistry and Its Clarification
Qin Fengli

Abstract: Moral dilemma is a topic that has annoyed people for thousands of years. In order to solve this problem, theoretical ethics has been devoted to the discussion of ethical principles, hoping to find a kind of "ultimate principle" to guide people out of the quagmire of moral dilemma. Since the last century, a series of ethical problems that have occurred in reality have made people aware of the limitations of theoretical ethics, and applied ethics has emerged as the times require, and casuistry has provided a methodological choice for applied ethics. However, since the 17th century, under Pascal's criticism, casuistry has declined and is burdened with negative reviews. Through the investigation of his time and background, it is known that the infamy of casuistry originated from the abuse of the Jesuit casuists, but the loss of the casuists' moral principles does not deny the tool value of casuistry. At present, the method of casuistry has been studied and used for reference in many fields, but the limitations of the method of casuistry still exist, and there is still a lot of room for research and improvement of its method.

Keywords: Moral Dilemma; Casuistry; Applied Ethics; Practical Argument

Criminal Regulations on Behaviors of Refusing to Return and Disposing Wrong Remittances
Yao Yuanchen

Abstract: Although the civil law and the criminal law have different focuses on wrong remittance cases, the discussion of such cases in the criminal law should not ignore the rules related to ownership and change of rights in the civil law; There are two core issues of criminal law in such cases: Does the behavior of simply refusing to return the remittance commit a crime of embezzlement? Does the behavior of withdrawing or transferring money on the basis of refusing to return commit a crime of fraud or theft? In such cases, the creditor is the remitter while the payee quasi possesses the deposit creditor's rights, and the concept of "the corresponding cash to the deposit creditor's rights" has no practical significance. The behavior of refusing to return commits the embezzlement of the deposit creditor's rights; Besides, subsequent withdrawals and transfers shall neither be evaluated as fraud nor triangular fraud.

Keywords: Wrong Remittance; Creditor's Rights on Deposit; Possession; Embezzlement; Fraud

On the Communication between the Theory of Punishment and the Theory of Legal Interest

Guo Cong

Abstract: "Jiahao Wang's Copyright Infringement Case" and "Zhiquan Zhou's Copyright Infringement Case" show that there are many problems in the constitutive elements of the criminal law protection of music products, including being identified as "rough", insufficient criminal demonstration, and lack of realistic prospects. Subject to the "marginal" localization of music products, it would be more advisable to seek an amendment scheme beyond the doctrine of criminal law. The high status of the theory of legal interest in China's practice and the general status in the academic circle will further strengthen the closed role of the theory of legal interest, which will lead to the vicious circle of insufficient protection of "marginal" legal interests by criminal jurisprudence. At present, the theory of legal interest is faced with triple criticism, including overstaffed abstract legal interests, unclear positioning of collective legal interests, and a significant lack of methodological significance. Therefore, people are calling for the intervention of the theory of punishment. However, neither the interceptive discussion path commonly used in the academic circle majority rule nor the thorough discussion path commonly used in the forceful rule is the best, which have both advantages and disadvantages, and should be considered comprehensively. It should take the practice scene as the platform, take "one step more legitimate reflection" as the path, and integrate the characteristics of both sides to realize the construction of a systematic scheme of "marginal" legal interests such as music products.

Keywords: Music Product; Criminal Jurisprudence; Theory of Legal Interest; Theory of Punishment

Beyond Crime and Punishment

Notes on *Discipline and Punish*

Zhu Mingzhe

Abstract: *Discipline and Punish* is by no means less relevant to jurisprudence than Criminal Law and Criminology. This article attempts to decode this masterpiece of Foucault from the perspective of the theory of the State. Unlike the stereotypes, Foucault's style of writing is not obscure. On the contrary, he shows clarity both in the description of details and in the overall structure. *Discipline and Punish* presents a microcosmic perspective for understanding the exercise of power, attempting to reveal how the grand historical process of the birth of the modern State is realized by acting on the corporeality of each individual. In the 18th century, a crucial period in the formation of the modern State, the changing space and manner of punishment demonstrates the objectification of the human being and the exclusion of the general public in the process of alternating old and new forms of power organization. This was accompanied by the privatization of the commons and the tightening of the legal protection of property, as well as the simultaneous growth of State power and capitalist accumulation. Eventually, all "hidden corners" disappeared, and the State was finally able to combat all forms of wrongdoing. At this point, the prison spectrum, as a combination of the isolation of individual space: isolation, labor, and correction, came into play and established the mode of operation of modern society. A new type of knowledge also emerged: the human being as an individual came to the center of the intellectual stage; but at the same time, science began to produce knowledge about populations-birth rates, mortality rates, morbidity rates, etc. This knowledge formed the premise of modern State rule. In a series of eternal struggles that took place in the legal, political, and intellectual spheres, the modern State in the Hobbesian sense surfaced, dominating all aspects of society.

Keywords: Michel Foucault, Discipline and Punish, Knowledge-Power, Modern State

Responsibility and Freedom in the Age of Preventive Criminal Law

A Study of Hart's *Punishment and Responsibility*

Chen Xiyu

Abstract: The notion of preventive criminal law is increasingly threatening the principle of criminal responsibility. Both Utilitarianism and Retributivism fail to justify the responsibility. Facing this dilemma, Hart sought to establish a new justification for the responsibility other than these two doctrines. As Hart points out, criminal responsibility is a question concerning the distribution of punishment, which is independent of the question of the general justifying aim of the whole institution of criminal punishment. And the principle of criminal responsibility can be compatible with the general utilitarian aim of the punishment. The moral foundation of responsibility is individual liberty. Its significance is to qualify the means required for the pursuit of the general objective of punishment. The justification made by Hart for the responsibility indicates his deep concern for the rule of law and liberty values. Although Hart's theory of punishment suffers from various logical weaknesses, it remains an insightful and alarming doctrine for us who are increasingly threatened by the notion of preventive criminal law.

Keywords: Hart; John Gardner; Criminal Responsibility; Utilitarianism; Retributivism

Inter-generational Guarantee of Freedom

Comment on 'Case of Partial Unconstitutionality of Climate Protection Law' by German Federal Constitutional Court

Duan Qin

Abstract: The provisions of the Constitution, such as protecting the basic rights of life and body from infringement and the national goal of protecting the natural environment, establish the constitutional obligation of the stateto protect the climate, which includes temperature control and emission reduction aiming at carbon neutrality as the goal and related international cooperation participation. However, for the implementation of this obligation, legislators have greater freedom of formation. Andthe Constitutional Court must maintain an appropriate density of review. In principle, there is a danger of unconstitutionality only when the protection measures are obviously absent, insufficient or lagging.The legislative allocation of greenhouse gas emission budgets will legally constitute a restrictive pre-impact on future freedom, which must be demonstrated by constitutionality. Undertheconditionof respectingdemocraticprinciples, the above constitutional provisions still require legislators to have a special duty of care, particularly for future generations, for serious and irreversible damage that has been reliably demonstrated. Therefore, the ecological burden should be allocated proportionally among different generations, that is, the natural basis of life should be treated with great careand passed on to later generations so that future generations do not have to protect them at the cost of complete self-abstinence.

Keywords: Climate Protection; Freedom; Restrictive Pre-impacts; Descendants; Principle of Proportionality

The Right Shift of Climate Change Litigation from Juliana Case

Wang lingyu

Abstract: In recent years, the global climate change litigation has shown a new look. The litigation represented by ' Juliana v. USA ' shows that the relationship between climate change and rights protection is more prominent. The Juliana case wasrelated to young Americans on behalf of the climate interests of present and future generations. They appealed to the federal government to implement more effective measures to deal with climate changeaccording to the principle of public trust and the protection of basic rights in the Constitution, which was an attempt and creativity.The litigation based on the damage of rights can not only clarify the damage caused by climate change to the current world, but also realize intergenerational justice by proving the damage to future generations. The ' right turn ' of climate litigation makes it have the potential for change. The Juliana case provides a reference for similar cases advocating rights protection under the background of climate change. The case marks the turning point of the global climate movement. In the future, there will be more judicial intervention against climate crisis, and climate litigation can be expected in the future.

Keywords: Climate Change Litigation; Turn of Rights; Due Process; Public Trust; Equal Protection

'Century Litigation' and the Government's Ecological Responsibility

Zhu Mingzhe

Abstract: In 2021, the Paris Administrative Court sentenced the NGO to sue the French government for the ' Century Lawsuit ', andarguing that the government's actions in dealing with climate change were insufficient and violated its legal obligations. It should bear the responsibility ofecological damage stipulated in the French Civil Code, and required the government to take measures to repair, prevent and end the damage caused by climate change before the end of 2022.The focus of the case is on determining the ecological responsibility of the Government. Based on the scientific research on climate change, the court has proved the existence of ecological damage related to climate change. By reviewing the completion of various climate objectives, the court has proved that the government with faults. Finally, the court has decided that the government should take more active policies to repair existing damage and prevent future damage. By analyzing and summarizing the contribution of the judgment in the formation of legal argumentation, the identification of the nature of ' climate change ' and the application of ecological norms of civil law in public law, we can think about how the future climate change litigation can enable the government to achieve climate change commitmentseffectively.

Keywords: Century Litigation; Climate Change; Ecological Damage Liability; Administrative Court

Making Multinational Corporations Responsible for Climate Change
Comment on 'Friends of the Earth and Others v. Royal Dutch Shell'

Du Zhonghua

Abstract:In the past climate change litigations, the state and government agencies often appear as defendants, and a small number of cases directly took the responsibility of transnational corporations for climate change. The case of Friends of the Earth et al. v. Royal Dutch Shell is a landmark to fill in the gap in this field. The Court supported the substantive request of the plaintiff 's, not only requiring the Royal Dutch Shell to reduce its carbon emissions by 45 per cent by 2030 against its 2019 level, in accordance with international rules and standards, but also emphasizing that the range of the reduction was cross-value chains, including direct emissions from its own production processes and indirect emissions from raw material suppliers and product consumers.The court ruled that transnational corporations were directly responsible for climate change, which broke through the traditional limits of application of international law to some extent and provided a new perspective on the effectiveness of international soft rules. At the same time, there are also many problems in the argumentation of the court, especially in dealing with the problems of climate change law and market mechanism, exposing the limitations of domestic courts in solving global climate governance problems.

Keywords: Climate Change Litigation; Corporate Responsibility; Unwritten Duty of Care; Soft Law; Domestication of International Law

稿约

中国政法大学法学方法论研究中心始终以"追踪国际法理学研究前沿"为己任，于2012年创办《法学方法论论丛》。如今我们拓宽视野、砥砺前行，为更加契合学界的知识诉求、对接读者的阅读需要，我中心特联合北京市天同律师事务所，将《法学方法论论丛》改版为一个新的刊物——《法理：法哲学、法学方法论与人工智能》。

本刊定位为公开出版的、聚焦于法理学和法哲学理论研究的专业学术刊物，重点关注法学方法论、人工智能等议题的最新研究进展，设有"专题研讨""特色栏目·人工智能与计算法学""论文""书评""案评"五个版块。投稿请登录本刊知网云协同采编系统注册账户，按照操作提示顺序完成。本刊目前授予"中国知网"等数据库以电子版权，并可能通过"法理杂志"微信公众号、"法学学术前沿"微信公众号等媒体进行对外传播。凡向本刊投稿的作者，均视为同意上述传播。如有异议，请在来稿时注明。

来稿规范说明

1. 来稿论文应包括题目、内容提要（200字左右）、关键词（3—5个）、作者简介、正文等。

2. 引用文献、对正文的注释性文字说明，一律用脚注。外文文献不译成中文。

3. 参考文献的书写格式分完全格式和简略格式两种。

4. 参考文献第一次出现时，应用完全格式。完全格式的构成：

4.1 著作：作者、著作名、出版者、出版年、页码

① 朱光潜：《变态心理学派别》，商务印书馆 2015 年版，第 35 页。

② J. Lacan, *Écrits*, Éditions du Seuil, 1966, p.53.

③ Ronald Dworkin, *Taking Rights Seriously*, Harvard University Press, 1977, pp.6-7.

④ Ronald L. Cohen (ed.), *Justice: Views from the Social Sciences*, Plenum Press, 1986, p.31.

4.2 译作：作者、著作名、译者、出版者、出版年、页码

① 古斯塔夫·拉德布鲁赫：《法律智慧警句集》，舒国滢译，中国法制出版社 2001 年版，第 47 页。

② 孟德斯鸠：《论法的精神》上册，张雁深译，商务印书馆 1961 年版，第 91 页。

③ S. Freud, *Two Case Histories ("Littles Hans" and The "Rat Man")*, Trans. by Anna Freud, Assisted Alix Strachey and Alan Tyson, The Hogarth Press, 1955, p.100.

4.3 文章

4.3.1 期刊／报纸中的文章：作者、文章名、报刊名、年代、期数

① 张千帆：《从管制到自由》，《北大法律评论》第 6 卷第 2 辑，北京大学出版社 2005 年版。

② 贺卫方：《"契约"与"合同"的辨析》，《法学研究》1992 年第 2 期。

③ 贾林男：《银商与中国银联商号之争》，《中华工商时报》2007 年 5 月 23 日。

④ Heath B. Chamberlain, "On the Search for Civil Society in China", *Modern China*, vol. 19, no. 2 (April 1993), pp.199-215.

4.3.2 编辑作品中的文章：作者、文章名、主编人、编辑作品名、出版社出版年、页码

① 陈弘毅：《从福柯的〈规训与惩罚〉看后现代思潮》，朱景文主编：《当代西方后现代法学》，法律出版社 2002 年版，第 223 页。

② H. L. A. Hart, "Positivism and the Separation of Law and Morals", in H. L. A. Hart (ed.), *Essays in Jurisprudence and Philosophy*, Clarendon Press, 1983, pp.57-58.

4.4 网络资源：作者、文献名、访问日期、网址

① 杨德明：《西双版纳的傣家斗鸡》，2015 年 11 月 2 日，http//xschina.org/show.php?id=10672。

② The Council of Australia Governments, *Water Reform Framework*, http:// www. disr. gov. au/science/pmsec/14meet/inwater/app3form.html, last visited 21/07/2003.

5. 参考文献在文中第 2 次及其后出现时，可采用如下 2 种简略格式：

① 只写作者、书（文）名、页码（文章无此项），这几项的写法同完全格式，如：

朱光潜：《变态心理学派别》，第 35 页。

J. Lacan, *Écrits*, p.53.

Robert J. Steinfeld, "Property and Suffrage in the Early American Republic".

② 紧接同一条文献，中文只写"同上。"字样，西文只写"ibid."字样。

6. 翻译作品注释规范保留原文体例。

著作权使用声明

　　本刊已许可中国知网等网络知识服务平台以数字化方式复制、汇编、发行、信息网络传播本刊全文。所有署名作者向本刊提交文章发表之行为视为同意上述声明。如有异议,请在投稿时说明,本刊将按作者说明处理。